CLASSIC
现代学术
经典精读

中国思想史经典精读

ZHONGGUO SIXIANGSHI JINGDIAN JINGDU

主 编 方光华 兰梁斌

高等教育出版社·北京
HIGHER EDUCATION PRESS BEIJING

图书在版编目（CIP）数据

中国思想史经典精读 / 方光华，兰梁斌主编．-- 北京 ：高等教育出版社，2014.1
ISBN 978-7-04-037489-6

Ⅰ．①中… Ⅱ．①方… ②兰… Ⅲ．①思想史－中国－文集 Ⅳ．①B2-53

中国版本图书馆CIP数据核字(2013)第113039号

策划编辑 杨亚鸿　责任编辑 杨亚鸿　封面设计 李小璐　版式设计 赵 阳
插图绘制 郝 林　责任校对 胡美萍　责任印制 韩 刚

出版发行 高等教育出版社
社　　址 北京市西城区德外大街4号
邮政编码 100120
印　　刷 保定市中画美凯印刷有限公司
开　　本 787mm×1092mm 1/16
印　　张 42
字　　数 710千字
购书热线 010-58581118
咨询电话 400-810-0598
网　　址 http://www.hep.edu.cn
http://www.hep.com.cn
网上订购 http://www.landraco.com
http://www.landraco.com.cn
版　　次 2014年1月第1版
印　　次 2014年1月第1次印刷
定　　价 68.00元

物 料 号 37489-00

学术经典的文化使命

——“现代学术经典精读”系列丛书总序

张岂之

高等教育出版社组织编写一套“现代学术经典精读”系列丛书，邀请我写几句话。我觉得，通过高等教育出版社推出一些有新意的经典读物，有助于传承、弘扬和创新优秀的中华文化，我乐意承担撰写序言的工作。

中华民族拥有源远流长的文明史。中华文化凝结成为丰富的文化经典，亘古弥新，值得后来者不断发掘探讨。在中国思想文化史上，有一系列类似的著作带有研究的性质，比如研究《老子》的《解老》、《喻老》（见于《韩非子》），研究先秦诸子的《庄子·天下》、《荀子·非十二子》、《韩非子·显学》、《吕氏春秋·不二》、《尸子·广泽》、《史记·论六家之要旨》，后来更有系统探讨学术源流与道统的《伊洛渊源录》、《近思录》、《宋元学案》、《明儒学案》等著作。这些成果一方面在梳理中国思想学术发展演变的脉络，另一方面在传承和弘扬中华学术精神，比如和而不同的学术精神，在中华学术史上作出了重大贡献。中华文化之所以能够五千多年连绵不断，最主要的原因在于文化传承与创新得以世代相传。这也叫做文化的“道统”，这个道统在今天应当发扬光大。

时至今日，学人们在学术园地辛勤耕耘，视野更加开阔，资料更加周详，方法更加新颖，文字更加平实，形式更加多样，文风更加规范，所凝聚的学术成果，同样也是人们传承和创新文化的重要参考。正是在这种意义上，我认为，高等教育出版社组织编辑出版“现代学术经典精读”系列丛书是有价值的。

当然，这不意味着本丛书所选著作、论文都是臻于完美、无以复加了。实际上，有研究经历的人就能明白，学术研究本是一个不断传承、推进的过程，不可能一劳永逸，在个人或团队的努力下，前后相继，共同促进学术的繁荣和创新，是学术研究中的常态，所以往往难以用僵化的思维去考量丰富多彩、不断发展的学术研究本身。这启示我们，面对现代思想学术史上的名著名篇，我们应尽可能发挥它们的榜样和示范作用；这些研究成果为后来者提供参考和借鉴，使它们在承传文化精神、创新研究成果方面发挥更加重要的作用，这意味着不能仅仅从研究形式或规范方面去估价这些成果，尽管规范和形式也是很重要的层面。

我有这样的体会，在学术研究方面，需要有包容与会通的精神，这样就给新课题、新探讨提供了可能，使学术的薪火能够代代相传。中国古代也很重视这种相互辩驳的学术精神和理念，明清之际著名思想家黄宗羲在《明儒学案》的《发凡》中明确地指出：“有一偏之见，有相反之论，学者于其不同处，正宜着眼理会，所谓一本而万殊也。以水济水，岂是学问！”

学术研究，文化传承，均要继往开来，不断推动学术创新与进步。中国古代学术著作，在梳理学术流变的过程中，侧重学术的继往开来，袭故弥新，“以复古为解放”（梁启超：《清代学术概论》），穷本溯源，辨别考证，展现了学术研究的发展脉络和成果。正是这种订正增补，反复斟酌，使中华文化长河滔滔不息，绵延不绝。即使在民族遭遇重创的危机关头，中华文化中卓著的学术精神依然能够鼓励世人勇挑重担，成长为民族发展的脊梁。因为，学术研究和文化经典承载有不朽的文化精神，所以学术兴替往往被视作民族精神生死存亡的大事。因此，引导人文学科的研究生阅读以往的经典和名著，不仅仅在于丰富专业知识，而且在潜移默化中使自己的精神受到优秀文化精神的熏陶，这将是更加重要的教育目标。

以上写了这么多的话，无非是想说明在学术研究的作品的研读中，应注意凸现其中所隐藏的文化精神，以此作为大学文化传承和创新的基础。我想，对“现代学术经典精读”系列丛书的宗旨和意义应有这样的理解。

“现代学术经典精读”系列丛书，旨在向研究生传播文化知识和科研经验，提高研究生的学术鉴别能力和学术素养，为研究生以及青年教师从事学术研究提供帮助。

这套丛书内容涵盖国务院学位委员会、教育部最新公布的《学位授予和人才培养学科目录（2011年）》所涉文、史、哲、艺术等学科。每卷主编都是该学科领域学有专长的专家，选文尽可能突出学生必读的著名论文（或经典著作的节选），侧重20世纪的研究成果，其中不少是读者较难获得的论著。丛书编者希望所选论著大体上能反映学科研究的学术史体系，简要展现学科研究的发展历程、代表人物及其成果。前言由分卷主编撰写，主要介绍该领域学术史概况及论著遴选标准等，并对所选作品进行介绍和点评。每篇选文后附延伸阅读文献篇目。这使该丛书具有提纲挈领、扩展延伸的双重功能，编选应是有特色的。可见，高等教育出版社编辑出版的这套系列丛书，经过深思熟虑，又有在人文学科方面具有丰富教学、科研经验的专家学者主持，不但有益于大学人文学科的建设发展，而且为大学在文化传承创新方面提供了一种实施的途径，值得支持。

在浩如烟海的现代学术作品中甄别筛选出有代表性的精华论文或著作，的确并非易事，也难以避免吞舟是漏、取舍失当的不足。希望这套丛书能为研究生和年轻老师提供文化和研究的滋养，也希望读者朋友能为本丛书的编写提供更多的建议和意见。

是为序。

2012年12月

目　录

绪　言

高等教育出版社策划出版"现代学术经典精读"丛书，拟选择19世纪末20世纪初以来中国现代学术研究中的经典论文或经典论著，辅以简要导读，为希望了解和研究中国现代学术的读者提供帮助。中国思想史也被列入其中。

中国思想史的研究具有悠久的传统，出现了《庄子·天下篇》、《荀子·非十二子》、《韩非子·显学》、《吕氏春秋·不二》、《论六家要旨》、《汉书·艺文志》、《伊洛渊源录》、《宋元学案》、《明儒学案》、《理学宗传》、《清儒学案》、《近思录》、《性理大全》等思想史论著或资料汇编，产生了庄子、荀子、韩非子、司马迁、刘向、刘歆、朱熹、黄宗羲、全祖望等众多中国思想史研究者。但是作为现代学术体系中相对独立的一门学科的中国思想史研究，萌芽于19世纪末20世纪初。

19世纪末20世纪初年，传统的经学学术形式已经不能适应时代需求，运用西方学术理论和方法研究中国学术逐渐成为学术界的潮流。1902年，梁启超著《论中国学术思想变迁之大势》，以西方学术为参照，按照时间顺序，将中国思想学术的发展分为七个时期，力图考察其发展变化的规律。章太炎1900年出版《訄书》初刻本，对自周秦到清代的思想学术做了很有启示意义的探索。1906年他著《诸子学略说》，对以后学者研究先秦诸子有很大影响。1910年出版的《国故论衡》对中国思想史研究具有重要意义。该书下卷从文字音韵出发，取西学印证中学，为后世研究中国思想史开创了门径。王国维 1905 年发表《论新学语之输入》与《论近年之学术界》两篇文章。其中《论新学语之输入》阐述中西学术方法的特点，认为西方学术对于研究对象既有实事求是的实证分析，又有综合概括和抽象思辨，而中国传统学术方法模糊的直觉居多，尤其欠缺综合的抽象思辨，没有达到学术研究的自觉。他主张运用西方学术的科学方法来弥补中国传统学术的不足。他还讨论了现代学术语言观念，认为传统学术用语严重不足，需要输入外来学术用语，包括日本翻译西学所创造的新用语。1917 年王国维又发表了《殷周制度论》，运用考古资料与文献资料相结合的研究方法，探讨了殷周之间制度与思想观念的差异，提出殷周变革论的学术观点，对于如何考察制度变迁与思想观念变化的联系做了示范性探索。1905 年刘师培发表《周末学术史序》，按照西方学术的分类方法，分心理学、伦理学、哲理学、宗教学、政治学等十多个门类，研究春秋战国时期的思想，开启了按现代学术分类方法研究中国思想史的先河。

蔡元培 1910 年出版的《中国伦理学史》是现代中国第一部专门研究中国伦理思想的通史性著作，使伦理思想从传统的混沌中独立出来，具有重要的思想学术史意义。1918 年胡适出版《中国哲学史大纲》，其《导言》阐述了中国哲学史的定义、目的、分期、研究方法。胡适运用西方哲学系统研究中国先秦哲学思想，他的历史进化眼光、严格的考证方法、条理系统的论述形式，对中国思想史的研究极富启示。

20 世纪 20 年代，中西文化论战促进了对中国思想的了解。1922 年梁漱溟出版《东西文化及其哲学》一书，虽然该书有强烈的儒家文化情结，但其中凝聚着他对中国、印度、西方思想特点与差异的认识，尤其是该书第四章“西洋印度中国哲学之比观”，说明要了解中国思想的特点，只有在与西方哲学、印度哲学的比较中才能做到。

古史辨运动是 20 年代、乃至整个 20 世纪中国学术界的重要事件，对于中国思想史的研究有重要影响。顾颉刚等人力图破除层层累积造成的伪古史系统，建立真实的中国历史，他们的主要工作是对六经和诸子的考辨，有大量内容直接涉及中国思想史研究。古史辨运动使中国思想史研究基本材料的考辨成为最核心的问题。如果没有对中国思想材料的科学考证，中国思想史的研究将缺乏牢固的基础。历史语言研究所的创立者傅斯年甚至认为史学即史料的科学，他把古文字学、语言学与思想史研究结合起来，其代表作《〈性命古训〉辨证》、《论性命之说之语学及史学的研究》等文，从语义学的角度考察思想的根源和演变，对如何将古史辨的方法运用于思想史研究做了尝试。

1927年许地山的《道家思想与道教》刊登于《燕京学报》12月第2期上，道家道教思想研究开始走向现代学术前台。1933年陈寅恪撰成《天师道与滨海地域之关系》，对道教与地域文化的关系进行研究。1934年，许地山的《道教史》由上海商务印书馆出版发行，这是中国人自己写的第一部系统梳理道教产生及其演变历史的著作。自《道教史》一书问世之后，“道教史”成为中国思想史研究的重要领域。

1931年至1934年，冯友兰出版《中国哲学史》上下卷，这是继胡适《中国哲学史大纲》之后又一部非常重要并颇具影响的中国哲学史著作，它在许多方面超越了胡适的著作。胡适的著作虽名为大纲，实际只写了先秦时期。而冯友兰的《中国哲学史》是第一部系统完整论述中国哲学发展演变的著作。在该书《绪论》中，冯友兰认为中国哲学研究的任务，就是选出中国历史上各种学问中可以用西洋哲学来加以叙述的内容，从形式上的无系统中找出中国哲学实质的系统。他还论述了中国哲学的特性，区分了哲学史和写的哲学史的差异。

1935—1936年间，张岱年写成50万字的《中国哲学大纲》。该书与胡适和冯友兰的著作不同，它以宇宙论、人生论、致知论等哲学问题为纲，分别叙述中国哲学发展演变的源流，力图系统条理中国哲学，并找出中国哲学思想的特色。他的这种研究方法和努力也成为研究中国思想史的重要路径之一。张岱年还在中国哲学史史料学、方法论等方面有精深的造诣，出版了《中国哲学史史料学》、《中国哲学史方法论发凡》等著作。

1938年，汤用彤经过四次修改的《汉魏两晋南北朝佛教史》由商务印书馆出版。这本书超越了20世纪30年代之前的佛教史著作。在该书出版之前，佛教的研究已经展开，有的从信仰的角度出发，有的顺应学术科学化的努力，采用科学方法去研究佛教，如欧阳竟无、梁启超、胡适等。汤用彤以汉魏两晋南北朝佛教的基本演变线索为主题，按照历史顺序，从佛教入华的多种传说谈起，对汉魏两晋南北朝的佛学源流作了全面的梳理和介绍，对各个时期佛教典籍的传译注疏、重大的佛教事件、有影响的佛教人物、主要佛教思想内涵，进行了详细的分析和总结，为研究汉魏两晋南北朝时期的中国佛教史提供了重要的参考。《汉魏两晋南北朝佛教史》至今仍是中国佛教史研究领域的一部最有影响的专著。

吕振羽的主要史学著作有《史前期中国社会研究》、《殷周时代的中国社会》、《中国政治思想史》、《简明中国通史》、《中国社会史诸问题》、《中国民族简史》、

《史学研究论文集》、《史论集》、《吕振羽史论选集》、《中国历史讲稿》等，其中1937年由上海黎明书局出版的《中国政治思想史》是运用马克思主义研究中国政治思想的代表作。他指出，“哲学思想，虽能作用于社会经济和政治，基本上却是被决定于社会经济结构和政治形态，并与之相适应，随着其发展变化而发展变化的”①，就是从社会经济、政治的变化去看政治思想的变化。吕振羽的史学研究为中国马克思主义史学的发展作出了贡献。

1940年萧公权写完70余万字的《中国政治思想史》，1945年由重庆商务印书馆出版。该书对中国思想史中的政治思想进行了系统深入的研究，明确指出中国不仅有政治思想，而且有与欧美不同的特点。他运用西方政治学理论、历史学的方法，在占有大量第一手资料的情况下，对中国政治思想史作出系统的条理。中国政治思想史逐渐成为中国思想史研究中一个非常重要的领域。1948年，王亚南出版《中国官僚政治研究》。他是《资本论》的翻译者之一，通过借鉴西方官僚政治，从经济、文化、政治、制度等方面解释中国官僚政治，论述了中国官僚政治在古代的发生、发展与现代的转型，深刻地揭示了中国官僚政治的特点。

郭沫若、侯外庐是中国马克思主义史学的重要开创者，他们在中国思想史研究方面作出了重要贡献。郭沫若运用马克思主义经典作家的理论和方法研究中国社会和历史，在文学、戏剧、考古学、历史学、金文、甲骨文以及青铜器研究等方面有重要贡献，其中对先秦诸子的思想的批判性研究，是20世纪中国思想史研究的重要组成部分。1930年，郭沫若出版《中国古代社会史研究》，对殷周之际的历史进行了深入剖析，提出西周以前是原始共产制的氏族社会，西周是奴隶社会，并根据氏族社会向奴隶社会过渡的认识，寻找在《易》、《诗》、《书》中两种社会关系思想观念过渡的线索。20世纪40年代前后，他写成了研究周秦时期社会和思想的两部重要著作，即“偏于考证”的《青铜时代》和“偏于批评”的《十批判书》，成为其研究先秦诸子思想的代表作。《青铜时代》和《十批判书》1945年出版，两书体现了郭沫若从时代趋势研究先秦诸子的批判性视角和“人民本位”立场。

侯外庐写了大量关于中国古代社会和思想史研究的著作和论文，尤其是自1944年后陆续出版的五卷六册的《中国思想通史》，是第一部以“思想史”命名的通史性著作。侯外庐认为中国思想史研究的对象是哲学思想、逻辑思想和社会思想意识。

① 吕振羽:《中国政治思想史》(初版序)，三联书店1949年第1版，1955年第4版。

他指出，如果要使中国思想史的研究真正成为一门科学，还必须把思想史置于中国社会史的具体背景之下，将二者贯通起来。研究思想史首先应对中国社会历史的特点有科学的理解，而要准确理解中国社会历史的特点，就必须"以自然史的精确性"对中国社会历史进行研究，这就需要对中国社会经济形态的发展历史有深入的探讨。以社会史研究为基础，展开对思想史的研究是侯外庐中国思想史研究的特色，形成了中国思想史研究的侯外庐学派。

任继愈是运用马克思主义研究、总结中国思想的重要代表，在中国哲学史、儒家、道家道教、佛教等诸多领域有深入的研究。在中国哲学史研究方面，他于1960年代主编了四卷本的《中国哲学史》，后又于20世纪70年代后期主编了《中国哲学发展史》（七卷本，已出四卷），并且出版了《中国哲学史论》等研究专著，在中国哲学史研究领域提出了许多重要的创见。他以历史唯物主义的观点研究中国儒教、佛教、道教及其哲学思想，注重对儒、道、佛三教复杂关系的考察，揭示中国宗教发展变化的规律，出版有《汉唐佛教思想论集》，主编有《中国道教史》和多卷本《中国佛教史》。

20世纪70年代吕澂出版《中国佛学源流略讲》，这是继汤用彤之后又一部非常重要的佛教思想通史类著作。有学者论述该书的重要性时指出："这是一部比较集中反映先生对中国佛学成熟看法的作品。这部书写得最精彩的是隋唐佛学。可以说《略讲》把隋唐时期成立起来的五大宗的主要学说都清楚地描绘出来。老一辈学者汤用彤先生写了《汉魏两晋南北朝佛教史》，准确而比较详尽地向人们介绍了这一时期的中国佛学；先生此书则对隋唐佛学做了精辟分析。合读这两部书，即可窥见中国佛学全过程。"①

王明是道教文献研究领域用力最勤的拓荒者，还是国内研究道教与中国古代科技关系的先行者，在道教思想史研究方面有重要贡献。他考订、整理和研究的《太平经合校》、《抱朴子内篇》于1960年、1980年由中华书局出版，是公认的最权威、最详备的版本。他整理的《无能子校注》1981年由中华书局出版，是目前所见最为完备的读本。他还著有《道家和道教思想研究》、《道家与传统文化研究》等，以老子、庄子为核心，深入考察道家学派的思想源流及其历史影响，还对《周易参同契》的年代、作者、内容，以及与汉代象数易学的关系、金丹思想的来源、版本流变等

---

① 张春波：《当代著名佛学家吕澂先生》，载《五台山研究》，1989年第1期。

都作了详细考证或论述。

1949 年后直至改革开放前后，我国台湾、香港以及欧美地区产生了不少具有重要影响的中国思想史研究成果。钱穆在 1949 年前就已有大量的成果问世。20 世纪 50 年代，钱穆出版《中国思想史》一书，对中国思想史研究的相关问题提出了自己的理解，强调中国思想的独特性，力图摆脱西方哲学史的模式。他主要采用文献学、历史学、学术史方法从事中国思想史研究，但并不忽略社会史、政治史。他的思想史研究与他复兴中国文化的忧患意识有紧密联系。他的学生余英时是海外颇具影响的中国思想史研究专家，提出"内在理路"的研究方法，强调要从学术思想自身的逻辑来理解与解释学术思想史的变化，不能简单将学术思想视为特定历史过程的产物，研究学术思想所处的外在环境很重要，但是学术思想的最终理解还是需要回到学术的自身语境中。

1958 年，唐君毅、牟宗三等新儒家学者联名发表了《中国文化与世界——我们对中国学术研究及中国文化与世界文化前途之共同认识》，对于如何研究、继承儒家思想提出了比较系统的看法。牟宗三自 20 世纪三四十年代开始，著有大量研究中国哲学，尤其是儒家思想的著作，是现代新儒家研究中国传统思想的重镇，他对中西哲学特征的看法以及他解释中国哲学的方法都具有很强的代表性。徐复观是新儒家中比较重要的中国思想史研究者，在先秦两汉思想史研究方面有很突出的成绩，他力图把专制政治和儒家思想区分开来。他认为西方思想家以思辨为主，其思想形成了一种逻辑的结构，而中国思想家以生活体验为基础，具体性多于抽象性，但经验经过反省与提炼之后形成文字也常常显出一种合乎逻辑的结构。中国思想史研究的任务就是把这些思想家潜伏着的思想结构如实地揭示出来。具体而言，就是先拆散原有的材料单元，把思想家的各种观念、问题从各种材料中抽出，然后以观念、问题为中心重新结合材料，以便了解思想家对每个观念、问题的理解。进一步把各个观念、问题加以排列，找出它们之间的关联、层次与方位，发现思想家思想的基点、中心点和宗旨。在这种笨功夫中考据占有很重要的地位，但是仅仅停留在文字训诂的考证上是不够的，不能忽略思想家所用的观念名词，这些名词与思想家自己思想系统的规定和他所处时代的流行用法有很大的关联。徐复观认为在思想史研究中，先顺着前人的思想去思想，随着前人思想之展开而展开，才能真正了解其中所含藏的问题，及其所经过的曲折，然后提出怀疑、评判，才能与前人的思想本身相符合，否则只是一种猜度。

20世纪至今有不少西方学者对中国思想史展开深入研究，如李约瑟、费正清、中村元、艾尔曼等人。1954年以后，李约瑟带领的团队出版了多卷本的《中国科学技术史》，其中第二卷专门论述中国科学思想史，扭转了其前认为中国传统社会没有科学思想的偏见，对于拓展中国思想史研究的领域和深度具有重要意义。

费正清开创的美国汉学打破了传统汉学不注重近现代研究的局限。他认为追溯几百年的历史可以更好地理解当代的中国。他主张使用中国的档案和原始资料来研究中国历史。他还采用了历史学、社会学等多学科结合的方法分析中国社会的变迁。

日本学者中村元的研究范围涉及印度哲学、佛学、历史研究、日本思想、比较思想等，领域极其广泛。他站在比较思想史的角度，通过对中西印思想的比较，试图综合各种思想，提出建立世界思想史的设想，在比较思想史领域进行了理论和实证的研究。

艾尔曼是20世纪90年代以来美国中国思想史研究的重要代表，他提出运用“新文化史”的方法研究中国思想史，通过对考据学和常州今文学派的研究，力图将思想史、政治史和社会史研究结合起来，以便从中国历史的内在逻辑研究中国从传统向现代的转型，指出考据学派是官方政策、民间社会和学术共同体三者互动的结果，常州今文学是经学、政治和宗族三者互动的结果。

20世纪80年代以来，中国内地的中国思想史研究重新活跃起来。

李泽厚出版了多部中国思想史研究的著作。他认为学术研究应该允许多样化的发展，通过不同的途径、不同的方法，从不同的角度去研究，相互渗透，彼此补充。在思想史研究中，可以用哲学的方法，也可以用历史的方法；可以从宏观角度把握，也可以从微观角度把握。他不用唯物论唯心论斗争史，也不用认识论史来研究中国思想史，而是主张从许多不同的角度和途径去研究。他认为思想史的研究对象是研究自我意识和自我意识的发生发展史、理解史。一个人真正有自我意识才能独立起来，要有自我意识，必须理解自己，而理解必须通过对过去的理解来完成，一个人、一个民族的存在总是一定时空中的存在，真正的历史真实就在于对历史真实的了解，每个时代都不断地写历史，都是根据自己此时此刻存在的要求来回顾历史，使历史成为推动我们前进的背景和动力，绝不是简单的知识和记录。

萧萐父自20世纪四五十年代即开始哲学史研究，在中国古代辩证法史、先秦儒道思想、明清哲学、近现代文化思潮等方面有深入研究。1978年，萧萐父主编《中国哲学史》教材，注重以历史与逻辑相统一的原则来研究中国哲学史，以螺旋结构取代唯物、唯心的对子结构，推进了对中国思想文化的认识。90年代以来，他还强调文化多元化的共生和发展，中国传统文化与其他文化应该多元共存、共同发展。

张岂之早在20世纪五六十年代就协助侯外庐完善《中国思想通史》(五卷本)，80年代与侯外庐、邱汉生主编《宋明理学史》，后主持中国儒学思想、中国近代伦理思想、中国近代学术思想的研究，并主编了多部思想学术史著作。他对中国思想史的研究对象、研究方法等方面作出了系统说明。2007年他主编的《中国思想学说史》出版。该书继承了侯外庐关于中国思想史研究对象和方法的基本观点，尝试对中国思想史的演变历程及其主要内容提出更加符合中国文化原貌的解析，把中国思想史写成为真正在中国学术土壤中生长发育的历史，同时注重思想与文化发展的关系，力求揭示各个历史时期思想观念在文化形式中的渗透与表现。该书吸收了近年来思想史研究的最新成果，尤其是考古资料在思想史研究领域的反映，如马王堆汉墓帛书、郭店楚简、上博简等，比较充分地反映了中国思想史研究的最新进展。

刘泽华致力于中国政治思想史和政治文化、知识分子史、政治史的研究，自著或主编有多部研究中国政治思想的著作，如《先秦政治思想史》、《中国传统政治思想反思》、《中国古代政治思想史》、《中国的王权主义》、《中国传统政治思维》、《中国政治思想史》(三卷本)、《中国传统政治哲学与社会整合》、《士人与社会》(第一卷、第二卷)、《专制权力与中国社会》等。他指出，中国古代社会的基本特点是王权支配社会、王权主义是传统思想的主脉、传统政治思想是一种“阴阳（主辅）组合结构”。在方法上，他在尊重历史唯物主义的基础上，提出了“阶级——共同体综合分析法”，指出“在阶级社会，政治思想的核心部分具有最明显的阶级性质。但从政治思想的总体看，又不能全部归入阶级范畴，……虽然每个人都无法游离于阶级生活之外，但在观念上，并不妨碍某些人会提出超阶级的理论和主张”[①]。因此政治思想对象本身并不都是阶级的，它还有很强的社会性。他认为思想与社会是一种互动关系是相互影响的，中国政治思想与传统社会是紧密联系的。20世纪80年代他还把政治文化引入政治思想史研究，提出“政治文化化与文化政治化”的学术观点。

方立天主要从事中国佛教和中国哲学的教学与研究，在中国佛教思想史研究领域卓有建树。1982年中华书局出版了他历时18年完成的《魏晋南北朝佛教论丛》，

① 刘泽华:《中国政治思想史研究对象和方法问题》，见《中国传统政治思想反思》，三联书店1987年版，第6页。

后又专门研究慧远、法藏等，著有《慧远及其佛学》、《法藏评传》等著作，并与师友一起编辑《中国佛教思想史料选编》4卷十余册，成为20世纪八九十年代以来国内高校最流行的佛教思想资料集，他撰写的《华严金师子章校释》成为佛教古籍整理的范本。1986年、2002年中国人民大学出版社出版其《佛教哲学》和《中国佛教哲学要义》（上下卷），运用哲学方法，提炼佛教思想元素，把佛教哲学总结为人生论、宇宙论和实践论三大方面，认为心性和直觉是中国佛教哲学的两大要点，对佛教哲学的基本内涵作出了准确而精要的概括。

卿希泰著有《中国道教思想史纲》（3卷），四川人民出版社1980年、1985年、1999年出版，主编《中国道教史》（4卷）等，四川人民出版社1988—1996年出版。他认为道教正式诞生于东汉顺、桓之际。道教史的分期应当既考虑到封建社会的政治、经济对道教发展的制约，也应如实地反映道教发展过程中本身的特点。道教具有极大的包容性，许多古代的文化思想都汇集在道教文化之中，并借道教的经典保存下来。道教在长期的发展过程中，又对中国古代社会的政治、经济、哲学、文学、艺术、音乐、建筑、化学、医学、药物学、养生学、气功学，以及伦理道德和民俗、民族关系、民族心理、民族性格与民族凝聚力的形成等各个方面都产生过巨大而复杂的辐射作用，留下了它的深刻影响。

在经学史研究方面，周予同是重要代表。他运用马克思主义的唯物史观，以文献资料为基础，主张论从史出，科学客观地研究经学史，著有《经今古文学》、《群经概论》等多部重要的经学著作。曾经在20世纪60年代协助周予同主编《中国历史文选》的朱维铮是中国经学史研究的重要传承者，他在《中国经学史十讲》、《儒术独尊的转折过程》、《中国经学与中国文化》等著作和文章中认为，经学史是中国中世纪的统治学说史，"学随术变"是经学演变最明显的特征，经学史与我国边疆历史有复杂而密切的联系。这些观点在继承周予同经学史研究思想的基础上又有所发展。朱维铮还整理了大量的经学史研究文献，比如《周予同经学史论著选集》，先后受邀参与主编《传世藏书》经学与经学史类文献，担任整理《儒藏》经学史类文献的主编。朱维铮为经学史研究作出了重要贡献，在中国史学史、中国思想文化史、中西文化交流史、晚清及近代学术史研究等方面也有重要著作出版。

20世纪的中国思想史研究很关注出土文献。对马王堆汉墓帛书、郭店楚简、上博简、清华竹简等出土文献的研究，使人们对中国思想史上的许多问题产生了新的认识。李学勤注重将考古资料与文献资料结合研究中国的社会和历史，在甲骨文、铭文、战国文字、青铜器、简帛学等方面都有很重要的建树，出版了《殷代地理简论》、《东周马秦代文明》、《周易经传溯源》、《走出疑古时代》、《简帛佚籍与学术史》等。近年来，他又主持清华简的研究。李零在郭店楚简、帛书等方面也有很重要的研究成果，如《郭店楚简校读记》。把考古资料与思想史研究结合起来，近年来受到越来越多学者的重视，庞朴的《孔孟之间——郭店楚简的思想史地位》一文、梁涛的《郭店楚简与思孟学派》一书都是这方面的新成果。

20 世纪 90 年代以来，关于中国思想史研究的理论与方法的思考还在继续。葛兆光是其中的重要代表。他力图超越中国思想史以人以书为中心的写法，认为思想史要回应后现代史学等思潮的涌现、新材料的不断出现、大众社会的逐渐成型。与此同时，文化自觉思潮成为中国社会的一种主要思潮，这一思潮对中国思想史研究意味什么，也引起了大家的注意。郭齐勇对于传统文化、尤其是儒家文化的现代价值多有阐述和研究，著有多部研究儒家思想及其 20 世纪中国思想文化史的著作。而邓晓芒则对儒家思想核心命题的现代意义和现有研究方法深表怀疑。这些讨论对准确定位中国思想史研究与现代社会的联系不无帮助。

19 世纪末以来，中国思想史研究产生了大量重要的学术成果，全面总结 20 世纪中国思想史研究的学术成果绝非一本论文选集所能做到，我们只能根据论文选集的目的，按照时间顺序，选择那些能够大致反映中国思想史研究进程概况的论文或经典著作的节选。这些论文或论著的节选或对中国思想史的研究方法具有启发性，或在儒学思想研究、道家道教思想研究、佛教思想研究、哲学思想史、政治思想研究、伦理思想研究等方面具有开创性，还有几篇是有关中国思想史研究的意义探索的文章。由于篇幅的限制，许多很优秀的中国思想史研究者的成果没有选入，这不代表我们对他们的研究有任何偏见。

总之，自 19 世纪末年中国学术革新以来，现代中国思想史学科走过了不平凡的历程，上述学者们运用各种不同的理论和研究方法，对中国思想史展开系统研究，产生了开拓性的、经典性的成果，这些成果是中国思想史学科不断成长的见证，也是我们继续研究的基础。只有对这些学术成果有充分的总结、消化吸收，才能在促进时代性与民族性结合的中国思想史学科中结出更多的硕果。

梁启超与《论中国学术思想变迁之大势·总论》

经典导读

梁启超（1873—1929年），字卓如，又字任甫，号任公，别号饮冰室主人、饮冰子、哀时客、中国之新民、自由斋主人等，广东新会人。他不仅是著名的政治家、思想家，而且是成绩卓著的史学家。他提倡“新史学”，是现代中国史学研究的开创者和奠基者。梁启超有大量史学著作存世，如《中国历史研究法》、《中国历史研究法补编》、《清代学术概论》、《中国近三百年学术史》等，其著作合编为《饮冰室合集》。

梁启超在史学方面的贡献主要体现在两个方面：一是关于中国历史研究的理论和方法的探索。1901年，梁启超发表《中国史叙论》，认为新史学不应该像旧史学那样写“一人一家之谱牒”，应该探索国民全部之经历及其相互关系。他注意到西方人写历史，常采用上世史、中世史、近世史的分期方法，从而将中国历史划分为：自黄帝至秦统一为上世史，秦统一至清代乾隆之末为中世史，自乾隆末年至今日为近世史。1902年，梁启超发表《新史学》，批判传统史学陈陈相因，主张史学应该做到：“第一，历史者，叙述进化之现象”、“第二，历史者，叙述人群进化之现象”、“第三，历史者，叙述人群进化之现象而求得其公理之例者”[①]，指出历史研究的目的

① 梁启超：《新史学》，见《梁启超史学论著四种》，岳麓书社1998年版，第248～251页。

在于寻找人群进化的规律。这些观念都是梁启超之后写作《论中国学术思想变迁之大势》的基础。梁启超1921年在南开大学讲授"中国历史研究法"、1926年在清华学校讲授"中国历史研究法补编"，对历史研究的理论和方法做了进一步的探索，从史学研究的意义、史料的搜集与整理、史家的品质等方面对新史学做出了论述，而且还分门别类地从人的专史、事的专史、文物的专史乃至文化史等方面做了开创性研究。二是在中国思想学术史，尤其是清代学术史研究方面有卓越贡献。这方面的成果主要体现在《清代学术概论》和《中国近三百年学术史》中。梁启超对清代学术史的研究受了章太炎《清儒》、刘师培《清儒得失论》等著作的影响。梁启超的两部著作的独特之处在于从时代思潮的角度宏观考察明末至清三百年的学术史，追溯源流，考究原因，使后来者能够从整体和局部两个层面了解清代学术史概貌，而且梁启超在书中贯穿了很多个人的思想观念，比如以进化论的视角考察清学的衰落和西学的传播，加上梁启超新式的著述形式和文采也引人入胜。

虽然通常说奠定梁启超学术地位的著作是写成于20世纪20年代的《中国历史研究法》及《中国历史研究法补编》、《清代学术概论》、《中国近三百年学术史》，但他1902年所写的《论中国学术思想变迁之大势》也同样具有十分重要的地位。诚如梁氏自己在写于1920年的《清代学术概论》中所言，"余于十八年前，尝著《中国学术思想变迁之大势》，刊于《新民丛报》，……余今日之根本观念，与十八年前无大异同。惟局部的观察，今视昔似较为精密。且当时多有为而发之言，其结论往往流于偏至。——故今全行改作，采旧文者十一二而已。"[①] 显然，梁启超最重要的几部学术著作虽然局部观察更加细密，但是与之前的《论中国学术思想变迁之大势》中的根本观念是一脉相承的。《论中国学术思想变迁之大势》作于20世纪初，当时学术研究现代化的大幕刚刚拉开，梁启超在书中表达的理念和新的研究方法实开中国学术思想研究之新风。

《论中国学术思想变迁之大势》从1902年3月开始，陆续刊刻于梁启超在日本横滨主编的《新民丛报》(半月刊)"学术"栏目。梁启超自述办刊的宗旨是"取《大学》'新民'之义，以为欲维新吾国，当先维新吾民"[②]，也就是要传播新民思想。梁启超认为"'新'之义有二：一曰淬厉其所本有而新之；二曰采补其所本无而新

① 梁启超：《清代学术概论》，上海古籍出版社1998年版，第1～2页。
② 梁启超：《本刊告白》，载《新民丛报》第1号。

之"[①]，主张兼采中西思想。刊刻于《论中国学术思想变迁之大势》前的《论学术之势力左右世界》一文，广泛介绍了哥白尼、笛卡儿、孟德斯鸠、卢梭、达尔文等对世界文明产生重大影响的人物及其学说，体现了新的系统的学术思想对于一种文明保持生机的重要性。梁启超显然想弄明白中华学术思想在上古和中世为什么雄立于世界，而近世何以衰落？更有"恢复乃祖乃宗所处最高尚最荣誉之位置，而更执牛耳于全世界之学术思想界者"的良苦用心。当然梁启超更有卓越的眼光，针对当时学术界的现状，他指出一些人"徒为本国学术思想所窘"，"于他国未尝一涉"，而另一些人"徒为外国学术思想所眩"，"于本国者不屑一厝其意"[②]。因此希望通过总结中国固有的学术思想之得失，参照西方文化，达到融会贯通的目的，而重振中国学术思想在世界文明中的重要位置，这就是他写作《论中国学术思想变迁之大势》的出发点和目的。

《论中国学术思想变迁之大势》系未完成之作，前六章陆续刊登在1902年《新民丛报》的第3、4、5、7、9、12、16、18、21、22号上，1904年又续写出《近世之学术部分》，刊于第53、54、55、58号上。1925年8月上海群众图书公司发行单行本的《中国学术思想变迁史》，但只收录到第六章《佛学时代》，遗漏了续篇。2001年，上海古籍出版社出版了由夏晓虹导读，以《新民丛报》为底本，参照上海广智书局1905年版《(分类精校)饮冰室文集》及上海群众图书公司1925年版《中国学术思想变迁史》，名为《论中国学术思想变迁之大势》的更全面精确的版本。《论中国学术思想变迁之大势》分总论、胚胎时代、全盛时代、儒学统一时代、老学时代、佛学时代、儒佛混合时代、近世之学术等共八章（第七章阙如）。我们这里所选为第一章"总论"，因为它详细反映了梁启超的著述宗旨和目的、划分中国学术思想的计划，是全书的总纲目，是继续研究其他各章的基础。

《论中国学术思想变迁之大势》在中国思想学术史的研究中具有重要意义，主要表现在以下方面：

第一，改变了传统的学术体例。梁启超打破了单篇论说、读书札记、学术传承等著作体例，首次用通史的视野，从古代一直观察到现代，把古代直到20世纪初的中国学术分为八个时期："一胚胎时代，春秋以前是也；二全盛时代，春秋末及战国

① 梁启超：《新民说·释新民之义》，辽宁人民出版社1994年版，第7页。

② 梁启超：《论中国学术思想变迁之大势》，上海古籍出版社2001年版，第5页。

是也；三儒学统一时代，两汉是也；四老学时代，魏、晋是也；五佛学时代，南北朝、唐是也；六儒佛混合时代，宋、元、明是也；七衰落时代，近二百五十年是也；八复兴时代，今日是也。”① 全书八章，每章下分节，目录清晰，论述逻辑清楚。正如夏晓虹指出的，这种新的著述体例隐含着新的思路，就是中国的学术思想用四书五经无法涵盖，即使加上清代学者开始关注的诸子百家，也远远不够。根据胡适回忆：梁启超的《论中国学术思想变迁之大势》“给我开辟了一个新世界，使我知道四书五经之外中国还有学术思想”，“这是第一次用历史眼光整理中国旧学术思想，第一次给我们一个‘学术史’的见解。”胡适坦诚地指出梁启超著作的启发和未完成埋下了其“后来做《中国哲学史》的种子”②。实际上，不止是胡适，后来在中国思想史、哲学史研究上作出重大贡献的学者如冯友兰、侯外庐等都受其影响。

第二，体现了新的思想学术观念。梁启超在具体研究中，一方面注重从史料出发，科学地、实事求是地分析问题，从原因到结果都力求详细分析，体现了 20 世纪中国学术研究受西方科学精神的影响；另一方面，梁启超通过对历代学术思想的批判性分析，体现自己的思想观念，比如对思想学术自由的赞扬和对学术专制的批判。他指出春秋末年及战国学术思想全盛的原因之一就在于“思想言论之自由”，学派之间互相争鸣、相互吸收，求同存异，“思想自由，达于极点”。“夫进化之与竞争相缘者也，竞争绝则进化亦将与之俱绝。中国政治之所以不进化，曰惟共主一统故；中国学术所以不进化，曰惟宗师一统故”，两汉的儒学统一时代，造成了“思想之一窒。”③ 梁启超还对专制政治对学术的限制、拘泥于古人的学风、师承家法的门户之见等给予严厉的批判，这些体现了学术研究的近代观念。

第三，呈现中西比较的视野。如第三章“全盛时代”第四节标题为“先秦学派与希腊印度学派比较”，俨然具有全球思想学术史的视野，“当春秋、战国之交，岂特中国民智为全盛时代而已；盍征诸全球，莫不尔焉”，“以地理论，则中国、印度同为东洋学派，而希腊为西洋学派；以人种论，则印度、希腊同为阿利扬族学派，而中国为黄族学派；以性质论，则中国、希腊同为世间学派，而印度为出世间学派。故三者互有其相同之点，相异之点。今请校其长短而僭论之。”④ 通过比较，梁启超

① 梁启超:《论中国学术思想变迁之大势》，上海古籍出版社 2001 年版，第 6～7 页。

② 欧阳哲生编:《胡适文集》(1),《四十自述》，北京大学出版社 1998 年版，第 73 页。

③ 梁启超:《保教非所以尊孔论》，载《新民丛报》第 2 号。

④ 梁启超:《论中国学术思想变迁之大势》，上海古籍出版社 2001 年版，第 40～42 页。

认为春秋战国时代的中国学术与希腊比较起来，中国国家思想发达、生计问题昌明、世界主义光大，而希腊学术家数繁多、影响广远。中国学术论理 logic 思想缺乏、物理实学缺乏、讨论辩难缺乏、门户主奴之见太深、崇古保守观念太重、师法家数之界太严，这些缺点都是在与希腊的比较中得出的。梁启超实开中西思想学术比较之先河。

第四，兼采中西的学术取向。无论是在各个时代学术思想的研究中，对外来思想与中国固有思想融合的称赞，还是对于现代中国学术研究的期望，梁启超都主张学术交融，“不知己之所长，则无以增长光大之；不知己之所短，则无以采择补正之。语其长，则爱国之言也；语其短，则救时之言也”①，目的就是主张中华文明与欧美文明结合，“二十世纪，则两文明结婚之时代也。”②

总之，《论中国学术思想变迁之大势》已经展现了一种新的学术气象，是现代中国思想学术史研究的开创之作。

—— 延伸阅读文献目录：

1. 梁启超著：《论中国学术思想变迁之大势》，上海古籍出版社，2001 年。
2. 梁启超著：《清代学术概论》，上海古籍出版社，1998 年。
3. 梁启超著：《中国历史研究法》，上海古籍出版社，1998 年。

—— 原文：《论中国学术思想变迁之大势·总论》

① 梁启超：《论中国学术思想变迁之大势》，上海古籍出版社 2001 年版，第 44 页。
② 梁启超：《论中国学术思想变迁之大势》，上海古籍出版社 2001 年版，第 8 页。

经典原文

论中国学术思想变迁之大势·总论

梁启超

学术思想之在一国，犹人之有精神也；而政事、法律、风俗及历史上种种之现象，则其形质也。故欲觇其国文野强弱之程度如何，必于学术思想焉求之。

立于五洲中之最大洲，而为其洲中之最大国者谁乎？我中华也。人口居全地球三分之一者谁乎？我中华也。四千余年之历史未尝一中断者谁乎？我中华也。我中华有四百兆人公用之语言文字，世界莫能及；（据一千九百年之统计，欧洲各国语之通用，以英为最广，犹不过一百十二兆人耳，较吾华文，仅有四分之一也。印度人虽多，而其语言文字，糅杂殊甚。中国虽南北闽粤，其语异殊，至其大致则一也。此事为将来一大问题，别有文论之。）我中华有三十世纪前传来之古书，世界莫能及。（《坟》、《典》、《索》、《丘》，其书不传，姑勿论。即如《尚书》，已起于三千七八百年以前夏代史官所记载。今世界所称古书，如摩西之《旧约全书》，约距今三千五百年；婆罗门之《四韦陀论》，亦然；希腊和马耳之诗歌，约在二千八九百年前；门梭之《埃及史》，约在二千三百年前，皆无能及《尚书》者。若夫二千五百年以上之书，则我中国今传者尚十余种，欧洲乃无一也。此真我国民可以自豪者。）西人称世界文明之祖国有五：曰中华，曰印度，曰安息，曰埃及，曰墨西哥。然彼四地者，其国亡，其文明与之俱亡。今试一游其墟，但有摩诃末遗裔铁骑蹂躏之迹，与高加索强族金粉歌舞之场耳。而我中华者，屹然独立，继继绳绳，增长光大，以迄今日；此后且将汇万流而剂之，合一炉而冶之。於戏，美哉我国！於戏，伟大哉我国民！吾当草此论之始，吾不得不三薰三沐，仰天百拜，谢其生我于此至美之国，而为此伟大国民之一分子也。

深山大泽而龙蛇生焉，取精用多物宏而魂魄强焉。此至美之国，至伟大之国民，其学术思想所磅礴郁积，又岂彼崎岖山谷中之犷族，生息弹丸上之岛夷，所能梦见者！故合世界史通观之，上世史时代之学术思想，我中华第一也；（泰西虽有希腊梭格拉底、亚里士多德诸贤，然安能及我先秦诸子？）中世史时代之学术思想，我中华第一也；（中世史时代，我国之学术思想虽稍衰，然欧洲更甚。欧洲所得者，惟基督教及罗马法耳，自余则暗无天日。欧洲以外，更不必论。）惟近世史时代，则相形之下，吾汗颜矣。虽然，近世史之前途，未有艾也，又安见此伟大国民，不能恢复乃祖乃宗所处最高尚最荣誉之位置，而更执牛耳于全世界之学术思想界者！吾欲草此论，吾之热血，如火如焰；吾之希望，如海如潮。吾不自知吾气焰之何以坌涌，吾手足之何以舞蹈也。於戏！吾爱我祖国，吾爱我同胞之国民。

生此国，为此民，享此学术思想之恩泽，则歌之舞之，发挥之光大之，继长而增高之，吾辈之责也。而至今未闻有从事于此者何也？凡天下事必比较然后见其真，无比较则非惟不能知己之所短，并不能知己之所长。前代无论矣。今世所称好学深思之士，有两种：一则徒为本国思想学术界所窘，而于他国者未尝一涉其樊也；一则徒为外国学术思想所眩，而于本国者不屑一厝其意也。夫我界既如此其博大而深赜也，他界复如此其灿烂而蓬勃也，非竭数十年之力，于彼乎，于此乎，一一撷其实、咀其华，融会而贯通焉，则虽欲歌舞之，乌从而歌舞之？区区小子，于《四库》著录，十未睹一，于他国文字，初问津焉尔，夫何敢摇笔弄舌，从事于先辈所不敢从事者？虽然，吾爱我国，吾爱我国民，吾不能自已。吾姑就吾所见及之一二，杂写之以为吾将来研究此学之息壤，流布之以为吾同志研究此学者之筚路蓝缕。天如假我数十年乎，我同胞其有联袂而起者乎，伫看近世史中我中华学术思想之位置何如矣。

且吾有一言，欲为我青年同胞诸君告者：自今以往二十年中，吾不患外国学术思想之不输入，吾惟患本国学术思想之不发明。夫二十年间之不发明，于我学术思想必非有损也。虽然，凡一国之立于天地，必有其所以立之特质。欲自善其国者，不可不于此特质焉，淬厉之而增长之。今正当过渡时代苍黄不接之余，诸君如爱国也，欲唤起同胞之爱国心也，于此事必非可等闲视矣。不然，脱崇拜古人之奴隶性，而复生出一种崇拜外人蔑视本族之奴隶性，吾惧其得不偿失也。且诸君皆以输入文明自任者也，凡教人必当因其性所近而利导之，就其已知者而比较之，则事半功倍焉。不然，外国之博士鸿儒亦多矣，顾不能有裨于我国民者何也？相知不习，而势有所扞格也。若诸君而吐弃本国学问不屑从事也，则吾国虽多得百数十之达尔文、约翰·弥勒、赫胥黎、斯宾塞，吾惧其于学界一无影响也。故吾草此论，非欲附益我国民妄自尊大之性，盖区区微意亦有不得已焉者尔。

今于造论之前，有当提表者数端：

吾欲画分我数千年学术思想界为七时代：一胚胎时代，春秋以前是也；二全盛时代，春秋末及战国是也；三儒学统一时代，两汉是也；四老学时代，魏、晋是也；五佛学时代，南北朝、唐是也；六儒佛混合时代，宋、元、明是也；七衰落时代，近二百五十年是也；八复兴时代，今日是也。其间时代与时代之相嬗，界限常不能分明，非特学术思想有然，即政治史亦莫不然也。一时代中或含有过去时代之余波，与未来时代之萌蘖，则举其重者也。其理由于下方详说之。

吾国有特异于他国者一事，曰无宗教是也。浅识者或以是为国之耻，而不知是荣也，非辱也。宗教者于人群幼稚时代虽颇有效，及其既成长之后，则害多而利少焉。何也？以其阻学术思想之自由也。吾国民食先哲之福，不以宗教之臭味，混浊我脑性，故学术思想之发达，常优胜焉。不见夫佛教之在印度，在西藏，在蒙古，在缅甸、暹罗，恒抱持其小乘之迷信；独其入中国，则光大其大乘之理论乎？不见夫景教入中国数百年，而上流人士，从之者希乎？故吾今者但求吾学术之进步，思想之统一，（统一者谓全国民之精神，非攘斥异端之谓也。）不必更以宗教之末法自缚也。

生理学之公例，凡两异性相合者，其所得结果必加良。（种植家常以梨接杏，以李接桃；牧畜家常以亚美利加之牡马，交欧亚之牝驹，皆利用此例也。男女同姓，其生不蕃；两纬度不同之男女相配，所生子必较聪慧，皆缘此理。）此例殆推诸各种事物而皆同者也。大地文明祖国凡五，各辽远隔绝，不相沟通。惟埃及、安息，藉地中海之力，两文明相遇，遂产出欧洲之文明，光耀大地焉；其后阿剌伯人西渐，十字军东征，欧、亚文明，再交媾一度，乃成近世震天铄地之现象，皆此公例之明验也。我中华当战国之时，南、北两文明初相接触，而古代之学术思想达于全盛；及隋、唐间与印度文明相接触，而中世之学术思想放大光明。今则全球若比邻矣，埃及、安息、印度、墨西哥四祖国，其文明皆已灭，故虽与欧人交，而不能生新现象。盖大地今日只有两文明：一泰西文明，欧美是也；二泰东文明，中华是也。二十世纪，则两文明结婚之时代也。吾欲我同胞张灯置酒，迓轮俟门，三揖三让，以行亲迎之大典。彼西方美人，必能为我家育宁馨儿以亢我宗也。

章太炎与《论诸子学》

经典导读

章太炎（1869—1936 年），名炳麟，字枚叔，后因仰慕明末爱国主义思想家顾炎武，改名绛，别号太炎，浙江余杭人。辛亥革命时期中国著名的革命家、思想家，也是一位在经学、史学、文学、文字音韵学等方面有深厚造诣的著名学者，近代中国学术革新运动的参加者与引领者之一。其著作上海人民出版社编有《章太炎全集》。

章太炎学术研究的领域广泛，他不仅对传统文化有精深的研究，而且对西方哲学和社会学有所了解。其学术成就主要包括以下几个方面：

第一是经学研究领域成就突出。章太炎在继承传统学术精髓的基础上，运用现代西方的学术观念和方法对经学进行研究。在诂经精舍学习时，章太炎就继承了朴学实事求是、无征不信的传统，在训诂考订文字音韵的基础上研究经文经义，撰写了两部颇有功力的学术著作：《膏兰室札记》和《春秋左氏读》。前者对古代经、史、诸子的著作中文字纰缪、音韵异同等进行详细考订辨析，对诸子以及汉代思想学术的演变有比较系统全面的总结。后者是章太炎对儒家经典研究的代表性作品，该书共分 9 卷，有杂记 900 多条，50 余万字，对《左传》中各种难解的古字古言、典制文物进行解释，还对其体例、叙事和立论的本义进行解释。通过运用古文献学和文字学的方法，考证了《春秋左传》的作者是丘明而不是左丘明。《春秋左氏读》主要以古文经为主，兼采今文经义阐释《左传》。《春秋左氏读》还通过对《左传》、《公羊传》、《谷梁传》的比较研究，以及《左传》同其他古代典籍的比较研究，提出了许多有重要影响的学术观念，比如指出《春秋左传》经文含义最为简明直接，《谷梁传》沿袭《左传》以发挥，《公羊传》又在《谷梁传》基础上增补。1899 年章太炎发表了《儒术真论》等文章，对康有为等人将孔子宗教化、神圣化提出了严厉批评。章太炎从古文经学出发，指出孔子以前即有六经，孔子只是进行了删定修理，儒家经典被神圣化的原因是汉代实行的文化专制政策，儒学独尊造成的。章太炎赞成章学诚提出的“六经皆史”的观点，六经并不是什么至高无上的经典，只不过是一些古代流传下来的史料而已。因此，研究经学应该用历史的方法，反对狭隘的通经致用的功利方法，要求重视古文，从音韵字义上实事求是的研究，反对动辄微言大义。《儒术真论》从孔子及其儒学“天为不明”以及“无鬼神”出发，否定了康有为孔子受命于天的神秘化观点。继而在《驳建立孔教议》一文中对于康有为倡导建立孔教为国教，宣称孔教可以挽救人心的观点进行了批驳，指出中土素无国教，道德的挽救也不能只依靠孔子一个人。

其次是在史学研究领域的贡献。章太炎积极参与 19 世纪末 20 世纪初中国学术革命的潮流，提出了学术革新的口号，探讨新的学术观念和方法，并做了初步实践。章太炎对传统学术研究的弊端做了尖锐批评，提出了近代学术发展的具体目标。首先，批评传统学术经世思想主要为专制政权服务，民主意识淡薄，对国民的重要性缺乏认识，提出要将国民作为学术研究的价值中心。他将经学研究与民族民主革命的时代主题结合起来。章太炎等通过对西方历史和政治学、哲学、社会学著作的广泛涉猎，提出了研究中国历史的哲学认识，把为帝王服务的道德鉴戒型史学转化为为国民服务的、带有总结历史发展规则特色的新史学，把历来处于附庸地位的诸子百家之学当为中国思想文化极其重要的组成部分，把语言文学视为中国历代政治经济、文化生活的有机反映，对于中国传统学术研究向现代学术研究的过渡起了十分重要的作用。其次，他们批判传统学术研究历史进化观念贫乏，从中看不到历史发展的趋势，提出要熔冶哲理，研究历史发展的基本规则。章太炎指出近代学术需要以社会进化之理为指导，应该使读者从学术研究中“知古今进化之轨”[①]。再次，他们对传统学术方法的陈旧表示不满，对学术研究的因果关系乃至学术成果的表现方式都提出了更高的要求。1906 年，章太炎发表《与人论朴

① 章太炎：《訄书·哀清史附中国通史略例》，梁涛评注，陕西人民出版社 2003 年版，第 644 页。

学报书》，指出学术研究不能过分强调其政治性。过分强调学术的经世功能，不但不能准确了解学术对象的真正面貌，反而助长了学人的干禄躁进之风。1907 年发表《社会通诠商兑》，批评严复用甄克思《社会通诠》的原理将中国历史划分为图腾、宗法、军国三大发展阶段的做法，明确指出，学术研究不能把西方学术原理当做教条，运用西方学术原理要注意将其与中国历史文化的客观事实相结合，更不能以无为有，以有为无。1909 年他在《与国粹学报社书》中，再次强调，乾嘉朴学的研究方法，实事求是，它能使学者培养一种笃实纯真的道德品格，避免躁进之风，严格的方法程序可以扭转学术研究越来越泛滥的主观主义。1910 年发表《征信论》，更加明确指出乾嘉朴学研究方法与西方学术方法对照，更加具有科学性。

第三是在思想学术史方面的卓越贡献。1900 年章太炎将一部比较全面地展现自己学术观点的著作《訄书》初刻本面世，书中包括大量研究传统思想学术史的论文，比如《儒墨》、《儒侠》、《儒兵》、《儒道》、《儒法》。如果说《訄书》初刻本还没有完全颠覆传统学术范式，那么 1904 年，《訄书》重订本就大量运用西方哲学、社会学、历史学的知识彻底颠覆了传统的学术范式，不再把孔子及其儒学作为衡量传统学术的唯一标准，而是主张从社会基础和政俗背景等方面去分析思想的产生。重订本中增加了《原学》作为第一篇，阐释从社会历史的角度探讨思想学术的演变历程，作者认为地齐（地理环境）、政俗（政治风俗）、材性（个人才能）是影响古代学术思想的三个重要因素，但是今天地齐和材性已经不能决定学术的发展了，探讨今天学术的发展必须从政俗入手，这可以看做是章太炎研究思想学术的方法论，后来在《国故论衡》中第三部分诸子学九篇开头即是"原学"，虽与修订本中的文字不同，但是基本观点仍然照旧，是对修订本《原学》的继承发展。修订本还增加了不少评述汉晋思想学术的文章。

在思想学术史的研究方面，《国故论衡》的下卷具有重要地位。《国故论衡》1910 年初刊行于日本，共分三卷，上卷小学 10 篇，中卷文学 7 篇，下卷诸子学 9 篇，涵盖了国学研究的主要领域，开辟了汉语言文字学、经学、文学及哲学心理学的现代化研究的先河。上卷主要研究文字音韵；中卷主要论述文学，主要目的是通过对优秀民族文学的发掘和再创作，建立适合近代需要的新文化；下卷是对诸子学的新诠释。陈平原指出，"直到现在，如果要挑一本既精且广、能大致体现章氏学术创见的著述，非《国故论衡》莫属。”[1]上中下三卷虽然各章独立撰写，最后结集出版，但是还是有内在的联系，反映了章太炎治学的基础，就是从文字音韵出发，实事求是地研究文学及其诸子的思想。应当说与中国思想史联系最紧密的是下卷关于诸子学的研究，侯外庐不仅称章太炎为“中国学术史的第一次尝试者。”而且指出“子学研究在清末是有成绩的，而能以哲理贯通诸家，自成一家言者，厥为炳麟的《国故论衡》，这书是后来治中国古代哲学史的桥梁”[2]。显然，章太炎的《国故论衡》影响了侯外庐后来对中国思想史的研究。

章太炎在文字方面也有博大精深的研究。梁启超指出：“其治小学，以音韵为骨干……所著《文始》及《国故论衡》中论文字音韵诸篇，其精义多乾嘉诸老所未发明。应用正统派之研究法，而廓大其内容，延辟其新径，实炳麟一大成功也。”[3]代表性的语言学作品如《新方言》、《文始》、《小学答问》以及《国故论衡》上卷等，这些文章构成了近代中国语言学的奠基性著作，探讨了语言文字的起源、重要作用以及包括音韵在内的演变。在《驳中国用万国新语说》中否定了用拼音文字代替汉字甚至废除汉语的观点。此外，章太炎在西方哲学、社会学，尤其是佛学方面都有很多精深的研究，代表性的作品如《俱分进化论》、《建立宗教论》、《无神论》、《人我无论》、《齐物论释》，研究传统文化的《国学概论》、国学讲习会的讲演，以及总结自身学术与思想的《自述学术次第》等，都是研究章太炎思想与学术的重要资料。

本书选择了章太炎 1906 年所著《诸子学略说》。《诸子学略说》亦名《论诸子学》。是章太炎 1906 年在东京为国学讲习会所编讲义，同年发表于《国粹学报》第二十、二十一期。同年九月，《国学讲习会略说》由日本光社出版，内有《论诸子学》，即本书。年底，此书与《论语言文字之学》、《论文学》合为单行本出版。此后，《章太炎文钞》曾辑入。今收入《章太炎政论选集》（上册）。此书是章太炎研究先秦诸子思想的重要论著，述评春秋战国时期诸子百家学说起源、发展和分化的过程，着重研究了儒家、道家、墨家、纵横家、法家各派之思想以及儒家政治思想与各派之间的关系。他认为诸子学以先秦为主，但并不限于先秦，与后来中国学术的发展相比，先秦诸子学无后来的汗漫之弊。他提出“诸子出于王官”说，即认为各家学说初起都与各家所从事的官方职业分工有关。明确批判孔子和儒学，认为儒家之病，在以“富贵利禄为心”，

---

① 章太炎：《国故论衡》（导读），陈平原导读，上海古籍出版社 2003 年版。
② 侯外庐主编：《中国思想通史》第 5 卷，人民出版社 1956 年版，第 272 页。
③ 梁启超：《清代学术概论》，复旦大学出版社 1985 年版，第 78 页。

讥评孔子“哗众取宠”，“污邪诈伪”，“热中趋利”。认为儒家之宗旨多在可否之间，论议止于函胡之地，用儒家之道德，“故艰苦卓厉者绝无，而冒没奔竞者皆是”。然而其无务神怪之说而务人事，使学术由官府流于民间，有功于学术和历史。认为老子是“儒学之先导”，并将其思想附会于生物进化论，“由其博览史事，而知生存竞争，故一切以放任为主”。分析老子和庄子的异同，赞赏庄子之学为讲“内圣”的心灵哲学，“不欲以老子之权术自污”。肯定墨家“非命”思想，但指出墨家同时又尊信鬼神，是自相矛盾；肯定墨家的道德躬行，以为“其道德则非孔子所敢窥视”。推崇荀子，肯定其反对儒家复古，主张法治；赞同其“名以稽实”的观点。他认为儒道本同源而异流，与杂家、纵横家为一类，法家、名家各自独立①。该书对以后学者研究先秦诸子有很大影响，但也有主观片面之处，比如过分夸大了政治对学术的影响，过分相信古文经学家的观点，把诸子出于王官当做绝对真理，对于诸子之间的相互关系推论也不严谨。

该书的重要意义还在于他是革命家章炳麟民族民主革命宣传活动的一部分，他力图通过讲学，对青年进行启蒙教育。章太炎提出诸子出于王官，表面上与刘歆没有差别，实际上是在说古代文化都由统治者掌握，孔子及其儒家思想的局限表明学术必须走出传统社会的局限，才能符合新的时代的要求。书中还有不少观点与同时期的康有为、梁启超明显不同。这些都体现了该书的近代因素，对于近代中国的学术革新有重要意义。

—— 延伸阅读文献目录：

1. 汤志钧编，章太炎著：《章太炎政论选集》（上册），中华书局，1977 年。
2. 朱维铮、姜义华编注，章太炎著：《章太炎选集》，上海人民出版社，1981 年。
3. 姜义华著：《章炳麟评传》，南京大学出版社，2002 年。

—— 原文：《论诸子学》（节选）

① 参见汤志钧编，章太炎著：《章太炎政论选集》（上册），中华书局 1977 年版。

经典原文

论诸子学（节选）

章太炎

所谓诸子学者，非专限于周、秦，后代诸家亦得列入，而必以周、秦为主。盖中国学说，其病多在汗漫。春秋以上，学说未兴；汉武以后，定一尊于孔子，虽欲放言高论，犹必以无碍孔氏为宗。强相援引，妄为皮傅，愈调和者愈失其本真，愈附会者愈违其解故。故中国之学，其失不在支离，而在汗漫。自宋以后，理学肇兴。明世推崇朱氏过于素王。阳明起而相抗，其言致良知也，犹云“朱子晚年定论。”孙奇逢辈遂以调和朱、陆为能，此皆汗漫之失也。

惟周秦诸子，推迹古初，承受师法，各为独立，无援引攀附之事。虽同在一家者，犹且矜己自贵，不相通融。故荀子非十二子，子思、孟轲亦在其列。或云：“子张氏之贱儒”，“子游氏之贱儒”，“子夏氏之贱儒”，诟詈嘲弄，无所假借。《韩非子·显学篇》云：世之显学，儒墨也，儒之所至，孔丘也，墨之所至，墨翟也。自孔子之死也，有子张之儒，有子思之儒，有颜氏之儒，有孟氏之儒，有漆雕氏之儒，有仲良氏之儒，有孙氏之儒，有乐正氏之儒。自墨子之死也，有相里氏之墨，有相夫氏之墨，有邓陵氏之墨。故孔、墨之后，儒分为八，墨离为三，取舍相反不同，而皆自谓真。孔、墨[1]不可复生，将谁使定世之学乎[2]！此可见当时学者，惟以师说为宗，小有异同，便不相附，非如后人之忌狭隘，喜宽容，恶门户，矜旷观也。盖观调和独立之殊，而知古今学者远不相及。佛家有言，何等名为所熏？若法平等，无所违逆，能容习气，乃是所熏。此遮善染势力强盛，无所容纳，故非所熏。若法自在，性非坚密，能受习气，乃是所熏。此遮心所及无为法，依他坚密，故非所熏。（见《成唯识论》）此可见古学之独立者，由其持论强盛，义证坚密，故不受外熏也。或曰：党同门而妒道真者，刘子骏之所恶，以此相责，得无失言？答曰：此说经

---

① “孔、墨”二字原脱，据《韩非子·显学篇》补。

② 《韩非子·显学篇》作：“将谁使定后世之学乎！”

与诸子之异也。说经之学，所谓疏证，惟是考其典章制度与其事迹而已。其是非且勿论也。欲考索者，则不得不博览传记。而汉世太常诸生，唯守一家之说，不知今之经典，古之官书，其用在考迹异同，而不在寻求义理。故孔子删定六经，与太史公、班孟坚辈，初无高下。其书既为记事之书，其学惟为客观之学。党同妒真，则客观之学必不能就，此刘子骏所以移书匡正也。若诸子则不然。彼所学者，主观之学，要在寻求义理，不在考迹异同。既立一宗，则必自坚其说。一切载籍，可以供我之用，非束书不观也。虽异己者，亦必睹其文籍，知其义趣，惟往复辩论，不稍假借而已。是故言诸子必以周、秦为主。

古之学者，多出王官。世卿用事之时，百姓当家，则务农商畜牧，无所谓学问也。其欲学者，不得不给事官府为之胥徒，或乃供洒扫为仆役焉。故《曲礼》云：宦学事师。学字本或作“御”。所谓宦者，谓为其官寺也；所谓御者，谓为其仆御也。故事师者，以洒扫进退为职，而后车从者，才比于执鞭拊马之徒。观春秋时，世卿皆称夫子。夫子者，犹今言老爷耳。孔子为鲁大夫，故其徒尊曰夫子，犹是主仆相对之称也。《说文》云：“仕，学也。”仕何以得训为学？所谓宦于大夫，犹今之学习行走尔。是故非仕无学，非学无仕，二者是一，而非二也。（学优则仕之言，出于子夏。子夏为魏文侯师。当战国时，仕学分途久矣，非古义也。）秦丞相李斯议曰：“若欲有学法令，以吏为师。”亦犹行古之道也。惟其学在王官，官宿其业，传之子孙，故谓之畴人子弟（见《史记·历书》）。畴者，类也。《汉律》“年二十三傅之畴官，各从其父学”，此之谓也。（近世阮元作《畴人传》，以畴人为明算之称，非是。）其后有儒家、墨家诸称，《荀子·大略篇》云：“此家言邪学，所以恶儒者。”当时学术相传在其子弟，而犹称为家者，亦仍古者畴官世业之名耳。

《史记》称老聃为柱下史，庄子称老聃为征藏史，道家固出于史官矣。孔子问礼老聃，卒以删定六艺，而儒家亦自此萌芽。墨家先有史佚，为成王师，其后墨翟亦受学于史角。阴阳家者，其所掌为文史星历之事，则《左氏》所载瞽史之徒能知天道者是也。其他虽无征验，而大抵出于王官。是故《汉·艺文志》论之曰：儒家者流，盖出于司徒之官。道家者流，盖出于史官。阴阳家者流，盖出于羲和之官。法家者流，盖出于理官。名家者流，盖出于礼官。墨家者流，盖出于清庙之守。纵横家者流，盖出于行人之官。杂家者流，盖出于议官。农家者流，盖出于农稷之官。小说家者流，盖出于稗官。此诸子出于王官之证。惟其各为一官，守法奉职，故彼此不必相通。《庄子·天下篇》云："譬如耳目鼻口，皆有所明，不能相通"是也。亦有兼学二术者，如儒家多兼纵横，法家多兼名，此表里一体，互为经纬者也。若告子之兼学儒、墨，则见讥于孟氏，而墨子亦谓告子为仁，譬犹跂以为长，隐以为广，其弟子请墨子弃之（见《墨子·公孟篇》）。进退失据，两无所容，此可谓调和者之戒矣。

今略论各家如左：

一论儒家。《周礼·太宰》言"儒以道得民"，是儒之得称久矣。司徒之官，专主教化，所谓三物化名。三物者，六德、六行、六艺之谓。是故孔子博学多能，而教人以忠恕。

虽然，有商订历史之孔子，则删定《六经》是也；有从事教育之孔子，则《论语》、《孝经》是也。由前之道，其流为经师；由后之道，其流为儒家。《汉书》以周秦、汉初诸经学家录入《儒林传》中，以《论语》、《孝经》诸书录入《六艺略》中，此由汉世专重经术，而儒家之荀卿，又为《左氏》、《谷梁》、《毛诗》之祖，此所以不别经、儒也。若在周、秦，则固有别。且如儒家巨子李克、宁越、孟子、荀卿、鲁仲连辈，皆为当世显人，而《儒林传》所述传经之士，大都载籍无闻，莫详行事。

盖儒生以致用为功，经师以求是为职。虽今文古文所持有异，而在周、秦之际，通经致用之说未兴，惟欲保残守缺，以贻子孙，顾于世事无与。故荀卿讥之曰：鄙夫好其实，不恤其文，是以终身不免埤污庸俗。故《易》曰：括囊，无咎无誉。腐儒之谓也。（见《非相篇》）此云腐儒，即指当世之经师也。由今论之，则犹愈于汉世经师言取青紫如拾芥，较之战国儒家亦为少愈，以其淡于荣利云尔。

儒家之病，在以富贵利禄为心。盖孔子当春秋之季，世卿秉政，贤路壅塞，故其作《春秋》也，以非世卿见志（公羊家及左氏家张敞皆有其说）。其教弟子也，惟欲成就吏材，可使从政。而世卿既难猝去，故但欲假借事权，便其行事。是故终身志望，不敢妄希帝王，惟以王佐自拟。观荀卿《儒效篇》云：大儒者，天子三公也（杨注，其才堪王者之佐也）。小儒者，诸侯大夫士也。众人者，工农商贾也。是则大儒之用，无过三公，其志亦云卑矣。孔子之讥丈人，谓之不仕无义。孟子、荀卿皆讥陈仲，一则以为无亲戚、君臣、上下，一则以为盗名不如盗货（见《荀子·不苟篇》）。而荀子复述太公诛华仕事（见

《宥坐篇》)。由其不臣天子，不友诸侯（见《韩非子·外储说右上》)，是儒家之湛心荣利，较然可知。所以者何？苦心力学，约处穷身，必求得雠，而后意慊。故曰："沽之哉！沽之哉！"不沽，则吾道穷矣。

《艺文志》说儒家云："辟者，随时抑扬，违离道本，苟以哗众取宠。"不知哗众取宠，非始辟儒，即孔子固已如是。庄周述盗跖之言曰："鲁国巧伪人孔丘，不耕而食，不织而衣，摇唇鼓舌，擅生是非，以迷天下之主，使天下学士，不反其本，妄作孝弟，而侥幸于封侯富贵者也。"此犹曰道家诋毁之言也，而微生亩与孔子同时，已讥其佞，则儒家之真可见矣。

孔子干七十二君，已开游说之端，其后儒家率多兼纵横者（见下)。其自为说曰："无可无不可。"又曰："可与立，未可与权。"又曰："君子之中庸也，君子而时中。"孟子曰："孔子，圣之时者也。"荀子曰："君子时绌则绌，时伸而伸也。"(见《仲尼篇》)然则孔子之教，惟在趋时，其行义从时而变，故口"言不必信，行不必果"。如《墨子·非儒下篇》讥孔子曰：

孔丘穷于蔡、陈之间，藜羹不糂十日，子路为烹豚，孔丘不问肉之所由来而食。褫人衣以酤酒，孔丘不问酒之所由来而饮。哀公迎孔丘，席不端弗坐，割不正弗食。子路进请曰："何其与陈、蔡反也？"孔丘曰："来！吾语女！曩与汝为苟生，今与女为苟义。"夫饥约则不辞妄取以活身，羸饱则伪行以自饰[①]。污邪诈伪孰大于此！

其诈伪既如此。及其对微生亩也，则又以"疾固"自文，此犹叔孙通对鲁两生曰："若真鄙儒，不知时变也。"所谓中庸，实无异于乡愿。彼以乡愿为贼而讥之。夫一乡皆称愿人，此犹没身里巷，不求仕宦者也。若夫逢衣浅带，矫言伪行，以迷惑天下之主，则一国皆称愿人。所谓中庸者，是国愿也，有甚于乡愿者也。孔子讥乡愿，而不讥国愿，其湛心利禄又可知也。

君子时中，时伸，时绌，故道德不必求其是，理想亦不必求其是，惟期便于行事则可矣。用儒家之道德，故艰苦卓厉者绝无，而冒没奔竞者皆是。俗谚有云："书中自有千钟粟。"此儒家必至之弊。贯于征辟、科举、学校之世，而无乎不遍者也。用儒家之理想，故宗旨多在可否之间，论议止于函胡之地。彼耶稣教、天方教，崇奉一尊，其害在堵塞人之思想，而儒术之害，则在淆乱人

---

① "则"字原脱，据《墨子·非儒》下补。

之思想，此程、朱、陆、王诸家所以有权而无实也。虽然，孔氏之功则有矣，变禨祥神怪之说而务人事，变畴人世官之学而及平民，此其功亦复夐绝千古。二千年来，此事已属过去，独其热中竞进在耳。

次论道家。道家老子，本是史官，知成败祸福之事，悉在人谋，故能排斥鬼神，为儒家之先导。（道家如老、庄辈，皆无崇信鬼神之事，列子稍近神仙，亦非如汉世方士所为也。《老子》“谷神不死，是谓玄牝”等语，未知何指。道士依傍其说，推为教祖，实与老子无与。）亦以怵于利害，胆为之怯，故事事以卑弱自持。所云“无为权首，将受其咎”，“人皆取先，己独取后”者，实以表其胆怯之征。盖前世伊尹、太公之属（《汉·艺文志》道家有《伊尹》五十一篇、《太公》二百三十七篇）。皆为辅佐，不为帝王。学老氏之术者，周时有范蠡，汉初有张良，其位置亦相类，皆愓然于权首之戒者也。孔子受学老聃，故儒家所希只在王佐，可谓不背其师说矣。

……

虽然，老子以其权术授之孔子，而征藏故书，亦悉为孔子诈取。孔子之权术，乃有过于老子者。孔学本出于老，以儒道之形式有异，不欲崇奉以为本师（亦如二程子之学本出濂溪，其后反对佛老，故不称周先生，直称周茂叔而已。东原之学，本出婺源，其后反对朱子，故不称江先生，直称吾郡老儒江慎修而已）。而惧老子发其覆也，于是说老子曰：乌鹊孺，鱼傅沫，细要者化，有弟而兄啼。（见《庄子·天运篇》，意谓已述六经，学皆出于老子，吾书先成，子名将夺，无可如何也。）老子胆怯，不得不曲从其请。逢蒙杀羿之事，又其素所怵惕也。胸有不平，欲一举发，而孔氏之徒，遍布东夏。吾言朝出，首领可以夕断，于是西出函谷，知秦地之无儒，而孔氏之无如我何，则始著《道德经》以发其覆。藉令其书早出，则老子必不免于杀身，如少正卯在鲁，与孔子并，孔子之门，三盈三虚（见《论衡·讲瑞篇》）。犹以争名致戮，而况老子之凌驾其上者乎？呜呼！观其师徒之际，忌刻如此，则其心术可知，其流毒之中人，亦可知已。

……

次论墨家。墨家者，古宗教家，与孔、老绝殊者也。儒家公孟言无鬼神（见《墨子·公孟篇》）。道家老子言“以道莅天下，其鬼不神”，是故儒、道皆无宗教。儒家后有董仲舒，明求雨禳灾之术，似为宗教。道家则由方士妄托，为近世之道教，皆非其本旨也。惟墨家出于清庙之守，故有《明鬼》三篇，而论道必归于天志，此乃所谓宗教矣。兼爱、尚同之说，为孟子所非；非乐、节葬之义，为荀卿所驳……

虽然，命者孰为之乎？命字之本，固谓天命。儒者既斥鬼神，则天命亦无可立。若谓自然之数，数由谁设，更不得其征矣。然墨子之非命，亦仅持之有故，未能言之成理也。特以有命之说，使人偷惰，故欲绝其端耳。其《非命下篇》曰：今天下之君子之为文学出言谈也，非将勤能其颊舌而利其唇吻也，中实将欲其国家邑里万民刑政者也。今王公大臣……若信有命而致行之，则必怠乎听狱治政矣，卿大夫必怠乎治官府矣，农夫必怠乎耕稼树艺矣，妇人必怠乎纺绩织纴矣。是故非命者，不必求其原理，特谓于事有害而已。

夫儒家不信鬼神而言有命，墨家尊信鬼神而言无命，此似自相刺缪者。不知墨子之非命，正以成立宗教，彼之尊天右鬼者，谓其能福善祸淫耳。若言有命，则天鬼为无权矣。卒之盗跖寿终，伯夷饿夭，墨子之说，其不应者甚多，此其宗教所以不能传久也。又凡建立宗教者，必以音乐庄严之具感触人心，使之不厌。而墨子贵俭非乐，故其教不能逾二百岁（秦、汉已无墨者）。虽然，墨子之学，诚有不逮孔、老者，其道德则非孔、老所敢窥视也。

……

次论纵横家。纵横家之得名，因于从人横人，以六国抗秦为从，以秦制六国为横。其名实不通于异时异处。《汉志》所录，汉有《蒯子》五篇、《邹阳》七篇。蒯劝韩信以三分天子鼎足而居，邹阳仕梁，值吴、楚昌狂之世，其书入于纵横家，亦其所也。其他，《秦零陵令信》一篇、《主父偃》二十八篇、《徐乐》一篇、《庄安》一篇，《待诏金马聊苍》一篇，身仕王朝，复何纵横之有。然则纵横者，游说之异名，非独外交颛对之事也。

儒家者流，热中趋利，故未有不兼纵横者，如《墨子·非儒下篇》记孔子事，足以明之：孔丘之齐，见景公。景公欲封之以尼谿。晏子曰："不可。"于是厚其礼，留其封，数见而不问其道，孔乃恚怒于景公与晏子，乃树鸱夷子皮于田常之门，告南郭惠子以所欲为。归于鲁。有顷间，齐将伐鲁，告子贡曰："赐乎，举大事于今之时矣。"乃遣子贡之齐，因南郭惠子以见田常，劝之伐吴，以教高、国、鲍、晏，使毋得害田常之乱。《越绝书》内传《陈成恒篇》亦记此事，云："子贡一出，存鲁、乱齐、破吴、强晋、霸越。"是则田常弑君，实孔子为之主谋，沐浴请讨之事，明知哀公不听，特借此以自文。此为诈谖之尤矣。便辞利口，复邦乱家，非孔子、子贡为之倡耶?《庄子·胠箧》云:“田成子一旦杀齐君而盗其国，所盗者岂独其国耶? 并举其圣知之法而盗之，故窃钩者诛，窃国者为诸侯，诸侯之门，而仁义存焉。”此即切齿腐心于孔子之事也。

自尔以来，儒家不兼纵横，则不能取富贵。余观《汉志》儒家所列，有《鲁仲连子》十四篇、《平原君》七篇、《陆贾》二十三篇、《刘敬》三篇、《终军》八篇、《吾丘寿王》六篇、《庄助》四篇。此外，则有郦生，汉初谒者，称为大儒。而其人皆善纵横之术。其关于外交者，则鲁仲连说辛垣衍，郦生说田横，陆贾、终军、严助谕南越是也。其关于内事者，则刘敬请都关中是也。吾丘寿王在武帝前，智略辐辏，传中不言其事，寿王既与主父偃、徐乐、庄助同传，其行事实相似。而平原君朱建者，则为辟阳侯审食其事，游说嬖人，其所为愈卑鄙矣。

纵横之术，不用于国家，则用于私人，而持书求荐者，又其末流，曹丘通谒于季布，楼护传食于五侯。降及唐世，韩愈以儒者得名，亦数数腾言当道，求为援手。乃知儒与纵横，相为表里，犹手足之相支、皮革之相附也。宋儒稍能自重。降及晚明，何心隐辈又以此术自豪。及满洲而称理学者，无不习捭阖，知避就矣。孔子称“达者，察言观色，虑以下人”，“闻者，色取行违，居之不疑”。由今观之，则闻者与纵横稍远，而达者与纵横最近，达固无以愈于闻也。程、朱末流，惟是闻者；陆、王末流，惟是达者。至于今日，所谓名臣大儒，则闻达兼之矣。若夫纵人横人之事，则秦皇一统而后，业已灭绝，故《隋书·经籍志》中，惟存《鬼谷》三卷，而梁元帝所著《补阙子》与《湘东鸿烈》二书，不知其何所指也。

次论法家。法家者，略有二种，其一为术，其一为法。《韩非子·定法篇》曰:“申不害言术，而公孙鞅为法。术者，因任而授官，循名而责实，操杀生之柄，课群臣之能者也。此人主之所执也。法者，宪令著于官府，刑罚必于民心，赏存乎慎法，而罚加乎奸令者也，此臣之所师也。”然为术者，则与道家相近；为法者，则与道家相反。《庄子·天下篇》说慎到之术曰:“椎拍輐断，与物宛转”，“推而后行，曳而后往，若飘风之还，若羽之旋，若磨石之隧，全而无非，动静无过，未尝有罪。”此老子所谓“圣人无常心，以百姓为心”也。

此为术者与道家相近也。老子言“民不畏死，奈何以死惧之”。太史公《酷吏列传》亦引法令滋章、盗贼多有之说，而云法令者，治之具，而非制治清浊之源，此为法者与道家相反也。亦有兼任术法者，则管子、韩非是也。《汉志》，《管子》列于道家，其《心术》、《白心》、《内业》诸篇，皆其术也，《任法》、《法禁》、《重令》诸篇，皆其法也。韩非亦然，《解老》、《喻老》，本为道家学说。少尝学于荀卿，荀卿隆礼义而杀《诗》、《书》，经礼三百，固周之大法也。韩非合此二家，以成一家之说，亦与管子相类。（惟《管子·幼官》诸篇，尚兼阴阳，而韩非无此者，则以时代不同也。）后此者惟诸葛亮专任法律，与商君为同类。故先主遗诏，令其子读《商君书》（见裴松之《三国志注》引《诸葛亮集》）。知其君臣相合也。其后周之苏绰、唐之宋璟，庶几承其风烈。

然凡法家必与儒家、纵横家反对，惟荀卿以儒家大师，而法家韩、李为其弟子。则以荀卿本意在杀诗书，固与他儒有别。韩非以法家而作《说难》，由其急于存韩，故不得不兼纵横耳。其他则与儒家、纵横家未有不反唇相稽者[①]。《商君·外内篇》曰：“奚谓淫道，为辩知者贵，游宦者任，文学私名显之谓也。”此兼拒儒与纵横之说也。《靳令篇》曰：六虱：“曰礼乐，曰诗书，曰修善，曰孝弟，曰诚信，曰贞廉，曰仁义，曰非兵，曰羞战。”此专拒儒者之说也。《韩非·诡使篇》曰：守度奉量之士欲以忠婴上而不得见，巧言利辞[②]，行奸轨以幸偷世者数御。《六反篇》曰：“游居厚养，牟食之民也，而世尊之曰‘有能之士’。语曲牟知[③]，伪诈之民也，而世尊之曰‘辩智之士’。”此拒纵横家之说也。《五蠹篇》曰：“儒以文乱法，侠以武犯禁。”《显学篇》曰：“藏书策，习谈论，聚徒役，服文学而议说，世主必从而礼之。国平则养儒侠，难至则用介士，所养者非所用，所用者非所养，此所以乱也。”此拒儒家之说也。《五蠹篇》曰：“明主之国，无书简之文，以法为教；无先王之语，以吏为师。”此拒一切学者之说也。

至汉公孙弘、董仲舒辈，本是经师。其时经师与儒已无分别。弘习文法吏事，而缘饰以儒术；仲舒为《春秋决狱》二百三十二事，以应廷尉张汤之问，儒家、法家，于此稍合。自是以后，则法家专与纵横家为敌，严助、伍被，皆

---

① 原作“其余则与儒家从纵横未有不反唇相稽者”，据国学讲习会本。

② 原作“巧言利群”，据《韩非子·诡使篇》改。

③《韩非子·六反篇》作“语曲牟知”。

纵横家，汉武欲薄其罪，张汤争而诛之。主父偃亦纵横家，汉武欲勿诛，公孙弘争而诛之。而边通学短长之术，亦卒谮杀张汤。诸葛治蜀，赏信必罚，彭羕、李严，皆纵横之魁桀，故羕诛而严流。其于儒者，则稍稍优容之。盖时诎则诎，能俯首帖耳于法家之下也。

然儒家、法家、纵横家，皆以仕宦荣利为心，惟法家执守稍严，临事有效。儒家于招选茂异之世，则习为纵横；于综核名实之世，则毗于法律。纵横是其本真，法律非所素学。由是儒者自耻无用，则援引法家以为己有。南宋以后，尊诸葛为圣贤，亦可闵已。然至今日，则儒、法、纵横，殆将合而为一也。

……

王国维与《论近年之学术界》、《论新学语之输入》、《殷周制度论》

经典导读

王国维（1877—1927年），初名国桢，字静安（或庵），亦字伯隅，号礼堂，晚年更号观堂，又号永观，系以所居永观堂而号，浙江海宁人。他在古文字学、文学、美学、哲学、史学等方面都做出了突出成绩，开创了中国学术研究的新局面。王国维的学术研究领域广泛，其著作和论文数量众多，平生著作60余种，现存未完成的遗稿90余种。1921年，王国维辑辛亥革命后的重要著作成《观堂集林》20卷，1923年刊行。《宋元戏曲史》、《人间词话》等是其文学、戏曲研究的代表作品。1925年后撰成多篇蒙古族史和元史研究论文，如《鞑靼考》、《黑车子室韦考》、《南宋人所传蒙古史料考》、《古史新证》、《蒙古札记》、《散氏盘考释》、《耶律文正公年谱》、《耶律文正公年谱余录》和《金界壕考》等。《鞑靼考》是研究早期蒙古族史的重要论文。

王国维幼年受到了良好的传统文化教育。1898年开始在上海时务报馆掌书记事，业余时间在东文学社学习日文、英文，逐渐接触康德、叔本华、尼采的学说。1902年留学日本，受到更多的西方学术思想的影响。1903年起回国担任学堂教习并从事学术研究。良好的中西文化根基，加之20世纪初的学术革新思潮的影响，使他在文学、史学、哲学诸多领域都有代表性著作问世。

王国维在史学方面的贡献主要表现在以下方面：

一是以对甲骨文的精深研究为基础，结合文献资料，对上古历史进行了深入研究，并提出了具有重大影响的“二重证据法”的治学方法。1898 年与 1899 年之交，河南安阳县西北五里的小屯出土了大量刻有古代文字的龟甲兽骨，经过罗振玉、王懿荣、刘鹗的研究确定为殷墟卜辞。殷墟卜辞的发现是中国学术史上的一件大事，从此改变了单纯依靠文献资料研究中国历史的局限。王国维凭着敏锐的学术意识，从 1915 年开始展开了对甲骨卜辞和夏商周历史的研究。他指出依据甲骨卜辞等考古资料和文献资料的互证，能够比较清晰地看到古代礼制的演变历程以及周公制礼作乐的意义之所在。这就是著名的研究中国历史的“二重证据法”。“二重证据法”当然不止是考古资料与文献资料的结合，陈寅恪对此有深入总结：“一曰，取地下之实物与纸上之遗文互相释证；二曰，取异族之故书与吾国之旧籍互相补正；三曰，取外来之观念与固有之材料互相参证。”[①] 王国维 1917 年 2 月撰成的《殷卜辞中所见先公先王考》一文，运用甲骨文资料对殷代帝王世系进行了详细考证，考订了大乙（成汤）至帝辛（受）的先王世系，更正了《史记·殷本纪》关于商代帝王世系记载的错误。王国维还发现了殷周之间制度的差异，提出殷周变革论的学术观点，这就是本书所选 1917 年 9 月发表的《殷周制度论》的主要内容。他指出：“中国政治与文化之变革，莫剧于殷、周之际”，“自其表言之，不过一姓一家之兴亡与都邑之转移，自其里言之，则旧制度废而新制度兴，旧文化废而新文化兴。又自其表言之，则古圣人之所以取天下及所以守之者，若无以异于后世之帝王；而自其里言之，则其制度文物与其立制之本意，乃出于万世治安之大计。其心术与规摹，迥非后世帝王所能梦见也”。王国维经过研究发现，商代王位的继承是以弟及为主，子继辅之，无弟然后传子。周代则确立了嫡长子继承制。在祭祀制度和礼仪方面，殷周也有明显的差别。在对殷周制度差异研究的基础上，王国维考察了殷周思想观念的差别，“周之制度典礼，乃道德之器械，而尊尊、亲亲、贤贤、男女有别四者之结体也”。周代的制度展现出重道德的色彩，而商代人们的思想受鬼神观念的影响还比较深。周代统治者对百姓更加重视，在其确立的宗法制度下，体现出“敬德”和“重民”的思想观念。虽然近年来，王国维关于殷周变革论的观点由于新出土的资料而受到质疑，但是这种运用文献资料和考古资料结合研究历史的方法则是一种伟大的创造，之后

① 陈寅恪：《王静安先生遗书序》，载《金明馆丛稿二编》，上海古籍出版社 1980 年版，第 219 页。

在历史研究方面作出重大贡献的郭沫若和侯外庐都受其深刻影响，我们今天的历史研究也逃不出“二重证据法”的基本原则。

二是王国维顺应近代学术革新的新形势，主张兼通中西文化，运用西方学术方法来弥补传统学术方法的不足，并批判了当时学术界的功利色彩，对西方学术观念输入所造成的语言问题也有深入思考，展现了新的语言观念。这集中体现在 1905 年王国维在《教育世界》杂志发表的《论新学语之输入》与《论近年之学术界》两篇文章之中。在《论新学语之输入》中，王国维通过中西对比，阐述了中西学术方法的特点，“西洋人之特质，思辨的也，科学的也，长于抽象而精于分类，对世界一切有形无形之事物，无往不用综括及分析之二法。……吾国人之所长，宁在实践之方面，而于理论之方面，则以具体的知识为满足。至分类之事，则除迫于实际之需要外，殆不欲穷究也。……故我中国有辩论而无名学，有文学而无文法，足以见抽象与分类二者，皆我国之所不长，而我国学术尚未达自觉之地位也”。对于所研究之对象，既要有实事求是的实证分析，又要有综合概括和抽象思辨，而传统中国学术方法直觉的居多，尤其欠缺综合的抽象思辨，没有达到学术研究的自觉。显然，王国维是在主张运用西方学术的科学方法来弥补中国传统学术的不足。但是王国维也反对完全照搬西方学术观念，认为西方思想“即令一时输入，非与我中国固有之思想相化合，决不能保其势力”，也就是要批判地吸收外国思想文化，与中国文化比较融合。王国维对中国文学、美学的研究也是运用西方哲学思想来进行的，开启了运用西方哲学研究中国思想的先河，符合时代的主潮流和学术研究的趋势。在《论新学语之输入》一文中，王国维还表达了现代的学术语言观念。随着对西方学术思想观念的逐渐了解，王国维发现传统学术用语严重不足。传统学术用语，因为侧重直觉，对抽象思辨缺乏探讨，而抽象思辨正是西学的长处之所在。弥补传统学术用语不足和转变传统思维方式的局限，只能是输入外来学术用语，包括日本在翻译西学中所创造的新用语。关于语言和思想的关系问题，王国维也有深入的阐述，语言是思想的代表，输入新思想就是输入新学语。

王国维还通过对 20 世纪初叶社会各界对西方思想输入的态度、目的等方面阐述了自己关于学术宗旨和目的的看法，这就是《论近年之学术界》中表达的基本观点。王国维讨论了外界势力对学术界的影响，回顾周秦以来学术发展与外界势力影响的关系，先秦诸子时代社会制度没有统一，社会有强烈要求，诸子各创学说，道德、政治、文学上放万丈之火焰，为中国思想能动的时代，汉代以来武帝以孔子学说统一天下，儒家抱残守缺，学术界失去了创作的源泉。此后佛教的传入，至宋代与中国思想融合，带来了中国思想的新的能动时代，此后又趋于停滞。王国维把西学比喻为第二次佛教东来，对西学转变中国学术的停滞状态寄予厚望。最后提出了中西学术融合的问题，指出学术之争只有是非、真伪的区别。王国维指出如果以国家、人种、宗教之偏见来对待中西学术，“或抱政治之野心，或抱实利之目的”，学术就被当成了一种手段，违背了学术本身的目的。因此学术研究必须破除中外之见，也不能当做政论的手段，“故欲学术之发达，必视学术为目的，而不视为手段而后可”，唯有此，学术才能够发达。这是一种十分深刻的学术观念。

当然王国维在史学领域的成就不止于此，在蒙古史、西北地理的研究方面也多有创获，例如利用汉晋木简《流沙坠简》研究了西北地理，还于1919年撰成《唐写本敦煌县户籍跋》、《西域井渠考》等。在文学史、戏曲史的研究上也占有重要的地位，《宋元戏曲史》就是其戏曲研究方面的名著，正如王国维自我评价这部书时所说：“世之为此学者，自余始，其所贡于此学者亦以《宋元戏曲史》为多。”[①] 显然，王国维是近代中国贡献卓著的学者，正如蔡尚思所评价的“二十年代的中国学术界，最有地位的人，要算梁启超、胡适和王国维三位。但究其根底，王国维的学术贡献最大”[②]。

刘梦溪将王国维的学术贡献主要归结为五个方面：“介绍外来学术思想的先行者”；“用西方哲学美学思想诠释中国古典文学的躬行者”；“他对中国现代学术所起的奠基作用，还表现在他坚实地立于传统学术的根基，旧学新知完美结合”；“还有一点能说明王国维对现代学术所作的贡献，就是他很早就追求学术独立”；“最后一点，王国维对现代学术思想的贡献，还表现在他特别注重学术分类”[③]。

王国维运用甲骨资料和文献资料结合的方法对上古历史的研究所得出的社会史结论、“二重证据法”的研究方法、制度与思想观念关系的研究，关于学术研究应该以自身为目的的卓见以及兼采中西的治学方法的尝试，对中国思想史学科的发展多有影响，正如侯外庐回忆自己对中国古代史研究的依据时所说，“是步着王国维先生

---

① 王国维：《王国维文学论著三种》，商务印书馆2007年版，第57页。

② 蔡尚思：《王国维在学术上的独特地位》，见《王国维学术研究论集》第三辑，华东师范大学出版社1990年版，第21页。

③ 刘梦溪：《王国维、陈寅恪与中国现代学术》，载《文艺研究》，2002年第3期。

和郭沫若同志的后尘。”[①]

—— 延伸阅读文献目录：

1. 王国维著：《论近年之学术界》、《论新学语之输入》、《殷周制度论》，选自傅杰编校：《王国维论学集》，云南人民出版社，2008年。
2. 王国维著：《观堂集林》（全二册），中华书局，1959年。
3. 袁英光、刘寅生编：《王国维年谱长编（1877—1927）》，天津人民出版社，1996年。
4. 刘烜：《王国维评传》，百花洲文艺出版社，1997年。

—— 原文：《论近年之学术界》、《论新学语之输入》、《殷周制度论》

① 侯外庐：《中国古代社会史论·自序》，河北教育出版社2000年版。

经典原文

论近年之学术界

王国维

外界之势力之影响于学术，岂不大哉！自周之衰，文王、周公势力之瓦解也，国民之智力成熟于内，政治之纷乱乘之于外，上无统一之制度，下迫于社会之要求，于是诸子九流各创其学说，于道德、政治、文学上，灿然放万丈之光焰。此为中国思想之能动时代。自汉以后，天下太平，武帝复以孔子之说统一之。其时新遭秦火，儒家唯以抱残守缺为事，其为诸子之学者，亦但守其师说，无创作之思想，学界稍稍停滞矣。佛教之东，适值吾国思想凋敝之后，当此之时，学者见之，如饥者之得食，渴者之得饮，担簦访道者，接武于葱岭之道；翻经译论者，云集于南北之都，自六朝至于唐室，而佛陀之教极千古之盛矣。此为吾国思想受动之时代。然当是时，吾国固有之思想与印度之思想互相并行而不相化合；至宋儒出而一调和之，此又由受动之时代出，而稍带能动之性质者也。自宋以后以至本朝，思想之停滞略同于两汉，至今日，而第二之佛教又见告矣，西洋之思想是也。

今置宗教之方面勿论，但论西洋之学术。元时罗马教皇以希腊以来所谓“七术”（文法、修辞、名学、音乐、算术、几何学、天文学）遗世祖，然其书不传。至明末，而数学与历学，与基督教俱入中国，遂为国家所采用。然此等学术，皆形下之学，与我国思想上无丝毫之关系也。咸同以来，上海、天津所译书，大率此类。唯近七八年前，侯官严氏（复）所译之赫胥黎《天演论》（赫氏原书名《进化论与伦理学》，译义不全）出，一新世人之耳目。比之佛典，其殆摄摩腾之《四十二章经》乎？嗣是以后，达尔文、斯宾塞之名，腾于众人之口；物竞天择之语，见于通俗之文。顾严氏所奉者，英吉利之功利论及进化论之哲学耳，其兴味之所存，不存于纯粹哲学，而存于哲学之各分科，如经济、社会等学，其所最好者也。故严氏之学风，非哲学的，而宁科学的也，此其所以不能感动吾国之思想界者也。近三四年，法国十八世纪之自然主义，由日本之介绍而入于中国，一时学海波涛沸渭矣。然附和此说者，非出于知识，而出于情意。彼等于自然主义之根本思想，固懵无所知，聊借其枝叶之语，以图遂其政治上之目的耳。由学术之方面观之，谓之无价值可也。其有蒙西洋学说之影响，而改造古代之学说，于吾国思想界上占一时之势力者，则有南海□□□［康有为］之《孔子改制考》、《春秋董氏学》，浏阳□□□［谭嗣同］之《仁学》。□［康］氏以元统天之说，大有泛神论之臭味，其崇拜孔子也，颇模仿基督教，其以预言者自居，又居然抱穆罕默德之野心者也。其震人耳目之处，在脱数千年思想之束缚，而易之以西洋已失势力之迷信，此其学问上之事业，不得不与其政治上之企图同归于失败者也。然□［康］氏之于学术，非有固有之兴味，不过以之为政治上之手段，《荀子》所谓"今之学者以为禽犊"者也。□［谭］氏之说，则出于上海教会中所译之《治心免病法》，其形而上学之以太说，半唯物论、半神秘论也。人之读此书者，其兴味不在此等幼稚之形而上学，而在其政治上之意见。□［谭］氏此书之目的，亦在此而不在彼，固与南海□［康］氏同也。庚辛以还，各种杂志接踵而起，其执笔者，非喜事之学生，则亡命之逋臣也。此等杂志，本不知学问为何物，而但有政治上之目的，虽时有学术上之议论，不但剽窃灭裂而已，如《新民丛报》中之《汗德哲学》，其纰缪十且八九也。其稍有一顾之价值者，则《浙江潮》中某氏之《续无鬼论》，作者忘其科学家之本分，而闯入形而上学，以鼓吹其素朴浅薄之唯物论，其科学上之引证亦甚疏略，然其唯有学术上之目的，则固有可褒者。又观近数年之文学，亦不重文学自己之价值，而唯视为政治教育之手段，与哲学无异。如此者，其亵渎哲学与文学之神圣之罪固不可逭，欲求其学说之有价值，安可得也！故欲学术之发达，必视学术为目的，而不视为手段而后可。汗德《伦理学》之格言曰："当视人人为一目的，不可视为手段。"岂特人之对人当如是而已乎？对学术亦何独不然！然则彼等言政治，则言政治已耳，而必欲渎哲学、文学之神圣，此则大不可解者也。

近时之著译与杂志既如斯矣，至学校则何如？中等学校以下，但授国民必要之知识，其无与于思想上之事，固不俟论。京师大学之本科，尚无设立之日；即令设立，而据南皮张尚书之计画，仅足以养成呫哔之俗儒耳。此外私立学校，亦无足以当专门之资格者。唯上海之震旦学校，有丹徒马氏（良）之哲学讲义，虽未知其内容若何，然由其课程观之，则依然三百年前特嘉尔之独断哲学耳。国中之学校如此，则海外之留学界如何？夫同治及光绪初年之留学欧美者，皆以海军制造为主，其次法律而已，以纯粹科学专其家者，独无所闻；其稍有哲学之兴味如严复氏者，亦只以余力及之，其能接欧人深邃伟大之思想者，吾决其必无也。即令有之，亦其无表出之之能力，又可决也。况近数年之留学界，或抱政治之野心，或怀实利之目的，其肯研究冷淡干燥、无益于世之思想问题哉！即有其人，然现在之思想界，未受其戋戋之影响，则又可不言而决也！

由此观之，则近数年之思想界，岂特无能动之力而已乎？即谓之未尝受动，亦无不可也。夫西洋思想之入我中国，为时无几，诚不能与六朝唐室之于印度较。然西洋之思想与我中国之思想，同为入世间的，非如印度之出世间的思想，为我国古所未有也。且重洋交通，非有身热头痛之险；文字易学，非如佉卢之难也，则我国思想之受动，宜较昔日为易。而顾如上所述者何哉？盖佛教之入中国，帝王奉之，士夫敬之，蚩蚩之氓膜拜而顶礼之；且唐宋以前，孔子之一尊未定，道统之说未起，学者尚未有入主出奴之见也，故其学易盛，其说易行。今则大学分科，不列哲学，士夫谈论，动诋异端，国家以政治上之骚动，而疑西洋之思想皆酿乱之麴蘖；小民以宗教上之嫌忌，而视欧美之学术皆两“约”之悬谈。且非常之说，黎民之所惧；难知之道，下士之所笑。此苏格拉底之所以仰药、婆鲁诺之所以焚身、斯披诺若之所以破门、汗德之所以解职也。其在本国且如此，况乎在风俗文物殊异之国哉！则西洋之思想之不能骤输入我中国，亦自然之势也。况中国之民，固实际的而非理论的，即令一时输入，非与我中国固有之思想相化，决不能保其势力。观夫三藏之书已束于高阁，两宋之说犹习于学官，前事之不忘，来者可知矣。

然由上文之说，而遂疑思想上之事，中国自中国、西洋自西洋者，此又不然。何则？知力人人之所同有，宇宙人生之问题，人人之所不得解也。其有能解释此问题之一部分者，无论其出于本国或出于外国，其偿我知识上之要求，而慰我怀疑之苦痛者则一也。同此宇宙，同此人生，而其观宇宙人生也，则各不同。以其不同之故，而遂生彼此之见，此大不然者也。学术之所争，只有是非、真伪之别耳。于是非、真伪之别外，而以国家、人种、宗教之见杂之，则以学术为一手段，而非以为一目的也。未有不视学术为一目的而能发达者。学术之发达，存于其独立而已。然则吾国今日之学术界，一面当破中外之见，而一面毋以为政论之手段，则庶可有发达之日欤！

论新学语之输入

王国维

近年文学上有一最著之现象，则新语之输入是已。夫言语者，代表国民之思想者也。思想之精粗广狭，视言语之精粗广狭以为准，观其言语，而其国民之思想可知矣。周、秦之言语，至翻译佛典之时代而苦其不足；近世之言语，至翻译西籍时而又苦其不足，是非独两国民之言语间有广狭精粗之异焉而已，国民之性质各有所特长，其思想所造之处各异，故其言语或繁于此而简于彼，或精于甲而疏于乙，此在文化相若之国犹然，况其稍有轩轾者乎！抑我国人之特质，实际的也，通俗的也；西洋人之特质，思辨的也，科学的也，长于抽象而精于分类，对世界一切有形无形之事物，无往而不用综括（Generalization）及分析（Specification）之二法，故言语之多，自然之理也。吾国人之所长，宁在于实践之方面，而于理论之方面，则以具体的知识为满足，至分类之事，则除迫于实际之需要外，殆不欲穷究之也。夫战国议论之盛，不下于印度六哲学派及希腊诡辩学派之时代。然在印度，则足目出，而从数论声论之辩论中抽象之而作因明学，陈那继之，其学遂定；希腊则有雅里大德勒，自哀利亚派诡辩学派之辩论中抽象之而作名学；而在中国则惠施、公孙龙等所谓名家者流，徒骋诡辩耳，其于辩论思想之法则，固彼等之所不论，而亦其所不欲论者也。故我中国有辩论而无名学，有文学而无文法，足以见抽象与分类二者，皆我国人之所不长，而我国学术尚未达自觉（Selfconsciousness）之地位也。况于我国夙无之学，言语之不足用，岂待论哉！夫抽象之过，往往泥于名而远于实，此欧洲中世学术之一大弊，而今世之学者犹或不免焉。乏抽象之力者，概则用其实而不知其名，其实亦遂漠然无所依，而不能为吾人研究之对象。何则？在自然之世界中，名生于实；而在吾人概念之世界中，实反依名而存故也。事物之无名者，实不便于吾人之思索，故我国学术而欲进步乎，则虽在闭关独立之时代，犹不得不造新名。况西洋之学术骎骎而入中国，则言语之不足用，固自然之势也。

如上文所说，言语者，思想之代表也，故新思想之输入，即新言语输入之意味也。十年以前，西洋学术之输入，限于形而下学之方面，故虽有新字新语，于文学上尚未有显著之影响也。数年以来，形上之学渐入于中国。而又有一日本焉，为之中间之驿骑，于是日本所造译西语之汉文，以混混之势，而侵入我国之文学界。好奇者滥用之，泥古者唾弃之，二者皆非也。夫普通之文字中，固无事于新奇之语也；至于讲一学，治一艺，则非增新语不可。而日本之学者，既先我而定之矣，则沿而用之，何不可之有？故非甚不妥者，吾人固无以创造为也。侯官严氏，今日以创造学语名者也。严氏造语之工者固多，而其不当者亦复不少，兹笔其最著者，如 Evolution 之为“天演”也，Sympathy 之为“善相感”也。而天演之于进化，善相感之于同情，其对 Evolution 与 Sympathy 之本义，孰得孰失，孰明孰昧，凡稍有外国语之知识者，宁俟终朝而决哉！又西洋之新名，往往喜以不适当之古语表之，如译 Space（空间）为“宇”、Time（时间）为“宙”是已。夫谓 Infinite Space（无限之空间）、Infinite Time（无限之时间）曰宇曰宙可矣，至于一孔之隙，一弹指之间，何莫非空间、时间乎？空间、时间之概念，足以该宇宙；而宇宙之概念，不足以该空间、时间。以“宇宙”表 Space Time，是举其部分而遗其全体（自概念上论）也。以外类此者，不可胜举。夫以严氏之博雅而犹若是，况在他人也哉！且日人之定名，亦非苟焉而已，经专门数十家之考究，数十年之改正，以有今日者也。窃谓节取日人之译语，有数便焉：因袭之易，不如创造之难，一也；两国学术有交通之便，无扞格之虞，二也（叔本华讥德国学者于一切学语不用拉丁语而用本国语，谓“如英法学者亦如德人之愚，则吾侪学一专门之学语，必学四五度而后”可。其言颇可味也）。有此二便而无二难，又何嫌何疑而不用哉？

虽然，余非谓日人之译语必皆精确者也。试以吾心之现象言之，如 Idea 为“观念”，Intuition 之为“直观”，其一例也。夫 Intuition 者，谓吾心直觉五官之感觉，故听、嗅、尝、触，苟于五官之作用外加以心之作用，皆谓之 Intuition，不独目之所观而已。观念亦然。观念者，谓直观之事物，其物既去，而其象留于心者，则但谓之观，亦有未妥。然在原语亦有此病，不独译语而已。Intuition 之语源出于拉丁之 In 及 tuitus 二语，tuitus 者，观之意味也。盖观之作用，于五官中为最要，故悉取由他官之知觉，而以其最要之名名之也。Idea 之语源出于希腊语之 Idea 及 Idein，亦观之意也，以其源来自五官，故谓之观；以其所观之物既去，而象尚存，故谓之念，或有谓之“想念”者，然考张湛《列子注序》所谓“想念以著物自丧”者，则“想念”二字，乃伦理学上之语，而非心理学上之语，其劣于观念也审矣。至 Conception 之为“概念”，苟用中国古语，则谓之“共名”亦可（《荀子·正名》篇），然一为名学上之语，一为文法上之语，苟混此二者，此灭名学与文法之区别也。由上文所引之例观之，则日人所定之语，虽有未精确者，而创造之新语，卒无以加于彼，则其不用之也谓何？要之，处今日而讲学，已有不能不增新语之势；而人既造之，我沿用之，其势无便于此者矣。

然近人之唾弃新名词，抑有由焉，则译者能力之不完全是也。今之译者（指译日本书籍者言），其有解日文之能力者，十无一二焉；其有国文之素养者，十无三四焉；其能兼通西文、深知一学之真意者，以余见闻之狭，殆未见其人也。彼等之著译，但以罔一时之利耳；传知识之思想，彼等先天中所未有也，故其所作，皆粗漏庞杂，佶屈而不可读。然因此而遂欲废日本已定之学语，此又大不然者也。若谓用日本已定之语，不如中国古语之易解，然如侯官严氏所译之《名学》，古则古矣，其如意义之不能了然何？以吾辈稍知外国语者观之，毋宁手穆勒原书之为快也。余虽不敢谓用日本已定之语必贤于创造，然其精密，则固创造者之所不能逮（日本人多用双字，其不能通者则更用四字以表之。中国则习用单字，精密不精密之分，全在于此）。而创造之语之难解，其与日本已定之语相去又几何哉！若夫粗漏佶屈之书，则固吾人之所唾弃，而不俟踌躇者也。

殷周制度论

王国维

中国政治与文化之变革，莫剧于殷、周之际。都邑者，政治与文化之标征也。自上古以来，帝王之都皆在东方：太皞之虚在陈；大庭氏之库在鲁；黄帝邑于涿鹿之阿；少皞与颛顼之虚皆在鲁、卫；帝喾居亳。惟史言尧都平阳，舜都蒲坂，禹都安邑，俱僻在西北，与古帝宅京之地不同。然尧号陶唐氏，而冢在定陶之成阳；舜号有虞氏，而子孙封于梁国之虞县；孟子称舜生卒之地皆在东夷。盖洪水之灾，兖州当其下游，一时或有迁都之事，非定居于西土也。禹时都邑虽无可考，然夏自太康以后以迄后桀，其都邑及他地名之见于经典者率在东土，与商人错处河、济间盖数百岁。商有天下，不常厥邑，而前后五迁，不出邦畿千里之内。故自五帝以来，政治文物所自出之都邑皆在东方。惟周独崛起西土，武王克纣之后，立武庚、置三监而去，未能抚有东土也。逮武庚之乱，始以兵力平定东方，克商践奄，灭国五十。乃建康叔于卫、伯禽于鲁、太公望于齐、召公之子于燕。其余蔡、郕、郜、雍、曹、滕、凡、蒋、邢、茅诸国，棋置于殷之畿内及其侯甸。而齐、鲁、卫三国，以王室懿亲，并有勋伐，居蒲姑、商、奄故地，为诸侯长。又作洛邑为东都，以临东诸侯，而天子仍居丰、镐者凡十一世。自五帝以来，都邑之自东方而移于西方，盖自周始。故以族类言之，则虞、夏皆颛顼后，殷、周皆帝喾后，宜殷、周为亲。以地理言之，则虞、夏、商皆居东土，周独起于西方，故夏、商二代文化略同。《洪范》"九畴"，帝之所以锡禹者，而箕子传之矣。夏之季世，若胤甲，若孔甲，若履癸，始以日为名，而殷人承之矣。文化既尔，政治亦然。周之克殷，灭国五十，又其遗民，或迁之洛邑，或分之鲁、卫诸国。而殷人所伐，不过韦、顾、昆吾；且豕韦之后仍为商伯，昆吾虽亡，而己姓之国仍存于商、周之世。《书·多士》曰："夏迪简在王庭，有服在百僚。"当属事实。故夏、殷间政治与文物之变革，不似殷、周间之剧烈矣。殷、周间之大变革，自其表言之，不过一姓一家之兴亡与都邑之移转；自其里言之，则旧制度废而新制度兴，旧文化废而新文化兴。又自其表言之，则古圣人之所以取天下及所以守之者，若无以异于后世之帝王；而自其里言之，则其制度文物与其立制之本意，乃出于万世治安之大计。其心术与规摹，迥非后世帝王所能梦见也。

欲观周之所以定天下，必自其制度始矣。周人制度之大异于商者，一曰立子立嫡之制，由是而生宗法及丧服之制，并由是而有封建子弟之制、君天子臣诸侯之制；二曰庙数之制；三曰同姓不婚之制。此数者，皆周之所以纲纪天下，其旨则在纳上下于道德，而合天子、诸侯、卿、大夫、士、庶民以成一道德之团体。周公制作之本意，实在于此，此非穿凿附会之言也。兹篇所论，皆有事实为之根据，试略述之。

殷以前无嫡庶之制。黄帝之崩，其二子昌意、玄嚣之后，代有天下。颛顼者，昌意之子；帝喾者，玄嚣之子也。厥后虞、夏皆颛顼后，殷、周皆帝喾后。有天下者但为黄帝之子孙，不必为黄帝之嫡。世动言尧、舜禅让，汤、武征诛，若其传天下与受天下有大不同者。然以帝系言之，尧、舜之禅天下，以舜、禹之功；然舜、禹皆颛顼后，本可以有天下者也。汤、武之代夏、商，故以其功与德；然汤、武皆帝喾后，亦本可以有天下者也。以颛顼以来诸朝相继之次言之，故已无嫡庶之别矣。一朝之中，其嗣位者亦然。特如商之继统法，以弟及为主而以子继辅之，无弟然后传子。自成汤至于帝辛，三十帝中，以弟继兄者凡十四帝（外丙、中壬、大庚、雍己、大戊、外壬、河亶甲、沃甲、南庚、盘庚、大辛、小乙、祖甲、庚丁）；其以子继父者亦非兄之子，而多为弟之子（小甲、中丁、祖辛、武丁、祖庚、廪辛、武乙）。惟沃甲崩，祖辛之子祖丁立；祖丁崩，沃甲之子南庚立；南庚崩，祖丁之子阳甲立，此三事独与商人继统法不合。此盖《史记·殷本纪》所谓中丁以后九世之乱，其间当有争立之事，而不可考矣。故商人祀其先王，兄弟同礼，即先王兄弟之未立者，其礼亦同，是未尝有嫡庶之别也。此不独王朝之制，诸侯以下亦然。近保定南乡出句兵三，皆有铭，其一曰“大祖日己、祖日丁、祖日乙、祖日庚、祖日丁、祖日己、祖日己”；其二曰“祖日乙、大父日癸、大父日癸、中父日癸、父日癸、父日辛、父日己”；其三曰“大兄日乙、兄日戊、兄日壬、兄日癸、兄日癸、兄日丙”，此当是殷时北方侯国勒祖父兄之名于兵器以纪功者，而三世兄弟之名先后骈列，无上下贵贱之别。是故大王之立王季也，文王舍伯邑考而立武王也，周公之继武王而摄政称王也，自殷制言之，皆正也（殷自武乙以后四世传子。又《孟子》谓：“以纣为兄之子，且以为君，而有微子启、王子比干。”《吕氏春秋·当务》篇云:“纣之同母三人,其长子曰微子启,其次曰仲衍,其次曰受德。受德乃纣也,甚少矣。纣母之生微子启与仲衍也尚为妾,已而为妻而生纣。纣之父、纣之母欲置微子启以为太子,太史据法而争之曰:有妻之子而不可置妾之子。纣故为后。”《史记·殷本纪》则云:“帝乙长子为微子启,启母贱,不得嗣;少子辛,辛母正后,故立辛为嗣。”此三说虽不同,似商末已有立嫡之制。然三说已自互异,恐即以周代之制拟之,未敢信为事实也)。舍弟传子之法,实自周始。当武王之崩,天下未定,国赖长君,周公既相武王克殷胜纣,勋劳最高,以德以长,以历代之制,则继武王而自立,故其所矣;而周公乃立成王而己摄之,后又反政焉。摄政者,所以济变也;立成王者,所以居正也。自是以后,子继之法遂为百王不易之制矣。

由传子之制而嫡庶之制生焉。夫舍弟而传子者,所以息争也。兄弟之亲本不如父子,而兄之尊又不如父,故兄弟间常不免有争位之事。特如传弟既尽之后,则嗣立者当为兄之子欤?弟之子欤?以理论言之,自当立兄之子;以事实言之,则所立者往往为弟之子。此商人所以有中丁以后九世之乱,而周人传子之制正为救此弊而设也。然使于诸子之中可以任择一人而立之,而此子又可任立其欲立者,则其争益甚,反不如商之兄弟以长幼相及者犹有次第矣。故有传子之法,而嫡庶之法亦与之俱生。其条例,则《春秋左氏传》之说曰:“太子死,有母弟则立之,无则立长。年钧择贤,义钧则卜。”《公羊》家之说曰:“礼,嫡夫人无子立右媵,右媵无子立左媵,左媵无子立嫡侄娣,嫡侄娣无子立右媵侄娣,右媵侄娣无子立左媵侄娣。质家亲亲,先立娣,文家尊尊,先立侄。嫡子有孙而死,质家亲亲,先立弟,文家尊尊,先立孙。其双生也,质家据现在立先生,文家据本意立后生。”此二说中,后说尤为详密,顾皆后儒充类之说,当立法之初,未必穷其变至此。然所谓立子以贵不以长、立嫡以长不以贤者,乃传子法之精髓,当时虽未必有此语,固已用此意矣。盖天下之大利莫如定,其大害莫如争。任天者定,任人者争;定之以天,争乃不生。故天子诸侯之传世也,继统法之立子与立嫡也,后世用人之以资格也,皆任天而不参以人,所以求定而息争也。古人非不知官天下之名美于家天下,立贤之利过于立嫡,人才之用优于资格,而终不以此易彼者,盖惧夫名之可藉而争之易生,其蔽将不可胜穷,而民将无时或息也。故衡利而取重,絜害而取轻,而定为立子立嫡之法,以利天下后世。而此制实自周公定之,是周人改制之最大者,可由殷制比较得之。有周一代礼制，大抵由是出也。

是故，由嫡庶之制，而宗法与服术二者生焉。商人无嫡庶之制，故不能有宗法。藉曰有之，不过合一族之人奉其族之贵且贤者而宗之，其所宗之人，固非一定而不可易，如周之大宗、小宗也。周人嫡庶之制，本为无子诸侯继统法而设，复以此制通之大夫以下，则不为君统而为宗统，于是宗法生焉。周初宗法虽不可考，其见于七十子后学所述者，则《丧服小记》曰："别子为祖，继别为宗，继祢者为小宗。有五世而迁之宗，其继高祖者也。是故祖迁于上，宗易于下，敬宗所以尊祖祢也。"《大传》曰："别子为祖，继别为宗，继祢者为小宗。有百世不迁之宗，有五世则迁之宗。百世不迁者，别子之后也。宗其继别子者，百世不迁者也；宗其继高祖者，五世则迁者也。尊祖故敬宗，敬宗，尊祖之义也。是故有继别之大宗，有继高祖之宗，有继曾祖之宗，有继祖之宗，有继祢之宗，是为五宗。其所宗者皆嫡也，宗之者皆庶也。此制为大夫以下设，而不上及天子诸侯。"郑康成于《丧服小记》注曰："别子，诸侯之庶子，别为后世为始祖者也；谓之别子者，公子不得祢先君也。"又于《大传》注曰："公子不得宗君。"是天子诸侯虽本世嫡，于事实当统无数之大宗，然以尊故，无宗名。其庶子不得祢先君，又不得宗今君，故自为别子，而其子乃为继别之大宗。言礼者嫌别子之世近于无宗也，故《大传》说之曰：有大宗而无小宗者，有小宗而无大宗者，"有无宗亦莫之宗者，公子是也。公子有宗道。公子之公，为其士、大夫之庶者，宗其士、大夫之嫡者。"注曰："公子不得宗君，君命嫡昆弟为之宗，使之宗之。"此《传》所谓有大宗而无小宗也。又若无嫡昆弟，则使庶昆弟一人为之宗，而诸庶兄弟事之如小宗，此《传》所谓有小宗而无大宗也。《大传》此说，颇与《小记》及其自说违异。盖宗必有所继，我之所以宗之者，以其继别若继高祖以下故也。君之嫡昆弟、庶昆弟皆不得继先君，又何所据以为众兄弟之宗乎？或云立此宗子者，所以合族也。若然，则所合者一公之子耳；至此公之子与先公之子若孙间，仍无合之之道。是大夫士以下皆有族，而天子诸侯之子，于其族曾祖父母、从祖祖父母、世父母、叔父母以下服之所及者，乃无缀属之法，是非先王教人亲亲之意也。故由尊之统言，则天子诸侯绝宗，王子公子无宗可也；由亲之统言，则天子诸侯之子，身为别子而其后世为大宗者，无不奉天子诸侯以为最大之大宗，特以尊卑既殊，不敢加以宗名，而其实则仍在也。故《大传》曰："君有合族之道。"其在《诗·小雅》之

《常棣》序曰："燕兄弟也。"其诗曰："傧尔笾豆，饮酒之饫；兄弟既具，和乐且孺。"《大雅》之《行苇》序曰："周家能内睦九族也。"其诗曰："戚戚兄弟，莫远具尔。或肆之筵，或授之几。"是即《周礼·大宗伯》所谓以饮食之礼亲宗族兄弟者，是天子之收族也。《文王世子》曰："公与族人燕则以齿。"又曰："公与族人燕则异姓为宾。"是诸侯之收族也。夫收族者，大宗之事也。又在《小雅》之《楚茨》曰："诸父兄弟，备言燕私。"此言天子诸侯祭毕而与族人燕也。《尚书·大传》曰："宗室有事，族人皆侍终日。大宗已侍于宾奠，然后燕私。燕私者何也？祭已而与族人饮也。"是祭毕而燕族人者，亦大宗之事也。是故天子诸侯虽无大宗之名，而有大宗之实。"笃公刘"之诗曰："食之饮之，君之宗之。"传曰："为之君，为之大宗也。"《板》之诗曰："大宗维翰。"传曰："王者，天下之大宗。"又曰："宗子维城。"笺曰："王者之嫡子，谓之宗子。"是礼家之大宗限于大夫以下者，诗人直以称天子诸侯。惟在天子诸侯，则宗统与君统合，故不必以宗名。大夫、士以下皆以贤才进，不必身是嫡子，故宗法乃成一独立之统系。是以丧服有为宗子及其母、妻之服皆齐衰三月，与庶人为国君、曾孙为曾祖父母之服同。嫡子、庶子祇事宗子，宗妇虽贵富，不敢以贵富入于宗子之家，子弟犹归器，祭则具二牲，献其贤者于宗子，夫妇皆齐而宗敬焉，终事而敢私祭。是故大夫以下，君统之外复戴宗统，此由嫡庶之制自然而生者也。

其次为丧服之制。丧服之大纲四：曰亲亲，曰尊尊，曰长长，曰男女有别。无嫡庶，则有亲而无尊，有恩而无义，而丧服之统紊矣。故殷以前之服制，就令成一统系，其不能如周礼服之完密，则可断也。丧服中之自嫡庶之制出者，如父为长子，三年；为众子，期。庶子不得为长子三年。母为长子，三年；为众子，期。公为嫡子之长殇、中殇，大功；为庶子之长殇、中殇，无服。大夫为嫡子之长殇、中殇，大功；为庶子之长殇，小功。嫡妇，大功；庶妇，小功，嫡孙，期；庶孙，小功。大夫为嫡孙为士者，期；庶孙，小功。出妻之子为母，期。为父后者，则为出母，无服；为父后者，为其母，缌。大夫之嫡子为妻，期；庶子为妻，小功。大夫之庶子为嫡昆弟，期；为庶昆弟，大功。为嫡昆弟之长殇、中殇，大功；为庶昆弟之长殇，小功。为嫡昆弟之下殇，小功；为庶昆弟之下殇，无服；女子子嫡人者，为其昆弟之为父后者，期；为众昆弟，大功。凡此，皆出于嫡庶之制，无嫡庶之世，其不适用此制明矣。又无嫡庶则无宗法，故为宗子与宗子之母妻之服无所施。无嫡庶，无宗法，则无为人后者，故为人后者为其所后及为其父母昆弟之服亦无所用。故《丧服》一篇，其条理至精密纤悉者，乃出于嫡庶之制既行以后，自殷以前，决不能有此制度也。

为人后者为之子，此亦由嫡庶之制生者也。商之诸帝，以弟继兄者，但后其父而不后其兄，故称其所继者仍曰兄甲、兄乙；既不为之子，斯亦不得云为之后矣。又商之诸帝，有专祭其所自出之帝而不及非所自出者，卜辞有一条曰："大丁、大甲、大庚、大戊、中丁、祖乙、祖辛、祖丁，牛一，羊一。"(《殷墟书契后编》卷上第五叶及拙撰《殷卜辞中所见先公先王续考》）其于大甲、大庚之间不数沃丁，是大庚但后其父大甲，而不为其兄沃丁后也；中丁、祖乙之间不数外壬、河亶甲，是祖乙但后其父中丁，而不为其兄外壬、河亶甲后也。又一条曰："□祖乙（小乙）、祖丁（武丁）、祖甲、康祖丁（庚丁）、武乙衣。"(《书契后编》卷上第二十叶并拙撰《殷卜辞中所见先公先王续考》）于祖甲前不数祖庚，康祖丁前不数廪辛，是亦祖甲本不后其兄祖庚，庚丁不后其兄廪辛，故后世之帝，于合祭之一种中乃废其祀（其特祭仍不废）。是商无为人后者为之子之制也。周则兄弟之相继者，非为其父后，而实为所继之兄弟后。以春秋时之制言之，《春秋经》文二年书："八月丁卯，大事于大庙，跻僖公"，《公羊传》曰："讥。何讥尔？逆祀也。其逆祀奈何？先祢而后祖也。"夫僖本闵兄，而传乃以闵为祖，僖为祢，是僖公以兄为弟闵公后，即为闵公子也。又《经》于成十五年书："三月乙巳，仲婴齐卒。"《传》曰："仲婴齐者，公孙婴齐也。公孙婴齐则曷为谓之仲婴齐？为兄后也。为兄后则曷为谓之仲婴齐？为人后者为之子也。为人后者为之子，则其称仲何？孙以王父字为氏也。然则婴齐孰后？后归父也。"夫婴齐为归父弟，以为归父后，故祖其父仲遂而以其字为氏，是春秋时为人后者无不即为其子。此事于周初虽无可考，然由嫡庶之制推之，固当如是也。

又与嫡庶之制相辅者，分封子弟之制是也。商人兄弟相及，凡一帝之子，无嫡庶长幼，皆为未来之储贰，故自开国之初，已无封建之事，矧在后世？惟商末之微子、箕子。先儒以微、箕为二国名，然比干亦王子而无封，则微、箕之为国名，亦未可遽定也。是以殷之亡，仅有一微子以存商祀；而中原除宋以外，更无一子姓之国。以商人兄弟相及之制推之，其效固应如是也。周人既立嫡长，则天位素定，其余嫡子庶子，皆视其贵贱贤否，畴以国邑。开国之初，建兄弟之国十五，姬姓之国四十，大抵在邦畿之外，后王之子弟亦皆使食畿内之邑。故殷之诸侯皆异姓，而周则同姓异姓各半。此与政治文物之施行甚有关系，而天子诸侯君臣之分，亦由是而确定者也。

自殷以前，天子诸侯君臣之分未定也，故当夏后之世，而殷之王亥、王恒，累叶称王。汤未放桀之时，亦已称王；当商之末，而周之文、武亦称王，盖诸侯之于天子，犹后世诸侯之于盟主，未有君臣之分也。周初亦然，于《牧誓》、《大诰》，皆称诸侯曰“友邦君”，是君臣之分亦未全定也。逮克殷践奄，灭国数十，而新建之国皆其功臣昆弟甥舅，本周之臣子；而鲁、卫、晋、齐四国，又以王室至亲为东方大藩，夏、殷以来古国，方之蔑矣！由是天子之尊，非复诸侯之长而为诸侯之君，其在丧服，则诸侯为天子斩衰三年，与子为父、臣为君同。盖天子诸侯君臣之分始定于此。此周初大一统之规模，实与其大居正之制度相待而成者也。

嫡庶者，尊尊之统也，由是而有宗法，有服术。其效及于政治者，则为天位之前定、同姓诸侯之封建、天子之尊严。然周之制度，亦有用亲亲之统者，则祭法是已。商人祭法，见于卜辞所纪者，至为繁复。自帝喾以下，至于先公先王先妣，皆有专祭。祭各以其名之日，无亲疏远迩之殊也。先公先王之昆弟，在位者与不在位者祀典略同，无尊卑之差也。其合祭也，则或自上甲至于大甲九世，或自上甲至于武乙二十世，或自大丁至于祖丁八世，或自大庚至于中丁三世，或自帝甲至于祖丁二世，或自小乙至于武乙五世，或自武丁至于武乙四世；又数言自上甲至于多后衣，此于卜辞屡见，必非周人三年一祫、五年一禘之大祭，是无毁庙之制也。虽《吕览》引《商书》言“五世之庙，可以观怪”，而卜辞所纪事实乃全不与之合，是殷人祭其先无定制也。周人祭法，《诗》、《书》、《礼经》皆无明文。据礼家言，乃有七庙、四庙之说。此虽不可视为宗周旧制，然礼家所言庙制，必已萌芽于周初，固无可疑也。古人言周制尚文者，盖兼综数义而不专主一义之谓。商人继统之法，不合尊尊之意，其祭法又无远迩尊卑之分，则于亲亲、尊尊二义，皆无当也。周人以尊尊之义经亲亲之义而立嫡庶之制，又以亲亲之义经尊尊之义而立庙制，此其所以为文也。说庙制者，有七庙、四庙之殊，然其实不异。《王制》、《礼器》、《祭法》、《春秋谷梁传》皆言“天子七庙、诸侯五”；《曾子问》言“当七庙五庙无虚主”；《荀子·礼论篇》亦言“有天下者事七世，有一国者事五世”。惟《丧服小记》

独言："王者禘其祖之所自出，以其祖配之而立四庙。"郑注："高祖以下也，与始祖而五也。"如郑说，是四庙实五庙也。《汉书·韦玄成传》：玄成等奏："《祭义》曰：王者禘其祖之所自出，以其祖配之，而立四庙。言始受命而王，祭天以其祖配，而不为立庙，亲尽也。立亲庙四，亲亲也。亲尽而迭毁，亲疏之杀，示有终。周之所以七庙者，以后稷始封，文王、武王受命而王，是以三庙不毁，与亲庙四而七。"《公羊》宣六年传何注云："礼，天子诸侯立五庙。周家祖有功，宗有德，立后稷、文、武庙，至于子孙，自高祖以下而七庙。"《王制》郑注亦云："七者，太祖及文、武之祧，与亲庙四。"则周之七庙，仍不外四庙之制。刘歆独引《王制》说之曰："天子三昭、三穆，与太祖之庙而七。七者其正法，不可常数者也，宗不在此数之中，宗变也。"是谓七庙之中，不数文、武，则有亲庙六。以礼意言之，刘说非也。盖礼有尊之统，有亲之统。以尊之统言之，祖愈远则愈尊，则如殷人之制，遍祀先公先王可也。庙之有制也，出于亲之统。由亲之统言之，则亲亲以三为五，以五为九，上杀下杀旁杀而亲毕矣。亲，上不过高祖，下不过玄孙，故宗法、服术皆以五为节。丧服有曾祖父母服而无高祖父母服，曾祖父母之服不过齐衰三月。若夫玄孙之生，殆未有及见高祖父母之死者；就令有之，其服亦不过袒免而止。此亲亲之界也，过是则亲属竭矣，故遂无服。服之所不及，祭亦不敢及，此礼服家所以有天子四庙之说也。刘歆又云："天子七日而殡，七月而葬。诸侯五日而殡，五月而葬。此丧事尊卑之序也，与庙数相应。"《春秋左氏传》曰："名位不同，礼亦异数。""自上以下，降杀以两，礼也"。虽然，言岂一端而已。礼有以多为贵者，有以少为贵者，有无贵贱一者。车服之节，殡葬之期，此有等衰者也。至于亲亲之事，则贵贱无以异。以三为五，大夫以下用之；以五为九，虽天子不能过也。既有不毁之庙以存尊统，复有四亲庙以存亲统，此周礼之至文者也。宗周之初，虽无四庙明文，然祭之一种限于四世，则有据矣。《逸周书·世俘解》：王克殷，格于庙，"王烈祖自大王、太伯、王季、虞公、文王、邑考以列升。"此太伯、虞公、邑考与三王并升，犹用殷礼，然所祀者四世也。《中庸》言："周公成文、武之德，追王大王、王季，上祀先公以天子之礼。"于先公之中追王二代，与文、武而四，则成王、周公时庙数虽不必限于四王，然追王者与不追王者之祭，固当有别矣。《书·顾命》所设几筵，乃成王崩，召公摄成王册命康王时依神之席（见拙撰《周书顾命考》及《顾命后考》），而其席则牖间、西序、东序与西夹凡四，此亦为大王、王季、文王、武王设。是周初所立，即令不止四庙，其于高祖以下，固与他先公不同。其后遂为四亲庙之制，又加以后稷、文、武，遂为七庙。是故遍祀先公先王者，殷制也；七庙四庙者，七十子后学之说也。周初制度，自当在此二者间。虽不敢以七十子后学之说上拟宗周制度，然其不如殷人之遍祀其先，固可由其他制度知之矣。

以上诸制，皆由尊尊、亲亲二义出。然尊尊、亲亲、贤贤，此三者治天下之通义也。周人以尊尊、亲亲二义，上治祖祢，下治子孙，旁治昆弟，而以贤贤之义治官。故天子、诸侯世，而天子、诸侯之卿、大夫、士皆不世。盖天子诸侯者，有土之君也；有土之君，不传子，不立嫡，则无以弭天下之争。卿、大夫、士者，图事之臣也，不任贤，无以治天下之事。以事实证之，周初三公，惟周公为武王母弟，召公则疏远之族兄弟，而太公又异姓也。成、康之际，其六卿为召公、芮伯、彤伯、毕公、卫侯、毛公，而召、毕、毛三公又以卿兼三公，周公、太公之子不与焉。王朝如是，侯国亦然，故《春秋》讥世卿。世卿者，后世之乱制也。礼有大夫为宗子之服，若如春秋以后世卿之制，则宗子世为大夫，而支子不得与，又何大夫为宗子服之有矣！此卿、大夫、士不世之制，当自殷已然，非属周制。虑后人疑传子立嫡之制通乎大夫以下，故附著之。

男女之别，周亦较前代为严。男子称氏，女子称姓，此周之通制也。上古女无称姓者，有之惟一姜嫄，姜嫄者，周之妣，而其名出于周人之口者也。传说黄帝之子为十二姓，祝融之后为八姓；又言虞为姚姓，夏为姒姓，商为子姓。凡此纪录，皆出周世。据殷人文字，则帝王之妣与母，皆以日名，与先王同；诸侯以下之妣亦然（传世商人彝器多有妣甲、妣乙诸文）。虽不敢谓殷以前无女姓之制，然女子不以姓称，固事实也（《晋语》：殷辛伐有苏氏，“有苏氏以妲己女焉。”案：苏国己姓，其女称妲己，似已为女子称姓之始，然恐亦周人追名之）。而周则大姜、大任、大姒、邑姜，皆以姓著，自是讫于春秋之末，无不称姓之女子。《大传》曰：“四世而缌，服之穷也；五世袒免，杀同姓也；六世亲属竭矣。其庶姓别于上而戚单于下，婚姻可以通乎？”又曰：“系之以姓而弗别，缀之以食而弗殊，虽百世而婚姻不通者，周道然也。”然则商人六世以后，或可通婚；而同姓不婚之制，实自周始，女子称姓，亦自周人始矣。

是故有立子之制，而君位定；有封建子弟之制，而异姓之势弱，天子之位尊；有嫡庶之制，于是有宗法，有服术，而自国以至天下合为一家；有卿、大夫不世之制，而贤才得以进；有同姓不婚之制，而男女之别严。且异姓之国，非宗法之所能统者，以婚媾甥舅之谊通之，于是天下之国，大都王之兄弟甥舅；而诸国之间，亦皆有兄弟甥舅之亲，周人一统之策实存于是。此种制度固亦由时势之所趋，然手定此者实惟周公。原周公所以能定此制者，以公于旧制本有可以为天子之道，其时又躬握天下之权，而顾不嗣位而居摄，又由居摄而致政，其无利天下之心，昭昭然为天下所共见。故其所设施，人人知为安国家、定民人之大计，一切制度遂推行而无所阻矣。

由是制度乃生典礼，则“经礼三百、曲礼三千”是也。凡制度典礼所及者，除宗法、丧服数大端外，上自天子、诸侯，下至大夫、士止，民无与焉，所谓“礼不下庶人”是也。若然，则周之政治，但为天子、诸侯、卿、大夫、士设，而不为民设乎？曰：非也。凡有天子、诸侯、卿、大夫、士者，以为民也，有制度典礼以治。天子、诸侯、卿、大夫、士使有恩以相洽，有义以相分，而国家之基定、争夺之祸泯焉。民之所求者，莫先于此矣。且古之所谓国家者，非徒政治之枢机，亦道德之枢机也。使天子、诸侯、大夫、士各奉其制度典礼，以亲亲、尊尊、贤贤，明男女之别于上，而民风化于下，此之谓治；反是则谓之乱。是故天子、诸侯、卿、大夫、士者，民之表也；制度典礼者，道德之器也。周人为政之精髓，实存于此。此非无征之说也。以经证之，《礼经》言治之迹者，但言天子、诸侯、卿、大夫、士；而《尚书》言治之意者，则惟言庶民。《康诰》以下九篇，周之经纶天下之道胥在焉，其书皆以民为言。《召诰》一篇，言之尤为反复详尽，曰命，曰天，曰民，曰德，四者一以贯之。其言曰：“天亦哀于四方民，其眷命用懋，王其疾敬德。”又曰：“今天其命哲，命吉凶，命历年。知今我初服，宅新邑，肆惟王其疾敬德。王其德之用，祈天永命。”又曰：“欲王以小民受天永命。”且其所谓德者，又非徒仁民之谓，必天子自纳于德而使民则之，故曰：“其惟王勿以小民淫用非彝。”又曰：“其惟王位在德元，小民乃惟刑用于天下，越王显。”充此言以治天下，可云至治之极轨，自来言政治者，未能有高焉者也。古之圣人亦岂无一姓福祚之念存于其心，然深知夫一姓之福祚与万姓之福祚是一非二，又知一姓万姓之福祚与其道德是一非二，故其所以祈天永命者，乃在德与民二字。此篇乃召公之言，而史佚书之以诰天下，（《洛诰》云：“作册逸诰”，是史逸所作《召诰》与《洛诰》日月相承，乃一篇分为二者，故亦史佚作也），文、武、周公所以治天下之精义大法胥在于此。故知周之制度典礼，实皆为道德而设；而制度典礼之专及大夫、士以上者，亦未始不为民而设也。

周之制度典礼，乃道德之器械，而尊尊、亲亲、贤贤、男女有别四者之结体也。此之谓民彝。其有不由此者，谓之非彝。《康诰》曰："勿用非谋非彝。"《召诰》曰："其惟王勿以小民淫用非彝。"非彝者，礼之所去，刑之所加也。《康诰》曰："凡民自得罪，寇攘奸宄，杀越人于货，愍不畏死，罔不憝。"又曰："元恶大憝，矧惟不孝不友。子弗祗服厥父事，大伤厥考心；于父不能字厥子，乃疾厥子；于弟弗念天显，乃弗克恭厥兄；兄亦不念鞠子哀，大不友于弟。惟吊兹，不于我政人得罪。天惟与我民彝大泯乱，曰：乃其速由文王作罚，刑兹无赦。"此周公诰康叔治殷民之道，殷人之刑惟寇攘奸宄，而周人之刑则并及不孝不友，故曰"惟吊兹，不于我政人得罪"，又曰"乃其速由文王作罚"，其重民彝也如此。是周制刑之意，亦本于德治、礼治之大经。其所以致太平与刑措者，盖可睹矣。

夫商之季世，纪纲之废、道德之隳极矣。周人数商之罪，于《牧誓》曰："今商王受惟妇言是用，昏弃厥肆祀弗答，昏弃厥遗王父母弟弗迪，乃惟四方之多罪逋逃，是崇是长，是信是使，是以为大夫卿士，以暴虐于百姓，以奸宄于商邑。"于《多士》曰："在今后嗣王，诞淫厥泆，罔顾于天显民祗。"于《多方》曰："乃惟尔辟，以尔多方，大淫图天之命，屑有辞。"于《酒诰》曰："在今后嗣王，酣，身厥命，罔显于民祗，保越怨不易。诞惟厥纵，淫泆于非彝，用燕丧威仪，民罔不衋伤心。惟荒腆于酒，不惟自息乃逸。厥心疾很，不克畏死。辜在商邑，越殷国灭，无罹。弗惟德馨香祀，登闻于天，诞惟民怨。庶群自酒，腥闻在上。故天降丧于殷，罔爱于殷，惟逸。天非虐，惟民自速辜。"由前三者之说，则失德在一人；由后之说，殷之臣民，其渐于亡国之俗久矣。此非敌国诬谤之言也，殷人亦屡言之。《西伯戡黎》曰："惟王淫戏用自绝。"《微子》曰："我用沉酗于酒，用乱败厥德于下。殷罔不小大好草窃奸宄。卿士师师非度，凡有辜罪，乃罔恒获，小民方兴，相为敌仇。"又曰："天毒降灾荒殷邦，方兴沉酗于酒，乃罔畏畏，咈其耇长旧有位人。今殷民乃攘窃神祇之牺牷牲用以容，将食无灾。"夫商道尚鬼，乃至窃神祇之牺牲，卿士浊乱于上，而法令隳废于下，举国上下，惟奸宄敌仇之是务；固不待孟津之会、牧野之誓，而其亡已决矣。而周自大王以后，世载其德，自西土邦君，御事小子，皆克用文王教。至于庶民，亦聪听祖考之彝训。是殷、周之兴亡，乃有德与无德之兴亡。故克殷之后，尤兢兢以德治为务。《召诰》曰："我不可不监于有夏，亦不可不监于有殷。我不敢知曰：有夏受天命，惟有歷年。我不敢知曰：不其延。惟不敬厥德，乃早坠厥命。我不敢知曰：有殷受天命，惟有历年。我不敢知曰：不其延。惟不敬厥德，乃早坠厥命。今王嗣受厥命，我亦惟兹二国命，嗣若功。王乃初服。"周之君臣，于其嗣服之初反复教戒也如是，则知所以驱草窃奸宄相为敌仇之民而跻之仁寿之域者，其经纶固大有在。欲知周公之圣与周之所以王，必于是乎观之矣。

刘师培与《周末学术史序》

经典导读

刘师培（1884—1919 年），字申叔，号左盦，江苏仪征人。出生于经学世家，12 岁即读完四书五经，并对《左传》学有专门研究。1902 年考中举人，1903 年 2 月赴开封参加会试未中，归途在上海见到章炳麟、蔡元培以及其他爱国学社同志，与章太炎订交，并宣传民族民主革命，著有《攘书》、《中国民约精义》、《黄帝纪年论》等重要著述。1904 年参与成立光复会，并为《中国白话报》等撰稿。1905 年，与邓实、黄节发起组织国学保存会，并出版会刊《国粹学报》。该年刘师培发表了大量有重大影响的学术著作，如《中国民族志》、《国学发微》、《小学发微补》、《两汉学术发微论》、《汉宋学术异同论》、《南北学派不同论》、《伦理学教科书》、《经学教科书》、《乡土历史教科书》、《地理教科书》、《中国文学教科书》，尤其是《周末学术史序》等。1906 年，刘师培发表了《群经大义相通论》、《典礼为一切政治学术之总称》、《古学出于官守论》、《孔学真论》、《汉代古文学辨诬》等文章，还撰完了《读左札记》。1907 年对刘师培的政治思想来说，是个转折之年。他先是应章炳麟之邀赴日本任《民报》编辑。6 月又创办《天义报》，宣传无政府主义。该年发表了《司马迁左传义序例》、《清儒得失论》、《近儒学术统系论》、《近代汉学变迁论》等思想学术史著作。1908 年，刘师培投靠清政府两江总督端方。1915 年参加筹安会，与杨度等人为袁世凯复辟帝制作理论宣传，并撰写《君政复古论》等。1908 年以后，刘师培发表的重要论文或著作有《论中土文字有益于世界》、《辽史地理考》、《秦四十郡考》、《论中国古代财政国有之弊》、《白虎通德论补释》、《敦煌新出唐写本提要》、《周书补正》、《周书略说》、《楚辞考异》、《管子斠补》、《春秋左氏传答问》等。1913年创办《国故钩沈》。1917年任国立北京大学教授，主讲“中国中古文学史”，继续整理《左传》旧注以及古文经源流。1919年还为《国故》杂志撰稿。同年病逝于北京，年仅36岁。刘师培虽然英年早逝，但是其国学著作众多，经南桂馨、钱玄同等搜集整理，编为《刘申叔先生遗书》，共74册，包括论群经及小学22种，论学术及文辞13种，群书校释24种。可以说，刘师培的政治思想及活动虽然为后人非议，但是其学术思想及著作却是近代学术史上的一朵奇葩。

刘师培的主要学术成就主要表现在以下几个方面：

首先，在经学研究方面，他竭力还古文经学的真实面貌。晚清的经学研究出现了一股新气象，即今文经学的兴起，主张经学研究要为现实服务。康有为等今文学家认为古文经皆刘歆所伪造，认为只有西汉今文经才是孔学真传，注重挖掘经典中的微言大义，体现了强烈的经世意识。刘师培继承深厚的经学研究传统，以《左传》研究为中心，提出了自己对经学研究的看法。他经过详细考证，认为《左传》并非刘歆伪造，而且《左传》的思想与孔子思想是一致的，古文经基本可信。刘师培反对今文学家把孔子打扮为托古改制的“素王”，认为孔子是历史家，也是思想家。刘师培经学研究的代表作《读左札记》通过实事求是地梳理古文经的发展过程，超越了今文经和古文经的互相指责。刘师培还从当时的民族民主革命出发，发掘孔子《春秋》学的基本精神，那就是强烈的民族民主意识。受当时西学的影响，刘师培也自觉地运用西方思想对儒家经典进行新的解释。后期刘师培由于政治思想的倒退，其经学研究也古奥难懂，缺乏早期经学研究的开放气息，更加坚守家学传统，继续证明古文经的真实性，开始系统整理西汉至东晋时期古文经的学术研究状况。刘师培力图架起经学与现实的桥梁，但是很不成功，传统经学已经无法为现代政治提供完满的解答。而他实事求是地整理研究传统经典，却是现代学术研究的基础，很多成果值得我们参考，是继续研究传统经学的基础。

其次，在史学方面，刘师培顺应史学革命的要求，对新史学提出了自己的看法。1905—1906年刘师培撰写了《中国历史教科书》，共分三册，第一册为原始社会至殷商时的历史，二、三册为西周历史。在《中国历史教科书》中，刘师培展现了自己的史学观。他认为，历史是进化的，史学应该以进化论为指导，因为“人类举止悉在因果律之范围”[1]。以进化论为指导，刘师培揭示了中国社会历史和各项典章制度不同时代的不同特点。结合当时民族民主革命的主题，刘师培认为史学研究应该揭示历史中的民族民主意识，比如1903年撰成的《黄帝纪年说》，目的就是要反对异族压迫和专制统治。刘师培还充分吸收当时先进的西方学术方法，运用于研究中国历史，比如主张发掘新史料、加强史家的哲学修养以及大量运用西方学科分类的方法和哲学、社会学、政治学、历史学的知识，《周末学术史序》就是在西方学科观念的影响下写成的。通过研究，刘师培得出了不少史学见解，比如赞同汉族西来说，即汉族是从帕米尔高原，经中亚细亚而到达中土的。刘师培还按照甄克思的《社会通诠》来具体划分中国历史的阶段，指出伏羲之世为中国渔猎时代，神农之世为游牧耕稼并行之时代，夏禹之时耕稼成为主要时代特征。刘师培还认为儒家六经与诸子百家都由礼制而出，成为一种很有代表性的关于诸子来源的观点。

再次，在与中国思想学术史联系紧密的先秦诸子学、秦汉学术史、汉宋学术流变以及近代学术史研究方面，刘师培都有重要的建树。近代诸子学研究兴盛蓬勃，刘师培亦是其中重要一员。在先秦诸子学研究方面，刘师培认为诸子学皆出于史官，而悠久的礼制文化传统是诸子学产生的社会文化根源，他试图把诸子与史官一一对应。刘师培的贡献在于较早地从社会文化背景来考察思想学术的产生，但是时代、视野的局限，使他不可能全面地分析诸子的真正起源。他在《孔学真论》、《周末学术史序》等论文中对儒家、墨家、道家以及法家都进行了独到的研究和评论。尤其是本书所选《周末学术史序》体现了一种崭新的思想学术史观念，对中国思想史研究有重要价值。

《周末学术史序》发表于1905年，内容主要是从学术史的角度研究周末诸子学。由总序、心理学史序、伦理学史序、论理学史序、社会学史序、宗教学史序、政法学史序、计学史序、兵学史序、教育学史序、理科学史序、哲理学史序、术数学史序、文字学史序、工艺学史序、法律学史序、文章学史序共17篇组成。在《周末学术史序》总序中，刘师培指出：“予束发受书，喜读周秦典籍，于学派源流，反覆论次；拟著一书，颜曰《周末学术史》，采集诸家之言，依类排列，较前儒学案之例，稍有别矣。学案之体，以人为主。兹书之体，拟以学为主。义主分析，故稍变前人著作之体也。”可见《周末学术史序》是拟议中的《周末学术史》的写作纲要。刘师

---

① 刘师培：《周末学术史序》，《刘师培史学论著选集》，上海古籍出版社2006年版。

培的《周末学术史序》主要有以下一些特点：区别于传统“学案体”的新的学术史体例，传统学案体大都以人为中心，论述学派，而刘师培以西方多学科的划分方法，按学科内容来研究传统学术，而不再仅仅以人为中心，而是注重思想内容的分析，体现了近代人们注重追求科学知识的时代特点，而不是再像传统学术那样，纠结于师承家法，这对传统学术史是一种突破。对于浩如烟海的传统学术来说，刘师培的《周末学术史序》确实提供了一种崭新的观察方法，对于条理化传统学术有重要创见；除了在著述形式上采用西学外，还大量吸收西学思想观念，如经常引用《学术沿革史》、《民约论》、《社会学原理》、《社会通诠》、《历史哲学》等西学典籍，通过中西对比，力求挖掘传统学术的知识内涵。

同梁启超的《论中国学术思想变迁之大势》、章太炎的《国故论衡·诸子学》等思想学术史著作相比较，刘师培的《周末学术史序》有自身的突出特点。梁启超的特点在于从宏观上透视几千年的中国学术，有一种广阔的视野，使我们能够宏观地看到中国思想学术的演变。章太炎的特点在于从文字学出发，实事求是地研究传统学术，而且注重思想学术产生的社会文化环境的分析。但是二者在横向的层面上，也就是在著述体例上，深入挖掘某个时代多样的思想内涵方面的创新还不够明晰，而这恰恰是刘师培《周末学术史序》的创见。刘师培较早地把中国传统学术分为哲理学史、论理学史、社会学史、政法学史等，后来胡适研究先秦的名学、侯外庐把中国思想史分为哲学、逻辑学以及社会思想意识等等，都不能说没有受到刘师培的影响。

在对先秦诸子的具体评价方面，刘师培也有自己的思想观点。例如对孔子的评价在 20 世纪初的学术界也是具有重要地位的，刘师培针对康有为等人对孔子的神圣化，指出“孔子者，中国之学术家也，非中国之宗教家也”[①]，原因在于孔子以前中国就有宗教，而且孔子也未曾立宗教之名。在唐宋以前的文献资料中，也找不到“孔教”之名。《汉书·艺文志》所列儒家为九流之一，称儒为“家”也不是“儒教”。儒教之名创始于南朝的张融。中国的百姓多信奉道教、佛教以及鬼神教，并非崇拜孔子为教主。孔子只是伟大的学问家、教育家，刘师培的观点得到当今大多数学者的赞同。

刘师培的《周末学术史序》还有一个特点，这是章太炎、梁启超所共同具备的，

---

① 刘师培：《论孔教与中国政治无涉》，《刘申叔遗书》影印本，江苏古籍出版社 1997 年版，第 1503 页。

那就是儒学不再具有独尊的地位，而是诸子百家都有平等的地位。比如刘师培认为儒家在伦理学、政法学、理科学等方面都不如墨家。道德家、阴阳家在社会学方面成绩突出。刘师培对管子、商鞅、韩非子等法家人物的政治思想给予极高的评价，而不满于儒家政治学。虽然立足于中西比较，但是刘师培也毫不避讳诸子学术的不足之处，指出大多数后来学问的弊端其端绪都可以从诸子中找到，比如重农抑商、重文轻武等思想习惯。

刘师培以近代西方的伦理学、社会学、哲学等学科分类方法简单类比传统学术，确实存在很多不足之处，其对诸子的论述不一定完全合乎史实，但是20世纪初的刘师培，能够顺应近代中西融汇的趋势，大胆做出新的学术探索，无疑给后来从事中国学术史、思想史研究的学者提供了道路，可以说，20世纪以来中国思想学术史研究的重大成果基本都是中西融汇的产物。刘师培的学术史研究虽然侧重考查学术源流，但是其理论与方法是后来产生的中国哲学史、思想史学科的重要先导，是20世纪初学术革新思潮的重要组成部分，其《周末学术史序》也具有重要的思想学术史地位，是20世纪中国思想史研究的开创之作之一，是不容忽视的重要著作。

在秦汉学术变迁的研究方面，刘师培认为秦汉之际，法家思想逐渐成为统治思想，而神仙方术也逐渐活跃起来，成为秦汉之际的两大社会思潮。西汉以来儒学重新得到重视，但是西汉帝王并未能真正懂得儒学的价值。儒学自身由于受神仙方术的影响，儒学内部也逐渐分化，今古文经学争论开始。东汉古文经学地位上升，逐渐成为经学的主流。刘师培从家学渊源出发，反对将古文经学视为无用的学术观点。西汉今文经学治国，出现不少弊端，而东汉儒学的政治效果要比西汉好，东汉儒术也更加求真。在儒学复兴的同时，法家也在继续谋求成为统治思想，因而儒法对立成为两汉思想上的重要特点。刘师培认为中叶以后，法家学说的复兴，与儒家自身的缺陷密切相关，儒术本身不能提供有效的解决办法。刘师培从中国学术发展史的高度为秦汉学术定位，指出汉代思想学术继承发展了先秦政治民主精神，提出了行之有效的政治原则。汉代学术还把先秦华夷之辨的观念发展为民族、国家观念，也是一种推进。汉代继承先秦的伦理原则，在修身方法，五伦关系方面又有很大的推进。而汉代学术又是宋代学术的渊源和基础。侯外庐在汉代思想史研究方面继承了刘师培的观点，注意到了儒家学说与法家学说的对立斗争。

在汉宋学术演变的研究方面，刘师培认为玄学起因于对法术造成的社会腐败的反动，玄学的特点在于追求身心自由，学术独立精神得到发扬，充分肯定了玄学

“不滞于枸墟，宅心高远，崇尚自然，独标玄致，学贵自得”[①]的思想特点。刘师培从近代学术革新的角度不同意完全贬斥玄学的政治作用。侯外庐批评了刘师培对玄学的褒奖，指出刘师培论玄学近乎独断，没有将玄学与当时的政治经济文化背景联系起来分析玄学产生的根源。对于隋唐时期儒学和佛教的交融发展，刘师培给予积极肯定，体现了学术的开放精神。他指出唐代学术的主要贡献在音韵、地方志、政典以及史注等方面。宋代学术援佛入儒，虽源自汉代，但仍有不少独立心得。不足之处在于宋儒对于伦理道德的教条化。

在近代学术史研究方面，刘师培对于明清之际的致用之学给予高度肯定。但是汉学没有完全理解传统学术的基本精神，脱离了社会现实，对于传统学术的核心精神——民族民主精神也没有涉及，其作用是消极的。刘师培对近代学术人物颜元、戴震、全祖望等都进行了详细的研究，而其评价往往体现出刘师培的时代意识。

刘师培除了对中国思想学术史的演变进行研究之外，还特别注重校勘诸子典籍，力求做到实事求是。刘师培关于传统思想学术的系统研究，对章太炎、胡适、侯外庐等有重要的影响，是后者研究中国思想史的基础。本文所选的《周末学术史序》所展现的运用现代西方的学术分科来分析周末思想学术并给予评价，体现了一种新的学术观念，学术要有经世意识，也要有社会批判意识，要主动学习西方的政治学、哲学、社会学等学科方法，建立现代的学术体系，实现中西优秀文化的结合，建立为国民服务的新史学。

—— 延伸阅读文献目录：

1 邬国义、吴修艺编校：《刘师培史学论著选集》，上海古籍出版社，2006年。

2. 方光华著：《刘师培评传》，江西百花洲文艺出版社，2010年。

—— 原文：《周末学术史序》（节选）

① 刘师培：《论古今学风变迁与社会政俗之关系》，《刘申叔遗书》影印本，江苏古籍出版社1997年版。

经典原文

周末学术史序（节选）

刘师培

昔欧西各邦，学校操于教会。及十五世纪以降，教会寖衰，学术之权，始移于民庶。及证之中邦典籍，则有周一代，学权操于史官。迨周室东迁，王纲不振，民间才智之士，各本其性之所近，以自成一家言。虽纯驳不同，要皆各是其所是，则学兴于下之效也。（当此之时，由官学变为私学，孔子有弟子三千，墨子有钜子十数，许行亦有弟子数十人，则段干木、颜涿父以大盗大驵皆从圣贤问学。盖当时教育之家，以教学普及为己任，而诸侯卿士亦知重学，国君分庭抗礼，卿相拥篲迎门，则阶级之制度亦因之而改革矣。）

仁和龚氏不云乎？师儒之替也，源一而流百焉，其书又百其流焉，其言又百其书焉。各尊所闻，各欲措之当代之居民，则政教之末失也。虽然，亦皆出于本朝之先王。吾观《庄子·天下篇》，历叙诸子之源流，皆以为出古道术。（据《庄子·天下篇》所言，则墨、禽与宋、尹二派，皆为墨家；彭、田、慎及关、老、庄周三派，皆为道家。此出于古人道术者也。惠施一派，则为名家，乃离乎古人道术，而特创之学也，故不言出古道术。）古道术者，即古代所谓官学也。（《庄子·天下篇》云“神何由降？明何由出？圣有所生，王有所成，皆原于一。”此即《易经》“天下同归而殊途”之说也。又曰“天下大乱，贤圣不明，道德不一，天下多得一察焉而自好。此即《周易》“一致而百虑”之说也。）

及孟坚作《汉·艺文志》，承歆、向《七略》绪余，于官师儒合一之旨，深契其微。某云某官之掌，即法具于官，官守其书之义也。其云流为某家之学，即官师失职，师弟传业之义也。（此会稽章氏之说。）是则私学之源出于官学。官学之派主于合，私学之派主于分。（官学主合，即西人所谓归纳学也。私学贵分，则古人所谓演绎派也。）立言有当，大岂强同？又班志以前，有荀卿、司马谈二家，皆诠明古学。虽去取互殊，用舍不同，然寻绎周末学派，则舍此末由。特班志所言，先取诸子之所长，复著诸家之所短，得失互见，持论差平。若史谈《六家要旨》，先言所短，后著所长；荀卿《非十二子》篇，则舍长著短。立说稍偏，（荀卿偏于儒家，马谈偏于道家，皆一偏之见。）未足为定论矣。

后世以降，诸子家言，屏诸经史之外，故治之者鲜。近世巨儒，稍稍治诸子书，大抵甄明诂，故掇拾丛残，乃诸子之考证学，而非诸子之义理学也。（如毕秋帆之校《墨子》、《吕氏春秋》，孙渊如之校《孙子》、《吴子》、《司马法》、《尸子》，秦敦父之校《鬼谷子》，王益吾之注《荀子》，以及俞曲园《诸子平议》诸书，皆考证诸子者也。）

予束发受书，喜读周秦典籍，于学派源流，反覆论次；拟著一书，颜曰《周末学术史》，采集诸家之言，依类排列，较前儒学案之例，稍有别矣。（学案之体，以人为主。兹书之体，拟以学为主。义主分析，故稍变前人著作之体也。）今将序目列于后。

■ 哲理学史序

战国之时，诸子百家，以学相竞，仰观俯察，研精覃思，以期自成。其学术上者，深造自得，卓然成家。即有怪奇驳杂，出乎其间，亦足以考思想之迁变，辨古学之源流。识大识小，虽判浅深，然推显阐幽，足与白民争耀，可不谓学术之昌欤！惜空言垂布，辩学未兴，（辩学，即论理学也。）致前哲立言，难期精确。试略陈之。

夫唯心之论，发于孟子者也。孟子之言，曰“尽其心者，知其性也”，（王一菴云：孟子言“尽其心者，知其性也”。“盖天下凡职分所当为者，皆其性分内之固有，故人必知天地万物，无一不备于吾性之中，然后能以宇宙内事，为己分内事，必竭尽心思，以担当自任。）又曰“万物皆备于我”。（《朱注》亦，以“当然之理，无一不具于性分内”释之。）其说近于佛陀。（佛书言大地山河，皆起灭于性海。又西儒柏拉图亦言，吾人知识事物，凡推测与雷同，皆为俗见。而近人笛卡尔，亦极主张唯心之论者也。）然意物之际，常隔一尘地。（英赫胥黎氏之说。）虽事物当前，不假思索，（故《易经》言何思何虑。）然惟具此物，乃动此知。并物且无，知何由起？故以官接物，（官即耳目鼻口，及四体也。）感觉乃生。（西儒康德哲学，分感觉、推理、良知为三，谓感觉必生推理，推理必因良知。此亦主张唯心说者，然较孟子说为圆满。）由感生智，由智生断。谓心能知物可也，谓物由意造不可也。（此即佛家之说。）安得谓物备于我，而我外遂无物乎？（心物相符之说，最为的当。非物则心无所感，非心则物不可知。）此心性学之谬误者也。

又，无极之论，发于列子者也。（老子之言，曰无生有。大抵谓先有无极，后有太极。宋儒无极而太极之说，已原于此。）列子之言曰："无极之外，更无无极；无尽之外，更无无尽。"夫太极之外，皆为无极。（盖有形之外，莫非无形之物。有形之外，有界域者也，有起讫者也。无形之物，无界域者也，无起讫者也，且有内而无外者也。无形与有形，相为对待，非有形即无形，非无形即有形。有形者，有尽者也。无形者，无尽者也。无尽故为无极，有极故为太极。此有极与无极之分也。）有极无极，乃互相对待之词。既曰无极，则非有极明矣；既曰无尽，则非有尽明矣。若如列子所言，则无极之外无无极，则无极即有极矣；无尽之外无无尽，则无尽即有尽矣。物即有极，何云无极？理即有尽，何云无尽？谓非互相矛盾乎？天地元始，造化真宰，虽智者不能尽穷，（如空气布浸六合，果为有尽，抑为无尽？实难决之问题。）故天竺哲人以"无量"二字该之。（如佛经言"世界无量"、"众生无量"、"浩劫无量"，是也。）又以理之不可竟穷也，于是以不可思议之说，（不可思议者，既非不能思议，亦非不屑思议，乃理之穷者也。）以表事物之精深。岂若列子无根之说乎？此虚灵学之谬误者也。（宋儒之论无极太极也，大抵以"动静"二字该之。观周子《太极图》可见。然以"动静"二字该太极无极，不若以"有界无界"四字该无极太极也。此宋儒立说之误也。）

略具数端，足证我国诸子之言哲理者，大抵皆瑜不掩瑕矣。（孟子列子皆主张一元论者也，非二元论。）惟《大易》、《中庸》发明效实储能之理，（斯宾塞尔《群学肄言》曰："一群之中，有一事之效实，即有一事之储能。方其效实，储能以消，而是效实者，又为后日之储能。"其理甚精。盖储能即翕以合质之说，效实即辟以出力之说也。近世侯官严氏谓《易·系词》言"夫乾其静也专，其动也直"，即辟以出力之意。又言"夫坤其静也"，翕，"其动也辟"，即翕以合质之意。其说固然。然吾观《周易·系词》之言曰，夫"易，无思也，无为也，寂然不动，感而遂通天下之故"。寂而不动，即储能之义，所谓翕以合质也；感而遂通，即效实之义，所谓辟以出力也。又如“推显阐幽”。推显即效实，阐幽即储能；“何思何虑”即储能，“一致百虑”即效实。是效实储能之理，《大易》早发明之。又《中庸》云“喜怒哀乐之未发，谓之中”，“发而皆中节，谓之和”。未发之中，即储能也，故曰“天下之大本”；发而中节，即效实也，故曰“天下之达道”。《中庸》又云“君子之道费而隐”。郑注以无道则隐之义称之，非也。朱注云：“费，用之广也；隐，体之微也”。用广则近于效实，体微则近于储能。宋儒言学，分体用为二，其理亦精。盖《中庸》与《大易》本互相表里，观邵阳魏氏《易庸通义》可见。若《老子》之说，亦颇明储能之理。惟效实之说，《老子》未及言之耳。）中邦哲理，赖此仅存。

又吾即周末之学派考之。知擅长之学略有三端。

一曰天演学派。（天演学派，以进化论为始基。欧洲言进化学者，以达尔文为最著，于动植物繁殊之故，悟物类之变迁，创为天择物竞之说，以推古今万国之盛衰，至谓人类造生，必经天然淘汰之作用。）儒家立说，虽斥强权，（《乐记》篇云：“是故强者胁弱，众者暴寡，智者诈愚，勇者苦怯，疾病不养，老幼孤独，不得其所，此大乱之道也。”是儒家深斥强权也。）然天择物竞之理，窥之甚明。（盖宇宙万物，莫不有强弱之差。强与弱相待，而优胜劣败之理自著矣。）观《论语》之论岁寒，（《论语》云：“岁寒，然后知松柏之后凋也。”此二语实天择物竞之精理。物竞者，物争自存也。以一物而与万物争，或胜或败，或存或亡，则其效归于天择。天择者，物争而独存者也。斯宾塞而曰“天择者，存其最宜”。盖松柏之后凋，即存其最宜之证；非惟得天独厚，亦由松柏，具傲岁寒之能力耳。此天择物竞之说也。）《中庸》之论生物，（《中庸》曰：“故天之生物，必因其材而笃焉，故栽者培之，倾者覆之。”因材而笃，即天择之义。其理与《论语》“岁寒”章相同，皆天演学之精言也。）因庶物之繁滋，而明天然淘汰之作用，孰非孔门之粹言乎？（以上二义，皆孔子之言也。）盖儒家富于经验，故能执公例以定必然。（此例证之《山海经》而益明。西人考生物之次第也，谓由植物而生动物，由动物而生人；人类者，动物之所衍也。故动植庶品，率皆递有变迁。其始也陆草与水草争，其继也动物与植物争，又其继也则人类与动物争。观《山海经》一书，有言人面兽身者，有言鸟面人身者，而所列鸟兽草木，多为后世所无。盖地球初成，为大鸟大木之时代，继也为野番酋长之时代。观汉时武梁祠画像，其画古代帝王，亦多人首蛇身、人面兽身之怪状，足证《山海经》确实可凭，即西人由动物衍为人类之说也。《山海经》成书之时，乃中国由野蛮进为邦国之时代，故人类动物之争仍未尽灭。《孟子》言尧时“兽蹄鸟迹，交于中国”，《左传》言“禹铸九鼎”，使得民知神奸，“不逢不若”，则当时人物战争未息。厥后人类日繁，而奇禽怪兽相灭于无形，即优胜劣败之说也。故《山海经》一书，足以证明天演学之说。周末儒者，大抵皆考察此书，故经验事物，而发明天择物竞之妙理也。）儒家而外，若《墨子·非命篇》亦主人定胜天之说。（《墨子·非命篇》之旨，在于以人定胜天，而天不可独任。盖中国古代，多任天为治，以为国祚之盛衰、人寿之休短，皆有一定之数；而《墨子·非命篇》则近于赫胥黎之天演说，以为天不可独任，要在以人胜天。斯为天所存，否则为天所灭，乃天演学最精之义也。）以为天不可独任，要贵以人胜天，与申包胥之说，互相发明。（申包胥之言曰：“人定胜天，天定者亦能胜人。”盖“人与天争”一语，为中国儒者所骇闻。惟唐代刘禹锡之作《天论》，则主张人定胜天之旨。盖儒家之论近于达氏；即物由天择之说也。墨家之论，近于赫氏；即人与天争之说也。）惟语焉未详，未能自成一家言耳。（此由实验学尚未大明之故耳。）一曰乐利学派。（西儒乐利学派，以求乐避苦为宗。希腊人伊壁鸠鲁之言曰：“利者何？快乐是也。恶者何？痛苦是也。”与宗教家去乐就苦之说，大相背驰。及英人边沁之说兴，以为人世之善恶，悉由苦乐而区分；凡世之所谓善不善者，仅以利不利分之而已。名曰乐利派。）孟子斥杨朱为“为我”，（孟子曰：“杨氏为我，则无君也。”又曰“杨子为我，拔一毛而利天下，不为也”。）而杨朱之说，载于《列子》者特详。（《列子》有《杨朱》篇。其立言大旨，不外趋利避害二端。杨朱既以乐利为宗旨，故以趋利避害为宗。以为人之贵贱贤愚，其生虽异，其死则同；人生之寿，无过百年；百年之中，欢乐有几？故等尧舜于桀纣，以伯夷、展季为非，以子贡为是。身后之荣辱非所知，身前之荣辱非所计。以好名足以困苦己身也，故首斥好名。推其意旨，殆乐生逸身而外别无利己之可言，而人生行乐不过美厚与声色二端。观杨朱所引管子、晏子之言，可以知其用意之所在矣。）以为好逸恶劳，为人生之本性，（杨朱之义，以为以忧困导民，违民之性者也；以佚乐导民，顺民之性者也。违民之性，则民不亲；顺民之性，则民易使。）使顺其性而导之，则民庶易从，（故其说盈于天下。）无高远难行之弊。又以孔墨之徒，去乐就苦，故矫枉过正，（在杨朱之倡乐利也，盖见当时之诸侯，强弱相侵，而孔墨之徒故劳苦其身，以求行其说，故力矫此弊，以与孔墨之说，相背而驰。观杨朱首斥周孔，而孟子亦首斥杨朱，致等诸禽兽。而墨子书中，亦多与杨朱反对，屡言兼士与别士之不同。别士指杨朱学派言，而兼士则指墨子学派言也。）以冀己说之易行。以存我为贵，以侵物为贱，（杨朱之言曰："智之所贵，存我为贵"，"力之所贱，侵物为贱"。 存我为贵者，即保持一己权利之谓也；侵物为贱者，即不以权力加人之谓也。盖杨朱之意，欲人人尽个人之资格，故其言又曰"损一毫利天下，不与也；悉天下奉一身，不取也"；"人人不损一毫，人人不利天下，则天下治矣"。推其意旨，盖谓人人当保其权限，不能越己之权限而侵入，亦不能听人之越权限而侵我；所谓人人当保其自由，而以他人之自由为限也。足证杨朱立言，重权利而不重权力，与边沁稍殊。）于权利权力之界，区划昭明。（若如边沁之说，则天下有利即有害，有所利于此，必有所不利于彼，此之利日益增，则彼之利日益减；故扩张一己之自由，必自侵犯他人之自由始。此乐利派，所由为强权之先导也。若杨朱之言，则仅以保存一己之自由为限，决不犯及他人之自由。此其与边沁之说，大相歧义者也。）惟利己之念虽萌，而利物之心未溥，（边沁以个人之幸福为小，以一群之幸福为大，故由个人之幸福，进而谋一群之幸福，不以个人之苦乐为苦乐，而以一群之苦乐为苦乐，以为利物即以利己也。若杨朱之言，只知以利个人为乐利，不知以利一群为乐利，知利己之所以利己，而不知利物之亦为利己，故主独善而不主兼爱。与边氏不同。）较之边沁所言，盖有逊矣。（《墨子·大取篇》，亦纯乎边沁之说者也。）当时学者，以杨朱纵欲，近于恣睢。（《荀子·非十二子篇》以"纵情性，安恣睢"为它嚣、魏牟。盖此二人者，皆崇奉杨朱为我之学派者也。）然乐天安遇，清净节适，（观杨朱之言曰："不逆命，何羡寿？不务贵，何羡名？不要势，何羡位？不贪富，何羡货？"是杨朱立品，固当时隐佚之流，曷尝有纵欲之事也？与魏晋名士之放旷者不同。故陈兰甫《东塾读书记》，亦称杨朱人品甚高也。）岂若清谈家之放旷哉！故杨氏之言，盈于天下。（吾观《论语》载子贡之问孔子，曰"我不欲人之加诸我"，"我亦欲无加诸人"。"不欲人加诸我"即杨朱"利之所贵，存我为贵"之说也；"我亦欲无加诸人"，即杨朱"力之所贱，侵物为贱"之说也。而杨朱所言，复盛称子贡。窃疑杨朱当时，本窃闻子贡之绪论，则杨朱学派，或亦出于儒家。惜今日无可考耳。）

一曰大同学派。（大同学派，指所谓世界主义也。）儒家之道，以贵公为本，（《吕氏春秋》曰“孔子贵公”。）以一贯为归。（《论语》载孔子告曾子之言，曰“吾道一以贯之”。告子贡之言，曰“予一以贯之”。贯，训为通。）贵公者，即持平之意也。（孔子之贵公，有二证，一曰中，一曰恕。《中庸》曰“中者，天下之大本”，又曰“夫焉有所倚”；又曰“君子而时中”。《论语》曰“不得中行而与之，必也狂狷乎”，《孟子》曰“中道而立，能者从之”；又曰“孔子岂不欲得中道哉？不可必得，故思其次也”。此皆孔门贵中之征。盖中焉者，即不偏不倚之谓也。《中庸》为赞圣论，故首章即发明此旨。又《论语》曰，夫仁者“己欲立而立人，己欲达而达人”。曾子曰“夫子之道，忠恕而已矣”。“子贡问，有一言可以终身行之者乎？子曰：其恕乎”！“己所不欲，勿施于人”。《中庸》曰“忠恕，违道不远。施诸己而不愿，亦勿施于人”。此皆孔门贵恕之征。盖恕也者，推己及人之谓也。故恕字从心从如，所谓如心为恕也。至于推己及人，而私之界悉泯，故《大学》论平治天下，终归之于絜矩之道也。近儒著书，多发明此旨。如戴氏东原《孟子字义疏证》、焦氏理堂《论语通释》、阮氏芸台《论语论仁》，皆发明孔门忠恕之精义者也。盖孔门之贵中，即佛家所谓不落两边也。孔门之贵恕，即佛家所谓方便也。此贵公之精理也。）一贯者，即通达之谓也。（观《论语》言无意，无必，无固，无我，无适，无莫，可立可权，从心欲而不逾矩，何一非通达之意乎？故公羊家言，有反经行权之说。）试即儒家之言通者析之。有所谓内外通者，（内外通者，此《春秋公羊传》之义。公羊家之解《春秋》也，谓《春秋》于所传闻世，“内其国而外诸夏”，于所闻世，“内诸夏而外夷狄”，于太平世，则“进夷狄于中国”。所谓“内外远近若一”也。故于庄王之灭陈，则许夷狄之内讨，于潞子之为善，则进夷狄而书爵。是乱世、升平世，有内外之界限。至于太平世，即无内外之界限矣。仁和龚氏复引《周颂》“无此疆弥界”之言，以附会公羊家大一统之义。而武进刘氏，复言有政教，则夷狄可进于中国。近世治公羊说者，益牵合其说，以之泯内外之防，荡华夷之界，立言颇多流弊。惟公羊师法甚古，则此亦儒家相传之旧意耳。）有所谓上下通者，（此为《周易》之义。《易经》谦卦之言曰：“天道下济而光明，地道卑而上行”。咸卦之言曰“君子以虚受人”。而泰卦以“天地交而万物通”，“上下交而其志同”，为内君子而外小人。否卦以“天地不交，而万物不通；上下不交，而天下无邦”，为内小人而外君子。则《周易》非不言上下之通矣。此义也;《公羊传》亦有之。故《公羊传》隐三年传，言“《春秋》讥世卿”，其意以为，世族居上位，则贫民无进身之阶。故于尹氏卒，则书之；崔氏出奔，则书之；以废门第阶级之制。而《孟子》一书，亦屡言上下相通之旨，故其言曰“民为贵”，又曰“与民同乐”。而其对齐王用人之问也，则言贤否“当卜于国人”，而后定其用舍。盖欲持此说而实行于政界上矣。）又有所谓人我通者。（人我通者，《礼运》之义也。《礼运》曰:“大道之行也，天下为公，选贤与能，讲信修睦。故人不独亲其亲，不独子其子。使老有所终，壮有所用，幼有所长，鳏寡孤独废疾者，皆有所养。男有分，女有归。货恶其弃于地也，不必藏于已。力恶其不出于身也，不必为己。”以之为大同之世。然孟子之对齐王也，仅言推恩之说。又曰“人人亲其亲，长其长，而天下平”，未尝若《礼运》所云，去人我之界也。则《礼运》所云，为孔子一时之理想，非定持此以为主义也。惟《吕氏春秋》载孔子之论荆人遣弓也，曰“去其荆也可矣”，“去其人也可矣”，则隐含人我通之义，与《礼运》合。宋儒张横渠作《西铭》，曰:“民吾同胞，物吾同与”，亦参用《礼运》之说者也。）特儒家之意，以为世界递迁，必有大同之一日。而大同之世，又非旦夕所可期，故悬一必然之例，而出以想像之词。（犹列子之言华胥国，佛家之言净土，耶教之言天国耳。）岂可躐等而跻乎？（小康之世，不可言大同，犹之乱世不可言升平世也。所谓井蛙不可语海，夏虫不可语冰也。以今日而欲行大同之法，非愚则诬。）近儒所言，未足识儒家立言之旨也。（近人多欲以大同之法施行于今日。）墨家立说，亦主大同。（墨子亦持世界主义。）《尚同》三篇，非即内外相通之义乎？（墨家之言尚同，与儒家之言内外通者稍异。儒家之言内外通，言当泯华夷之界也。墨子之言尚同，则言全国当合为一也。故《尚同》中篇，谓里长率其民以上同于乡长，乡长率其民以上同于国君，国君率其民以上同于天子。即孟子“定于一”之说也。盖欲一国之中，地方团体与中央政府相通。其义较儒家所言，稍为狭隘。)《尚贤》三篇，非即上下相通之义乎？(《尚贤》上篇之旨，及于以有能无能定贵贱，故其言曰“官无常贵，民无常贱”。而《中庸》之旨亦主“立贤无方”之说，与《公羊传》之破阶级相同。盖上下不通，由于阶级制度，使破阶级制度，则上下无不相通矣。此墨子之旨也。又《尚同》中篇，亦云“是故上下情请为通，上有隐事遗利，下得而利之，下有蓄怨积害，上得而除之”。观“上下情请为通”一言，则墨子贵上下相通，明矣。)《兼爱》三篇，非即人我相通之义乎？(《墨子·兼爱》，上篇以兼爱为仁道之本，欲使君臣、父子、兄弟、夫妇，无不以爱相加，与《礼运》所论“不独亲其亲，不独子其子”者，大约相符。而中篇之言，曰“视人之国，若视其国”，“视人之家，若视其家”，“视人之身，若视其身”。视人国若己国，即《礼运》天下为公之义；视人家若己家，即《礼运》“不独亲其亲，不独子其子”之义；视人身若己身，即《礼运》“货不必藏于己，力不必为己”之义。此墨子“兼相爱，交相利”之说也。而下篇之旨，亦在于去彼我对待之词。其言曰“为其友之身，若为其身；为其友之亲，若为其亲，为人之都，若为其都”，与中篇所言相合。虽耶教之视人如己，不是过也。特其说，非大同之世不能行耳。汪容甫谓墨子言兼爱，意欲使国家慎守其封，而无虐邻之人民畜产。此犹兼爱之狭意也。)儒墨所言，若合符节矣。(如韩昌黎言儒墨相为用也。)道家者流，亦发明人我相通之义者也。观庄子作《齐物论》篇，废彼我对待之词，(庄子《齐物论》篇，云“物无非彼，物无非是”。盖庄子之意，以为自我视彼，则我为我，而彼为彼；自彼视我，则又我为彼，而彼为我，所以明彼我之非定称也。《齐物论》又曰“彼出于是，是亦因彼”。盖庄子之意，以为人我之名，皆由对待而生，无人则无我，即佛经所谓见人相我相，即是无人无我也。至于泯人我之界，则一切之是非俱泯矣。故庄子又言“彼亦一是非，此亦一是非”也。)而视万物为一体，(《齐物论》篇又云，“天下莫大于秋毫之末，而泰山为小；莫寿于殇子，而彭祖为夭，天地与我并生而万物与我一体。此即佛教无彼此之旨。至物无彼此，则无大无小无寿无夭，而对待之名词可去矣。盖《齐物论》欲齐一切之物论也，非以“齐物”二字名篇，而“论”字称为论说之论也。又《庄子·马蹄篇》，亦多平等之精义。惜郭象未能发明之，而使精义归于湮没耳。)与佛陀众生平等之旨，大抵相符。(《法界无差别论》云，“法界众生中，本无差别相”。《发菩提心论》云，“菩萨大慈，无量无边，是故发心，无有齐界，等众生界，譬如虚名，无不覆者，菩萨立心，亦复如此”。此即众生平等之征。众生平等，则无彼此之见存，故佛经又言“无人相，无我相，无众生相，无寿者相”也。佛经又云，“世人执彼物是，彼物执此物是。此物执性重者，彼此竟不能稍通，惟道人三藏，轮空物，无彼此”。盖物无彼此，则彼此若一矣。彼此合一，即庄子所谓相忘为上也。且佛家最精之义，在于不言无而言空。无为消极之词，则必有积极词为对待。空之为义，并无且无，何有于有？此犹代数之法，正负相消也。正等于负则消，彼等于此则空，空则万法皆平等矣。此佛教所由泯公私之界也。考佛教之义，故近于庄、列，此由思想之同，东西一辙，非为佛书者袭庄、列之说也。）道家而外，倡“山渊平，齐秦袭”者，厥有名家；（“山渊平，齐秦袭”，此《庄子·天下篇》论惠施学派之言也。足证名家者流，亦彼我之对待。）倡贵公去私之论者，厥有杂家；（《吕氏春秋》有《贵公》、《去私》二篇，其理甚精。而《汉书·艺文志》列《吕氏春秋》于杂家类。）倡并耕之说者，厥有农家；（即许行之说，是也。其说近于西人无政府主义，故力主共财之说。因共财而主并耕，此其说之近于平等者也。特昧于分功之义，致流入野蛮之自由。此孟子所由力斥其说也。）皆发明大同学派者也。（惟法家、纵横家，排斥大同之说耳。法家、纵横家，皆持国家主义、君权主义，故与世界主义，相背而驰。）

即此三端，足证周末鸿儒，竞言新理，耻袭前言。（又周末学派，有主张消极之论者，如老子是也；故其言不尚贤，使民不争。有倡为厌世之说者，如屈平是也。其词意具见于《离骚经》中。）特前哲立言，发端引绪，发挥广大，责在后儒。而秦汉以降，学术出于一途。（此由秦皇、汉武之过。）学士大夫。逞拘墟之见，类斥诸子为支离，致哲理之书，年湮代远，寖失其传。此岂周末诸子之罪哉？殆亦后儒之过矣！（宋儒之罪尤甚。）

蔡元培与《中国伦理学史·绪论》

经典导读

蔡元培（1868—1940年），字鹤卿、仲申、民友、孑民，浙江绍兴人。中国近代著名的教育家、革命家。“中华民国”首任教育总长，1916年至1927年担任北京大学校长，提出“思想自由，兼容并包”的办学方针，提倡教授治校和学术自由，对北京大学乃至整个中国高等教育的现代化具有重要推动作用。蔡元培还是学术革新运动的积极参与者，他的《中国伦理学史》是近代中国第一部专门研究中国伦理思想的通史性著作，具有重要的思想学术史意义。

根据学者考证，《中国伦理学史》大约写作于1907年至1910年蔡元培留学德国期间，1910年3月完稿，7月由上海商务印书馆发行初版（具体的成书时间目前学术界还存在争议）。出版之后，受到社会的重视，多次再版，1933年出了第十版。该书主要参考日本人木村鹰太郎的《东西洋伦理学史》、久保得二的《东洋伦理学史要》编著而成。

在“序例”中，蔡元培叙述了写作《中国伦理学史》的学术动机。写作该书的目的首先在于学术史的重要性。蔡元培指出：“苟无学术史，则凡前人之知，无以为后学之凭藉，以益求进步。而后学所穷力尽气以求得之者，或即前人之所得焉，或即前人之前已得而复舍者焉。不惟此也，前人求知之法，亦无以资后学之考鉴，以益求精密。而后学所穷力尽气以相求者，犹是前人粗简之法焉，或转即前人业已嬗蜕之法焉。故学术史甚重要。”学问虽然随着时间的发展而变化，但是学术要想愈加精密，只能立足于前人的基础上，因此不能没有学术史。其次，蔡元培认为精神科学十分重要，而我国精神科学又比较注重伦理学，但是“至今顾尚无伦理学史”，他立志写一部伦理学史。第三，随着西方大量伦理思想的输入，不仅与中国固有伦理“几有互相冲突之势”，而且“苟不得吾族固有之思想系统以相为衡准，则益将旁皇于歧路。盖此事之亟如此”。因此研究中国固有伦理思想，已经成为刻不容缓的任务。

在全书内容结构上，除“序例”和“目录”外，《中国伦理学史》包含绪论、先秦创始时代（共分十三章，首章总论，后依次为唐虞三代伦理思想之萌芽、孔子、子思、孟子、荀子、老子、庄子、许行、墨子、管子、商君、韩非子）、汉唐继承时代（共八章，首章总说，后依次为淮南子、董仲舒、扬雄、王充、清谈家之人生观、韩愈、李翱）、宋明理学时代（共十二章，首章总说，后依次为王荆公、邵康节、周濂溪、张横渠、程明道、程伊川、程门大弟子、朱晦庵、陆象山、杨慈湖、王阳明，王阳明之后仅简略地提到戴震、黄宗羲、俞正燮的伦理学说），并概述了我国伦理学说的四个特点。在每个人物的各章中又列“小传”、主要伦理观点以及“结论”。“绪论”部分，蔡元培阐述伦理学、修身书、伦理学史与伦理学的根本观念等概念之间的关系，体现了西方现代的伦理学学科观念对他的影响，响应了以西方学科观念研究传统思想的潮流，因为在他之前，刘师培已经于1905年出版了《周末学术史序》，早就用西方现代的学术分科观念来研究传统思想，其中就包含“伦理学史序”。后来的中国思想史、哲学史研究也是以西方学科观念为基础来研究中国传统思想。《中国伦理学史》“绪论”内容虽然简短，但是体现了蔡元培用西方学术方法研究传统思想的特点，提纲挈领，是我们研究中国思想史必须学习的，所以本书选择它作为核心篇章，希望能够对研究者有所启迪。

《中国伦理学史》虽然体例上仍以人物为中心，似乎没有多少创新，但是实则不然，因为蔡元培根据自己对伦理学史的定义，对中国伦理学史进行了分期，宏观与微观研究相结合。在写作方法上，主要采用对比的方法，不仅对不同派别的思想家，如儒家、道家、法家、墨家，进行比较对照，而且对于同为一派的思想家，也进行对照比较。蔡元培还通过先秦、汉唐、宋明的时代演变，来考察这些不同时代的伦理思想的继承与差异，实是一种纵向比较。对于中国伦理思想与西方伦理学说的差异的比较，也是本书的一大特色。

《中国伦理学史》对中国思想史的研究有着重要的学术意义，“在这快要到民国的时候，蔡元培既非正统派，亦非今文学家，即已开始用西洋形式和思想来遍述固有思想。他在此时，著有《中国伦理学史》一书，实是用新体裁著中国思想史最早的一个人。”[①] 具体而言，对于中国伦理思想的研究，注重学术源流的考察，力求做到“各家学说，与作者主义有违合之点，虽可参以评判，而不可以意取去，湮没其真相”[②]。也就是坚持学术研究客观公正、实事求是的原则。用西方现代学术思想来研究条理中国传统思想，达到融会中西的目的，“而西洋学说，亦以渐输入。然则吾国之伦理学界，其将由是而发展其新思想也，盖无疑也。”[③] 这对中国思想史研究也有重要的启迪意义。思想史研究者都生活在特定的时代，必然带有其时代精神，蔡元培对中国伦理思想的研究也体现了这一点，具体体现在蔡元培对思想自由、学术自由的高度肯定，比如他认为荀况的性恶论，“虽为常识所震骇，然其思想之自由，论断之勇敢，不愧为学者。”老庄思想能够使“人人不失其自由”，儒家学说到朱熹发展为宗教，但是陆九渊的“思想之自由，工夫之简易，人生观之平等，使学者无墨守古书拘牵末节之失，而自求进步，诚有足多者焉”。王阳明的思想能够“促思想之自由，而励实践之勇力者，其功固昭然不可掩也”。蔡元培更是大赞戴震、黄宗羲、俞正燮的思想，指出他们“已渐脱有宋以来理学之羁绊，是殆为自由思想之先声”。最后，蔡元培还不避讳批判中国伦理思想的不足，体现出学术批判的勇气。他指出中国伦理思想有四点不足:“(一) 无自然科学以为之基础。先秦惟子墨子颇治科学，而汉以后则绝迹。(二) 无论理学以为思想言论之规则。先秦有名家，即荀、墨二子亦兼治名学，汉以后此学绝矣。(三) 政治宗教学问之结合。(四) 无异国之学说以相比较。佛教虽闳深，而其厌世出家之法，与我国实践伦理太相远，故不能有大影响。”[④] 这些都对中国思想史学科以后登上历史舞台做了重要的准备。

总之,《中国伦理学史》是研究中国传统伦理思想的开创之作，使伦理思想从传统的混沌中独立出来，开用近代学术方法研究传统伦理思想的先河，是无法绕过的学术史成果。

---

① 崔志海:《蔡元培》，浙江人民出版社 1998 年版，第 82 页。

② 蔡元培:《中国伦理学史 · 绪论》，人民出版社 2008 年版。

③ 蔡元培:《中国伦理学史 · 余论》，人民出版社 2008 年版。

④ 蔡元培:《中国伦理学史 · 余论》，人民出版社 2008 年版。

—— 延伸阅读文献目录:

1. 蔡元培:《中国伦理学史》,人民出版社,2008 年。

2. 洪治纲主编:《蔡元培经典文存》,上海大学出版社,2008 年。

—— 原文:《中国伦理学史·绪论》

经典原文

中国伦理学史·绪论

蔡元培

伦理学与修身书之别 修身书，示人以实行道德之规范者也。民族之道德，本于其特具之性质，固有之条教，而成为习惯。虽有时亦为新学殊俗所转移，而非得主持风化者之承认，或多数人之信用，则不能骤入于修身书之中，此修身书之范围也。伦理学则不然，以研究学理为的。各民族之特性及条教，皆为研究之资料，参伍而贯通之，以归纳于最高之观念，乃复由是而演绎之，以为种种之科条。其于一时之利害，多数人之向背，皆不必顾。盖伦理学者，知识之径涂；而修身书者，则行为之标准也。持修身书之见解以治伦理学，常足为学识进步之障碍。故不可不区别之。

伦理学史与伦理学根本观念之别 伦理学以伦理之科条为纲，伦理学史以伦理学家之派别为叙。其体例之不同，不待言矣。而其根本观念，亦有主观、客观之别。伦理学者，主观也，所以发明一家之主义者也。各家学说，有与其主义不合者，或驳诘之，或弃置之。伦理学史者，客观也。在抉发各家学说之要点，而推暨其源流，证明其迭相乘除之迹象。各家学说，与作者主义有违合之点，虽可参以评判，而不可以意取去，漂没其真相。此则伦理学史根本观念之异于伦理学者也。

我国之伦理学 我国以儒家为伦理学之大宗。而儒家，则一切精神界科学，悉以伦理为范围。哲学、心理学，本与伦理有密切之关系。我国学者仅以是为伦理学之前提。其他曰为政以德，曰孝治天下，是政治学范围于伦理也；曰国民修其孝弟忠信，可使制梃以挞坚甲利兵，是军学范围于伦理也；攻击异教，恒以无父无君为辞，是宗教学范围于伦理也；评定诗古文辞，恒以载道述德眷怀君父为优点，是美学亦范围于伦理也。我国伦理学之范围，其广如此，则伦理学宜若为我国惟一发达之学术矣。然以范围太广，而我国伦理学者之著述，多杂糅他科学说。其尤甚者为哲学及政治学。欲得一纯粹伦理学之著作，殆不可得。此为述伦理学史者之第一畏途矣。

我国伦理学说之沿革 我国伦理学说，发轫于周季。其时儒墨道法，众家并兴。及汉武帝罢黜百家，独尊儒术，而儒家言始为我国惟一之伦理学。魏晋以还，佛教输入，哲学界颇受其影响，而不足以震撼伦理学。近二十年间，斯宾塞尔之进化功利论，卢骚之天赋人权论，尼采之主人道德论，输入我国学界。青年社会，以新奇之嗜好欢迎之，颇若有新旧学说互相冲突之状态。然此等学说，不特深研而发挥之者尚无其人，即斯、卢诸氏之著作，亦尚未有完全迻译者。所谓新旧冲突云云，仅为伦理界至小之变象，而于伦理学说无与也。

我国之伦理学史 我国既未有纯粹之伦理学，因而无纯粹之伦理学史。各史所载之儒林传道学传，及孤行之《宋元学案》、《明儒学案》等皆哲学史，而非伦理学史也。日本木村鹰太郎氏，述东洋伦理学史，（其全书名《东西洋伦理学史》，兹仅就其东洋一部分言之。）始以西洋学术史之规则，整理吾国伦理学说，创通大义，甚裨学子。而其间颇有依据伪书之失，其批评亦间失之武断。其后又有久保得二氏，述东洋伦理史要，则考证较详，评断较慎。而其间尚有蹈木村氏之覆辙者。木村氏之言曰："西洋伦理学史，西洋学者名著甚多，因而为之，其事不难；东洋伦理学史，则昔所未有。若博读东洋学说而未谂西洋哲学科学之律贯，或仅治西洋伦理学而未通东方学派者，皆不足以胜创始之任。"谅哉言也。鄙人于东西伦理学，所涉均浅，而勉承兹乏，则以木村、久保二氏之作为本。而于所不安，则以记忆所及，参考所得，删补而订正之。正恐疏略谬误，所在多有。幸读者注意焉。

胡适与《中国哲学史大纲·导言》

经典导读

胡适（1891—1962 年），原名洪骍、嗣糜，受严复所译《天演论》“物竞天择，适者生存”进化论的影响，改名适，字适之，祖籍安徽省绩溪县，生于上海。1906 年，胡适考入中国公学，1910 年考中“庚子赔款”留美学生。在美国先入康奈尔大学学习农学，后入哥伦比亚大学师从著名哲学家杜威学习哲学。这段时期对胡适影响很大，胡适后来回忆：“我的思想受两个人的影响最大：一个是赫胥黎，一个是杜威先生。赫胥黎教我怎样怀疑，教我不信任一切没有充分证据的东西。杜威先生教我怎样思想，教我处处顾到当前的问题，教我把一切学说理想都看作待证的假设，教我处处顾到思想的结果。这两个人使我明了科学方法的性质与功用。”[①] 1917 年 6 月回国后，胡适积极宣传自由主义思想和实验主义哲学，加入中国文化和社会的变革大潮中，是新文化运动时期的领袖之一，后被公认为中国自由主义的领袖。除了是思想旗手和政治领袖之外，胡适还在中国学术的现代化方面，尤其是中国传统思想文化的整理和研究方面，作出了许多开创性的贡献，用他自己的话说是：“但开风气不为师。”

① 胡适:《介绍我自己的思想》（收入《胡适文选》，1930 年 12 月上海亚东图书馆初版），见欧阳哲生编《胡适文集》（5），北京大学出版社 1998 年版，第 507～508 页。

胡适一生对中国哲学史（思想史）的研究用功甚勤。胡适最早萌发研究中国思想史的兴趣是在上海澄衷学堂读书之时（1905—1906 年），梁启超的《论中国学术思想变迁之大势》对他触动很大，他后来回忆说，梁启超此文“给我开辟了一个新世界，使我知道《四书》《五经》之外中国还有学术思想”，“这是第一次用历史眼光整理中国旧学术思想，第一次给我们一个‘学术史’的见解”。胡适坦诚地指出梁启超著作的启发和未完成埋下了其“后来做《中国哲学史》的种子”[①]。胡适在美国哥伦比亚大学跟随著名哲学家杜威学习哲学后，决定将他的博士论文选题定为“中国古代哲学方法之进化史”，1922 年该博士论文在中国出版改为《先秦名学史》。胡适在写作博士论文的时候，对儒家之外的学派给予平等的介绍，打破了过去儒学独尊的局面。胡适还有一个雄心，就是希望该书成为用中文以外的任何语言向西方介绍古代中国各伟大宗派的第一本书。

1917 年胡适到北京大学任教之后，即开设了西洋哲学史、中国哲学史课程。《中国哲学史大纲》（上卷）是胡适在北大的讲演稿，该书以《先秦名学史》为基础，加以修订而成。1919 年 2 月《中国哲学史大纲》由商务印书馆出版，引起了极大的轰动，不到两个月就重印。《中国哲学史大纲》在五四运动爆发前夕出版，不仅有力地打击了康有为等人的孔教运动，而且也是中国现代学术思想史上的一件大事。

《中国哲学史大纲》具有以下理论和学术意义：

首先是胡适首次系统地运用一种西方哲学，即实验主义哲学来系统地解释中国古代思想。在写作《先秦名学史》之时，胡适就提出要用现代哲学去重新解释中国古代哲学，也就是运用西方哲学作为参照，来把杂乱无章的传统历史资料条理化，“故本书（《中国哲学史大纲》）的主张，但以为我们若想贯通整理中国哲学史的史料，不可不借用别系的哲学，作一种解释演述的工具。”在《中国哲学史大纲·导言》中，胡适首先做的工作就是给哲学下一个定义，指出“凡研究人生切要的问题，从根本上着想，要寻一个根本的解决，这种学问，叫做哲学”。接着指出：“因为人生切要的问题不止一个，所以哲学的门类也有许多种。例如：一、天地万物怎样来的。（宇宙论）二、知识、思想的范围、作用及方法。（名学及知识论）三、人生在世应该如何行为。（人生哲学，旧称《伦理学》）四、怎样才可使人有知识，能思想，行善去恶呢。（教育哲学）。五、社会国家应该如何组织，如何管理。（政治哲

① 胡适：《四十自述》，见欧阳哲生编《胡适文集》（1），北京大学出版社 1998 年版，第 73 页。

学）六、人生究竟有何归宿。（宗教哲学）”紧接着胡适又对哲学史进行了定义，指出：“这种种人生切要问题，自古以来，经过了许多哲学家的研究。往往有一个问题发生以后，各人有各人的见解，各人有各人的解决方法，遂致互相辩论。有时一种问题过了几千百年，还没有一定的解决法。例如孟子说人性是善的，告子说性无善无不善，荀子说性是恶的。到了后世，又有人说性有上中下三品，又有人说性是无善无恶可善可恶的。若有人把种种哲学问题的种种研究法和种种解决方法，都依着年代的先后和学派的系统，一一记叙下来，便成了哲学史。”[①] 胡适还对哲学史的种类进行了划分，不仅包括中国哲学史、西洋哲学史等通史，而且包括专门研究一个人物、一个学派、一个时代或者哲学中的某一部分的专史。胡适对哲学、哲学史及其种类的界定，一个最大的作用就是为中国哲学史（思想史）这门学科的成立划定了研究对象，使中国传统的思想资料能够得到条理化。更重要的是，他清楚地表明，要使中国传统学术得到系统解释，必须借用西方哲学作为参照。运用西方思想解释传统学术，梁启超、刘师培、蔡元培都已经开其端绪，但是胡适首次系统地运用实验主义、一种系统的哲学思想来诠释中国传统学术。

其次，《中国哲学史大纲》还在方法上实现了系统化。除了上面提到的运用西方哲学之外，胡适主要运用了历史的方法。所谓历史的方法，即“大凡一种学说，决不是劈空从天上掉下来的。我们如果能仔细研究，定可寻出那种学说有许多前因，有许多后果。譬如一篇文章，那种学说不过是中间的一段。这一段定不要来无踪影，去无痕迹的。定然有个承上起下，承前接后的关系。要不懂他的前因，便不能懂得他的真意义。要不懂他的后果，便不能明白他在历史上的位置。这个前因，所含不止一事。第一是那时代政治社会的状态。第二是那时代的思想潮流。这两种前因、时势和思潮，很难分别。因为这两事又是互相为因果的。有时是先有那时势，才生出那思潮来；有了那种思潮，时势受了思潮的影响，一定有大变动。所以时势生思潮，思潮又生时势，时势又生新思潮。所以这学术史上寻因求果的研究，是很不容易的。我们现在要讲哲学史，不可不先研究哲学发生时代的时势和那时势所发生的种种思潮”[②]。也就是要研究一种学说的思想来源以及时代的影响，这对于实事求是地评价每个时期的思想具有重要作用。

---

① 胡适：《中国哲学史大纲·导言》，上海古籍出版社 1997 年版。

② 胡适：《中国哲学史大纲》，上海古籍出版社 1997 年版，第 24 页。

再次，胡适还提出了研究哲学史应该达到的三个目的，即明变、求因以及评判，就是要明白思想变迁的线索、找出变迁的原因以及对其价值作出评判。在研究方法上，胡适重视对哲学史料的考订，他把哲学家原著称为原料，哲学家的传记、轶事、评论、学案、书目等称为副料。他还提出了史料审定的史事、文字、文体、思想、旁证五种方法，整理史料主要采用校勘、训诂和贯通的方法。关于审定史料的程序，胡适指出："论哲学史料，先论史料为何，次论史料所以必须审定，次论审定的方法，次论整理史料的方法。前后差不多说了一万字。我的理想中，以为要做一部可靠的中国哲学史，必须要用这几条方法。第一步须搜集史料。第二步须审定史料的真假。第三步须把一切不可信的史料全行除去不用。第四步须把可靠的史料仔细整理一番：先把本子校勘完好，次把字句解释明白，最后又把各家的书贯串领会，使一家一家的学说，都成有条理有统系的哲学。做到这个地位，方才做到'述学'两个字。"[①] 这样就从史料的审定，为进一步地深化研究指出了切实可行的方法，在当时也是具有进步意义的。

胡适的《中国哲学史大纲》虽名为哲学史，其实也就是后来中国思想史研究的内容，胡适自己后来也更多地称自己更喜欢思想史的名称。从中国哲学史、思想史的学术史来看，该书也具有重要地位。在胡适之前，虽然学术革新的口号已经提出来，也出现了不少新成果。但是就整个学术界而言，无所不包的"道术"仍然是学术研究的中心，经学、史学、文学不分。而且儒家思想，尤其是儒家经学仍然处于垄断地位，哲学仍然是经学的附庸。该书不仅明确了中国哲学史研究的对象，把各种非哲学的内容剔除，彻底把哲学从经学中解放了出来，而且以平等的眼光对待诸子百家，打破了传统儒学的垄断地位，儒家思想不再是唯一的评判中心，推动了学术的解放和进步。蔡元培在《中国哲学史大纲》出版之后，指出了该书的四个特点：（一）证明的方法，也就是对史料的考据的方法；（二）扼要的手段，大胆斩断三皇五帝的神话系统，冲出了儒家古史观的藩篱；（三）平等的眼光，平等对待孔墨老庄，打破了经学桎梏；（四）系统的研究，依据其系统的方法得出了各个学派思想演进的脉络。蔡元培的评价比较准确地指出了该书的重大学术贡献。《中国哲学史大纲》是中国现代学术建立的标志。此外，该书对于中西文化的交融也具有重要价值，当时关于中西文化的争论此起彼伏，学术界莫衷一是，《中国哲学史大纲》运用西方

---

① 胡适：《中国哲学史大纲·导言》，上海古籍出版社 1997 年版。

哲学解释传统思想，对于传统文化的现代化有重要意义。本书之所以选择《中国哲学史大纲》“第一篇导言”部分，是因为导言部分对于我们了解胡适的研究方法一目了然，当然要完全了解全书内容，还需要通读全书。

在《中国哲学史大纲》之后，胡适还写了不少中国哲学史、思想史的著作，如《戴东原的哲学》(1925年)、《中国中古思想史长编》(1930年)、《中国中古思想小史》(1931年)等，在禅宗研究方面也有不少成果问世，晚年还写有不少向西方人介绍中国传统文化的英文作品。总之，胡适在中国哲学史、思想史上是不可绕过的人物，其《中国哲学史大纲》也是不可绕过的学术经典著作。

—— 延伸阅读文献目录：

胡适:《中国哲学史大纲》，上海古籍出版社，1997年。

—— 原文:《中国哲学史大纲·导言》

经典原文

中国哲学史大纲·导言

胡　适

哲学的定义　哲学的定义从来没有一定的。我如今也暂下一个定义："凡研究人生切要的问题，从根本上着想，要寻一个根本的解决，这种学问，叫做哲学。"例如行为的善恶，乃是人生一个切要问题。平常人对着这问题，或劝人行善去恶，或实行赏善罚恶，这都算不得根本的解决。哲学家遇着这问题，便去研究什么叫做善，什么叫做恶；人的善恶还是天生的呢，还是学得来的呢；我们何以能知道善恶的分别，还是生来有这种观念，还是从阅历经验上学得来的呢；善何以当为，恶何以不当为；还是因为善事有利所以当为，恶事有害所以不当为呢；还是只论善恶，不论利害呢；这些都是善恶问题的根本方面。必须从这些方面着想，方可希望有一个根本的解决。

因为人生切要的问题不止一个，所以哲学的门类也有许多种。例如：

一、天地万物怎样来的。（宇宙论）

二、知识、思想的范围、作用及方法。（名学及知识论）

三、人生在世应该如何行为。（人生哲学，旧称"伦理学"）

四、怎样才可使人有知识，能思想，行善去恶呢。（教育哲学）

五、社会国家应该如何组织，如何管理。（政治哲学）

六、人生究竟有何归宿。（宗教哲学）

哲学史　这种种人生切要问题，自古以来，经过了许多哲学家的研究。往往有一个问题发生以后，各人有各人的见解，各人有各人的解决方法，遂致互相辩论。有时一种问题过了几千百年，还没有一定的解决法。例如孟子说人性是善的，告子说性无善无不善，荀子说性是恶的。到了后世，又有人说性有上中下三品，又有人说性是无善无恶可善可恶的。若有人把种种哲学问题的种种研究法和种种解决方法，都依着年代的先后和学派的系统，一一记叙下来，便成了哲学史。

哲学史的种类也有许多：

一、通史。例如《中国哲学史》、《西洋哲学史》之类。

二、专史。

（一）专治一个时代的，例如《希腊哲学史》、《明儒学案》。

（二）专治一个学派的，例如《禅学史》、《斯多亚派哲学史》。

（三）专讲一人的学说的，例如《王阳明的哲学》、《康德的哲学》。

（四）专讲哲学的一部分的历史，例如《名学史》、《人生哲学史》、《心理学史》。

哲学史有三个目的：

（一）明变　哲学史第一要务，在于使学者知道古今思想沿革变迁的线索。例如孟子、荀子同是儒家，但是孟子、荀子的学说和孔子不同，孟子又和荀子不同。又如宋儒、明儒也都自称孔氏，但是宋明的儒学，并不是孔子的儒学，也不是孟子、荀子的儒学。但是这个不同之中，却也有个相同的所在，又有个一线相承的所在。这种同异沿革的线索，非有哲学史，不能明白写出来。

（二）求因　哲学史目的，不但要指出哲学思想沿革变迁的线索，还须要寻出这些沿革变迁的原因。例如程子、朱子的哲学，何以不同于孔子、孟子的哲学？陆象山、王阳明的哲学，又何以不同于程子、朱子呢？这些原因，约有三种：

（甲）个人才性不同。

（乙）所处的时势不同。

（丙）所受的思想学术不同。

（三）评判　既知思想的变迁和所以变迁的原因了，哲学史的责任还没有完，还须要使学者知道各家学说的价值，这便叫做评判。但是我说的评判，并不是把做哲学史的人自己的眼光，来批评古人的是非得失。那种"主观的"评判，没有什么大用处。如今所说，乃是"客观的"评判。这种评判法，要把每一家学说所发生的效果表示出来。这些效果的价值，便是那种学说的价值。这些效果，大概可分为三种：

（甲）要看一家学说在同时的思想和后来的思想上发生何种影响。

（乙）要看一家学说在风俗政治上发生何种影响。

（丙）要看一家学说的结果可造出什么样的人格来。

例如古代的"命定主义"，说得最痛切的，莫如庄子。庄子把天道看作无所不在，无所不包，故说“庸讵知吾所谓天之非人乎？所谓人之非天乎？”因此他有“乘化以待尽”的学说。这种学说，在当时遇着荀子，便发生一种反动力。荀子说“庄子蔽于天而不知人”，所以荀子的《天论》极力主张征服天行，以利人事。但是后来庄子这种学说的影响，养成一种乐天安命的思想，牢不可破。在社会上，好的效果，便是一种达观主义；不好的效果，便是懒惰不肯进取的心理。造成的人才，好的便是陶渊明、苏东坡；不好的便是刘伶一类达观的废物了。

中国哲学在世界哲学史上的位置 世界上的哲学大概可分为东西两支。东支又分印度、中国两系。西支也分希腊、犹太两系。初起的时候，这四系都可算作独立发生的。到了汉以后，犹太系加入希腊系，成了欧洲中古的哲学。印度系加入中国系，成了中国中古的哲学。到了近代印度系的势力渐衰，儒家复起，遂产生了中国近世的哲学，历宋元明清直到于今。欧洲的思想，渐渐脱离了犹太系的势力，遂产生欧洲的近世哲学。到了今日，这两大支的哲学互相接触，互相影响。五十年后，一百年后，或竟能发生一种世界的哲学，也未可知。

中国哲学史的区分 中国哲学史可分三个时代：

（一）古代哲学 自老子至韩非，为古代哲学。这个时代，又名“诸子哲学”。

附世界哲学统系图

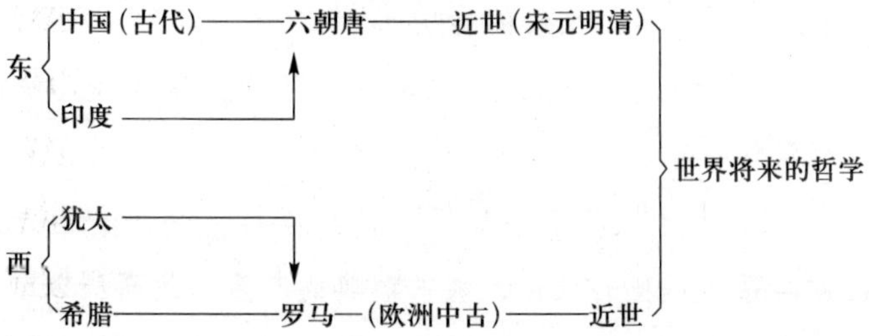

（二）中世哲学 自汉至北宋，为中世哲学。这个时代，大略又可分作两个时期：

（甲）中世第一时期。自汉至晋，为中世第一时期。这一时期的学派，无论如何不同，都还是以古代诸子的哲学作起点的。例如《淮南子》是折衷古代各家的；董仲舒是儒家的一支；王充的天论得力于道家，性论折衷于各家；魏晋的老庄之学，更不用说了。

（乙）中世第二时期。自东晋以后，直到北宋，这几百年中间，是印度哲学在中国最盛的时代。印度的经典，次第输入中国。印度的宇宙论、人生观、知识论、名学、宗教哲学，都能于诸子哲学之外，别开生面，别放光彩。此时凡是第一流的中国思想家，如智顗、玄奘、宗密、窥基，多用全副精力，发挥印度哲学。那时的中国系的学者，如王通、韩愈、李翱诸人，全是第二流以下的人物。他们所有的学说，浮泛浅陋，全无精辟独到的见解。故这个时期的哲学，完全以印度系为主体。

（三）近世哲学　唐以后，印度哲学已渐渐成为中国思想文明的一部分。譬如吃美味，中古第二时期是仔细咀嚼的时候，唐以后便是胃里消化的时候了。吃的东西消化时，与人身本有的种种质料结合，别成一些新质料。印度哲学在中国，到了消化的时代，与中国固有的思想结合，所发生的新质料，便是中国近世的哲学。我这话初听了好像近于武断。平心而论，宋明的哲学，或是程朱，或是陆王，表面上虽都不承认和佛家禅宗有何关系，其实没有一派不曾受印度学说的影响的。这种影响，约有两方面：一面是直接的。如由佛家的观心，回到孔子的“操心”，到孟子的“尽心”、“养心”，到《大学》的“正心”，是直接的影响。一面是反动的。佛家见解尽管玄妙，终究是出世的，是“非伦理的”。宋明的儒家，攻击佛家的出世主义，故极力提倡“伦理的”入世主义。明心见性，以成佛果，终是自私自利；正心诚意，以至于齐家、治国、平天下，便是伦理的人生哲学了。这是反动的影响。

明代以后，中国近世哲学完全成立。佛家已衰，儒家成为一尊。于是又生反动力，遂有汉学、宋学之分。清初的汉学家，嫌宋儒用主观的见解，来解古代经典，有“望义生义”、“增字解经”种种流弊。故汉学的方法，只是用古训、古音、古本等等客观的根据，来求经典的原意。故嘉庆以前的汉学、宋学之争，还只是儒家的内讧。但是汉学家既重古训古义，不得不研究与古代儒家同时的子书，用来作参考互证的材料。故清初的诸子学，不过是经学的一种附属品，一种参考书。不料后来的学者，越研究子书，越觉得子书有价值。故孙星衍、王念孙、王引之、顾广圻、俞樾诸人，对于经书与子书，简直没有上下轻重和正道异端的分别了。到了最近世，如孙诒让、章炳麟诸君，竟都用全副精力，发明诸子学。于是从前作经学附属品的诸子学，到此时代，竟成专门学。一般普通学者，崇拜子书，也往往过于儒书。岂但是“附庸蔚为大国”，简直是“婢作夫人”了。综观清代学术变迁的大势，可称为古学昌明的时代。自从有了那些汉学家考据、校勘、训诂的工夫，那些经书子书，方才勉强可以读得。这个时代，有点像欧洲的“再生时代”（再生时代西名Renaissance，旧译文艺复兴时代）。欧洲到了“再生时代”，昌明古希腊的文学哲学，故能推翻中古“经院哲学”（旧译烦琐哲学，极不通。原文为Scholasticism，今译原义）的势力，产出近世的欧洲文化。我们中国到了这个古学昌明的时代，不但有古书可读，又恰当西洋学术思想输入的时代，有西洋的新旧学说可供我们的参考研究。我们今日的学术思想，有这两个大源头：一方面是汉学家传给我们的古书；一方面是西洋的新旧学说。这两大潮流汇合以后，中国若不能产生一种中国的新哲学，那就真是辜负了这个好机会了。

哲学史的史料 上文说哲学史有三个目的：一是明变，二是求因，三是评判。但是哲学史先须做了一番根本工夫，方才可望达到这三个目的。这个根本工夫，叫做述学。述学是用正确的手段，科学的方法，精密的心思，从所有的史料里面，求出各位哲学家的一生行事、思想渊源沿革和学说的真面目。为什么说“学说的真面目”呢？因为古人读书编书最不细心，往往把不相干的人的学说并入某人的学说（例如《韩非子》的第一篇是张仪说秦王的书。又如《墨子·经上下》、《经说上下》、《大取》、《小取》诸篇，决不是墨翟的书）；或把假书作为真书（如《管子》、《关尹子》、《晏子春秋》之类）；或把后人加入的篇章，作为原有的篇章（此弊诸子书皆不能免。试举《庄子》为例，庄子书中伪篇最多。世人竟有认《说剑》、《渔父》诸篇为真者。其他诸篇，更无论矣）；或不懂得古人的学说，遂致埋没了（如《墨子·经上》诸篇）；或把古书解错了，遂失原意（如汉人用分野、爻辰、卦气说《易经》，宋人用太极图、先天卦位图说《易经》。又如汉人附会《春秋》来说灾异，宋人颠倒《大学》任意补增，皆是其例）；或各用己意解古书，闹得后来众说纷纷，糊涂混乱（如《大学》中“格物”两字，解者多至七十余家。又如老庄之书，说者纷纷，无两家相同者）。有此种种障碍，遂把各家学说的真面目大半失掉了。至于哲学家的一生行事和所居的时代，古人也最不留意。老子可见杨朱；庄周可见鲁哀公；管子能说毛嫱、西施；墨子能见吴起之死和中山之灭；商鞅能知长平之战；韩非能说荆、齐、燕、魏之亡。此类笑柄，不可胜数。《史记》说老子活了一百六十多岁，或言二百余岁，又说孔子死后一百二十九年，老子还不曾死。

那种神话，更不足论了。哲学家的时代，既不分明，如何能知道他们思想的传授沿革？最荒谬的是汉朝的刘歆、班固说诸子的学说都出于王官；又说“合其要归，亦六经之支与流裔”(《汉书·艺文志》。看胡适“诸子不出于王官论”，《太平洋》杂志第一卷第七号)。诸子既都出于王官与六经，还有什么别的渊源传授可说？

以上所说，可见“述学”之难。述学的所以难，正为史料或不完备，或不可靠。哲学史的史料，大概可分为两种：一为原料，一为副料。今分说于下：

一、原料　哲学史的原料，即是各哲学家的著作。近世哲学史对于这一层，大概没有什么大困难。因为近世哲学发生在印书术通行以后，重要的哲学家的著作，都有刻板流传；偶有散失埋没的书，终究不多。但近世哲学史的史料，也不能完全没有疑窦。如谢良佐的《上蔡语录》里，是否有江民表的书？如朱熹的《家礼》是否可信为他自己的主张？这都是可疑的问题。又宋儒以来，各家都有语录，都是门弟子笔记的。这些语录，是否无误记误解之处，也是一个疑问。但是大致看来，近世哲学史料还不至有大困难。到了中世哲学史，便有大困难了。汉代的书，如贾谊的《新书》，董仲舒的《春秋繁露》，都有后人增加的痕迹。又如王充的《论衡》，是汉代一部奇书，但其中如《乱龙篇》极力为董仲舒作土龙求雨一事辩护，与全书的宗旨恰相反。篇末又有“论衡终之，故曰乱龙。乱者，终也”的话，全无道理。明是后人假造的。此外重复的话极多。伪造的书定不止这一篇。又如仲长统的《昌言》，乃是中国政治哲学史上有数的书，如今已失，仅存三篇魏晋人的书，散失更多。《三国志》、《晋书》、《世说新语》所称各书，今所存的，不过几部书。如《世说新语》说魏晋注《庄子》的有几十家，今但有郭象注完全存在。《晋书》说鲁胜有《墨辩注》，今看其序，可见那注定极有价值，可惜现在不传了。后人所编的汉魏六朝人的集子，大抵多系东抄西摘而成的，那原本的集子大半都散失了。故中古哲学史料最不完全。我们不能完全恢复魏晋人的哲学著作，是中国哲学史最不幸的事。到了古代哲学史，这个史料问题更困难了。表面上看来，古代哲学史的重要材料，如孔、老、墨、庄、孟、荀、韩非的书，都还存在。仔细研究起来，这些书差不多没有一部是完全可靠的。大概《老子》里假的最少。《孟子》或是全真，或是全假(宋人疑《孟子》者甚多)。依我看来，大约是真的。称“子曰”或“孔子曰”的书极多，但是真可靠的实在不多。《墨子》、《荀子》两部书里，很多后人杂凑伪造的文字，《庄子》一书，大概十分之八九是假造的。《韩非子》也只有十分之一二可靠。此外如《管子》、《列子》、《晏子春秋》诸书，是后人杂凑成的。《关尹子》、《鹖冠子》、《商君书》，是后人伪造的。《邓析子》也是假书。《尹文子》似乎是真书，但不无后人加入的材料。《公孙龙子》有真有假，又多错误。这是我们所有的原料。更想到《庄子·天下篇》和《荀子·非十二子篇》、《天论篇》、《解蔽篇》所举它嚣、魏牟、陈仲（即孟子之陈仲子）、宋钘（即孟子之宋牼）、彭蒙、田骈、慎到（今所传《慎子》五篇是佚文）、惠施、申不害；和王充《论衡》所举的世硕、漆雕开、宓子贱、公孙尼子，都没有著作遗传下来。更想到孔门一脉的儒家，所著书籍，何止大小戴《礼记》里所采的几篇？如此一想，可知中国古代哲学的史料于今所存不过十分之一二。其余的十分之八九，都不曾保存下来。古人称“惠施多方，其书五车”。于今惠施的学说，只剩得一百多个字。若依此比例，恐怕现存的古代史料，还没有十分之一二呢！原著的书既散失了这许多，于今又无发见古书的希望，于是有一班学者，把古书所记各人的残章断句，一一搜集成书。如汪继培或孙星衍的《尸子》，如马国翰的《玉函山房辑佚书》。这种书可名为“史料钩沉”，在哲学史上也极为重要。如惠施的五车书都失掉了，幸亏有《庄子·天下篇》所记的十事，还可以考见他的学说的性质。又如告子与宋钘的书，都不传了，今幸亏有《孟子》的《告子篇》和《荀子》的《正论篇》，还可以考见他们的学说的大概。又如各代历史的列传里，也往往保存了许多中古和近世的学说。例如《后汉书》的《仲长统传》保存了三篇《昌言》;《梁书》的《范缜传》保存了他的《神灭论》。这都是哲学史的原料的一部分。

二、副料　原料之外，还有一些副料，也极重要。凡古人所作关于哲学家的传记、轶事、评论、学案、书目都是哲学史的副料。例如《礼记》中的《檀弓》，《论语》中的十八、十九两篇，《庄子》中的《天下篇》，《荀子》中的《正论篇》、《吕氏春秋》，《韩非子》的《显学篇》，《史记》中各哲学家的列传，皆属于此类。近世文集里有许多传状序跋，也往往可供参考。至于黄宗羲的《明儒学案》及黄宗羲、黄百家、全祖望的《宋元学案》更为重要的哲学史副料。若古代中世的哲学都有这一类的学案，我们今日编哲学史便不至如此困难了。副料的重要，约有三端：第一，各哲学家的年代、家世、事迹，未必在各家著作之中，往往须靠这种副料，方才可以考见。第二，各家哲学的学派系统、传授源流，几乎全靠这种副料作根据。例如《庄子·天下篇》与《韩非子·显学篇》论墨家派别，为他书所无。《天下篇》说墨家的后人，"以坚白同异之辩相訾，以觭偶不仵之辞相应"，可考证后世俗儒所分别的"名家"，原不过是墨家的一派。不但"名家出于礼官之说"不能成立，还可证明古代本无所谓"名家"（说详见本书第八篇）。第三，有许多学派的原著已失，全靠这种副料里面，论及这种散佚的学派，借此可以考见他们的学说大旨。如《庄子·天下篇》所论宋钘、彭蒙、田骈、慎到、惠施、公孙龙、桓团及其他辩者的学说；如《荀子·正论篇》所称宋钘的学说，都是此例。上节所说的"史料钩沉"，也都全靠这些副料里所引的各家学说。

以上论哲学史料的是什么。

史料的审定　中国人作史，最不讲究史料。神话官书，都可作史料，全不问这些材料是否可靠。却不知道史料若不可靠，所作的历史便无信史的价值。孟子说："尽信书则不如无书。"孟子何等崇拜孔子，但他对于孔子手定之书，还持怀疑态度。何况我们生在今日，去古已远，岂可一味迷信古书，甘心受古代作伪之人的欺骗？哲学史最重学说的真相，先后的次序和沿革的线索。若把那些不可靠的材料信为真书，必致（一）失了各家学说的真相；（二）乱了学说先后的次序；（三）乱了学派相承的系统。我且举《管子》一部书为例。《管子》这书，定非管仲所作，乃是后人把战国末年一些法家的议论和一些儒家的议论（如《内业篇》，如《弟子职篇》）和一些道家的议论（如《白心》、《心术》等篇），还有许多夹七夹八的话，并作一书；又伪造了一些桓公与管仲问答诸篇，又杂凑了一些纪管仲功业的几篇；遂附会为管仲所作。今定此书为假造的，证据甚多，单举三条：

（一）《小称篇》记管仲将死之言，又记桓公之死。管仲死于西历前643年。《小称篇》又称毛嫱、西施，西施当吴亡时还在。吴亡在西历前472年，管仲已死百七十年了。此外如《形势解》说"五伯"，《七臣七主》说"吴王好剑，楚王好细腰"，皆可见此书为后人伪作。

（二）《立政篇》说："寝兵之说胜，则险阻不守；兼爱之说胜，则士卒不战。"《立政九败解》说"兼爱"道："视天下之民如其民，视人国如吾国。如是则无并兼攘夺之心。"这明指墨子的学说，远在管仲以后了（《法法篇》亦有求废兵之语）。

（三）《左传》纪子产铸刑书（西历前536），叔向极力反对。过了二十几年，晋国也作刑鼎、铸刑书，孔子也极不赞成（西历前513）。这都在管仲死后一百多年。若管仲生时已有了那样完备的法治学说，何以百余年后，贤如叔向、孔子，竟无一毫法治观念？（或言孔子论晋铸刑鼎一段，不很可靠。但叔向谏子产书，决不是后人能假造的）何以子产答叔向书，也只能说“吾以救世而已”？为什么不能利用百余年前已发挥尽致的法治学说？这可见《管子》书中的法治学说，乃是战国末年的出产物，决不是管仲时代所能突然发生的。全书的文法笔势也都不是老子、孔子以前能产生的。即以论法治诸篇看来，如《法法篇》两次说“《春秋》之记，臣有弑其君，子有弑其父者矣”。可见是后人伪作的了。

《管子》一书既不是真书，若用作管仲时代的哲学史料，便生出上文所说的三弊：（一）管仲本无这些学说，今说他有，便是张冠李戴，便是无中生有。（二）老子之前，忽然有《心术》、《白心》诸篇那样详细的道家学说；孟子、荀子之前数百年，忽然有《内业》那样深密的儒家心理学；法家之前数百年，忽然有《法法》、《明法》、《禁藏》诸篇那样发达的法治主义。若果然如此，哲学史便无学说先后演进的次序，竟变成了灵异记、神秘记了！（三）管仲生当老子、孔子之前一百多年，已有那样规模广大的哲学。这与老子以后一步一步、循序渐进的思想发达史，完全不合。故认《管子》为真书，便把诸子学直接间接的渊源系统一齐推翻。

以上用《管子》作例，表示史料的不可不审定。读古书的人，须知古书有种种作伪的理由。第一，有一种人实有一种主张，却恐怕自己的人微言轻，不见信用，故往往借用古人的名字。《庄子》所说的“重言”即是这一种借重古人的主张。康有为称这一种为“托古改制”，极有道理。古人言必称尧舜，只因为尧舜年代久远，可以由我们任意把我们理想中的制度一概推到尧舜的时代。即如《黄帝内经》假托黄帝，《周髀算经》假托周公，都是这个道理。韩非说得好：

> 孔子、墨子俱道尧舜，而取舍不同，皆自谓真尧舜。尧舜不复生，将谁使定儒墨之诚乎？（《显学篇》）

正为古人死无对证，故人多可随意托古改制。这是作伪书的第一类。第二，有一种人为了钱财，有意伪作古书。试看汉代求遗书的令和诸王贵族求遗书的竞争心，便知作假书在当时定可发财。这一类造假书的，与造假古董的同一样心理。他们为的是钱，故东拉西扯，篇幅越多，越可多卖钱。故《管子》、《晏子春秋》诸书，篇幅都极长。有时得了真本古书，因为篇幅太短，不能多得钱，故又东拉西扯，增加许多卷数。如《庄子》、《韩非子》都属于此类。但他们的买主，大半是一些假充内行的收藏家，没有真正的赏鉴本领。故这一类的假书，于书中年代事实，往往不曾考校正确。因此庄子可以见鲁哀公，管子可以说西施。这是第二类的伪书。大概这两类之中，第一类"托古改制"的书，往往有第一流的思想家在内。第二类"托古发财"的书，全是下流人才，思想既不高尚，心思又不精密，故最容易露出马脚来。如《周礼》一书，是一种托古改制的国家组织法。我们虽可断定他不是"周公致太平"之书，却不容易定他是什么时代的人假造的。至于《管子》一类的书，说了作者死后的许多史事，便容易断定了。

审定史料之法 审定史料乃是史学家第一步根本工夫。西洋近百年来史学大进步，大半都由于审定史料的方法更严密了。凡审定史料的真伪，须要有证据，方能使人心服。这种证据，大概可分五种（此专指哲学史料）：

（一）史事 书中的史事，是否与作书的人的年代相符。如不相符，即可证那一书或那一篇是假的。如庄子见鲁哀公，便太前了；如管仲说西施，便太后了。这都是作伪之证。

（二）文字 一时代有一时代的文字，不致乱用。作伪书的人，多不懂这个道理，故往往露出作伪的形迹来。如《关尹子》中所用字："术咒"、"诵咒"、"役神"、"豆中摄鬼、杯中钓鱼、画门可开、土鬼可语"，"婴儿蕊女、金楼绛宫、青蛟白虎、宝鼎红炉"，是道士的话。"石火"、"想"、"识"、"五识并驰"、"尚自不见我，将何为我所"，是佛家的话。这都是作伪之证。

（三）文体 不但文字可作证，文体也可作证。如《管子》那种长篇大论的文体，决不是孔子前一百多年所能作的。后人尽管仿古，古人决不仿今。如《关尹子》中"譬犀望月，月影入角，特因识生，始有月形，而彼真月，初不在角"；又譬如"水中之影，有去有来，所谓水者，实无去来"：这决不是佛经输入以前的文体。不但一个时代有一个时代的文体，一个人也有一个人的文体。如《庄子》中《说剑》、《让王》、《渔父》、《盗跖》等篇，决不是庄周的文体。《韩非子》中《主道》、《扬搉》（今作扬权）等篇和《五蠹》、《显学》等篇，明是两个人的文体。

（四）思想　凡能著书立说成一家言的人，他的思想学说，总有一个系统可寻，决不致有大相矛盾冲突之处。故看一部书里的学说是否能连络贯串，也可帮助证明那书是否真的。最浅近的，例如《韩非子》的第一篇，劝秦王攻韩，第二篇，劝秦王存韩。这是绝对不相容的。司马光不仔细考察，便骂韩非请人灭他自己的祖国，死有余辜，岂不是冤煞韩非了！大凡思想进化有一定的次序，一个时代有一个时代的问题，即有那个时代的思想。如《墨子》里《经上下》、《经说上下》、《大取》、《小取》等篇，所讨论的问题，乃是墨翟死后百余年才发生的，决非墨翟时代所能提出。因此可知这六篇书决不是墨子自己做的。不但如此，大凡一种重要的新学说发生以后决不会完全没有影响。若管仲时代已有《管子》书中的法治学说，决不会二三百年中没有法治观念的影响。又如《关尹子》说："即吾心中，可作万物"；又说："风雨雷电，皆缘气而生。而气缘心生，犹如内想大火，久之觉热；内想大水，久之觉寒。"这是极端的万物唯心论。若老子、关尹子时代已有这种唯心论，决无毫不发生影响之理。周秦诸子竟无人受这种学说的影响，可见《关尹子》完全是佛学输入以后的书，决不是周秦的书。这都是用思想来考证古书的方法。

（五）旁证　以上所说四种证据，史事、文字、文体、思想，皆可叫做内证。因这四种都是从本书里寻出来的。还有一些证据，是从别书里寻出的，故名为旁证。旁证的重要，有时竟与内证等。如西洋哲学史家，考定柏拉图（Plato）的著作，凡是他的弟子亚里士多德（Aristotle）书中所曾称引的书，都定为真是柏拉图的书。又如清代惠栋、阎若璩诸人考证梅氏《古文尚书》之伪，所用方法，几乎全是旁证（看阎若璩《古文尚书疏证》及惠栋《古文尚书考》）。又如《荀子·正论篇》引宋子曰："明见侮之不辱，使人不斗。"又曰："人之情欲寡（欲是动词），而皆以己之情为欲多，是过也。"《尹文子》说："见侮不辱，见推不矜，禁暴息兵，救世之斗。"《庄子·天下篇》合论宋钘、尹文的学说道："见侮不辱，救民之斗；禁攻寝兵，救世之战。"又说："以禁攻寝兵为外，以情欲寡小为内。"又孟子记宋牼听见秦楚交战，便要去劝他们息兵。以上四条，互相印证，即互为旁证，证明宋钘、尹文实有这种学说。

以上说审定史料方法的大概。今人谈古代哲学，不但根据《管子》、《列子》、《鬻子》、《晏子春秋》、《鹖冠子》等书，认为史料，甚至于高谈“邃古哲学”、“唐虞哲学”，全不问用何史料。最可怪的是竟有人引《列子·天瑞篇》“有太易，有太初，有太始”一段，及《淮南子》“有始者，有未始有有始者”一段，用作“邃古哲学”的材料，说这都是“古说而诸子述之。吾国哲学思想初萌之时，大抵其说即如此！”（谢无量《中国哲学史》第一编第一章，页六）。这种办法，似乎不合作史的方法。韩非说得好：

> 无参验而必之者，愚也。弗能必而据之者，诬也。故明据先王必定尧舜者，非愚即诬也。（《显学篇》）

参验即是我所说的证据。以现在中国考古学的程度看来，我们对于东周以前的中国古史，只可存一个怀疑的态度。至于“邃古”的哲学，更难凭信了。唐、虞、夏、商的事实，今所根据，止有一部《尚书》。但《尚书》是否可作史料，正难决定。梅赜伪古文，固不用说。即28篇之“真古文”，依我看来，也没有信史价值。如《皋陶谟》的“凤皇来仪”，“百兽率舞”，如《金縢》的“天大雷电以风，禾尽偃，大木斯拔。……王出郊，天乃雨，反风。禾则尽起。二公命邦人，凡大木所偃，尽起而筑之，岁则大孰”，这岂可用作史料？我以为《尚书》或是儒家造出的“托古改制”的书或是古代歌功颂德的官书。无论如何，没有史料的价值。古代的书只有一部《诗经》可算得是中国最古的史料。《诗经·小雅》说：

> 十月之交，朔日辛卯日有食之。

后来的历学家，如梁虞劆，隋张胄元，唐傅仁均、僧一行，元郭守敬，都推定此次日食在周幽王六年，十月，辛卯朔，日入食限。清朝阎若璩、阮元推算此日食也在幽王六年。近来西洋学者，也说《诗经》所记月日（西历纪元前776年8月29日），中国北部可见日蚀。这不是偶然相合的事，乃是科学上的铁证。《诗经》有此一种铁证，便使《诗经》中所说的国政、民情、风欲、思想，一一都有史料的价值了。至于《易经》更不能用作上古哲学史料。《易经》

除去《十翼》，止剩得六十四个卦，六十四条卦辞，三百八十四条爻辞，乃是一部卜筮之书，全无哲学史料可说。故我以为我们现在作哲学史，只可从老子、孔子说起。用《诗经》作当日诗势的参考资料。其余一切“无征则不信”的材料，一概阙疑。这个办法，虽比不上别的史家的淹博，或可免“非愚即诬”的讥评了。

整理史料之法 哲学史料既经审定，还须整理。无论古今哲学史料，都有须整理之处。但古代哲学书籍，更不能不加整理的工夫。今说整理史料的方法，约有三端：

（一）校勘 古书经了多少次传写，遭了多少兵火虫鱼之劫，往往有脱误、损坏种种缺点。校勘之学，便是补救这些缺点的方法。这种学问，从古以来，多有人研究，但总不如清朝王念孙、王引之、卢文弨、孙星衍、顾广圻、俞樾、孙诒让诸人的完密谨严，合科学的方法。孙诒让论诸家校书的方法道：

> 综论厥善，大氐以旧刊精校为据依，而究其微旨，通其大例，精研博考，不参成见。其諟正文字讹舛，或求之于本书，或旁证之他籍，及援引之类书，而以声类通转为之錧键。（《札迻序》）

大抵校书有三种根据：（一）是旧刊精校的古本。例如《荀子·解蔽篇》：“不以己所臧害所将受。”宋钱佃本，元刻本，明世德堂本，皆作“所已臧”，可据以改正。（二）是他书或类书所援引。例如《荀子·天论篇》“修道而不贰”。王念孙校曰：“修当为循。贰当为贷。字之误也。贷与忒同。……《群书治要》作循道而不忒。”（三）是本书通用的义例。例如《墨子·小取篇》：“辟也者，举也物而以明之也。”毕沅删第二“也”字，便无意思。王念孙说：“也与他同。举他物以明此物，谓之譬。……《墨子》书通以也为他。说见《备城门篇》。”这是以本书的通例作根据。又如《小取篇》说：“此与彼同类，世有彼而不自非也。墨者有此而非之，无故也焉。”王引之曰：“无故也焉，当作无也故焉。也故即他故。下文云，此与彼同类，世有彼而不自非也。墨者有此而罪非之，无也故焉。文正与此同。”这是先用本篇构造相同的文句，来证“故也”当作“也故”；又用全书以也为他的通例，来证“也故”即“他故”。

（二）训诂 古书年代久远，书中的字义，古今不同。宋儒解书，往往妄用己意，故常失古义。清代的训诂学，所以超过前代，正因为戴震以下的汉学家，注释古书，都有法度，都用客观的佐证，不用主观的猜测。三百年来，周、秦、两汉的古书所以可读，不单靠校勘的精细，还靠训诂的谨严。今述训诂学的大要，约有三端：（一）根据古义或用古代的字典（如《尔雅》、《说文》、《广雅》之类），或用古代笺注（如《诗》的毛、郑，如《淮南子》的许高）作根据，或用古书中相同的字句作印证。今引王念孙《读书杂记余编》上一条为例：

> 《老子》五十三章："行于大道，唯施是畏。"王弼曰："唯施为之是畏也。"河上公注略同。念孙按二家以"施为"释施字，非也。施读为迤。迤，邪也。言行于大道之中，唯惧其入于邪道也。……《说文》："迤衺行也。"引《禹贡》："东迤北会于汇。"《孟子·离娄篇》："施从良人之所之。"赵注："施者，邪施而行。"丁公著音迤。《淮南·齐俗篇》："去非者，非批邪施也。"高注曰："施，微曲也。"《要略篇》："接径直施。"高注曰："施，邪也。"是施与迤通。《史记·贾生传》："庚子日施兮。"《汉书》施作斜。斜亦邪也。《韩子·解老篇》释此章之义曰："所谓大道也者，端道也。所谓貌施也者，邪道也。"此尤其明证矣。

这一则中引古字典一条，古书类似之例五条，古注四条。这都是根据古义的注书法。（二）根据文字假借、声类通转的道理。古字通用，全由声音。但古今声韵有异，若不懂音韵变迁的道理，便不能领会古字的意义。自顾炎武、江永、钱大昕、孔广森诸人以来，音韵学大兴。应用于训诂学，收效更大。今举二例。《易·系辞传》："旁行而不流。"又《乾·文言》："旁通情也。"旧注多解旁为边旁。王引之说："旁之言溥也，遍也。《说文》：'旁，溥也。'旁溥遍一声之转。《周官》男巫曰：'旁招以茅'，谓遍招于四方也。《月令》曰：'命有司大难、旁磔'，亦谓遍磔于四方也。……《楚语》曰：武丁使以楚象'旁求四方之贤'，谓遍求四方之贤也。"又《书·尧典》："汤汤洪水方割"；《微子》："小民方兴，相为敌仇"；《立政》："方行天下，至于海表"；《吕刑》："方告无辜于上。"旧说方字都作四方解。王念孙说："方皆读为旁。旁之言溥也，遍也。《说文》曰：'旁，溥也。'旁与方古字通。（《尧典》："共工方鸠僝功"，《史记》引作旁。《皋陶谟》方施象刑惟明"，新序引作旁。）《商颂》：'方命厥后'，郑笺曰：'谓遍告诸侯'。是方为遍也。……'方告无辜于上'，《论衡·变动篇》引此，方作旁，旁亦遍也。”以上两例，说方旁两字皆作溥遍解。今音读方为轻唇音，旁为重唇音。不知古无轻唇音，故两字同音，相通。与溥字遍字，皆为同纽之字。这是音韵学帮助训诂学的例。（三）根据文法的研究。古人讲书最不讲究文法上的构造，往往把助字、介字、连字、状字等都解作名字代字等等的实字。清朝训诂学家最讲究文法的，是王念孙、王引之父子两人。他们的《经传释词》用归纳的方法，比较同类的例句，寻出各字的文法上的作用，可算得《马氏文通》之前的一部文法学要书。这种研究法，在训诂学上，别开一新天地。今举一条例如下：

《老子》三十一章："夫佳兵者不祥之器。"《释文》："佳，善也。"河上云："饰也。"念孙案，善饰二训，皆于义未安。……今案佳字当作隹，字之误也。隹，古唯字也。唯兵为不祥之器，故有道者不处。上言"夫唯，"下言"故"，文义正相承也。八章云："夫唯不争，故无尤。"十五章云："夫唯不可识，故强为之容。"又云："夫唯不盈。故能蔽不新成。"二十二章云："夫唯不争，故天下莫能与之争。"皆其证也。古钟鼎文，唯字作隹。石鼓文亦然。又夏竦《古文四声韵》载《道德经》唯字作隹。据此则今本作唯者，皆后人所改。此隹字若不误为佳，则后人亦必改为唯矣。（王念孙《读书杂志余篇》上）

以上所述三种根据，乃是训诂学的根本方法。

（三）贯通　上文说整理哲学史料之法，已说两种。校勘是书的本子上的整理，训诂是书的字义上的整理。没有校勘，我们定读误书；没有训诂，我们便不能懂得书的真意义。这两层虽极重要，但是作哲学史还须有第三层整理的方法。这第三层，可叫做"贯通"。贯通便是把每一部书的内容要旨融会贯串，寻出一个脉络条理，演成一家有头绪有条理的学说。宋儒注重贯通，汉学家注重校勘训诂。但是宋儒不明校勘训诂之学（朱子稍知之而不甚精），故流于空疏，流于臆说。清代的汉学家，最精校勘训诂，但多不肯做贯通的工夫，故流于支离碎琐。校勘训诂的工夫，到了孙诒让的《墨子间诂》，可谓最完备了（此书尚多缺点，此所云最完备，乃比较之辞耳）。但终不能贯通全书，述墨学的大旨。到章太炎方才于校勘训诂的诸子学之外，别出一种有条理系统的诸子学。太炎的《原道》、《原名》、《明见》、《原墨》、《订孔》、《原法》、《齐物论释》都属于贯通的一类。《原名》、《明见》、《齐物论释》三篇，更为空前的著作。今细看这三篇，所以能如此精到，正因太炎精于佛学，先有佛家的因明学、心理学、纯粹哲学，作为比较印证的材料，故能融会贯通，于墨翟、庄周、惠施、荀卿的学说里面寻出一个条理系统。于此可见整理哲学史料的第三步，必须于校勘训诂之外，还要有比较参考的哲学资料。为什么呢？因为古代哲学去今太远，久成了绝学。当时发生那些学说的特别时势，特别原因，现在都没有了。当时讨论最激烈的问题，现在都不成问题了。当时通行的学术名词，现在也都失了原意了。但是别国的哲学史上，有时也曾发生那些问题，也曾用过那些名词，也曾产出大同小异或小同大异的学说。我们有了这种比较参考的材料，往往能互相印证，互相发明。今举一个极显明的例。《墨子》的《经上下》、《经说上下》、《大取》、《小取》六篇，从鲁胜以后，几乎无人研究。到了近几十年之中，有些人懂得几何算学了，方才知道那几篇里有几何算学的道理。后来有些人懂得光学力学了，方才知道那几篇里又有光学力学的道理。后来有些人懂得印度的名学心理学了，方才知道这几篇里又有名学知识论的道理。到了今日，这几篇二千年没人过问的书，竟成中国古代的第一部奇书了！我做这部哲学史的最大奢望，在于把各家的哲学融会贯通，要使他们各成有头绪条理的学说。我所用的比较参证的材料，便是西洋的哲学。但是我虽用西洋哲学作参考资料，并不以为中国古代也有某种学说，便可以自夸自喜。做历史的人，千万不可存一毫主观的成见。须知东西的学术思想的互相印证，互相发明，至多不过可以见得人类的官能心理大概相同，故遇着大同小异的境地时势，便会产出大同小异的思想学派。东家所有，西家所无，只因为时势境地不同，西家未必不如东家，东家也不配夸炫于西家。何况东西所同有，谁也不配夸张自豪。故本书的主张，但以为我们若想贯通整理中国哲学史的史料，不可不借用别系的哲学，作一种解释演述的工具。此外别无他种穿凿附会、发扬国光、自己夸耀的心。

史料结论　以上论哲学史料：先论史料为何，次论史料所以必须审定，次论审定的方法，次论整理史料的方法。前后差不多说了一万字。我的理想中，以为要做一部可靠的中国哲学史，必须要用这几条方法。第一步须搜集史料。

第二步须审定史料的真假。第三步须把一切不可信的史料全行除去不用。第四步须把可靠的史料仔细整理一番：先把本子校勘完好，次把字句解释明白，最后又把各家的书贯串领会，使一家一家的学说，都成有条理有统系的哲学。做到这个地位，方才做到“述学”两个字。然后还须把各家的学说，笼统研究一番，依时代的先后，看他们传授的渊源，交互的影响，变迁的次序，这便叫做“明变”。然后研究各家学派兴废沿革变迁的原故，这便叫做“求因”。然后用完全中立的眼光，历史的观念，一一寻求各家学说的效果影响，再用这种种影响效果来批评各家学说的价值，这便叫做“评判”。

这是我理想中的《中国哲学史》，我自己深知道当此初次尝试的时代，我这部书定有许多未能做到这个目的和未能谨守这些方法之处。所以我特地把这些做哲学史的方法详细写出。一来呢，我希望国中学者用这些方法来评判我的书；二来呢，我更希望将来的学者用这些方法来做一部更完备更精确的《中国哲学史》。

梁漱溟与《东西文化及其哲学·西洋中国印度三方哲学之比观》

经典导读

梁漱溟（1893—1988年），原名焕鼎，字寿铭。早年曾用笔名寿名、瘦民。20岁后又取字漱溟。生于北京。著名的教育家、社会活动家、哲学家，现代新儒家的早期代表人物之一，有“中国最后一位儒家”之称。梁漱溟早年在其父梁济（巨川）的影响下，积累了深厚的传统文化功底。1912年任京津同盟会机关报《民国报》编辑及外勤记者。1913年辞职回家潜心于佛法。1914年在《正谊》杂志发表的《谈佛》一文是目前发现的梁漱溟最早的文字。1916年在《东方杂志》发表《究元决疑论》，在当时产生了一定影响。1917年至1924年在北京大学哲学系教授印度哲学。1919年其《印度哲学概论》由商务印书馆出版。1920年讲稿《唯识述义》（第一册）在北京大学出版社出版。1920年秋，在北京大学课外做《东西文化及其哲学》的系列讲演，由陈政记录，讲演稿陆续刊刻于《北京大学日刊》。1921年，《东西文化及其哲学》由商务印书馆出版。1922年参与胡适等人起草的《我们的政治宣言》，发表对时局的看法，主张宪政政府、公开政府以及有计划的政治。1937年，《乡村建设理论》一书由邹平乡村书店出版。1949年《中国文化要义》由成都路明书店正式出版。梁漱溟著作众多，不仅积极思考中国文化，尤其是儒家文化的前途，而且积极参与各种政治活动，如二三十年代还积极进行乡村建设实验，1939年发起组织“统一建国同志会”，1940 年参加发起中国民主同盟，1941 年赴香港办中国民主同盟机关刊物《光明报》。中华人民共和国成立后，历任中国人民政治协商会议委员、全国政协常委等职。1955 年以后主要从事文化研究，发表了《人心与人生》(1984 年)、《东方学术概观》(1986 年)等著作。梁漱溟去世后，山东人民出版社编辑出版了《梁漱溟全集》第 1—8 卷。

本书选择了梁漱溟《东西文化及其哲学》一书的第四章“西洋中国印度三方哲学之比观”。《东西文化及其哲学》全书近 15 万字，凡五章。第一章为“绪论”，主要批判当时流行的有关东西文化的各种观点，如调和持中、无从研究等观点，然后指出这个问题的紧迫性和重要性，并讲述他自己研究这个问题的经过。第二、三章主要回答“如何是东方化？如何是西方化？”的问题。梁漱溟认为文化不过是一个民族生活的样法，主要包括三个方面：一是精神生活方面，比如偏向情感的宗教和艺术，偏向于理智的哲学和科学，都属于精神生活方面；二是社会生活方面，也就是人们对于家庭、朋友、国家、社会、世界之间关系的生活方法；三是物质生活方面，如饮食、起居的享用，对自然界求生存的各种。梁漱溟指出每一种特殊的文化都有其特殊的根本精神，各个民族生活的样法是不相同的，造成各个文化根本精神不同的根源就是“意欲”的不同所造成的。由于意欲的不同，就产生了人类文化的三大路径：“(一)本来的路向：就是奋力取得所要求的东西，设法满足他的要求。遇到问题都是对于前面去下手，这种下手的结果就是改造局面，使其可以满足我们的要求，这是生活本来的路向。(二)遇到问题不去要求解决，改造局面，就在这种境地上求我自己的满足。譬如屋小而漏，假使照本来的路向一定要求另换一间房屋，而持第二种路向的遇到这种问题，他并不要求另换一间房屋，而就在此种境地之下变换自己的意思而满足，并且一般的有兴趣。这时下手的地方并不在前面，眼睛并不望前看而向旁边看；他并不想奋斗的改造局面，而是回想的随遇而安。他所持应付问题的方法，只是自己意欲的调和罢了。(三)走这条路向的人，其解决问题的方法与前两条路向都不同，遇到问题他就想根本取消这种问题或要求。这时他既不像第一条路向的改造局面，也不像第二条路向的变更自己的意思，只想根本上将此问题取消。这也是应付困难的一个办法，但是最违背生活本性。因为生活的本性是向前要求的。凡对于种种欲望都持禁欲态度的都归于这条路。”[①] 与此对应的是三大文化

① 梁漱溟：《东西文化及其哲学》，上海人民出版社 2006 年版，第 57 ~ 58 页。

路向，即向前要求，以西方文化为代表；调和持中，以中国文化为代表；反身向后去要求，以印度文化为代表。西方文化的特点是在征服自然方面取得了很大的成绩，科学方法大放异彩，民主精神得到发展，发达的物质文化、科学和民主是西方文化的优点之所在，这在中国文化中是不足的，梁漱溟断言："我可以断言假使西方化不同我们接触，中国是完全闭关与外界不通风的，就是再走三百年、五百年、一千年也断不会有这些轮船、火车、飞行艇、科学方法和德谟克拉西精神产生出来。"[①] 印度文化也没有取得西方文化的优点。中国文化的特点在于落后的手艺、猜测直观的玄学以及政治上独裁。印度文化的特点是宗教的盛行。

在《东西文化及其哲学》第四章"西洋中国印度三方哲学之比观"中，梁漱溟以唯识学作为评判中国、西方、印度哲学差异的理论根据，指出了三种哲学的历史渊源和各自的哲学依据不同。我们之所以选择本章，是因为出版于 1921 年的该书，开启了中国思想史研究中西比较思想的先河。要清楚地了解中国思想的特点，只有在与西方哲学、印度哲学的比较中才能做到。通过比较，知己之长短，吸收其他文化的优秀思想，达到融会贯通。通过阅读本章，希望能够对我们从事中西思想比较研究有所启发。梁漱溟首先对思想进行定义，指出思想就是知识的进一步，哲学和宗教都应该包括在内，哲学就是有系统的思想，包括形而上之部、知识之部、人生之部。宗教就是思想中含一种态度，然后表现出的一种行为。其次，根据这种划分，梁漱溟比较了中国文化、西方文化以及印度文化在这些特点上的不同，展示了中西印文化的根本精神的差异。梁漱溟指出，他观察这种差异的知识论根据就是唯识学的现量、比量、非量三种作用说，所谓现量就是感觉，比量就是理智，非量就是直觉，一切知识都是此三种作用的结果。他经过分析，得出了三种哲学在这三种作用应用上的不同。西洋、印度哲学在动机上也完全不同，西洋人是追求知识的动机、科学的动机，而印度人追求的是行为的动机、宗教的动机。前者是对智慧、知识的追求，后者是对复归清净本体的追求。印度文明就与这种宗教精神相伴始终。梁漱溟指出，中国哲学并没有陷入西洋哲学和印度哲学形而上学的错误，呆板的静体问题中国人是不讨论的。中国哲学是一套讲变化的哲学体系，在方法上也是比较注重抽象的意义，更多采用直觉的方法。中国哲学的中心思想是追求调和、中庸。最后，梁漱溟体现了自己的中国文化立场，对孔子哲学大加称赞，指出："孔家没有别的，

---

① 梁漱溟：《东西文化及其哲学》，上海人民出版社 2006 年版，第 67 页。

就是要顺着自然道理，顶活泼顶流畅的去生发。他以为宇宙总是向前生发的，万物欲生，即任其生，不加造作必能与宇宙契合，使全宇宙充满了生意春气。”① 梁漱溟还依据陆王心学和柏格森的生命哲学对孔子哲学进行了新的诠释，为该书第五章的论断做铺垫。在第五章中梁漱溟既反对全盘西化，也不赞成中西文化的折中调和，主张对西方文化全盘承受而根本改过，同时批评地把中国原有的态度拿出来。梁漱溟还通过对西方社会及其思想文化的考察，认为世界未来的文化是中国文化的复兴，也就是儒家文化、孔子文化的复兴。

《东西文化及其哲学》从观点上来看并不是一种纯粹的学术研究，是梁漱溟对东西文化问题争论的一个回答，也是一种新儒学思想的建构，表明了作者强烈的儒家文化复兴的立场。梁漱溟在书中表达的观点我们不一定全部同意，甚至他对中国、西方以及印度哲学和文化的比较的方法和结论我们也不一定完全赞同，但是梁漱溟带给我们的是一种方法，即需要从深层次的思维方式、哲学的高度，对中西文化进行比较，得出中西文化的特点。他关于世界未来的文化是中国文化的复兴，似乎带有一种文化民族主义情结，但也指出了一个事实，就是中国文化的独特性决定了它的生命力之所在。

—— **延伸阅读文献目录：**

梁漱溟著：《东西文化及其哲学》，上海人民出版社，2006 年。

—— **原文：《东西文化及其哲学·西洋中国印度三方哲学之比观》（节选）**

① 梁漱溟：《东西文化及其哲学》，上海人民出版社 2006 年版，第 117 页。

经典原文

东西文化及其哲学·西洋中国印度三方哲学之比观（节选）

梁漱溟

平常人往往喜欢说：西洋文明是物质文明，东方文明是精神文明。这种话自然很浅薄，因为西洋人在精神生活及社会生活方面所成就的很大，绝不止是物质文明而已，而东方人的精神生活也不见得就都好，抑实有不及西洋人之点。然而却也没有方法否认大家的意思，因为**假使东方文化有成就，其所成就的还是在精神方面**，所以大家的观察也未尝不对。因此我们对于中国文化及印度文化之积极面目须在本章讲精神方面时才能表白。还有中国文化与孔家，印度文化与佛教，其关系重要密切非同寻常，所以我们要观察两方文化，自不能不观察孔家与佛教，因此也必须从哲学方面来讲。

■ 西洋哲学之情势

我们对于构成知识的三种作用既然讲明，现在乃可来批评三方面的哲学。我们在前面所列的表分为宗教与哲学两类；哲学复分为形而上、知识、人生三部。对于西洋方面所开列者：其宗教起初于思想甚有势力，后遭批评失势，自身逐渐变化以应时需；形而上学起初很盛，后遭批评，几至路绝，今犹在失势觅路中；知识论则甚盛，有掩盖一切之势，为哲学之中心问题。我们就看这个表来说明，西洋的宗教为什么起初在思想界很有势，后来竟自受人批评而站不住呢？形而上学为什么起初很盛，后来几至路绝呢？这个原因就是因为于对知识的研究既盛，所以才将宗教及形而上学打倒。那么，这三方面——宗教、形而上学、知识论——的问题，其实可以说是一桩事情了。

大约一时代一地方，其思想起初发展的时候，实是种种方面并进的，没有一准的轨向；不过后来因为种种的关系，影响结果只向某一方向而发达，而这种思想就成了这一地方这一时代的特异面目。希腊的思想本来各方面全都很发达：有向外的研究，也有向内的研究；有对于自然的研究，也有对于人事的研究；有对于静体的研究，也有对于变化的研究。**但是到了后来西洋只有偏于向外的，对于自然的，对于静体的一方面特别发达，而别种思想渐渐不提，这就因为西洋人所走是第一条路向。**在第一条路向本来是向前看的，所以就作向外的研究；前面所遇就是自然，所以对于自然研究；自然乍看是一块静体，所以成静体的研究。自从希腊哲学的鼻祖泰理斯（Thales）起，就来究问宇宙的本体问题——研究宇宙是由什么材料成的，或说是水，或说是火，或说是气，种种。等到文艺复兴以后，他们既重走第一条路向，所以近世哲学还是一元多元、唯心唯物等等问题，仍旧接续古代的形而上学，总想探讨宇宙之本源、究竟。当时著名的哲学家如笛卡尔、斯宾诺莎、来勃尼兹、巴克莱等等所讨论发挥皆在此。即在今日之罗素所研究者虽方法大异，然其静的，向外的态度与所成就，犹在自然一面，则固不异。所以大家都说东方哲学多为人事的研究，西方哲学多为自然的研究——杜威先生亦曾说过这话——是不错的。并且也就因为西洋人这种研究哲学的态度，根本的使其哲学成功唯物的倾向。“物质”一观念在这种态度上盖不待构于思，出诸口，已先有了。然这都是后话，现在且讲西洋人从这方面研究之变迁梗概。希腊先发明了几何学为他们最时尚的研究，他那种迹先的（Apriori）（或译先天的）演绎法仿佛能赅洽六合的样子，所以希腊的哲学家把推理看成万能的了。他们用他们这个方法关起门来，用不着考察实验，只要心理推究，就能发明许多学理——本来这种空洞的形式关系之研究是能行的。于是他们来研究形而上学的问题，仍旧是那一套法子，什么宇宙的实体本源如何如何，是有，是一，是二，是多，是物质的，是精神的，是真，是善美，是神，是恒久，是圆满无限，是不变，是迥异乎现象，乃至种种奇怪的事情，他们都以为能知道。在中世以宗教的权威无从脱此臼白。而到近世来几个大哲，如适才所说笛卡尔诸人，因为他们都是接续希腊研究数理的大数学家，所以还是一个脾胃，讲这一套形而上学的话。他们是所谓大陆的理性派，以为天地间的理是自明的，是人的理性所本有，自会开发出来，推演出来，所以不觉得自己方法有什么不对。这种人实在太忽略了经验，他们不留意知识的方法和界限，贸然对这些问题下了许多主张，我们都叫他独断论。那时英岛对于知识方法有归纳法的贡献，成了所谓经验派，即如培根、霍布士、洛克、休谟皆属于此。他们才渐渐省察自古以来的错误。所以休谟说：科学是知识，形而上学的说话不是知识。因他的持论，知识来从印象，形而上学哪里有其印象呢？他这说法有是有不是，还未足服人。到康德出来解经验理性两派之争，认识论遂获大成，近世哲学对于往昔唯一的新形势才算确定如九鼎，而独断论于是绝迹。他的说法很精致，此不及述。他那意思，我们于现象世界以外固然是感觉不到而且判断所不能加，岂但迹后的无所凭据，根本上悟性就不能向那里用。所谓实体连有无都不能说，遑言其它。但他却也承认形而上学，他承认他是理性的观念。人的悟性不应那样用，而总不甘心，总要想去知道知道，这种需要就成了形而上学，这非复悟性的概念，而是理性的观念。这种承认，明明是承认他为臆谈！等到孔德简直正式的加以否认了，即所谓他的人类知识分三时代说。他说是：神学、形而上学都属过来的东西，以后人的知识全是所谓实证的——即科学的，哲学也是科学的。神学形而上学虽不同，总要去讲绝对——想象一个整个的宇宙去讲他——这是无从讲的，无可讲的。本来这时期由自然科学的发达，容易使人以科学的所得解释哲学上的问题，所谓唯物思想种种俱兴，直到后来赫克尔一元哲学犹以此鸣一时。然谨慎的科学家，终觉科学之所以为科学在其方法，不在其所得结果，如彼所为，滥以科学中之观念适用到形而上学去，实自乖其根本，而且终究弄不成。所以如马胥（Mach）皮尔松（Pearson）潘加勒（Poincare）都不再做这种似是而非的科学的哲学家，而批评他们不对。前者我们谓之素朴的自然主义哲学，后者我们谓之批评的自然主义哲学。至是形而上学即覆，形而上学的唯物思想以后亦不会复有，因此我们看西方的哲学形势固必为唯物的倾向，然而唯物的思想惟西洋产生之，亦惟西洋摧破之；在东方唯物论固不见盛，却亦无能铲除之者。此全得力于西洋所走路向之踏实稳妥，逐步寻到知识方法上来，所以才能有此结果。至如美国的实验主义家詹姆士、杜威等，甚不要人研究形而上学，固一半是反对那一种方法，而一半是为形而上学的问题多半不成问题，求不出如果舍此说取彼说就要怎样的；两样说法——如唯心、唯物——名义迥异，归到实际并没有两样意味的，所以用不着研究。故詹姆士一面反对一元主义，一面说他的实际主义就是一个息止形而上学无谓纷争的方法。

……

■ 印度哲学的情势

我们先来看印度的形而上学，他们所讨究的问题，大半与西洋形而上学的问题一般样子，喜欢讲宇宙本体。他们的家数宗派是很多，其顶著名的，有很丰富的哲学思想的，自为僧佉宗——数论派，吠檀多宗——梵天派；今西洋人研究他们的很不少。然而我们看他们实不能解免于批评，僧佉人所谓“自性”、“神我”差不多就是笛卡尔心物二元的样子，吠檀多人所谓“梵天”差不多就是斯宾诺莎泛神一元的样子，其为独断论是不可讳的。此外如吠世史迦派、尼耶也派、瑜伽派等或见解不同而价值不过如此，如吠世史迦之极微论亦元子论及 Monads 说之流；或思想与前二宗不相远，如瑜伽派之与僧佉，所以都可不必细论。在佛教因为教法种种不一，思想似不一致，其后流传各处，分部开宗，又莫不自认为佛家思想，似乎很难得准据以为论断。然而终究有条理可寻，那么，**我去寻得的结果则佛教固确乎不陷于古形而上学家之错误者也。**试分叙于下：

（一）小乘佛教是绝口不谈形而上学的；

（二）大乘佛教是谈形而上学而开辟得法的；

（三）外国佛教谈形而上学，间或不得法，然佛教固不负其责的。

小乘佛教之不谈形而上学，多无人留意，我觉得这实是最大之事！小乘色、心并举乍看上去亦可曰物心二元，但其实是不然。从他那色与心彼此不相属，亦无所共属去说，应为物心二元，却是色、心都是所谓“有为法”，他们俱日为非真实的，哪里能以他为本体呢？又印度人之求宇宙本体，都是要解脱了以契合本体的；小乘是要解脱到“无为法”的，他所要解脱以去者正在色心，那么，色心不是他的本体是很明的。他既然解脱在“无为”又说“无为”是真常，那么，很象是本体喽。但他又不说“无为”为万有所自出，并且还说“无为”离色心而定有，那么，“无为”又怎能算他本体呢？**要晓得小乘的说话实在不是在那里答对什么宇宙本体的问题，他只是将宇宙万有分门别类来看，至于万有归总一个的观念，他并没有。**我们从种种方面看小乘的经论，非不繁博精微，但是绝口不谈形而上学的。这在小乘自己，固然可以免于批评，**并且可以帮助大乘佛教，证明佛教于无论东西古时所不免之错误而竟无之。你要看印度当那时节，大家都各鸣一说的竞谈这项问题，而佛教起来插足于此社会，偏**

偏一句不谈，岂不是很可注意吗？这是什么原故他竟能如此？照我说这是小乘大乘都是佛说的一个证据。如果不是有意不提，以为后来再说之地，怎能恰好小乘预先就替后出的大乘留下地步，怎能单自坚决的不讨论大家讨论的问题？这在以小乘为佛说，以大乘为后出的人未必就信，但我很望他有番解释，莫忽略过去。在我的意思，佛的形而上学在当时不肯拿出来，拿出来不惟于其思想界没有好处，且恐益发糊涂胶固而不得开明。所以先说的小乘教只谈相对，不谈绝对，虽与当时思想问题不相切合而全然不顾；待大乘教才对他们讲说，这时候又只讲绝对，几不讲一句相对的话了。等到唯识学出来——他是从相对讲入绝对的——才把二者沟通，使后人明白佛教是怎么一回事。我不敢说印度大乘佛教都是讲唯识学的，但唯识家的方法也是他们的方法，则其讲形而上学不为独断。惟年代太久，或流至远方，浸失原来根本，那就不敢担保了。例如中国所开之华严宗等，又流到日本，为井上圆了辈所盛谈者，均难逃讥评，则所谓外国佛教，佛教固不负其责也。

■ 西洋印度两方哲学之动机不同

现在须要说明的有一桩事：何以西洋印度研究一样的问题而印度人单开辟出这条路来？请拿我前面所列的表中，西洋同印度的情形一比，便知不同。表云：印度形而上学与西洋为同物但研究之动机不同，随着宗教甚盛且不变动。盖两方唯一之不同只在研究的动机上，此不可不注意者。西洋人是什么动机？可以说做知识的动机，科学的动机；印度人是什么动机？可以说做行为的动机，宗教的动机。西洋人无论为希腊时或文艺复兴后，其研究哲学都是出于好知的意思，他们叫做“爱智”。印度人象是没有那样余闲，他情志上迫于一类问题而有一种宗教的行为，就是试着去解脱生活复其清净本体，因为这个原故，所以他们没有哲学只有宗教，全没想讲什么形而上学，只是要求他实行的目标。例如吠檀多人讲“梵天”，他就要去实做梵天；僧佉人讲“自性”、“神我”，他就要实做到神我、自性的各归其位；都不是在那里谈什么哲理。总而言之，他们的厌生活，求出世，是他们的动机所在。要出世出到哪里去呢？那么，自然要想我本来是不如此的，宇宙本体是清净的，果如何斯为宇宙本体？这是他们的问题之所在。于是就各出己见，这一家以为如何如何，那一家以为如何如何，并且把如何可以做到的路子训示人去做。在他自己实宗教而已，我们则从他的教训中抽取他的道理算做哲学。这与西方情形岂非大大不同！——一个是出于第一条路向，一个是走到第三条路向上去。从这不同，其结果先分出一方形而上学可以失势无人讲，而这一方则不能，因他这种行为是不能阻止的，则求本体讲本体无论如何不能罢手。然此犹结果之小者，其大结果，即一方无论如何不能辟得形而上学的方法，而一方则得以开辟出来也。这个道理并不难懂，就是我们在前所说的，你如果不止息要求，**还是拿六个工具去探问什么宇宙本体，无论怎样探求总是自己工具上的回报影象，没有法子得到本体**。必得要象印度人厌弃生活来息止生活庶乎可望摸着息止生活的窍——解放二执——而实证本体，此则唯识家所以成功于印度也。于是要问：印度宗派甚多，皆有息止生活之法，佛家而外即没有得息止的吗？诚然如是。印度各宗要求息止生活大抵原相近似，其方法，即他们所谓瑜珈者，亦若比同。但所似所同者自外面粗形式看耳，其实内容殊异，而此事差之毫厘，谬以千里，故卒惟佛教一家得之。假若此事不为人类的一种成功则已，苟得为一种成功则不可不知其为走第三条路之结果，而印度文明之所在也。

■ 中国哲学之情势

我们对于印度文化在精神生活方面的成就大概的说过了，现在要来观察中国文化的这一面情形。中国文化在这一面的情形很与印度不同，就是于宗教太微淡，我们曾经说过。因此中国的宗教没有什么好说的，而在他文化里边顶重要的似乎是他那无处不适用的玄学——形而上学。那么我们就来试看他的形而上学如何。我在前边讲过形而上学这个东西自西洋人痛下批评后，几乎无法可讲，如果不于其批评外开辟方法，那么，不论讲得怎样，都是不值一钱。印度的佛家，如我们所观察，似乎算得自己开辟出一条路来的，然则我们就要问：中国的形而上学是否与他方古代形而上学一样陷于西洋所批评的错误，还是另有好方法呢？他这方法与印度的是一样，还是各别呢？**我们仔细审量后**，可以说中国并没有陷于西洋和印度古代形而上学的错误，亦与佛家方法各别不相涉。他是另自成一种形而上学与西洋印度的全非同物，我已在表内开列明白。有许多人因为不留心的结果，不觉得这三方的形而上学有什么根本的不同，就常常误会牵混在一处来讲。譬如章太炎、马夷初、陈钟凡诸位都很喜欢拿佛家唯识上的话同中国《易经》,《庄子》来相比附；说什么乾坤就同于阿赖耶识、末那识，一类的话。这实在是大大的错误！大约大家都有一个根本的错误，就是以为人类文化总应该差不多，无论他是指说彼此的同点，或批评他们的差异，但总以为是可以拿着比的。其实大误！他们一家一家——西洋、印度、中国——都各自为一新奇的、颖异的东西，初不能相比。三方各走一路，殆不相涉，中国既没有走西洋或印度那样的路，就绝对不会产生象西洋或印度的那样东西，除非他也走那路时节。你们如果说中国形而上学的某某话，就是印度佛教唯识的某某话，那我就请你看中国人可曾有印度人那样奋力齐奔于人生第三路向吗？如果你承认不曾有，那么印度形而上学在中国何从产生出来！即使他们所说的话尽管相似到十分，如果根本不同时，就不得算同，不得相比。据我所观察中国的形而上学与西洋和印度的根本不同，可分两点去说：

（一）问题不同　中国形而上学的问题与西洋、印度全然不同，西洋古代和印度古代所问的问题在中国实是没有的。他们两方的问题原也不尽同，但如对于宇宙本体的追究，确乎一致。他们一致的地方，正是中国同他们截然不同的地方，你可曾听见中国哲学家一方主一元，一方主二元或多元；一方主唯心，一方主唯物的辩论吗？象这种呆板的静体的问题，中国人并不讨论。中国自极古的时候传下来的形而上学，做一切大小高低学术之根本思想的是一套完全讲变化的——绝非静体的。他们只讲些变化上抽象的道理，很没有去过问具体的问题。因为这问题不同的原故，其情形因也不同，他们仅只传习讲说而很少争辩，分开党派，各提主张，互相对峙的。虽然一家文化初起的时候，因路向尚无定，思想向各方面发展种种都有一点萌芽，中国也许间或有些与印度西洋相似的，譬如老子所说的："有物混成，先天地生"似很近于具体。但老子的道理终究不在静体，他原亦出于古代的易理——"归藏"——而讲变化的。况且只萌露这一点总不能算数，若因为这类的相似，就抹煞那大部分的不同，总不应该。你不要把中国的金、木、水、火、土五行，当做印度地、水、火、风四大一样看：一个是表抽象的意味，一个是指具体的物质，并不能牵混为一的。

（二）方法不同　中国形而上学所讲，既为变化的问题，则其所用之方法，也当然与西洋印度不同。因为讲具体的问题所用的都是一些静的、呆板的概念，在讲变化时绝对不能适用，他所用的名词只是抽象的、虚的意味。不但阴阳乾坤只表示意味而非实物，就是具体的东西如“潜龙”、“牝马”之类，到他手里也都成了抽象的意味，若呆板的认为是一条龙，一匹马，那便大大错了。我们认识这种抽象的意味或倾向，是用什么作用呢？这就是直觉。我们要认识这种抽象的意味或倾向，完全要用直觉去体会玩味，才能得到所谓“阴”、“阳”、“乾”、“坤”。固为感觉所得不到，亦非由理智作用之运施而后得的抽象概念。理智所制成之概念皆明确固定的，而此则活动浑融的也。

从上面所说看来，可见中国的形而上学，在问题和方法两层，完全同西洋人印度人两样，在西洋古代合［和］印度的几外道所讲的都是静体问题，而因为方法的不讲求，所以陷于错误。以后再谈那类形而上学，都要提出新方法才行。至于中国的形而上学全然不谈静体，并且所用的方法与西洋印度不同，所以近世批评形而上学可讲不可讲与方法适用不适用的问题，都与中国的形而上学完全不相干涉。我们上面所说的两点实在甚关重要，如果不能认清，我们没有法子说中国形而上学可以站得住。如果一个不小心，就错谬得要不得，大约古来弄错的人也很不少，所以我们颇看见有人注意加以针砭。我记得陈淳很辨别太极两仪非物之一点；又偶翻到《宋元学案》里边有许白云答人问的话，大概的意思是说，太极两仪都不过是一个意思，周濂溪就虑人不明白要以太极为一物，所以加无极在上边，然至今犹有人以两仪为天地者，这实在大大不可；太极是理，阴阳是气，理与气与形是不能混的，合起来说，固然形禀气而理具气中，分之则形上形下不可以无别也。他这个话非常之对，中国学术所有的错误，就是由于方法的不谨，往往拿这抽象玄学的推理应用到属经验知识的具体问题；如中国医学上讲病理药性其方法殆不多合。并且除掉认清这些地方之外，还有我们更根本重要应做的事，就是去弄清楚了这种玄学的方法。他那阴阳等观念固然一切都是直觉的，但直觉也只能认识那些观念而已，他并不会演出那些道理来；这盖必有其特殊逻辑，才能讲明以前所成的玄学而可以继续研究。在前人颇拿他同数理在一起讲，这或者也值得研究。但我于此实无研究，不敢轻易说话，不过我们一定可以知道这个方法如果弄不出来，则中国一切学术之得失利弊，就看不分明而终于无法讲求。我们又相信除非中国文明无一丝一毫之价值则已，苟犹能于西洋印度之外自成一派，多少有其价值，则为此一派文明之命根的方法必然是有的，只待有心人去弄出来罢了。此非常之大业，国人不可不勉！

……

三方生活之真解

现在西洋印度中国三方文化具已说明，我们试列一比较以明观察所得之结果*：

（一）西洋生活是直觉运用理智的；

（二）中国生活是理智运用直觉的；

（三）印度生活是理智运用现量的。

这话乍看似很不通，感觉、直觉、理智三者，我们何时能有用有不用的呢？但我为表我的意思，不得不说这种拙笨不通的话，待我一一说明，或可解惑。我们觉察得的西洋人近世理智的活动太盛太强（见第三章）：对自然是从我这里划开，而且加以剖析，把他分得很碎很碎，而计算操纵之，此一方面的生活，不是理智去做吗？人对人也是划界线而持算账的态度，成了机械的关系，这一方面的生活不又是理智去做吗？至于精神生活一面，也是理智压倒一切，宗教之倒，形而上学之倒，不是理智为之吗？知识方法之辟出，多数科学之成就，不是理智为之吗？乃至艺术为直觉之事，而亦成了科学化，不是理智为之吗？总而言之，西洋人所作的生活以理智为其唯一重要工具，此甚明白之事。然此时有不可不提醒的一点：理智是无私的，是静观的，自己不会动作而只是一个工具，则此所谓理智作用太强太盛者，是谁在那里役使他活动呢？此非他，盖一种直觉也。我们已说过西洋人自文艺复兴认识了"我"才大活动起来；一切西洋文化悉由念念认我向前要求而成。这"我"之认识，感觉所不能为，理智所不能为，盖全出于直觉所得。故此直觉实居主要地位；由其念强，才奔着去求，而理智则其求时所用之工具，所以我们说西洋生活是以直觉运用理智的。读者幸善会其意而无以词害意。

---

* 著者曾于此加批注云："此下一大段话，由于当时对于人类心理认识不足，以致言词糊涂到可笑可耻地步。1975 年 4 月老叟自批。"

其次说中国。中国人初不曾象西洋那样认清了“我”，初不曾象西洋那样人与自然分离对待，初不曾象西洋那样人与人划清界线，更不象西洋有那样的知识（科学）发达成就而依之以为生活，其理智无甚作用是很明的。而照我们前几章所说，他那人与自然的浑融不是由直觉吗？其社会生活上人与人的尚情感而鲜计较，不是用直觉吗？其所依以为生活之一切学术莫非玄学化、艺术化，不都是用直觉的吗？这稍不细心未尝不可看成别的生物或什么野人靠着本能为生活的一般，但实不尔。**这实由中国很早的时代就想成功那极高的文化，为其圣人——天才——领着去做以理智运调直觉的生活，却其结果只成了这非高非低浑沌难辨的生活、文化。**中国古代那很玄深的哲理实是由理智调弄直觉所认识的观念，不单是直觉便好；孔子和孔子所承受的古化都是教人做一种凭直觉的生活，而以调理直觉为之先，如我们所叙孔子走双路和礼乐等制度其以理智运直觉而行，亦既甚明。不过这古圣人的安排在那时事实上是难行，行也维持不久，或形式微具，原意浸失，结果只弄成理智的不发达，似乎文化很低的样子了。其实这凭直觉的生活是极高明的一种生活，要理智大发达之后才能行的。**所谓以理智运用直觉的其实是直觉用理智，以理智再来用直觉，比那单是直觉运用理智的多一周折而更进一层。**一切生活都由有我，必有我才活动才生活。孔子的生活只是毋我的生活，只是不分别执我，初非真破了我执，其直觉的认我依旧有的，然亦唯只直觉的我，更无其他我执。西洋人的“我”是就着直觉认的我又加以理智的区划分别者，而孔子则只直觉中的我而已；一般人悉有分别我执，唯不如西洋人之明且强，又不如孔子之无分别执；其实莫不有我，不过一清楚显著，一则浑若无，一则迷离。分别我执不经破除是不能无的，此破除之功全假理智；他盖由理智分别而立，由理智分别而破。孔子的直觉生活实以理智为之先，此不可不知也；其理智之运用仍由直觉为之主，此不可不知也；所以我们说他是多一周折的，更进一层的，中国人虽走他这路没走到好处，然既原要走这路即仍不妨这样说。我们省略着说，就说中国生活是理智运用直觉的。这许多话很拙笨不通，但我不如此说，不能见我意。

再其次说印度。我们说印度其实是指佛教，因为唯佛教是把印度那条路走到好处的，其它都不对，即必佛教的路才是印度的路。这条路最排斥理智和直觉——他们所谓比非量。舍排斥比非量外，佛教更无其他意旨；其比非量即理智与直觉。这其间理智只是虚，还不妄，所以有时也可以承认。唯识道理即全出于现比量，而因明学即专讲比量者——理智。做这条路的生活就是用比量破一切非量——包直觉及似比似现——而现量如实证比非量之全不如实，现量之用大为开发而成功现量生活。所以姑且就说印度生活为理智运用现量。

以上是三方生活之真解释，以下我们所以说中国化要复兴的，即因为我们看未来世界人的生活要成功以理智调理直觉那样子。

顾颉刚与《古史辨·自序》

经典导读

顾颉刚（1893—1980年），原名诵坤，字铭坚，江苏吴县人。著名历史学家，现代“古史辨学派”的创始人，也是中国历史地理学和民俗学的创始人。主要著作除《古史辨》外，还有《秦汉的方士与儒生》、《尚书通检》、《中国疆域沿革史》、《史林杂识》、《三皇考》、《中国历史地图集》以及《汉代学术史略》等。

古史辨派是指兴起于“五四”时代，活跃于20世纪二三十年代的史学流派。它讨论的对象非常广泛，包括先秦诸子、秦汉学术史等，使用的方法不仅包括中国传统的考据学，还包括许多先进的西方思想观念和研究方法。古史辨派学者坚持用怀疑的精神看待过去的一切文化典籍，反对经典的神圣不可侵犯，使研究古史者能够摆脱传统的束缚，自由研究，独立思考。古史辨的核心人物是顾颉刚，吸引了胡适、钱玄同、丁文江、傅斯年、童书业、唐兰等众多学者。

1923年9月，顾颉刚在《读书杂志》上发表了《与钱玄同先生论古史书》一文，首次公开地提出了他的著名的“层累地造成的中国古史”观[①]。文章发表后，引起了广泛的关注和对古史的论战，形成了以“辨伪存疑”为特征的古史辨运动，前后持续达15年之久，而且对整个中国学术的影响至今仍在继续。

① 顾颉刚:《与钱玄同先生论古史书》，载《读书杂志》，1923年5月6日。

1926 年，汇集了讨论古史的文章与信件的《古史辨》第一册由朴社出版，标志着“古史辨派”的正式产生，有学者称之为“创建中国现代历史学的第一块奠基石”①。到 1941 年，《古史辨》共出版了七册，其中顾颉刚主编第一、第二、第三、第五册，罗根泽主编第四、第六册，吕思勉和童书业主编第七册，共汇集了三百余篇论文。作者有胡适、顾颉刚、钱玄同、丁文江、魏建功、容庚、傅斯年、马衡、姚名达、周予同、罗根泽、钱穆等。

古史辨运动能够兴起，不是偶然的，有以下原因：

第一，是中国传统学术中疑古风气的继续和发展。以司马迁为代表的“考信”精神在中国传统学术发展中具有重要影响。司马迁在《史记·伯夷列传》中明确说：“学者载籍极博，犹考信于六艺”，主张发扬孔子“多闻阙疑，慎言其余”的文献徵验的精神。在写作《史记》的过程中，司马迁对有关上古历史的各种歧异说法，都力求通过考核，找到一种有文献记载的、比较可信的古史说法，做到“疑则传疑，盖其慎也”②。司马迁的“考信”态度和方法，对后世学者有深远的影响。

但同时也有喜欢附会的风气，喜欢铺张上古传说，总想把历史拉得越远越好，迷信远古。如三国谯周著《古史考》，在《史记》“五帝”之上，铺张燧人、伏羲、神农“三皇”传说。针对这种附会、杜撰的做法，很早就有学者提出辨伪史、辨伪书的论点。如宋代学者欧阳修、郑樵、朱熹、吴棫等都对伪古籍或杜撰的古史说法提出怀疑。明以后，出现了王应麟、姚际恒、阎若璩、崔述等人，都有辨伪、考信的著作。

崔述是其中比较典型的代表，他致力于上起远古传说时代、下至春秋战国历史的考辨，对古史记载采取审查态度，不盲目相信，而是“考而后信”。他以毕生精力著成《考信录》。他以儒家经书为标准，对于战国秦汉以后关于上古历史的各种说法，一概细加考查，立志廓清其中的大量附会和谬误。崔述不仅考辨具体历史问题，而且能上升到理论，书前写了《考信录提要》，总结其研究方法，并和盘托出。其主要观点可以归纳为：第一，“三代”是可信的阶段；尧、舜或上溯到黄帝，是比较可信的传说阶段；再往上，则后人附会更甚，更加荒诞不可徵信。第二，旧的古史体

---

① 张京华：《古史辨派与中国现代学术走向》，厦门大学出版社 2009 年版，第 2 页。

②（汉）司马迁：《史记·三代世表》，中华书局 1975 年版，第 487 页。

系的造成，越到战国以后，离儒家经典越远，附会越多，杜撰越厉害。

顾颉刚曾经指出郑樵、姚际恒、崔述等人对古史辨派有很大影响，但是崔述的影响最大。他在《崔东壁遗书·序》中又说："我们今日讲疑古、辨伪，大部分只是承受和改进他的研究。"① 1921年开始校点《崔东壁遗书》后，即在致友人信中说："崔述的《考信录》确是一部极伟大又极细密的著作"。顾颉刚认为"他（崔述）把难的地方已经做过一番功夫，教我们知道各种传说所由始了，由此加功，正是不难。"②《古史辨》第一册出版时，顾颉刚又在《自序》中承认："我弄了几时的辨伪工作，很有许多是自以为创获的，但他的书里已经辨得明明白白了，我真想不到有这样一部规模宏大而议论精锐的辨伪大著作已先我而存在。"③ 顾颉刚在20世纪20年代提出的"层累地造成的古史说"中的要点：一、"时代愈后，传说的古史期愈长"；二、"时代愈后，传说中的中心人物愈放愈大。"④ 他的基本观点是对崔述《考信录提要》中主要观点的继承和发展。这些表明"古史辨派"学术思潮的兴起，其根乃深深扎在传统学术的土壤之中。

第二，是新文化运动中西学术交融的产物。如果没有新文化运动中西方学术观念和思想方法的影响，没有20世纪20年代的社会土壤，古史辨运动也难以产生。

1916年至1920年，顾颉刚在北京大学本科学习，此时正是新文化运动蓬勃兴起的年代。思想解放的潮流汹涌澎湃，势不可挡，《新青年》杂志高举"民主"和"科学"两面大旗，提倡新文化，反对旧文化。新文化运动时期，许多西方科学理论和方法传入中国，改变了中国人的思想观念。

当时的北京大学在校长蔡元培的"思想自由，兼容并包"的办学原则的领导下，民主、科学以及思想自由观念得到传播，反对各种各样的封建权威和迷信，主张用科学证据说话，对传统社会中的圣经——儒家经典大加批判。这一时期的文化背景对顾颉刚影响巨大，他说："到了现在，理性不受宗教的约束，批评之风大盛，昔时信守的藩篱都很不费力地撤除了，许多学问思想上的偶像都不攻而自倒了。……使得我又欣快，又惊诧，终于放大了胆子而叫喊出来。""我的心目中没有一个偶像，

---

① 顾颉刚：《崔东壁遗书序》，上海古籍出版社1983年版，第60页。

② 顾颉刚：《论史例书》，《古史辨》（第一册），上海古籍出版社1982年版，第28页。

③ 顾颉刚：《古史辨》（第一册自序），上海古籍出版社1982年版。

④ 顾颉刚：《与钱玄同先生论古史书》，载《读书杂志》，1923年5月6日。

由得我用了活泼的理性作公平的裁断，这是我极为高兴的。”[①] 这种理性观念的确立，只拿科学性、合理性作为衡量一切事物之是非的标准，彻底摆脱千百年来禁锢士人头脑的“经典神圣不可违背”一类的旧教条。顾颉刚运用的西方科学方法，概括来说，包括逻辑的方法、假设求证的方法和历史演进的方法。

顾氏考辨古史经常采用的假设、求证，以历史演进的方法考察古史传说的演变等项，均直接受胡适的影响。“听了适之先生的课，知道研究历史的方法在于寻求一种事情的前后左右的关系，不能把它看作突然出现的。”[②] 胡适对《水浒传》的版本流传及版本的故事的来历和演变的考证，把极为复杂的问题，清楚地理出了演变的层次，也使他大受启发。顾颉刚又联系到观看戏剧和采集民间歌谣的体会，同一底本可以演变成既相似又很不相同的故事情节，由“历史演进法”，顾氏进一步得出古史传说“渐次增高”的观点。

用科学方法整理国故运动也对顾颉刚产生了推动作用。顾颉刚在《古史辨》第一册“序言”中说：“我常说我们要用科学的方法去整理国故，人家也就称许我用了科学方法而整理国故”，又说：“西方的科学方法传了进来，中国的学者受了他的影响，对于治学方法有了根本的觉悟”，“我生当其顷，……能够自觉地承受。”“我先把世界上的事物看成散乱的材料，再用了这些零碎的科学方法实施于各种散乱的材料上，就喜欢分析、分类、比较、试验、寻求因果；更敢于作归纳。”[③]

古史辨派提出了一系列学术见解，主要包括：

一、“层累地造成的中国古史”。这是由顾颉刚首先提出来的，认为“时代愈后，所传说的古史期愈长”，“时代愈后的传说中的中心人物愈放愈大”。虽然“我们不能知道某一件事的真实，但可知道它在传说中的最早情形”。主要是探讨中国古史世系中的“三皇”、“五帝”是否属于历史真实。经过考证，古史辨派提出要打破“民族出于一统”、“地域向来一统”、“古史为黄金世界”[④] 等观点，具有进步意义。

二、对先秦诸子的考证。首先是对儒家经典的考证，尤其是孔子与六经的关系。古史辨派认为“六经”是周代通行的几部并不相干的书，它们既不是如古文经学家所谓的“六经皆周书之旧典”，也不是如今文经学家所说的“六经皆孔子之作品”，

---

① 顾颉刚：《古史辨》（第一册），上海古籍出版社 1982 年版，第 78、79 页。
② 顾颉刚：《古史辨》（第一册自序），上海古籍出版社 1982 年版。
③ 顾颉刚：《古史辨》（第一册），上海古籍出版社 1982 年版，第 95 页。
④ 顾颉刚：《答刘胡两先生书》，《古史辨》（第一册），上海古籍出版社 1982 年版，第 99～101 页。

“六经”的配成当在战国后期。关于孔子与六经的关系，他们指出孔子并未删述“六经”，当然也未删定《诗经》。他们还否定了汉代经师的“美刺”说，辨证了《诗序》对作品本事的附会，考订了《商颂》的年代，对《国风》若干篇作了重新的考释。其次是对《老子》的作者与成书的时代的考证。

三、对于经学的研究和考证。《诗经》方面，主要是否认圣贤的“遗教”之说，认为它不过是民歌而已。对《春秋》的考证主要是讨论其性质，此外还有《孝经》的作者与真伪、《论语》的考订以及《大学》、《中庸》的成书年代问题。古史辨的易学研究在20世纪也占有相当重要的地位。1919年，顾颉刚在《燕京学报》发表《周易卦爻辞中的故事》一文，对《周易》的成书年代及《易传》中涉及上古史的材料进行考辨，引起广泛的易学研究热潮。1931年，顾氏将1926年12月至1929年12月间有关易学讨论的16篇文章，与有关《诗经》的讨论文章合编为《古史辨》第三册出版。顾氏在该书“自序”中指出，这些文章的目的是要“打破汉人（即汉代经学家）的经说”，“破坏其伏羲神农的圣经的地位而建设其卜筮的地位”，“辨明《易十翼》的不合于《易》上下经”。就是要“从圣道王功的空气中夺出真正的古籍”[①]。

尽管古史辨运动有很多缺陷，比如，未能注重结合考古发现来考辨古史，致使“古史辨”在某种程度上变成了“古书辨”，顾颉刚本来明白地下文物对于古史辨伪的重要性，但慨叹自己“没有余力加入”，自己只把工作缩小到“一小部分——辨伪史”[②]；有的地方疑过了头；在研究方法上过多使用默证法、抹杀不利于自己的证据。古史辨派的古史辨伪工作，是一次整理传统文化的学术运动，它推翻了旧的臆造的古史体系，有利于建立科学的古史系统，推进了中国史学及其传统文化研究的近代化。《古史辨》第一册于1926年出版以后，胡适评论说：“这是中国史学界一部革命的书，又是一部讨论史学方法的书。此书可以解放人的思想，可以指示做学问的途径，可以提倡那‘深澈猛烈的真实’的精神。”[③]之后，郭沫若于1929年评价顾氏的“层累说”“的确是个卓识”，“他的识见委实是有先见之明”[④]。1957年徐旭生评价说，

① 顾颉刚：《古史辨》（第三册自序），上海古籍出版社1982年版。

② 顾颉刚：《古史辨》（第一册），上海古籍出版社1982年版，第58页。

③ 胡适：《介绍几部新出的史学书》，《古史辨》（第二册），上海古籍出版社1982年版，第334页。

④ 郭沫若：《夏禹的问题》，《中国古代社会研究》（附录九），中国华侨出版社2008年版，第234页。

"古史辨派"的治学方法虽存在问题，但是取得的成绩很大，"最大的功绩就是把古史中最高的权威，《尚书》中的《尧典》、《皋陶谟》、《禹贡》三篇的写定归还在春秋和战国的时候。……由于疑古学派（广义的）历史工作人及考古工作人双方的努力，才能把传说时代和狭义历史时代分开。"[①] 总之，古史辨派运用新的科学观念和方法，对古史的考订工作是积极的，是重建科学古史体系的重要步骤。古史辨派对科学精神的追求，反对传统神圣权威和迷信的态度，以及整理国故的基本精神在古史辨运动中得到了深入的贯彻。古史辨派把长期束缚人们头脑的封建道统、封建思想观念以及那些神圣不可侵犯的儒家经典一起否定，对于个人的解放、社会的解放有着重要的意义。此外，古史辨运动参加者平等地讨论学术的风气的开展，也改变了传统学术师承家法对研究者主体性的限制，有利于学术创新。

《古史辨自序》是顾颉刚为《古史辨第一册》所写的自传性长序。他从当时的时势、自身的个性、个人境遇等方面介绍了古史辨运动兴起的原因、他个人走上古史辨伪的心路历程，阐述了他"层累地造成的中国古史"等学术观点，以及他采用的古史研究方法。还从考古学、辨证伪史、民俗学等方面介绍了他自己古史研究的范围和将来的研究计划。这篇《自序》是我们了解古史辨运动来龙去脉的重要文献，也是研究顾颉刚学术思想的重要资料。本书节选了《古史辨自序》若干内容。

古史辨运动及《古史辨》很多内容直接涉及中国思想史的内容，比如《古史辨》第三册是专门研究《易经》和《诗经》的，第四册详细辩论诸子书的年代和真伪，第六册上编通考先秦诸子，下编专考老子。它的理论与方法也是所有研究中国历史学的学者必须关注的。

—— 延伸阅读文献目录：

1. 顾颉刚著：《秦汉的方士与儒生》，上海人民出版社，1962 年。
2. 顾颉刚著，吴格编：《我与〈古史辨〉》，上海文艺出版社，2001年。

---

① 徐旭生：《中国古史的传说时代》（增订本），文物出版社 1985 年版，第 22 页。

3. 顾颉刚著，刘梦溪主编:《中国现代学术经典·顾颉刚卷》，河北教育出版社，1996 年。
4. 顾颉刚著:《古史辨自序》，河北教育出版社，2000 年。

—— 原文:《古史辨·自序》(节选)

经典原文

古史辨·自序（节选）

顾颉刚

二年以来，我对于古史研究的进行，可以分了三方面作叙述。

其一，是考古学方面。十二年（1923年）秋间，我到北京来，地质调查所的陈列室已经开放；我进去参观，始见石器时代的遗物，使我知道古代的玉器和铜器原是由石器时代的东西演化而成的：圭和璋就是石刀的变相，璧和瑗就是石环的变相，铜鼎和铜鬲也就是陶鼎和陶鬲的变相。那时河南仰韶村新石器时代的遗物发见不久，灿然陈列，更使我对于周代以前的中国文化作了许多冥想。

就在这年八月，河南新郑县发见大批古物，江苏教育厅委托我和陈万里先生前往调查。我们在开封见到出土古物的全份。器物的丰富，雕镂的精工，使我看了十分惊诧，心想掘到一个古墓就有这许多，若能再发见若干，从器物的铭文里漏出古代的事迹，从器物的图画里漏出古人的想象，在古史的研究上真不知道可以获得多少的裨益。我们又顺道游洛阳，到魏故城（通称金墉城）中，随便用脚踢着，就可以拾得古代的瓦当。心想自周代建了东都以后，累代宅京于此，如果能作大规模的发掘，当可分出清楚的层次，发见整批的古物。去年，万里游敦煌归来，说起陕西、甘肃一带有许多整个埋在地下的古城，正待我们去发掘，使我更为神往。

近数年来，国立学校经费愈窘；研究所中考古学会在十分困难里勉强进行，时有创获，孟津出土的车饰数百种尤为巨观。我虽没有余力加入研究，但向往之情是极热烈的，倘使在五六年前见了，我一定要沈溺在里边了。现在既深感研究学问的困难，又甚悲人生寿命的短促，知道自己在研究古史上原有专门的一小部分工作——辨伪史——可做，不该把范围屡屡放宽，以致一无所成。至于许多实物，自当有人作全力的研究，我只希望从他们的研究的结果里得到些常识而已。在研究古代实物的人，我也希望他们肯涉猎到辨伪方面。例如章演群先生（鸿钊）所著的《石雅》，不愧为近年的一部大著作，但里边对于伪书、伪史不加别择，实是一个大缺点。他据了《拾遗记》的“神农采峻瓈之铜以为器”，《史记》的“黄帝采首山铜铸鼎”，说中国在神农、黄帝时已入铜器时代；又据了《禹贡》的“厥贡理铁银镂”，《山海经》的“禹曰：出铁之山三千六百九十”，说三代之初已知用铁。这种见解，很能妨碍真确的史实的领受。若能知道神农、黄帝不过是想象中的人物，《禹贡》和《山海经》都是战国时的著作，那么，在实证上就可以剔出许多伪妄的证据，不使它迷乱了真确的史实的地位了。

其二，是辨证伪古史方面。这二年中，除了承受崔述的辨证以外，这方面的工作做得很少，就发表的说，曾经考了商王纣和宋王偃的故事，略见积毁之下的恶人模样和诋毁恶人的方式；又用了白话翻译了几篇《尚书》，使人把商、周间的圣君照相的真面目瞧一下，知道后世儒者想象中的古圣贤原不是那一回事。没有发表的，就笔记上归并起来，有以下许多题目：

春秋、战国时的神祇和宗教活动（如郊祀、祈望、封禅等）。

古代的智识阶级（如巫、史、士大夫）的实况。

秦、汉以后的知识阶级的古史（承认的古代传说）和非知识阶级的古史（民间自由发展的传说）。

春秋、战国间的人才（如圣贤、游侠、说客、儒生等）和因了这班人才而生出来的古史。

春秋、战国、秦、汉间的中心问题（如王霸、帝王、五行、德化等）和因了这种中心问题而生出来的古史。

春秋、战国、秦、汉间的制度（如尊号、官名、正朔、服色、宗教、阶级等）和因了这种制度而生出来的古史。

春秋时各民族的祖先的传说和战国以后归并为一系的记载。

春秋、战国、秦、汉人想象中的太古（如开辟、洪水及各种神话）。

战国、秦、汉时开拓的疆土和想象的地域（如昆仑、弱水及《山海经》所记）。

战国、秦、汉人造伪的供状。

汉代人为了“整齐故事”而造出的古史。

春秋、战国时的书籍（著作、典藏、传布、格式等）。

汉初的经书和经师。

《尚书》各篇的著作时代和著作背景。

孔子何以成为圣人和何以不成为神人。

古史中人物的张扬的等次。

古史与故事的比较。

以上许多题目，有的是已经聚集了许多材料，有的还不过刚立起几条假设。如果让我从容地做去，想来平均每个题目经过半年的研究总可以得到一些结果。我对于这项研究有一个清楚的自觉，就是：我们要辨明伪古史必须先认识真古史。我的目的既在辨论东周、秦、汉间发生的伪史，所以对于东周、秦、汉间的时势、思想、制度、史迹等等急要研究出一个真相来。前年作的《研究古文的计划》要在这六年中细读《左传》、《史记》、《两汉书》等，就为了这个原因。但是很可悲的，荏苒两载，《左传》还没有好好地点读过一页，虽则为了作文的参考，每星期总要翻上几回。这种不切实的读书，我一想着便心痛！我很知道，以前开首发表主张的时候尽不妨大刀阔斧，作粗疏的裁断；但一层一层地逼进去时，便不得不作细针密缕的工作，写一个字也应该想几遍了。为我自己的学问计，为对于学问界作真实的贡献计，最好暂时只读书，不作文；等到将来读出了结果之后，再"水到渠成"般写出来。但这个境界哪里许我踏到呢，社会上正要把我使用得筋疲力尽咧！

前年作的计划，大致的意思，是一方面增进常识，一方面从事研究。在研究上，要先弄明白了古代的史实，然后再考各种书籍的时代和地域，考明之后便在里面抽出那时那地的传说中的古史，加以系统的整理；更研究了考古学去审定实物，研究了民俗学去认识传说中的古史的意义。这确是一条最切实的道路，必须把这条道路按部就班地走完了之后，始可把我的研究古史的责任脱卸。但我一来感于境遇的不如意，觉得以有涯之生长日飘荡于牵掣的生活中，希望作严守秩序的研究终是做不到的事情；二来又是感于学问领域的广漠和个人力量的渺小，知道要由我一个人把一种学问作全部的整理是无望的，所以不由得不把当时的野心一步一步地收缩了下来。去年春间答李玄伯先生时，说自己愿意担任的工作有两项：一是用故事的眼光解释古史的构成的原因，二是把古今的神话与传说作为系统的叙述。这自然是在研究所中多接近民俗学方面的材料之故，但我收缩范围的苦心亦已可见。在以上所列的题目中，如神祇、神话、巫史、宗教活动，非知识阶级的古史，故事与古史的比较等题，都是进行这方面的研究的。所苦的，研究学问不能孤立，如果得不到研究他种学问的人的帮助，自己着手的一部分必然研究不好。在现在这般的民穷兵乱的国家之中，许多有希望的人都逼向浅薄浮嚣中讨生活，研究学问的事又如何提倡得起来。我虽在这困苦的境界中竭尽挣扎之力，也不过发出数声孤寂的呻吟，留几滴眼泪在昏黄大漠中而已！所以我即使把研究的范围损之又损，损到只研究一个问题，也怕未必能达到我的愿望。何况我的心中原有无数问题，总想把一种学问研究得好好的，那么，恐怕我的一生只有在愤悱怅惘之中度尽了！

这二年中。继续搜得的材料颇发见我前半文中的讹误，但也颇增加我前半文中的证据。试举禹为社神的一例。我前因《尚书·吕刑》说禹“主名山川”，疑禹是穆王时的山川之神。又因《小雅·甫田》与《大雅·云汉》皆言祀社，《大、小雅》为宣王前后时诗，疑社祀是西周后期起来的。《鲁语》说“后土能平九土；故祀以为社”，禹绩正与之同，疑禹是社神。综合以上三说，下一假设云：“西周中期，禹为山川之神；后来有了社祭，又为社神。”这句话在去年发见了错误了。《召诰》云：

> 越翼日乙卯，周公朝至于洛，则达观于新邑营。越三日丁巳，用牲于郊，牛二。越翼日戊午，乃社于新邑，牛一，羊一，豕一。

如果我不能发见《召诰》在时代上的疑窦，则社祀起于西周后期之说当然由我自己推翻。至禹为社神之说，当时因古书中常以“禹、稷”连称，疑与“社稷”的连称有关系；又《周语》把共工氏放在伯禹的上面，和《鲁语》把烈山氏放在周弃的上面正同，那么《鲁语》说后土是共工氏之子，后土当即是禹。刘楚贤先生看了，斥为“少见多怪而臆测的牵强附会”。但近来收得的几条新证据则颇足以助成我的主张：

> 今世之祭井、灶、门、户、箕、帚、臼、杵者，非以其神为能飨之也，恃赖其德烦苦之无已也。是以时见其德，所以不忘其功也。……故炎帝于火而死为灶，禹劳天下而死为社，后稷作稼穑而死为稷，并除天下之害而死为

宗布。此鬼神之所以立。(《淮南子·氾论训》)

自禹兴而修社祀;后稷稼穑故有稷祠,郊社所从来尚矣(《史记·封禅书》)。

圣汉兴,礼仪稍定,已有官社,未立官稷;遂于官社后立官稷。以夏禹配食官社;后稷配食官稷。(《汉书·郊祀志》引王莽奏文)

汉初,除秦社稷,立汉社稷。其后又立官社,配以夏禹。(《三辅黄图》卷五)

上面所举,前二条明白说禹为社,后二条又说禹配食官社,可见汉代人确以禹为社神。读者不要以为这些话全是后起之说,须知越是配享越见得是先前的正祀。《左传》上不说吗:

共工氏有子曰勾龙,为后土;……后土为社。……周弃……为稷。(昭二十九年)

可是到了后来就不然了:

后魏天兴二年,置太社、太稷;……勾龙配社,周弃配稷。(《通典》卷四十五)

仲春仲秋上戊,祀太社、太稷,配以后土勾龙氏、后稷氏,以祈报。(《大清会典》卷五十三)

太社、太稷姓甚名谁,没有人能回答;但以前正任社稷的勾龙和周弃却退而为配享了,这是很显著的。所以如此之故,只因旧说、旧祀到没有权威的时候自然大家忘怀了,一个新朝起来,就随顺了民众的新偶像而建立国家的新祀典;可是旧说旧祀在书本上还瞧得见,于是只得屈抑已倒的偶像作为配享。这种"新鬼大而故鬼小"的现象,实亦适用古史系统的成例,是积薪般层累起来的。禹既在汉配社,当然是汉以前的正社神(说不定即是勾龙)。惟其他是社神,所以土地所在就是他的权力所在:南山、梁山是他所甸,丰水是他所注,洪水是他所湮,宋国人说下土是他所敷,秦国人说宅居所在是他的迹,鲁国人说后稷奄有下土是缵他的绪,齐国人说成汤咸有九州是处在他的堵,王朝人说方行天下至于海表都是陟他的迹。

刘先生在文中说："纵或祀禹为社，亦是后人尊功报德之举，加之之名，岂为神职？"近日冯芝生先生（友兰）在《大人物之分析》一文中也说："大人物到了最大的时候，一般人把许多与他本无直接关系的事也归附于他，于是此大人物即成一个神秘，成为一串事物的象征。如大禹之于治水，释迦之于佛教等皆是。有人疑释迦之果否有其人；顾颉刚先生疑大禹之果否有其人。我以为此等人诚已变为一串事物的象征，但未可因此即谓其人之不存在。近来中山亦渐成中国革命之象征，但中山之人之存在固吾人之所知也。"（《现代评论》三卷六十七期）类于这样的批评，我听见得很多，大致都以为禹的历史上的地位不当因其神化而便推翻。我觉得他们对于我的态度颇有误解，现在趁此简略地一辨。禹之是否实有其人，我们已无从知道。就现存的最早的材料看，禹确是一个富于神性的人物，他的故事也因各地的崇奉而传布得很远。至于我们现在所以知道他是一个历史上的人物，乃是由于他的神话性的故事经过了一番历史的安排以后的种种记载而来。我们只要把《诗》、《书》和彝器铭辞的话放在一边，把战国诸子和史书的话放在另一边，比较看着，自可明白这些历史性质的故事乃是后起的。所以我说禹由神变人，是顺着传说的次序说的；刘、冯诸先生说禹由人变神，乃是先承认了后起的传说而更把它解释以前的传说的。再有一层，在实际上无论禹是人是神，但在那时人的心目中则他确是一个神性的人物。例如现在民间大都把关帝和灶神，我们固然知道灶神是纯粹的神，关帝是由人变神的，但在这一班奉祀的人的心目中原没有这个分别。他们只觉得神是全知全能具有人格的（玉皇也姓着张呢）！神如要下凡做人也随着他的意念。因为神人不分，所以神人可以互变。我们知道，关羽、华佗、包拯、张三丰、卜将军是由人变神的。我们又知道，文昌本是北斗旁的星，但到后来变成了晋将蜀人张恶子了；湘君、湘夫人本是湘水的神，但后来也变成了尧的二女了。可见从神变人和从人变神是同样的通行，我们不能取了人的一方面就丢了神的一方面，我们只能就当时人的心目中的观念断说他的地位而已。禹尽可以是一个历史上的人物，但从春秋上溯到西周，就所见的材料而论，他确是一个神性的人物。更古的材料，我们大家见不到，如何可以断说他的究竟。至于春秋以下的材料，我早已说过，他确是人了。

这数年中，又有人批评我，说我所做的文字不过像从前人的翻案文章一样，翻来覆去总是这几句书。这个责备自然是该有的：我的学力既不充足，发表的文字也不曾把见到的理由完全写出，而且没有得到实物上的帮助，要拿出证据确只有书上的几句。但我所以敢于这样做，自有我的坚定的立足点——在客观上真实认识的古史，并不是仅仅要做翻案文章，这是我敢作诚信的自白的。我的惟一的宗旨，是要依据了各时代的时势来解释各时代的传说中的古史。上边写的题目，如疆域、信仰、学派、人才、时代的中心问题等，都是解决那时候的古史观念的最好的工具。举一个例吧。譬如伯夷，他的人究竟如何，是否孤竹君的儿子，我们已无从知道。但我们知道春秋时人是欢喜讲修养的，人格的陶冶以君子为标的，所以《论语》中讲到他，便说不念旧恶，不肯降志辱身。我们又知道战国时的君相是专讲养士的，士人都是汲汲皇皇地寻求主人而为之用，所以《孟子》上说他听得文王有了势力，就兴起道："盍归乎来，吾闻西伯善养老者！"我们又知道自秦皇一统之后，君臣之义无所逃于天地之间，忠君的观念大盛，所以《史记》上也就说他叩马谏武王，义不食周粟，饿死于首阳山了。汉以后，向来流动的故事因书籍的普及而凝固了，他的人格才没有因时势的迁流而改变。（上面举的《尚书》上的苗，也是这样的一例。）所以我们对于那时的古史应当和现在的故事同等看待，因为这些东西都是在口耳之间流传的。我们在这上，不但可以理出那时人的古史观念，并且可以用了那时人的古史观念去看出它的背景——那时的社会制度和思想潮流。这样的研究有两种用处，一是推翻伪史，二是帮助明了真史。至于我在上面所说的《伪史源》、《伪史例》、《伪史对鞫》三种书如果都能著成，大家自会明白认识我的主张，不致笑为翻案文章了。

总之，我在辨证伪古史上，有很清楚的自觉心，有极坚强的自信力，我的眼底有许多可走的道路，我的心中常悬着许多待解的问题；我深信这一方面如能容我发展，我自能餍人之心而不但胜人之口。至于现在这一点已发表的东西，本来不算什么。画家作画，自有见不得人的"粉本"。"良工不示人以朴"，也是一句可以玩味的古语。我现在在学力未充足时发表这种新创的主张，有许多错误浅薄的地方乃是当然的，只要读者用了粉本的眼光看而不用名画的眼光看，用了朴的眼光看而不用精品的眼光看，就可以见出这本书的实际。至于将来能否使它成为名画或精品，这是全赖于我自己的努力和社会上给与我的帮助，现在是不能预断的。

其三，是民俗学方面。以前我爱听戏，又曾搜集过歌谣，又曾从戏剧和歌谣中得到研究古史的方法，这都已在上面说过了。但我原来单想用了民俗学的材料去印证古史，并不希望即向这一方面着手研究。事有出于意料之外的，十年（1921年）冬间，我辑集郑樵的《诗》说，在《通志·乐略》中读到他论《琴操》的一段话：

> 《琴操》所言者何尝有是事！琴之始也，有声无辞，但善音之人欲写其幽怀隐思而无所凭依，故取古之人悲忧不遇之事而以命操：或有其人而无其事，或有其事而非其人，或得古人之影响从而滋蔓之。君子之所取者但取其声而已。……又如稗官之流，其理只在唇舌间，而其事亦有记载。虞舜之父，杞梁之妻，于经传所言者不过数十言耳，彼则演成万千言。

杞梁之妻即孟姜女，孟姜女有送寒衣和哭长城的故事，这是我一向听得的，但没有想到从经传的数十言中会得演成了稗官的万千言。我读了这一段，使我对于她的故事起了一回注意。过了一年多，点读姚际恒的《诗经通论》，在《郑风·有女同车》篇下见到他的一段注释：

> 《序》……谓“孟姜”为文姜。文姜淫乱杀夫，几亡鲁国，何以赞其“德音不忘”乎！……诗人之辞有相同者，如《采唐》曰“美孟姜矣”，岂亦文姜乎！是必当时齐国有长女美而贤，故诗人多以“孟姜”称之耳。

这几句话又给与我一个暗示，就在简端批道：“今又有哭长城之孟姜。”经了这一回的提醒，使我知道在未有杞梁之妻的故事时，孟姜一名早已成为美女的通名了。我惊讶其历年的久远，引动了搜辑这件故事的好奇心。事情真奇怪，我一动了这个念头，许多材料便历落地奔赴到我的眼前来。我把这些材料略略整理，很自然地排出了一个变迁的线索。十三年冬间，研究所中歌谣研究会出版的《歌谣周刊》要出歌谣和故事的研究文字的专号，嘱我撰文。我就选定了《孟姜女故事的转变》一题；费了三天工夫，写成一万二千字，一期的《周刊》撑满了，但故事还只叙述到南宋的初叶。我正因事务的忙冗未得续做下去时，许多同志投寄来的唱本、宝卷、小说、传说、戏剧、歌谣、诗文……

已接叠而至，使我目迷耳乱，感到世界的大，就是一件故事也不是我一个人的力量所能穷其涯际的，于是我把作成一篇完整文字的勇气打消了。我愿意先把一个一个的小问题作上研究，等到这许多小问题都研究完了时再整理出一篇大论文来。（以下本将二年来搜集到的孟姜女故事分时分地开一篇总账，为研究古史方法举一旁证的例，但材料太多了，竭力节缩，终有三万余言。文成，自己觉得仿佛犯了腹蛊之疾，把前后文隔断了；只因费了两星期的工夫所整理，不忍删芟。后来陈通伯先生（源）看了，力劝我删去，我听了他的劝告，便把这一部分独立为一文。）

研究孟姜女故事的结果，使我亲切知道一件故事虽是微小，但一样地随顺了文化中心而迁流，承受了各地的时势和风俗而改变，凭借了民众的情感和想象而发展。又使我亲切知道，它变成的各种不同的面目，有的是单纯地随着说者的意念的，有的是随着说者的解释故事节目的要求的。更就这件故事的意义上看去，又使我明了它的背景和替它立出主张的各种社会。

上面一段话，没有举出证据，说得太空洞了。现在我试把这件故事比拟传说中的古史。江、浙人说孟姜女生在葫芦、冬瓜或南瓜中，这不像伊尹的生于空桑中吗？广西唱本说范杞郎是火德星转世，死后归复仙班，这不像传说的“乘东维，骑箕尾，而比于列星”吗？厦门唱本说孟姜女升天后把秦始皇骂得两脚浮浮，落在东海里做春牛，这不像“尧殛鲧于羽山，其神化为黄熊以入于羽渊；实为夏郊”吗？厦门唱本说范杞郎死后化为凤凰，这也不像女娃溺死而化为精卫（帝女雀）吗？广西唱本说孟姜女寻夫经过饿虎、毒蛇、雨雪诸村，这也不像《山海经》上有食人的契窳的少咸之山，有攫人的孰湖的崦嵫之山，冬夏有雪的中首之山吗？（用《楚辞》中的《招魂》和《大招》看更像。）读者不要疑惑我专就神话方面说，以为古史中原没有神话的意味，神话乃是小说不经之言；须知现在没有神话意味的古史却是从神话的古史中筛滤出来的。我们试退让一百步，把流行于民众间的孟姜女故事的唱本、小说等抛开，只就士人的著述中看这件故事的情状：

> 杞梁之妻……就其夫之尸于城下而哭之。内諴感人，道路过者莫不为之陨涕。十日而城为之崩（汉刘向《列女传》）。
>
> 良已死，并筑城中。仲姿既知，悲咽而往，向城号哭，其城当面一时崩

倒。死人白骨交横，莫知孰是。仲姿乃刺指血以滴白骨，云："若是杞良骨者，血可流入！"……果至良骸，血径流入。(唐人《雕玉集》引《同贤记》)

姜女……归三日而范郎赴长城之役；其后赍寒衣至城所，寻问范郎，已埋版筑中矣。女乃绕城哭，城隅为隳。隳所，范郎见像；女即其处求骸，……遂负之归。……夫长白其事，主将命追之。女至宜君山同官界所，登山，渴甚，痛哭，地涌甘泉；今其地名曰哭泉。时女倦甚，不能奔，而追将及，忽山峰转移，若无径然；追者乃返。(明马理《姜女诗序》)

以上数则，神话的意味何等丰富。但试看清刘开的《广列女传》：杞植之妻孟姜。植婚三日，即被调至长城；久役而死。姜往哭之，城为之崩。遂负骨归葬而死。

这不但把民间的种种有趣味的传说删去了，就是刘向、马理一班士大夫承认的一小部分神话性的故事也删去了，剩下来的只有一个无关痛痒的轮廓，除了"崩城"——这件故事的中心——之外确是毫没有神话的意味了。更进一步，就是崩城的神话也何尝不可作为非神话的解释，有如王充所云"或时城适自崩，杞梁妻适哭下"(《论衡·感虚篇》)呢。所以若把《广列女传》叙述的看作孟姜的真事实，把唱本、小说、戏本……中所说的看作怪诞不经之谈，固然是去伪存真的一团好意，但在实际上却本末倒置了。我们若能了解这一个意思，就可历历看出传说中的古史的真相，而不至再为学者们编定的古史所迷误。

我很想俟孟姜女故事考明之后，再着手考舜的故事。这一件故事是战国时的最大的故事（战国以前以禹的故事为最大，可惜材料很少，无从详考），许多古史上的故事都以它为中心而联结起来了。后世儒者把其中的神话部分删去，把人事部分保存，就成了极盛的唐、虞之治。这件故事又是古代最有趣味的故事。宋芸子先生（育仁）在《虞初小说序例》上说：

帝舜之贤，则行为大孝，德为圣人；帝舜之才，则自耕稼陶渔，所在成都成邑。其初遭遇之阨，则不得于亲，至于捐阶掩井；其后遭遇之隆，则先得于君，至于登庸在位。妃匹之爱，则二妃皆帝女；风云之会，则五臣皆圣贤。成治水之大功；狩苍梧而仙去。实古今中外环球五洲空前绝后所绝无仅有，说部家所穷思极想而万难虚构者，乃于命之实事得之！

他虽不知道帝舜的故事所以能成为“古今中外环球五洲空前绝后所绝无仅有”的故事原由于“说部家所穷思极想”的“虚构”，但他对于它发生惊怖之情确是不错。这件故事如果能研究明白，一方面必可对于故事的性质更得许多了解，一方面也可以对于伪古史作一个大体的整理。本书第二册中的《虞初小说回目考释》一篇，就是想把它作一回鸟瞰的。

民俗学方面，除了故事以外，这二年中着手的工作又有三事：神道、社会和歌谣。我在《研究古史的计划》中，把民俗学的研究放在最后，希望先辨明了外表，然后再去探求内部的意义。现在我的环境是适于研究民俗学的，我只得先从此入手了。

研究神道的兴趣，是给东岳庙引起的。我游了苏州和北京两处的东岳庙，见到许多不同的神名，知道各地方的神道虽同属于道教之下，但并没有统一。从这种不统一的神道上，可以窥见各地方的民众的信仰。更看道教里受进的佛教的影响，以至佛教自身所受的影响，也可以明白宗教的激荡的势力。例如东岳，本来是齐国的上帝（《汉书·郊祀志》云:“八神，或云太公以来作之齐”，又云:“天主祀天齐”），只因齐国的文化发达，声望甚高，没有被别国的上帝压倒；汉以后，他的势力依旧存在，掌管生杀之权。自佛教侵入，它自有一个东岳——阎罗王。因为中国人并不抵抗佛教，所以东岳大帝与阎罗王可以并存，死人受着二重的管束。寖假而道教的东岳庙中也雕塑十殿阎罗，把他们压做了岳帝的属吏。但阎罗王也不是印度所固有，乃是受的埃及的影响。阎罗王大约即是尼罗河（Nile）之神乌悉立斯（Osiris）。看“阎罗”与“尼罗”的声音相合，甚为可信。埃及人承认一个人死了之后，须受尼罗河神的裁判，随着生前行事的善恶判定赏罚，坏人就罚变为畜类，愈坏的便变得愈低下，等到罚尽之后再变做人。这些原则到了中国阎罗王法典《王历钞传》里还没有变。我们如果能搜集许多材料作研究，一定可以得着许多想不到的创见。（一部《道藏》，用实用的眼光看固然十之八九都是荒谬话，但若拿它作研究时，便是一个无尽的宝藏；我们如果要知道我们民族的信仰与思想，这种书比了儒学正统的《十三经》重要得多。）

我对于这方面研究的步骤，拟先从《楚辞》、《国语》（包《左传》）、《山海经》、《汉书·郊祀志》等书入手，认识道教未起时的各地的神道。更把佛教的神和道教的神作比较，将受了佛教影响而成立的道教的神道认识了。再把各地的神道互相比较，认识在不统一的道教之下的各种地方性的神道。这种事情，不说出时似乎没有问题，但一加思考之后它们变迁的情形便很显著。例如碧霞元君为北方的女神，她的势力由于泰山的分化。天妃为南方的女神，她的势力由于海神的结合：这是含有地方性的。道教中本来只应崇奉玉帝（即《诗》、《书》中的上帝）为最高无上的主宰，但因佛教中有三世佛，所以又摹拟了它而建立三清天尊，他们的地位与玉帝不相上下：这是承受佛教的影响的。古代的神有生有死，有嗜欲，有攻伐（看《山海经》等书可知），和希腊的神话差不多。那时的女神几乎全为爱情颠倒，所以《楚辞·九歌》对于湘夫人等所致之辞多是相思惆怅之言，《高唐》、《神女》两赋又说巫山神女荐枕席，《洛神赋》写宓妃又极绸缪缱绻之致。固然这些都是文人的托言，但至少在当时民众的意想之中是许得如此的。（试问现在谁会对于碧霞元君作荐枕之想？）自从佛教流入，看神道成了超绝的人格，一切的嗜欲都染不到，生死更说不上，爱情变成了猥亵，于是女神和男神就同具了严正的性格，风流艳冶之事全付与狐精花怪们了！（看《聊斋志异》等书可知。）这是道教未成立时的神道和后世的神道的不同的样子。我深信这一方面的研究如可有些结果，必能使古史的考证得到许多的便利。只是这一方面研究必须亲到各处搜集材料，不能单靠书籍：像我这样的拮据，调查考察的事业又从何说起？二年来，我到过的庙宇只有东岳庙、白云观、财神庙、碧霞元君庙等处。

社会的研究，是论禹为社神引起的。社会（祀社神之集会）的旧仪，现在差不多已经停止；但实际上，乡村祭神的结会，迎神送祟的赛会，朝顶进香的香会，都是社会的变相。我见到了这一层，所以很想领略现在的社会的风味，希望在里边得到一些古代的社祀的暗示。北京城西北八十里的妙峰山是一个北方的有名的香主，每年阴历四月初一至十五为进香之期。去年会期中，我就和研究所风俗调查会同人前往调查了三天，对于香会的情形知道了一个大概。他们都是就一种职业或一处居住的地方联络结会，除了祀神之外更布施一切用具食物，如茶、盐、面、粥、馒头、路灯、拜垫、掸帚、茶瓢、膏药等；或尽了自己的技能去娱乐神灵，帮助香客，如五虎棍、自行车、杠子、秧歌、音乐、舞狮、戏剧、修路、补碗、缝绽等。到了那里，一切有人招呼，仿佛进了另一个世界，崎岖的山岭便化成了理想的乐国了。这些香会的经费，在乡下的是按亩抽捐，同皇粮一般的缴纳；在城里的是就本业捐输，或向人募化。这些会名，我只就刊有会启（进香时的招贴）的抄，已抄到了九十余个，其余没有会启的恐还不止四五百呢。他们的香会的组织是极有秩序的：先设立了会所，议定了会规，排好了守晚、起程、上山、朝顶、回香的日期，又分配了引善、催粮、请驾、钱粮、司库、哨子、车把、厨房、茶房等都管，所以人数虽多而不致劳棼乱。进香的人诚心极了，有的是一步一拜的，有的是提着臂炉的，听说还有跳涧的（他们以为只要诚心便可由神灵护送回家，成其心愿，其实只有活活地跌死）。到了这种地方，迷眼的是香烟，震耳的是鼓乐，身受的是款待，只觉得神秘、壮健、亲善的可爱，却忘记了他们所崇奉的乃是一种浅薄的宗教。这使我对于春秋时的“祈望”，战国后的“封禅”得到一种了解。我很愿意把各地方的社会的仪式和目的弄明白了，把春秋以来的社祀的历史也弄清楚了，使得二者可以衔接起来。

社是土地之神。从天子到庶民立有各等的社。但看春秋、战国间人的称述，社神的权力甚大；大水大旱不用说，日食亦用牲于社，决狱和处罚亦在社，祈求年谷和年寿也都在社，军旅中又有军社，似乎社是宗庙以外的一个总庙。后来总务与土地分开了：总务方面有道观和佛寺，它们也可以做祈雨祈年的法事；土地方面有社坛、城隍庙和土地堂。社坛所祭没有指实的神人。城隍神有省、府、县之别，有指实姓名的，也有不指实的。土地神或一村落一个，或一城市多少个，指实与否也与城隍神同。这些神人就很可以研究一下；例如我在清代是江苏省苏州府元和县人，江苏省城隍和苏州府城隍我都不知道是谁，听说是三年一任、由龙虎山天师府札委的。元和县城隍我知道是张老爷，不知其名，听说是永远不换的；看他的封号是“敕封显应王北极驱邪司”，又号“武安君”。我家在苏州的东城，依道士所定的地名唤作道义乡；这一乡的土地是任大明王，说是梁朝的任昉，也是永远不换的。任昉既非苏州人，又未做过苏州的官（他做过义兴太守，义兴即今江苏宜兴），不知道为什么会得做苏州东城的土地神。苏州城中约有三十余个土地神，道士们也记不清楚，因为东城的道士观只做东城的生意，西城的又专做西城，并无完全知道的必要。据我所知，尚有凤凰乡的春申君、大云乡的安齐王、永定乡的茅亭司等。这些神是如何成立的，是否由于天师的委派，还是由于民众的拥戴，实在很有研究的价值。倘使由于天师的委派，这不过是道士们的弄鬼，只要寻到了他们的簿册便可完事。若出于民众们的拥戴，那么，这里边自有复杂的因缘，不是可以急遽了解的了。依我的推想，似乎后说合理，因为听说山东、湖北等省的土地神统统是韩愈，与江苏的办法不同，如果由天师委派，这制度料想不致如此参差。或者江苏的文化发达，民众要求奉祀的神复杂了，所以一城中就有许多名人做土地神。我很愿意把城隍神和土地神的人物历史弄明白，上接春秋以来有功而祀的人物，并看出民众的信仰的旨趣。

歌谣方面，因《歌谣周刊》的撰稿的要求，研究《诗经》的比较的需要，以及搜集孟姜女故事的联带关系，曾发表了多少篇文字。七八年前笔受的苏州歌谣，也先写定了一百首，加上了注释，编成《吴歌甲集》一种。只因校中经费支绌，至今尚未出版。我很感谢玄同先生和魏建功先生，他们为了这一本歌谣集，用精密的方法整理出苏州方音的声韵的部类，在方音的研究上开了一个新纪元。

老实说，我对于歌谣的本身并没有多大的兴趣，我的研究歌谣是有所为而为的：我将借此窥见民歌和儿歌的真相，知道历史上所谓童谣的性质究竟是怎样的，《诗经》上所载的诗篇是否有一部分确为民间流行的徒歌。关于下一问题，我已于《论诗经所录全为乐歌》一文中作一个约略的解答，就歌词的复沓，方面的铺张，乐曲的采集，民歌的保存上说明《诗经》所录悉为乐曲；又从典礼所用与非典礼所用的歌曲上证明程大昌和顾炎武依据了《仪礼》所载的乐章而定诸国诗为徒歌的谬误。关于上一问题，我们可以知道历史上所谓应验的童谣一半是有意的造作，一半是无意的误会。所谓有意的造作，如宋明帝疑忌王景文和张永，自造谣言道："一士不可亲，弓长射杀人"（《宋书·王景文传》）。唐董昌称帝越州时，山阴老人献谣道："欲识圣人姓，千里草青青；欲知天子名，日从日上生"（《新唐书·董昌传》）。从这种种伪造的童谣上可以反映出许多不曾破露的号称应验的童谣。《左传》所记，如"丙之晨，龙尾伏辰，均服振振，取虢之旗；鹑之贲贲，天策焞焞，火中成军，虢公其奔。"等童谣，无论史官所记不可靠，就使所记确有其事，这童谣的来历也还可疑。所谓无意的误会，如王莽末天水童谣云："出吴门，望缇群，见一蹇人，言欲上天；令天可上，地上安得民！"（《续汉书·五行志》）吴天纪中童谣云："阿童复阿童，衔刀游渡江，不畏岸上兽，但畏水中龙"（《晋书·五行志》）。晋太宁初童谣云："恻恻力力，放马山侧；大马死，小马饿；高山崩，石自破"（《晋书·五行志》）。这些歌词都是很单纯的民歌或是无意义的儿歌。但给深信童谣为有关休咎的人听得了，便解释“蹇人”是隗嚣，“欲上天”是欲为天子；“大马小马”是司马氏，“高山”是苏峻，“石”是苏硕，苏峻逼成帝，死后其弟硕被杀；甚至因王濬小字阿童，晋武帝特加为龙骧将军，以符“水中龙”的谶语。这都是庸人的自欺。若要附会，哪里不可附会；正如求签测字，无论何人得到一签或一字，详签测字的人总可以从他的身分遭际上解释得相像。我很想就用了这个方法，将现在流行的儿歌和民歌解释各时各种的不同的事实，打破这种历史上的迷信。

因为我在歌谣方面发表的文字较多，所以知道我研究歌谣的人也最多，常有人称我为歌谣专家。这种不期之誉我很不愿承受。我的搜集歌谣的动机是由于养病的消遣，其后作了些研究是为了读《诗经》的比较；至于我搜集苏州歌谣而编刊出来，乃是正要供给歌谣专家以研究的材料，并不是公布我的研究歌谣的结果。数年以来，北京大学的歌谣研究会收到了各地的歌谣、谚语、谜语等二万余首，真是一个民众文艺的宝库；可是我诸事乱忙，也没有翻览过多少。我自己知道，我的研究文学的兴味远不及我的研究历史的兴味来得浓厚；我也不能在文学上有所主张，使得歌谣在文学的领土里占得它应有的地位：我只想把歌谣作我的历史的研究的辅助。这个态度，希望大家能够了解，不要敦促我做非分的工作。

我这几年中的工作范围和将来的进行计划，大致如此。

从以上所写的看来，我的时势、个性、境遇，都可以得到一个结论了。

先从时势说。清代的学风和以前各时代不同的地方，就是：以前必要把学问归结于政治的应用，而清代学者则敢于脱离应用的束缚；以前总好规定崇奉的一尊，而清代学者为要回复古代的各种家派，无意中把一尊的束缚也解除了。清末的古文家依然照了旧日的途径而进行；今文家便因时势的激荡而独标新意，提出了孔子托古改制的问题做自己的托古改制的护符。这两派冲突时，各各尽力揭破对方的弱点，使得观战的人消歇了信从家派的迷梦。同时，西洋的科学传了进来，中国学者受到它的影响，对于治学的方法有了根本的觉悟，要把中国古今的学术整理清楚，认识它们的历史的价值。整理国故的呼声倡始于太炎先生，而上轨道的进行则发轫于适之先生的具体的计划。我生当其顷，亲炙他们的言论，又从学校的科学教育中略略认识科学的面目，又因性喜博览而对于古今学术有些知晓，所以能够自觉地承受。古史古书之伪，自唐以后书籍流通，学者闻见广博，早已致疑；如唐之刘知幾、柳宗元，宋之司马光、欧阳修、郑樵、朱熹、叶适，明之宋濂、梅鷟、胡应麟，清之顾炎武、胡渭、毛奇龄、姚际恒、阎若璩、万斯大、万斯同、袁枚、崔述等人都是。不过那些时代的学术社会处于积威的迷信之下，不能容受怀疑的批评，以致许多精心的创见不甚能提起社会的注意，就是注意了也只有反射着厌恶之情。到了现在，理性不受宗教的约束，批评之风大盛，昔时信守的藩篱都很不费力地撤除了，许多学问思想上的偶像都不攻而自倒了。加以古物出土愈多，时常透露一点古代文化的真相，反映出书籍中所写的幻相，更使人对于古书增高不信任的意念。长素先生受了西洋历史家考定的上古史的影响，知道中国古史的不可信，就揭出了战国诸子和新代经师的作伪的原因，使人读了不但不信任古史，而且要看出伪史的背景，就从伪史上去研究，实在比较以前的辨伪者深进了一层。适之先生带了西洋的史学方法回来，把传说中的古代制度和小说中的故事举了几个演变的例，使人读了不但要去辨伪，要去研究伪史的背景，而且要去寻出它的渐渐演变的线索，就从演变的线索上去研究，这比了长素先生的方法又深进了一层了。我生当其顷，历历受到这三层教训，加上无意中得到的故事的暗示，再来看古史时便触处见出它的经历的痕迹。我固然说不上有什么学问，但我敢说我有了新方法了。在这新方法支配之下的材料，陡然呈露了一种新样子，使得我又欣快，又惊诧，终至放大了胆子而叫喊出来，成就了两年前的古史讨论。这个讨论何尝是我的力量呢，原是在现在的时势中所应有的产物！

再从个性上看。我是一个桀骜不驯的人，不肯随便听信他人的话，受他人的管束。我又是一个历史兴味极浓重的人，欢喜把一件事情考证得明明白白，看出它的来踪和去迹。我又是一个好奇心极发达的人，会得随处生出了问题而要求解答，在不曾得到解答的时候只觉得胸中烦闷的不可耐。因为有了这几项基本的性质，所以我敢于怀疑古书古史而把它作深入的研究，敢于推倒数千年的偶像而不稍吝惜，敢于在向来不发生问题的地方发生出问题而不丧气于他人的攻击。倘使我早生了若干年，处于不许批评又没有研究方法的学术社会中，或者竟要成了一个公认的妄人，如以前人对于刘知几、郑樵们的看法。但现在是不必过虑的了！

更从境遇上看。要是我不生在科举未废的时候，我的幼年就不会读经书。要是我的祖父不给我随处讲故事，也许我的历史兴味不会这样的深厚。要是我不进新式学校，我也未必会承受这一点浅近的科学观念。要是我在幼年没有书籍的嗜好，苏州又没有许多书铺供我闲游，我也不会对于古今的学术知道一点大概，储藏着许多考证的材料。要是我到北京后不看两年戏，我也不会对于民间的传说得到一个大体的领略。要是我不爱好文学、哲学和政治运动，在这种方面碰到多少次的失败，我也不会认识自己的才性，把我的精力集中于考证的学问上。要是不遇见子水和太炎先生，我就是好学，也不会发生自觉的治学的意志。要是不遇见孟真和适之先生，不逢到《新青年》的思想革命的鼓吹，我的胸中积着的许多打破传统学说的见解也不敢大胆宣布。要是北京大学中不征集歌谣，我也不会因写录歌谣而联带得到许多的风俗材料而加以注意。要是我没有亲见太炎先生对于今文家的痛恨，激动我寻求今文学著述的好奇心，我也不会搜读《孔子改制考》，引起我对于古史的不信任的观念。要是我不亲从适之先生受学，了解他的研究的方法，我也不会认识自己最近情的学问乃是史学。要是适之、玄同两先生不提起我的编集辨伪材料的兴趣，奖励我的大胆的假设，我对于研究古史的进行也不会这般的快速。要是我发表了第一篇文字之后没有刘楚贤先生等把我痛驳，我也不会定了周密的计划而预备作毕生的研究。要是我不到北京大学研究所国学门服务，没有《歌谣周刊》等刊物替我作征求的机关，我要接近民众的材料也不会这样的容易。总括一句：若是我不到北京大学来，或是孑民先生等不为学术界开风气，我的脑髓中虽已播下了辩论古史的种子，但这册书是决不会有的。

我能承受我的时势，我敢随顺我的个性，我肯不错过我的境遇：由这三者的凑合，所以我会得建立这一种主张。

我自己知道，我是一个初进学问界的人。初进学问界的人固然免不了浅陋，但也自有他的骄傲。第一，他能在别人不注意的地方注意，在别人不审量的地方审量。好像一个旅行的人，刚到一处地方，满目是新境界，就容易随处激起兴味，生出问题来。至于那地的土著，他们对于一切的东西都接触惯了，仿佛见闻所及尽是天造地设的一般，什么也引不起他的思索力了。第二，他敢于用直觉作判断而不受传统学说的命令。他因为对于所见的东西感到兴味，所以要随处讨一个了断；不像学术湛深的人，他知道了种种难处，不敢为了立一异议，害得自己成了众矢之的。初生之犊为什么不畏虎？正因它初生，还没有养成畏虎的观念之故。这固然是不量力，但这一点童稚的勇气终究是可爱的。

我真快乐：我成了一个旅行的人，一头初生之犊，有我的新鲜的见解和天真的胆量。我希望自己时时磨炼，使得这一点锐猛的精神可以永永保留下去。如果将来我有了丰富的学问之后，还有许多新问题在我的胸中鼓荡，还有独立的勇气做我的判断力的后盾，那么我才是一个真有成功的人了！

我的心目中没有一个偶像，由得我用了活泼的理性作公平的裁断，这是使我极高兴的。我固然有许多佩服的人，但我所以佩服他们，原为他们有许多长处，我的理性指导我去效法；并不是愿把我的灵魂送给他们，随他们去摆布。对今人如此，对古人亦然。惟其没有偶像，所以也不会用了势利的眼光去看不占势力的人物。我在学问上不肯加入任何一家派，不肯用了习惯上的毁誉去压抑许多说良心话的分子，就是为此。固然有人说，一个人的思想总是偏的，不偏于甲派便偏于乙派，但我觉得要保持客观的态度，用平等的眼光去观察种种不同的派别，也不是不可能的事。即使不能完全不偏，总可以勉力使它少偏一点。也有人说，为学不能不投入家派，正如不能不施用假设，有了假设才有入手的路，所以家派是终该选定的，尽不妨俟将来深入之后而弃去。这种话在以前是可以说的，因为那时各种学问都不发达，学问的基础既不建筑于事实上，研究学问又苦于没有好方法，除了投入家派之外得不到一点引路的微光，为寻求一个下手处计，也有选择家派的需要。例如你要非薄《诗》毛氏学，便当从齐、鲁、韩三家或其中的一家研钻下去；等到自己的学问足以自树了，再脱离家派而独立。但到了现在，学问潮流已经很明白地昭示我们，应该跳出这个圈子了；我们自有古文字学，古文法学，古器物学，古历史学等等直接去整理《诗经》,《毛传》固要不得，就是《三家诗》也是《毛传》的“一丘之貉”，又何尝要得！至于我们为要了解各家派在历史上的地位，不免要对于家派有所寻绎，但这是研究，不是服从。我很怕别人看了我表章郑樵、崔述诸人的文字，就说我做了他们的信徒而来反对毛公、郑玄，所以现在在此附带声明一句：我对于郑樵、崔述诸人决无私爱；倘若他们的荒谬有类于毛公、郑玄，我的攻击他们也要和对于毛公、郑玄一样。希望读者诸君看了我的文字也作这等的批判，千万不要说“承你考辨得很精细，我有所遵循了”这一类话！

《老子》说“自知者明”，希腊的哲学家多劝人知道自己：在这一方面，我“当仁不让”，自认为无愧的。我既不把别人看作神秘，也同样的不把自己看作神秘。我知道我是一个有二重人格的人：在一切世务上，只显得我的平庸、疲乏、急躁、慌张、优柔寡断，可以说是完全无用的；但到了研究学问的时候，我的人格便非常强固，有兴趣，有宗旨，有鉴别力，有自信力，有镇定力，有虚心和忍耐：所以我为发展我的特长计，愿意把我的全生命倾注于学问生活之内，不再旁及它种事务。我知道固有的是非之心的可贵，所以不受习惯的束缚，不怕社会的威吓，只凭了搜集到的证据而说话。我知道自己的凭借，故不愿没却他人的功绩；也知道自己的缺点，故不愿徇着一时的意气。我知道学问是一点一滴地积起来的，一步不走便一步不到，决没有顿悟的奇迹，所以肯用我的全力在细磨的工夫上，毫不存侥幸取巧之心。我知道学问是只应问然否而不应问善恶的，所以我要竭力破除功利的成见，用平等的眼光去观察一切的好东西和坏东西。我知道我所发表的主张大部分是没有证实的臆测，所以只要以后发见的证据足以变更我的臆测时，我便肯把先前的主张加以修改或推翻，决不勉强回护。因为我有了以上种种的自觉，所以我以为我现在固然学力浅薄，不足以解决多少问题，但我的研究的方法和态度是不错的，我的假设虽大胆而绝不是轻举妄动，只要能从此深入，自可驯致于解决之途。

说了上面一段话，或者读者诸君要疑我是一个傲睨万状的人，自满到极度的。其实我的心中只压着沉重的痛苦和悲哀。我的个性固然适于研究学问，我的环境固然已经指给我一个研究的新方向，但个性和环境原只是学问的凭借而不即是学问的实质。譬如造屋，个性是基础，环境是梁柱，实质是砖石。虽则有了基础和梁柱可说具备了屋子的规模，但尤要紧的是砌成墙壁的砖石。倘使四壁洞然，这空架子要它干么，翻不如穴居巢处的可以得到简陋的实用了！我对于实质的要求渴热已极，可是数年以来只有得到失望。每一回失望之后，心中便留着刀刺一般的痛苦；日子愈久创伤也愈深。我自己知道，我没有辜负我的个性，只是我的环境太不帮助我了。它只替我开了一个头，给了我一点鲜味，从此便任我流浪了，饥饿了！

我的学问生活，近年和以前不同的地方，是：以前常有把范围放得极大的要求，现在则毕意把它收缩，希望集中我的全副精神到几个问题上面去。但痛苦即由这方面起来了！其一，许多学问没有平均发展时，一种学问也要因为得不到帮助而不能研究好。在现今这般民不聊生的中国，谁能安心从事研究；就是能安心研究也苦于研究的设备的不完全，终于废然而返。我就是万分的努力，想在一种学问上创造出一个基础来，但可以由他种学问帮助的地方也须仍归自己动手。正如到蛮荒垦殖的人，他的“筚路蓝缕以启山林”的劳力不必说，就是通常的农人可以随便使用的一切东西他也都得不到。要喝水只得自己掘井；要穿衣只得自己织布；要睡觉只得自己盖屋。比了住在都市中的人，要什么有什么的，固然差得天高地远，就是比了掘井盖屋的土木匠，织布制衣的织工缝工，他们因机械的进步而能得到各种便利的，也是可望而不可即。所以我的研究，我自己料到是要事倍功半的。我只得废弃可以不必废弃的时间到他种研究上，这也做一点，那也做一点，终至造成一个又乱又浅的局面，远难和理想中的期望相符合。其二，从前人对于学问，眼光太短，道路太窄，只以为信守高文典册便是惟一的学问方法。现在知道学问的基础是要建筑于事实上的了，治学的方法是不要信守而要研究的了，骤然把眼光放开，只觉得新材料的繁多乱目，向来不成为问题的一时都起了问题了。好像久囚于高墙狭弄中的犯人，到处撞头碰鼻，心境本是很静谧的，忽然一旦墙垣倒塌，枷锁也解除，站起一望，只见万户千门的游览不尽，奇花异兽的赏玩无穷，翻要不知道自己的生活该怎样办才好，新境界的喜悦与手足无措的烦闷一时俱来到了。我是一个极富于好奇心的人，一方面固是要振作意志，勉力把范围缩小，作深入的研究，一方面又禁不住新材料的眩惑，总想去瞧它一瞧。等到一瞧之后，问题就来了；正在试作这个问题的研究时，别种问题又接二连三的引起来了。不去瞧则实为难熬，一去瞧又苦无办法。这真是使我最感痛苦的一件事。要是研究学问的人多了，我感得到的问题别人也感得到，大家分工去做，我的本分以外的问题就可由他人去解决，我只要把他人研究的结果用来安慰我自己的好奇心就够了。但在现在这样的生活之下，又哪里可以盼望这种境界的实现呢！

上条所述的不能分工治学的烦闷，原是现在中国许多有志学问的人所公同受到的……

许地山与《道教史·道家思想与道教》

经典导读

许地山（1893—1941 年），名赞堃，地山本是他的号，从事文学活动中，笔名落华生，祖籍广东揭阳，生于台湾，回大陆后落籍福建龙溪。1920 年起在燕京大学学习，1923 年入读美国哥伦比亚大学研究宗教史及比较宗教学，1924 年进入英国牛津大学研究宗教史、梵文、民俗学以及印度哲学等。1926 年在印度研究哲学、佛教。1927 年回国，先后在中山大学、燕京大学、香港大学从事宗教学的教学和研究，重点研究道教史。1941 年 8 月 4 日因心脏病发作不幸英年早逝。他的主要著作包括：《佛藏子目引得》以及《道教史》等。本书所选《道家思想与道教》一文系《道教史》一书的附录。

随着 20 世纪初的学术革命的展开，运用新的学术观念和学术方法对道家思想、道教史进行系统研究，也逐渐展开。刘师培早在 1911 年即在《国粹学报》第 7 卷 1—5 期发表了《读道藏记》。1924 年四川学者刘咸炘撰成《道教征略》，涉及道教的学术渊源、教派以及道经的情况。1927 年许地山的《道家思想与道教》刊登于《燕京学报》12 月第 2 期上。1933 年著名历史学家陈寅恪撰成《天师道与滨海地域之关系》，这是研究道教与地域文化关系的开山之作。1934 年，中国人自己写的第一部系统梳理道教产生及其演变历史的著作——许地山的《道教史》，由上海商务印书馆出版发行。之后，1937 年傅勤家出版了《中国道教史》一书。

许地山《道教史》一书由弁言、绪说、道教前史组成，很显然它不是一部完整的著作，实际上只是半部，后半部分没有完成。“弁言”叙述了作者的主要目的是对前人以及时人的研究成果加以继承和总结，计划分上下两编，上编论述道家及其道教的种种法术，下编论述道教发展中的教相与教理，我们现在所见的仅是上编。“绪说”从“道”这个概念出发，从三种分类方法总结了道家和道教的区分历史，即上品道、中品道以及下品道；方内道与方外道；清静说、炼养说、服食说及经典科教说。“道教前史”从七个方面展开对道教理论和历史渊源的研究，即道的意义、道教思想的建立者老子、老子之后的道家、道家的最初派别、秦汉的道家、神学信仰与追求、巫觋道与杂术。

许地山的道教史研究具有以下特点：

首先，从道的意义出发，对于道家与道教的关系做出了论证。即道家之道属于思想方面的道，而道教之道属于宗教方面的道，这样区分了以老庄为代表的道家思想流派和以老子为始的道教宗教流派。早在1927年的《道家思想与道教》一文中，许地山对此即已详细论述，后来的《道教史》继承了这一观念。《道家思想与道教》一文作为附录收入了由上海古籍出版社出版的《道教史》一书中。因此，本书选录了此文。

《道家思想与道教》一文详细阐述了道家、道教的理论渊源和演变过程。许地山指出：巫史文化是诸子百家的源头。史称少昊之衰，九黎乱德，天下相惑以怪，家为巫史，民渎于祀，帝颛顼乃命重为南正，司天以属神；命黎为北正，司地以属民。巫史就有了专门的职责。南正所从事的是关于天志方面的，是道教思想的源头，而北正是关于天人感应的，是儒家思想的源头。哲学思想就是巫祝们玄想的结果。巫和史的共同典籍是《周易》。具体而言，就是由巫、史，以《易》为中介，演变出方技、术数，以及诸子中的道家、儒家和墨家，然后又汇合为阴阳、五行学说，最后演变成汉代的黄老道，由黄老道演变为五斗米道，然后演变为道教。《道家思想与道教》比较粗略地研究了道家道教思想的演变，尤其是道教的来源。《道家思想与道教》非常清楚地阐明了道家思想与道教的联系，指出“道教底渊源非常复杂，可以说是混合汉族各种原始的思想所形成底宗教。但从玄想这方面看来，道教除了后来参合了些佛教思想与仪式以外，几乎全是出于道家底理论”。老庄的思想本来只属于道家的思想，与道教没有什么直接关系，道教思想渊源于术数和巫觋的宗教，只是后来道教利用了道家的哲学思想。

其次，非常注重历史资料的收集。许地山从史料出发，实事求是地研究道家及其道教思想，广泛引用了《道藏》、《国语》、《史记》以及道教神仙方术一类的著作，基本都是论从史出。缺陷就是在许地山生活的时代，地下文物资料没有得到很好的利用。比如《老子》一书的成书年代问题，在学术界一直是争论不休的问题。除了司马迁《史记》中春秋时期的李耳出关前著五千言的说法之外，还有战国前期说、中期说、末年说，甚至有秦汉之际的说法，大部分人维持春秋末年说。但是许地山引用日本学者津田左右吉的观点，认为《老子》成于《孟子》以后、《荀子》以前，作者大约是公元前300年左右的人物。许地山还认为《老子》中有不少内容是汉代加入的。但是许地山等人的观点随着马王堆汉墓帛书《老子》和郭店楚简《老子》的出土已经被否定了。当然这不能苛求许地山等人，因为这些资料在当时都没有出土。

第三，重视道教的宗教特性。许地山注意到了道家跟道教思想的联系和区别，道教不止吸收了道家的思想理论，即关于道的学说，也吸收了术数与巫觋等传统宗教，并把道神圣化，还借鉴佛教的教义和仪式，完善了自己的宗教理论和教义仪式，形成了有理论、有组织、有系统、有仪式的典型宗教。至于道教思想对中国文化的影响，许地山指出，“道家思想可以看为中国民族伟大的产物。这思想自与佛教思想打交涉以后，结果做成方术及宗教方面底道教。唐代之佛教思想，及宋代之佛儒思想，皆为中国民族思想之伟大时期，而其间道教之势力却压倒二教。这可见道家思想是国民思想底中心，大有‘仁者见之谓之仁，知者见之谓之知，百姓日用而不知’底气概。”[①] 他显然注意到了道家、道教在中国文化中的重要地位以及重要影响，他对道教的考察也是以整个中国文化作为参照的，视野比较全面，但是道教对中国文化影响的具体方面，该书并没有专章论述。

自许地山的《道教史》一书问世之后，“道教史”也逐渐发展成一个比较独立和成熟的中国思想史研究领域，而他在“道教史”这个领域提出的研究论题，比如道教的思想内容、道家的起源、道家与道教的关系、道教的理论来源、道教的演变历史等，被后来的研究者深入展开。当然也有学者指出，由于受“疑古思潮”的影响，许地山将整个道教笼统地说成是“迷信”思想，是本书的局限性所在[②]。

---

① 许地山:《道教史》，上海古籍出版社1999年版，第2页。

② 詹石窗:《许地山〈道教史〉通说》，载《古典文学知识》，2010年第3期。

—— 延伸阅读文献目录：

许地山著：《道教史》，上海古籍出版社，1999 年。

—— 原文：《道教史 · 道家思想与道教》

经典原文

道家思想与道教

许地山

■ 绪　　论

儒道两家底思想可以说是整个中国思想底两方面。儒家注重实际底生活，而道家则重玄想，这是人人都知道底。从我国人日常生活底习惯和宗教底信仰看来，道底成分比儒底多。我们简直可以说支配中国一般人底理想与生活底乃是道教底思想；儒不过是占伦理底一小部分而已。

道家思想是与汉族文化同时产生底。史称少昊之衰，九黎乱德，天下相惑以怪，家为巫史，民渎于祀，帝颛顼乃命重为南正，司天以属神；命黎为北正，司地以属民；因此，巫史底职守就有了专责。南正所司底事体是关于天志底，是巫祝或道家思想所从出。北正所司底是关于天人感应底事实，为巫史或儒家思想底根据。我们要明白道教，不得不先知道巫祝。哲学思想底起源可以说都是巫祝们玄想或妄解底结果。因为他们底责任就是要将玄渺无端底天则来解释或规定这陵乱发展底人事。这原始底哲学在各种文化底初期，都可以找出来。《国语·楚语》载巫底才能说"古者民神不杂。民之精爽不携贰者，而又能齐肃衷正；其知，能上下比义；其圣，能光远宣朗；其明，能光照之；其聪，能听彻之。如是，则明神降之，在男曰巫，在女曰觋"。巫祝底聪明圣知都超过常人，所以除去降神以外，还有解梦、预言、医病、卜筮等等能干。史底职分本与巫差不多，不过他所注重底多在记录过去底经验与事迹而已。

巫与史有一本共同底典籍，但各有各底用法。那本便是《易》。从巫底眼里看，它只是一本占卜底书；从史底眼里看，它是一本记载民族经验底迹象和字书。其实，《易》乃是华族拥有最古底字典，"开物成务"之书。古巫每以文字可以启示天志，凡有待决底事，皆向字书索取，日久成例，而占卜之辞与《易》经文就难以分辨了。

《易》是中国宗教与思想底源头，故研究道家与道教不可不先学《易》。《易》底八卦相传出于《河图》、《洛书》，这两种文字大概是居于河洛两岸底初民所遗留底。英人黎弗卡慝（J. H. Rivett Carnac）以为《河图》、《洛书》是在河洛岸上底穴居人凿在石上底“杯纹表帜”（Cup-Mark）。他说这种表帜在石器时代最为普遍，欧、亚、非、美各洲都有，欧洲以在意大利及西班牙所发见者为最多。在原始的文化中，刻在石上底“○”形与“●”形，乃是表示初人对于生生能力底信仰，故在瑞士古洞里找出有这种表识底石名为“婴石”（Babies Stone）。《河图》、《洛书》也包含两性的道理，后来因为记载底方法与材料进步了，乃由○●而变为——－－，可是阴阳、父母、男女等等观念，仍继续地留传下来。（详见 *Cup-Mark as an Archaic Form of Inscription*, J. R. A. S. 1903, pp. 517—543）

一、原始的道家思想

道教底渊源非常复杂，可以说是混合汉族各种原始的思想所成底宗教。但从玄想这方面看来，道教除了后来参合了些佛教思想与仪式以外，几乎全是出于道家底理论。道家思想底渊源也与儒家一样同出于《易》。从传说方面，我们知道在现存的《周易》以外，还有《连山》与《归藏》两种。三《易》不同之点，在乎对于卦底安排次序。学者又以为《归藏》是殷朝底《易》，为道家思想之所从出；《周易》是周人用底，儒家思想本于它而来。《周易》底《系辞传》虽然说是孔子作底，但其中引申《归藏》底意思比较《周易》似乎多一点。《系辞传》当成于先秦时代，与《吕氏春秋》、《道德经》、《礼运》等先后出现于世。如将这几本书用比较的方法去研究一下，定然很有兴味。

由巫进为术数，由术数进为阴阳，后来又进而为五行，由五行而进为黄老道家，推其原始也出于《河图》、《洛书》，故亦可视为解《易》底一派。《河图》、《洛书》是阴阳与术数学底雏形，《易》就是从这两样脱形出来底。故《易》为阴阳象数之学，全书所有解释都不外乎此。郑康成以为“《易》一名而含三义：易简，一也；变易，二也；不易，三也”。这三面的意义为道家思想或道教玄学之所从出。《系辞传》上载：“乾知大始；坤作成物。乾以易知；坤以简能。易则易知；简则易从。易知则有亲；易从则有功。有亲则可久；有功则可大。可久则贤人之德；可大则贤人之业。易简而天下之理得矣。天下之理得，而成位乎其中矣。”无论对于什么事体，总要把这个简易底道理明白了，然后可以成德立业，然后德业可以久大。

简易底道理在《道德经》里更说得明白。“易”本是要人生趋到无思无为底境地，故为政者当存我无为而民自治底心，不必用什么法律道德，风俗等等，来约束人民，政府越管得简易，人民越觉得安适。“治大国若烹小鲜”，小鲜不必，也不能用力去煮它，犹如国君不必用权势去治国一样。人民所以能治是顺乎自然底性情而来，如果用权势去压迫或勉强他们顺从一件事情，那就是违反了自然。在自然里头自然有一种不可摧灭的势力，它底自身能够成坏事物，毋须人去激发它。可惜我们日常的生活已经失了道德之自然状态，而被仁义礼教所约束及压迫，因此人民越难治。欲望便是从使用不自然的权势去治理人民才会产生出来底。人民底欲望越多，越不能知足，不知足，则国越难治，灾祸就随着发生了。要灭绝这种不自然的权势，自然得从寡欲知足做起。而知足寡欲必要与外界接触底机会少，所处底社会简单才能办得到。所以小社会是最理想的国家。

> 小国寡民，使有什佰之器而不用。使民重死而不远徙。虽有舟舆，无所乘之。虽有甲兵，无所陈之。使民复结绳而用之。甘其食，美其服，安其居，乐其俗。邻国相望，鸡狗之声相闻，民至老死不相往来。(《道德经》下八十)

能够实现返到原始的小社会去过那简易的生活，自是道家底政治理想。从这点，道家立了柔弱与清静底教义，因为这两点是简易生活底要素。柔静是坤道，是禀承天道底自然，本来含着刚动底能力，自然调和，人若跟着它进行，也不致于失掉刚柔动静底调和生活。《庄子》所说“慎守女身，物将自壮”(《在宥》)，也是表明人如能承顺自然，保守天地所赋与底性情，一切事物都要自己调和地发展了。

> 坤至柔而动也刚；至静而德方；后得主而有常；含万物而化光。坤道其顺乎？承天而时行。(《易·文言传》)

道家之所谓“道”与儒家之所谓“道”，其不同的地方在前者以为人生应当顺从天地之道与万物同流同化，故立基在阴阳、动静、刚柔、强弱等等自然相生、自然相克底观念上头，而忽视人为底仁义；后者偏重于人道底探索与维持，故主张仁义。我们或者可以说道家与儒家皆以顺应天道为生活底法则，所不同底在前者以地道为用，后者以人道为用而已。地道是无成无为底，故《易》(《坤》)有“地道无成而代有终”底说法。地底德不在创作，而在承顺天道以资生长养万物，所以常是站在静底或消极底地位，凡天所赋与底事物，它都不必费力去改作，只能保守便够了。假如必定要说地道也有“作”，那么，这个“作”必是“作成”，“作成”不过是就所有现成底事物去培养它们，使它们长成，故仍是属于保守底。“保守”是道家对于生活底态度，因为保守比创作简易，也合乎地道底柔弱静止底品性。《系辞传》(下)说：“夫乾，确然示人易矣。夫坤，隤然示人简矣。”又说：“夫乾，天下之健也，德行恒易以知险。夫坤，天下之至顺也，德行恒简以知阻。”知是守最重要底事情。《道德经》(二十八)说：

> 知其雄，守其雌，为天下谿；为天下谿，常德不离，复归于婴儿。知其白，守其黑，为天下式；为天下式，常德不忒，复归于无极。知其荣，守其辱，为天下谷；为天下谷：常德乃足，复归于朴。

全部《道德经》都是教人怎样知，和怎样去守，而这个“知”就是《系辞传》所谓“乾知大始”底“知”，“守”就是《坤卦》底“顺”。道家所谓顺乎自然，及无为而治，都是本乎地道而来底。道一有造作，便有所私；有所私，则不能长久。《道德经》(七)说：

> 天长，地久。天地所以能长且久者，以其不自生，故能长生。

假使天地有所造作，那就有恩有为，而物失其本真了，故说“天地不仁，以万物为刍狗。圣人不仁，以百姓为刍狗”。所谓“长生”，就是万物柔和地顺从自然。人从自然而来，本是能与天地同其久长底，为何人生不过百年就要归于死亡呢？因为人爱护自己的虚形，比爱住在内里底“真人”更甚，为他创造许多娱乐受用。在创造中，根本地说，就有创造底苦；在进行中，难免夺人所有以自饶益，结果便成此得彼失。既然有得失，便不能免于生死。死亡底存在，只是私心和“创造的冲动”所致；故说天地“不自生，故能长生”。天地本于自然化育万物，故“万物持之而生而不辞，功成不名有，爱养万物而不为主”。自然并非有所创作，因为一说到“作”便是不自然了。天地本着自然底进行长养万物，表面上似乎有所作为，其实是极无所作，也无所私，无所享受，故说：“生而不有，为而不恃，功成而弗居。”

在人与人相处底时候，如柔弱能让，便是顺乎自然之理。让底反面是争，故圣人要使人不争，必得使他们少有接触底机会更好。为国也是要本着这自然底道理，使为政者“无为而民自治”。“自治”云者，是人民自己解决自己的生活问题，无须要什么政府来替他们立仁义，制法度，作礼乐。

> 故至德之世，其行填填，其视颠颠。当是时也，山无蹊隧，泽无舟梁。万物群生，连属其乡。禽兽成群，草木遂长。是故禽兽可系羁而游；鸟鹊之巢可攀援而窥。夫至德之世，同与禽兽居，族与万物并，恶乎知君子小人哉？同乎无知，其德不离；同乎无欲，是谓素朴，素朴而民性得矣。及至圣人，蹩躠为仁，踶跂为义，而天下始疑矣；澶漫为乐，摘僻为礼，而天下始分矣。故纯朴不残，孰为牺樽？白玉不毁，孰为珪璋？道德不废，安取仁义？性情不离，安用礼乐？五色不乱，孰为文采？五声不乱，孰应六律？夫残朴以为器，工匠之罪也；毁道德以为仁义，圣人之过也。（《庄子·马蹄》）

民与民相疑相争都由于圣人为他们立仁义，作礼乐。人若顺着自然，守着天地所赋与固有的性情，一切的需要本已齐备，何必再与外境交通，去要求什么供给呢？民人相争相攘至于死亡，都是因为他们底要求过于他们所需要底，后面又有一个强有力的圣人或国家去替他们出力，替他们维持，使他们遂意，于是贪得底心就发达到不可制止的地步。“法令滋彰，盗贼多有”，故“剖斗折衡”是根本解决底方法，因为没有人代人规定权衡，贪得贪利底心也就消灭了。

生活要求简易，欲望要尽量排除，就是道家所谓“葆真”底工夫。人一有了欲望，便想去求满足，从欲而“得”，从得又想多得一些。欲得之心日盛一日，不安宁的生活因之而生。“不见可欲，使心不乱”，就是清心宁志底工夫。世间一切的作为都是根于“我想做”这个念头来底，故越有作为，越多欲望。所得愈多，欲望愈大，对于所作愈不知足，而精神上底苦痛常敌不住获得时底愉快。一不愉快，心便乱了。从需要方面说，所造作底愈多，需要之量也随着增加起来。人本是可以简易地过日子底，但因我们底祖先对于物质上底要求不已，以致形成今日繁琐的生活，使人与外境底关系越来越深切，甚至有缺乏了些少便有不能生活底情形，《老子》说，“少则得，多得惑”（二十二）便是这个意思。譬如水是日用必需的，从前几家共用一口井，所关系底极小，纵使一旦井枯了，还可以想法子，生活犹不致于受多大的累。今日住几十万人底大城市，水底供给集中了，从用水方面看固然利便得多，假使水源一旦断绝，全城人民所受底痛苦比起从前用井底时代就大多了。故人民与公共事业底关系越大，越是危险，越发痛苦。生活越繁琐，人物彼此底关系大有拔一发而动全身底光景，“有什佰人之器而不用”底话，正是为此而发。如我们今日用一副机器可当千百人底劳力，可是他已使千万人变成物质及机械底牺牲了。“民多利器，国家滋昏”（五十七），也就是这个意思。是故圣人当使民无欲。无欲并非有欲以后用强力去压制底意思，乃是根本地排除它，使人各乐其生而安其居。要这样，才能保持“三宝”（六十七）。无欲故不争，不争故无伤害，而能“慈”。无欲故生活简易，简易故省物力，而能“俭”。无欲故静，静故谦让，“不敢为天下先”而能长久。

明白了返到自然及简易底道理，我们当再进一步去研究道家对于宇宙底见解。道家以为宇宙底进行即是“造化”底现象。世间一切事物都是由于一造一化循环地迁变，并没有什么成就。这就是《易》始于《乾》终于《未济》底意思。造化本无全功，成就与失败，祸患与福利都是互相循环底。我们所见宇宙底现象没有一样不是由造而化，由化而造，故可以说道只是不断的造化。老子说，“祸兮福所倚，福兮祸所伏”（五十八），庄子更进一步说，“道通为一，其分也成也。其成也，毁也。凡物无成无毁，复通为一”（《齐物论》）。成败生死是存在天道与地道里头循环底造化。

圣人之生也天行，其死也物化。静而与阴同德；动而与阳同波。不为福先，不为祸始。感而后应，迫而后动，不得已而后起。去知与故，循天之理。故无天灾，无物累，无人非，无鬼责。其生若浮，其死若休。不思虑，不豫谋。光矣而不耀；信矣而不期。其寝不梦，其觉无忧，其神纯粹，其魂

不罢。虚无恬淡，乃合天德。(《庄子·刻意》)

这与《易》所谓“易无思也，无为也，寂然不动，感而遂通天下之故”，同一意义。所谓感应就是在虚无恬淡中理会造化循环之理，既然知道这个现象，事物底成毁自不能有何影响，来扰乱我底心神。

凡一种事情底成就皆有它底来由，并非由于一朝一夕之故。所谓“成功”或者是从许多失败积下来底，或者是从许多小成功结成底。积涓滴成海，积沙石成山，积愚成智。但海有时也会枯，山有时也会平；今日之智，未必不是将来之愚：故成海成山成智底“成”只是相对的话，绝对的成就究竟不能得着。道之所以大，在乎虚空不积，虽积而不见，不理会其积。老子说：“三十幅，共一毂，当其无有车之用。”(十一)车行因于毂之虚空，而毂底自身并没有车底功用。庄子更申明这个意义。

天道运而无所积，故万物成。帝道运而无所积，故天下归。圣道运而无所积，故海内服。……夫虚静恬淡寂寞无为者，天地之平，而道德之至，故帝王圣人休焉。休则虚，虚则实，实者伦矣。虚则静，静则动，动则得矣。静则无为，无为也，则任事者责矣。无为则俞俞，俞俞者，忧患不能处，年寿长矣。夫虚静恬淡寂寞无为者，万物之本也。(《天道》)

原始道家底“长生说”并非恋世主义，只是要随着造化底玄机运转，自然能够年寿永久。人所以会衰老底原故是由于忧患；忧患由于心不虚静恬淡，一味去求知。这个“知”，与上头知白守黑底“知”不同，乃我们底心对于事物底解释，即是平常所谓“知识”与“智慧”。从我们心中或经验中所生底知与智并非真的，故应当舍弃掉。道在于无，有心则非，吾人求知，均赖心识，故欲去知，先当虚心。人所以求知底原故，必是由于一种成法不适宜，欲知其所以然，进而求其处治之方。在这种情形底下才会产生圣人。圣人之生在于道德沦亡之后，而仁义底建立，权利底分别，都是知所以处置当前的情境底结果。但是，“大道废有仁义，智慧出有大伪”(十八)；智本以防害，而害反因之而彰，仁本以成德，而德反由之而坠，仁义智慧究竟是靠不住。社会越知道防止盗贼底方法，不见得就能把盗贼扑灭，有时反可以养成他们的机巧。知本是靠不住，又是一件无底止的事，纵使用一生底心力去探求也不能有多少把握，甚至产出许多烦恼来。

> 吾生也有涯，而知也无涯，以有涯随无涯，殆已。已而为知者殆而已矣。为善无近名，为恶无近刑，缘督以为经。可以保身，可以全生，可以养亲，可以尽年。(《庄子·养生主》)

自然底道本是大智，不必用人心去思虑知觉就能够使生活安适，寿命久长。故老子以为“绝圣弃智，民利百倍；绝仁弃义，民复孝慈；绝巧弃利，盗贼无有”(十九)。大道具有无限知识，可是永远没曾表示出来，天地所以能够长久地存在也是在此。人如能效法天地，就可以长生了。

> 天地有大美而不言；四时有明法而不议；万物有成理而不说。圣人者，原天地之美，而达万物之理。是故至人无为，大圣不作，观于天地之谓也。(《庄子·知北游》)

知愈多，性命愈疲，故圣人治国务使人返朴还淳。人生底最大困难是在生活底机械化。用知愈多，则是非、取舍、去就等等愈明，而机械愈繁。所谓“经常”或“法则”，都是社会积了许多经验知识才能成立底。但社会一有了这些机械的法则，人们便不能自由，必要时常受它底辖制。机械的生活，总一句说，都是知底毛病。所以我们要由自然得着解放。自然是不立何等法则，不有何等知识底。

> 善行无辙迹，善言无瑕谪，善数不用筹策。善闭无关楗而不可开。善结无绳约而不可解。(《老子》二十七)

二、道教思想底形成

原始的道家思想底梗概，既略如上述，现在我们当研究道教与它有什么关系。“道家”具说当作“道德家”，因为他主张弃绝仁义返到自然的道德生活。老庄底思想只代表道德家底思想，本与后来的道教没有直接的关系。道教思想远源于术数和巫觋底宗教，到后来才采用了道德家底玄学。

道教底成分非常复杂，我们从宗教与思想方面可以明白地回溯到它底许多根源。今将道教底源流先列出一个简表，再依次略说一下。

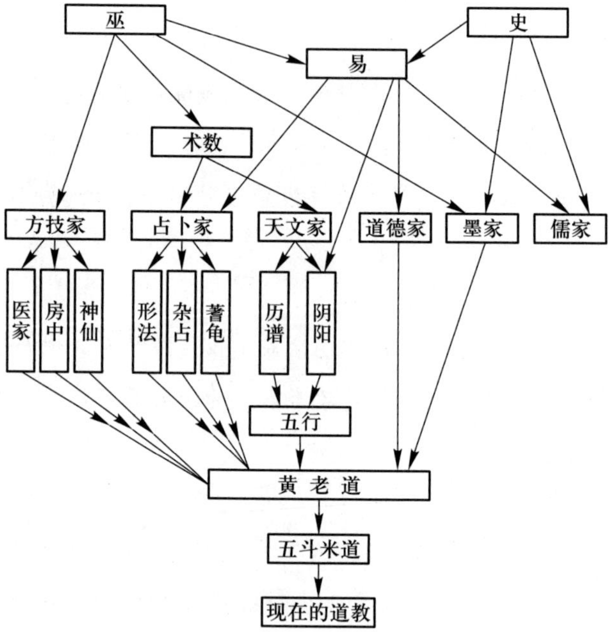

在先秦时代，最初与道家思想结合，成为道教底宗教教义底便是阴阳家。

> 阴阳家者流盖出于羲和之官，敬顺昊天，历象日月星辰，此其所长也。及拘者为之，则牵于禁忌，泥于小数，舍人事而任鬼神。（《前汉·艺文志》）

这就是历来传说底阴阳家底来历。阴阳家底首创者据说是邹衍。他约生于公元前四世纪，稍后于孟子底时代。司马迁记孟子之前后，齐有三邹，邹忌在孟子前，其次为邹衍，在孟子后。“邹衍睹有国益淫侈，不能尚德，若大雅整之于身，施及黎庶矣，乃深观阴阳消息，而作怪迂之变，终始大圣之篇十余万言。其语闳大不经，必先验小物，推而大之，至于无垠。先序今，以上至黄帝，学者所共术。大（次）并世盛衰，因载其禨祥度制，推而远之，至于天地未生，窈冥不可考而原也。……称引天地剖判以来，五德转移，治各有宜，而符应若兹。……”（《史记》卷七十四《孟子荀卿列传》）

阴阳底说法是邹衍时代底流行思想。《易》“十翼”与《庄子》书中说阴阳底地方很多，邹衍所用来立一个学派，所增底是他底推尊黄帝，笃信禨祥和五德转移等等主张。阴阳家推尊黄帝，后来与道家对于事物消长顺逆之理参合，而成为秦汉间最流行的“黄老道”底要素。“牵于禁忌，泥于小数”，信于禨祥，是黄老道底特点。阴阳思想是道家成为道教之枢纽。司马谈《论六家之要指》说：“尝窃观阴阳之术大祥而众忌讳，使人拘而多所畏。然其序四时之大顺，不可失也。……道家使人精神专，动合无形，赡足万物。其为术也，因阴阳之大顺，采儒墨之善，撮名法之要，与时迁移，应物变化，立俗施事，无所不宜。指约而易操，事少而功多。……至于大道之要，去健羡，绌聪明，释此而任术。夫神大用则竭，形太劳则蔽，形神骚动，欲与天地长久，非所闻也。夫阴阳、四时、八位、十二度[①]、二十四节，各有教令，顺之则昌，逆之者不死则亡，未必然也，故曰‘使人拘而多畏’。夫春生、夏长、秋收、冬藏，此天道之大经也，弗顺则无以为天下纲纪，故曰‘四时之大顺，不可失也’。……道家‘无为’，又曰‘无不为’，其实易行，其辞难知；其术以虚无为本，以因循为用。无成势，无常形，故能究万物之情。不为物先，不为物后，故能为万物主。有法无法，因时为业；有度无度，因物与合；故曰‘圣人不朽，时变是守’。”从司马谈底评论中，我们可以看出道家与阴阳家同主“大顺”之道而以“因循”为用底。阴阳底教义在道教里头极其重要，几乎没有一样宗教行为不与它有关系。

占道教思想与中国的人生观底大部分，次于阴阳，就是五行说。五行或者也是阴阳家采用旧说或从当时一般的“五德转移，治各有宜”底见解加以符应底说法而来。“五德转移”即五行相生相克底说法。在《庄子·外物》、《说剑》,《鹖冠子·夜行》,《墨子·经下》、《贵义》等章都有阴阳五行之说，而《贵义》所记很足以代表驺衍以前民间对于五行与实际生活底关系底见解。

---

① 八位谓八卦之位。十二度即十二次，谓日月交会所在底星次。《书·尧典传》：“寅曰析木，卯曰大火，辰曰寿星，巳曰鹑尾，午曰鹑火，未曰鹑首，申曰实沈，酉曰大梁，戌曰降娄，亥曰娵訾，子曰元枵，丑曰星纪。”

子墨子北至齐，遇日者。日者曰："帝以今日杀黑龙于北方，而先生之色黑，不可以北。"子墨子不听，遂北至淄水，不遂而反焉。日者曰："我谓先生不可以北。"子墨子曰："南之人不得北，北之人不得南，其色有黑者，有白者，何故皆不遂也？且帝以甲乙杀青龙于东方，以丙丁杀赤龙于南方，以庚辛杀白龙于西方，以壬癸杀黑龙于北方，以戊己杀黄龙于中方，若用子之言，是则禁天下之行者也。是围心而虚天下也。子之言不可用也。"

从这一段看来，五行说已为当时底日者所应用，《荀子·非十二子篇》说子思"案往旧造说，谓之五行"，可以见得这种见解底渊源很长。阴阳五行，有些学者以为中国古代从波斯底星学传来底，用五色来分星次和方向也是西方诸古国所有，故这种说法我们虽不能准说是外来的，然而为天文家所主张是无可怀疑底。因为东方苍龙，南方朱鸟，西方白虎，北方玄武，各星宿底颜色不同，以致各方对于颜色底好尚也不同了，所谓夏尚黑，殷尚白，周尚赤，都是从分野而来底。

天文家所主张底五行，讲《易》底人将他与《河图》、《洛书》底"数论"参合起来，便成为后来中国人一般的见解。"数"底理论，依《老子》说，"道生一，一生二，二生三，三生万物"，由"三"推到无尽，变化随其数之增减交互而起。《系辞传》上所谓"通其变，遂成天地之文，极其数，遂定天下之象"，即是此义。从"三"回溯到"一"为一切现象界底原状，《老子》所谓"圣人抱一"（二十二）即是此"一"，故说，"天得一以清；地得一以宁；神得一以灵；谷得一以盈；万物得一以为天下贞"。（三十九）"道"是无形的宇宙本体，数是宇宙底现象，但不是物质。物质是从"数"再行综合而起底。物质底起源，照后来的五行家及谶纬家底说法是由于天地底数互相配合而成。《易纬·乾凿度》有天一地六生水，天七地二生火，天三地八生木，天九地四生金，天五地十生土之说，这五种就是万物底最根本的原质，就是叫做五行。五行因相生相克之故便产出宇宙一切的事物。《大禹谟》虽载"水、火、金、木、土、谷"六府，《甘誓》和《洪范》虽有五行底名字，究竟是后人附会底，故不尽与阴阳的"数论"相符合。五行相生相克底说法，《春秋纬·文耀钩》和《春秋繁露》都记载着。董子解五行底意义说："行者，行也，其行不同，故谓之五行。五行者，五官也；比相生，而间相胜也（五行相生）。"他解"比相生”如“木生火，火生土，土生金，金生水，水生木”。照他所说，五行底次序是木、火、土、金、水。“间相胜”即五行相胜底情形，就是“水胜火，火胜金，金胜木，木胜土，土胜水”。《白虎通·五行》所载底也差不多。五行相生相克之理，不但是驺衍一派底人喜欢说，就是先秦诸子也都很喜欢说。《庄子·外物》也载：“木与木相摩则然。金与火相守则流。阴阳错行，则天地大绕于是乎有雷有霆。水中有火，乃焚大槐。”这也是不完备的五行相生相克底见解。《管子·五行篇》说：“作立五行，以正天时；五官，以正人位。人与天调，然后天地之美生。”这也是五行说成立底本谊。

在一般中国人底哲学里，阴阳五行永远占着很大的势力，凡人生日用等等事物都呈现相消相长相生相克底现象。一言以蔽之，凡历史上的进程，无非是从阴阳五行所生底“运气”底流转。时令、历史或“天运”，在中国人底感觉中是很容易领受底。“运气”底吉凶可以应用到一切天时、地理、人事上头。但运气是什么呢？“运”是从阳底性产出底，就是金、木、水、火、土五行；“气”是从阴底质构成底，所谓初、二、三、四、五、终六气。五运六气底说法，依《内经素问》(卷十九)《五运行大论》及《六微旨大论》说，甲己为土运，乙庚为金运，丙辛为水运，丁壬为木运，戊癸为火运；六气应五行之变，天气始于甲，地气始于子，子甲相合，命曰“岁立”，谨候其时，则初、二、三、四、五、终六气可以知道。看来，“运气”或者是历谱家底旧说也不一定。

我们底历法是用干支底互配而成。干支底由来，依旧说，也是从《河图》、《洛书》来，[①] 前者生十干，后者生十二支。时令底运转是根于干支底相配。干支含有阴阳动静、五行生克底性质在内。“性”属阳，是五行底本体；“质”属阴，是阴阳五行综错所生底六气。六气在时令上自“初气”至“终气”循环周流，终而复始。阳性底五行随着阴质底六气运行，因其高下相合，升降相因之度而有变化，而有吉凶。故五运六气底流转，就是宇宙里万有底现象。运气底流转是有法则的，自一时、一日、一月、一年、一纪运（六十年），乃至一元（十二万九千六百年），都有一定的运气。时间上运气底吉凶，并不是人力所能改移，因为那是宇宙进行中除旧布新必要的历程。

六气到后来，由初气、二气等，变为胎、生、壮、老、死、化六个宇宙

---

① 道教对于《河图》、《洛书》底见解，见《文昌大洞仙经》(《道藏》，冬上)。

进行底时期[①]。宇宙在一“元”底时间中都具有这六种运气。现在的“元”底运气，照王圻《三才图会》底算法，今年是第六万八千九百四十四年。元是天地终始消息底运气，其计法以三十年为一世，十二世为一运（三百六十年），三十运为一会（一万零八百年），十二会为一元。这与《春秋纬·元命苞》所记自开辟至春秋获麟凡二百二十六万七千岁，共分为十纪底说法不同。要了解我们现在的元底历史进程，可以看下列底图表。（见下图）

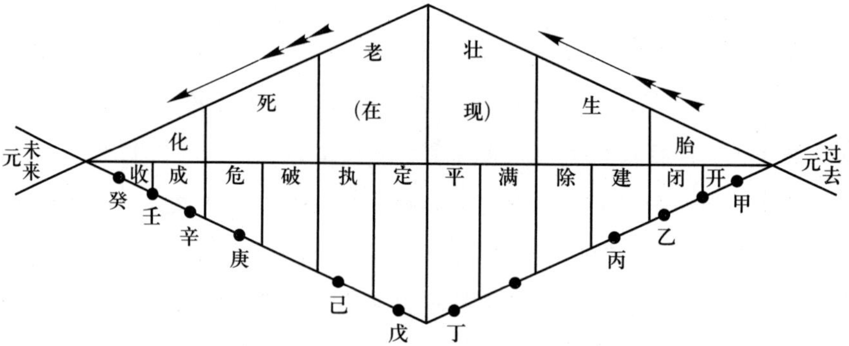

图表中，镞形表示时间进行底方向。菱形上表本元六气，下表十二会。开即子会，闭为丑会，建为寅会，除为卯会，满为辰会，平为巳会，定为午会，执为未会，破为申会，危为酉会，成为戌会，收为亥会。菱形者，表示宇宙万物从过去元入于虚无，从虚无进化直到壮为广延极盛时期，过此则渐次收缩复至于虚无。为是涨缩，周流无尽。

今表中，表示天地底运气自虚无入于子会，至“甲”而天成；入丑会，至“乙”而地立；至寅会第六千年“丙”，而人始生，那时人得天地之气未足，形状性情只与禽兽略异。到了巳会第八千年“丁”，而黄帝出。现在是午会，“戊”是今年，民国十六年，天地底运气已渐渐入到衰老底时期了。过此以后，入未会第三千年至“己”，就到了地老天荒之运。到了酉会第六千年“庚”，而人与神仙俱灭。到了戌会第三千年“辛”，日月星辰不行，第五千年天大昏，六千年天阖，一万年“壬”而天坏尽。亥会第六千年“癸”而地坏。过此，则天地人俱灭坏，复归于无，循环到未来的子会，再纪新元。这样的见解很合于

① 见《性理会通·洪范皇极内篇》。“胎、生、长、成、老、化”，或者是道士假借印度僧伽瑜伽学派所持宇宙六段“有变易”（Bhāva-Vikā ras）底说法而来。六者：一、生（Jāyatē）；二、有（Asti）；三、长（Vardha ti）；四、变（Parinamate）；五、衰（Apakshiyate）；六、化（Vinashyati）。

天文家对于日星生灭底推测，虽然所计底年数不对，但在非科学的时代，我们底古人能够这样想，就算了不得。

一元底始终就是三才底“大生死”。生死就是造化，故说“造化以日新为德，正须迭用生死”（《快书·秋涛》）。拉丁谚“死是生之门”（Mors janua Vitae），正是道教底生死观。在每年、每月、每日、每时底运气中也各有各底生死，阴阳家和建除家因此立“月建十二神”配十二辰于十二日，周而复始，观其所值以定吉凶。他们以为在这十二日底运行中，各日都和宇宙万有日月星辰等有关，故每日都有值日底星辰。十二神即建、除、满、平、定、执、破、危、成、收、开、闭。“建除”之说，依《淮南子·天文训》说，“寅为建，卯为除，辰为满，巳为平，主生；午为定，未为执，主陷；申为破，主衡；酉为危，主杓；戌为成，主少德；亥为收，主大德；子为开，主太岁；丑为闭，主太阴”。又《六韬》有“主开牙门背建向破”之说，《越绝书》（七，外传记范伯）有“黄帝之元执辰破巳”之文，其起源虽托于黄帝，其实是秦汉间阴阳家底成说。《王莽传》载“以戊辰直定，御王冠，即真天子位”，师古注“于建除之次，其日当‘定’也”。可见建除底应用，[①]在汉时已经是很普遍了。十二神有吉凶，吉是除、危、定、执、成、开；凶是建、破、平、收、满、闭。故诀说：“建、满、平、收，黑（黑道）；除、危、定、执，黄（黄道）；成、开，大吉立；破、闭，不相当。”

建除之意：建为一月之始，故从建立起义。建次为除，为除旧布新之意。“一生二，二生三”，三为数之极，故名满。过满则溢，故必使之平。平则定。定则可执，故继之以执。执所以守其成，故继之以成。物无成不毁，故继之以破。既破而后知危，故继之以危。心能知危，事乃有成，故继之以成。既成必收效，故继之以收。自建至收而数全，但数无终极，当以理开，故以第十一底“开”为首。开即开始，一始，自此数到三，复为建。故建实生于开。开即是生气。气始萌芽，不闭则发泄净尽，而物不能生，故受之以闭。惟其能闭，故能建立，于是第十三复为建日。自建到闭底历程便是一切万物进行底公式，故

① 建除之法，以年统时，以时统月，以月统日。如民国十六年，阴历为丁卯年，正月大，建壬寅，以戊寅日（十二日）起建，顺行至庚寅日（二十四日）复值建日。每月交节，则叠两值日，如正月初四立春，为定日，此定是叠初三底定，又如二月己亥日为惊蛰则初三与初二同为成日，余类推。坊间通行底历书可检阅。

每日做事底宜忌都要照着值日底建除而行。[1]这于《易》理，应用得何等精密！最流行的《玉匣记通书》、《诹吉便览》等，都把这星占底式例列得很详细。他如属于太乙、[2]六壬、[3]遁甲、[4]禽演[5]等书，都是一般星相家底宝典。坊间所刻通书为各家所必备，虽然不识字，也得买一本搁着，干支对于我们日常的生活是何等的大！

干支影响于历史人事既如上述，它与人身底关系最显著的是“十二辰肖”底说法。这是秦汉间方士所倡。[6]其立说宗旨，大概是因各支底性质选立一禽以为标识。这个阴阳家叫做“求象”。求象底事实最初因于时令，说如《鹖冠子·天权》“四时求象，春用苍龙，夏用赤乌，秋用白虎，冬用玄武”。《月令》“季冬出土牛”也是以牛为“丑”底表识。《说文》以“巳”为蛇底形象。求象底事实在汉时已大行，故王充于《论衡·物势篇》辩论五行相用相害之气底荒

---

① 古时又有“丛辰说”。星命及选择家以二十辰所随底众辰有善神恶煞之别，如兵福、小时为建；吉期、兵宝为除；福德、天巫为满等等。详见《协纪辨方书》。丛辰家对于吉凶宜忌与建除家言互有出入，但通俗都不用前者底说法。现在的通书都用建除说。道书中，《神枢经》、《洞源经》专讲此义。

② 太乙，星名。取太乙数以行九宫，故名“太乙数”。《史记·日者传》记术数九家，太乙居其一。《汉书·艺文志》，五行家典籍中有《泰一阴阳》二十三卷。大概此术在战国时已经有了。现在通行的书有唐王希明底《太乙金镜式经》十卷。太乙数法以“一”为太极，因而生“二目”，二目生“四辅”，又有计神与太乙合成“八将”。以岁、月、日、时为纲，以八将为纬，三基、五福、十精为经，占内外灾福。九宫者：天蓬星，太乙，坎水白；天芮星，摄提，坤天黑；天衡星，轩辕，震木碧；天辅星，招摇，巽木绿；天禽星，天符，中土黄；天心星，青龙，乾金白；天柱星，咸池，兑金赤；天任星，太阴，艮土白；天英星，天一，离火紫。

③ 六壬：五行始于水，故称“壬”；天一生水，地六成之，故称“六”。此法本《易》六十四卦列为六十四课。《隋书·经籍志》已载其书，现在最通行的为明人撰《六壬大全》十二卷。

④ 遁甲又作“循甲”。此法起于《乾凿度》太乙行九宫法，盛行于南北朝。法以十干中底乙、丙、丁为“三奇”，以戊、己、庚、辛、壬、癸为“六像”，以甲统领它们配于九宫而视察其加临之吉凶，使人知道趋避，故名“遁甲”。因乙丙丁在九宫中为三奇门，故此法又名“奇门遁甲”。

⑤ 禽演者：以星禽推知人事底吉凶及其嗜好情性。唐宋以来，此术极为其盛行。其书多列入《道藏》。普通所见，有《演禽通纂》二卷。

⑥ 十二生肖或者不是中国旧说。赵翼《陔余丛考》(三十四)说：“此本于北俗，至汉时呼韩邪款塞，入居五原，与齐民相杂，遂流传入中国。”看来此说乃从西北胡人介绍入来底。西域及天竺、缅甸诸国都有十二生肖之说，肖兽虽不同，而大意不异。印度人对于此说，可参看《十二缘生祥瑞经》，又中国原有“困敦”、“赤奋若”、“焉逢”、“端蒙”等干支名，都不像中国话，想是突厥的方言，他日学力稍足，当再从事探究。

谬兼反驳十二辰肖和星辰与人生感应之理。但那时这种信仰已很普遍，甚至有人说人底身体各官也和星辰有关，《内经素问》专阐明这个道理。《汉书·翼奉传》说奉治历律阴阳之学，曾上封事与元帝，论历律与性情底关系，有“观性以历，观情以律”底话。性有五而情有六。五性即五行干支在身体里底性，其说为：“肝性静，静行仁，甲己主之。心性躁，躁行礼，丙辛主之。脾性力，力行信，戊癸主之。肺性坚，坚行义，乙庚主之。肾性智，智行敬，丁壬主之。”六情即廉贞、宽大、公正、奸邪、阴贼、贪狼是。

五行干支底运气不但影响于人身，即如地底形状也与它有关。讲求这种知识便是“风水”，或堪舆学、形学。“堪舆”二字，人多解为“天地”，孟康说是造图宅书底神名。《汉书·艺文志》载有《堪舆金匮》十四卷，列入五行家底典籍里头，足见风水之学也是从五行家倡出来底。所谓“堪舆”，是说人生于土，归于土，故卜居、卜葬，当合乎五行底运气。堪舆家以为地是方的。这方是翕于天中一个六面体的方形，故四维能上应列宿之位。列宿底布列，古今有异：现在以星、张、翼、轸、角、亢、氐为东方七宿；房、心、尾、箕、斗、牛、女为北方七宿；虚、危、室、壁、奎、娄、胃为西方七宿；昴、毕、觜、参、井、鬼、柳为南方七宿。因为天运底差移，所以吉凶底遭际也就古今不同了。这样的差移也影响到“龙脉”上头，故地理底灾祥，今与古亦不同。甚至一年一日底运气也可以影响到地理上头。一岁之运为春生、夏荣、秋枯、冬死；一日之运为晨温、昼暖、暮凉、夜冷；故堪舆之兴替当因枢斗旋转而异，地理不能离开天象。

堪舆与形法也有关系。《汉书·艺文志》载：“形法者，大举九州之势以立城郭室舍，形人及六畜骨法之度，数器物之形容，以求其声气贵贱吉凶，犹律有长短，而各征其声，非有鬼神，数自然也。然形与气相首尾，亦有有其形而无其气，有其气而无其形，此精微之独异也。”所述相宫宅地形就是现在堪舆家所做底事。他们以山底形状附会五行，如以直形为木（∧），尖形为火（⋀），横形为土（⌒），圆形为金（∩），曲形为水（冂）是。他们说人所居处底宫室也与五行有关，以为各宅都有其阴阳八卦，干支底方位。乾将三男（震、坎、艮）属于阳位，坤将三女（巽、离、兑）属于阴位。以东面为辰南，西面为戌北之位，从此斜分为阴阳之界；因宅底坐位而有阳宅阴宅之别。凡有所建筑，当以该宅底阴阳与本年星宫底运转对勘，如有冲犯就避免或用法祈禳。相地时当视察金、木、水、火、土五星和贪狼、巨门、禄存、文曲、廉贞、武曲、破军、左辅、右弼九曜与卦气相值时吉凶底现象为趋吉避凶之计。王充于《论衡·四讳篇》辩“西益宅不祥”之误，于《诘术篇》驳图宅术之非，足见相宅之法，在汉时已很盛行了。至于卜葬乃始于古时相土之法，本不求与天运相孚，但自汉魏人盛倡风水，[①]这种信仰于是大行。有名青乌先生者，作《葬经》，相传他是汉朝人，精于地理阴阳之术。在他之前，还有秦朝底樗里子、朱仙桃。樗里子有传，载入《史记》；朱生平不详，《地理正宗》载他作《搜山记》。晋郭璞也著一部《葬经》，阐风水之理，说：“所谓葬者，乘‘生气’也。天阴阳之气，噫而为风，升而为云，降而为雨，行乎地中而为‘生气’。生气行乎地中，发而生乎万物。人受体于父母，本骸得气，遗体受荫。盖生者，气一聚，凝结而成骨，死而独留。故葬者反气内骨，以荫所生之道也。……《经》曰：‘气乘风则散，界水则止，古人聚之使不散，行之使有止，故谓之风水。’”阴阳之生气运于地中而生万物，子孙底身体与祖宗底遗骸是一气所贯，所以祸福也能互相影响。这就是风水信仰底根本。

在术数之外，汇流入于道教思想底有方技家底神仙说。《汉书·艺文志》对于神仙家底评论说：“神仙者，所以保性命之真，而游求于其外者也。聊以荡意平心，同生死者之域，而无怵惕于胸中。然而或者专以为务，则诞欺怪迂之文，弥以益多，非圣王之所以教也。”方士底长生理想与原始的道教不同，因为前者偏重在寻求肉体不死底方法。传说自周穆王时，海上神山底存在，已为一般人所乐道，王于是遍行天下，为要找着那“不死底国”，卒在西方得遇西王母。穆王后四百年间，是灵王御宇底时代，求神仙底人日见其多。当时所谓东方三神山即是现在的日本，故出海向东去求仙底人很多。秦始皇二十八年乃从事于大规模的寻求，遣徐福领了几千童男女出海。日本栗田宽作《氏族考》称述蕃别[②]姓氏中底山田、御井、志我、长野、广野、三宅六氏为灵王后裔，章炳麟说是太子晋之胄，因“王子求仙”底史实，虽《列仙传》未明载其有无

① 汉魏六朝人信堪舆家言者，见《后汉书·郭镇传》、《袁安传》，《魏志·管辂传》，《晋书·徐邈传》等。

② 日本姓氏，彼邦人士向分三别，一为神别，二为皇别，三为蕃别。蕃别为外国人在彼落户者之子孙。

出海，但确有可靠之处。[①]

神仙思想底起源本出于燕齐方士。这两国为当时近海底开明国，海边底景象，如蜃楼云气等，给他们一种仙山底暗示。自方士底神仙思想盛行后，一般学“道”底人因为它底“不死说”与老氏底“长生论”名字上适合，顺着时势底趋向，遂将它与道家合而为一。故此后所谓“黄老”，[②]无不与神仙有关系。神仙家深信肉体不死之说，主张用药力来补充后天的缺陷。这与原始的道家底“真人”思想就不同了。《庄子·大宗师》说：“古之真人不逆寡，不雄成，不暮士。若然者，过而弗悔，当而不自得也。若然者，登高不慄，入水不濡，入火不热。是知之能登假于道也若此。古之真人，其寝不梦，其觉无忧，其食不甘，其息深深。真人之息以踵，众人之息以喉。屈服者其嗌言若哇。其耆欲深者，其天机浅。古之真人不知说生，不知恶死，其出不䜣，其入不距，翛然而往，翛然而来而已矣。不忘其所始，不求其所终。受而喜之，忘而复之，是之谓不以心捐道，不以人助天，是之谓真人。若然者，其心志，其容寂，其颡頯，凄然似秋，暖然似春，喜怒通四时，与物有宜，而莫知其极。”原始的道家以为在这“虚形”里头有个与大化同流底真我，能超然于物质之外，忘形于时间之中，如庄子《逍遥游》所说底姑射神人一样。故初期的道士只说“尸解”，“蜕化”，并没想到“白昼飞升”这一层。道家底“真人”思想，不但不是肉身永生说，并且主张身体底生死是必需的。《庄子·大宗师》说：“大块载我以形，劳我以生，佚我以老，息我以死。故善吾生者，乃所以善吾死也。”明生死是理所常具，何能逃避得了？所以要注意寄寓在这虚形里底“真人”要使他（真我）回到自然底道里头。道是“有情有性，无为无形”底，所以它能超脱一切空间时间底牵制，而自由去来。

道家底长生思想，不是贪生逃死，乃是为知生而生，知死而死。宗教能够成立都是在乎对付生死。对付人生，有伦理学就够了。要有“人死观”加在人生观上头，才能说得上宗教。世人无一不死，却没有一个善于死底。这都是因为他们不善于养生底原故。道家底修养就是要预备死，故要“穷理尽性而至

① 参看《太炎文录》一，《太子晋神仙辨》，日本蕃别姓氏中今日还有些少周秦汉底姓，如林、周、田、宋、秦、吴、南、梅等是。但他们底初祖是否很早就到东国就很难说了。

② 黄老之名当起于汉初，依夏曾佑说当以窦太后为本派之初祖，汉时民间凡壬、禽、占验之术皆目为黄帝书，见《中国历史》。

于命”来理会生生死死底真际。求长生不过是我生底时间短，不能尽量享受罢了。但百年底寿命不为长，千万年底寿命亦何尝长得了多少？时间不过是真我因住在虚形中而生底主观感觉，在道里头，本无此事。造成时间底主因，是在我们底虚形中可以感得血脉底跳动，事情底繁简，光阴底更迭等等。凡我感得繁杂迅速底事物，便觉得时间短，而简慢的便觉得长。监里底囚犯，下床盼暗，上床盼明，在狱中度日如年，没有什么事情可做，故他们底时间比别人底长。市场里底商人，收幌子底时候，总觉得刚挂上不多时，因为他底生活忙，所以觉得光阴如箭。“黄粱梦”底经过只在瞬息间，而其经历已是几十年底工夫了。因为梦中情事纯是主观的，没有外界情境与它比较，故能于一瞬间周历几十年。这样看来，真时间便是无时间，因为时间是从虚形中造出来愚弄人底。“山中七日，世上千年”还不是真时间，要能“体道合变，忘心于寒暑”才可以。故庄子说“天时，非贤也”，明要把时间忘掉乃可以为真人，为贤者。一个人能够事无所事，心就虚静，而无忧虑；无忧虑，故没有年寿不永底恐慌，那么，日月就可以延长了。不能长生底原因就是犯了“时病”。进一步说，肉身底生死，本不碍于长生；就使肉身不死，也不过是“与天地同休”，[①] 天地还有休灭的时候，何况肉体？“飘风不终朝，骤雨不终日，孰为此者？天地！天地尚不能久，况于人乎？”（《老子》）故《太玄经》说：“忘于目，则光溢无极；泯于耳，则心识常渊。两机俱忘，是谓太玄。”又说：“养其真火，身乃长存；固其真水，体乃长在。真真相济，故曰‘长生’。天得其真故长；地得其真故久；人得其真故寿。世人所以不得长久者，养其外，坏其内也。”[②]

自神仙辟谷服丹之说加入道教，于是所谓“真人”一变而为肉体飞升说。这样的思想无疑是受了佛教轮回论底影响，并且变本加厉。《钟吕传道集》里，钟离权对吕岩说：“人生欲免轮回，不入于异类躯壳，当使其身无病老死苦。顶天立地，负阴抱阳而为人，勿使为鬼。人中修取仙，仙中升取天。”《传道集》以阴阳定人鬼仙三途，说鬼是纯阴无阳，人是阴阳相杂，仙是纯阳无阴。故人可以为仙，也可以为鬼。仙有五等，所谓鬼仙、人仙、地仙、神

---

① 《神异经》载“九天玉童玉女与天地同休息”，道教徒都信神仙底寿命是如此。

② 《道藏·洞真玉诀》，收下。

仙、天仙是。[①]修到鬼仙还不为功，到人仙乃为小成，地仙为中成，神仙为大成。鬼仙不免轮回，人仙与地仙只可免死，要到神仙方能身外有身，脱质超凡。天仙是得“道”后，传道人间，仙行圆满返到洞天底神仙。这个明明是采取佛教对于菩萨底见解。

人所以不能长生底原故，因为他犯了三种毛病，就是时病，年病，身病。时病是劳逸过度，冒寒涉暑，其结果为“患”。年病是恣情纵意，散失元阳，其结果是“老”。身病是精神消散，其结果是“死”。人要解脱患、老、死，就当修养。最先当要绝了时病底根源；要免身病，先要使年病不生。所以修养的工夫要贯注在年病上，使身体不老，然后不死可求。这个就产生了“炼丹”底方法。

六国和秦时的方士早已讲求“不死之药”底制法。《盐铁论·散不足》载秦始皇好神仙，信机祥，于是“燕齐之士释锄耒，争言神仙。方士于是趣咸阳者以千数；言仙人食金余珠，然后寿与天地相保”。“金余珠”即是从金中所得底“丹”。初时底丹不过是从石类中底硃砂取汞（后来名为砂子、阳龙），从金类中底黑铅取银（所谓银母、阴虎），使银汞相合，取其精为“金余珠”。后来更附会以阴阳五行之说，以龙虎居坎离之位，离上坎下为水火未济，坎上离下为水火既济，水火交和则丹成。方士以为人身底构造本应天机，一身之中乃是一个小天地，故当依着阴阳升降之理炼就纯阳，使之脱质升仙。他们有外丹、内丹，或炼形、炼气两样丹法。

外丹所以炼形。照道士们底讲究，采药后，精选入炉，用从日取得底真火，从月取得底真水煅炼。丹炉三层，外方内圆，一切都依卦气而造，共高二十七寸。药放在炉里炼过三年为小成，服之可绝百病；六年为中成，服之可以延年；九年为大成，服之可升举。炼到第九年底丹名“白雪”，又名“玉液”；第十二年名为“神符”。《铜符铁券诀》：“一粒一服三期后，周身九窍自光明。白雪入口身生羽，神符吞下足生云。”言服了第十二年底丹便能得驾起云头上九天底本领。又有所谓“紫金丹”，[②]乃得自扶桑，服之能使聋者聪，瞽

① 这样说法，也许与印度思想有关。印度人对于Rishi（仙人）底见解也是神通过人，且其数常以七为率。《楞严经》（八）所举底十种仙也许不是纯粹印度思想，但自六朝以后，佛道相互底关系却很显然。

②《石函记·圣石指玄篇》说求仙向东，东为扶桑，出金乌之精，生得紫金丹。

者明，枯骨生肉，顽石成金，河化乳，华不落，等等功能。自古以来，炼丹服丹底那么多，现在应当有无数神仙驾着云头游来游去才对，但实际上，我们只见云而不见仙！这是什么原故？道士又给我们一个解释，从煅炼上说，丹本没炼成，修者仓卒服了。丹所以不成底原故，第一是药材不好，第二是火候不足或不对，第三是时机不合。从修炼底人身上说，他还短了炼气底工夫，因为单炼形是不够底。《灵飞经》、《铜符铁券》、《灵宝毕法》、《火莲经》诸书不过是教人炼形，并没注重到炼气那层。修者过于注重炼形，虽专用许多“旁门小法”如斋戒、休粮、采气、漱咽、离妻、断味、禅定、不语、存想、采阴、服气、持净、息心、绝累、开顶、缩龟、绝迹、看读、烧炼、定息、导引、吐纳、采补、布施、供养、救济、入山、识性、不动、授持等，终不能飞升；必须形气并炼，用内观法，先使身心达于清静虚无之境，然后煅炼内丹，使外内调和才可以。内观者，先于“无中立象，以定神识”，继则“一念不起”，以保其“清”，使“灵台无物”，以保其“净”。能够这样，才可以讲内丹底修炼。《性命圭旨》专讲炼形炼气之法，但已融通三教，不尽是道教玄理。

人身是个小天地，所以万物皆备于其中，无需再向外求。身体里有三个区域，所谓三丹田，是神、气、精寄寓底地方。上丹田为神舍，中丹田为气府，下丹田为精区。三丹田中自有妙药，能够自炼自还。所以内丹底讲究在“还丹”，即将丹田炼成底药（龙虎）还到丹田。这丹药是要降伏心肾底龙虎，即制色欲忿怒使心火下降，肾水上润。制色止怒即是降伏龙虎。身中底水火，乃从肾生真水，心生真火。水为乾父，生姹女；火为坤母，生婴儿；二者交媾而生黄芽，即真龙真虎是。由此存想内观，以应阳升阴降之象，乃至绝念无想。自凝神息虑，历过小还丹、大还丹、七返、九转、金液、玉液，诸还丹后乃得真念与真空，然后可以入到超脱底境界。还丹是还吾身中底日月去和天地造化同途底意思。内丹之法，归根是要“炼精合气，炼气合神，炼神合虚”。一到虚无，生死自了，而仙境可得。这比配金精石液为夫妇，得“河车”而飞行天外底丹法就强多了。看来，内丹也和禅定或定息底方法没甚分别，大概是采用佛法底结果。

炼内丹不成是因为道士身心中有九难十魔底阻碍。九难者：一是衣食迫逼，二是尊长拦阻，三是恩爱牵挂，四是名利萦绊，五是灾祸横生，六是师长约束，七是议论差别，八是志意懈怠，九是岁月蹉跎。十魔是：贼、富、贵、情、恩爱、患难、圣贤、刀兵、女乐、女色。能避掉这九难十魔，方能修仙炼丹。

讲还丹底书最好读《参同契》，现在将其注释中引一句来做结语。“人之一身，法天象地，与天地同一阴阳也。人知此身与天地同一阴阳，则可与论还丹之道矣。”（元俞琰《周易参同契发挥》）

在神仙家之外，还有两派属于方技底医家与房中也与道教有关系。从中国医书中所立阴阳底理论可以看出其中底道家思想。医药一科在道士底功课上也是很重要的。房中之术，《汉书·艺文志》虽列八家，但其书已不传，小说中载道士擅于此术底不少。①

上头所说只在道教对于修养之方法及宇宙人生底见解，现在当略述其对于神灵底信仰。这是使黄老道成为今日的道教底关键。原始的道德家并没有明白地说这世界有没有主宰它底神。天地在他们底心目中只是一副大机械，也可名之为“玄机”，作善作恶底果报乃是自然的机械性使它如此，并非由于大神底赏罚。汉初底道家还有些依照旧说底，如淮南子说：“祸之来也，人自生之；福之来也，人自成之。祸与福同门；利与害为邻。”又说：“有阴德者必有阳报；有阴行者必有昭名。”（《人间训》）这还是《易·坤》所谓“积善之家必有余庆，积不善之家必有余殃”同一语气。驺衍虽谈五德终始之运，却也没有说到天志。《鹖冠子·学问》所记底“九道”，似为秦朝前后底道士所必学，其存到今日底还可以找出“道德”、“阴阳”、“天官”、“神征”四道来。神征是讲天人感应底，这于道家底思想是很晚出，也不是固有的。

天人感应在先秦时代主张得最热烈的便是墨子。墨家思想在汉时为儒家所压制。当时能与儒家抗衡底便是黄老道，许多派别都在它底荫下得以保存，故墨者也就归附在里头。道教和墨教底关系在它底感应论。我们将《太上感应篇》来和《墨子》底《法仪》、《天志》、《明鬼》诸篇比较一下，就觉得其中相同的观念很多。《墨子·非攻》文里列举许多禨祥，《天志》明告以“知天鬼之所福，而避天鬼之所憎，比求兴天下之利而除天下之害”。《明鬼》说：“今吾为祭祀也，非直注之于污壑而弃之也，上以交鬼之福，下以合欢聚众，取亲乎乡里。”《感应篇》开首一句说：“祸福无门，惟人自召。善恶之报，如影随

① 房中术附于道教，但后来炼丹者有些不主张此法能得长生，故“采阴”、“御女术”等为修内丹者所排斥。参看《石函记·太阳元精论》、《修真十书》等。

形。是以天地有司过之神，依人所犯轻重以夺人算。”这与《法仪》“爱人利人者，天必福之；恶人贼人者，天必祸之；日杀不辜者，得不祥焉”是一样的意思。又祈福底事，亦为墨者所不禁，这在《天志篇》里说得很明白。祈禳本为宋国所重，墨子生于宋，故他底门徒多习祝史之事。道德家本不主祈禳，因为这是巫祝底事，不是学清静无为底人所当为。但自墨道参入后，祈禳几乎占领道家实行方面底全部！秦汉间底方士都能祈禳，《淮南》有土龙求雨之文，董子甚且以儒家实行这事。祈禳之法到后来越盛，依《神仙传·王远传》所记，则汉桓帝时，学神仙底已教人用符法禳灾治病了。汉魏道教徒所知底神仙不过如《神仙传》所载九十二人，[1] 著者把墨子也入仙班，是一件很可注意的事。到五代时候，道士中还有会“墨子术”底，我们在史乘中找出底下一段话。

> 是时魏州妖人杨千郎用事，自言有“墨子术”。能役使鬼神，化丹砂水银。庄宗颇神之，拜千郎为检校尚书郎，赐紫。其妻出入宫禁，承恩宠，而士或因之以求官爵。(《新五代史》卷十四，太祖子)

墨子曾否能使役鬼神，化丹砂水银，我们不知道，但从传说中，我们知道他底技术很好，能做木鸢和军用的器具。宋道书中还有《太上墨子枕中记》一卷，言隐形幻化之术，可见墨子也被道教徒当做神仙看待。

黄老道家既和墨家信礼祥祈禳和感应说，于是后来底道教做出满天神灵来。道教今日所奉诸神，一方面是从古代的神话流衍下来，一方面是从阴阳五行底禳星礼斗发展出来。中国古人底崇拜对象说是天地，其实是以日为主，故《祭义》说“郊之祭，大报天而主日”。日是天底代表形象，是生生之本，成为祭祀底主体。所以天子封禅每祭日，盟会诸侯时亦指日为誓。古时祭日应在东方，时间在春，因为东方是“震”地，为《说卦》所说万物出生之向。拜日星底礼，由来是很早的。古时致祭之地多在高处，《史记·封禅书》说：“自古以雍州积高，神明之隩，故立畤郊上帝，诸神祠皆聚云。盖黄帝时尝用事，虽晚周亦郊焉。其语不经见，搢绅者不道。”那时所祭底帝是“东君”、“东后”、“东皇”，即后来五行说流行时底“青帝”。自秦襄公为诸侯（周平王元年），

① 葛洪底自序中提到秦时阮仓所记有数百人，刘向所撰又七十余人。

始因雍州旧畤作西畤，祠白帝；秦宣公时，国基已固，始僭礼祭青帝于密畤；灵公三年（周威烈王四年）作吴阳上畤、下畤以祭黄帝、炎帝：于是雍东四畤具备。

秦最先祀白帝，大概是秦底世系出于少皞，再溯源而祭太皞、轩辕、神农，初不过是本着旧时祖先崇拜底形式，所谓严父配天之老例，本没有什么以木德王或以土德王等说，到齐宣威之世，五德终始为五行家所倡之后才有五行配五色帝底说法。秦始皇因为五行家与神仙家底说法，也就采用了“阴阳主运五行相次”底理论。五行相次自然引起天上五行星底敬仰。道教底成立，从秦汉间拜星底礼仪得了许多帮助。汉人也是笃于祭祀求福底，桓宽在昭帝时亟论其过于注重，说：

> 古者庶人鱼菽之祭，春秋修其祖祠，士一庙，大夫三，以时有事于五祀，盖无出门之祭。今富者祈名岳，望山川，椎牛击鼓，戏倡舞像；中者南居当路，水上云台，屠羊杀狗，鼓瑟吹笙；贫者鸡豕五芳，卫保散腊，倾盖社场。
>
> 古者德行求福，故祭祀而宽；仁义求吉，故卜筮而希。今士俗宽于行而求于鬼；怠于礼而笃于祭；嫚亲而贵势，至妄而信日，听驰言而幸得，出实物而享虚福。
>
> 古者君子夙夜孳孳思其德，小人晨昏孜孜思其力，故君子不素飡，小人不空食。世俗饰伪行诈，为民巫祝，以取厘谢，坚领健舌，或以成业致富，故惮事之人，释本相学，是以街巷有巫，闾里有祝。（《盐铁论·散不足》）

重祭重巫就是促成道教成为一个有组织的团体底原因。当时底巫祠很多，都是与五行有关系底。

汉高帝二年因秦未立畤祀黑帝，乃立北畤以凑足五帝底数目。刘氏，据《左传》所记世系出自高辛，并非高阳，依五行论，他是以火德王，应当祀炎帝，依祖先崇拜，应当祀帝喾，故知立北畤只为凑足五帝之数而已。我们因此可以知道用青、黄、赤、白、黑诸名加于古帝名上是出于五行论盛行之后。由祖先而附丽于方位，由方位而上同于五星，故汉代祭祀底对象几乎全是星辰。高祖四年所立底祠，除河巫祠祠河，南山巫祠祠秦二世外，其余如蚩尤祠、梁巫祠、晋巫祠、秦巫祠、荆巫祠、九天巫祠乃至各郡国县所立之灵星祠都是以祭星为主底。武帝时方士又奏祠太一，说："天神贵者太一，佐曰五帝。"太一依《春秋合诚图》和《乐汁征图》，是紫微垣底一星，因其居北极天枢，为众星所拱，大有君臣之象，所以说五帝为太一佐。

汉朝拜星与现在道教所奉诸神有关系。群星底人格实现，是汉人最普遍的信仰。《拾遗记》载刘向校书天禄阁，有黄衣老人自言是"太一之精天帝"；《搜神记》载董永取织女，[1]诸如此类，不能细述。张角作乱，亦以"苍天已死，黄天当立，岁在甲子，天下大吉"为辞。苍天、黄天即九天巫祠所祠，实际也是祭星底。祭星礼斗为汉人一般的宗教，道教凑巧成立于这时候，因此用来号召百姓。现在所谓"玉皇上帝"、"文昌"、"斗姆"、"司命"、"福德"等等，无一不是从那时候底拜星礼节留下来底。关于道教底神圣，名号无数，尤其是在佛教密宗传入后，道士们为要与佛争雄，随意造了许多难知难解的天尊与元君底名字。《诸师真诰》、《上清众经诸真圣秘》、《三洞赞颂灵章》等书满填了他们底名字，有工夫底人可以一读。

方士讲长生用药方和祈禳是开道士用符咒底先河，道教有今日的组织也是在此。《后汉书》（一百一）《皇甫嵩传》载钜鹿张角奉事黄老道，自称"大贤良师"，畜养弟子，跪拜首过（忏悔）。他用符水咒说疗疾，因百姓底信服，乃遣弟子于四方传"善道"数十年。又《刘焉传》（《后汉书》一百五）载张陵之孙张鲁于顺帝时客于蜀，学道于鹤鸣山中，造作符书，受其道者出米五斗，故名"五斗米道"。此道传自张陵（第一代天师）。陵传子衡，衡传于鲁，遂自号"师君"。学者初名"鬼卒"后号"祭酒"，领部众多者曰"理头"，皆教以诚信，不听欺妄，有病但令首过而已。诸祭酒各起义舍于路边，专悬米肉以给行旅，以为食者当量腹取足，过多，鬼就能使他生病。熹平中，妖贼大起，其中以汉中有张修持五斗米道，张角持太平道是最著。太平道师持九节杖为符祝，令病人叩首思过，因以符水给病人喝，若病好了就是信道，若是不好，便是不信底征验。张修则施静室使病人思过，祭酒主以《老子》五千文使人都习，号"奸令"。又立"鬼吏"，使主为病人祈祷，书写病人名字，说服罪之意，使病

① 董永传说是董仲舒之父。《录异记》说蔡州西北百里平舆县界有仙女墓，为仲舒为母追葬衣冠处；又说或是仲舒藏神符灵药及阴阳秘诀之所。

家出米五斗为公用。这两派底道教才是现在道教底正祖。道教底天师世居江西龙虎山，传到六十三代张锡龄，于民国十六年，为政府驱逐，去天师号，天师底流传从此可算断绝了。

道教思想和道教底形成我们已在上头略知一二，我们从所知底看来，道教底成分，虽然非常地复杂，可是教中一切礼仪与思想都可以找出他们底来源。好像北京底磨刀匠，同一是种职业，而他们当中有摇惊闺叶底，有吹喇叭底，从他们底幌子可以知道前者是从前为闺秀磨镜或绣剪底，后者是从前为军营磨军刀底，现在两样职都变一样了；道教底形成也是如此。中国一般的思想就是道教底晶体，一切都可以从其中找出来。

冯友兰与《中国哲学史·绪论》

经典导读

冯友兰（1865—1990年），字芝生，河南唐河人。1912年入上海中国公学预科，立志从事哲学研究。1915年考取北京大学法科，入学后转进文科哲学门。1920年入美国哥伦比亚大学哲学系，师从杜威、伍德布里奇、蒙太格等学习哲学。1923年从哥伦比亚大学毕业回国，先后在中州大学和广东大学任教，1926年到燕京大学任教。1927年以前主要教授西方哲学，此后开始教授中国哲学。自此他一边教书，一边撰写《中国哲学史》。1928年，冯友兰转到清华大学任教。1929年，他写完《中国哲学史》上卷，1931年2月由上海神州国光社出版。1933年6月，冯友兰写完《中国哲学史》下卷，1934年9月，商务印书馆出版了《中国哲学史》上下册，同时冯友兰修改了上册部分内容。

冯友兰在中国哲学史的研究方面硕果累累，主要有以下代表作:《中国哲学史》上下卷（1934）、《贞元六书》（即《新理学》（1937）、《新世训》（1940）、《新事论》（1940）、《新原人》（1942）、《新原道》（1945）、《新知言》（1946）、《中国哲学简史》（1948）、《中国哲学史新编》一至七册（1980—1990）等。根据学者统计，冯友兰一生总计写作中外文著作40余种，各类文章总共558篇之多，总共字数超过600万字。从1919年冯友兰的《致〈新潮〉杂志书》算起，到1990年完成《中国哲学史新编》后去世，学术生涯逾70年。河南人民出版社从1985年开始收集冯友兰的论文和著作，编辑了《三松堂全集》(共7卷，第1卷1985年出版，1986年第4、5卷出版，1988年第2卷出版，1989年第3、6、7卷出版)。

冯友兰曾用“三史释今古，六书纪贞元”来概括自己的学术贡献[①]。归纳起来看，冯友兰的学术贡献主要在于三个方面：第一个方面是以“三史”为中心，构建中国哲学史学科体系以及研究方法。第二个方面是以“贞元六书”为中心，构建“新理学”的思想体系，也就是他自己的哲学体系。第三个方面是冯友兰提出的“抽象继承法”，对于继承中国文化的优秀传统，进行了理论探索。

本书着重论述《中国哲学史》一书的学术贡献。

虽然胡适1919年出版的《中国哲学史大纲》即已开创了现代中国哲学史，但是《中国哲学史大纲》也有不少的缺陷。首先它是一部不完整的中国哲学史，仅仅写完了先秦哲学史。本来胡适把中国哲学史分成三个时期，即老子至韩非的古代哲学、汉至北宋的中世纪哲学、明代至清代的近世哲学，但是直到1929年也只见到他的先秦哲学，学术界乃有“断头哲学史”、“烂尾哲学史”的讽刺。胡适未能完成中国哲学史，很大的原因是有感于中国哲学史研究的难度，对于魏晋玄学和佛教不是短时期能完成的。其次，胡适的《中国哲学史大纲》是用美国实用主义哲学写成的，其出版后，人们在惊叹该书对中国先秦思想史清晰的条理性分析之余，不免对这种主要用实用主义勾勒出来的中国思想史产生疑惑，孔子果真是一位有独立见解的逻辑学家吗？庄子难道很早就发现了生物进化的规律？正如金岳霖所指出的那样：“所谓中国哲学史，是中国哲学的史呢？还是在中国的哲学史呢？……胡适之先生的《中国哲学史大纲》就是根据了一种哲学上的主张而写出来的。我们看那本书的时候，难免一种奇怪的印象，有的时候简直觉得那本书的作者是一个研究中国思想的美国人。”[②]陈寅恪也曾指出，所谓以科学方法整理国故者，有解释，看上去很有条理，然而往往不真实，“著者有意无意之间，往往依其自身所遭际之时代，所居处之环境，所薰染之学说，以推测解释古人之意志”，所论中国古代哲学“大抵即论者今日自身之哲学”，“其言论愈有条理统系，则去古人学说之真相愈远”[③]。第三，胡适在中国

① 冯友兰:《三松堂全集》(第二版第14卷)，河南人民出版社2000年版，第569页。

② 金岳霖:《冯友兰〈中国哲学史〉审查报告》，见冯友兰:《中国哲学史》下卷，华东师范大学出版社2000年版，第437页。

③ 陈寅恪:《冯友兰〈中国哲学史〉审查报告一》，见冯友兰:《中国哲学史》下卷，华东师范大学出版社2000年版，第432页。

哲学史的研究方法上，注重历史的方法和考证的方法，因而文字考证比较详细，但是思想内涵的诠释就不够深入，对哲学概念、命题的解释浮于表面。

而1934年由商务印书馆出版的冯友兰的《中国哲学史》上下卷是继胡适之后，中国哲学史领域标志性的成果，奠定了冯友兰在中国哲学史研究领域的学术地位。《中国哲学史》具有以下特点及学术贡献：

冯友兰所著《中国哲学史》是一部完整的中国哲学史著作。冯友兰对中国哲学史的分期不同于胡适，而是着眼于时代精神。冯友兰认为中国社会历史有两大转变时代，即春秋战国时代和清末西方列强入侵的时代，而一时代有一时代之精神，"一时之哲学即其时代精神之结晶"，因此冯友兰并未按照西方哲学的古代、中世纪和近代的划分方法，也没有按历史朝代来分类，而是依据这种历史特点把中国哲学史划分为两个时期，一个是子学时代，即先秦哲学，由孔子到《淮南子》；一个是经学时代，即从汉代的董仲舒至清末的康有为、廖平。子学时代的特点是创建，而经学时代的特点是阐述，子学时代是中国思想的源头，经学时代是中国思想的展开。

冯友兰的《中国哲学史》与胡适的《中国哲学史大纲》一样，抛弃了从三皇五帝开始的讲法，而是直接从诸子讲起。但是具体从谁讲起，冯友兰表现出了与胡适不同的特点，胡适从老子讲起，而冯友兰以孔子为第一人，因为他认为《老子》是战国时代的著作，而孔子是春秋末期的人物。关于这一点胡适在评冯友兰的《中国哲学史》一书时即指出冯友兰的著作是中国正统派的写法，孔子是道的显露者，而且是道的继承者和老师，在经学著作中，道一直处于核心地位，而其他家学术都处于非正统地位。根据这种正统的观点，中国哲学一定始于孔子。而且胡适还指出孔子曾问学于老聃的史料来说明老子在孔子之前，批判冯友兰忽略了这则史料[①]。

冯友兰《中国哲学史》一书为解决中国哲学史学科时代性和民族性问题作出了示范。胡适的哲学史著作之所以受到批评，就是因为他没有解决中国哲学的自身特色问题，而是过多地照顾到西方哲学的特性。冯友兰指出不能说中国哲学没有系统，所谓系统，有形式上的系统，还有实质上的系统，中国哲学没有形式上的系统，但是却有实质性的系统。如果否定中国哲学的实质性系统，等于说中国没有哲学，而这是不合历史事实的。所以研究中国哲学史的任务就是要从形式上无系统的中国哲

---

① 见胡适:《评冯友兰〈中国哲学史〉》，卢海燕译，载《中国哲学史》，2011年第4期。

学中，找出实质性的系统。而要找出实质性的系统，就需要借助西方哲学的形式系统来对中国哲学的实质性系统进行阐释和重建。冯友兰虽然偏向于新实在论哲学，但是他并没有以自己的哲学成见否定中国古代社会各派的哲学，而是力求客观公正，尤其是在思想的挖掘和义理的阐发方面有很大进展。

冯友兰的《中国哲学史》在对传统思想进行合乎历史实际的解释方法上有所进步。对于古史的研究，一般而言，有信古、疑古和释古的态度，胡适的《中国哲学史大纲》是疑古精神的代表，主张重估一切价值。而冯友兰主张释古的态度，也就是不要用自己的哲学成见去批判或者曲解古人的哲学，认为古史或者传说虽不可尽信，但是通过这些资料也可以了解古代社会的部分真相。在此基础上，冯友兰主张“同情之了解”。所谓“同情之了解，因为古人著书立说，皆有所为而发，因此不了解古人所处的环境，所受之背景，则其学说则不易评论；其次古人距今久远，今天所遗的材料，往往是其中极少部分，以残存片段，窥测其全貌，故要持如陈寅恪所说对古人思想持欣赏”的态度，只有采取这种态度，才能真正了解古人的思想。冯友兰非常注重概念的分析，正如他自己所说：“吾非历史家，此哲学史对于哲学方面较为注重”，“用中国旧日学术界传统的说法，就是汉学与宋学的不同。”[①] 这是冯友兰的优点，对思想本身、对概念的分析，冯友兰显示出了特长。

冯友兰的《中国哲学史》一经出版，立即受到学术界的注意，英国科学史家李约瑟评论说：“冯著是当今中国哲学史研究中最为博大精深的作品，必将长期受到西方世界的重视。尽管本书的研究方法只是诸多方法之一种，采用的材料也大多为其他中国思想史家所经常采用，但在众多的中国学者和西方汉学家中，冯著的确堪称翘楚之作。”[②] 鉴于冯友兰著《中国哲学史》在中国哲学史、思想史研究中的重要地位，本书选择了该书第一章“绪论”，使我们能够了解到冯友兰研究中国哲学史的基本方法、出发点以及基本概念的说明。当然，要了解许多重要的、具体的学术论断，还需要我们仔细阅读《中国哲学史》全书才能体会。

---

① 冯友兰：《三松堂·自序》，人民出版社 1998 年版，第 212 页。

② 李约瑟：《评冯友兰〈中国哲学史〉》，郭之译，载《中州学刊》，1992 年第 4 期。

—— 延伸阅读文献目录：

1. 冯友兰著:《中国哲学史》，华东师范大学出版社，2000 年。

2. 冯友兰著:《三松堂全集》，河南人民出版社，1985、1986、1988、1989 年。

—— 原文:《中国哲学史·绪论》

经典原文

中国哲学史·绪论

冯友兰

■ 一、哲学之内容

哲学本一西洋名词。今欲讲中国哲学史，其主要工作之一，即就中国历史上各种学问中，将其可以西洋所谓哲学名之者，选出而叙述之。在作此工作之先，吾人须先明在西洋哲学一名词之意义。

哲学一名词在西洋有甚久的历史，各哲学家对于“哲学”所下之定义亦各不相同。为方便起见，兹先述普通所认为哲学之内容。知其内容，即可知哲学之为何物，而哲学一名词之正式的定义，亦无需另举矣。

希腊哲学家多分哲学为三大部：

物理学（Physics），伦理学（Ethics），论理学（Logic）。

此所谓物理学、伦理学与论理学，其范围较现在此三名所指为广。以现在之术语说之，哲学包涵三大部：

宇宙论——目的在求一“对于世界之道理”（A Theory of World），人生论——目的在求一“对于人生之道理”（A Theory of Life），知识论——目的在求一“对于知识之道理”（A Theory of Knowledge）。

此三分法，自柏拉图以后，至中世纪之末，普遍流行；即至近世，亦多用之。哲学之内容，大略如此。

就以上三分中若复再分，则宇宙论可有两部：

一、研究“存在”之本体及“真实”之要素者，此是所谓“本体论”（Ontology），

二、研究世界之发生及其历史，其归宿者，此是所谓“宇宙论”（Cosmology）（狭义的）。

人生论亦有两部：

一、研究人究竟是什么者，此即心理学所考究；

二、研究人究竟应该怎么者，此即伦理学（狭义的）、政治社会哲学等所考究。

知识论亦有两部：

一、研究知识之性质者，此即所谓知识论（Epistemology）（狭义的）；

二、研究知识之规范者，此即所谓论理学（狭义的）。

就上三部中，宇宙论与人生论，相即不离，有密切之关系。一哲学之人生论，皆根据于其宇宙论。如《列子·杨朱篇》以宇宙为物质的，盲目的，机械的，故人生无他希望，只可追求目前快乐。西洋之挨比求伦学派（Epicureanism）以同一前提，得同一断案，其一例也。哲学家中有以知识论证成其宇宙论者；（如贝克莱 Berkeley、康德 Kant 以及后来之知识论的惟心派 Epistemo-logical Idealism 及佛教之相宗等）有因研究人之是什么而联带及知识问题者。（如洛克 Locke、休谟 Hume 等）哲学中各部分皆互有关系也。

［注］孟太葛先生（W. P. Montague）亦谓哲学有三部分，即方法论，形上学与价值论。方法论即上所谓知识论，复分为二部；形上学即上所谓宇宙论，亦复分为二部；皆与上所述同。价值论复分为二部：（一）伦理学，研究善之性质及若何可以应用之于行为；（二）美学，研究美之性质及若何可以应用之于艺术。（Montague：*The Ways of Knowing*，P. 1）

■ 二、哲学之方法

近人有谓研究哲学所用之方法，与研究科学所用之方法不同。科学的方法是逻辑的，理智的；哲学之方法，是直觉的，反理智的。其实凡所谓直觉、顿悟、神秘经验等，虽有甚高的价值，但不必以之混入哲学方法之内。无论科学、哲学，皆系写出或说出之道理，皆必以严刻的理智态度表出之。凡著书立说之人，无不如此。故佛家之最高境界，虽“不可说，不可说”而有待于证悟，然其“不可说，不可说”者，非是哲学；其以严刻的理智态度说出之道理，方是所谓佛家哲学也。故谓以直觉为方法，吾人可得到一种神秘的经验（此经验果与“实在”符合否是另一问题）则可，谓以直觉为方法，吾人可得到一种哲学则不可。换言之，直觉能使吾人得到一个经验，而不能使吾人成立一个道理。一个经验之本身，无所谓真妄；一个道理，是一个判断，判断必合逻辑。各种学说之目的，皆不在叙述经验，而在成立道理，故其方法，必为逻辑的，科学的。近人不明此故，于科学方法，大有争论；其实所谓科学方法，实即吾人普通思想之方法之较认真、较精确者，非有若何奇妙也。惟其如此，故反对逻辑及科学方法者，其言论仍须依逻辑及科学方法。以此之故，吾人虽承认直觉等之价值，而不承认其为哲学方法。科学方法，即是哲学方法，与吾人普通思想之方法，亦仅有程度上的差异，无种类上的差异。

■ 三、哲学中论证之重要

自逻辑之观点言之，一哲学包有二部分：即其最终的断案，与其所以得此断案之根据，即此断案之前提。一哲学之断案固须是真的，然并非断案是真即可了事。对于宇宙人生，例如神之存在及灵魂有无之问题，普通人大都各有见解；其见解或与专门哲学家之见解无异。但普通人之见解乃自传说或直觉得来。普通人只知持其所持之见解，而不能以理论说明何以须持之。专门哲学家则不然，彼不但持一见解，而对于所以持此见解之理由，必有说明。彼不但有断案，且有前提。以比喻言之，普通人跳进其所持之见解；而专门哲学家，则走进其所持之见解。（参看 William James：*The Pluralistic Universe*，P.13—14）

故哲学乃理智之产物；哲学家欲成立道理，必以论证证明其所成立。荀子所谓“其持之有故，其言之成理”（《非十二子篇》，《荀子》卷三，《四部丛刊》本，页十二）是也。孟子曰：“余岂好辩哉？余不得已也。”（《滕文公》下，《孟子》卷六，《四部丛刊》本，页十四）辩即以论证攻击他人之非，证明自己之是；因明家所谓显正摧邪是也。非惟孟子好辩，即欲超过辩之《齐物论》作者，亦须大辩以示不辩之是。盖欲立一哲学的道理以主张一事，与实行一事不同。实行不辩，则缄默即可；欲立一哲学的道理，谓不辩为是，则非大辩不可；既辩则未有不依逻辑之方法者。其辩中或有逻辑的误谬，然此乃能用逻辑之程度之高下问题，非用不用逻辑之问题也。

四、哲学与中国之“义理之学”

吾人观上所述哲学之内容，可见西洋所谓哲学，与中国魏晋人所谓玄学，宋明人所谓道学，及清人所谓义理之学，其所研究之对象，颇可谓约略相当。若参用孟太葛先生之三分法（见本章第一节注），吾人可将哲学分为宇宙论、人生论及方法论三部分。《论语》云：“夫子之言性与天道”（《公冶长》，《论语》卷三，《四部丛刊》本，页五），此一语即指出后来义理之学所研究之对象之二部分。其研究天道之部分，即约略相当于西洋哲学中之宇宙论。其研究性命之部分，即约略相当于西洋哲学中之人生论。惟西洋哲学方法论之部分，在中国思想史之子学时代，尚讨论及之；宋明而后，无研究之者。自另一方面言之，此后义理之学，亦有其方法论。即所讲“为学之方”是也。不过此方法论所讲，非求知识之方法，乃修养之方法，非所以求真，乃所以求善之方法。

吾人本亦可以中国所谓义理之学为主体，而作中国义理之学史。并可就西洋历史上各种学问中，将其可以义理之学名之者，选出而叙述之，以成一西洋义理之学史。就原则上言，此本无不可之处。不过就事实言，则近代学问，起于西洋，科学其尤著者。若指中国或西洋历史上各种学问之某部分，而谓为义理之学，则其在近代学问中之地位，与其与各种近代学问之关系，未易知也。若指而谓为哲学，则无此困难。此所以近来只有中国哲学史之作，而无西洋义理之学史之作也。

以此之故，吾人以下即竟用中国哲学及中国哲学家之名词。所谓中国哲学者，即中国之某种学问或某种学问之某部分之可以西洋所谓哲学名之者也。所谓中国哲学家者，即中国某种学者，可以西洋所谓哲学家名之者也。

五、中国哲学之弱点及其所以

中国哲学家之哲学，在其论证及说明方面，比西洋及印度哲学家之哲学，大有逊色。此点亦由于中国哲学家之不为，非尽由于中国哲学家之不能，所谓“乃折枝之类，非携泰山以超北海之类”也。盖中国哲学家多未有以知识之自身为自有其好，故不为知识而求知识。不但不为知识而求知识也，即直接能为人增进幸福之知识，中国哲学家亦只愿实行之以增进人之幸福，而不愿空言讨论之，所谓“吾欲托之空言，不如见之行事之深切著明也”。故中国人向不十分重视著书立说。“太上有立德，其次有立功，其次有立言。”中国哲学家，多讲所谓内圣外王之道。“内圣”即“立德”，“外王”即“立功”。其最高理想，即实有圣人之德，实举帝王之业，成所谓圣王，即柏拉图所谓哲学王者。至于不能实举帝王之业，以推行其圣人之道，不得已然后退而立言。故著书立说，中国哲学家视之，乃最倒霉之事，不得已而后为之。故在中国哲学史中，精心结撰，首尾贯串之哲学书，比较少数。往往哲学家本人或其门人后学，杂凑平日书札语录，便以成书。成书既随便，故其道理虽足自立，而所以扶持此道理之议论，往往失于简单零碎，此亦不必讳言也。

[注] 按中国古代用以写书之竹简，极为夯重。因竹简之夯重，故著书立言务求简短，往往仅将其结论写出。及此办法，成为风尚，后之作者，虽已不受此物质的限制，而亦因仍不改，此亦可备一说。

总之，中国哲学家多注重于人之是什么，而不注重于人之有什么。如人是圣人，即毫无知识亦是圣人；如人是恶人，即有无限之知识，亦是恶人。王阳明以精金喻圣人，以为只须成色精纯，即是圣人，至于知识才器，则虽有大小不同，如八千镒之金，与九千镒之金，分量虽不同，然其为精金一也。金之成色，属于“是什么”之方面；至其分量，则属于“有什么”之方面。中国人重“是什么”而不重“有什么”，故不重知识。中国仅有科学萌芽，而无正式的科学，其理由一部分亦在于此。（参见拙著*Why China Has No Science etc.*, The International Journal of Ethics, Vol.32, No.3.）

中国哲学亦未以第一节所述之知识问题（狭义的）为哲学中之重要问题。其所以，固由于中国哲学家之不喜为知识而求知识，然亦以中国哲学迄未显著的将个人与宇宙分而为二也。西洋近代史中，一最重要的事，即是“我”之自觉。“我”已自觉之后，“我”之世界即中分为二：“我”与“非我”。“我”是主观的，“我”以外之客观的世界，皆“非我”也。“我”及“非我”既分，于是主观客观之间，乃有不可逾之鸿沟，于是“我”如何能知“非我”之问题，乃随之而生，于是知识论乃成为西洋哲学中之一重要部分。在中国人之思想中，迄未显著的有“我”之自觉，故亦未显著的将“我”与“非我”分开，故知识问题（狭义的）未成为中国哲学上之大问题。

哲学家不辩论则已，辩论必用逻辑，上文已述。然以中国哲学家多未竭全力以立言，故除一起即灭之所谓名家者外，亦少人有意识地将思想辩论之程序及方法之自身，提出研究。故知识论之第二部，逻辑，在中国亦不发达。

中国哲学家，又以特别注重人事之故，对于宇宙论之研究，亦甚简略。故上列哲学中之各部分，西洋哲学于每部皆有极发达之学说；而中国哲学，则未能每部皆然也。不过因中国哲学家注重“内圣”之道，故所讲修养之方法，即所谓“为学之方”，极为详尽。此虽或未可以哲学名之，然在此方面中国实甚有贡献也。

［注］近人有谓:“吾国哲学略于方法组织，近人多以此为病，不知吾国哲学之精神，即在于此。盖哲学之微言大义，非从悟入不可……文字所以载道，而道且在文字之外，遑论组织？遑论方法？”（陆懋德:《周秦哲学史》，页四）此言可代表现在一部分人之意见。吾人亦非不重视觉悟，特觉悟所得，乃是一种经验，不是一种学问，不是哲学。哲学必须是以语言文字表出之道理，“道”虽或在语言文字之外，而哲学必在语言文字之中。犹之科学所说之事物，亦在语言文字之外；然此等事物，只是事物，不是科学；语言文字所表之原理公式等，方是科学。依此原理公式所作成之事物，例如各种工业产品，亦是东西，不是科学。

■ 六、哲学之统一

由上述宇宙论与人生论之关系，亦可见一哲学家之思想皆为整个的。凡真正哲学系统，皆如枝叶扶疏之树，其中各部，皆首尾贯彻，打成一片。如一树虽有枝叶根干各部分，然其自身自是整个的也。威廉·詹姆士谓哲学家各有其

"见"（Vision）；又皆以其"见"为根本意思，以之适用于各方面；适用愈广，系统愈大。孔子曰："吾道一以贯之。"（《里仁》，《论语》卷二页十四）其实各大哲学系统，皆有其一以贯之。黄梨洲曰："大凡学有宗旨，是其人之得力处，亦是学者之入门处。天下之义理无穷，苟非定以一二字，如何约之使其在我？故讲学而无宗旨，即有嘉言，是无头绪之乱丝也。学者而不能得其人之宗旨，即读其书，亦犹张骞初至大夏，不能得月氏要领也。杜牧之曰：'丸之走盘，横斜圆直，不可尽知；其必可知者，知是丸不能出于盘也。'夫宗旨亦若是而已矣。"（《明儒学案发凡》）

中国哲学家中荀子善于批评哲学。荀子以为哲学家皆有所见；故曰："慎子有见于后，无见于先。老子有见于诎，无见于信（同伸）。墨子有见于齐，无见于畸。宋子有见于少，无见于多。"（《天论篇》，《荀子》卷十一页二十四）荀子又以为哲学家皆有所蔽；故曰："墨子蔽于用而不知文，宋子蔽于欲而不知得，慎子蔽于法而不知贤，申子蔽于势而不知智，惠子蔽于辞而不知实，庄子蔽于天而不知人。"（《解蔽篇》，《荀子》卷十五页五）威廉·詹姆士谓：若宇宙之一方面，引起一哲学家之特别注意，彼即执此一端，以概其全。（见所著 *Pluralistic Universe*）故哲学家之有所蔽，正因其有所见。惟其如此，所以大哲学家之思想，不但皆为整个的，而且各有其特别精神，特别面目。

中国哲学家之书，较少精心结撰，首尾贯串者，故论者多谓中国哲学无系统。上文所引近人所谓"吾国哲学略于方法组织"者，似亦指此。然所谓系统有二：即形式上的系统与实质上的系统。此两者并无连带的关系。中国哲学家的哲学，虽无形式上的系统；但如谓中国哲学家的哲学无实质上的系统，则即等于谓中国哲学家之哲学不成东西，中国无哲学。形式上的系统，希腊较古哲学亦无有。苏格拉底本来即未著书。柏拉图之著作，用对话体。亚里士多德对于各问题皆有条理清楚之论文讨论。按形式上的系统说，亚里士多德之哲学，较有系统。但在实质上，柏拉图之哲学，亦同样有系统。依上所说，则一个哲学家之哲学，若可称为哲学，则必须有实质的系统。所谓哲学系统之系统，即指一个哲学之实质的系统也。中国哲学家之哲学之形式上的系统，虽不如西洋哲学家；但实质上的系统，则同有也。讲哲学史之一要义，即是要在形式上无系统之哲学中，找出其实质的系统。

七、哲学与哲学家

由上所述，亦可知一哲学家之哲学，与其自己之人格（即一人之性情气质经验等之总名）或个性有大关系。在此点，哲学与文学宗教相似。盖一切哲学问题，比于各科学上之问题，性质皆较广泛，吾人对之，尚不能作完全客观的研究。故其解决多有待于哲学家之主观的思考及其“见”。故科学之理论，可以成为天下所承认之公言，而一家之哲学则只能成为一家之言也。威廉·詹姆士谓：依哲学家之性情气质，可将其分为二类：一为软心的哲学家；其心既软，不忍将宇宙间有价值的事物归纳于无价值者，故其哲学是唯心论的，宗教的，自由意志论的，一元论的。一为硬心的哲学家；其心既硬，不惜下一狠手，将宇宙间有价值的事物概归纳于无价值者，故其哲学是唯物论的，非宗教的，定命论的，多元论的。（见所著 *Pluralistic Universe*）海佛定亦谓哲学中诸问题皆在吾人知识之边境上，为精确的方法（Exact methods）所不能及之地，故研究者之人格，乃决定其思想之方向，而或不自知。不特此也，有时哲学中一问题之发生，或正以其研究者之人格，为先决条件。有些思想，只能在某种心理状况中发生。其次则研究者所引以为解决问题之根据，于其解决问题，亦有关系。故吾人对于一人之哲学，作历史的研究时，须注意于其时代之情势，及各方面之思想状况。（Harald Höffding：*History of Modern Philosophy*，P. XVI）此皆研究哲学史者所宜注意者也。孟子曰：“诵其诗，读其书，不知其人可乎？是以论其世也。”（《万章》下，《四部丛刊》本，卷十页十五）宋儒最注意于古圣人之“气象”；虽其动机在于修养方面，然对于一人之哲学作历史的研究时，实亦须注意于其“气象”也。

八、历史与哲学史

历史有二义：一是指事情之自身；如说：中国有四千年之历史，说者此时心中，非指任何史书，如《通鉴》等。不过谓中国在过去时代，已积有四千年之事情而已；此所谓历史，当然是指事情之自身。历史之又有一义，乃是指事情之纪述；如说《通鉴》、《史记》，是历史，即依此义。总之，所谓历史者，或即是其主人翁之活动之全体；或即是历史家对于此活动之纪述。若欲以二名表此二义，则事情之自身可名为历史，或客观的历史；事情之纪述可名为“写的历史”，或主观的历史。

上谓一时代之情势及其各方面之思想状况，能有影响于一哲学家之哲学。然一哲学家之哲学，亦能有影响于其时代及其各方面之思想。换言之，即历史能影响哲学；哲学亦能影响历史。“英雄造时势，时势造英雄”；本互为因果也。一时代有一时代之时代精神；一时代之哲学即其时代精神之结晶也。研究一哲学家之哲学，固须“知其人，论其世”；然研究一时代或一民族之历史，亦须知其哲学。培根曾说：许多人对于天然界及政治宗教，皆有记述；独历代学术之普通状况，尚无有人叙述记录，此部分无记录，则世界历史，似为无眼之造像，最能表示其人之精神与生活之部分，反阙略矣。（见培根之《学术之进步》*The Advancement of Learning*）叙述一时代一民族之历史而不及其哲学，则如“画龙不点睛”，如培根所说。研究一时代一民族之历史而不研究其哲学，则对于其时代其民族，必难有彻底的了解。“人之相知，贵相知心”；吾人研究一时代一民族，亦当知其心。故哲学史之专史，在通史中之地位，甚为重要；哲学史对于研究历史者，亦甚为重要。

各哲学之系统，皆有其特别精神，特殊面目；一时代一民族亦各有其哲学。现在哲学家所立之道理，大家未公认其为是；已往哲学家所立之道理，大家亦未公认其为非。所以研究哲学须一方面研究哲学史，以观各大哲学系统对于世界及人生所立之道理；一方面须直接观察实际的世界及人生，以期自立道理。故哲学史对于研究哲学者更为重要。

■ 九、历史与写的历史

依上所说，已可知“历史”与“写的历史”，乃系截然两事。于写的历史之外，超乎写的历史之上，另有历史之自身，巍然永久存在，丝毫无待于吾人之知识。写的历史随乎历史之后而记述之，其好坏全在于其记述之是否真实，是否与所纪之实际相合。

近人多说写的历史，宜注重寻求历史中事情之因果。其实所谓一事之原因，不过一事之不能少的先行者（Antecedent）；所谓一事之结果，不过一事之不能少的后起者（Consequent）。凡在一事之前所发现之事，皆此事之先行者；凡在一事之后所发现之事，皆此事之后起者。一事不能孤起，其前必有许多事，其后必有许多事。写的历史叙述一事，必须牵连叙其前后之事，然其前后之事又太多不能尽叙，故必择其不能少之先行者与后起者，而叙述之。自来写的历史，皆是如此，固不必所谓"新历史"，乃始注重因果也。不过写的历史，所叙一事之不能少的先行者或后起者，有非不能少者。如叙战事之前，先说彗星见；叙帝王无道之后，即说日蚀之类。然此乃由于各时代史家对于一般事物之见解不同，非其写的历史之目的或方法不同也，写的历史之目的，在求与所写之实际相合，其价值亦视其能否做到此"信"字。

历史之活动的事情，既一往而永不再现，写的历史所凭之史料，不过亲见或身与其事者之述说，及与其事情有关之文卷及遗迹，即所谓"文献"是也。此等材料因与所叙之历史，直接有关，名曰"原始的史料"（Original Source）。其有对于一事物之正式的或非正式的记录，本为写的历史，但因其对于其事物之发生或存在之时较近，后来史家，即亦引为根据，用作史料。此等史料，名曰"辅助的史料"（Secondary Source）。

历史家凭此史料，果能写出完全的"信"史与否，颇为疑问。世有史家，或为威劫，或为利诱，或因有别种特别的目的，本无意于作信史；如此之流，当然可以不论。即诚意作信史之人，其所写历史，似亦难与历史之实际，完全符合。马克斯诺都有言：客观的真实之于写历史者，正如康德所说"物之自身"之于人的知识。写的历史永不能与实际的历史相合。（见所著《史释》Nordau: *The Interpretation of History*, P.12）此言虽或未免过当，然历史家欲作完全的信史，实有许多困难。《易·系辞》云："书不尽言，言不尽意。"（《易经》卷七，《四部丛刊》本，页十一）《庄子》云："古之人与其不可传者死矣。然则君之所读者，古人之糟粕已夫。"（《天道》，《庄子》卷五，《四部丛刊》本，页三十五）言尚不能尽意，即使现在两人对面谈话，尚有不能互相了解之时，况书又不能尽言。又况言语文字，古今不同，吾人即有极完备之史料，吾人能保吾人能完全了解之而无误乎？吾人研究古史，固不全靠书籍，然即金石文字，亦为"书不尽言，言不尽意"者。研究历史，惟凭古人之糟粕，而此糟粕亦非吾人所能完全了解。此其困难一也。即令吾人能完全了解古书，又有好学深思之士，心知作书者之意，然古书不可尽信，孟子云：“尽信书则不如无书，吾于《武成》，取二三策而已。”（《尽心》下，《孟子》卷十四页二）历史家固可以科学方法，审查史料，取其可信者，而去其不可信者，所谓对于史料加以分析工作者；或于书籍文字之外，历史家另有其他可靠的史料。然史料多系片段，不相连属，历史家分析史料之后，必继之以综合工作，取此片段的史料，运以想像之力，使连为一串。然既运用想像，即搀入主观分子，其所叙述，即难尽合于客观的历史。此其困难二也。研究自然科学，若有假设，可以实验定其真伪。而历史家对于史事之假设，则绝对不能实验。韩非子所谓：“孔子墨子俱道尧舜，而取舍不同，皆自谓真尧舜。尧舜不复生，将谁使定儒墨之诚乎？”（《显学》，《韩非子》卷十九，《四部丛刊》本，页七）所谓“人死无对证”。此其困难三也。有此诸困难，故历史家只能尽心写其信史，至其史之果信与否，则不能保证也。

历史有“历史”与“写的历史”之分；哲学史亦有“哲学史”与“写的哲学史”之分。写的历史，与历史既难符合，则写的哲学史，亦难与哲学史符合。且写的哲学史所凭藉之史料，纯为书籍文字；则上述三种困难，尤为难免。所以西洋哲学史只有一个，而写的西洋哲学史，则何止百部，其中无有两个完全相同。中国哲学史亦只有一个，而写的中国哲学史，则有日渐加多之势。然此人所写，彼以为非，彼之所写，复有人以为非，古之哲学家不可复生，究竟谁能定之？若究竟无人能定，则所谓写的历史及写的哲学史，亦惟须永远重写而已。

■ 十、叙述式的哲学史与选录式的哲学史

写的哲学史约有两种体裁：一为叙述式的；一为选录式的。西洋人所写之哲学史，多为叙述式的。用此方式，哲学史家可尽量叙述其所见之哲学史。但其弊则读者若仅读此书，即不能与原来史料相接触，易为哲学史家之见解所蔽；且对于哲学史家所叙述亦不易有明确的了解。中国人所写此类之书几皆为选录式的；如《宋元学案》、《明儒学案》，即黄梨洲所著之宋、元、明哲学史；《古文辞类纂》、《经史百家杂钞》，即姚鼐、曾国藩所著之中国文学史也。用此方式，哲学史家文学史家选录各哲学家各文学家之原来著作；于选录之际，选录

者之主观的见解、自然亦须搀入，然读者得直接与原来史料相接触，对于其研究之哲学史或文学史，易得较明确的知识。惟用此方式，哲学史家或文学史家之所见，不易有有系统的表现，读者不易知之。本书试为兼用上述两种方式，或者可得较完善之结果。

■ 十一、历史是进步的

社会组织，由简趋繁；学术由不明晰至于明晰。后人根据前人已有之经验，故一切较之前人，皆能取精用宏。故历史是进步的。即观察中国哲学史，亦可见此例之不诬。中国汉以后之哲学所研究之问题及范围，自不如汉以前哲学所研究之多而广。然汉以后哲学中之理论，比汉以前之哲学，实较明晰清楚。论者不察，见孔子讲尧、舜；董仲舒、朱熹、王阳明，讲孔子；戴东原、康有为仍讲孔子，遂觉古人有一切，而今人一切无有。但实际上，董仲舒只是董仲舒，王阳明只是王阳明。若知董仲舒之《春秋繁露》只是董仲舒之哲学；若知王阳明之《大学问》只是王阳明之哲学，则中国哲学之进步，便显然矣。社会组织之由简趋繁，学术之由不明晰进于明晰，乃是实然的，并非当然的。凡当然者，可以有然有不然，实然者则不能有然有不然也。

或者以为董仲舒王阳明等所说，在以前儒家书中，已有其端，董仲舒王阳明不过发挥引申，何能为其自己之哲学？有何新贡献之可言？不过即使承认此二哲学家真不过发挥引申，吾人亦不能轻视发挥引申。发挥引申即是进步。小儿长成大人；大人亦不过发挥引申小儿所已潜具之官能而已。鸡卵变成鸡，鸡亦不过发挥引申鸡卵中所已有之官能而已。然岂可因此即谓小儿即是大人，鸡卵即是鸡？用亚里士多德的名辞说，潜能（Potentiality）与现实（Actuality）大有区别。由潜能到现实便是进步。欲看中国哲学进步之迹，我们第一须将各时代之材料，归之于各时代；以某人之说话，归之于某人。如此则各哲学家之哲学之真面目可见，而中国哲学之进步亦显然矣。

从前研究中国学问者，或不知分别真书伪书，或知分别而以伪书为无价值，此亦中国哲学之所以在表面上似无进步之一原因。吾人研究哲学史，对于史料所以必须分别真伪者，以非如此不能见各时代思想之真面目也。如只为研究哲学起见，则吾人只注重某书中所说之话之本身之是否不错。至于此话果系何人所说，果系何时代所有，则丝毫不关重要。某书虽伪，并不以其为伪而失其价值，如其本有价值。某书虽真，并不以其为真而有价值，如其本无价值。即就哲学史说，伪书虽不能代表其所假冒之时代之思想，而乃是其产生之时代之思想，正其产生之时代之哲学史之史料也。如《列子·杨朱篇》虽非杨朱学说，而正魏晋间一种流行思想之有系统的表现，正魏晋时代哲学史之史料也。故以《杨朱篇》为伪者，非废《杨朱篇》，不过将其时代移后而已。其所以必须将其时代移后者，亦不过欲使写的历史与实际相合，作到一信字而已。

■ 十二、中国哲学史取材之标准

哲学一名词，中国本来无有；一般人对于哲学之范围及内容，无明确的观念，几以为凡立言有近于旧所谓“经”“子”者，皆可为哲学史之材料。[注]但依以上所说，吾人对于哲学之内容，既已有明确的观念，则吾人作哲学史于选取史料，当亦有一定的标准。古人著述之可为哲学史史料者：

（一）上所说哲学之内容已确定哲学之范围，并已指明哲学中所有之问题。古人著述之有关于此诸问题者，其所讨论在上述范围之内者，方可为哲学史史料。否则不可为哲学史史料，如上述兵家著述之类。

（二）依以上所说，哲学家必有其自己之“见”，以树立其自己之系统。故必有新“见”之著述，方可为哲学史史料。如只述陈言者，不可为哲学史史料。黄梨洲云：“学问之道，以各人自用得著者为真，凡依门傍户，依样葫芦者，非流俗之士，则经生之业也。……以水济水，岂是学问？”（《明儒学案发凡》）正此意也。

（三）依上所说，一哲学必有其中心观念（即哲学家之见）。凡无中心观念之著述，即所谓杂家之书，如《吕氏春秋》、《淮南子》之类，不可为哲学史之原始的史料；但以其记述别家之言，有报告之价值，可以作为辅助的史料。

（四）依上所说，哲学家之哲学，须以理智的辩论出之，则凡片语只句，如《诗》云：“民之秉彝，好是懿德”之言，不可为哲学史之原始的史料；但依上所述，一时代之哲学与其时代之情势及各方面之思想状况，有互为因果之关系，故此等言论，可搜集以见一时流行之思想，以见哲学系统之背景。

（五）依上所述，一哲学家之哲学与其人格有关系。故凡对于一哲学家之叙说，能表现其人格者，亦可为哲学史史料。依上标准，以搜集中国哲学史之史料，则“虽不中，不远矣”。

［注］日本高濑武次郎所著《支那哲学史》颇可代表此一般人之意见。其书竟为兵家书各作提要，于《孙子》云：“《孙子》之文，精到而简约，曲折而峻洁，不愧春秋杰作。……而其文亦虚虚实实，简尽渊通，不能增减一字。……故《孙子》一书，不但为兵家之秘宝，亦为文字上不可多得之一大雄篇也。”（赵正平译本卷上，二八六页）读之诚令人疑所读为兵学史，为文学史矣。

陈寅恪与《天师道与滨海地域之关系》

经典导读

陈寅恪（1890—1969 年），江西修水人。年少时在南京私塾读书，为日后习读四书五经等传统文化经典打下了坚实的基础。自 1902 年开始，先后赴日本、美国、法国、德国等国留学，深受欧美学术观念的影响。1918 年赴美，结识后同为著名学者的吴宓、汤用彤，并在哈佛大学学习梵文、巴利文，还曾向新人文主义大师白璧德（Irving Babbitt，1865—1933 年）学习。1921 年到德国学习包括藏文在内的东方古文字学。陈寅恪懂十余种语言文字，这对他充分运用史料展开深入研究创造了条件。1926 年陈寅恪回国，任清华国学研究院导师，讲授佛经翻译文学。抗日战争爆发后，陈寅恪随校迁往西南，任西南联合大学教授。此后还曾在香港大学、广西大学、燕京大学等校工作。1946 年返回北京，重新担任清华大学教授。1948 年担任岭南大学教授。1952 年后为中山大学教授。

陈寅恪学术成果丰硕，特别有影响的著作如《隋唐制度渊源略论稿》、《唐代政治史述论稿》、《元白诗笺证稿》以及《柳如是别传》等，著名论文如《大乘义章书后》、《陶渊明之思想与清谈之关系》、《吾国学术之现状及清华之职责》、《陈垣敦煌劫余录序》、《王静安先生遗书序》、《冯友兰〈中国哲学史〉（下册）审查报告》、《戊戌政变与先祖先君之关系》等。其中早在 1933 年撰成的《天师道与滨海地域之关系》，不仅是道教与地域文化关系研究的开山之作，而且已经展现了他善于从芜杂的历史资料中发现问题、运用极为平常的史料说明问题、评论历史角度新颖等史学思想和史学方法。三联书店2009年出版了《陈寅恪集》（共13种14册）收录了现在所能收集的陈寅恪的全部著述。

陈寅恪的学术研究从总体上看，主要包括以下方面：

一是在以隋唐史为中心的中古史领域。在这个领域，陈寅恪有三部非常重要的著作，即1940年的《隋唐制度渊源略论稿》、1942年的《唐代政治史述论稿》以及1947年《元白诗笺证稿》。《隋唐制度渊源略论稿》从礼仪（附都城建筑）、职官、刑律、音乐、兵制、财政等方面研究隋唐时期各项制度的历史渊源，陈寅恪指出："隋唐制度虽极广博复杂，然究其因素，不出三源：一曰（北）魏、（北）齐，二曰梁、陈，三曰（西）魏、周。"① 陈寅恪认为："秦凉诸州西北一隅之地，其文化上续汉魏、西晋之学风，下开（北）魏、（北）齐、隋、唐之制度，承前启后、继绝扶衰，五百年间延绵一脉，然后始知北朝文化系统之中，其由江左发展变迁输入者之外，尚别有汉、魏、西晋之河西遗传。"② 也就是说隋唐制度的最主要的渊源是江左所承袭的汉魏、西晋典章礼仪制度，以及河西文化，即西北凉州等地所保存的魏晋文化，后影响北魏，汇至隋唐。陈寅恪还认为隋唐士族对于隋唐制度的形成有重要影响，他指出："盖自汉代学校制度废弛，博士传授之风气止息以后，学术中心移于家族，而家族复限于地域，故魏、晋、南北朝之学术、宗教皆与家族、地域两点不可分离。"③ 自两汉以来，学术和宗教的延续就与家族、地域联系到了一起，因此很有实力的地方家族实际上成了文物典章制度的重要保存者、延续者，成为制度文化的重要支柱。当然，陈寅恪还注意到制度文化的形成与政治势力之间的冲突的关系，指出北齐、北周制度的形成实际上是北魏的鲜卑贵族与中原地区的汉族贵族集团之间互相妥协融合的结果。《唐代政治史述论稿》在《隋唐制度渊源略论稿》的基础上，以士族的兴衰演变和民族矛盾来分析唐代政治历史的演变。经过分析，陈寅恪指出，唐初的统治策略是以关中士族集团为核心，同时大力提拔起、用山东等地的出身寒微的士族，达到限制山东豪强士族的目的，从而稳固制度的根基。到了武则天时期，大力起用寒微士族和在唐初被压抑的山东士族，使得关陇士族地位下降，尤其是科举制度的施行，给许多寒微士族以机会。这样陈寅恪就从唐初关陇士族与山东士族的

① 陈寅恪：《隋唐制度渊源略论稿·礼仪篇》，中华书局1977年版，第41页。
② 陈寅恪：《隋唐制度渊源略论稿·礼仪篇》，中华书局1977年版，第41页。
③ 陈寅恪：《隋唐制度渊源略论稿·礼仪篇》，中华书局1977年版，第17页。

矛盾、世袭的士族与靠科举等方式起家的寒微士族之间的矛盾来阐释唐代政治的变化。这种变化到唐末形成了党派分野，牛僧孺、李宗闵与李德裕、郑覃等之间的党争就是士族矛盾延续的结果。陈寅恪还指出唐代的安史之乱等的发生与民族文化之间的差异很有关系。《元白诗笺证稿》是在前两书的基础上，以元稹、白居易的诗歌为资料，研究诗歌中所反映的士族精神风貌和思想特征，陈寅恪认为这些诗歌反映了士大夫的人生观和思想观念，只是采取了一种特殊的表达形式而已，白居易的《长恨歌》、《琵琶行》等都是表达自己思想的作品。该书中还以元稹对崔莺莺被始乱终弃的故事，研究了士大夫在升降过程中，所面临的不同道德境况和道德标准的两难处境，“各是其是，各非其非也。”社会的变化影响到思想观念的变化，道德也在不停的新旧之争中转移变迁，人们的道德选择也是在新旧之争中选择。以上三本著作，陈寅恪从典章制度的延续变迁、士族集团势力的消长变化以及士大夫思想观念的矛盾等方面研究了中古尤其是隋唐时期中古社会的变迁，是隋唐史研究领域的奠基之作。

第二个重要领域是对道教、佛教等宗教史的研究。其道教研究，本书所选的《天师道与滨海地域之关系》比较有代表性。天师道本是道教的一个宗派，陈寅恪没有单纯地去研究其思想内容，而是从宗教与地域文化关系等视角来研究天师道的情况。这篇文章的主要内容可以归结为三点：首先是汉末两晋南北朝的政治演变与天师道有密切关系；其次天师道的神仙信仰和思想学说与滨海地域的特殊地理有关，系经由海上交通而受到外来文化的影响；其三，东晋南北朝时期许多著名的文人士族都受到了道教的影响。具体来讲，陈寅恪指出，天师道与汉代以来的政治有密切关联，比如汉末黄巾起义、西晋赵王伦之废立、东晋孙恩之乱、北魏太武之崇道、刘宋二凶之弑逆，以及东西晋、南北朝人士所以奉道都与天师道有关。天师道在滨海地域之内流行甚广，影响很大，以至于能够达到扰乱政治的作用，“晋代天师道之传播于世胄高门，本为隐伏之势力，若渐染及于皇族，则政治上立即发生巨变。西晋赵王伦之废惠帝而自立，是其一例。”[①] 东晋孙恩之乱，也是由于皇族中心人物是天师道的信徒，南朝的宫廷政变，也是天师道传入皇族中心造成的。天师道的神秘性，在政治上往往表现出极大的阴谋性，具有极大的破坏作用。陈寅恪指出，从汉末以来许多历史人物的名字和行为也可以看出天师道的影响。六朝时期本是很重家讳的，

①《陈寅恪史学论文选集》，上海古籍出版社 1992 年版，第 150 页。

但是很多父子之间却很少避讳，比如简文帝名“道迈”，其子又名“道生道子”，寇谦之父子俱以之字命名，王羲之、王献之父子也同用“之”字，这些都说明了天师道的影响。当然天师道作为道教的一个宗派，在某些方面也是有所贡献的，比如在书法方面，“艺术之发展多受宗教之影响。而宗教之传播，亦多倚艺术为资用”①，天师道与书法艺术之间互相利用的史实也是很明显的。在医药方面，陈寅恪指出，《黄帝内经》虽然为后人所伪造，但实际上也是中国古代的医书，与天师道有很密切的关系。陈寅恪的这篇论文对于我们研究中国思想史，尤其是宗教史、宗教思想有重要价值，每一种宗教总是以一定的地域为依托，在该地域之内对政治、艺术、人们的思想观念和行为等方面都有很深刻的影响，要理解该宗教本身或者要理解当时所发生的政治事件、人们的思想言行，只有把二者联系起来考虑才有可能得到确切的解释。

在佛教史方面，陈寅恪用力甚勤，尤其是对佛教经典的考证。他研究佛教主要不是专注于经义本身，而是把佛教经典当做思想史材料，主要在于研究历史，涉及对佛教经典的作者、著作年代以及内容等方面的考证，比如对《高僧传》、《金刚经》等都曾经注解。大多数时候他都是把佛教思想置于当时的时代背景之下，从时代文化的精神和思想系统之间的相互影响来说明思想的源流和演变。陈寅恪还研究了佛教作为外来文化与中国传统的文化接触所带来的利弊，弊在容易失去原来的精意，利在产生了一种新的文化内容。与研究道教一样，陈寅恪善于从佛教与当时的文学、音韵学、史学、政治史以及中亚史地等方面的联系来说明佛教的传播和思想内容。这对我们研究佛教史也是极有启发意义的。

当然，陈寅恪在史学领域的贡献远不止上面提到的两点，他在六朝史论、明清史研究以及史料疏证等方面也有卓著成绩。

—— 延伸阅读文献目录：

《陈寅恪史学论文选集》，上海古籍出版社，1992 年。

—— 原文：《天师道与滨海地域之关系》

---

① 《陈寅恪史学论文选集》，上海古籍出版社 1992 年版，第 183 页。

经典原文

天师道与滨海地域之关系

陈寅恪

■ 一、引言

东晋孙恩之乱与滨海地域之关系，旧史纪之已详，且为世人所习知者也。若通计先后三百余年之史实，自后汉顺帝之时，迄于北魏太武刘宋文帝之世，凡天师道与政治社会有关者，如汉末黄巾米贼之起原，西晋赵王伦之废立，东晋孙恩之作乱，北魏太武之崇道，刘宋二凶之弑逆，以及东西晋、南北朝人士所以奉道之故等，悉用滨海地域一贯之观念以为解释者，则尚未之见。故不自量，钩索综合，成此短篇。或能补前人之所未逮，而为读国史者则进一新解欤?

■ 二、黄巾米贼之起原

自战国邹衍传大九州之说，至秦始皇、汉武帝时方士迂怪之论，据太史公书所载（《始皇本纪》《封禅书》《孟子》《荀卿列传》等），皆出于燕、齐之域。盖滨海之地应早有海上交通，受外来之影响。以其不易证明，姑置不论。但神仙学说之起原及其道术之传授，必与滨海地域有连，则无可疑者。故汉末黄巾之乱亦不能与此区域无关系。

《后汉书》陆拾下《襄楷传》略云：

襄楷字公矩，平原隰阴人也。好学博古，善天文阴阳之术。延熹九年，楷自家诣阙，上疏曰："臣前上琅邪宫崇受于吉神书，不合明德。"复上书曰："前者宫崇所献神书，专以奉天地顺五行为本，亦有兴国广嗣之术。其文易晓。而顺帝不行，故国胤不兴。"初，顺帝时，琅邪（琅邪当今地详见于下第七章）宫崇诣阙，上其师于吉于曲阳泉水上所得神书百七十卷，皆缥白素朱介青首朱目，号《太平清领书》。其言以阴阳五行为家，而多巫觋杂语。有司奏崇所上妖妄不经，乃收藏之。后张角颇有其书焉。

章怀太子注以地名有三曲阳，而定此曲阳为东海之曲阳。其说云：

海州有曲阳城，北有羽潭水。而于吉、宫崇并琅邪人，盖东海曲阳（在今江苏省东海县西南）是也。（凡篇中古代郡邑之名其约略相当见今何地悉附注于本文之下，以便参考。但以在海滨地域，而又与本篇主旨之说明有关者为限。）

《三国志》《吴书》壹《孙策传》注引江表传略云：

时有道士琅邪于吉，先寓居东方，往来吴会，立精舍，烧香，读道书，制作符水以治病。吴会人多事之。策尝于郡城门楼上集会诸将宾客，吉趋度门下。诸将宾客三分之二下楼迎拜之，掌宾者禁呵不能止。

案，江表传所言与时代不合，虽未可尽信，而天师道起自东方，传于吴会，似为史实，亦不尽诬妄。是于吉、宫崇皆海滨区域之人，而张角之道术亦传自海滨，显与之有关也。

又据《三国志·魏书》捌《张鲁传》及《后汉书》壹佰伍《刘焉传》等，张道陵顺帝时始居蜀，本为沛国豊（今江苏省豊县）人。其生与宫崇同时，（宋濂翰苑别集卷六汉天师世家叙云："道陵建武十年生于吴之天目山。"殊不足信。故不依以为说）豊沛又距东海不远，其道术渊源来自东，而不自西，亦可想见。此后汉之黄巾米贼之起原有关于滨海区域者也。

三、赵王伦之废立

西晋八王之乱，其中心人物为赵王伦。赵王伦之谋主为孙秀，大将为张林。林、秀二人《晋书》皆无专传。其事迹悉见于《晋书》伍玖《赵王伦传》中。以予考之，秀固确为天师道之信徒，林亦疑与之同教者也。《三国志·魏书》捌《张燕传》裴注引陆机《晋惠帝起居注》曰：

门下通事令史张林，飞燕之曾孙。林与赵王伦为乱，未及周年，位至尚书令、卫将军，封郡公。寻为伦所杀。

据此，张林为黄巾同类黑山之苗裔，其家世传统信仰当与黄巾相近。《晋书》壹佰《孙恩传》云:“孙恩自灵秀,琅邪人,孙秀之族也。世奉五斗米道。”以“世奉五斗米道”之语推之,秀自当与恩同奉一教。匪独孙秀、张林为五斗米道中人,即赵王伦亦奉天师道者。兹侈写《晋书》本传及其他史料中有关事实,略附以说明。

《晋书》伍玖《赵王伦传》云:

赵王伦,宣帝第九子也。武帝受禅,奉琅邪郡王。及之国,行东中郎将、宣威将军。咸宁中,改封于赵。

《世说新语·贤媛篇》注引傅畅《晋诸公赞》曰:

孙秀字俊忠,琅邪人。初赵王伦封琅邪,秀给为近职小吏。伦数使秀作书疏,文才称伦意。伦封赵,秀徙户为赵人,用为侍郎,信任之。

又《仇隙篇》注引王隐《晋书》曰:

岳父文德为琅邪太守。(《晋书》伍伍《潘岳传》云:“父芘琅邪内史。”)孙秀为小吏给使。岳数蹴蹋秀,而不以人遇之也。

案,琅邪为于吉、宫崇之本土,实天师道之发源地。伦始封琅邪,而又曾之国。则感受环境风习之传染,自不足异。孙秀为琅邪土著,其信奉天师道由于地域关系,更不待言。

又《晋书·赵王伦传》云:

伦,秀并惑巫鬼,听妖邪之说。秀使牙门赵奉诈为宣帝神语,命伦早入西宫。又言宣帝于北芒为赵王佐助,于是别立宣帝庙于芒山,谓逆谋可成。

又云:

使杨珍昼夜诣宣帝别庙祈请,辄言宣帝谢陛下(指赵王伦),某日当破贼。拜道士胡沃为太平将军,以招福佑。秀家日为淫祀,作厌胜之文,使巫祝选择战日。又令近亲于嵩山著羽衣,诈称仙人王乔,作神仙书,述伦祚长久以惑众。

案,陶弘景《真诰》壹陆《阐幽微第二》谓晋宣帝为西明公宾友,则在天师道诸鬼官中位置颇高。其所以立别庙于北芒山者,殆以鬼道仪轨祀之,不同于太庙祖宗之常祭也。《三国志·吴书》壹《孙坚传》云:“中平元年黄巾贼帅张角起于魏郡,自称黄天泰平。”《魏书》捌《张鲁传》注引《典略》言:“张角(《后汉书》陆伍《刘焉传》注引《典略》作张修)为太平道。”而宫崇所上于吉神书又名“太平清领书”,今伦拜道士为将军,以太平为称号。战阵则乞灵于巫鬼。其行事如此,非天师道之信徒而何?

又云：

许超、士猗、孙会等军既并还，乃与秀谋，或欲收余卒出战，或欲焚烧宫室，诛杀不附己者，挟伦南就孙旂、孟观等，或欲乘船东走入海。

考《晋书》壹佰《孙恩传》云：

诸贼皆烧仓廪，焚邑屋，刊木堙井，掳掠财货，相率聚于会稽。其妇女有婴累不能去者，囊簏盛婴儿投于水，而告之曰：贺汝先登仙堂，我寻后就汝。

又云：

刘裕与刘敬宣并军蹑之于郁洲，恩遂远迸海中。及桓玄用事，恩复寇临海，太守辛景讨破之。恩穷蹙，乃赴海自沉，妖党及妓妾谓之“水仙”，投水从死者百数。

《晋书》捌肆《刘牢之传》云：“恩浮海奄至京口，战士十万，楼船千余。闻牢之已还京口，乃走郁洲。”夫郁洲为孙恩栖泊之所。《抱朴子》内篇肆《金丹篇》云：海中大岛屿，若徐州之鬱洲。（即郁洲，在今江苏省灌云县东北，昔为岛屿，今已与大陆连接。）

又《水经注》叁拾《淮水篇》云：

东北海中有大洲谓之郁洲，《山海经》所谓郁山在海中者也。言是山自苍梧徙此云，山上犹有南方草木。今郁州治。故崔季珪之《述初赋》言：“郁州者故苍梧之山也。心悦而怪之。闻其上有儒士石室也，乃往观焉。见一道人独处休休然，不谈不对，顾非己及也。”

据此，可知郁洲之地位神仙居处，而适与于吉、宫崇之神书所出处至近。孙恩、卢循武力以水师为主，所率徒党必习于舟楫之海畔居民。其以投水为登“仙堂”，自沉为成“水仙”，皆海滨宗教之特征。孙秀之“欲乘船东走入海”，即后来其族孙败则入海，返其旧巢之惯技。若明乎此，则知孙、卢之所以为海屿妖贼者，盖有环境之薰习，家世之遗传，决非一朝一夕偶然遭际所致。自来读史者惜俱不知综贯会通而言之也。

■ 四、孙恩之乱

晋代天师道之传播于世胄高门，本为隐伏之势力，若渐染及于皇族，则政治上立即发生巨变。西晋赵王伦之废惠帝而自立，是其一例，前已证明。东晋孙恩之乱，其主因亦由于皇室中心人物早成天师教之信徒。兹略举数证，并附以说明。

《晋书》叁贰《孝武文李太后传》云：

始简文帝为会稽王，有三子，俱夭。自道生废黜，献王早世，其后诸姬绝孕将十年。帝令卜者扈谦筮之。曰：后房中有一女，当育二贵男，其一终盛晋室。时徐贵人生新安公主，以德美见宠。帝常冀之有娠，而弥年无子。会有道士许迈者，朝臣时望多称其得道。帝从容问焉，答曰：当从扈谦之言，以存广接之道。帝然之，更加采纳。又数年无子。乃令善相者召诸爱妾而示之，皆云，非其人。又悉以诸婢媵示焉。时后为宫人，在织坊中，形长而色黑，宫人皆谓之昆仑。既至，相者惊云：此其人也。帝以大计，召之侍寝，遂生孝武帝及会稽文孝王及鄱阳长公主。

《真诰》捌《甄命授第四》（涵芬楼重印道藏本）云：

我按九合内志文曰：竹者为北机上精，受气于玄轩之宿也。所以圆虚内鲜，重阴含素。亦皆植根敷实，结繁众多矣。公（寅恪案，后注云“凡云公者，皆简文帝为相王时也”）试可种竹于内北宇之外，使美者游其下焉。而乃天感机神，大致继嗣，孕既保全，诞亦寿考。微著之兴，常守利贞。此玄人之祕规，行之者甚验。

六月二十三日中候夫人告公。（孝武壬戌生。此应是辛酉年）

灵草阴玄方，仰感旋曜精，洗洗（诜诜）繁茂萌，重德必克昌。

紫薇夫人作。

福和者当有二子。盛德命世。（福和似是李夫人贱时小名也。今《晋书》名俊容。二子即孝武并弟道子也。寅恪案，俊容，《晋书·孝武文李太后传》作陵容，当据此改正。）

同夜中候告。

（右三条杨书。又掾写。）

又《太平御览》陆陆陆引《太平经》曰：

濮阳者不知何许人。事道专心，祈请皆验。简文帝废世子无嗣时，使人祈请于阳。于是中夜有黄气起自西南，遥堕室。尔时李皇后怀孝武。（刘敬叔《异苑》肆亦载此事。）

据简文帝求嗣事，可知孝武帝及会稽王道子皆长育于天师道环境中。简文帝字道万，其子又名道生道子。俱足证其与天师道之关系。六朝人最重家讳，而“之”、“道”等字则在不避之列，所以然之故虽不能详知，要是与宗教信仰有关。王鸣盛因齐梁王系“道”、“之”等字之名，而疑《梁书》《南史》所载梁室王系倒误（见《十七史商榷》伍伍《萧氏世系》条），殊不知此类代表宗教信仰之字，父子兄弟皆可取以命名，而不能据以定世次也。（参考《燕京学报》第四期陈垣《史讳举例》第五十三《南北朝父子不嫌同名例》条）又钟嵘《诗品》上《宋临川太守谢灵运》条云：

钱唐杜明师夜梦东南有人来入其馆，是夕即灵运生于会稽。旬日而谢玄亡。其家以子孙难得，送灵运于杜治养之。十五方还都，故名客兒。（原注治音稚。奉道之家靖室也。）按，仲伟所记此条，不独可以解释康乐所以名客兒之故，兼可以说明所以以“灵”字为名之故。钱唐杜氏为天师道世家，康乐寄养其靖室以求护佑，宜其即从其信仰以命名也。

又孝武名曜，字昌明，其名字皆见于紫薇夫人诗中。此诗为后来附会追作，或竟实有此诗，简文即取其中之语以名其子，皆可不必深论。但可注意者，天师道对于竹之为物，极称赏其功用。琅邪王氏世奉天师道。故世传王子猷之好竹如是之甚。（见《世说新语·简傲篇》、《御览》叁捌玖引《语林》及《晋书》捌拾《王徽之传》等。）疑不仅高人逸致，或亦与宗教信仰有关。姑附识于此，以质博雅君子。

《晋书》壹佰《孙恩传》云：

恩叔父泰，字敬远，师事钱唐杜子恭。而子恭有祕术。子恭死，泰传其术。然浮狡有小才，诳诱百姓，愚者敬之如神，皆竭财产，进子女，以求福庆。王珣言于会稽王道子，流之于广州。广州刺史王怀之以泰行鬱林太守，南越亦归之。太子少傅王雅先与泰善，言于孝武帝，以泰知养性之方，因召还。道子以为徐州主簿，犹以道术眩惑士庶。稍迁辅国将军新安太守。会稽世子元显亦数诣泰求其祕术。泰见天下兵起，以为晋祚将终，乃扇动百姓，私集徒众。三吴士庶多从之。于时明士皆惧泰为乱，以其与元显交厚，咸莫敢言。

《晋书》捌肆《王恭传》云：

淮陵内史虞珧子妻裴氏有服食之术，常衣黄衣，状如天师。（会稽王）道子甚悦之，令与宾客谈论，时人皆为降节。恭抗言曰：未闻宰相之坐有失行妇人。坐宾莫不反侧，道子甚愧之。

寅恪案，道子虽从王珣之言，暂流孙泰于广州，但后仍召还任用，且喜裴氏服食之术，是终与天师道术有关。然则孝武帝、会稽王道子及会稽世子元显等东晋当日皇室之中心人物皆为天师道浸淫传染，宜其有孙卢之乱也。

至卢循之家世即姻党尚有可注意者。《三国·志魏书》贰贰《卢毓传》注引《卢谌别传》云：永和六年，卒于胡中，子孙过江。妖贼帅卢循，谌之曾孙。

《晋书》壹佰《卢循传》略云：

（卢循）司空从事中郎谌之曾孙也。娶孙恩妹。及恩作乱，与循通谋。

案，卢循为范阳涿人，似与滨海地域无关。然《晋书》肆肆其伯祖《卢钦传》云："累迁琅邪太守"。同卷附《卢谌传》云："（刘）琨妻即谌之从母，既加亲爱，又重其才地。"

《晋书》陆贰《刘琨传》云：

赵王伦执政，以琨为记室督，转从事中郎。伦子荂，即琨妹婿也，故琨父子兄弟并为伦所委托。及篡，荂为皇太子，琨为荂詹事。三王之讨伦也，以琨为冠军、假节，与孙秀子会率宿卫兵三万距成都王颖，琨大败而还，焚河桥以自固。及齐王冏辅政，以其父兄皆有当世之望，故特宥之。

案，刘琨为赵王伦死党，卢谌既与之为姻戚，而伯祖钦又曾官琅邪，是其家世环境殊有奉天师道之可能。故因循妻为孙恩之妹，而疑卢氏亦五斗米世家。否则南朝士族婚嫁最重门第，以范阳卢氏之奕世高华，而连姻于妖寒之孙氏，其理殊不可解也。

又《魏书》玖柒《岛夷刘裕传》云：

其（指卢循）党琅邪人徐道覆为始兴相。

案，徐道覆为循之死党，又循之姊夫（详见《晋书》壹佰《卢循传》。）。其世系虽不可考，然为海滨地域之人，且以其命名即姻党之关系言之，当亦五斗米世家无疑也。

又《晋书》捌《废帝海西公纪》云：

咸安二年十一月，妖贼卢悚遣弟子殿中监许龙农到其门，称太后密诏，奉迎兴复。帝初欲从之，纳保母谏而止。因叱左右缚之，龙惧而走。

案，此事可参阅《法苑珠林》陆玖《破邪篇妖乱惑众第四》彭城道士卢悚条。许龙或即许迈同族，卢悚或即循同族，彭城或为侨居之地，而非郡望。此皆无可考，不能决定（《魏书》玖《陆僭晋司马叡传》称徐州小吏卢悚。）姑附记于此，以见东晋末年天师道与政治之关系焉。

■ 五、刘劭之弑逆

宋元凶劭之弑逆，实由于信惑女巫严道育。《宋书》玖玖《二凶传》(《南史》壹肆略同）云：

上（文帝）时务在本业，劝课耕桑，使宫内皆蚕，欲以讽励天下。有女巫严道育，本吴興（今浙江省旧湖州府）人。自言通灵，能役使鬼物。夫为劫，坐没于奚官。劭姊东阳公主应阁婢王鹦鹉白公主云："道育通灵有异术。"主乃白上，讬云善蚕，求召入，见许。道育既入，自言服食，主及劭并信惑之。始与濬王素佞事劭，与劭并多过失，虑上知，使道育祈请，欲令过不上闻。道育辄云：自上天陈请，必不泄露。劭等敬事，号曰"天师"。及劭将败，(濬）劝劭入海，辇珍宝缯帛下船，与劭书曰："船故未至，尼已入台。愿与之明日决也。"人情离散，故行计不果。濬书所云尼，即严道育也。当时不见传国玺，问劭，云：在严道育处。

《隋书》叁伍《经籍志道·经部》云：

（梁）武帝弱年好事，先受道法，及即位，犹自上章，朝士受道者众。三吴及边海之际，信之踰甚，陈武世居吴兴，故亦奉焉。

寅恪案，严道育以道字命名，生地为吴兴，号为"天师"。又唐法琳《破邪论》(见道宣《广弘明集》壹壹及唐彦琮《护法沙门法琳别传》）历举古来道士破家破国为逆乱者，如张鲁孙恩之类。其中有一条云"道育醮祭而祸宋。出《宋书》。"则法琳亦以严道育为天师道也。凡此皆足以证其为五斗米教中人。故南朝元嘉太初之际宫廷之惨变，实天师道传入皇族中心所致，而其主动之人固与滨海地域有关系也。

■ 六、魏太武之崇道

凡信仰天师道者，其人家世或本身十分之九与滨海地域有关。《隋书·经籍志·道经部》谓"三吴及边海之际，信之踰甚。"《晋书·孙恩传》亦言"三吴士庶多从之（孙泰）”。盖边海之际本其教之发源地。三吴区域或以邻接海滨，或以重要都会所在，居南朝政治之中心，为北来信徒若琅邪王氏等所侨聚之地。但隋志仅就南朝言之。其实北朝亦何独不然。兹节取旧史所载魏太武崇道事，条列于后，以证成吾说。

《魏书》壹壹肆《释老志》云：

世祖时，道士寇谦之，字辅真，南雍州刺史谠之弟，自云寇恂之十三世孙。早好仙道，有绝俗之心。少修张鲁之术。

《魏书》肆贰《寇谠传》云：

寇讚，字奉国，上谷人，因难徙冯翊万年。父脩之，字延期，苻坚东莱太守。（东莱郡，今山东省旧登莱二府之地）谠弟谦之有道术，世祖敬重之。

案，谦之自附于寇恂之后裔，故称上谷人。魏收亦谓其“自云”。明不足信也。但其父既任东莱太守，即曾居滨海地域。父子俱又以“之”字命名，是其家世遗传，环境薰习，皆与天师道有关，所以“少修张鲁之术”也。

复次，《元和姓纂》玖去声五十候条云：

寇，上谷昌平恂后，汉执金吾雍奴侯曾孙荣，荣孙孟，魏冯翊太守，徙家冯翊。

罗振玉《雪堂金石文字》寇臻诔跋云：

誄称臻汉相威侯之裔，（寇）荣十世之允（胤），荣之子孙前魏因官遂寓冯翊。

寅恪案，寇氏实以前魏时徙居冯翊，所谓因难或因官，其真伪姑不深论，考《三国·魏志》壹伍《张既传》云：“（张）鲁降，既说太祖拔汉中民数万户以实长安及三辅。”故颇疑寇氏本为米贼之党，魏武帝平张鲁，遂徙其族于冯翊，寇氏自谓徙家冯翊在前魏时，实即后汉建安时，特以其时汉祚已危，魏武已霸主专政，遂混称为前魏时耳。此谦之所以世修张鲁道术之由来欤？（又《高僧传》壹贰《宋伪魏平城释玄高传》云：“释玄高姓魏，冯翊万年人也，母寇氏本信外道。”是玄高之母亦谦之之族也，附记于此，以备参考。）

《魏书》叁伍《崔浩传》略云：

崔浩，字伯渊，清河人也，白马公玄伯之长子。初，浩父疾笃，浩乃剪爪截发，夜在庭中仰祷斗极，为父请命，求以身代，叩头流血，岁余不息。性不好老庄之书，每读不过数十行，辄弃之。

又《魏书·释老志》云：

始光初（寇谦之）奉其书而献之，时朝野闻之，若存若亡，未全信也。崔浩独异其言，因师事之，受其法术。于是上疏，赞明其事。世祖欣然崇奉天师，显扬新法。

又《魏书》贰肆《崔玄伯传》云：

（苻）坚亡，避难于齐、鲁之间，为丁零翟钊及司马昌明叛将张原所留絷。慕容垂以为吏部郎、尚书左丞、高阳内史。太祖征慕容宝，次于常山。玄伯弃郡，东走海滨。

又《魏书》叁伍《崔浩传》云：浩母卢氏，谌孙女也。

案，玄伯妻为卢谌孙女，即孙恩妹婿卢循之姑母，是崔浩、卢循两人实中表兄弟，其家世相传之信仰，自属天师道无疑。观浩剪爪截发，夜祷斗极，为父请命（参阅《梁书》肆柒及《南史》伍拾《庾黔娄传》），正似后来道家北斗七星延命之术。（今《道藏》为字号有《北斗七星灯仪》及《北斗本命延寿灯仪》等书，此等自为后世撰述，而佛藏密教部亦有《北斗七星延命经》，及其他类似之经殊多。颇疑此种禳祷之方译出虽晚，要是天竺早已有之，道家之术或仍间接传自西方，特不肯显言之耳）至其不好老庄之书者，盖天师道之道术与老庄之玄理本自不同，此与浩之信仰天师道，并无冲突也。故浩之所以与谦之之道独有契合，助成其事者，最主要因实在少时所受于其母之家庭教育。况浩父玄伯既避乱于齐鲁之间，后复东走海滨，是浩之父系与滨海地域亦有一段因缘，不仅受母氏外家信仰之渐染而已也。（又浩宗人颐与方士韦文秀诣王屋山造金丹。见《魏书》叁贰《北史》贰肆。或亦崔氏本来奉道之旁证）此点为北朝佛道废兴关键所系，前人似尚无言及之者，特为发其覆如此。

■ 七、东西晋南北朝之天师道世家

凡东西晋南北朝奉天师道之世家，旧史记载亦可得而考者，大抵与滨海地域有关。故青徐数州，吴会诸郡，实为天师道之传教区。观《风俗通》玖《怪神篇》城阳景王祠条、《三国志·魏书》壹《武帝纪》注引王沈《魏书》，详述琅邪及青州诸郡淫祀之俗。（兼可参考《后汉书》肆壹《刘盆子传》所载赤眉军中常有齐巫鼓舞祠城阳景王以求福助事）又《江表传》“于吉先寓居东方，往来吴会”之语，最足以见东汉末年天师道分布地域之情况。兹除去前已论及者外，略诠次旧记条列于后。

琅邪（晋琅邪国约当今山东省旧兖青沂莱四府东南境及胶州之地）王氏。

《晋书》捌拾《王羲之传》云：与道术许迈共修共食，采药石不远千里。次（子）凝之亦工草隶。仕历江州刺史左将军会稽内史。王氏世事张氏五斗米道，凝之弥笃。孙恩之攻会稽，寮佐请为之备，凝之不从。方入靖室请祷，出语诸将曰：吾已请大道许鬼兵相助，贼自破矣。既不设备，遂为孙恩所害。

案，《真诰》壹陆《阐幽微第二》云：“王廙为部鬼将军。”廙为凝之叔祖，既领鬼兵，更宜凝之请以相助。夫琅邪王氏为五斗米世家，读史者所习知。兹特上溯其先世，至于西汉之王吉，拈出地域环境与学说思想关系之公案以供学者参决，姑记其可疑者于此，非敢多所附会也。

《新唐书》柒贰中《宰相世系表》云：

王氏。元避秦乱，迁于琅邪，后徙临沂（今山东省临沂县）。四世孙吉，字子阳，汉谏议大夫，始家皋虞（汉侯国，今山东省即墨县东北地）。后徙临沂都乡南仁里。生骏，字伟山，御史大夫。二子：崇、游。崇字德礼，大司空、扶平侯。生遵，字伯业，后汉中大夫、义乡侯。生二子：旹、音。音字少玄，大将军掾。四子：谊、叡、典、融。融字巨伟。二子：祥、览。

《晋书》叁叁《王祥传》云：

王祥字休征，琅邪临沂人，汉谏议大夫吉之后也。祖仁，青州刺史。父融，公府辟不就。

案，《唐书》表所载世系，其见于《汉书·王吉传》者，自属可信。其后诸世当有脱误，然为王吉之后，要无可疑。今节录《汉书》柒贰《王吉传》推论之。《传》云：王吉字子阳，琅邪皋虞人也。上疏言得失曰：陛下躬圣质，总万方，帝王图籍日陈于前，惟思世务，将兴太平。公卿幸得遭遇其时，言听谏从，然未有建万世之长策，举明主于三代之隆者也。其务在于期会簿书断狱听讼而已，此非太平之基也。臣愿陛下承天心，发大业，与公卿大臣延及儒生述旧礼，明王制，敺一世之民，跻之仁寿之域，则俗何以不若成康，寿何以不若高宗？窃见当世趋务不合于道者，谨条奏，唯陛下财择焉。吉意以为夫妇，人伦大纲，夭寿之萌也。世俗嫁娶太早，未知为人父母之道而有子，是以教化不明，而民多夭。聘妻送女亡节，则贫人不及，故不举子。又汉家列侯尚公主，诸侯则国人承翁主，使男事女，夫诎于妇，逆阴阳之位，故多女乱云云。自吉至崇，皆好车马衣服，其自奉养极为鲜明，而亡金银锦绣之物。及迁徙去处，所载不过囊衣，不蓄积余财。去位家居，亦布衣疏食。天下服其廉而怪其奢，故俗傅王阳能作黄金。

案，《后汉书》陆拾下《襄楷传》言："顺帝时，琅邪宫崇诣阙，上其师于吉于曲阳泉上水所得神书百七十卷，号《太平清领书》。"专以奉天地顺五行为本，亦有兴国广嗣之术。"

章怀注引《太平经》典《帝王篇》略曰：

真人谓神人曰：吾欲使帝王立致太平，岂可闻邪？神人言：但顺天地之道，不失铢分。则立致太平延年不疑也。又闻曰：今何故其生子少也？天师曰：今太平气到。或有不生子者，反断绝天地之统，使国少人。理国之道，多人则国富，少人则国贫。

案，《汉书》与王吉同传者有贡禹。禹亦琅邪人。其所言调和阴阳，兴致太平，减少宫女，令儿七岁乃出口钱，其旨趣与王吉相似。后来之于吉《太平清领神书》兴国广嗣之言，实不能外此。又《汉书》柒伍《李寻传》载成帝时，齐人甘可忠诈造《天官历》、《包元太平经》，其徒党夏贺良等陈说哀帝，以为成帝不应天命，故嗣绝，今宜急改元易号，则得延年益寿，皇子生，灾异息矣。哀帝从其议，改元太初，易号曰陈圣刘太平皇帝。其言亦与后来《太平清领书》所记兴国广嗣之术约略相似。殆所谓齐学，即滨海地域之学说也。夫《汉书》所载"俗传王阳能作黄金"，则王阳当时所处之环境中作黄金之观念必已盛行，然后始能致兹传说。故据此可以推见其时社会情况。而应仲远不明斯义，转以此讥孟坚（见《风俗通·过失篇》），过矣。

又《真诰》壹陆《阐幽微第二》云：

（上略）夫至廉者不食非己之食，不衣非己之布帛。王阳有似也。（原注：此目应以夷齐为摽。）高士中亦多此例。而今乃举王阳。当年淳德自然，非故为皎洁者也。王阳先汉人也（下略）。

右五条皆积行获仙，不学而得。

天师道以王吉为得仙，此实一确证，故吾人虽不敢谓琅邪王氏之祖宗在两汉时即与后来之天师道直接有关，但地域风习影响于思想信仰者至深且钜。若王吉贡禹甘忠可等者，可谓上承齐学有渊源。下启天师之道术，而后来琅邪王氏子孙之为五斗米教徒，必其地域薰习，家世遗传，由来已久。此盖以前读史之人所未曾注意者也。

高平郗氏。

《晋书》陆柒《郗鉴传》云：

郗鉴字道徽，高平金乡人。（晋高平国治昌邑，在今山东省金乡县西北）赵王伦辟为掾，知伦有不臣之迹，称疾去职。及伦篡，其党皆至大官，而鉴闭门自守，不染逆节。二子：愔、昙。愔字方回。与姊夫王羲之、高士许恂（询）并有迈世之风，俱棲心绝穀，修黄老之术。子超，一字嘉宾。愔事天师道，而超奉佛。昙字重熙，子恢，字道胤。

又鉴叔父隆传云：

隆字弘始，少为赵王伦所善。及伦专擅，召为散骑常侍。伦之篡也，以为扬州刺史。齐王冏檄至，中州人在军者皆欲赴义。隆以兄子鉴为赵王掾，诸子悉在京洛，故犹豫未决。停檄六日，将士愤怒，扶（王）邃为主而攻之，隆父子皆死。

又《晋书》柒柒《何充传》云：

于时郗愔及弟昙奉天师道，而充与第准崇信释氏。谢万讥之云：二郗谄于道，二何佞于佛（《世说新语·排调篇》同）。

又《世说新语·术解篇》云：

郗愔信道甚精勤，常患腹内恶，诸医不可疗。闻于法开有名，往迎之。既来，便脉云：君侯所忌，正是精进太过所致耳。合一剂汤与之。一服即大下，去数段许纸如拳大，剖看，乃先所服符也。

又《太平御览》陆陆陆引《太平经》云：

郗愔心尚道法，密自遵行。善隶书，与右军相埒。手自起写道经，将盈百卷，于今多有在者。

案，《晋书》壹肆《地理志》金乡为兖州高平国之属县，距海滨虽略远，然观郗氏一门在西晋时与赵王伦关系之密切如此，则郗隆父子与孙秀等宾皆伦之死党，事败俱以身殉，不过一处中枢，一居方镇之别耳。故以东晋时愔、昙之笃信天师道，及愔字道徽，恢字道胤而推论之，疑其先代在西晋时即已崇奉此教。至嘉宾之奉佛，与其家风习特异者，犹之愔忠于王室，而超党于桓氏，宗教信仰及政治趋向皆与其父背驰也。

吴郡杜氏。

《晋书》壹佰《孙恩传》云：

恩叔父泰，字敬远，师事钱唐（见下）杜子恭。而子恭有秘术，尝就人惜瓜刀，亦主求之，子恭曰：当即还耳。既而其刀主行至嘉兴，有鱼跃入船中，破鱼得瓜刀。其为神效往往如此。子恭死，泰传其术。

《南齐书》伍肆《高逸传》云：

杜京产字景齐，吴郡钱唐人。（晋吴郡钱唐县，今浙江省杭县。）杜子恭玄孙也。祖运，为刘毅卫军参军，父道鞠，州从事，善弹棋，世传五斗米道，至京产及子栖（《南史》柒伍《隐逸传》同）。

《真诰》壹玖《翼真检第一》真诰续録云：

（许）黄民乃奉经入剡（见下）。钱唐杜道鞠（即居士京产之父）道业富盛，数相招致。于时诸人并未知寻阅经法，止禀奉而已。

又钟嵘《诗品》载谢灵运寄养于钱唐杜明师家，前已论及，兹不重出。案，杜子恭为孙泰之师，其历代相传至后裔杜栖，多有时名，为南朝天师最著之世家，而钱唐及属滨海地域也。

会稽孔氏。

《晋书》壹佰《孙恩传》略云：

黄门郎孔道、鄱阳太守桓放之、骠骑谘议周勰掌皆敬事之（指子孙泰）。中书郎孔道等皆遇害。

《晋书》柒捌《孔愉传》云：

孔愉字敬康，会稽山阴（晋会稽郡治山阴，今浙江省绍兴县。）人也。其先世居梁国。曾祖潜，太子少傅，汉末避地会稽，因家焉。吴平，愉迁于洛。惠帝末，东还会稽，入新安山中，改姓孙氏。后忽舍去，皆谓为神人，而为之立祠。

《世说新语·棲逸篇》云：

孔车骑少有嘉遁息，自称孔郎。遊散名山。百姓谓有道术，为生立庙。今犹有孔郎庙。

刘孝标注引《孔愉别传》曰：

永嘉大乱，愉入临海（晋临海郡治章安，今浙江省临海县）山中、不求闻达。

《南齐书》肆捌《孔稚珪传》（《南史》肆玖《孔珪传》同）云：

孔稚珪字德璋，会稽山阴人也。祖道隆，位侍中。父灵产。泰始中罢晋安太守。有隐遁之怀，于禹井山立馆，事道精笃。吉日于静屋四向朝拜，涕泗滂沲，东出过钱唐北郭，辄于舟中遥拜杜子恭墓，自北至都，东向坐，不敢背侧。

《南史》柒伍《隐逸传》云：

孔道徽，守志业不仕，与（杜）京产友善。道徽父佑，至行通神，隐于四明山，（在今浙江省鄞县西南一百五十里，余姚县南一百十里。）尝见山谷中有数百斛钱，视之如瓦石不异。采樵者竞取，入手即成沙砾。王僧虔与张绪书曰：孔祐，敬康曾孙也。古之遗德也。道徽少历高行，能世其家风。

《真诰》壹玖《翼真检第一》真诰续録云：

元兴三年京畿纷乱，（许）黄民乃奉经入剡（今浙江省嵊县）。至羲熙中，鲁国孔默崇奉道教，为晋安太守。（晋晋安郡故治在今福建省闽侯县东北）罢职，还至钱唐。闻有许郎先人得道经书俱存，乃往诣许。许不与相见，孔膝行稽颡，积有旬日。兼献奉殷勤，用情甚至。许不获已，始乃传之。孔仍令晋安郡吏王兴缮写。（兴善有心尚，又能书画，故以委之。）孔还都，唯宝録而已，竟未修用。元嘉中，复为广州刺史。及亡后，其子熙先休先才学敏赡，窃取看览，见《大洞真经》说云：诵之万遍，则能得仙。大致讥诮，殊谓不然。以为仙道必须丹药鍊形，乃可超举，岂可空积声詠，以致羽服。兼有诸道人助毁其法。或谓不宜蓄此。因一时焚荡，无复孑遗。

《宋书》陆捌《彭城王义康传》（《南史》壹叁同）云：

上（太祖）疾尝危殆，（祭酒鲁郡孔）胤秀等辄就尚书仪曹索晋咸康末立康帝旧事。及太祖疾豫，微闻之。（元嘉）十七年十月，诛大将军録事参军刘敬文、贼曹参军孔邵秀、主簿孔胤秀、丹阳丞孔文秀、司空从事中郎司马亮等。胤秀始以书记见任，渐预机密。文秀、邵秀，皆其兄也。司马亮，孔氏中表，并由胤秀而进。

又《宋书》陆玖《范晔传》（《南史》叁叁同）略云：

初，鲁国孔熙先博学有纵横才志，文史星算，无不兼善。初，熙先父默之为广州刺史，以赃货得罪下廷尉，大将军彭城王义康保持之，故得免。及义康被黜，熙先密怀报效。以晔意志不满，欲引之。极辞譬说，其意乃定。熙先素善天文，云：太祖必以非道晏驾，当由骨肉相残。江州应出天子。以为义康当之。有法略道人，先为义康所供养，粗被知待。又有王国寺法静尼，亦出入义康家内，皆感激旧恩，规相拯拔，并与熙先往来，使法略罢道。本姓孙，改名景玄，以为臧质宁远参军。熙先善于治病，兼能诊脉。法静尼妹夫许耀，领队在台，宿卫殿省。尝有病，因法静尼就熙先乞治，为合汤一剂，耀疾即损。耀自往酬谢，熙先深相待结，因告逆谋，耀许为内应。熙先于狱中上书，所陈并天文占候，谶（南史作诫）上有骨肉相残之祸，其言深切。

《真诰》贰拾《翼真检第二》云：

孔璪贱时，杜居士、京产将诸经书往剡南墅大墟住，始与顾欢、戚景玄、朱僧标等数人共相料视，于是分别选书出，凡有经传四五卷，真嗳七八篇，今犹在杜家。

案，孔璪事迹见《宋书》捌肆及《南史》贰柒《孔觊传》。孔觊等起兵应晋安王子勋，实璪为之谋主，亦天师道信徒也。

又会稽孔氏其居山阴之孔愉一门及孔道隆、灵产、稚珪三世，与居剡之孔默之、孔熙先父子及孔胤秀、文秀、邵秀兄弟，是否本为一族？不能详考。然孔愉自谓先世居梁国，孔默之父子孔胤秀兄弟自称鲁郡，皆讬为孔子后裔，来从北方。（见《新唐书》柒伍下《宰相世系表》孔氏及林宝《元和姓纂》陆山阴孔氏各条。）其事之真伪，且不置论，而其俱居滨海地域，俱有与天师道相关之迹象，则无疑义。故称之为奉天师道之世家，当无不可。至《晋书·孙恩传》中敬事孙泰之黄门郎孔道即同传下文遇害之中书郎孔道，与山阴孔氏疑是一族。《南齐书·孔稚珪传》稚珪祖为侍中道隆，以稚珪父灵产奉道如此之笃推之，孔道隆恐即孔道。以唐人传写避讳，略书名下一字，而侍中之官或者又因死难之故所追赠欤？姑记于此，以俟考。孔熙先之为天师道信徒，不待论。而法略本孙氏，法静妹夫许耀又为许氏，皆有天师道家世之嫌疑。宋文帝初不死于彭城王康及孔熙先，而卒死于元凶劭及严道育。其被弑之人虽殊，而俱与天师道有关则一，故谓之死于天师道之手实无不可。至于范蔚宗以谋逆诛，王西庄（《十七史商榷》陆壹）陈兰甫（《东塾集》附申范一卷）皆著论辨诬，而不知其死由于孔熙先，熙先为天师道世家。然则谓蔚宗之死实由于天师道，固亦无不可也。

又蔚宗之著《后汉书》，体大思精，信称良史，独方术一传附载不经之谈，竟与《搜神记》《列仙传》并列，故在全书中最为不类。遂来刘子玄之讥评（见《史通》伍《採撰篇》及壹柒《杂说篇》中诸晋史条），亦有疑此非范氏原文，而为后人附益者（见王先谦《后汉集解》捌贰下黄山校补）。其实诸史者苟明乎蔚宗与天师道之关系，则知此传全文本出蔚宗之手，不必致疑也。

义兴周氏。

《晋书·孙恩传》言骠骑谘议周勰敬事孙泰。今《晋书》伍捌有《周勰传》，勰为义兴阳羡人，周处之孙，终以临淮太守，然其所生时代较早，当非一人。但义与周氏实有信奉天师道之嫌疑。据《晋书》伍捌周勰之叔父札传云：

时有道士李脱者，妖术惑众，自言八百岁，故号李八百。自中州至建邺，以鬼道疗病，又署人官位，时人多信事之。弟子李弘养徒灊山，云应谶当王。故（王）敦使庐江太守李恒告札及其诸兄子与脱谋图不轨。时莚（札兄子）为敦谘议参军，即营中杀莚及脱、弘，又遣参军贺鸾就沈充尽掩杀札兄弟子，既而进军会稽，袭札。札出拒之，兵败见杀。(《太平御览》陆佰柒拾引《集仙録》，《太平广记》柒引《神仙传》等，皆有李八百事。)

《抱朴子·内篇》玖《道意篇》云：

诸妖道百余种，皆煞生血食。独有李家道无为，为小差。或问：李氏之道起于何时？余答曰：吴太帝时，蜀中有李阿者，穴居不食，传世见之，号为八百岁公。后一旦忽去，不知所在。后有一人，姓李名宽，到吴，而蜀语，能祝水，治病颇愈，于是远近翕然，谓宽为李阿，因共呼之为李八百，而实非也。自公卿以下，莫不云集其门。于是避役之吏民依宽为弟子者，恒近千人。余亲识多有及见宽者。宽弟子转相教授，布满江表，动有千许。

案，葛稚川之言与晋书虽有异同，今观其所述，亦天师道之一派也。当时李氏妖党之盛，可以想见。李恒告周札及其诸兄子与李脱同谋不轨，盖当日李氏妖党自吴迄晋布满江表，义阳周氏为吴地世族之最著者，疑本与李氏道术有连，故王敦等得藉为口实。故曰敬事孙泰之周勰纵非义阳周氏，而义阳周氏之勰者，固曾陷于妖党之嫌疑，则为史实也。

陈郡殷氏。

《晋书》捌肆《殷仲堪传》云：

殷仲堪，陈郡人也。父师，骠骑谘议参军、晋陵太守、沙阳男。父病积年，仲堪衣不解带，躬学医术，究其精妙。少奉天师道，又精心事神，不吝财贿，而怠行仁义，啬于周急，及（桓）玄来攻，犹勤请祷。然善取人情，病者自为诊脉分药。

《世说新语·文学篇》羊孚弟娶王永言女条刘孝标注引《殷氏谱》曰：

仲堪娶琅邪王临之女，字英彦。

又《世说新语·术解篇》叙仲堪伯父浩精通医术事云：

殷中军妙解经脉，中年都废。有常所给使忽叩头流血，浩问其故，云：有死事，终不可说。诘问良久，乃云：小人母年垂百岁，抱疾来久，若蒙官一脉，便有活理，讫就屠戮无恨。浩感其至性，遂令舁来，为诊脉处方。始服一剂汤便愈，于是悉焚经方。

《真诰》壹伍《阐幽微第一》云：

殷浩侍帝晨，与何晏对。

又云：

侍帝晨有八人：徐庶、庞德、爰愉、李广、王嘉、何晏、解结、殷浩。如世之侍中。

案，殷仲堪为陈郡长平人。陈郡非滨海地域。虽妻为琅邪王氏，本天师道世家，然疑仲堪之奉道，必已家世相传，由来甚久，而不可考矣。今所传《黄帝内经·素问》，虽出后人伪造，实为中国医术古籍，而与天师道有关。其《天元纪大论》殆即张机《伤寒论·序》所称《阴阳大论》。故其文中托为黄帝与天师问答之语，是其明证。殷仲堪之伯父殷浩即已妙解经脉，然则仲堪之精于医术，（《隋书》叁肆《经籍志》：子部医方类《殷荆州要方》一卷，殷仲堪撰，亡。）亦当为家门风习渐染所致，非偶因父病始从事学医也。故参以晋代神仙家葛洪之综练医术，（《晋书》柒贰《葛洪传》。又《隋书·经籍志》:《肘后方》六卷，葛洪撰。梁二卷。陶弘景《补阙肘后百一方》，九卷，亡。）宋代天师道世家孔熙先善疗病，治愈许耀之故事（《宋书》陆玖《范晔传》），梁代神仙家陶弘景祖孙父子之尤明医术本草，（见《梁书》伍贰，《南史》柒陆《陶弘景传》）又《云笈七籤》壹佰柒下陶翊撰《华阳隐居先生本起録》云："祖隆兼解药性，常行拯救为务。父贞实深解药术。"及北朝天师道世家清河崔氏一门若崔彧、崔景哲、崔景鸞、崔冏等累代皆精通医术，为尚药典御（《魏书》玖壹《术药传》，《北史》贰肆）等事实，推定陈郡殷氏为天师道世家，明乎吾国医术与道教之关系者，当不以此为无稽之说也。

丹阳葛氏及东海鲍氏。

抱朴子之学虽有异于黄巾米贼，然实亦与之同出一源。不过流派略别耳。抱朴子之著述及其师鲍靓之行事今皆不论，仅就其家世籍贯与海滨之关系，略缀数语，以阐明此篇主旨。

《晋书》柒贰《葛洪传》云：

葛洪字稚川，丹阳句容人也。（句容今江苏省句容县）尤好神仙道养之法。从祖玄，吴时学道得仙，号曰葛仙公。以其炼丹秘术授弟子郑隐。洪就隐学，悉得其法焉。后师事南海太守上党鲍玄。玄见洪深重之，以女妻洪。洪传玄业，并综练医术。

《晋书》玖伍医术《鲍靓传》云：

鲍靓，字太玄，东海人也。（《晋书》东海郡在惠帝元康元年未分置兰陵郡以前统县十二，其境约当今山东省旧兖州府东南至江苏省旧海州之地。）年五岁语父母云：本是曲阳李家儿，九岁坠井死。父母寻访得李氏，推问皆符验。靓学兼内外，明天文河洛书，为南海太守。尝见仙人阴君，受道诀，百余岁卒。案，神仙之说于此可不置论。以地域言，丹阳东海皆《隋书·经籍志》所谓“三吴及滨海之际”者也（见上文。）然葛氏之居丹阳，亦由海边迁来，其家世信仰盖还有所承受。据《抱朴子·自叙篇》云：洪曩祖为荆州刺史。王莽之篡，与翟义共起兵，为莽所败，遇赦免祸。莽乃徙君于琅邪。君之子卢佐光武，封下邳僮县侯。讬他行遂南渡江，家于句容。《太平御览》陆陆叁引《列仙传》作“葛洪，字稚川，琅邪人”。陶弘景《吴太极左仙公葛公之碑》云：“本属琅邪，后汉骠骑僮侯卢，让国于弟，来居此土。”（见《陶弘景集》及《道藏》虞字号《谭嗣先太极葛仙翁传》）是葛氏本琅邪人。琅邪固天师道发源之地，与史实尤相适合。又《太平御览》陆陆肆引《神仙传》云：“鲍靓，字子玄，琅邪人。”一说上党上。汉司徒鲍宣之后。又《太平御览》肆壹引袁宏罗浮山记云：“鲍靓，字子长，上党人。”考靓所以作上党人者，盖据《汉书》柒贰《鲍宣传》中“宣既被刑，乃徙之上党，遂家于长子”之语。既以靓为宣之后裔，故宜云然。其实此类依托华胄之言，殊不足信，自无待论。而鲍靓之为琅邪人，更不容疑也。至《晋书》靓传中靓自称“本是曲阳李家儿”之曲阳，即《后汉书》襄楷传于吉“于曲阳泉水上得神书”之曲阳，章怀注所谓东海之曲阳是也。于此转可证成靓实为东海人，或琅邪人，皆属滨海地域。所谓上党人者，不过自讬于子都之后裔而已。近人注《晋书》以《鲍靓传》作东海为误。又以上党与曲阳地相近，殆未详考。（见吴士鉴《晋书》斠注柒伍《鲍靓传注》）《云笈七籤》卷壹佰陆有鲍靓真人传作陈留人。此较后之说，不如《晋书》等之足据也。

丹阳许氏。

丹阳许氏为南朝之最著之天师道世家。据其自称，为汉顺帝司徒汝南平兴许敬之后。敬子光始渡江，居丹阳句容。《真诰》卷末附有《真胄世谱》，详载其世系，然细核之，殊有可疑。盖《真诰》贰《运象篇第二》八月十七日夜保命仙君小茅口授与许长史之文云：肇祖植德（即谓七世祖许肇也）。

又壹贰《稽神枢第二》云：

亦如子七世祖父许肇字子阿者有赈死之仁，拯饥之德。故令云荫流后，阴功垂泽，是以今得有好尚仙真之心者，亦有由而然也。此紫阳真人六月二十日受。

（右一条有掾写）

又壹陆《阐幽微第二》云：

许肇今为东明公右帅农。帅农之任如世间中书监。（许肇字子阿，即长史七代祖司徒敬也。虽有赈救之功，而非阴德，故未蒙受化。既福流后叶，方始上拔，然后为九宫之仙耳。）

又《真胄世谱》云：

《真诰》云："长史七世祖肇字子阿有振惠之功。"又检谱，七世祖名敬，字鸿卿，后汉安帝时为光禄，顺帝永建元年拜司徒。（寅恪案，范氏《后汉书》陆《顺帝纪》云：永建二年七月光禄勋许敬为司徒。《通鉴》伍壹亦同。袁宏《后汉纪》系此事于永建元年。与此同）名字与《真诰》不同。未详所以舛异。案，许氏家谱与《真诰》互相舛异。毋宁信《真诰》为较近真。盖《真诰》中讬为保命仙君及紫阳真人等对许氏言其祖宗名字，且讬为许氏亲笔记录。其事虽不可信，而此点却不应伪误也。至家谱则于六朝时往往为寒门攀附华族以作婚宦之资者，尤多所改易。故丹阳许氏确否自汝南南徙，尚不可知。或如葛氏之比，原自琅邪迁来。或如鲍氏之比，本为东海，而自附于上党，今皆无考。要之，吴地居民本多天师道信徒，许氏既世居丹阳，想其宗教信仰之遗传必已甚久。又后汉灵帝熹平元年有会稽妖贼许昌起于勾章，自称阳明皇帝，扇动诸县，众以万数。（见《三国志·吴书》壹《孙坚传》，贰《孙策传》裴注，《东观汉记》、《后汉书》捌捌《臧洪传》及《续汉书·天文志》等）许昌既称妖贼，又以阳明为号，必系天师道，此许氏虽不必与丹阳之许同出一源，要为滨海地域天师道之党，与三张之徒先后同起者，则无可疑也。

丹阳陶氏。

周嘉猷《南北史世系表》叁《丹阳陶氏表》云：

陶隐居弘景，字通明，尤著名于梁代，盖基之裔也。世系无可考。

案，《云笈七籤》壹佰柒有陶弘景从子翊字木羽者所撰《华阳隐居先生本起录》，详载世系。周氏谓无可考者，非也。兹录取其有关者之语取于下。

隐居先生讳弘景，字通明，丹阳人也。宅在白杨巷南冈之东。宋初土断，仍割秣陵县西乡之桐下里，至今居之。十三世祖超，汉末渡江，始居丹阳。七世祖濬，交州刺史璜之弟，与孙皓俱降晋，拜议郎散骑常侍尚书。祖隆，好学，读书善写，兼解药性，常行拯救为务。父讳贞宝，善藁隶书，家贫，以写经为业，一纸值价四十。深解药术。先生尤好五行阴阳，风角炁候，太一遁甲，星历算数，山川地理，方国所产，及医方香药分剂，虫鸟草木，考校名类，莫不该细。善隶书，不类常式，别作一家，骨体劲媚。

案，陶濬附见《晋书》伍柒《陶璜传》。璜传云："自基至绥四世为交州者五人。"是陶氏一门与南部滨海之地关系至切。匪独陶氏如是，即鲍靓、葛洪，及孙泰，卢循诸人亦莫不然。岂交广二州之区域不但丹沙灵药可为修炼之资，且因邻近海滨，为道教徒众所居之地。以有信仰之环境，故其道术之吸收与传授，较易于距海辽远之地域欤？观陶翊之所述，则天师道世家皆通医药之术，尤有确证。中国儒家虽称格物致知，然其所殚精致意者，实仅人与人之关系。而道家则研究人与物之关系。故吾国之医药学术之发达出于道教之贡献为多。其中固有怪诞不经之说，而尚能注意于人与物至关系，较之佛教，实为近于常识人情之宗教。然则道教之所以为中国自造之宗教，而与自印度所输入之佛教终有区别者，或即在此等处也。

吴兴沈氏。

《宋书》壹佰自序（《南史》伍柒《沈约传》略同）云：

初，钱唐人杜子恭（《南史》作杜炅，字子恭。）通灵，有道术，东土豪家及京邑贵望，并事之为弟子，执在三之敬。（沈）警累世事道，亦敬事子恭。子恭死，门徒孙泰、泰弟子恩传其业，警复事之。隆安三年，恩于会稽作乱，自称征东将军，三吴皆响应。（警子）穆夫时在会稽，恩以为前部参军、振武将军、余姚令。其年十二月二十八日，恩为刘牢之所破，辅国将军高素于山阴回踵埭，执穆夫及伪吴郡太守陆瓌之、吴兴太守丘尫，并见害，函首送京邑。

先是宗人沈预素无士行，为警所疾。至是警闻穆夫预乱，逃藏将免矣。预以告官，警及穆夫、弟仲夫、任夫、预夫、佩夫并遇害，惟穆夫子渊子、云子、田子、林子、虔子获全。

《梁书》壹叁《沈约传》(《南史》伍柒同）略云：

沈约，字休文，吴兴武康（今浙江省武康县）人也。祖林子，宋征虏将军。因病，梦齐和帝以剑断其舌，召巫视之，巫言如梦。乃呼道士奏赤章于天，称禅代之事，不由己出。(梁）高祖闻赤章事，大怒，中使谴责者数焉，约惧，遂卒。

案，吴兴为滨海地域，沈约为林子之孙，穆夫之曾孙，警之玄孙，累世奉天师道。警、穆夫皆孙恩妖党。恩败，几举族殉之。据此，则休文受其家传统信仰之薰习，不言可知。赤章之事即其一例也。请以王献之事证之。《世说新语·德行篇》(参阅《晋书》捌拾《王羲之传》附《王献之传》及《太平御览》卷陆肆引《语林》）云：

王子敬病笃，道家上章应首过，问子敬由来有何同异得失？子敬云：不觉有余事，唯忆与郗家离婚。(刘孝标注引《王氏谱》曰：献之娶郗昙女，名道茂，寅恪案，以道茂之名观之，亦郗氏奉道之旁证。)

案，沈隐侯虽归命释迦，生平著述如《均圣论》,《答陶隐居难均圣论》,《内典序》,《佛记序》,《六道相续作佛义》,《形神论》,《神不灭论》,《难范缜神灭论》,《究竟慈悲论》,《千僧会愿文》,《舍身原疏》，及《忏悔文》等，(见广弘明集伍、壹伍、壹玖、贰贰、贰陆、贰捌等）皆阐明佛教之说。迨其临终之际，仍用道家上章首过之法。然则家世信仰之至深且固，不易湔除，有如是者。明乎此义，始可与言吾国中古文化史也。

又《南史》叁柒《沈庆之传》附《僧昭传》云：

僧昭别名法郎，少事天师道士，常以甲子及甲午日夜，著黄巾，衣褐，醮于私室。时记人吉凶，颇有应验。自云为太山录事，幽司中有所收录，必僧昭署名。中年为山阴县。梁武陵王纪为会稽太守，宴坐池亭，蛙鸣聒耳。王曰：殊废丝竹之听。僧昭咒厌十许口便息。及日晚，王又曰：欲其复鸣。僧昭曰：王欢已阑，今恣汝鸣。即便喧聒。又尝校猎，中道而还。左右问其故，答曰：国家有边事，须还处分。问何以知之，曰：向闻南山虎啸知耳。俄而使至。复谓人曰：吾昔为幽司所使，实为烦碎，今已自解。乃开匣出黄纸书，上有一大字，字不可识。曰：教分判如此。及太清初，谓亲知曰：明年海内丧乱，生灵十不一存，乃苦求东归。既不获许，及乱，百口皆歼。寅恪案，此吴兴沈氏世事天师道之又一确证也。

■ 八、天师道与书法之关系

东西晋南北朝之天师道为家世相传之宗教，其书法亦往往为家世相传之艺术，如北魏之崔卢，东晋之王郗，是其最著之例。旧史所载奉道世家与善书世家二者之符会，虽或为偶植之事，然艺术之发展多受宗教之影响。而宗教之传播，亦多倚艺术为资用。治吾国佛教美术史者类能言佛陀之宗教与建筑雕塑绘画等艺术之关系，独于天师道与书法二者互相利用之史实，似尚未有注意及之者。因论地域关系既竟，略举旧籍中涉及二者相互关系之记载，以质正于治吾国宗教美术史者。

《魏书》贰肆（《北史》贰壹）《崔玄伯传》云：

玄伯尤善草隶行押书，为世摹楷。玄伯祖悦与范阳卢谌，并以博艺著名。谌法钟繇，悦法卫瓘，而俱习索靖之草，皆尽其妙。谌传子偃，偃传子邈，悦传子潜，潜传玄伯。世不替业。故魏初重崔卢之书。次子简，字冲亮，一名览，好学，少以善书知名。

又《魏书》叁伍（《北史》贰贰）《崔浩传》云：

崔浩，玄伯之长子。既工书，人多讬写《急就章》。从少至老，初无惮劳，所书盖以百数。浩书体势及其先人，而妙巧不如也。世宝其迹，多裁割缀连，以为模楷。

案，崔、卢皆天师道世家，前已证明。史云："魏初重崔、卢之书。"然则北朝最著之能书世家即奉道之世家也。南朝能书者之家世事迹可考者较北朝为多，兹不广征，仅摘录一最显著简单之例如下：王羲之父子之书法，其地位不待论。兹但言亚于二王者。《南齐书》叁叁（《南史》贰壹）《王僧虔传》载僧虔论书之语云："郗愔章草亚于右军。郗嘉宾草亚于二王。"可知即依王氏之言，郗氏父子之书亦止亚于二王。然则南朝书法自应以王、郗二氏父子为冠，而王氏、郗氏皆天师道之世家，是南朝最著之能书世家即奉道之世家也。兹迻录天师道经典数则于下，以解释天师道与书法之关系。

真诰壹玖叙录述写经书符事云：

三君（杨君义、许长史谧、许掾翙）手迹，杨君书最工，不今不古，能大能细。大较虽祖效郗法，笔力规矩并于二王，而名不显者，当以地微，兼为二王所抑故也。掾书乃是学杨，而字体劲利，偏善写经，画符与杨相似，郁勃锋势，殆非人功所逮。长史章草乃能，而正书古拙，符又不巧，故不写经也。

又《真诰》贰拾《翼真检第二》孔璪贱时条注云：

楼（惠明家）钟（义山家）间经亦互相通涉，虽各摹符，殊多粗略。唯加意润色滑泽取好，了无复规矩锋势，写经又多浮谬。至庚午岁（齐武帝永明八年）（陶）隐居入东阳道，诸晚学者渐效为精。时人今知摹二王法书，而永不悟摹真经，经正起隐居手而。亦不必皆须郭填，但一笔就画，势力殆不异真，至于符无大小，故宜皆应郭填也。

《太平御览》陆陆陆引《太平经》云：

郗愔性尚道法，密自遵行。善隶书，与右军相埒。手自起写道经，将尽百卷，于今多有在者（已见前）。

《云笈七籤》壹佰柒陶翊撰《华阳隐居先生本起录》云：

（隐居先生）祖隆，好学读书，善写。父贞宝善藁隶，家贫以写经为业，一纸值四十（已见前）。

唐张彦远《法书要录》贰载梁中书侍郎虞龢论书表（亦见《晋书》捌拾《王羲之传》及《太平广记》贰佰柒书类引《图书会粹》等。）云：

（王）羲之性好鹅。山阴昙禳（一作醸）村有一道士，养好鹅十余。王清旦乘小船故往。意大愿乐。乃告求市易，道士不与。百方譬说，不能得。道士乃言性好道，久欲写河上公老子，缣素早办，而无人能书。府君若能自屈书《道德经》各两章，便合群以奉。羲之便住半日为写笔，笼鹅而归。

《法书要录》叁褚遂良撰晋右军王羲之书目（《宣和书谱》壹伍略同）载：“正书都五卷，共四十帖。第二黄庭经六十行。与山阴道士。”据此，知道家学经及画符必以能书者任之。故学道必访寻真迹，以供摹写。适与学书者之访寻碑帖无异。（可参阅《道藏》翔字号贾嵩撰《华阳隐居先生内传》所纪。）是书法之艺术实供道教之利用。而写经又为一种功德。如《太平经》记“郗昙之性尚道法，多写道经。”是其一例。画符郭填之法或与后来之双钩有关，兹不详论。至王右军为山阴道士写经换鹅故事，无论右军是否真有斯事，及其所书为《道德经》或《黄庭经》？姑不深考。（参考《容斋四笔》伍黄庭换鹅条，程大昌《考古编》捌黄庭经条，《演繁露》壹贰换鹅是黄庭经条及袁文《甕牖闲评》伍等）然此流传后世之物语既见于虞龢论书表，则必为六朝人所造作可知，昔人亦疑鹅与书法笔势有关，故右军好之。如陈师道《后山谈丛》壹云：

苏、黄两公皆喜书，不能悬手。逸少非好鹅，效其腕颈耳。正谓悬手转腕。而苏公论书，以手抵案，使腕不动为法，此其异也。（参考叶梦得《石林避暑录话》肆，晋史言王逸少性爱鹅条引张正素语。）

又包世臣《艺舟双楫》伍述书上云：

其要在执笔，食指须高钩，大指加食指中指之间，使食指如鹅头昂曲者。中指内钩，小指贴（无）名指外距，如鹅之两掌拨水者。故右军爱鹅，玩其两掌行水之势也。

寅恪案，后山及安吴之说特善于附会耳，非能得其真解也。据陶隐居《名医引》录，鹅列上品。唐孟诜《食疗本草》则以鹅为“与服丹石人相宜”。（悉见唐慎微《重修政和经史证类本草》壹玖及李时珍本草纲目肆柒禽部所引）本草药物之学出于道家。《抱朴子·内篇》壹壹《仙药篇》引《神农经》曰：“上药令人身安命延，昇天神，遨游上下，使役万灵，体生毛羽，行厨立至。”又《名医别》录（《重修政和经史证类本草》壹所引）云：“上药一百二十种，为君，主养命以应天。无毒，多服久服不伤人。欲轻身益气不老延年者，本上经。”然则依医家言，鹅之为物，有解五脏丹毒之功用，既于《本草》列为上品，则其重视可知。医家与道家古代原不可分。故山阴道士之养鹅，与右军之好鹅，其旨趣实相契合，非右军高逸，而道士鄙俗也。道士之请右军书道经，及右军之为之写者，亦非道士仅为爱好书法，及右军喜此鶂鶂之群有合于执笔之姿势也。实以道经非倩能书者写之不可。写经又为宗教上之功德，故此段故事适足表示道士与右军二人之行事皆有天师道信仰之关系存乎其间也。此虽末节，然涉及宗教与艺术相互之影响，世人每不能得其真谛，因并附论及之。（《太平御览》壹壹玖引《世说》云：“会稽有孤居老姥养一鹅。王逸少为太守，既求市之，未得。乃径观之。姥闻二千石当来，即烹以待之。逸少既至，殊丧生意，叹息弥日。”

寅恪案，《晋书》捌拾《王羲之传》并载羲之为山阴道士写经换鹅，及会稽孤姥烹鹅饷羲之两事。而烹鹅事御览虽言出世说，然实不见于今传本《世说新语》中，必非指康王之书。且此姥既不欲售所爱之鹅于太守，何得又因太守来看，而烹鹅相饷，意义前后相矛盾至于此极，必后人依仿写经换鹅故事，伪撰此说，而不悟其词旨之不可通也。故据《太平御览》此条殊不足以难吾所立之说）又十六国中前蜀李氏之建国，与西晋之衰乱分裂，最有关系。而巴赍为笃信天师道之民族，范长生本为天师道之教主，故其拯李氏于几亡之时，又劝其称帝者，实有宗教之背景。否则范氏以汉族儒者，竟倒行逆施，助赍逐华。诚如夏曾佑所言，其用心殆不可解矣。（见夏氏《中国历史》第三册第二章第十四节）然此事不直接关涉滨海地域问题，若详论之，将轶出本篇主旨之外，故不复旁及，仅附著其意于此，以供治中国宗教与政治关系史者之参究。

九、附　论

东西晋南北朝时之士大夫，其行事遵周孔之名教（如严避家讳等），言论演老庄之自然。玄儒文史之学著于外表，传于后世者，亦未尝不使人想慕其高风盛况。然一详考其内容，则多数之世家其安身立命之秘，遗家训子之传，实为惑世诬民之鬼道，良可慨矣。凡前所举此时期宫廷政治之剧变多出于天师道之阴谋，考史者自不可得而忽视。溯其信仰之流传多起于滨海地域，颇疑接受外来之影响。盖二种不同民族之接触，其关于武事之方面者，则多在交通阻塞之点，即山岭险要之地。其关于文化方面者，则多在交通便利之点，即海滨湾港之地。凡史籍所纪之大战争，若考其杀人流血之旧墟，往往同在一地。吾国自来著述多侈言地形险要，非必尽出书生妄诞之习，喜言兵事，实亦因人类之行动如战争者，常受地形天然之限制，故人事与地势之关系遂往往为读史者议论之所及也。海滨为不同文化接触最先之地，中外古今史中其例颇多。斯篇之作，不过欲于此议复加一新证。并以见吾国政治革命，其兴起之时往往杂有宗教神秘性质，虽至今日，尚未能尽脱此历史之惯例。好学深思之士当能心知其意也。篇中间及逸少之换鹅，子猷之爱竹等故事，所附之新解，即谓近乎傅会，然俱有征于旧文，倘藉此而得承教于通人，则诚著者之大幸也。兹请《引世说新语》篇王中郎令伏玄度习鑿齿论青楚人物条刘注所载彦威之言，以结此篇。其言曰:“寻其事，则未有赤眉黄巾之贼。此何如青州邪?”若更参之以《后汉书·刘盆子传》所记赤眉本末,《应劭风俗通义》玖《怪神篇》城阳景王祠条，及《魏志》壹《武帝纪》注引王沈《魏书》等，则知赤眉与天师道之祖先复有关系。故后汉之所以得兴，及其所以致亡，莫不由于青徐滨海妖巫之贼党。殆所谓“君以此始，必以此终”者欤?因其事亦轶出本文范围，不能详论，遂并识此意于篇末，俟他日与李蜀范长生之事共推证焉。

周予同与《怎样研究经学》

经典导读

周予同（1898—1981年），原名周毓懋，学名周蘧及周豫桐，字予同，笔名天行。浙江瑞安人。生于晚清时期，其父是清末廪生，家境贫寒。1915年毕业于瑞安中学，1920年以优异成绩毕业于北京高等师范学校（现为北京师范大学）国文部。1921年至1932年在商务印书馆任国文部编辑、教育杂志社主编，并在上海大学执教；1933年到1935年在安徽大学任教，兼任中文系主任、文学院院长；1935年至1941年在暨南大学任教，兼任史地系主任、南洋研究馆主任、教务长。1943年到1945年任开明书店编辑兼襄理。1945年到复旦大学任教授，新中国成立后，继续在复旦大学任教，并曾兼任历史系主任、副教务长。

周予同在辛亥革命前就对经学大师孙诒让十分景仰，中学时代周予同开始涉猎《诗》、《书》、《庄子》、《文选》等古籍，对古文产生了浓厚的兴趣。在北京高等师范学校读书期间，受到钱玄同、马裕藻、朱希祖等人的影响，这些人都曾师从章太炎，尤其是钱玄同对周予同影响很大，大概在这个时期打下了周予同经学研究的基础。恰在这个时期，新文化运动、五四运动相继发生，各种新思潮相继出现，周予同也受到科学与民主的新思潮的影响，对研究社会问题产生了强烈的兴趣。五四运动前夜，周予同参加了“火烧赵家楼”的革命行动，自此还撰写了大量研究中国教育制度的文章，如《中国教育现状之剖析》、《中国特殊教育问题》、《教材之研究》

等论文。他认为:“现在的社会制度不平等，所以在这种社会上建设的学校制度也跟着不平等。我就是抱着改善教育必须先改造社会的渴望，投身于我们的学生运动的。”[①]1919年他发表了《中国古代社会主义的思潮》，力图证明社会主义只要有相应的条件就必定会发生，不能把它说成是西洋的危险思想加以排斥。关于教育方面的十多篇文章包含了他对整顿教育的意见、训育的批评、中学课程与教材的建议、新学制系统的设想等，这些想法见于1922年发表的《我的理想的教育制度》一文，认为教育制度应该改造，不能再走中体西用的老路了。

自1925年开始，周予同开始转向中国经学史的研究，这与他对五四运动后经学研究形势的分析有密切关系。他总结了当时对待经学的四种态度：一是高喊打倒孔子、废弃经学口号的一派，周予同本来赞成打倒，但是主张应该进行历史的研究，不必高呼口号；二是抱残守缺派，他们认为《周礼》是周公治平之绩，谈文字还推崇仓颉造字之功，周予同认为他们经史不分、汉宋不分、今古文不分，把国粹想象得完美无缺。还有两派，一派继承孙诒让、章太炎坚持古文，一派继承廖平、康有为坚持今文的立场。周予同认为应该“使青年学人超脱传统的学派偏见，从历史入手，由了解经学而否定经学，不致老是陷在落后的泥沼里，在当时也是必要的学术思想工作”[②]。1925年，周予同在《民铎》杂志上连载了《经今古文学及其异同》一文，次年编订成书，由中华书局重印，即《经今古文学》。1926年，他写了《僵尸的出祟》，对军阀孙传芳强令东南五省添设读经予以批判，认为经只是穿着古衣冠的僵尸，每次出现都会给民国带来祸害。所以周予同主张，“经是可以研究的，但是绝对不可以迷恋的；经是可以让国内最少数的学者去研究，好像医学者检查粪便化学者化验尿素一样；但是绝对不可以让国内大多数的民众，更其是青年的学生去崇拜，好像教徒对于莫名其妙的《圣经》一样。”[③] 这就是周予同研究经学的态度。自此直到1937年抗日战争爆发，周予同写了大量经学史研究的论文和著作。他在1928年给顾颉刚的信中指出，自己的写作宗旨是“吾人愚拙，于社会无他贡献，只能廓清旧日思想之途径，使后来者不致多走错路，枉费精神而已”[④]。在这十来年间，周予

① 周予同:《周予同自传》，载《晋阳学刊》，1981年第1期。

② 周予同:《周予同自传》，载《晋阳学刊》，1981年第1期。

③ 周予同:《僵尸的出祟》，见朱维铮编《周予同经学史论著选集》(增订本)，上海人民出版社1996年版，第603页。

④ 周予同:《周予同自传》，载《晋阳学刊》，1981年第1期。

同发表的著作包括《经今古文学》、《群经概论》(1933)、《经学历史》注释本(1928年中华书局出版，1959年出修订本)、《孔子》(1934)、《朱熹》(1929)，论文如《孝与生殖器崇拜》(1927)、《经学与经学之派别》(1927)、《治经与治史》(1936)、《纬书与经今古文学》(1926)、《纬谶中的孔圣与他的门徒》(1933)、《纬谶中的皇与帝》(1936)等。还发表了研究教育问题的《中国学校制度》(1930)、《中国现代教育史》(1934)两书以及多篇论文。针对戴季陶鼓吹的孔子至孙中山的道统谬论、梁漱溟以孔教作为东方文化代表的论调，周予同本计划写《孔教变迁史》一文，驳斥二人，但是因环境恶劣未能写成。1941年周予同发表了《五十年来中国之新史学》，在《学林》第四辑刊出，考察了近代史学脱离经学的羁绊独立分化，因接受或拒绝唯物史观展开斗争的过程。对此，周予同主张予以批判的综合，并指出这是八年抗战时期他写的唯一的著作。20世纪50年代他修订了《经今古文学》和《经学历史》注释本。1961年到1963年又陆续发表了八、九篇经学史论文。1961年至1964年主持完成了《中国历史文选》上下两册的编订工作，还担任《辞海》经学史部分的主编，后又任总主编。1981年7月15日，周予同因病去世，终年84岁。他的《经学通史》也没有完成，后来由于资料丢失，他的学生也无法替他完成，这是学术界的损失和遗憾。

周予同曾经从三个方面总结了自己对经学研究理论和方法的看法。首先是理论问题。他指出："我研究中国的经学与史学，主观上是要从思想上文化上清算长期的封建社会，绝对不是恋旧、怀古，也绝对不想赶时髦。清算封建社会，如同医学家解剖尸体，需要有犀利而合适的解剖刀。我年轻时试用过多种解剖刀，也就是中国的和西方的社会历史学说，主要是进化论。但用来用去，还是认定只有马克思主义的唯物史观，才能帮助我们解决封建的、资产阶级的学者们总是纠缠不清的种种问题，指引我们把社会历史的研究变成科学。"他主张运用马克思主义理论来研究中国的经学史。其次是史料问题。他主张经学研究要区别哪些史料可信、可用，哪些史料不可信、不可用，对于研究对象不能先存肯定或否定的主观，要先从文献中去查找资料，论史不能不客观。他指出："我赞成'古为今用'，但必须尊重历史，采取马克思主义的历史唯物主义态度……研究历史应该'古为今用'，但必须'论从史出'，牵强比附的影射，主观武断的类比，种种非历史非科学的方法，需要在学术界继续扫除。"[①] 最后周予同强调基本功的重要性，对文字的透彻会通是第一关，对于古

① 周予同:《周予同自传》，载《晋阳学刊》，1981年第1期。

代文字和词语、语法要仔细研究，决不能以现行的词汇去臆测古人的思想。

1936年8月22日、29日，周予同在《出版周刊》第195、196期上发表了《怎样研究经学》一文，论述了他对中国经学史研究步骤和方法的看法，对于中国思想史中的经学史研究具有很强的指导作用。周予同指出："简略些说吧，以'史'的观点来治'经'，以社会科学的见地，发掘经典里的沉埋的材料。你把握住这理论而有所成就，你就会以新的姿态出现于中国现代学术界，而不致于将自己穿戴着古文冠杂厕在已死的古代的经学家的队伍里了！"[①] 这篇文章在20世纪上半叶学术革新的潮流中，尤其是对于经学研究走出泥沼具有重要意义，值得我们学习。经学以及经学史的研究是中国思想史研究的重要组成部分之一，但是经学本是现代学术分科之前一部分学术的总称，要从纷繁复杂的经学材料中理出与中国思想史相关的内容，即对经学思想史的研究是需要继续加强的一个领域。

—— 延伸阅读文献目录：

1. 周予同著：《中国经学史讲义》，上海文艺出版社，1999年。
2. 朱维铮编：《周予同经学史论著选集》（增订本），上海人民出版社，1996年。
3. 周予同著：《经今古文学》，商务印书馆，2010年。

—— 原文：《怎样研究经学》

① 周予同：《怎样研究经学》，见周予同著《中国经学史讲义》，上海文艺出版社1999年版，第134页。

经典原文

怎样研究经学

周予同

所谓“怎样研究经学”，可以分为两个阶段：第一阶段是懂得经学；第二阶段才是研究经学；换句话说，就是在懂得经学以后，能够站在经学研究的现阶段上有所表见，或且超过经学研究的现阶段上有所深造。第二阶段要以第一阶段为基础；没有第一阶段的学问基础而妄想做第二阶段的学问工作，结果，只有将自己变成为学问界的陋儒、妄人或丑角而已。

经学是中国特有的一种学问；正确点说，经学只是中国学术分类法没有发达以前之一部分学术综合的名称。因中国社会组织的演变，经学成立于前汉，动摇于一九一九年五四运动以后，而将消灭于最近的将来。——这理论，就是经学与中国社会组织的关系论，不是这篇短文所能详尽，容另文叙说；这理论不是因袭经学上某一学派的旧说，而是个人对于经学史之冷静的客观的研究后的结论。

对于“经学”一词加以简短的定义后，我们可进论“怎样懂得经学”，就是经学研究之第一阶段应该怎样。

在从前，学者指导门弟子们研究经学的方法，要看他的学派的立场而不同。如果他是一位经古文学者，他要劝你先从文字训诂入手，就是说要先读《说文》、《尔雅》这类文字学的古书；如果他是一位经今文学者，他要劝你先留意孔子的微言大义，就是说要先读《春秋公羊传》、《礼记·王制》篇这类偏于典章制度的古书；如果他是一位宋学家，他又要劝你先明白儒家的道德修养的方法，就是说要先读《大学》、《中庸》、《论语》、《孟子》这些书。

但是，到了现在，就是说，站在经学研究的现阶段上，我们不能像从前学者一样，偏信以往经学上某一学派的主张，我们第一，要先懂得“经”是什么？第二，要懂得什么叫做“经学”？第三，要懂得经学上有些什么“派别”？这些经学派别不同的特征究竟是什么？第四，要追究这些经学学派为什么会发生？它的最基本的原因是什么？综合地说，就是要先从经学史的研究入手。自然，这是有些困难的；在广博的经学领域内，要抽出这几个最根本的概念，如果在无师自学，是相当不容易的。但是，对于初学者，我们只要求他先对于经学作一次鸟瞰，免得闭着了眼睛，跟在中国现在学问界上的一班陋儒妄人丑角的后面跑，将自己的灵魂埋葬在牛角尖里，而并非要求他立刻对于经学史作详尽的研究。

经学史的著作，在国内很不发达；迫不得已，可先介绍几部书。第一，清末皮锡瑞《经学历史》可以读的，但我们要晓得皮氏是清末的今文学派，他所搜集的史料不充实，他所下的结论也有偏见。这部书有我的注释本，在商务印书馆出版，对于初学或者是有用的。第二，刘师培在清末曾写有《经学教科书》两册，由国学保存会出版，第一册是采用经学史的体裁的。这部书比皮锡瑞的《经学历史》还要简略，而且偏于古文学派，也有许多偏见。这部书现在已经绝版，不大容易买到，我和我的一位友人正在加以注释，想和皮氏的著作并行。第三，日本本田成之曾写了一部《支那经学史论》；他以外国学人的资格来写中国的经学，其优点在不受中国传统的经学偏见所蒙蔽，其缺点在对于中国经学的修养不够而多主观武断的话。这部书已有两种译本，一由江侠庵译，在商务印书馆出版，一由孙俍工译，在中华书局出版。此外不是用经学史的名称而和经学史有关系的，如梁启超的《清代学术概论》，我的《经今古文学》，都对于清代经学的派别有所叙说。如果再要扩充到中国的古书，那么，朱彝尊的《经义考》，清《四库全书总目提要》里的经部序录都值得一翻。

对于经学的演变有点基础的概念后，还不能立刻开始做专经的研究。因为专经研究，非先对于文字学有点基础不可。这并不是在主张汉学古文派的话；因为经典最晚也是前汉的文字，对于古代文字语言的研究，如果没有一点儿门径，你说能通经，那是笑话。汉学古文派的经学研究的流弊，在于出发于文字训诂而仍旧归宿于文字训诂；换句话说，他们只懂得经学的外表而还没有把握住经学的核心。——除了戴震几个人以外。至于汉学古文派批评汉学今文学和宋学派的话，说他们对于古代的语言文字毫无所知而以自己的主观硬派为古圣贤的话语，那是不错的。说到文字学，现在已经离开经学而独立发展，真所谓“附庸蔚为大国”。以文字学专家而兼经学专家，在现在学术分工不嫌细密的时代，也有点不容易；所以如果为经学研究的便利而研究文字学，懂得一些形音义的演变和关系的原则也就可以。在文字学的形、音、义三部门，音韵部门，就我看，对于经学的研究更其重要。由音韵入手，则古代训诂学上的困难每可冰释。但是只有文字学的基础还是不够，古代文法学也是经学研究的重要工具。因为文字学只研究到一个个的方块“字”，而经典上的文字困难每是古代文法学所研究的对象的“词”与“句”的问题。因为这关系，所以不仅古代文字学的书籍如《说文》、《尔雅》等应该涉猎；就是清代以及近人的许多文字学，文法学的名著，如朱骏声《说文通训定声》，阮元《经籍纂诂》，王引之《经传释词》，俞樾《古书疑义举例》和马建忠的《文通》，朱起凤的《辞通》等也都应该翻阅或备查了。

懂得什么是经学，且取得研究经学的工具以后，可以开始选择专经阅读了。这选择有两种方法：其一，先选读经典里浅近的书；如果采用这方法，可先读《孝经》、《孟子》、《论语》，再读《诗》、《书》、三礼，最后读《春秋》三传和《易》；对于三礼又可先读《礼记》，次读《周礼》，再次读《仪礼》；对于三传，又可先读《左传》，次读《公羊》和《穀梁》；这可称为“顺序研究法”。其二，先选读经学上成问题的重要的书籍，再浏览次要的经典；如果采用这方法，可先将皮锡瑞《王制笺》和孙诒让《周礼正义》对比的读，次将何休《公羊传解诂》和杜预《左传注》对比的读，次将王先谦《诗三家义集疏》，陈奂《诗毛氏传疏》，郑玄《毛诗传笺》和朱熹《诗集传》对比的读，次将惠栋《易汉学》，王弼《周易注》，程颐《易传》和焦循《易通释》对比的读，次将朱熹《四书集注》，王守仁《大学问》和《十三经注疏》中的《论》、《孟》、《学》、《庸》旧注对比的读，再次浏览其余各经典。因为经学上派别虽然非常复杂，但大体可分为“汉学”和“宋学”；汉学再分为“今文学”和“古文学”，宋学再分为“程朱派”和“陆王派”；抓住各学派，就一部经典，选读他们的代表作，看他们的意见究竟不同到如何程度，确是一种比较研究法。这两种选读的方法，都有优点，也都有缺点，最好依各人的学问性格而定。大概性格偏于“沉潜”的人，换句话说，就是耐性强而解悟力差的人，可采用第一种“顺序研究法”；偏于“高明”的人，换句话说，就是解悟力强而耐性差的人，可采取第二种“比较研究法”。

上面还只谈到选择经典的问题，至于着手专究某一经典，那就因为各种经典性质的不同，而方法不能划一；譬如说，研究《诗经》，和研究《春秋》不同；阅读《孝经》，也和阅读《论语》不一样。因为篇幅的限制，不能一部一部的说，现在姑且举普通点的流行点的《诗经》来说，就《诗经》研究的现阶段说,《诗经》只能用文学或史料的眼光去研究；但这《诗经》研究的现阶段仍从《诗经》之"经典的研究"的前一阶段发生。如果了解《诗经》之经典的研究，第一，须先明白《诗经》的学派；第二，须先知道《诗经》各学派的代表作；第三，须将《诗经》各学派的代表作对比的去研究，明白他们的异与同；第四，将《诗经》各学派代表作的异同归纳为几个原则或体系，作为诗经各学派的特征；最后，第五，能够根据自己客观的研究的见地加以评判或选择，而能达到圆融不自相矛盾的境界。能够做到这点，已经接近于上文所说经学研究之较高级的第二阶段了。

再详细地说,《诗经》可先分为"汉学"和"宋学"两派，汉学又分为"今文学"和"古文学"两派。诗今文学又分为鲁、齐、韩三家。这今文三家诗，都起于汉初；他们的著作，到了晋代，都已亡佚，只留下一部不甚重要的《韩诗外传》。从宋代王应麟作《诗考》，对三家诗的遗文遗说加以辑存，今文诗的研究才逐渐萌芽。到了清代，因为辑佚学和今文学发达的关系，三家诗的遗说大致可考。这最后的一部代表作便是上文所说的王先谦《诗三家义集疏》一书。诗古文学只有毛氏一家，他的著作就是现在《十三经注疏》中的《毛诗传》。但因为后来古文学的支流"通学派"郑玄作《毛诗笺》，杂采今文学说，所以看现在《十三经注疏》的本子，很不容易看清楚《毛传》的真面目。到了清代陈奂著《诗毛氏传疏》，才对于诗古文学作个别的深入的研究。郑玄的《毛诗笺》，虽然混乱今古文，但他是"通学派"的开创者，这部书在《诗经》研究上占很重要的地位，所以也是一部代表作。这说的是"诗汉学"。到了宋代，因为欧阳修、苏辙、郑樵等怀疑"诗汉学"，于是"诗宋学"开始萌芽；而南宋朱熹的《诗集传》就是一部"诗宋学"的代表作。将上文所举四部代表作，按照学派，分别它的异同，这就是所谓《诗经》之经典的研究工作；换句话说，你如果这样做，你配说懂得《诗经》了。自然,《诗经》研究的范围是相当广的，各学派的异同多在"诗义"，而诗义异同的发生又有它的来源。所以研究《诗经》，可分为五个步骤。第一，文字的异同研究；这不仅依阮元的《诗经校勘记》的方法，搜集各种版本作校勘的工作，而且应该进一步，利用新出土的《石经》等。第二，音韵的研究；这不仅应当打倒宋人句尾协韵的陋说，而且应该利用清代以及现代音韵学的成绩，对于句尾及句中的声韵加以分析。第三，训诂的研究；这也不仅要知道各派训诂的异同，而且应该应用音韵与训诂的关系，知道所以有这异同的原则，第四，名物的研究；这部分牵涉到动植物学及地志，如果能于古人成书以外，加以近代的研究，那是较前进的方法。第五，是诗义的研究，这是《诗经》经典研究之最后的一部门。完成了这一部门的工作，《诗经》之经典的研究才可告一段落。

完成了经学研究的第一阶段，然后能过渡到较高的第二阶段。所谓经学研究第二阶段，在上文，我曾说过“在懂得经学以后，能够站在经学研究的现阶段上有所表见，或且超过经学研究的现阶段上有所深造”的话。这里面，要先明了所谓“经学研究的现阶段”一词。依我的意见，无论那一种学问都有他的演变的过程；这种演变的过程，就表面看，好像都是几位学者努力与否的结果；但深一层去探究，你就知道这种学问演变的过程与经济、政治及其他文化部门都有依存的关系。对于学问的时代性如果没有敏感，或甚至于认识不清楚，那你每每会将自己的精力浪费着而毫无影响于社会文化。这并不是说做学问要趋时，而是说学问本身有一条主流，你不明白这主流所在，你将漂流无所归宿，甚或被这主流所打击而至于沉沦。研究经学也是如此，不明了经学演变的过程，就不清楚什么是经学研究的现阶段；不知道经学研究的现阶段，那你就不能在这一部门的学问里做一位领导者，甚至于队伍，而终至于被这一部门的学问所丢弃，而成为这一部门的学问的“门外汉”。

那么，什么是经学研究的现阶段呢？老实说：经学研究的现阶段就是“超经学的研究”。这话，初看似乎滑稽或不通；其实，一点也不。所谓超经学，就是要超汉宋学，超今古文学之经学的研究。再详细点说，就是知道经学有汉宋学的不同，知道经学有今古文学的不同，然而不受它们的拘束。这所谓不受拘束，并不是治经不谈“家法”，而是以“家法”或学派为基础而否定了它，超越了它，而到了一个新的阶段。用现代术语来说，他是今古文学与汉宋学的“扬弃”。举例说吧。在清代末年，章学诚叫出“六经皆史”的口号，确是比较前进的意识；但现在，这口号落伍了，我们现在只能说“六经皆史料”，而不能说“六经皆史”了。“史”与“史料”是不同的：“史料”只是一大堆预备史家选择的原料，而“史”却是透过史家的意识而记录下来的人类社会。就上举的《诗经》而论，请看，这十几年来，有人利用《诗经》作为研究中国哲学启蒙时代的史料，有人利用《诗经》作为研究中国古代社会形态的史料，至利用

《诗经》作为研究中国古代文学的史料以与《楚辞》相并，那更其普遍了！假使你有经学史的基础知识的话，或有对于学问之时代的敏感性的话，你应该清清楚楚地把握得住什么是经学研究的现阶段了！

明白这理论，那么，依我的意见，经学研究的较高段的工作可分为两方面，一是综合的记述的工作，一是分析的解释的工作。所谓综合的记述的工作，第一是经学史的著撰，第二是各经经义异同考的著撰。第三是经学与中国其他学问关系论的著撰，自然，这三种的每一种都是相当繁烦的。就经学史说吧，经学著作的总录，经学家传略的编辑，各派经学史的分撰，经学通史与经学年表的完成，都要费你不少的精力。对于这方面，国内已经有人在开始工作；如果社会给他们以相当的继续的帮助的话，这工作在最近期内是可以完成的。老实说，经学从西汉到现在已经二千多年了，为什么不赶快给他清算呢！给他以过去的学术史上的地位，使它不要在中国前进的大道上变为障碍物，不是现代的应有的工作吗？经学！我在高唱着它的挽歌呢！

所谓分析的解释的工作，就是对于所谓“经学”再作一度的化验，我平素称这为“经学之定量分析”或“经学之定性分析”。那一种经典是经？为什么他会得到这“经”的尊号？他是否是孔子的话？为什么他会拉上了孔子？这都是经典的初步分析工作。《仪礼》里的《冠礼》，是否如《礼记·冠义》所解释的这样堂皇？在头发上表示社会成员的加入盟式，是否和其他民族在生殖器施行割礼是同一意义？婚礼的亲迎，是否如《礼记·哀公问》所解释的尊生敬妻的理论？是否不是原始社会掠夺婚的遗留？丧礼的复礼，祭礼中的许多自然崇拜和祖先崇拜的仪式，是否如《礼记》各篇所说的所以劝孝行仁？是否不是出发于原始社会的有鬼论？将儒家理论的外衣从经典本身上剥脱下来，用最新最近的宗教学、民俗学、文化人类学的观点，窥探中国上古社会的真相，这不是经典的较高级的分析工作吗？

总之，简略些说吧，以“史”的观点来治“经”，以社会科学的见地，发掘经典里的沉埋的材料。你把握住这理论而有所成就，你就会以新的姿态出现于中国现代学术界，而不致于将自己穿戴着古衣冠杂厕在已死的古代的经学家的队伍里了！

张岱年与《中国哲学大纲·序论》

经典导读

张岱年（1909—2004 年），字季同，别名宇同，原籍河北献县。20 世纪中国著名的哲学家、哲学史家，中国哲学史、思想史研究的开拓者。其父张濂是清末进士，曾任翰林院编修。其兄是我国最早接受马克思主义的先驱者之一张申府。1928 年，张岱年同时考取北京师范大学和清华大学，后从清华大学退学到北京师范大学就读。1933 年毕业后任教于清华大学哲学系。1952 年任北京大学哲学系教授。

张岱年自青少年时期就展现了对哲学的兴趣和研究天赋，1926 年读中学时就在《师大附中月刊》上发表了第一篇哲学史论文《评韩》。大学期间，他在《大公报》等报纸上发表了如《破“唯我论”》、《知识论与客观方法》、《辩证法与生活》、《辟“万物 体”》、《辩证法的一贯》、《谭“理”》、《关于新唯物论》、《论外界的实在》等多篇哲学论文。这些论文发表于 1932 年至 1933 年之间，论文的内容表明了张岱年受到马克思主义辩证唯物主义的深刻影响。文章的发表引起了学术界的注意，他因此结识了哲学界的前辈熊十力、金岳霖等人，并被清华大学破格聘用，从此走上了哲学研究和教书育人的道路。

张岱年在《我与中国哲学史》一文中回忆了自己研究中国哲学史、思想史的过程。自 20 世纪 20 年代到 30 年代中期，张岱年撰写多篇研究中国古代唯物论、辩证法思想的论文，如《先秦哲学中的辩证法》、《秦以后哲学中的辩证法》、《中国思想源流》、《关于新唯物论》、《辩证唯物论的知识论》、《辩证唯物论的人生哲学》等。1936年，他在《国闻周报》上发表了《哲学上一个可能的综合》的文章，指出“今后哲学之一个新路，当是将唯物、理想、解析，综合于一”，力图将现代唯物论、西方分析哲学的逻辑分析方法与中国哲学的优秀传统结合起来。他说：这样一种综合，“乃是以唯物论为基础而吸收理想与解析，以建立一种广大深微的唯物论”，“也可以说是中国哲学与西洋哲学之新的综合，实际上更可以说是唯物论之新的扩大”①。这实际上就是张岱年文化综合创新思路的理论刍型。20世纪30年代初，张岱年力图改换体裁，撰写一本以问题为纲的中国哲学史。这就是从1935年1月开始写，到1937年写出初稿的约50万字的《中国哲学大纲》。在30年代中叶，张岱年还积极参与了关于中国文化建设的讨论，发表了《世界文化与中国文化》、《关于中国本位的文化建设》、《西化与创造》等。他认为一个民族的文化必须与其他较高的不同民族的文化接触交流，否则就容易走向衰落。但是在这种交流中，必须保持独立自主的精神，否则就会有被消灭的危险。他主张对东西方文化的优秀遗产加以选择综合，以建设社会主义的新中国文化。

20世纪40年代，张岱年继续发表了多篇哲学研究的论文，如《哲学思维论》、《知实论》、《事理论》、《品德论》、《天人简论》。这些论文虽然迟至1988年才由山东齐鲁书社刊布，但是却展现了张岱年对哲学根本问题的思考和探索。《哲学思维论》主要讨论认识方法，尤其对辩证法提出了他的看法。《知实论》主要讨论知觉和外在实在的关系，论证了外在世界的客观性。《事理论》讨论了普遍和具体的关系，认为普遍、抽象不能离开具体事物而存在。《品德论》主要讨论了人生价值与道德理想的关系，主张既要充实生命力又要自觉地提高道德修养。《天人简论》写于1948年夏，主要目的在于对他20年来所思考的各种哲学问题进行一次系统的反思和总结，明确了对哲学的定义，“哲学为天人之学。……哲学所研究者即自然之根本原理与人生之最高准则。哲学即根本原理与最高准则之学”②。此文中他还提出了哲学研究的十大命题。这篇概要确属张岱年分析辩证唯物论的代表作。这篇文章连同前四篇文章一起被合称为“天人五论”。

新中国成立后，张岱年的哲学研究之路几经曲折。20世纪50年代，他主要在北

---

①《张岱年自选集》,《哲学上一个可能的综合》，首都师范大学出版社2008年版，第441～457页。
②《张岱年自选集》,《天人简论》，首都师范大学出版社2008年版，第169页。

京大学接替冯友兰讲授中国哲学史课程，但是也写了一些著作或论文，如讲义《宋元明清哲学史提纲》。论文方面如《王船山的唯物论思想》、《张横渠的哲学》、《中国古典哲学中若干基本概念的起源与演变》、《中国古典哲学的几个特点》。还撰写了《中国唯物主义思想简史》与《张载——中国十一世纪唯物主义哲学家》两本小册子。

自 1957 年反右扩大化开始直至 1978 年文化大革命结束，张岱年的学术研究基本中断。仅 1972 年北京大学受命编写《中国哲学史》两卷本，张岱年负责宋元明清部分的撰写工作。1973 年还奉命为学生讲授儒法两家的历史资料。1978 年冬中国哲学史学会在山西太原成立，张岱年被推举为会长，任继愈、石峻、冯契为副会长。1978 年北京大学哲学系恢复招生，张岱年为学生讲授“中国哲学史史料学”、“中国哲学史方法论”两门课程。80 年代至 90 年代，张岱年又发表了一系列中国哲学史研究论文，包括《中国哲学发微》、《玄儒评林》、《文化与哲学》、《中国文化与文化论争》、《中国古典哲学概念范畴要论》，以及研究中国哲学中的价值学说的论文《简评中国哲学史上关于人的价值的学说》、《中国古典哲学的价值观》等。80 年代他还发表了多篇参与文化问题讨论的文章，如《中国文化与中国哲学》、《中国传统文化的分析》、《中国文化的历史传统及其更新》、《文化传统与民族精神》等，既反对全盘西化论，又反对儒学复兴论，而是主张文化综合创新论，主张在马克思主义普遍真理的指导之下弘扬中国的优秀文化传统，同时吸收其他民族文化的优秀成果。

张岱年从九个方面总结自己 80 年代到 90 年代所写论文的主要内容：一是对孔子的研究，他主张采取分析的态度对待孔子思想，孔子的思想有伟大的文化贡献，但是也有缺点和错误，将孔子和林彪联系起来是没有道理的，尊孔和盲目反孔的时代都已经过去了，应该科学地研究孔子，为此他写了《孔子哲学解析》、《论孔子的哲学思想》、《孔子在中国文化史上的地位》、《孔子与中国文化》、《论孔子之是非》、《论孔子的崇高精神境界及其历史影响》、《孔子对于中华民族的贡献》等论文，对于孔子思想进行了辩证分析，认为孔子虽述古而非复古，虽尊君而反对独裁，虽信天而怀疑鬼神。他整理三代历史文献提出自己的理论，奠定了中国文化传统的理论基础。他不重视生产劳动，表现出了一定的偏失。二是对于老子的研究。20 世纪 30 年代他就发表了一篇考证老子的文章，认为老子应在墨子之后，庄子之前。50 年代他重新思考了老子年代问题，认为孔老同时的传说是有根据的，于是重新肯定了《史记》关于老子的记载。他还认为老子的道是指超越一切事物的绝对，既无物质性，也无精神性，认为老子是中国哲学本体论的开创者等。三是认为《周易大传》是先秦辩证法的最高典范，还认为《易传》作于惠施、庄子之前，应是战国前期的作品。四是对庄子的研究。认为庄子哲学的最高范畴是道，道是客观的，心能体道，但道不从属于心。在《论庄子》一文中，他认为庄子哲学可以成为直觉主义。五是对宋明理学的研究。在《关于宋明时代的唯物主义及其与唯心主义的关系》、《论宋明理学的基本性质》、《关于宋明理气学说的演变》等文中，他认为宋明理学一方面加强了封建礼教，应予以批判；另一方面在理论思维上也有很大进步，也是需要研究的。六是对中国哲学史上天人合一观念的起源和演变，对董仲舒、张载、二程以及王夫之、戴震的天人合一的异同进行了研究，主要引证恩格斯的“自然界与精神的统一”加以说明，这主要体现在《中国哲学中“天人合一”思想的剖析》一文中。七是关于中国哲学中价值学说的研究。他发表了《简评中国哲学史上关于人的价值的学说》、《中国古典哲学的价值观》、《中国哲学关于人生价值的思想》、《中国哲学中的价值学说》等论文，提出要对中国哲学中的价值学说展开研究，还具体阐述了古代儒家、道家、墨家和法家的价值学说，开拓了中国哲学史、思想史研究的新领域。八是对中国古代唯物论的理论形态的研究。在《中国古代唯物主义的理论形态及其演变》中，他评述了中国古代唯物论的主要理论形态，认为中国古代唯物论包括四种形态，即老子发源的自然论、以张载为代表的唯气论、以裴頠为代表的唯有论、以范缜为代表的无神论。后在《中国唯物史导论》中又作了一些说明。九是对中国哲学基本问题的研究。他认为中国哲学中与西方思维与存在、物质与精神关系相当的是理气问题、心物问题，而理气问题是在宋明哲学中逐渐确立起来的，主要体现在他 1991 年写的《中国哲学基本问题辨析》一文中，对中国哲学的基本问题作了比较系统的说明。

20 世纪 90 年代，张岱年还撰写了两本专著，即《中国伦理思想研究》、《中国古典哲学基本概念范畴要论》，前者对中国伦理思想史上的一些疑难问题，如道德的阶级性与继承性、人性问题、仁爱学说的评价问题、对于纲常的分析等有系统论述，后者对中国古典哲学中的概念范畴作了系统论述。

张岱年自 20 世纪 30 年代初研究中国哲学史，至 2004 年去世，逾 70 年，写出了大量优秀的研究论文和开创性著作，还培养了众多中国哲学史、思想史研究的优秀人才，对中国哲学史、思想史研究作出了重要贡献。1996 年，河北人民出版社出版了八卷本《张岱年全集》，比较全面地搜集了张岱年的论文或著作。张岱年曾经将自己 30 年代以来的学术研究活动归结为三个方面：一是对哲学理论问题的研究，他推崇马克思主义哲学，希望在唯物辩证法的基础上吸收新实在论的逻辑分析方法。二是对中国哲学史的研究，注重挖掘中国古代思想中的唯物论和辩证法思想，同时注重考察中国哲学中的固有概念范畴。三是对东西文化问题的讨论，提出文化问题要用唯物辩证法对待，反对全盘西化论，也反对国粹主义，主张文化应该走综合创新之路。以下着重论述《中国哲学大纲》的特点。

《中国哲学大纲》虽然写成于1937年，并由商务印书馆排版，但是由于抗日战争的爆发而未能印行，1943年在北平私立中国大学印为讲义，1958年由商务印书馆正式出版。该书主要论述了先秦至明清中国哲学发展演变的历史。它与胡适的《中国哲学史大纲》、冯友兰的《中国哲学史》比较起来，具有明显不同的特点。首先胡适的著作仅仅写到先秦的韩非，虽然是用西方哲学的方法来系统研究中国思想，标志着中国哲学史、思想史学科的建立，但是它很不完整，而且没有揭示中国思想的特点。冯友兰的著作在很多方面超过了胡适，它是第一部完整的中国哲学史，在对中国思想的分析上也比较深入系统。胡适和冯友兰的著作有一个共同的特点，即都是按照历史顺序，依据一定的标准对历史进行分期，按照主要代表人物及其思想的先后顺序来研究论述中国思想，实际上是一种思想通史。张岱年的《中国哲学大纲》不再以时间和人物为序，而是以哲学问题为纲，分别叙述其源流发展，以显出中国哲学的系统条理和中国哲学思想的发展演变。全书分为三大部分，即宇宙论、人生论、致知论，宇宙论下又分为本根论、大化论，人生论下又分为天人关系论、人性论、人生理想论、人生问题论，致知论下又分为知论、方法论，每部分依据大量历史材料，经过详细考证，仔细分析，对一系列范畴概念深入分析，理清了中国思想的特点。张岱年对自己的研究方法有所总结，他说："我学习了逻辑分析方法与唯物辩证法，努力运用逻辑分析法与唯物辩证法来研究中国古代哲学，我主要阐明了中国的古代唯物论与辩证法思想，以期对于弘扬中国文化的优秀传统有所助益。"[①] 因此该书首先是运用马克思主义唯物辩证法写成的，对于古典哲学中的唯物论和辩证法多有挖掘。该书"自序"中，张岱年提出在方法上最重视的四点："审其基本倾向"，即要了解中国哲学家的论述特点；"析其辞命意谓"，对中国哲学中的根本概念要做精密的分析；"察其条理系统"，提出研究中国哲学的系统，最忌讳的是用西方模式

① 张岱年：《我与中国哲学史》，选自《晚思集：张岱年自选集》，新世界出版社2002年版，第7页。

来套，而应该寻找中国哲学固有的脉络；“辨其发展源流”[①]，也就是从历史的角度，考察每个学说的发展历程，考察其原始与流变。他还指出对于哲学家学说的诠释，必须拿出证据来，可见，他也很重视考证史料。在该书“序论”中，张岱年从哲学与中国哲学、中国哲学之区分、中国哲学之特色、中国哲学之发展等方面论述了中国哲学的基本问题，体现了张岱年对中国哲学史学科的看法。把这部分内容选入中国思想史经典论文选集，以便于我们了解张岱年的思想研究方法在20世纪中国思想史、哲学史研究中的特点。

—— 延伸阅读文献目录：

1. 张岱年：《中国哲学大纲》，中国社会科学出版社，1994年。

2. 张岱年：《张岱年全集》，河北人民出版社，1996年。

3. 张岱年：《张岱年自选集》，首都师范大学出版社，2008年。

4. 张岱年：《晚思集：张岱年自选集》，新世界出版社，2002年。

—— 原文：《中国哲学大纲·序论》

① 张岱年：《中国哲学大纲·自序》，中国社会科学出版社1994年版。

经典原文

中国哲学大纲·序论

张岱年

■（一）哲学与中国哲学

哲学是一个译名，其西文原字出于希腊，本是爱智的意思。后来西洋哲学家所立的哲学界说甚多，几乎一家一说。其实都只是一家哲学之界说，而不是一般哲学之界说。总各家哲学观之，可以说哲学是研讨宇宙人生之究竟原理及认识此种原理的方法之学问。

中国古来并无与今所谓哲学意义完全相同的名称。先秦时所谓“学”，其意义可以说与希腊所谓哲学约略相当。《韩非子·显学篇》：“世之显学，儒墨也。”其所谓学，可以说即大致相当于今日所谓哲学。先秦时讲思想的书都称为某子，汉代刘歆辑七略，将所有的子书归为诸子略，于是后来所谓“诸子之学”，成为与今所谓哲学意谓大致相当的名词。

到魏晋时，有玄学的名称。南北朝时宋明帝置总明观，设儒玄文史四科，科置学士十人（见《南史·王俭传》）。于是“玄学”成一专科，与经学，文学，史学平列。所谓“玄学”，意谓约略相当于今之哲学。

到宋代，又有“道学”“义理之学”“理学”等名称。道学，义理之学的名称，在北宋时即已有之。（有人认为道学的名称起于南宋，义理之学的名称起于清代，都是错的。）北宋张横渠《答范巽之书》有云：“朝廷以道学政术为二事，此正自古之可忧者。”程伊川称其兄明道：“功业不得施于时，道学不及传之书”（《上孙叔曼书》）。又张横渠《经学理窟》有云：“义理之学，亦须深沉方有造，非浅易轻浮之可得也。”理学一词在南宋时已甚流行，黄震《日钞》云：“自本朝讲明理学，脱出诂训”（《读论语》）。以周子二程与朱晦翁之学为理学。所谓道学理学或义理之学，其内容与今所谓哲学甚相近。在清代，义理之学一名称尤为流行，清人将学问分成义理，考据，辞章三类，所谓义理，即是哲学。

所谓玄学与道学，其所指的范围不同。玄学以老庄易为本，必是与老庄或易相近的学说思想，方可称为玄学，而关于孟荀及墨学的研究或类似的思想，则不能称为玄学。道学或理学则即是新儒学之别名，墨家与老庄的思想正是道学所排斥的异端，当然在道学范围之外。所以玄学与道学，乃是各有其界域的，各是一派哲学或一类型的哲学之名称。在此点上，与今所谓哲学之为一般的名称，并非相同。而总括玄学与道学的一般名称，在以前实在没有。

中国先秦的诸子之学，魏晋的玄学，宋明清的道学或义理之学，合起来是不是可以现在所谓哲学称之呢？换言之，中国以前的那些关于宇宙人生的思想理论，是不是可以叫作哲学？关于此点要看我们对于哲学一词的看法如何。如所谓哲学专指西洋哲学，或认西洋哲学是哲学的唯一范型，与西洋哲学的态度方法有所不同者，即是另一种学问而非哲学，中国思想在根本态度上实与西洋的不同，则中国的学问当然不得叫作哲学了。不过我们也可以将哲学看作一个类称，而非专指西洋哲学。可以说，有一类学问，其一特例是西洋哲学，这一类学问之总名是哲学。如此，凡与西洋哲学有相似点，而可归入此类者，都可叫作哲学。以此意义看哲学，则中国旧日关于宇宙人生的那些思想理论，便非不可名为哲学。中国哲学与西洋哲学在根本态度上未必同，然而在问题及对象上及其在诸学术中的位置上，则与西洋哲学颇为相当。

中国哲学一名词，含义并不单纯，更须略加厘析。第一，所谓中国哲学，可以指中国人的哲学，也可以指中国系的哲学。哲学可以分为数系，即西洋系，印度系，中国系。中国人的哲学，未必即是中国系的哲学，如中国佛学，便是中国人的而属于印度系的哲学。其根本态度，问题，方法，都是从印度来的，所以虽产生在中国，却不属于中国系，不是由中国哲学传统中出来的，而是由印度哲学传统中出来的。哲学的系别，在今日将趋于消失，但在过去确实存在。第二，哲学又有一般的与特殊的之不同，中国哲学可以专指中国之一般哲学，也可以泛指中国之一切特殊哲学。如美术哲学，历史哲学，政治哲学，都是特殊哲学，而不在一般哲学范围之内。本书所谓中国哲学，乃是指“中国系的一般哲学”。因是专指中国系的，所以中国佛学的思想，不在本书范围之内。因是专指一般哲学，所以中国的美术哲学，历史哲学，本书也都不论及。

(二)中国哲学之区分

中国哲学家对于其所讲的学问，未尝分别部门。现在从其内容来看，可以约略分为宇宙论或天道论，人生论或人道论，致知论或方法论，修养论，政治论，五部分。其中宇宙论、人生论、致知论三部分为其主干。总此三部分，正相当于西洋所谓哲学。(修养论与政治论可以说是特殊哲学，不在一般哲学范围之内。)

中国哲学中知识论及方法论颇不发达，但亦决非没有。孔子即有关于求知之方的训语，墨子似乎更注意辩说，老子孟子亦都有论方法的话。而公孙龙，墨辩，庄子，荀子，对于知，名，辩，尤有较详的学说。汉以后的哲学，此方面理论较略，然王充是有其真理论的；宋儒也颇注意方法，特如邵康节，张横渠，程伊川，朱晦翁，都有关于知识与方法的议论，而朱陆争点之一可以说即在方法上。明代王阳明关于心物知行的学说，更可以说是讲知识的。清代的王船山，颜习斋，戴东原，亦颇注重于方法。所以我们实在应认为中国哲学中有致知论一部门。

宇宙论可分为二部分：一，本根论或道体论，即关于宇宙之最究竟者的理论。二，大化论，即关于宇宙历程之主要内容之探究。人生论可分为四部分：一，天人关系论，即关于人与本根之关系，人在宇宙中之位置的论究。二，人性论，即关于人性之研讨。三，人生理想论或人生最高准则论，即关于理想生活之基本准则之理论。四，人生问题论，即关于人生的各种问题如义与利，兼与独，损与益，动与静等等之讨论。致知论包含二部分：一，知论，即关于知之性质、可能、表准之理论。二，方法论，即关于求道之方、名言与辩等之理论。

中国哲学书，向来没形式上的条理系统，朱子作《近思录》，目的在分类辑录北宋诸子的哲学思想，似乎应该作一个条理分明系统严整的董理了，但结果却分成十四部分[注]，各部分互相出入的情形颇甚。中国哲学既本无形式上的条理系统，我们是不是应该以条理系统的形式来表述之呢？有许多人反对给中国哲学加上系统的形式，认为有伤于中国哲学之本来面目，或者以为至多应以天，道，理，气，性，命，仁，义等题目顺次论述，而不必组为系统。其实，在现在来讲中国哲学，最要紧的工作却正在表出其系统。给中国哲学穿上系统的外衣，实际并无伤于其内容，至多不过如太史公作史记“分散数家之事”，然也无碍于其为信史。我们对于中国哲学加以分析，实乃是“因其固然”，依其原来隐含的分理，而加以解析，并非强加割裂。中国哲学实本有其内在的条理，不过不细心探求便不能发见之而已。

［注］朱子近思录之区分为：一道体，二为学大要，三格物穷理，四存养，五改过迁善克己复礼，六齐家之道，七出处进退辞受之义，八治国平天下之道，九制度，十处事之方，十一教学之道，十二改过及人心疵病，十三异端之学，十四圣贤气象。

［附注］原本宇宙论分为三部分，第三部分为“法象论”，今改。又人生理想论原作“人生至道论”，今改。

■（三）中国哲学之特色

中国哲学，在根本态度上很不同于西洋哲学或印度哲学；我们必须了解中国哲学的特色，然后方不至于以西洋或印度的观点来误会中国哲学。所以在讲中国哲学的理论系统之前，应先对于中国哲学之特色有所探讨。中国哲学之特点，重要的有三，次要的有三，共为六，分说如下：

第一，合知行　中国哲学在本质上是知行合一的。思想学说与生活实践，融成一片。中国哲人研究宇宙人生的大问题，常从生活实践出发，以反省自己的身心实践为入手处；最后又归于实践，将理论在实践上加以验证。即是，先在身心经验上切己体察，而得到一种了悟；了悟所至，又验之以实践。要之，学说乃以生活行动为依归。

中国哲人探求真理，目的乃在于生活之迁善，而务要表见之于生活中。孔子说：“知之者不如好之者，好之者不如乐之者。”（《论语·雍也》）所谓“乐之”，即依其所知以实践，而获得一种乐趣。孟子说：“君子深造之以道，欲其自得之也，自得之则居之安，居之安则资之深，资之深则取之左右逢其原，故君子欲其自得之也。”（《孟子·离娄》）深研学问之鹄的，在于自得于道，到自得于道的境界，便能有最大的精神自由。荀子说：“君子之学也，入乎耳，箸乎心，布乎四体，形乎动静，端而言，蝡而动，一可以为法则。……君子之学也以美其身。”（《荀子·劝学》）学之目的乃在于行为之改进，道德之提高。不仅儒家有如此见解，即“散于万物而不厌”的惠施，其理论也以“泛爱万物，天地一体也”为归结。后儒如周子说：“圣人之道，入乎耳，存乎心，蕴之为德行，行之为事业。”（《通书》）研讨真知，必表见为德行事业。要之，理论是生活的解说，生活是理论的表见。所谓“广大高明不离乎日用”，乃“为学”之理想境界。在日常行动上表见真理，要作到著衣吃饭都是“至理之流行”。

中国哲人在方法上更极注重道德的修养，以涵养为致知之道。庄子说：“且有真人而后有真知。”（《庄子·大宗师》）所谓真人即是无好恶爱憎之情感，忘生死善恶之区别的人。必有真人的修养，才能有真知。荀子说：“人何以知道？曰心。心何以知？曰虚壹而静。”（《荀子·解蔽》）必有“虚一而静”的修养，然后能知道。张子说：“穷神知化，乃养盛所致，非思勉之能强；故崇德而外，君子未或致知也。”（《正蒙·神化》）崇德乃致知之途径。程伊川说：“人道莫如敬，未有致知而不在敬者”（《语录》）敬是致知所必需的修养。中国哲人，都以为欲求真知，须有一种特殊的修养。穷究宇宙人生的真际，要先在德行实践上作工夫。

以此，中国哲学中有许多名词与理论，都有其实践的意义；离开实践，便无意义。想了解其意义，必须在实践上作工夫，在生活上用心体察。这些名词与理论乃指一定的实践境界。

要之，中国哲学乃以生活实践为基础，为归宿。行是知之始，亦是知之终。研究的目的在行，研究的方法亦在行。过去中国之所谓学，本不专指知识的研究，而实亦兼指身心的修养。所谓学，是兼赅知行的。

［附注］此处所谓实践，指传统哲学中所谓实践，即个人日常活动，与辩证唯物论所谓社会实践不是一个意义。

第二，一天人　中国哲学有一根本观念，即“天人合一”。认为天人本来合一，而人生最高理想，是自觉的达到天人合一之境界。物我本属一体，内外原无判隔。但为私欲所昏蔽，妄分彼此。应该去此昏蔽，而得到天人一体之自觉。中国大部分哲学家认为天是人的根本，又是人的理想；自然的规律，亦即当然的准衡。而天人之间的联系者，多数哲学家认为即是性，人受性于天，而人的理想即在于尽性；性即本根，亦即道德原则，而道德原则乃出于本根。此种倾向在宋明道学最甚。邵子说："学不际天人，不足以谓之学。"(《观物外篇》)程明道说："天人本无二，不必言合。"(《语录》)程伊川说："道未始有天人之别，但在天则为天道，在人则为人道。"(《语录》)天与人，本来一体。天道与人道，只是一道。

天人既无二，于是亦不必分别我与非我。我与非我原是一体，不必且不应将我与非我分开。于是内外之对立消弭，而人与自然，融为一片。西洋人研究宇宙，是将宇宙视为外在的而研究之；中国人则不认宇宙为外在的，而认为宇宙本根与心性相通，研究宇宙亦即是研究自己。中国哲人的宇宙论实乃以不分内外物我天人为其根本见地。

天人相通的观念，是中国哲学尤其宋明道学中的一个极根本的观念。不了解此观念，则许多思想都不能了解，而只觉其可怪而已。

第三，同真善　中国哲人认为真理即是至善，求真乃即求善。真善非二，至真的道理即是至善的准则。即真即善，即善即真。从不离开善而求真，并认为离开求善而专求真，结果只能得妄，不能得真。为求知而求知的态度，在中国哲学家甚为少有。中国思想家总认为致知与修养乃不可分；宇宙真际的探求，与人生至善之达到，是一事之两面。穷理即是尽性，崇德亦即致知。

西洋哲学本旨是爱智，以求真为目的；如谓中国哲学也是爱智，虽不为谬误，却不算十分切当，因中国哲学家未尝专以求知为务。中国哲学研究之目的，可以说是"闻道"。孔子说："朝闻道，夕死可矣。"(《论语·里仁》)"闻道"亦曰"知道"或"睹道"。道兼赅真善：道是宇宙之基本大法，而亦是人生之至善准则。求道是求真，同时亦是求善。真善是不可分的。

第四，重人生而不重知论　中国哲人，因思想理论以生活实践为依归，所以特别注重人生实相之探求，生活准则之论究。未尝将我与非我分开，因而我如何能知非我，根本不成问题，亦不怀疑外界的实在，(先秦未有怀疑外界之实在者，北宋思想家大多排斥佛家的外界虚幻之说；认为外界依附于心者惟有南宋的杨慈湖及明代王阳明)，故根本不感觉知论之必要。西洋以分别我与非我为"我之自觉"，中国哲人则以融合我与非我为"我之自觉"。分别我与非我，故知论特别发达；融合我与非我，则知外物即等于自觉，而实无问题。因而中国哲人虽亦言及知识与致知之方，但未尝专门研究之。

第五，重了悟而不重论证　中国哲学不注重形式上的细密论证，亦无形式上的条理系统。中国思想家认为经验上的贯通与实践上的契合，就是真的证明。能解释生活经验，并在实践上使人得到一种受用，便已足够；而不必更作文字上细微的推敲。可以说中国哲学只重生活上的实证，或内心之神秘的冥证，而不注重逻辑的论证。体验久久，忽有所悟，以前许多疑难涣然消释，日常的经验乃得到贯通，如此即是有所得。中国思想家的习惯，即直截将此所悟所得写出，而不更仔细证明之。所以中国哲学家的文章常是断片的。但中国哲学家并不认为系统的长篇较断片的缀集更为可贵。中国思想家并不认为细密论证是必要的；反之，乃以为是赘疣。

第六，既非依附科学亦不依附宗教　中国古代宗教不发达。古代人民当然信天帝神鬼，但没有正式的宗教。后来方有道教，又从外边输入了佛教。中国思想家虽亦受佛教道教的影响，然在根本态度上都是反对二教的，多以驳斥二教为己任。在先秦时，孔子疑鬼而信天，然亦不肯多言天道。惟墨子最信天鬼，有宗教气息。自老子打破天的尊崇位置后，哲学家中以天帝为主宰者，可谓绝无仅有。宋儒虽言天，然绝非指有意志之主宰。印度哲学是与宗教不分的，西洋中世哲学是宗教的奴婢，即在近世哲学中，亦多有以证明上帝存在为一重要课题的。在中国，似被以证明上帝存在为一重要职任之情形，实完全没有。先秦哲学家中荀子最善破除迷妄，后汉王充，尤专以攻破迷妄为职任。宋儒中如张子二程子，亦极致力于破斥神鬼，更企图予鬼神二词以自然的解释。要之，中国哲学中从无以证明神的存在为务者。

中国自古即有科学萌芽，却没有成熟的科学，所以根据科学研究以成立哲学系统的情形，在以前的中国亦是没有。

以上六点，可以说是中国哲学之一般的特色，即中国哲学之一般的根本倾向，与西洋或印度的哲学不同的。至于中国哲学各部门之特点，下文另述。想了解中国哲学，必先对于中国哲学之根本性徵有所了解，不然必会对于中国哲学中许多思想感觉莫明其妙，至多懂得其皮毛，而不会深悟其精义。

［注］本章所论，第一合知行，第三同真善，第五重了悟而不重论证，三则之解说中，颇采熊十力先生之意。熊先生论中国哲人之根本态度，甚为

精湛。其说见《十力语要》。

［附注］中国哲学的特点是一个比较艰深的问题，此处所论，简而未晰，今后当另撰专文论述。

■（四）中国哲学之发展

中国文化至周代可以说达到了成熟，“周监于二代，郁郁乎文哉！”在文化的各方面都已很具规模。至春秋时，社会的经济基础起了根本的变化，社会组织随而发生了动摇，于是旧的政治制度不得不陷于崩溃，人民生活亦不安定起来。社会制度的变动，乃震醒了人们的意识，遂引起了种种的哲学思潮。

春秋以前及春秋初期，学问知识为卜史世守之业。然贵族执政者之中，亦有博学者。春秋中期，各国贵族与卿大夫中，以博学有识著闻者，鲁有柳下惠臧文仲，晋有叔向，郑有子产，齐有晏子，吴有季札。此等贵族学者，皆多见多闻而有卓识，然尚无特异的学说，更无有系统的哲学思想。

中国哲学之创始者，当推孔子（名丘，字仲尼）。孔子与以前或同时之贵族学者不同者，在于：一，孔子有其自己的“道”，而欲行其道于天下；二，孔子以其自己的道与以前为贵族所专有的知识传授于一般人民。孔子是集过去时代之学问思想之大成的人，而又是一个新时代的开创者。他虽“述而不作”，然实亦颇近于“托古改制”。（他未必自觉其托古改制，然实有所托而有所改。）他将以前所有的学术萌芽，以前所有的文化成绩，加了一番系统的整理，而自己创立一个一贯的原则以统摄之。此一贯原则便是仁，亦即忠恕。他平日所讲多是关于生活行为的，虽仍保持对于天的信仰，但不多谈天道；对于鬼神则持怀疑的态度。在社会政治方面，孔子是一个改良论者，主张中央集权，认为上下各阶级应各尽其分以归于谐和。他一生栖栖皇皇，奔走周游，以救世为务，谋恢复旧日的安宁；聚徒讲学，开以后讲学之风。（记载孔子言行的书有《论语》。）[注一]

［注一］孔子自谓“述而不作”，古今解者皆谓“述”为“传旧”或“循旧”之义。今案不然。“述”实乃推衍或继续发展之义。《中庸》云：“子

曰：无忧者其惟文王乎？以王季为父，以武王为子。父作之，子述之。武王缵太王王季文王之绪，壹戎衣而有天下。”武王对于文王，可谓为述，然武王非仅传文王之旧，循文王之旧而已。文王“三分天下有其二，以服事殷”，而武王则伐商而有天下。武王可谓顺文王德业之方向作继续的发展，以达到其必然的结果。《中庸》又云：“子曰：武王周公其达孝矣乎！夫孝者善继人之志，善述人之事者也。”“继志”与“述事”同义，所谓“述”者实谓继续发挥而完成之。《中庸》又云：“仲尼祖述尧舜。”述即有所祖述，亦即前有所承，而非仅一循往昔之旧，无所增益。《论语》载孔子责原壤云：“幼而不逊悌，长而无述焉。”无述者，谓其不能继承前人有所发阐。“作”为开创，即不继承前人而从新开端。“述而不作”，即循前人之道路作更进的发展，而不另作新的开端。孟子谓孔子为“集大成”，惟其述而不作，故可集前人之大成。以《中庸》证《论语》，而述字之义始显，孔子一生工作之性质，亦彰然可明。唯以传旧循旧为述，则视孔子纯为一教授老儒，诬罔实甚。又孔子虽“祖述尧舜，宪章文武”，而其所演之尧舜文武，实已加以“理想化”，故可谓有“托古改制”之倾向。董仲舒云：“孔子立新王之道。”（《春秋繁露·玉杯》）实非无理由。《论语》云：“子张问十世，可知也？子曰：殷因于夏礼，所损益可知也，周因于殷礼，所损益可知也。其或继周者，虽百世可知也。”（《为政》）孔子之意，实欲根据三代之制度而加以损益，以成尽善尽美之制。故一方面可谓“集大成”，一方面亦可谓“立新王之道”。

孔子的弟子甚众，最有希望的颜渊（名回）却不幸短命而死。孔子弟子中与以后儒学最有关系的，可以说是卜子夏（名商），曾子（名参）二人。子夏传经，曾子传忠恕等思想。

孔子以后，第二个伟大思想家，自成一学派，与儒家对立者，便是墨子（名翟）。孔子是贵族后人，墨子却完全是平民出身；孔子仍然不免看重等级，墨子则讲无差等的兼爱。墨子最重功利，以求国家人民之大利为宗旨。他比孔子尤能苦行，排斥一切享受，日夜不休，以自苦为极；惟求有利于天下，虽牺牲全身亦不惜。他一方面鼓吹弭兵，一方面更讲求守御之术，替弱国守城。墨子很有宗教气息，崇天信鬼，反对儒家对于鬼神的怀疑。他的弟子也甚众，并有坚固的组织。墨子死后，别立继承的首领，名为巨子，一代一代的传下去。

在当时儒墨成平分天下之势。(记载墨子言行的书是《墨子》。)

在孔子时即有许多隐者，颇有思想，但认为世不可救，只求独善其身。后来，在墨子卒后，乃有一个以隐者思想为本而成立哲学理论的人，即是杨朱。杨子轻物贵身，主为我，拔一毛而利天下不为。杨朱学说是儒墨积极救世的活动之反动，在当时也拥有很大的势力。

儒家因杨墨的反对，颇有消沉之势，但不久乃有一大思想家，反驳杨墨，推尊孔子。即是孟子(名轲)。孟子也是改良论者，虽拥护旧制度，但改变得甚多。他颇有重民轻君的思想。在哲学上他所讲仍以人生为范围，根据孔子的思想而加以发挥扩充。他很注意人性的研究，以为仁义根于人性，而生活的最高境界便是尽心知性，以达到万物皆备于我的状态。他比孔墨等更有玄远的理想。(记载孟子言行的书是《孟子》。)

与孟子同时，亦有一个发挥墨子思想的哲学家，即宋钘。他自己极端刻苦，四方奔走呼号，"求天下之安宁以活民命"。他讲人情是欲寡的，劝人们不必争多。同时杨朱一派亦有其思想代表，即华子，发挥出重生的理论。(《吕氏春秋》中之子华子，当即《庄子·杂篇》中之华子，疑华是姓。)

[附注]按荀子曾以墨翟、宋钘并称，但宋子实不属于墨家。宋子是战国时代一个大思想家，持论在墨家道家之间。《吕氏春秋·去宥篇》保存了宋子遗说。

宋钘孟子的思想，仍以人生为范围；但在宋钘孟子的时代，已有两个大思想家，注眼于宇宙，作事物之观察，即是老聃与惠施。老聃的年代在孟子稍前，惠施则较晚。老子(姓李名耳，老聃是字)是"以自隐无名为务"的人，所以他虽有博大精深的理论，而关于他的生活，别人知道得很少。孔子的前辈有一个名老彭者，孔子曾称道之。老彭与老聃名字相近，后人由此遂误以为老聃是孔子之师。这种误会大概起于战国末年秦将统一的时候；庄子荀子韩非都未尝闻知。老子是中国宇宙论的开创者，在思想史上地位实极重要。孔子仍有天的信仰，墨子信天尤甚。至老聃乃以为天并非根本，尚有先于天而为天之本者，乃是道。老子对于宇宙中一般现象，很有观察，发见了反复的常则。在人生思想上则以无为守柔为主，讲致虚守静，主张放弃文化，返于自然；反对儒墨的有为，又不赞成杨朱一流的贵生。(老子的书为《老子》，大概是老子的语录。)

［附注］关于老子其人和《老子》其书，历来辩论甚多。我过去以为老子在墨子之后，孟子之前。今按先秦古籍中，《庄子》《吕氏春秋》俱言孔老同时。庄子多寓言，固难信据；《吕氏春秋》所说，当是历史的真实记载。郭沫若先生《先秦天道观之进展》云：“老子就是老聃，本是秦以前人的定论。”又说：老子与孔子同时，且为孔子的先生，在吕氏门下的那一批学者也是毫无疑问的。郭氏所说甚是。吾今以为《老子》一书是战国前期撰集的，其中保存了老聃的遗说，但也有后人附加的文句。

惠施很注意于宇宙中一般事物的观察。关于宇宙，他讲总包一切之“大一”，与极微无内之“小一”。在惠施，天的地位更低落下来，他认为“天与地卑”。惠子很注重对待之互转，更看到万物之毕同毕异。认为万物实皆一体，于是主张泛爱万物，将墨子的兼爱扩大到物。惠子的最大特色是注重物的研究，以前孔墨杨的研究对象只是人，到老子注眼于宇宙，但仍不屑于万物的研究。惠子则肯为研究物而研究物。他“遍为万物说，说而不休，多而无已”，“散于万物而不厌”。他不以神秘的道解释宇宙，而以大一小一解释之，可谓先秦第一个唯物论者。惠施又好辩，他这种重物好辩的学风，使当时中国的思想界又转换了一个方向。

［附注］按《管子·形势篇》云：“天不变其常，地不易其则。”这是比较明显的唯物主义观点。《形势篇》年代当在惠子之前。此处以为惠子是先秦第一个唯物论者，有误。

老子之后，无为的思想大盛，老子的弟子环渊，发挥解说，与他同时的人，又有慎到田骈，亦宗述老子，而略变其说：以齐万物为首，主张弃知去己，认为生活之最好境界，是若无知之物。他们这种学说，开后来法家的人生理论之端绪。

融合老聃惠施的学说而自成一大系统的人是庄子(名周)。庄子受惠子的影响甚大，而其中心思想则归于老子。他最反对人为而主张返于自然，个人生活的最高境界便是与天为一。庄子的学说，是一种玄妙深宏的神秘哲学。在一方面他是惠施的反动，他反对辩，反对名言，而以忘情感泯分别的直觉为求真知之道。到庄子，自杨朱以来的道家者流的思想乃臻于成熟。（庄子所著书为《庄子·内篇》。）

惠施重物好辩的态度，开辩者或名家的风气；惠子后第二个最著名的辩者是公孙龙。公孙龙的贡献在发见了事物中不变的离立的共相，他名之为指。指是不变的，指与指是相离的。由此他讲白马非马，而离坚白。惠施注重合，注重相反之转化；公孙龙则注重分，注重不同性质之各自独立。公孙龙同时的辩者很多，但其末流常入于诡辩。（公孙龙所著为《公孙龙子》。）

惠施公孙龙的学说，都不合于常识，常识既可以反对，于是引起对于知识的疑问，辩者乃有火不热，目不见等说。但对于知识问题有较深切的研究者，乃是墨家。在战国时，墨家已分裂为数派，有相里氏之墨，有相夫氏之墨，有邓陵氏之墨。在墨子当时本较注意辩说，后期的墨家为批判辩者，乃更注重辩术。他们研究的结集是《墨经》及《大取》、《小取》。他们维持常识的见地，反驳辩者。为肯定知识，乃予知识以解说，并对于辩之性质与方法作精密的研讨。此外这些后期墨家对于墨子的兼爱说及功利思想，亦有更进的发挥。

此时又起了一新的学派，即阴阳家，首领是邹衍。他有关于地理及历史之广远想像，以五德即五行来解释一切；其人生理想则颇与儒家相近。他的想像虽广大荒诞，却必以可经验的事物为推论之根据，且其大九洲的想像竟与实际相近。邹子的学说，形成关于天地事物及人的历史之一个整齐系统，然其中甚多附会的迷信的成分，并不是纯粹的哲学。

先秦哲学的殿军大师是荀子（名况，字卿）。荀子尊崇孔子，却不赞成孟子，他与孟子是儒家两大派的首领。[注二]荀子不看重关于宇宙的玄想，而建立彻底的人本哲学。他的最高理想是制天宰物，以人胜天，而与天地参。他不但要克服外的自然即天，并要克服内的自然即性，他认为人性是恶的，人应该化易其性，于是极注重礼义之训练。荀子亦颇受老庄的影响，讲虚一而静，但他的人本的有为哲学，乃老庄之反动。他是一个伟大唯物论者，但与惠子不同，不赞成察究物泛爱物而主张利用物宰制物。为批判辩者，荀子亦讲知识，讲名辩。他最善于批评别家哲学，在此点上更表示他是先秦哲学之集成者。（荀子所著为《荀子》。）

［注二］荀子以仲尼子弓并称。子弓实即孔子弟子仲弓。因称孔子为仲尼，不宜重“仲”字，故称仲弓为子弓。仲弓亦称子弓，犹子路亦称季路。孔子尝称仲弓“可以南面”。仲弓之学盖特重政治与履践，故荀子宗之。荀子《非十二子》，对于前十子之评论，皆以“是某子某子也”作结；惟于子思孟轲则云“是子思孟轲之罪也”。或以为荀子态度最为偏狭，对于同宗异派者攻击最力，其实非是，荀子之意乃谓子思孟子，阐扬孔子之学，未始无功，然亦有过，如此如此者，则其罪也。此点误解者极多，故特辨之于此。

先秦于哲学外尚有法家的政治学。其他各家亦都有政治思想，法家则专以研究政治为务。法家推原于先孔子约百年的管仲，而实际启始于商鞅申不害。但真正给法家思想以深厚的哲学内容者，是荀子弟子韩非。慎到田骈等的思想已很有法家意味，韩非更发挥之，成立一完整的体系。韩非对于人生与历史有很透辟的见解，他完全注眼于物而不注眼于心。(韩非所著为《韩非子》。)

在荀子同时及以后，儒家中尚有许多无名的思想家，其成就亦很高。其最伟大的作品是《易传》。《易传》是孔子学说与老聃思想之卓越的综合，其中有宏大深微的宇宙人生理论。《易传》深观变化，认为一切皆在变易之中，一切皆有成毁盈虚，而宇宙是生生不已的变化大流。一切变动之因，在于两相反者的相推相荡；此两相反者，即是阴阳或柔刚。《易传》有见于天下之赜，又有见于天下之简，它是周秦宇宙论之最高发展。《易传》的人生思想以刚健中正为主，注重自强日新；既讲宇宙神化之研讨，又注重制器以利用。

［附注］按《易传》应称为《易大传》。《易大传》的主要部分是《系辞传》，《系辞传》的年代应在惠子、庄子以前，更在荀子之前。详见拙作《论易大传的著作年代与哲学思想》(《中国哲学》第一辑)。

春秋战国数百年间的变乱，终于秦之统一。秦既统一天下，亦想统一言论，于是大焚诗书，统制思想。学术思想的发展受了一次大挫折。但暗中仍有伏流，各家学术仍在隐藏中发展。现在所存的许多无主名的精纯作品，如《中庸》、《大学》、《礼运》及《易传》的一部分，《庄子·外杂篇》的一部分，大概即秦汉之际的著作。因为当时禁止言论，是以作者不敢发表名字。秦不久即亡，汉得天下。在汉初数十年间，各家学术仍有相当的发展，而道家之学最盛；当时有所谓“黄老学”，即一派重君臣上下之分及养生的道家思想，最为流行，如黄生司马谈等是其代表。汉初道家思想的总结集便是《淮南王书》。融合儒道法的思想者，有贾谊的学说，惜乎成就不甚高。

在汉代自春秋以来的社会大变动已经终止，新社会秩序亦已确立，人民生活渐趋安定，思想上亦有统一的要求，汉武帝听取董仲舒的建议，乃独尊孔子，罢黜百家。于是儒家独尊的局面开始。从儒家独尊后，先秦思想之蓬勃灿烂的气象即不复见了。

汉代思潮的权威，即是建议罢黜百家的董仲舒。董仲舒虽然主张独尊孔氏，但他的思想却是儒家与阴阳家的混合。他好讲阴阳五行，及天象人事的相应。他的思想中杂有许多迷信，不尽是纯粹哲学理论。董子的影响甚大，以后中国的社会伦理如三纲等，便是他所确定的。（董子所著为《春秋繁露》。）

儒家与阴阳家之混合，是西汉思想的特色，当时人都好谈灾异，好谈天人相应。这实乃是思想低落的表徵。在西汉末乃有一个学者，独持道家的自然论，便是扬雄（字子云）。扬雄的宇宙论是《老子》与《易传》的学说之混合，其人生论则重述孔子的思想。他最喜模仿，而没有伟大的创造能力。（扬氏所著为《太玄》与《法言》。）[注三]

［注三］扬雄崇尚老庄之自然思想，实系受严君平之影响。《汉书·王贡两龚鲍传》云：“蜀有严君平。……君平卜筮于成都市，以为卜筮者贱业，而可以惠众。人有邪恶非正之问，则依著龟为言利害。与人子言，依于孝；与人弟言，依于顺；与人臣言，依于忠；各因势导之，以善从吾言者已过半矣。裁日阅数人，得百钱足自养，则闭肆下帘而授《老子》。博览亡不通，依老子庄周之指，著书十万余言。扬雄少时从游学，以而仕京师显名，数为朝廷在位贤者称君平德。”严君平之学，以老庄为归，而不废儒家所言之忠孝诸德。又以卜筮为业，当善于《周易》。扬雄以为“经莫大《于易》”，于人生论崇尚孔孟之道德，于宇宙论则注重老庄之自然思想，均与严君平有相彷彿之处，尽受君平之影响甚深。惟严氏以老庄为归，而扬氏以孔孟为宗，其所重者不同。

阴阳家的思想兴盛之果，终于引起了一个以破斥虚妄为己任的伟大批判者，即是王充（字仲任）。王充的年代稍晚于扬雄，但他的书迟到二百年后才为世人所知。王充对于当时儒士的虚论，世俗的迷信，驳斥的极多，他自己所信则是道家的自然论。王充破坏的成绩甚大，在建设方面则成就不高，并未能创立一宏大精深的新哲学系统。（王充所著为《论衡》。）

后汉中期的思想家有王符（字节信），善评论当时风政得失，在宇宙哲学，主张道气二元论，可谓开宋代之理气二元论之先河。后汉末年的思想家有荀悦（字仲豫），徐干（字伟长），仲长统（字公理）。荀悦兼重“法”“教”，而有“天下国家一体”之说。徐干宗述荀子，讲德艺之合一。仲长统之学，虽以儒家为宗，而颇崇尚老庄，实为魏晋玄学之前驱。[注四]

两汉经学最盛，在后汉礼教的势力尤大。极则必反，至魏晋时，道家的思遂整个复兴起来。当时称为玄学，其唱导者是何晏（字平叔）王弼（字辅嗣）。他们认为无是一切之根本，而人生理想即在无为；天地是无所为的，人生亦应无所为。王弼的成就较何晏为高，惜乎早死，未得充分发展。何王同时又有阮籍（字嗣宗）嵇康（字叔夜）等，提倡自然，菲薄礼教，在行动上放荡不羁，善作惊人的隽语，其实他们的理论造就并不甚深。魏晋玄学的最高成就，在今存的《庄子注》[注五]。此书本是向秀（字子期）所作，后来郭象（字子玄）又增益润色之。其中很有新的见解，是庄学进一步的发展。由庄子的道，而转入于多元之说；由庄子的无为，而主张任人之自然发展，反对勉强的返于自然。

［注四］魏晋玄学之兴起，实远有端绪：第一，与王充《论衡》之流传有关；第二，与仲长统之思想有关。《后汉书》注引袁山松书云：“充所作《论衡》，中土未有传者，蔡邕入吴始得之，恒秘玩以为谈助。其后王朗为会稽太守，又得其书，及还许下，时人称其才进。……由是遂见传焉。”王充崇尚道家自然论之说，实至汉末始发生影响。仲长统作《乐志论》有云：“安神闺房，思老氏之玄虚；呼吸精和，求至人之彷彿。”又作诗有云：“百虑何为，至要在我；寄愁天上，埋忧地下，叛散五经，灭弃风雅。”实为稍后之何晏阮籍等之先导。

［注五］前人皆视郭象《庄子注》仅为一注释书。对于《庄子注》予以特别注意，认为其中有新见解，而可视为一独立的哲学著作书，为冯友兰先

生。其说见所著《中国哲学史》。

魏晋时人所喜谈者，于玄理之外，尚有"名理"。当时谈名理者，以孔子正名之义为宗，而重分析，善辩论，则亦有类于先秦名家。魏时以谈名理著称者，为刘劭（字孔才），钟会（字士季）等。晋代以谈名理著称者，有裴頠（字逸民）鲁胜（字叔时）。刘劭钟会等所谈之主要问题，为"才性同异"。裴頠所论范围较广，尝作《崇有论》，以与玄学家尚无薄有之思想相对抗。鲁胜曾为《墨经》作注，甚推崇先秦墨家与名家关于名辩之学说。晋代为儒家之学者，则有傅玄（字休奕），以儒家为王，兼综法家之说，而好言"为天下兴利"，则又与墨家之功利思想有近似处[注六]。

［注六］刘劭著有《人物志》，论列人之才性之等级，辨析甚细。与刘劭同时者又有傅嘏。《三国志·傅嘏传》云："嘏常论才性同异，钟会集而论之。"《三国志·荀彧传》注引何劭《荀粲传》云："与傅嘏谈，嘏善名理，而粲尚玄远。"《三国志·钟会传》云："及壮……精练名理，以夜续昼，由是获声誉。……尝论易无互体，才性同异。及会死，后于会家得书二十篇，名曰《道论》，而实刑名家也，其文似会。"至晋，裴頠以"善谈名理"著称（见《世说新语》）。晋书裴頠传云："时人谓頠为言谈之林薮。……又著《辨才》，谓古今精义，皆辨释焉，未成而遇祸。"鲁胜于《墨辨注》之外"又采诸众杂集为《刑名》二篇，略解指归。"（《晋书·鲁胜传》）昔荀子谓"制名以指实，上以明贵贱，下以辨同异。"魏晋之谈名理者，亦兼明贵贱辨同异二事，而实际较注重明贵贱，所谓"才性同异"，即注重分别人才之高下。傅玄《傅子》云："国典之坠，犹位丧也。位之不建，名理废也。"（据叶德辉辑本）名位之伦序，亦属名理范围之内。名理家重明贵贱别同异，而玄学家则讲齐物，消弭一切区别，在当时实为对立之两派。

在玄学大盛的时候，从外边来了一支思潮，使中国思想史为之变色，便是佛教。佛教初输入时，反对的人甚多。许多人持"华夷之辨"，不肯承认这外来的宗教。南北朝时反对佛教家的人中，持论最精者为范缜（字子真），著《神灭论》，以反对佛家之神不灭说，当时关于神灭问题讨论甚盛。后来佛家的宏博深微的理论，竟将固有思想暂时压下去，一时才智之士多归依于佛家。在南北朝时佛家已盛，而最盛的时候是隋唐。很有些中国僧人，如东晋末年的僧肇、道生，陈隋间创立天台宗的智颤，唐代讲唯识论的玄奘窥基，光大华严宗的法藏，以及禅宗的慧能神会，都颇有创造的思想，于述之外尚能有所作；不过终是根据佛教经典而推衍，未能超出佛家的范围。他们的思想，虽也是中国人的哲学，然实不在中国哲学宗系之内，在本质上是属于印度型的。所以他们的思想，只是中国哲学中的“客流”。在当时与佛教抗衡的有道教，道教对于佛家的思想尽量吸取，加以变化，而融成新体系，以与佛教对抗。但道教对于纯粹哲学理论，无甚伟大的贡献。

佛教压抑儒家思想数百年，终于引起反抗，一部分人企图儒家思想的复兴，其首领是韩愈（字退之）。韩愈排斥佛教，并反对道教，而想复兴古代儒家的人本的有为的积极哲学。韩氏自己并没有一个思想系统，他是一个思想运动的领导者，却不是一个哲学家。他的弟子李翱（字习之）融合儒佛而建立一较新的理论，不过其中佛的成分较儒的成分为重，在此点上他的系统是有违于韩愈的运动之本旨的。（韩愈主要哲学论文为《原道》、《原性》。李翱所著为《复性书》。）

新儒学的正式成立在北宋。新儒家以古代儒家思想为本，而融合老庄思想、佛教思想及道教思想，更有所创造，以建成新的系统。[注七]他们最喜给儒家经典以新的解说。新儒学的先驱者为范仲淹（字希文），孙复（字明复），胡瑗（字翼之），石介（字守道）。范仲淹奖励学术之功甚伟。孙胡石三人，皆以复兴儒学为己任，力辟佛老，崇阐孔经，但尚皆无系统的学说。其真能自创一哲学系统而为所谓“道学”之开创人者，是周敦颐，邵雍，张载，及程颢程颐。[注八]周敦颐（字茂叔，世称濂溪先生）邵雍（字尧夫，世称康节先生），受道教影响甚巨，但其系统的主干部分则渊源于《周易》。周敦颐以太极阴阳讲宇宙，其人生思想则以诚为主，注重无欲及静。邵雍所讲是象数之学，他以数来说明整个宇宙及人的历史，认为宇宙及历史都是受一定数目支配的体系。邵子的哲学是一宏大系统，以数的关系贯穿一切，牵强的地方虽不少，但其博大整齐也是很可惊的。（周子所著为《太极图说》、《通书》，邵子所著为《皇极经世》。）

张载（字子厚，世称横渠先生）的学说最宏伟渊博，他以气及太虚说明宇宙。宇宙万有皆气所成，而气之原始是太虚。气即是最细微最流动的物质，太虚便是时空，以气与太虚解说宇宙，实可谓一种唯物论。他更认为一切都是两一的，即一切都是对待之合一；两而一故有能变之妙用，一而两故变化无息。在人生论他综合了孔子的仁与墨子的兼爱，又综合了孟子的尽性与荀子的化性，而归于天人合一。（张子所著为《正蒙》、《经学理窟》及《易说》，有《语录》。）

［附注］这里所谓对待与合一，都是中国古籍中旧有的名词，用现代语，应云对立与统一。

周邵张是新儒学或道学的创始者，而道学的确立者是二程兄弟。二程少曾受学于周敦颐，与邵张亦在师友之间，故能吸收周邵张的学说而作更进的发展，所以其思想较为圆熟。程颢（字伯淳，世称明道先生）认为宇宙是生生不已之大流，万物本属一体，而人生之最高境界也即在自觉的与万物为一体。程颐（字正叔，世称伊川先生）则最注重事物所以然之理，分别形上形下，认形上之理才是宇宙之根本。而人生之道即在于居敬穷理，一方面作敬的修养工夫，一方面格物致知，生活最高境界是与理为一。二程的思想虽相近，亦甚不同。大程不注重经验，小程则甚重经验。大程的生活理想是与物同体的神秘生活，小程则不喜言神秘，而注重修持之渐进的切实工夫。（二程子有《文集》及《语录》。二程语录题为《程氏遗书》。伊川又著有《易传》。）

［注七］宋代道学，受佛教道教的影响甚大，然其创造性亦不容否认。近人好讲道学的任何观念与理论皆从佛教或道教中得来，以佛教道教的经论中的片言只字附会新儒家的观念，似乎新儒家的学说不过抄袭糅合之果，此实大谬。甚或谓横渠与回教有关，直乃迷妄。近人喜作“索隐”，不惟于小说然，于哲学亦然，其实甚属无谓。任何哲人的思想，虽有其前导，然必有其自己的创见以为主；无创造能力是不会建立哲学的。

［注八］北宋五子，以年岁言，邵最老，周次之，张又次之，二程则少张子十余岁，《宋史》所列之序为周程张邵，《宋元学案》所列之序为邵周程张，实皆未恰。周邵张似未互相影响，而二程则曾受周邵张之影响，就其思想学说观，实彰然显著。周最先卒，张邵卒于同岁，后八年大程方卒，三十

年小程方卒，是邵张思想之完成年代先于二程甚远。二程成熟虽早，然其思想亦必多发于晚年者。盖张子谦逊善让，其学又未得传人，而二程则以先觉自居，弟子亦最盛。门徒附会，至有谓张曾学于程者，小程曾亲自否认之。然程门后学言先后次序，皆先程而后张，实一派之私见而已。程学之能独盛，实由其在周邵张之后，能采数家之长而作更进之发展。先后衍变之序，实有不可诬者。

与邵张二程同时，思想亦甚相近者，尚有司马光（字君实），但他的创发不多，也未能成立圆满的理论系统。他是个政治家，不过他的政治思想又是守旧的。在北宋，尚有一派与张程司马等相对立的思想家，即是李觏（字泰伯），王安石（字介甫，世称临川先生）。李觏颇重功利，善言礼制。王安石则重有为，重人功，重变革，不过并没有一个哲学系统。他是一个有创造力的革新派的政治家，却难以说是一个哲学家。（司马之主要哲学著作为《潜虚》。李、王皆有文集。）

周邵张门徒不盛，二程则弟子甚众，以后的思想几乎都出于二程。到南宋时，遂分裂为二大派。一派宗小程，以居敬穷理为宗旨，其首领是朱熹。一派则发挥大程的思想，主张发明本心，首领是陆九渊。朱熹（字元晦，世称晦庵先生）一生研究甚勤，在各种学问上都有极高的造诣。他是一个伟大的文化整理者。中国文化史上，孔子以外，第二个伟大的文化整理者，就是他。他的哲学思想也极博大严密，虽以小程为宗，但也综合周邵张及大程的思想，将许多断片合起来而成一严整的系统。但他自己的创发不甚多，（朱子著作甚多，在哲学上最要者为《四书集注》及《或问》，与门人所纂之《语类》，及《文集》。）

陆九渊（字子静，世称象山先生）认为宇宙惟一理，而心即是理，他教人专在心上作工夫，而不赞成多读书研究，也不肯组织理论系统。他的弟子杨简（字敬仲，世称慈湖先生）根据他的观念作更进的发挥，成立一个宏大的唯心论。在先秦时代并没有主观唯心论的宇宙论，主观唯心论乃与佛教俱来。中国人自创比较圆满的主观唯心论哲学者，是杨简。（象山有《文集》及《语录》。慈湖有《文集》。）

南宋初的学者中，与朱子思想相近者，有张栻（字敬夫，号南轩）。惜早卒，故学未成熟。当时在朱陆之外，尚有一派思想，即是陈亮（字同甫），叶适（号水心）等的功利学说。他们好讲经济，谈事功，而反对关于宇宙的玄想。他们没有哲学系统，但不失为一派特色的思想家。在渊源上他们也导原于小程。（同甫有《文集》，水心有《习学记言》。）

南宋后期的名儒为真德秀（字景元，世称西山先生），魏了翁（字华父，世称鹤山先生），皆宗述朱子，但无更进的创发。南宋既亡，朱学北传。将朱学传授于北方的人有许衡（号鲁斋），为元代儒士的领袖。许衡以后有吴澄（号草庐），以融会朱陆为宗旨。自南宋后期至元代，朱学势力实较大，称为正统。

明代初年，因国家的提倡，朱派的势力更增大起来，当时名儒如曹端（号月川），吴与弼（号康斋），薛瑄（号敬轩），胡居仁（号敬斋）等，都是宗朱的，他们对于朱子的学说深究有得，却无更进的创发。物极必反，乃起了相反的潮流，吴与弼的一个弟子陈献章，终于反朱而归于陆。陈献章（字公甫，世称白沙先生）注重自然与自得，以虚静为主，禅学的气味甚深。他的弟子湛若水（号甘泉）发挥师说，较陈氏为进一步。（白沙甘泉皆有文集及语录。）

主观唯心论的最高发展，陆学的完成，在稍后于陈献章的王守仁。王守仁（字伯安，世称阳明先生）从认识上讲心物不二，证明离心无物，于是建立主观唯心论的宇宙论，认一切皆在心中，无心则无世界。更从主观唯心的观点讲人生，以为人生之最高准则是致良知。人皆有本来圆满之良知，是道德之根源，是善恶之准衡，能致得本来之良知，即达至善。知行是一，离行无知，而知即含行，一念发动即是作为。王氏哲学是中国主观唯心论之最圆满的发展。（阳明主要哲学论著为《大学问》，门人纂有《传习录》。）

王守仁既起，主观唯心论大盛，王氏卒后，学派分裂，有以邹守益（号东廓）、罗洪先（号念庵）为首领的右派，主收敛寂静。又有以王畿（号龙溪）王艮（号心斋）为首领的左派，以为良知当下即足，无须操持，只任良知行去，便是至善。左派颇盛，其好处在实行一种思想解放，不受经典的束缚，不受传统观念的宰制；个人的明觉方是决定善恶的准衡，人人心有的良知方是行动的指导。尤其王艮的门人所谓泰州学派，尤勇于任事，依其良知，敢作敢为。此派的流弊则是狂放空疏，一切都不研究，只凭意见。这些王学左派又多好禅学，结果流为狂禅。

明代宣扬唯气论的思想家有罗钦顺（号整庵）、王廷相（号浚川）。罗氏强调理在气中，王氏的言，“理载于气”。他们对于程朱之说与陆王之说都有所批判。罗氏宗仰程伯子形上形下浑然不分的观点，王浚川绍述张横渠的学说。（罗著有《困知记》，王著有《慎言》、《雅述》。）

明室国政昏暗，天灾人祸交迫的结果，终于社稷倾覆，满州贵族统治了中国。当时有思想的人，目睹亡国之惨状，深感学术之空虚，于是一反王学空疏狂放之弊，而致力于经术及史学的研究。顾炎武（字宁人，世称亭林先生）是这种潮流的领导者。顾氏奠定有清一代考据学的基础，他对于王学痛心疾首；对于程朱则甚表敬意。同时的思想家黄宗羲（字太冲，世称梨洲先生）对于政治有卓趣的新见，建立了一个很精澈的政治哲学，但他在一般哲学上却仍是唯心派，始终维持王学右派的观点。（梨洲主要著作为《明儒学案》、《明夷待访录》。）

清初大儒中，在哲学上最有贡献者，当推王夫之（字而农，世称船山先生）。[注九] 他极反对王学，对于朱学虽相当同情，但他所最推崇的乃是张载。张子之不传的唯气哲学，到王夫之才得到比较圆满的发挥。王氏建立一个博大精深的哲学系统。他以为道本于器，由唯气进而讲唯器，是一种显明的唯物论。更认为有与动是根本的，无与静只是虚幻。在人生论则否弃自然无为，而注重人，注重有为。（船山主要哲学著作为《周易外传》、《尚书引义》、《正蒙注》、《思问录》。）

[注九] 清初学者，有独特思想者，王夫之外，尚有陈确（字乾初），潘平格（字用微），吕留良（字用晦，号晚村）。陈氏注重天理人欲之合一，开以后戴震主情哲学之先河。潘氏善评衡宋明道学，谓“朱子道，陆子禅”。最初谓朱子学说近于道家，陆子学说近于佛家者，实为潘氏。潘氏自己的学说，以天地万物一体为宗旨，则仍未出乎北宋思想之范围。吕氏最富于民族思想，谓华夷之分尤大于君臣之伦，为人伦道德之最重要者，识见甚卓。吕氏论学，则仍以程朱为宗。清初程朱派学者中，有新见解者，吕氏之外，又有陆世仪（字道威，号桴亭），颇注重礼乐兵农之实学，与稍晚颜元之思想，有相近似之点。

在清初思想改革运动中，最彻底的是颜元（字浑然，世称习斋先生）。颜氏反对陆王心学，亦反对程朱理学，同时更反对训诂考据之学；而讲以动手习行为方法的事物之学。主张恢复礼乐射御书数六艺的实学，注重经济民物水火兵农等实用的研究。他是反对玄谈的，不甚注重理论，所以他的哲学系统并不为精密。他的宇宙论也是唯物的，认为道赅理气，离气无理。在人生论则提出一种主动而重人为的新说，反对主静不谈功利的态度。颜氏卒后其弟子李塨（字刚主，世称恕谷先生）传其学，更发扬光大之。（习斋所著书为《四存编》。恕谷主要哲学著作为《周易传注》、《论语传注》、《传注问》。）

颜李之学因当时政治的关系，又因其过于繁难，未得稍盛。为清代学术之主潮的仍是考据学。于考据学有很宏伟的贡献，同时在哲学上有重要建树的人是戴震（字东原）。戴氏的哲学理论，与颜李走同一方向，论证稍缜密。他也是主唯气的，（即一种唯物论），反对程朱的理在气先之说，更反对陆王的主观唯心说。认为理实外在于事物，人必有精密的观察分析方能知之。其人生思想则是主情的，反对宋明以来的理欲之辩，而认为理在于欲之谐和。（东原主要哲学著作为《原善》、《孟子字义疏证》。）

王颜戴之学在圆融精密上都不及朱王，但确实走了一个新的方向，较合于现代思潮。戴氏之学亦无传人，只有一焦循（字里堂）稍能发扬之。直到清末，因西洋文化之东渐，西洋政治势力之侵入，于是引起一派新的思潮，即公羊学派，以《公羊传》义为依据而发挥扩充之。公羊学派本质上是一种立教改制运动，将西洋传来的许多观念附会孔经，以建立内容广包的政治哲学。此派最重要的代表是康有为（号长素），廖平（字季平），谭嗣同（字复生）。[注十]此派在纯粹哲学研究上成就实并不高，清代思想以此告终。

［注十］康有为廖平谭嗣同之思想，实为儒家哲学、佛教教义及由西洋传来之耶教思想与粗浅的科学知识之糅合。在中国思想史上，自占一重要阶段。然对于哲学理论，实无甚贡献。对于哲学中各问题并未有卓越的新见。本书论列各家学说，以戴东原为过去哲学之最后大师。戴氏以后之思想，间附入一二条。至于康廖谭之议论，概从省略。

自宋至清的哲学思想，可以说有三个主要潮流。第一是唯理的潮流，始于程颐，大成于朱熹。朱子以后此派甚盛，但不曾再出过伟大有创造力的思想家，大家都是述朱而已。第二是主观唯心论的潮流，导源于程颢，成立于陆九渊，大成于王守仁。此派最盛的时期是在王氏以后。第三是唯气的潮流亦即唯物的潮流，始于张载，张子卒后其学不传，直到明代的王廷相和清初王夫之才加以发扬，颜元戴震的思想也是同一方向的发展。（颜氏反对程朱陆王，独对于横渠颇表敬意；戴氏虽不推崇横渠，然在宇宙论上是宗述横渠的。）可以说北宋是三派同时发生的时代；南宋，元及明初是唯理派大盛的时期；明中时至明末是主观唯心派大盛的时期；清代则是唯物派较盛的时期。但唯物论哲学终未得极至圆满的发展，其大成或当在今日以后。

中国的哲学，以周秦哲学为最宏伟，创造力最雄厚，内容最丰富，为以后的哲学所不及。汉代实也可以说并无纯粹的哲学，魏晋玄学则未有充分的发展；后来比较成熟的只是宋明道学，然亦不及周秦哲学之丰富活泼。清代王船山颜习斋戴东原表示新的倾向，足以为现代思想之前驱。

西洋哲学及其思想方法已输入了中国，人们虽一时不免为西洋哲学所震炫而低伏，但需要新哲学的呼声已可以听到，我们可以期待着一个可以媲美先秦的哲学灿烂的情形之到来。

汤用彤与《汉魏两晋南北朝佛教史 · 跋》、《摄山之三论宗史略考》

经典导读

汤用彤（1893—1964 年），字锡予，祖籍湖北黄梅，生于甘肃渭源。汤用彤“幼承庭训，早览乙部”，启蒙于其父，当时任渭源知县的汤霖（字雨三）。辛亥革命前后，考入北京顺天府学堂及清华学校，开始接受中西文化的教育。1918 年官费留学美国，留美期间，与陈寅恪、吴宓并称为“哈佛三杰”。1922 年获得哈佛大学哲学硕士学位回国，先后在东南大学、南开大学、中央大学和北京大学哲学系任教。汤用彤是中央研究院首届院士。解放后，曾任北京大学校务委员会主席、副校长。1955 年当选中国科学院哲学社会科学学部委员。

汤用彤学贯中西，对中国文化、印度文化以及西方文化及其学术方法都有精深的造诣。在 1922 年到 1949 年近 30 年时间里，他不仅为学生讲授中国佛教史、魏晋玄学、印度哲学史、西方哲学史、欧洲大陆理性主义、英国经验主义以及哲学概论等课程，培养了一大批研究中国哲学、佛教及西方哲学的学术人才，还在中国佛教史、道教史研究方面取得了骄人的成绩。1930 年，汤用彤完成《汉魏两晋南北朝佛教史》初稿，1938 年，经过四次修改的《汉魏两晋南北朝佛教史》由商务印书馆出版。这本书奠定了汤用彤在学术领域的崇高地位，是得到中外学者广泛赞誉的一部佛教史名作，直到今天，它仍然是中国佛教史研究领域的一部最有影响的专著。贺麟在 20 世纪 40 年代指出："写中国哲学史最感棘手的一段，就是魏晋以来几百年佛学在中国的发展，许多写中国哲学史的人，写到这一期间，都碰到礁石了，然而这一难关却被汤用彤先生打通了。"①

《汉魏两晋南北朝佛教史》之所以具有如此高的学术地位，在于它超越了 20 世纪 30 年代之前的佛教史著作。在该书出版之前，佛教的研究已经展开，但是要么是从信仰的角度出发，过度美化佛教思想，目的在于扩大佛教的影响。要么顺应近代学术科学化的努力，采用科学方法研究佛教，但是大都专注于某个佛教问题。而汤用彤则以汉魏两晋南北朝佛教的基本演变线索为主题，按照历史顺序，从佛教入华的多种传说谈起，对汉魏两晋南北朝的佛学源流做了全面的梳理和介绍，对各个时期佛教典籍的传译注疏、重大的佛教事件、有影响的佛教人物都有论述，在此基础上，对各个时期的佛教的思想内容和具体内涵进行了详细的分析和总结，为研究汉魏两晋时期的中国佛教史提供了重要的参考。

在《汉魏两晋南北朝佛教史》的结尾，汤用彤写了《跋》，文字虽短，却较为详细论述了他对中国佛教史研究的基本看法，因此我们选了这篇字数少但是内涵丰富的小文，希望能够对研究中国佛教史、佛教思想以及中国思想史的学者有所启迪和帮助，另外还选了《跋》之后的"重印后记"、"重印再版小记"。许杭生在《读汤用彤先生的中国佛教史学术论著》(《北京大学学报》(哲学社会科学版)，1984 年第 6 期)、张淼在《论汤用彤佛学研究的特色》(《宗教学研究》，2006 年第 3 期）等文中对汤用彤佛教研究的特色有清楚的论述。

汤用彤的中国佛教研究特色和主要贡献有以下几点：

一是佛教史的研究必须以扎实的史料考订为基础。《汉魏两晋南北朝佛教史》掌握了丰富的第一手历史资料，汤用彤对这些资料进行了严谨的科学考订。在《跋》文中，汤用彤指出："中国佛教史未易言也。佛法，亦宗教，亦哲学。宗教情绪，深存人心，往往以莫须有之史实为象征，发挥神妙之作用。故如仅凭陈迹之搜讨，……必不能得其真"。佛教作为一种宗教，它的历史资料里面必然混入了很多不真实的内容，如果仅仅从史料的表层去研究佛教，就会得不到佛教史的真相。加上汉魏两晋时期离我们时代久远，文献记载已经模糊不清。因此，要把这个时期的佛教史弄得更清楚更准确，除了悉心地考证资料别无他途。这种对佛教资料的考证态度体现

---

① 贺麟：《五十年来的中国哲学》，辽宁教育出版社 1989 年版，第 23 页。

在汤用彤对重大的佛教历史事件、佛经的传译与佛教的论著、著名僧人的生平、封建帝王朝贵们与佛教的交往，乃至佛教的哲学思想等方面的研究上。在对梁慧皎《高僧传》的校读中，汤用彤使用了几十种史料进行细致的梳理。据汤一介回忆："我记得他在写作《论中国佛教无"十宗"》和《中国佛教宗派问题补论》时，几乎花了两三年时间翻阅了《大正藏》、《续藏经》和《大日本佛教全书》，统计起来至少有上千卷了。他在论证他的观点时，不仅利用对他有利的材料，而且能对那些与他的观点有出入的材料一一作出合理的分析和解释。"① 在《汉魏两晋南北朝佛教史》一书中对于历史上佛教传入我国的各种传说与记载，都依据历史事实，一一作了详细考订。比如对于历史上公认的佛教传入始于汉明帝永平年间遣使西域求取佛法之说，汤用彤从七个方面：佛法不始于明帝；《四十二章经》之早出；明帝求法之真伪；蔡愔、摩腾事之迟见；竺法兰之事无征；求法说非王浮所假造；余论等，做了周密的考订，最后得出结论："求法故事虽有可疑，然不能因此即斥《牟子》、《经序》所传说毫无根据。至若果何所据，而加以附会，杂以误传，则书阙有间，非两千年后人所应妄度。凡治史者，就事推证，应有分际，不可作一往论断，以快心目。求法故事虽有可疑，而是否断定即全无其事则更当慎重。……不可即断其全属子虚乌有也。"② 可见，对史料的仔细考订是汤用彤治中国佛教史的重要门径。

二是注重从杂乱无章的历史资料中，揭示汉魏两晋南北朝佛教思想的发展特点及其发展的基本线索，克服以往佛教研究中就事论事，不能从整体上观察佛教发展全过程的倾向，提高了佛教研究的水平和层次。早在1931年发表的《摄山三论宗史略考》、1932年的《竺道生与涅槃学》等文章中，汤用彤不仅对史料仔细考订，还对他们的思想演变历程进行了研究，指出三论宗如何从般若学、涅槃学、成实论等发展而来，为我们全面地理解他们思想的发展过程提供了参考。佛教作为一种哲学思想，有自己的思想体系和核心概念，其思想也在经历不断的发展和演变，因此，要研究佛教史，不能仅仅停留在佛教事件上，还必须从思想史、哲学史的角度对佛教思想的发展演变历程做出系统的研究。正如汤用彤在《跋》中指出的："顾亦颇喜疏寻往古思想之脉络，宗派之变迁。"佛教自西汉末年传入中

① 麻天祥：《汤用彤评传》，百花洲文艺出版社1993年版，第9页。

② 汤用彤：《汉魏两晋南北朝佛教史》，北京大学出版社2011年版，第18页。

国，经历三国两晋南北朝的发展，前后几百年时间，在不同的历史阶段上形成了不同的特点，汤用彤把这段时期的佛教分为两个主要的阶段，这两个阶段的总体特点是佛教作为一种外来文化，刚刚传入我国，还必须使自己的思想与我国民族的传统思想相适应、相协调，这就难免用我国固有的思想解释佛教。也就是说，这一时期的佛教还没有建立自己的思想体系，往往依附于我国固有的传统思想而得以发展，与汉代、魏晋时期中国哲学思潮的发展相一致，前一段为汉代的佛教，主要是佛教方术化时期，这与汉代方术盛行的时代思潮是一致的，后一个阶段为魏晋南北朝的佛教，主要是佛教玄学化时期，与魏晋玄学思潮是一致的。至此，汤用彤就揭示了佛教在这几百年时间里，思想上的不同特点，对于演变的过程也做出了比较精确的描述。这种思想史的视角是我们研究思想史的后辈应该继承发展的。

三是主张佛学研究“同情之默应、心性之体会”的基本态度。在《跋》中，汤指出“自知于佛法默应体会，有志未逮，语文史地，所知甚少”。汤用彤认识到了佛教的特殊性，它不仅是一种宗教，而且是一种哲学，一种历史现象，如果仅仅搜寻陈迹，只从史学上进行科学研究，固然能够解决很多史学上的问题，但是这就忽略了佛教本质上是一种宗教的特点，宗教方面研究的缺乏就会使佛教显得不可理喻，甚至不通情达理无法为佛教信众所理解。汤用彤力图在历史研究和宗教信仰之间做一个恰当的尺度的把握，既不陷入纯粹宗教的虚伪，又不只注意历史事实的研究，在思想、历史和宗教之间架起一座桥梁。

当然，除了以上三点之外，汤用彤在佛教研究中，还有深厚的西方哲学背景，比如白璧德的新人文主义就对汤用彤影响很大，这影响到他对佛教及其传统思想的评价。在具体研究中，他还使用了比较的研究方法。正是因为《汉魏两晋南北朝佛教史》一书的卓越贡献，使得它超过了同时期的不少佛教研究著作，比如1929年出版的蒋维乔的《中国佛教史》、1934年出版的黄忏华的《佛教各宗大意》、1936年出版的梁启超的《佛学研究十八篇》等成果。

除了《汉魏两晋南北朝佛教史》之外，汤用彤还有多本重要的学术研究著作。《隋唐佛教史稿》虽然是他生前未能完稿的学术著作，不如前者完备和系统，但是对于隋唐时期佛教势力的消长盛衰、佛经之传译、佛教之撰述、宗派之兴衰、佛教之流布等主要问题都有全面的研究和论述，是研究隋唐佛教不可绕过的学术成果。《魏晋玄学论稿》清晰深刻地勾勒了魏晋时期玄学的起源与发展，体现了他一贯的治学方法，即重视史料考订、深刻挖掘、同情了解玄学哲理，还灵活运用了大量西方哲学的方法和范畴。汤用彤还对印度哲学史有深入研究，曾经系统编写了一部印度思想史的讲稿，即《印度哲学史略》，还有《汉文佛经中的印度哲学史料》、《印度哲学讲义》等。

为了便于学界阅览、继承汤用彤的学术著作，中华书局相继出版了“汤用彤论著集”四种:《汉魏两晋南北朝佛教史》(上下册，1983 年 3 月版)、《隋唐佛教史稿》(1982 年 8 月版)、《汤用彤学术论文集》(1983 年 5 月版)、《印度哲学史略》(1988 年 4 月版)，但列为“汤用彤论著集”之五、之六的魏晋玄学讲义、饾饤札记没能按计划出版。此外还有汤一介编选的《理学佛学玄学》(北京大学出版社，1991 年)、孙尚扬编订的学术文集《汤用彤卷》(河北教育出版社，1996 年)，以及北京大学出版社 2010 年推出的“汤用彤学术精选集”等。20 世纪 90 年代末，汤一介组织编成了《汤用彤全集》一至七卷，共 312 万字，搜集了大量能搜集整理出的遗稿，有近百万字首次公布。2000 年 10 月 9 日，北京大学与河北人民出版社联合举办了《汤用彤全集》出版座谈会，季羡林、任继愈、汪子嵩、张岂之、王尧、叶朗等在座谈会上发言，指出了《汤用彤全集》出版的极大意义。现在《汤用彤全集》续编第八至第十六卷正在整理之中，其中大部分为未刊稿。汤用彤学术成果的不断发现和整理，对于我们了解汤用彤的学术遗产有重要作用，必将推动佛教及其中国传统文化的研究。

—— **延伸阅读文献目录：**

汤用彤:《汉魏两晋南北朝佛教史》，北京大学出版社，2011 年。

—— **原文:《汉魏两晋南北朝佛教史 · 跋》、《摄山之三论宗史略考》**

经典原文

汉魏两晋南北朝佛教史·跋

汤用彤

中国佛教史未易言也。佛法，亦宗教，亦哲学。宗教情绪，深存人心，往往以莫须有之史实为象征，发挥神妙之作用。故如仅凭陈迹之搜讨，而无同情之默应，必不能得其真。哲学精微，悟入实相，古哲慧发天真，慎思明辨，往往言约旨远，取譬虽近，而见道深弘。故如徒于文字考证上寻求，而乏心性之体会，则所获者其糟粕而已。且说者谓，研究佛史必先之以西域语文之训练，中印史地之旁通。近来国内外学者，经历年之努力，专题之讨论，发明颇多。然难关滞义，尚所在多有。故今欲综合全史，而有所陈述，必如盲人摸象，不得其全也。彤幼承庭训，早览乙部。先父雨三公教人，虽谆谆于立身行己之大端，而启发愚蒙，则常述前言往行以相告诫。彤稍长，寄心于玄远之学，居恒爱读内典。顾亦颇喜疏寻往古思想之脉络，宗派之变迁。十余年来，教学南北，尝以中国佛教史授学者。讲义积年，汇成卷帙。自知于佛法默应体会，有志未逮，语文史地，所知甚少。故陈述肤浅，详略失序，百无一当。惟今值国变，戎马生郊。乃以其一部勉付梓人。非谓考证之学可济时艰。然敝帚自珍，愿以多年研究所得作一结束。惟冀他日国势昌隆，海内义安，学者由读此编，而于中国佛教史继续述作。俾古圣先贤伟大之人格思想，终得光辉于世，则拙作不为无小补矣。书中于所采用时贤之说，皆随文注明。至若相知友好，或代任钞集，或有所匡正，益我良多，统此申谢。

摄山之三论宗史略考

汤用彤

中华三论学，传之者鸠摩罗什，阐之者肇、影、叡、导，人才辈出，实极一时之盛。其后关中叠经变乱，加以魏太武毁法，学士零落，宗风不振。在南朝齐梁之际，斯学复起于摄山。栖霞僧朗谓得关河旧说，其师资已不可考。今日流行之传授说，绝不可信。摄山而外，当时固亦有弘宣三论者，惟仍以僧朗为重镇。继以止观僧诠、兴皇法朗，一变江南之学风。三论宗兴，成实式微，实由于摄山之学者。其重要自不在齐梁造像、隋代立塔下也。

■ 一

世谓三论之学推文殊师利为印度始祖，鸠摩罗什为中国初祖。罗什传之道生，道生传之昙济，昙济传之河西道朗，朗传之摄山僧诠。诠之弟子有兴皇法朗，法朗盖中华三论宗之第六世；其嗣法者即嘉祥大师吉藏也。此说不知始于何时，然甚流行于日本。如凝然大德《内典尘露章》、《三国佛法传通缘起》，载罗什以后传统世系即如上说。

印度之传授，兹不详考。若罗什门下，深擅三论者当为僧肇、昙影、僧叡、僧导等。至若道生虽演空义，然在江南持顿悟佛性诸义，与《涅槃》契合，时人称之为“涅槃圣”（见《涅槃玄义文句》卷上）。其著述中，亦无三论章疏也。

至若昙济，据《高僧传》及《名僧传抄》，知其作有《六家七宗论》，叙罗什以后谈空者之家数，实为般若性空学者。然其学系得之于什公门下之僧导。导曾作《三论义疏》，就今所知，乃三论疏之最早者。昙济为河东人，年十三出家，住寿阳八公山东寺，为僧导弟子，至宋大明二年过江驻锡建业之中兴寺。其时道生在元嘉十一年早卒于庐山，距昙济至江南已二十四岁。二人异时异地，曾否谋面，已属疑问，师资相传，决无其事也。

河西道朗如谓为助昙无忏译《涅槃经》之人，则既非昙济弟子，亦不能为僧诠之师。昙济只知为僧导弟子，于宋孝武帝时，誉动京师。而河西道朗于北凉玄始十年参与译场时已称河西独步（见《祐录》十四）。而元嘉二十二年凉州僧人出《贤愚经》时慧朗（当即道朗）称为河西宗匠（《祐录》九《贤愚经记》）。是道朗为昙济之前辈，无反为其弟子之理。吉藏《涅槃经游意》中，谓“涅槃”译名宜存胡音，“此远述河西，乃至大济，皆同此说”云云。此中河西指道朗，大济即昙济（二人均有《涅槃》疏），嘉祥大师固明言济在朗后也。

至于谓助译《涅槃》之凉州释道朗为僧诠之师，则系因误解吉藏章疏中言而有此说。盖如《中论疏》卷一曰，河西道朗亦制《中论序》；卷八亦引河西道朗师义；《大乘玄论》卷三曰，河西道朗与昙无忏共翻《涅槃》，作《涅槃义疏》。此皆指北凉之道朗也。而如《中论疏》卷四曰，大朗法师教周颙二谛；卷五曰，大朗法师关内得此义。则皆指摄山之朗即僧诠之师也。后人不察，竟指译《涅槃》之道朗即僧诠之师。实则僧诠受学之时，已当齐末梁初，上距译《涅槃》之年，已九十余载。河西道朗必至少寿百二十岁，乃可为僧诠师也。

■ 二

僧诠之师实为僧朗，在摄山复兴三论之学。僧朗之师名法度。法度为黄龙人（江南人士谓燕为黄龙），僧朗为辽东人，二人故乡，盖相接近也。南齐明征君遁迹摄山，刊木架峰，薙车开径，披拂榛梗，结构茅茨（语见江总持《栖霞寺碑》）。法度南游，征君相与友善。将亡舍宅，请度居之，是曰栖霞寺。按当时有三法度：一何园寺法度，见于《高僧传》卷九《慧隆传》。一北魏法度，见于道宣《僧传·道登传》，谓登学于彭城僧渊，后与同学法度北行至洛。此与慧皎载北魏昙度之事相符，当是一人。（据《名僧传抄》载宝唱原书目录卷十七有“伪魏法度”）一摄山法度，即僧朗之师也。（《高僧传》有传，亦见《名僧传》第二十二。）而度之师不知为何人。度备综众经，而不以义学见称。江总持碑谓其“梵行殚苦，法性纯备”。《慧皎传》曰，“时有沙门法绍，业行清苦，誉齐于度，而学解优之”。度信弥陀净土，讲《无量寿经》。故僧朗虽为其弟子，而三论之学似不出于度。关于僧朗之记载，以《高僧传》为最早。其文曰：

> 法度齐永元二年卒于山中（江总持碑谓在建武四年，未知孰是），春秋六十四。度弟子僧朗继踵先师，复纲山寺。朗本辽东人，为性广学，思力该普。凡厥经论，皆能讲说。《华严》、三论，最所命家。今上深见器重，敕诸义士，受业于山。

据此则慧皎作书时，朗犹在世。《高僧传》止于天监十八年，朗之死在此年后。江总持《栖霞寺碑》谓梁武帝敕人受学，在天监十一年。其文曰：

> 先有名德僧朗法师者，去乡辽水，问道京华。清规挺出，硕学精诣。早成波若之性，夙植尸罗之本。阐方等之指归，弘中道之宗致。北山之北，南山之南，不游皇都，将涉三纪。梁武皇帝能行四等，善悟三空，以法师累降征书，确乎不拔，天监十一年帝乃遣中寺释僧怀、灵根寺释慧令等十僧，诣山谘受三论大义。

栖霞寺创始于南齐永明七年。至天监十一年，仅有二十三年。据“将涉三纪”一语，则僧朗南止建业在立栖霞寺以前，或在宋末齐初。惟是否偕法度同来，则史书阙文，不可妄断。至隋时，吉藏章疏中数次言及僧朗事迹而加详。如《大乘玄论》卷一曰：

> 摄山高丽朗大师，本是辽东城人，从北土远习罗什师义，来入吴土，住锺山草堂寺，值隐士周颙。周颙因就师学。次梁武帝敬信三宝，闻大师来，遣僧正智寂十师往山就学。梁武天子得师意，舍本成论，依大乘作章疏。开善亦闻此义，得语不得意。

《二谛义》卷下亦有此一段而较详。其末曰：

> 梁武……本学成论，闻法师在山，仍遣僧正智寂等十人往山学。虽得语言，不精究其意。所以梁武异诸法师，称为“制旨义”也。

《中论疏》卷五曰：

次齐隐士周颙著《三宗论》。……大朗法师关内得此义授周氏，周氏因著《三宗论》也。

吉藏所传，较梁释慧皎、陈江总持加详。而要点有三：（一）周颙从受学，因作《三宗论》。（二）梁武得其义而作疏。（三）朗之三论学，得之关中。日人境野黄洋于此均有卓见，然推断非全精审，兹分论之。

周颙受学，作《三宗论》，恐系虚构。周颙虽于锺山西立有隐舍，然实非隐士。其作《三宗论》，正官于建业。时有高昌郡沙门智林者，著《二谛论》，又注《十二门论》、《中论》，服膺空宗。闻颙将撰《三宗论》，与己意相符，但恐"立异当时，干犯学众，因致书促其速著纸笔。（见《高僧传》卷八及《南齐书·周颙传》）书中有曰：

此义旨趣，似非初开。妙音中绝，六十七载（《南齐书》作六七十载）。理高常韵，莫有能传。贫道年二十时，便得此义。……窃每欢喜，无与共之。年少见长安耆老多云，关中高胜，乃旧有此义。当法集盛时，能深得斯趣者，本无多人。……贫道捉麈尾以来四十余年，东西讲说，谬重一时。其余义统，颇见宗录。唯有此途，白黑无一人得者。……檀越天机发绪，独创方寸。非意此音，猥来入耳。且欣且慰，实无以况。……

书中不但谓此义江左罕传，且称周颙立义出于独创。则谓周颙在锺山得其义于僧朗，的是谰言也。《三宗论》不知成于何时。按智林于宋明帝时至京师，周颙当时即亲近宿直。智林后还高昌，卒于齐永明五年。如《三宗论》作于永明中，僧朗当至建业不久。如在宋明帝时，则僧朗应犹未南来也。

梁武帝得朗义作疏，则或有其事，而不免夸大。盖梁武帝曾注解《大品经》（五十卷），所谓疏当即此。《祐录》载其序曰：

朕以听览余日，集名僧二十人，与天保寺法宠等详其去取。灵根寺慧令等兼以笔功。采释论以注经本。略其多解，取其要释。此外或据关河旧义，或依先达故语，时复间出，以相显发。若章门未开，义势深重，则参怀同事，广其所见。使质而不简，文而不繁，庶令学者有过半之思。

《大品经注》作于天监十一年（见《广弘明集》十九陆云《御讲波若经序》），正梁武遣僧十人从朗受学之时。而参赞之灵根寺慧令，江总持碑谓为十人之一。故所谓“关河旧说”，或即得之于僧朗者。盖吉藏屡言其宗承关河旧说。而智林书中则谓江南殊少传者。梁武帝作疏时，智林、周颙均已死，亦未闻别有精研关河旧说之人，则谓其所采得之于僧朗，似乎近理。但不能谓全因得朗义舍成论而作疏，如吉藏所传也。（梁武帝之书不传。其序中非难五时，则与吉藏之意合。）

至谓僧朗得三论之学于关中，则有可疑。而自后人误以河西道朗、辽东僧朗为一人后，且谓此学得之于敦煌郡之昙庆法师（见日人安澄《中论疏记》），而谓关河者乃关中与河西（亦安澄说），则为谬见。盖关河一语，本指关中。（如《宋书·武帝纪》“奉辞西旆，有事关河”，《范泰传》“关河根本动摇”，《南齐书》王融《求自试启》“汉家轨仪重临畿辅，司隶传节复入关河”，均可证。）关河旧说，即罗什及弟子肇、影诸公之学。僧朗于齐梁之际，复兴三论，其远凭古说，理无可疑，但系得之师传，抑仅就旧疏抉择发明，则不可考。智林致周颙书中谓关中旧有此义，后妙音中绝。则朗即有师授，不必即在关中。然吉藏屡次申言僧朗之学得自关中者，则别有用意。此不可不先稍明乎摄山三论之发达，及其与成实学者之争执。（上均参看境野氏《支那佛教史讲话》。

■ 三

鸠摩罗什卒于晋义熙九年，其后四年而刘裕入关，又明年赫连勃勃破长安，此时前后又有西秦、后魏之争战，关内兵祸频繁，名僧四散。往彭城者有道融、僧嵩；止寿春者为卑摩罗叉、僧导；昙影、道恒遁迹山林；慧睿、慧观、慧严、僧业南住建业；道生早已渡江；僧肇又先夭折。长安法会之雕零，不可尽述。后在北魏，佛法惨遭法难，势甚式微。罗什之学传于江南者，一为《十诵律》，因僧业、慧询、慧观之奖挹，遍行南方，至唐中宗时始革；一为成实论，南朝义学，此号最盛，约可分为二系：一为寿春僧导，一为彭城僧嵩。综计南北朝研五聚者，泰半出寿春、彭城二系。导、嵩二师，俱在宋时。继之者有齐之柔、次二公，梁之开善、庄严、光宅三大法师，陈之建初、彭城二名德。成实之势力，弥满天下，而尤以江左为尤甚。至若般若、三论，罗什宗旨所在，则宋代殊少学者，显著事实，仅知僧导曾作《三论义疏》。中兴寺僧庆善三论，为时学所宗（见《高僧传·道温传》）。昙济作《七宗论》。般若虽稍多学士，而仍不如成论之光大。齐竟陵文宣王即已见当世大乘，陵废莫修，“弃本逐末，丧功繁论”（繁论谓成实论），故于永明七年令柔、次等，略《成实论》为九卷，八年功毕，使周颙作序。（详见《祐录·略成实记》）而周颙心向空理，故其序极叹惜当时之学风，曰：

> 顷《泥洹》、《法华》，虽或时讲。《维摩》、《胜鬘》，颇参余席。至于《大品》精义，师匠盖疏。《十住》(即《华严经·十地品》) 渊弘，世学将殄。皆由寝处于论家（谓数论、成论之家），求均于弱丧。

梁武帝《大品经注序》所言，亦可与此相发明：

> 顷者学徒罕有尊重，或时闻听，不得经味。帝释诚言，信而有征。此实贤众之百虑，菩萨之魔事。故唱愈高，和愈寡；知愈希，道愈贵。致使正经沈匮于世，实由虚己情少，怀疑者多。

周颙服膺空宗，与时流异趣。其作《三宗论》，知立异当时，将干犯学众。可见当时般若正道之衰，而成实则直炙手可热。周颙造论，智林作疏，盖三论、成实相争之先导也。

然三论之兴，实由摄山诸师。僧朗未闻有著述，而于三论当有独到。僧朗之师法度已称“备综众经”，而僧朗则称“为性广学，思力该普，凡厥经律，皆能讲说”。其于博学外，必于教义有所开发，故梁武敕僧受业，有兰陵萧眆者，亦朗之友人。陈江总持入栖霞寺，见有朗（僧朗）、诠（僧诠）二师、居士明僧绍、治中萧眆素图像（见江氏《入栖霞寺》诗），不知为何许人，然要一时名士。江氏《栖霞寺碑》曰：

> 南兰陵萧眆幽栖抗志，独法绝群。遁此兹山，多历年所。临终遗言，葬

法师墓侧。

夫既命葬僧朗墓侧，其钦佩之忱可知。故摄山僧朗隐居摄山，虽数十年，然因重兴几绝之学，已为人所注目也。

且僧朗不但重振三论，抑并大弘《华严》。盖觉贤译六十卷，巨部罕有精者。宋代虽有法业、玄畅，以斯经驰誉，然隋唐华严大盛，且演为一宗者，则北方不得不归功地论诸师，南方亦颇得力于三论学者。摄山僧朗《高僧传》本谓其"《华严》、三论，最所命家"。《续高僧传》谓僧诠亦讲《华严》，法朗从之学。而嘉祥大师《华严经游意》，亦谓江南梁代三大法师，不讲此经。陈时建初、彭城亦不讲。建初晚讲，就长干法师（三论宗智辩也）借《义疏》。彭城晚讲，不听人问未讲之文。（按上五师均研成实，吉藏于此盖调之。）而讲此经，起自摄山（当指僧诠），实盛一时。其后兴皇法朗继其遗踪，大弘兹典。而嘉祥大师固亦曾讲《华严经》数十遍也。

僧朗虽一身有关于三论、华严二学之兴隆，然仍仅驰名山原，未履京邑。其时在都城为时所最重者，仍属他宗。如开善智藏，善《涅槃》而亦成实论之大家也。尝直上正殿踞法座指斥梁武帝，其睥睨一世之概摄，固非隐遁摄山者所能望也。僧朗之后，弟子僧诠仍隐摄山，居止观寺（止观寺是否即栖霞寺改名，不可考），因称曰山中师，又曰止观诠。初受业朗公（《二谛义》卷下曰，山中法师之师本辽东人），玄旨所存，唯明中观。顿迹幽林，禅味相得。（《续高僧传》卷九）其受学不知在何时。按《法华玄义释签》曾曰：

高丽朗公至齐建武来至江南，难成实师。……自弘三论。至梁武帝敕十人止观诠等，令学三论。九人但为儿戏，唯止观诠学习成就。

此言僧诠受学在天监十一年。然此段自据吉藏所传，而更有附益，非必事实。按据《高僧传》，法度卒于齐永元二年（或建武四年），僧朗继纲山寺，僧诠受业，当在此后，即齐末梁初也。诠公弟子数百，中有四人，称为"四友"，所谓四句朗、领语辩、文章勇、得意布是也。《法华玄义释籤》谓伏虎朗、领悟辩。四人外，诠弟子有慧峰，住栖霞寺，志研律部）。其所讲为《智度》、《中》、《百》、《十二门论》并《华严》、《大品》等经，当甚有声于时。道宣

《僧传》，谓“摄山铨尚，直辔一乘，横行出世”，又谓“大乘海岳，声誉远闻”，其弟子兴皇法朗，再传弟子嘉祥吉藏，均常举山门义。（其后茅山大明法师承兴皇遗嘱，因亦称山门之致。参看《续传》十七《法敏传》）如《二谛义》卷中吉藏引法朗说，而申明曰：

> 弹他释非，显山门正义。弹他者，凡弹两人。一者弹成论，二斥学三论不得意者（或指中假师之智辩）。

法朗曾作《中论疏》，又名《山门玄义》。其所谓“山门正义”者，当即承止观诠所说也。（按《二谛义》卷下，有曰，“今山门释者，即四节明并观义”。而解释四节，则引山中师说，可证山门义即诠义也。）山中师因号为摄山大师。（日人法澄《中论疏记》曰：“言摄山大师者，指道朗师，是根本故也”，不知何本。言道朗者乃指僧朗，以意度之，或不然也。）

止观僧诠，顿迹幽林，唯明《中观》。弟子法朗，先住山中，后住扬都兴皇寺。慧勇住大禅众寺。智辩住长干寺。自此而三论之学，出山林而入京邑。止观诠弟子慧布则继居山寺，亦为名僧。然布颇重禅悦，曾游北土，见邈禅师及禅宗二祖慧可，于栖霞请禅师保恭立禅众，而摄山学风丕变矣。法朗大师住扬都时，对于当世学说，想直言指摘，故《中论疏》有曰，“大师何故斥外道，批毗昙，排成实，呵大乘耶”。《陈书》载傅縡笃信佛教，从兴皇受三论。时有大心暠法师因弘三论者，雷同诃诋，恣言罪状，历毁诸师，非斥众学，爰著《无诤论》箴之。縡乃作《明道论》，用释其难。《无诤论》曰：“摄山大师诱进化导，则不如此，即习行于无诤者也”云云，此当叙僧诠也。又曰：“导悟之德既往，淳[illegible]之风已浇，竞胜之心，阿毁之曲，盛于兹矣”云云。此当叙兴皇及其党徒驳斥当时流行之学也。傅縡答曰：

> 摄山大师，实无诤矣。……彼静守幽谷，寂尔无为。凡有训勉，莫匪同志，从容语嘿，物无间然。故其意虽深，其言甚约。（上叙僧诠）今之敷畅，地势不然。处王城之隅，居聚落之内（此谓法朗在京内兴皇寺）。呼吸顾望之客，唇吻纵横之上，奋锋颖，励羽翼，明目张胆，披坚执锐，骋异家，衒别解，窥伺间隙，邀冀长短。与相酬对，捔其轻重，岂得默默无言，唯唯听

命。必须掎摭同异，发摘玼瑕，忘身而弘道，忤俗而通教。

兴皇大师盖英挺之士。如《百论疏》曰，“大师每登高座，常云不畏烦恼，唯畏于我”，可见意气之雄杰。其所争辩，首斥者为成实。故傅縡论有曰，“成实、三论，何事致乖”。（据此语则大心暠法师，或成论家也。）而硕法师《三论游意义》曰，“成实论师云，三论师不得破成论；三论师云，得破也。”吉藏《大乘玄论》卷五，述其师读《中论》，遍数不同，形势非一，乃为略出十条。此中第八为区分诃梨所造（《成论》），旃延之作（《婆沙》）。盖成实小乘，而托谈空之名，极易乱大乘中观之正义，一也。二则齐梁以来，成实最为风行，实三论之巨敌。周颙嫉之于前，法朗直斥于后。而三论之学，传至法朗，势力弘大。兴皇讲说，听者云会。挥汗屈膝，法衣千领，积散恒结，每一上座，辄易一衣。帝王（陈文帝）名士（傅縡以外，孙瑒亦常听讲。均见《陈书》）所共尊敬。慧勇登太极殿讲说，百辟具陈，七众咸萃。凡此三论家之尊荣，之广布，因恐支蔓，姑不具述。至是三论、成实，势均力敌，争斗之烈，迥异寻常。《续高僧传》载唐初灵睿在蜀弘三论，寺有异学，成实朋流，嫌此空论，常破吾心，将相杀害，可见倾轧之急。夫成论师，先既睥睨一时，对于复兴之三论，自力加排斥，指为立异。故法朗因不得不于斥破之外申明罗什之系统。故吉藏略出师意十条之六曰：

六者，前读关河旧序，如影、睿所作。所以然者，为即世人云，“数论前兴，三论后出”。欲示关河相传，师宗有在，今始构也。

《涅槃经游意》曰：

大师云，今解释，此国所无，汝何处得此义耶。云禀关河，传于摄岭，摄岭得大乘之正意者。

吉藏章疏破斥成论之处，指不胜屈。而一方又常引肇、影古说，以证其宗之出于关河。其《大乘玄论》卷三日，“学问之体，要须依师承习”。《百论疏》卷一日，“若肇公可谓玄宗之始”。（可见吉藏时，犹未以道生为三论宗初祖。）欲示三论之学，南国所无，故言周颙作论，梁武造疏，均得之僧朗，以明斯学为摄山统系所独得。欲示关河相传，师宗有在，故复言高丽大师传法关中，以征实其正统。学者须知宗派之兴，或出乎师承，或仅由自悟。而学说演进，忽创新说，早凭借古德，亦由于思想发达，时会所趋，自有程序。于成实分析空论进而谈三论之妙有空，非无其故。研究宗义者，对于师资传授，不可执著，视为首要。而于杂以附会之宗史，亦自当抉出之也。

原载《史学杂志》二卷五、六期合刊（1931 年 4 月）

蔡尚思与《中国思想研究法·评论的方法》

经典导读

蔡尚思（1905—2008年），生于福建省德化县，家境贫寒。乳名公正，曾自号中睿，以郭生为笔名，新中国成立后，不再使用。著名的中国思想史研究专家，在中国思想通史、中国近代思想以及孔子思想研究等方面的成果尤其突出。

1912年入私塾学校读书，1921年去邻县永春入福建省立第十二中学补习班。1925年独自北上求学，先到北京大学旁听，并考入孔教大学国学研究科，入学后与陈焕章校长意见不合而对立起来，陈焕章主张对孔子先信后学，而蔡尚思认为应该先学后信。1928年考入北京大学国学研究所为研究生，并拜王国维为师。在此期间，他受到很多学术大师的影响，如梁启超、王国维、江瀚、梅光羲、陈大齐、陈垣、柯劭忞、朱希祖等，还与蔡元培通信并请教，这对他思想的发展和学术的进步产生了重要影响。如1928年，他写了《伦理革命》一文，对孔子的思想表示怀疑，提出公人、同利、平权三大宗旨，改儒家私有的小人伦观为公有之大人伦观。1929年起蔡尚思经蔡元培介绍到上海大夏大学任讲师，编著了《中国学术大纲》等教材。1930年任复旦大学教授。此时他的思想越来越受到李大钊、鲁迅等人的影响。1931年秋开始秘密研究马克思主义，开始站在阶级的立场看问题，运用唯物史观，信仰科学社会主义。1933年他还参加了由宋庆龄等人领导的中国民权保障同盟。此后还担任华中、沪江、光华、东吴等大学以及无锡国专教授，还曾任沪江、复旦两所大学的副校长，复旦大学历史系、中国思想文化史研究室主任。

蔡尚思勤于写作，著述丰富，有论著20余部，论文约3 000篇，还主编有《中国现代思想史资料简编》等图书10余种。2005年，上海古籍出版社出版了《蔡尚思全集》八册，收入了当时所能搜集到的蔡尚思的全部学术专著及论文，共410万字，5 000多页。《蔡尚思全集·集外集》搜集了大量1949年前散见于各种刊物的论文。《蔡尚思全集》的出版对于我们了解蔡尚思的学术思想很有帮助。

蔡尚思的主要著作如下:《中国思想研究法》、《中国历史新研究法》、《中国传统思想总批判》(正补编)、《中国文化史要论》、《孔子思想体系》、《蔡元培》、《王船山思想体系》、《中国古代学术思想史论》、《中国近现代学术思想史论》、《中国礼教思想史》、《周易思想要论》、《蔡尚思自传》、《论语导读》、《墨子思想要论》、《中国文化的优良传统》等。还有两部专书遗失，即《自家思想》和《中国思想史通论》，至今没有下落，其中后者蔡尚思认为是他在学术思想著作上的最大损失。他还主编了不少著作，并写作了大量思想史研究论文。在各大学任教期间，他还讲授了“中国学术大纲”、“墨子研究”、“儒家思想”、“中国政治史”、“中国教育史”、“中国哲学史”、“中国思想史”、“中国社会史”、“中国通史”等课程，深化了他对中国思想史的理解。

《中国思想研究法》和《中国传统思想总批判》两书是蔡尚思认为可以代表自己学术思想的著作，他本人也十分重视。1949年他指出“在过去所著书中，较能代表我的学问思想的，实要算《中国思想研究法》和《中国传统思想总批判》这两本书。这两本书是《中国思想史》的头尾，较为重要，自当先公之于世。至于其中的经济、社会、政治、教育、伦理各种思想专史，尽可等到将来再谋完成”[①]。解放初期，蔡尚思把学术方面的文章汇集成《中国传统思想总批判》及其补编出版，获得了学术界的支持。《中国传统思想总批判》侧重对中国封建传统思想的批判，补编侧重对梁漱溟封建复古思想的批判。

《中国思想研究法》1939年由商务印书馆出版，一年内重印四次，1988年湖南人民出版社出版了横排本，1991年台湾商务印书馆出版影印本，收入《民国丛书》第三编。该书以蔡尚思在南京国学图书馆涉猎的几万卷图书并搜集到的数百万字的

① 蔡尚思:《中国传统思想总批判·自序》，湖南人民出版社1981年版。

中国思想史资料作为基础写成的，受到蔡元培、蒋维乔、柳诒徵、顾颉刚等人的称赞和推荐。《中国思想研究法》理论上是在蔡尚思学习马克思主义所作的笔记的基础上写成的，动笔于1934年，脱稿于1937年。蔡尚思自认为这是“生平著作中第一部有代表性的著作”，全书以观点、材料、态度、学说为中心，尤其是态度和学说是“中国思想史的选要集成”，也就是该书的第六章、第七章，柳诒徵认为该书“其博贯独到处，语语石破天惊”，“第六章第七章尤为精粹”。蔡尚思指出，这“是在旧时代敢于公开宣称马克思主义的立场、观点、方法的一本新著作”[①]。而且由于70多万字的《中国思想史通论》的丢失，使得他只能以《中国思想研究法》作为研究中国思想史的代表著作了。

《中国思想研究法》“自序”中，蔡尚思首先陈述了写作计划和动机，动机主要包括入北京大学国学门需要研究中国思想；当时虽有很多关于中国哲学的方法著作，但是多有内容空虚、材料缺乏的弊病，实不足以代表中国的思想；喜欢运用社会科学对人生关系密切的学问进行研究；与民国以来建设本位文化论者观点存在分歧；力图以材料为基础，对众说纷纭的问题提出自己的看法；在教学中愈加注意到方法的重要性，主要采用历史的方法等。著书的目的包括三个方面：一是要贯通古今中外各种正确的方法论；二是要大规模地发掘思想材料，使得对于中国思想文化的认识更加深切；三是力图对各种思想学说，既选择其精华，又纠正其谬误，详前人所未详，发前人所未发。他力图把中国的思想材料与西洋各种最先进的方法结合起来。在计划上最初准备从经济思想、政治思想等方面“通代分编”，后又改为“断代混编”，改从古代整理下来到从近代整理上去。其次他陈述了方法与材料的重要性，他强调自己的方法既不是无根据的冥想，又不是无见解的盲从，对材料也极其重视。还从图书馆与文化界、改变与求教两方面论述了写作《中国思想研究法》的过程。

《中国思想史研究法》一书正文共包括七章。第一章论述方法的意义、范围与秩序，强调方法论的重要性；第二章提出观察的方法，蔡尚思指出古今中外观点纷呈，但是无外乎唯物与唯心两大阵营，用正确而周到的眼光去做所以然的研究就是观察的方法；第三章讨论界限的方法，就是明白体系、指定范围、以便专攻；第四章讨论搜集的方法，尽最大可能搜集所要得的材料，即“开矿山式的搜集法”；第

① 蔡尚思：《中国思想研究法·新版卷头语》，复旦大学出版社2001年版。

五章论述选择的方法，对浩如烟海的材料进行选择；第六章是评论的方法，对所选择的材料进行进一步评价，阐明个人的观点，在评论中应有勿慕名等二十种态度，还有顺他法等八种须知的基本方法；第七章是实践的方法，在研究的基础上要能践行，这是研究学问的最终目的。他主要从思想与实践、个人与社会的实践关系入手讨论了实践的重要性。在这些章节之中，第六章评论的方法是蔡尚思最为重视的内容之一，尤其强调在评论中的态度问题。本书选入该章内容，以便我们了解蔡尚思思想史研究的方法论旨趣。在中国思想史的具体研究中，蔡尚思提出了特论和泛论的研究方法，特论就是论述中国思想所特有的内容的方法，泛论是论述古今中外共通内容的方法。总之，《中国思想研究法》是蔡尚思治学方法的总结，体现了他的理论自觉。这些方法今天不一定完全为我们所赞同，但是蔡尚思对治学方法的不懈摸索，还有在 20 世纪 30 年代提出这样的治学思想，对于我们全面认识 30 年代中国学术的全貌有帮助。蔡尚思是 30 年代用马克思主义研究中国思想的代表之一。

1999 年，蔡尚思在《蔡尚思自选集 · 学术自传》[①] 中从六个方面总结了自己治学的步骤：首先是要打好古典文学的基础，以便读通古文；其次是要打好史学哲学的基础，使史哲能够结合起来；再次是要打下最新理论的基础，比如他较早地学习到了马克思主义；四是要力求博通，要通读各种资料，才能看出中国哲学史等著作的不够全面；五是在博通的基础上力求创新，有自己的学术观点；六是有一定的创新才有资格去同人家争鸣，如不展开争鸣就无法向前发展。要善于取长补短。这是一代思想史研究大家一生治学历程经验的总结与升华，对于我们从事中国思想史研究必定有所启示。

—— 延伸阅读文献目录：

1. 蔡尚思：《中国思想研究法》，复旦大学出版社，2001 年。
2. 蔡尚思：《中国传统思想总批判》，湖南人民出版社，1981 年。
3. 蔡尚思：《蔡尚思自选集 · 学术自传》，重庆出版社，1999 年。

—— 原文：《中国思想研究法 · 评论的方法（节选）》

① 《蔡尚思自选集 · 学术自传》，《我治学的步骤》，重庆出版社 1999 年版。

经典原文

中国思想研究法·评论的方法（节选）

蔡尚思

……

■ 二、评论应有的各种态度

一切方法和评论叙述，均随态度而转移，所以学者尤其是思想家和历史家，首要注意态度。关于态度方面，请分为二十点而约言之。

（一）勿慕名

慕名者如孟轲，因看见周武王是“大名鼎鼎”为古来学者所赞美的，便由“以至仁伐至不仁”的一个念头，而否认《武成》“血流漂杵”之文。但我们如稍用科学和历史的眼光去观察，便可否认其为“圣王仁师”，就是说他和殷纣相去不远，也没有什么大不可。(《逸周书》亦可参看)。后来韩愈对于所谓圣人的经典，更直认“曾经圣人手，议论安敢到？”这是由于重名而认名人只有对而没有不对，或以名人的不对为对的例子。像孟、韩这般人，实在是最没有出息或自暴自弃的。不但不是为真理而评论，而且连他们所崇拜的孔子的精神，也一点没有认识。孔子说过：“三人行，必有我师焉，择其善者而从之，其不善者而改之。”“众好之，必察焉；众恶之，必察焉。”“乡人皆好之，……未可也；乡人皆恶之，……未可也。不如乡人之善者好之，其不善者恶之。”(《以上均见《论语》)。在这三段话里，哪里有什么有名与无名、大名与小名的念头呢？不但如此，李贽更说：“孔子未尝教人之学孔子，而学孔子者务舍己而必以孔子为学，……真可笑矣！”（详见《李氏文集·答耿中丞》)。秦汉以来，真能够打破这名的念头，连那位被尊为“万世师表”的孔子也敢加以批评的，只有王充、嵇康、刘知几、李贽、袁枚、汪士铎（《请参看“勿依附”部分)。那一般人，尤其是李贽，竟独敢说：“后三代：汉、唐、宋是也。中间千百余年，而独无是非者，岂其人无是非哉？咸以孔夫子之是非为是非，故未尝有是非耳。……无以孔夫子之定本行赏罚也，则善矣！”（《藏书·衡鉴纪传总目论》）“夫《六经》、《语》、《孟》，非其史官过为褒崇之词，则其臣子极为赞美之语；又不然，则其迂阔门徒，懵懂弟子，记忆师说，有头无尾，得后遗前，随其所见，笔之于书，后学不察，便谓出自圣人之口也，决定目之为经矣。孰知其大半非圣人之言乎？纵出自圣人，要亦有为而发，不过因病发药，随时处方，以救此一等懵懂弟子，迂阔门徒云耳。药医假病，方难定执，是岂可遽以为万世之至论乎？然则《六经》、《语》、《孟》乃道学之口实，假人之渊薮也。断断乎其不可以语于童心之言明矣！”（《李氏文集·童心说》）姑不必论李氏自己思想的对不对，但在那专崇孔子的封建时代里，有了此种批评精神，则单就这一点而论，其人实足“冠绝古今”，我们再也找不出第二个来。故若李贽诚可做批评家的“万世师表”。后来如颜元，虽尊崇孔子，但敢排斥秦汉以下最出锋头的宋明理学、朱、王诸子等为杀人，而不肯附和雷同，也算是有胆识！（《详见《习斋记余》中的《阅张氏王学质疑评》、《张氏总论评》、《王学质疑跋》、《夫子志乱而治之滞而起之》）。他又由反对宋明理学而反对汉晋佛老，甚至以为单学孔子也不对。这种独特的精神，信如他所说：“立言但论是非，不论异同：是则一二人之见不可易也；非则千万人所同，……千百年同迷之局，……不必附和雷同也。”（《详同《言行录》）。如李、颜等，对于过去的圣贤，尚敢加以攻击，何况对于同一时代的所谓“名人”呢？自然更可以批评了！总之，学者应该为真理为正义而论议而批评，万万不可随随便便地做名鬼名人的奴隶，如此方是无负所生，才能有所贡献！余俟后面第四节“影响与价便非尽合一”再去详论。

（二）勿畏势

中国史家的不畏势者，有董狐、齐太史兄弟、南史氏、司马迁、韦昭、刁凿齿、崔浩、王劭（详见拙编《中国学术大纲·史学》及《史通·直书》）、吴均、吴兢。后来如明陈柽撰《通鉴续编》，大书“赵匡胤自立而还”，虽适被雷击其案，终不为之改易或怀疑，也可说是具有大无畏的精神（详见《四库全书总目提要》）。至如晋袁宏那种人，暂且不问其对不对，但其不能坚持到底，却和苏秦嫂的“前倨后恭”差不多（详见《晋书》本传。）

（三）勿贪利

古代史家之贪利者，如“班固受金而始书，陈寿借米而方传，此又记言之奸贼，载笔之凶人，虽肆诸市朝，投畀豺虎可也。”(《史通·曲笔》)然自古及今，尚未有若魏收之无忌惮者:“收在神武时为太常少卿，修国史，得阳休之助，因谢休之曰:“无以谢德，当为卿作佳传。’休之父固，魏世为北平太守，以贪虐，为中尉李平所弹获罪，载在《魏起居注》，收书云:“固为北平，甚有惠政，坐公事免官。”又云:“李平深相敬重。”尒朱荣于魏为贼，收以高氏出自尒朱，且纳荣子金，故减其恶，而增其善。论云:“若修德义之风，则韩、彭、伊、霍，夫何足数？”时论既言收著史不平，文宣诏收于尚书省，与诸家子孙共加论讨，前后投诉百有余人。……于是众口谊然，号为秽史！”(《北史》本传)

古代文人之贪利者，还有蔡邕、李邕、韩愈、唐寅、周伯器、廖平等人。蔡伯喈集中，为时贵碑诔之作甚多，如胡广、陈寔各三碑，桥玄、杨赐、胡硕各二碑。至于袁满来年十五，胡根年七岁，皆为之作碑。自非利其润笔，不至为此。

李邕长于碑颂，人奉金帛请其文，前后所受巨万计。

刘禹锡祭韩贪文曰:“公鼎侯碑，志隧表阡，一字之价，辇金如山。”可谓发露真赃者矣。……《戒菴漫笔》言:“唐于畏有一巨册，自录所作文，簿面题曰‘利市’”。(《日知录·作文润笔》;陔馀丛考·润笔》所云较详，请参看。)

“周伯器往来吴中，常以文自卖。……每为人作一篇，必有所得，多或银一两，少则钱一二百文耳。……及既死，所遗论著无一篇。识者惜其有才而错用之也。”(杨循吉《苏谈》)

至如号称近代的经学大家与思想家的廖平，“著《四益馆经学丛书》十数种，颇知守今文家法，晚年受张之洞贿逼，复著书自驳。”(用梁先生《清代学术概论》语)，更是唯利是视，连自身的立场名誉一切都不顾及了。

惟有范缜以为人格真理重于升官:……著《神灭论》，……(萧)子良使王融谓之曰:“神灭既自非理，而卿坚执之，恐伤名教。以卿之大美，何患不至中书郎？而故乖刺为此，可使毁弃之！”缜大笑曰:“使范缜卖论取官，已至令仆矣；何但中书郎邪？”(《南史·范云传》附本传)

扬雄、韦贯之、穆修、胡长孺、虞集、宋濂等，皆以为人格真理重于发财。

扬子云作《法言》，蜀富贾人赍钱十万，愿载于书。子云不听曰:“夫富无仁义，犹圈中之虎，栏中之羊也，安得妄载？”(尚思按:雄曾作文美新，颂莽功德；此处所云，毋乃相反乎？）唐裴均子持万缣请韦贯之撰先铭，答曰："吾宁饿死，岂能为是？"盖鄙之耳！（李世熊《钱神志·明躬》）

张知白守亳，亳有豪士作佛庙成，知白召穆修作记，记成不书士名，以白金五百为寿，请署名于记，修投金庭下，趣装去曰："吾宁糊口为旅人，终不以匪人汙吾文！"严介多类此。（见《宋史》。李世熊按：一载为寺僧作记，贾人致金求书名，必一事而两其记耳。）

元时胡汲仲贫甚，赵子昂为介罗司徒请作其父墓铭，以钞百锭为润笔。汲仲怒曰："我岂为宦官作墓铭耶？"是日无米，其子以情告。汲仲却愈坚！尝诵其送人诗句："薄糜不断袄不煖，饥肠犹作钟球鸣。"谓人曰："此吾秘密藏中休粮方也。"（《陔馀丛考·润笔》）

虞集家素贫。益清修自砥，南昌富民伍真父赀甲郡邑，尚诸王女，既卒，其子以五百锭谒丰城士甘悫，来乞集铭父墓，竟不许，悫愧叹而去。（《元史》）

宋濂致仕居青罗山，闭门纂述，人不见其面，权要索文者，非其人，虽置金满橐，一字不与，纵与之，亦不受馈。日本使奉敕请文，以百金为献，公却不受，上以问公，公对曰："天朝侍从之臣，而受小夷金，非所以崇国休也！"（《先进遗风》）

像范缜及扬、韦、穆、胡、虞、宋等，真不愧为不贪利的文人。

世间旁的多容易避免，其最不容易避免的莫如"利"。所以在思想家历史家文学家等开口下笔论评的时候，首应避免图利的念头和行为。能够避免图利的念头和行为，才有下笔论评的资格。现在请再引清陈祖范的话，以作结论："古无所谓文人也，……自游、夏以文学名，……而诸子之书曰盛。……秦、汉之代，为文者大都自适己事，或发愤而著书，或称师以明学，除对策陈书应诏而作，别无所谓往来酬应之文。东汉始有志墓，蔡中郎云：'吾为碑铭多矣，皆有惭德。'……唐时须文之用多端，贵显有名者纳厚贿，而为人执笔，习常成礼，以为当然。李北海碑版之制，义取无虚；韩吏部谀墓之金，横遭攫夺。……自是操觚家希风托响，辄谓物非吾有，一毫莫取；惟润笔所获，不在贿赂之例，而卖文之肆启焉。吾尝筹之矣：彼所以丐吾文者，以吾文为足重也；吾自视其文，果重否耶？如吾文足以行远而传世，因于请而遂为之，币益重，言益甘，下笔愈多溢美，欺当时而惑后世，不可之甚者矣！若吾文殊不足为有无，苟以厌塞人意，取微利而已尔，则与贾竖居伪物，欺贪目，价人货出，不复自恤者曷以异？是故文不可卖，卖者不足谓之文也。且文岂容易作哉？陆务观以《南园记》损名，高季迪以《上梁文》陨命，韩公《送俱监军序》，李汉列之外篇；朱子为《张魏公碑》，狥友谊而违公论。求如苏子瞻生平未尝志墓，独铭五人，皆当世盛德，卓乎弗易及矣！呜呼！士固不必以文人自处；即以文人自处，愈不当自薄其文而轻为之也哉。”（《陈习业集·卖文说》）

（四）勿徇情

1．身亲之爱。感情之最难免者，莫如“身”与“亲”。如孔子便不赞成“其父攘羊，其子证之”的“直者”；而认“直者”要“父为子隐，子为父隐”。又如《春秋》一书，亦主“为亲者讳”，“内鲁国而外他国，内中国而外四夷”，所以对于鲁国几次弑君，皆隐而不书（详见罗壁《识遗·孔子讳鲁》及刘知几《史通·疑古》）。这种取私情、舍公理、有亲疏、无是非的态度，在真理上或批评家看来，是最要不得的。惟有墨家，反而只有是非之分，而无亲疏之别，最可纠正儒家之失。

墨者有巨子腹䵍居秦，其子杀人，秦惠王曰：“先生之年长矣，非有它子也，寡人已令吏弗诛矣，先生之以此听寡人也！”腹䵍对曰：“墨者之法曰：杀人者死，伤人者刑。此所以禁杀伤人也，夫禁杀伤人者，天下之大义也。王虽为之赐，而令吏弗诛；腹䵍不可不行墨子之法。”不许惠王，而遂杀之。子，人之所私也；忍所私以行大义，巨子可谓公矣！（《吕氏春秋·去私》）

其次如法家，也只有公而无私：

“君臣上下贵贱皆从法。”（《管子·任法》）

“明君圣人不为一人枉其法。”（《管子·白心》）

“我喜可抑，我忿可窒；我法不可离也。骨肉可刑，亲戚可灭；至法不可阙也”。（《慎子·外篇》）

“所谓一刑者，刑无等级。……有功于前，有败于后，不为损刑；有善于前，有过于后，不为亏法。”（《商子·赏刑》）

甚至有如李离为狱官，因过听杀人而自拘自杀（详见《史记·本传》）。己身且毫不爱惜，还有什么私念呢？法权高于一切，此惟子李离这少数人见之。至司马迁评韩非为“引绳墨，切事情，明是非，其极惨礉少恩。”（《史记·老子韩非列传》）不知此种精神，实属大公无私，正是我们批评家所应该取法。批评家的批评学术，果能做到像法家的行法，那就和“真理”更加接近了！

2. 恩仇之念。身亲之外，便要算恩仇。庄子说："两善必多溢美之言，两恶必多溢恶之言。"但古人亦有与众不同者，如萧何、徐有功。

素不与曹参相能；及何病，孝惠自临视相国病，因问曰："君即百岁后，谁可代君者？……曹参何如？"何顿首曰："帝得之矣！臣死不恨矣！"(《史记·世家》)

皇甫文备，武后时酷吏也。与徐大理论狱，诬徐党逆，人奏成其罪，武后特出之，无何，文备为人所告，有功讯之在宽。或曰："彼将陷公于死，今公反欲出之，何也？"徐曰："汝所言者，私忿也，我所守者，公法也；安可以私害公？"(《隋唐嘉话》)

像萧、徐这般人，便是最能忘私仇的显例。又如管仲之于鲍叔牙：

管仲少时与鲍叔牙游，鲍叔知其贤，管仲贫困，常欺鲍叔，鲍叔终善遇之，不以为言。已而鲍叔事齐……桓公，公子纠死，管仲囚焉，鲍叔遂进管仲，管仲……曰："生我者父母，知我者鲍子也。"(《史记·管晏列传》)

管仲有病，桓公往问之曰："仲父之病矣渍甚，国人弗讳，寡人将谁属国？"……管仲敬诺曰："公谁欲相？"公曰："鲍叔牙可乎？"管仲对曰："不可！夷吾善鲍叔牙，鲍叔牙之为人也，清廉洁直，视不己若者，不比于人，一闻人之过，终身不忘，勿已，则隰朋其可乎？隰朋之为人也，上志而下求，丑不若黄帝，而哀不己若者。其于国也，有不闻也；其于物也，有不知也；其于人也，有不见也。勿已乎，则隰朋可也！"(《吕氏春秋·贵公》)此是最能忘私恩的显例。我们批评者，也要能做到"忘私仇"、"忘私恩"的地步，才有批评的资格。

3. 门户之争。刘知几有言："盖谈经者，恶闻服、杜之嫌；论史者，憎言班、马之失。"韩愈更说："入于彼，必出于此，入者主之，出者奴之；入者附之，出者汙之……不塞不流，不止不行，人其人，火其书，庐其居，明先王之道以道之。"不问是非得失，惟论门户学科，最是无聊。我们应该只问是非得失，而不论门户学科。这是批评者所当了解的！

4. 男女之情。此如所谓"情人眼里出西施"，所有美丑爱憎，多随感情而转换，怎么可以为真正的标准？此点因和本问题较少关系，故不详论。

（五）勿故误

如孙楚少时，欲隐居，谓王济曰"当枕石漱流"误云"漱石枕流。"济曰：

"流非可枕，石非可漱。"楚曰："所以枕流，欲洗其耳；所以漱石，欲厉其齿。"(《晋书·孙楚传》）这"漱石枕流"说，和赵高的"指鹿为马"一样。我们评论家，最不可像这样的"强词夺理"、"明知故犯"。又不但孙楚，就是袁枚也为了好奇而不免有点故意，如说："宋人谓蔡琰失节，范史不当置《列女》中，此陋说也。夫'列女'者，犹云'女之列传'云尔，非必'贞烈'之谓，或贤、或才，或关系国家，皆可'列传'，犹之传公卿，不必尽死难也。"(《再与沈大宗伯书》）按《后汉书》类传不止一"列女"，尚有"党锢"、"循吏"、"酷吏"、"宦者"、"儒林"、"文苑"、"独行"、"方术"、"逸民"等，必如袁氏所云，便有两大不通，无法解答：一即解释"列女列传"为"列传女子列传"，古来无此标题，无此文法。二即自"党锢"至"逸民"等，为何不并仿"列传女子列传"例，而云"列党锢"、"列逸民"？

（六）勿臆说

所谓臆说，便是假造佐证，以为自己立论的根据。敢于诬人，最不道德。例如孔融，因见曹操攻屠邺城，袁氏妇子多见侵略，而操子丕私纳袁熙妻甄氏，融乃与操书，称：武王伐纣，以妲己赐周公。操不悟，后问出何经典？对曰："以今度之，想当然耳！"(《后汉书》本传)"以今度之，想当然耳"，此即孔融直自承认为臆说的。又如南朝佛道二家信徒的互相攻击：释氏云："摩诃迦叶下生世间，号曰老子。"老氏云："老君遣关尹骑白象下天竺，于净饭夫人口中托生为佛。"此皆二氏各以求胜之论也。(尚思按：顾欢著《夷夏论》说："释迦是老子托生的；而僧愍作《戎华论折顾道士夷夏论》说：老子是大士迦叶的化身。）至二氏于儒教，庄子首言孔子问礼老聃。释氏《佛地经》云：宝轮王下生号伏羲，吉祥菩萨下生号女娲，如意菩萨下生号孔子，月明儒童下生为颜子。韩子《原道》谓："佛者曰：孔子，吾师之弟子也。"本此。(《罗氏识遗·三教》）孔融及佛道二家信徒的论调，皆不免如韩非所谓"无参验而必之者，愚也；弗能必而据之者，诬也。"(《显学》）他如康有为的校勘《论语》，原文为"天下有道，则政不在大夫"、"天下有道，则庶人不议"，而康氏却说"今本有'不'字，衍，据旧本政定，……或后人妄增"，更是臆说到极点了！

又每一问题，是否真理，并不难辨：例如缠足的原因与目的，究竟何在？伊世珍《瑯嬛记》："本寿问于母曰：'富贵家女子必缠足何也？'其母曰：'吾闻之：圣人重女而使之不轻举也，是以裹其足。故所居不过闺门之中，欲出则有帷车之载，是无事于足也。'”这种圣人重女使之安逸说，便是文饰。《女儿经》：“为甚事，裹了足？不因好看如弓曲；恐他轻走出房门，千缠万裹来拘束。”这种礼教防闲说，较合事实。

吾人要纠正这种错误，只有改抱孔子的态度：“多闻阙疑，慎言其余，则寡尤。”“于其所不知，盖阙如也。”“知之为知之，不知为不知，是知也。”（《论语》）

（七）勿离题

这是指“文不对题”、“言出题外”、“所答非所问”一类。如墨子《耕柱篇》云：叶公子高问政于仲尼曰：“善为政者若之何？”仲尼对曰：“善为政者，远者近之，而旧者新之。”子墨子闻之，曰：“叶公子高，未得其问也；仲尼亦未得其所以对也。叶公子高岂不知善为政者之远者近之，而旧者新之哉？问所以为之若之何也？不以人之所不知告人，以所知告之。”梁任公先生亦尝论道：“辨证宜勿支离于问题以外。例如《孟子》：‘万章曰：尧以天下与舜，有诸？’吾侪读至此，试掩卷一思，下一句当如何措词耶？嘻！乃大奇！‘孟子曰：天子不能以天下与人。’如吾问：‘某甲是否杀某乙？’汝答曰：‘否！人不应杀人。’人应否杀人，此为一问题，某甲曾否杀某乙，此又为一问题。汝所答，非我所问也。万章续问曰：‘然则舜有天下也，孰与之？’孟子既主张天下非舜所与，则应别指出与舜之人，抑系舜自取，乃孟子答曰：‘天与之！’宇宙间是否有天，天是否能以事物与人，非惟万章无徵，即孟子亦无徵也。两造皆无徵，则辨论无所施矣。又如孟子否认百里奚自鬻于秦，然不能举出反证，以抉其伪；乃从奚之智不智，贤不贤，作一大段循环论理。诸如此类，皆支离于本问题以外，违反辨证公例，学者所首宜切戒也！”（《中国历史研究法》第五章）又如陈独秀先生的驳康有为道：“凡立论必不可自失其立脚点。康氏倘直主张其君主制，理各有当，尚未为大失；今不于根本上反对共和，而于现行制度及目前政象，刻意吹求，是枝叶之见也，是自失其立脚点也。”（《独秀文存·驳康有为共和平议》）

（八）勿异拟

以类相拟，方能接近真理；若“拟不于伦”，便丝毫没有关系了。此如告子论人性：“性，犹杞柳也；义，犹桮棬也。以人性为仁义，犹以杞柳为桮棬。”“性犹湍水也，……人性之无分于善不善也，犹水之无分于东西也。”

(《孟子·告子》上)这姑勿论其所言之人性，是否合乎事实；单就其把动物的人类，比非动物的杞柳和湍水一点而言，已犯了“拟不于伦”的毛病。但古来犯了“拟不于伦”的毛病的，实以道家为最厉害。例如《老子》所理想的人生：第一是要使有生而无生化的，第二是要使有身而无身化的，第三是要使大人而婴儿化的，第四是要使智人而愚人化的，第五是要使人类而器具化的，第六是要使人类而矿物化的，第七是要使人类而植物化的，第八是要使雄性而雌性化的。而慎到也要使人类“若无知之物”的“土块”，庄子也要使人类“支离其形、支离其德”，如“祥金”、如“山木”(详见拙作《三大思想之比观》一书)。梁任公先生批评得好：“庄子……此等论调，仍在混人物为一谈，吾侪为金耶？为木耶？诚宜如此。虽然，吾侪人也，使人性果能为庄子所谓‘祥金’与‘不材之木’，亦曷尝非善事？然而不能。——以反于自然状态，故不能。不能而以此导之，结果徒教取巧者以藏身之固耳。”(《先秦政治思想史》第八章)而庄子实也有见及此，所以批评慎到诸子道：“非生人之行，而至于死人之理。……其所谓道非道，而所言之韪，不免于非。彭蒙，田骈，慎到不知道。”(《天下第》)慎到诸于，尚且如此；至于老庄二人，我们更可直认他们是“非生人之行，而至于死人之理，……其所谓道非道，而所言之韪不免于非”了。(冯友兰先生《中国哲学史》终未见及此点。)后来在晋代有老庄学者阮籍，力持母重于父之说：“有司言有子杀母者，籍曰：‘嘻！杀父乃可，至杀母乎？’坐者怪其失言，帝曰：‘杀父，天下之极恶；而以为可乎？’籍曰：‘禽兽知母而不知父，杀父，禽兽之类也。杀母，禽兽之不若。”众乃悦服。我昔亦悦服此言，及今细思之，才觉其言仍不免“似是而非”。因为后世的人类，既和禽兽的情形大不相同，便不应该再拿“不知其父”的“禽兽”来比拟“明知其父”的“人子”。若以不知其父的原始人类比拟禽兽，尚说得过去，乃今混“明知其父的人子”与“不知其父的禽兽”为一谈，正像以冰出子水，而说冰即是水，这便是他的不合“论理学”处。中国古来注重论理学的，只有《墨经》，如：“名：远，类，私。”(《经上》)“名：物，达也；……命之马，类也；……命之臧，私也。”(《经说上》)这是说“万物”或“物”是最广的达名；“人”或“马”是中间的类名；“臧”或“孔丘”是最狭的私名。三者万万不可混为一谈。所以在《小取篇》所提出的七个重要法则中，有一个叫做“效”的：“效也者，为之法也。所效者，所以为之法也。故中效则是也，不中效则非也。”例如，“获之亲，人也；获事其亲，非事人也。其弟，美人也；爱弟，非爱美人也。车，木也；乘车，非乘木也。船，木也；人船，非人木也。盗，人也；多盗，非多人也；无盗，非无人也。奚以明之？恶多盗，非恶多人也；欲无盗，非欲无人也；爱盗，非爱人也；不爱盗，非不爱人也；杀盗，非杀人也。”万一不慎，把事亲和事人，爱弟和爱美人，乘车入船和乘木入木，杀盗和杀人等，各混为一谈，便是“不中效”了。稍后有荀卿，其《正名篇》论“大共名”、“大别名”，也和《墨经》说的差不多。

（九）勿当然

凡评论一个问题，如只能言其当然，而不能言其所以然，这便和不评论一样。如《墨子·鲁问篇》，便有近于这样的一段话：问于儒者曰：“何故为乐？”曰：“乐以为乐也！”子墨子曰：“子未我应也！”今我问曰：“何故为室？”曰：“冬避寒焉，夏避暑焉，室以为男女之别也。”则子告我为室之故矣。今我问曰：“何故为乐？”曰：“乐以为乐也！”是犹曰：“何故为室？”曰：“室以为室也。”儒家已如此，道家更厉害。但犹不若佛教，如杭州西湖某处，便有问答的对联各一：“泉自几时冷起？山从何处飞来？”“泉自冷时冷起。山从飞处飞来。”这在一般佛教徒玄学者，虽认为妙问妙答，但在我却以为是笨问笨答，等于不问不答，是玄学的而不是科学的。故凡为艺术而艺术、为学问而学问，只能自知、不能告人，可以意会、不可言传一类主张，多属废话。中国古来学者，多带玄学色彩，而少具科学精神，所以只能说“当然当然”、“如此如此”，而少能更进一步地说出“其所以然”、“何以如此”。前者是普通和目的，众所共知，后者是精深和经过，人所难明。这实在是个大毛病，非大转变不可。

（十）勿灰色

我们中国有个似是而非的术语，这便是连妇孺都知道的所谓“中庸”和“随时”。这“中庸”和“随时”二者，文雅一点说，多是折衷派、调和派、稳健派、机警派、活动派，粗俗一点说，多是灰色派、蝙蝠派、骑墙派、凡庸派、胡闹派。此在孔子，已不免见讥于子路、微生亩（见《论语》）。后来在秦汉有叔孙通“所事者且十主”，鲁两生讥为“面谀亲贵”，其余诸生以为“圣人知当世务”。（见《史记》、《汉书》本传）。在五代有冯道，更“事四姓十君”，“自号长乐老”，“陈己……以为荣”。（见《五代史》本传）。而孙绰亦尝鄙山涛而谓人曰："山涛，吾所不解：吏非吏，隐非隐；若以元礼门为龙津，则当点额暴鳞矣！"(《晋书》附孙楚传)。其在思想上，如这种调和派，得其法者，也许可以成为集大成；但一不得其法，便到处自暴露其自相矛盾，杂乱无章。虽近代大名鼎鼎的梁任公先生，已自苦难免此病。(见《清代学术概论》)。真正的调和派，是一面取人家的长处，一面去人家的短处，其目的在真理公道。若灰色派便是"灰色"，然"灰色"却和"调和"接近。所以我们批评者，非慎重自省不可！此在古人，如李贽已颇有见及："申韩……等原与儒家分而为六，既分为六，则各自成家；各自成家，则各有一定之学术，各有必至之事功，举面措之，如印印泥，走作一点不得也。独儒家者流：泛滥而靡所适从，则以所欲者众耳。故汲长孺谓其'内多欲而外施仁义'，而论六家要旨者，又以'博而寡要，劳而少功'八字盖之。可谓至当不易之定论矣！……愚尝论之：成大功者，必不顾后患，故功无不成：商君之于秦，吴起之于楚，是矣。……顾后患者，必不肯成天下之大功：庄周之徒是已。……而儒者皆欲之，不知天下果有两头马乎？否也！……墨子之学术贵俭，……商子之学术贵法，申子之学术贵术，韩非子之学术兼贵法术，……曲逆之学术贵诈，仪秦之学术贵纵横，……伊尹之学术以任，……以至谯周、冯道诸老，……要皆有一定之学术，非苟苟者，各周于用，总足办事。彼区区者，欲选择其名实俱利者而兼之，得乎？此无他，名教累之也。以故瞻前虑后，左顾右盼，自己既无一定之学术，他日又安有必成之事功邪？而又好说'时中'之语以自文，又况依仿陈言，规迹往事，不敢出半步者哉？……观者幸勿以为予之言，皆经史之所未尝有者可也。"(《李氏文集·孔明为后主写申韩管子六韬》)。李氏之言，虽有未尽合处(如论冯道等甚谬)，但其劝人要"有一定之学术"，而不要"瞻前顾后，左顾右盼"，"好说时中之语以自文"，对于中国古来学者，实在可以说是"对症下药"。现在请再举一个中无定见，到处随他人而转移的具体例子。如王安石本来是很不灰色的人，但到了说字的时候，却反而非常灰色起来：荆公晚说字，客曰："霸字何以从西？"荆公曰："以西在方域主杀伐。"累言数百不休。或曰："霸从雨，不从西也。"荆公辄随曰："如时雨之化耳。"其无定论如此。(邵博《闻见后录》)。这已不止"灰色"，而且同乎"惠施不辞而应，不虑而对，……说而不休，多而无已"了！余已另详第五章中折衷主义和扬弃主义两节。

（十一）勿嫉妒

这里所谓嫉妒，便是妄自尊大，而瞧不起其他学者。如此，便是文化的摧残者。必须转变为竞争者，才能对于文化有所贡献。赵翼论之颇详："刘勰又云：班固、傅毅文在伯仲，而固嗤毅谓下笔不能自休，及陈思论才，亦深排孔璋。故魏文称文人相轻，非虚谈也。则此习自古已然。《北史·魏收传》：收与邢邵俱以才名互相訾毁，邵云：江南任昉，文体本疏，魏收非直模拟，亦大偷窃。收闻之，曰：伊常於沈约集中作贼，何意道我偷任？收从叔季景亦有才名，李庶谓收曰：霸朝遂有二魏。收曰：以从叔见比，便是耶输之比卿，耶输陈继伯之子，愚痴有名者也，收以季景方之。《邢邵传》：袁翻以文章位望称，先达尝有贵人，初授官大宴客，翻与邵俱在座，翻意主人必托己为让表，主人竟命邵作之，翻甚不悦，每谓人云：邢家小儿，常客作章表，自买黄纸写而送之。此皆文人相轻之陋习也。隋刘松作碑铭示卢思道，思道多不解，乃发愤读书，后为文以示松，松亦多不解，此则非相轻而以相励，固不得以好胜议之矣。"（《陔馀丛考·文人相轻》）一个学者，只要有点嫉妒心，则其所发出的论评，便无一而可，也可想见于此。此外尚有因钦佩其学而杀其人者，此种嫉妒，更是胡闹。例如隋炀帝的杀薛道衡、王胄（详见《隋唐嘉话》）。

又人家因为被你轻视，发愤努力，结果益发为你所不及。所以在有志者被人轻视，不但无害，而且有益。此如晋代左思之于陆机，便是一个明证：初，陆机入洛，欲为此赋，闻思作之，抚掌而笑，与弟云书曰："此间有伧父，欲作《三都赋》，须其成，当以覆酒瓮耳。"及思赋出，机绝叹伏，以为不能加也！遂辍笔焉。（《晋书·左思传》）但像这位陆机，最后仍肯叹服，已经算是不易多得的虚心学者了！又如孙绰和习凿齿的互相讥笑：绰性通率好讥调，尝与习凿齿共行，绰在前，顾谓凿齿曰："沙之汰之，瓦石在后。"凿齿曰："簸之飏之，糠粃在前。"（《晋书·孙绰传》）孙氏妄自尊大，而讥笑习氏；那里想到习氏也不自认输，反来报复一下。结果一个比做瓦石，一个比做糠粃。试问瞧不起人家者，自己究有何所得呢？

（十二）勿依附

依附，是指依托和附会。二者互相关连，故合述于此。凡喜依托者必多附会，而喜附会者亦多依托。

1. 依托：所谓依托，便是明用别人的招牌，而暗卖自己的膏药。文雅一点说，就是托古托入；质直一点说，便是冒充招摇。如《韩非子·显学篇》所说，尧舜皆只有一人，而依托他的孔子墨子，却有不同的说法；孔子只有一人，而依托他的，却有八派；墨子只有一人，而依托他的也有三派。但此犹未若康有为的直认先秦诸子的皆“托古改制”：“孔子改制，恒托于古。尧舜者，孔子所托也。……又不惟孔子而已；周秦诸子，罔不托古：老子之托黄帝，墨子之托大禹，许行之托神农是也。”（《清代学术概论》）梁任公先生也说汉后各派儒者的依托孔子：“寖假而孔子变为程伊川、朱晦庵矣，寖假而孔子变为陆象山、王阳明矣，寖假而孔子变为顾亭林、戴东原矣。”（详见壬寅年《新民丛报》）。“颜元几于墨矣，而必自谓出孔子；戴震全属西洋思想，而必自谓出孔子；康有为之大同，空前创获，而必自谓出孔子。”（详见《清代学术概论》）。而在现代学者，仍不能跳出这个旧圈套：有的说孔子主张直觉，无所为而为（详见梁漱溟先生的《东西文化及其哲学》），是强使孔子而印度化的、佛老化的；有的说孔子主张男女平等、恋爱自由（详见朱谦之先生的《一个唯情论者的宇宙观及人生观》中之“恋爱观上”、“恋爱观下”），是强使孔子而西洋化的，青年化的。（在康有为已经以“子见南子”为孔子早行西俗男女社交公开的文明礼，近乎大同而大加赞美了）。我以为：我们自家有思想，就直认为自家的思想好了，何必拿死人来做傀儡呢？我们要知道：拿死人做傀儡，比一般拿活人来做傀儡的，还要不道德！

但这般人的所以定要托古：一是托古认自重，二是托古易为力。此种黑幕，早已被《淮南子》看穿：“世俗之人，多尊古而贱今，故为道者必托之于神农黄帝而后能入说。乱世暗主，高远其所从来，因而贵之。为学者蔽于论，而尊其所闻，相与危坐而称之，正领而诵之。此见是非之分不明。”（《修务训》）“今夫图工好画鬼魅而憎图狗马者，何也？鬼魅不世出，而狗马可日见也。夫存危治乱，非智不能；而道先称古，虽愚有余。”（《氾论训》）《淮南子》因进而讥笑这般托古的人道：“楚人有烹猴而召其邻人，邻人以为狗羹也，而甘之；后闻其猴也，据地而吐之，尽泻其所食。此未始知味者也。邯郸师有出新曲者，托之李奇，诸人皆争学之；后知其非也，而皆弃其曲。此未始知音者也。……故有符于中，则贵是而同今古；无以听其说，则所从来者远而贵之耳。”（《修务训》）但他自己却也是最喜欢托古改制的一个人；而且因随便捏造，以致自相矛盾起来（详见胡适《淮南王书·附论称先道古的古史观》）。这真是“笑他人之未工，忘己事之已拙”（用《史通·书事》语）了！

像儒墨农各家的托古帝，及汉后至今一般学者的托孔子，尚皆止于托古人；唯有道家的庄子，便于托古人之外，兼托近人（冯友兰先生《中国哲学史》尚未见及此）：

“《庄子》一书，多驾空寓言，时去孔子未远，知天下崇信其学，故托言世之最重者尊其师，庶几聃之道益隆。……聃学之是非，庄子述而传之，足矣；何必假孔子言明之？此其借孔子尊师可见也。后之卫道者，皆与孔子分说，未以寓言及尊师之意照破庄子之妄尔”（详见宋罗璧《识遗》卷一《孔子师》）。

“庄子凡立一论，必以孔颜问答为名，欲天下后世信其说而行之也。其曰：回益矣，忘仁义矣，忘礼乐矣，坐忘矣！呜呼！颜子三月不违仁，斯须不去礼乐，使仁义礼乐而忘之，何以为颜子？不过因坐忘一语，而辄生异说，以证其玄达无为之道；而不知其言之弊也，惜哉！”（明方凤《考亭存稿·杂著》）。

“庄子《盗跖篇》其所言于孔子者，皆杂见于庄子所尝言者也。以己平日之所尝言者，而发之于盗跖之口，则自处亦蹇矣！”（明《许正吾集·庄子》）。

庄生书凡托为人言者十有其九。就寓言中，其托为神农、黄帝、尧、舜、孔、颜之类，言足为世重者又十有其七（清姚鼐《庄子章句》）。又不但兼托“近人”；甚至兼托鬼神：“南海之帝为儵，北海之帝为忽，中央之帝为浑沌。儵与忽时相与遇于浑沌之地，浑沌待之甚善。儵与忽谋报浑沌之德，曰：人皆有七窍以视听食息，此独无有。尝试凿之，日凿一窍，七日而浑沌死。”（《应帝王篇》）又不但托鬼神；甚至连植矿物也为所假托：“今之大冶铸金，金踊跃曰：“我且必为镆铘”，大冶必以为不祥之金。”（《大宗师篇》）“是不材之木也，无所可用，故能若是之寿。”（《人间世篇》）

像这位庄子，真是极依托的能事了！但其立论的不道德，古来也无人可和他一比。

2. 附会：一切牵强凑合，都算附会。梁先生曾详论道：“今之言保教者，取近世新学新理而缘附之，……非以此新学新理厘然有当于吾心而从之也；不过以其暗合于我孔子而从之耳。是所爱者，仍在孔子，非在真理也。……故吾所恶乎舞文贱儒，动以西学缘附中学者，以其名为开新，实则保守，煽思想界之奴性而滋益之也！”“摭古书片词单语以傅会今义，最易发生两种流弊：第一，若稍有牵合附会，则最易导国民以不正确之观念，而缘郢书燕说以滋弊。

此等结习，最易为国民研究实学之魔障。第二，频以此相诏，则人于先哲未尝行之制，辄疑其不可行；于先哲未尝治之学，辄疑其不当治；无形之中，恒足以增其故见自满之习，而障其择善服从之明。……吾雅不愿采撷隔墙桃李之繁葩，缀结于吾家杉松之老干，而沾沾自鸣得意；吾诚爱桃李也，唯当思所以移植之，而何必使与杉松淆其名实者？”（乙卯年《国风报》）。这论非常痛快！

3. 提倡独立的精神，纠正摹仿的观念。旧时代的学术界，是越会依托附会，越给人家敬重；新时代的学术界却相反，越会创作发明，越是难能可贵。独立系进化的，最困难；依附系退化的，最容易。故以能自独立为最上；而以长于依附为最下。我们现在急要提倡独立的新精神，去纠正依附的旧观念。但这在明代的李贽，已经极力主张：“自有一人之用”，“何必专学孔子？”（详见《李氏文集》的《答耿中丞》、《答耿司寇》）。他更痛斥效颦学步者，而主张“善人”是“生来便不肯依人脚迹”者。（详见《藏书》的《德业儒臣传》、《孟轲附乐克论》）。祝世禄也主张“真驳”，而反对“伪醇”（详见《环碧斋小言》）。而清初的颜元，也主张“以先觉觉后觉，不必附和雷同”，“宁有异学，不可有假学”（详见《颜习斋言行录》及《年谱》）。傅山更以“依傍附和者为瞎子”、“死狗”（详见《霜红龛文集·杂记》一、二）。唐甄也以“今人作述必袭古人之文”为“猥而悖”（详见王闻远《唐圃亭先生行略》）。而顾炎武对于文学，也极力反对摹仿，而主张“毋剿说，毋雷同”（详见《日知录·文人摹仿之病》）。但这还远比不上袁枚说的痛快！袁氏主张“创天下之所无”，而反对“得人之得而不自得其得”（详见《随园全集》的《与稚存论诗书》、《寄奇方伯》、《答孙俌之》、《答祝芷塘太史》、《宋儒论》；《续集、答蕺园论诗书》）。而汪士铎更要打倒一切，如孔孟、鬼神、术数、翰詹、玄虚、禅学、道学、资格、《六经》等（详见《汪悔翁乙丙日记》卷三），和明代的李贽可以前后比美。在旧时代的李、祝、颜、傅、唐、顾、袁、汪诸人，还有那样伟大的见识；何况生在新时代的我们？如再没有创作或独立的精神，那就太自暴自弃而辜负时代了！

（十三）勿太过

论评不可“过甚其辞”，而要“适可而止”。王充曾详论道：“世俗所患，患言事增其实；着文垂辞，辞出溢其真；称美过其善，进恶没其罪。何则？俗人好奇，不奇言不用也。故誉人不增其美，则闻者不快其意；毁人不益其恶，则听者不惬于心。闻一增以为十，见百益以为千，使夫纯朴之事，十剖百判；审然之语，千反万畔。墨子哭于练丝，杨子哭于歧道，盖伤失本，悲离其实也。”“蜚流之言，百传之语，出小人之口，驰闾巷之闲，其犹是也。诸子之文，笔墨之疏，人贤所着，妙思所集，宜如其实，犹或增之。傥经艺之言，如其实乎？言审莫过圣人，经艺万世不易，犹或出溢，增过其实。”“光武之时，郎中汝南贲光上书，言：‘孝文时，居明光宫，天下断狱三人。颂美文帝，陈其效实。光武曰：‘孝文时不居明光宫，断狱不三人。’积善修德，美名流之，是以君子恶居下流。夫贲光上书于汉，汉为今世，增益功美，犹过其实；况上古帝王久远，贤人从后褒述，失实离本，独已多矣。”（《论衡·艺增》）罗璧亦曾说《庄子》的喜欢形容：“郭象谓庄子言大如鹏徙九万里，而六月息，极天下之大；如蜗牛之角，能容蛮触之战，极天下之小。”“言久谓冥灵以五百岁为春秋，大椿以八千岁为春秋；言近则朝菌不知晦朔，蟪蛄不知春秋。”“言古则行填填，视颠颠，卧居居，起于于，如标枝，如野鹿，无为之象可掬；言后世则蹩躠踶跂，澶漫摘僻，屈折县踶，斋结卓鸷，脔卷抢囊，作为之态备尽。”“言子贡之富，则轩车不容巷；言曾子之贫，则正冠而缨绝，捉衿而肘见，纳履而踵决。”（《识遗·庄子》）而清李慈铭更说出“论述太过”的流弊：“子贡谓‘纣之不善，不如是之甚也。’吾尝三复斯言，而叹圣贤救世之心，何其深且切也！……子贡之言，非能以示忠厚，欲为商纣宽其罪也。……后世史官不知此义，于前代亡国之主，必备列罪状，披抉隐私，以见其恶之万无可逭。又或阿其主，景饰增加，以快所欲。吾观杨衒之述赵逸之言曰：晋时十六国之君，皆目见其事，国灭之后，观其史书皆非实录，莫不推过于人，引善自向。……今试由此而推之，宋废帝之恶，明帝为之也；明帝苍梧之恶，齐人为之也；齐郁林之恶，齐明帝为之也，齐明帝、东昏之恶，梁人为之也；北齐高氏之恶，周人为之也；隋炀帝之恶，唐人为之也。盖诸君之童昏狂暴，其罪万不足原；至于游戏之秽亵，诛夷之惨鸷，以及蒸报淫乱之丑，有枭獍所不为，犬彘所不食者，此则朝野无所质证，宫商无所发扬。徒使不肖之君，观其所行，以为我之恶，尚未至于此，可以益纵其所为，且其人亦有非及身而亡者，尤将诿之我躬不阅，遑恤我后，而力行其豺狼之心，以肆毒于毕世，此其为祸于生民，不更大哉！孟子曰：‘尽信书，则不如无书。’君子观子贡之言，而可以知史法矣！”（《越缦堂文集·纣之不善论》）又不但议论方面为然，而行为方面亦不可太过（详见柴绍炳《翼望山人文钞·矫枉过正说》，张贞生《唾居随录》卷三）。

（十四）勿混谈

天下的事理，往往是多方面的：就那方面看来是好的，就这方面看去便是不好的。所谓“公说公有理，婆说婆有理”、“各有短长，互有是非”，也是由于这个原故，所以我们要分别去观察它，不可混为一谈，一概以论。傅山已有见及此：“一双空灵眼睛，不唯不许今人瞒过，并不许古人瞒过，看古人行事，有全是底，有全非底；有先是后非底，有先非后是底；有似是而非，似非而是底，至十百是中之一非，十百非中之一是，了然于前，我取其是而去其非。其中更有执拗之君子，恶其人，即其人之是，亦硬指为非；喜承顺之君子，爱其人，即其人之非，亦私泥为是。千变万状，不胜辨别。但使我之心不受私弊，光明洞达，随时随事，能看便了。原不待讨论而得；无奈平素讲究不明，主宰不定，一切妄听妄说，无师无友，混帐糊涂，强牙赖嘴，想要只等算个人物在世上，熊头虎脑，但会识者含碜䰩䵤而已。”（《霜红龛全集·杂记》一）但我的见解，却和傅氏同中有异：即与其“先是后非”，不如“先非后是”；与其重视过去，不如重视现在。以其现在的一切，估定其过去的一切；不以过去的一切，估定其现在的一切。以现在的功，宽恕其过去的罪；不以现在的罪，带念其过去的功。二者绝对不可平等看待。为什么定要如此？我的唯一理由是：就个人说，要奖励改过。又如因统治阶级用暴力压迫民众，帝国主义用暴力侵略殖民地，是不合理的；而并误认被压迫民众，用暴力推倒统治阶级，殖民地用暴力反抗帝国主义，也是同样的不合理。也是呆板的混谈。至于因活人的机体中发生着一部分细胞的死亡过程，而直称之为尸体；因资本主义社会里已经孕育了否定的因子，即社会主义的劳工阶级，而宣布资本主义为社会主义，如现代的孟塞维克、社会法西斯主义者，宣称国家垄断资本主义的发长就是社会主义的发长，这些更是由混谈而诡辩了。我们要避免混为一谈这个毛病，也还是要自己留意感情方而，就是要学术与感情分开，换言之，即人与事要分开。应该唯学术与事是问，而勿专顾及感情与人。如袁枚所说：“韩魏公与欧公，至交也；论《系辞》终身不合。温公与范景仁，畏友也；论乐律驳辨千言。杨慈湖亲受业于朱子；而论天命之性，以为不当杂人物而言。古人明辨义理，当仁不让，有何前后辈之分？”（《三答稚存》）而陈百年先生

（大齐）在《社会科学季刊》发表的《论批评》一文，说得颇周到，希望阅者参考。

（十五）勿恋旧

退化论者，认为一代不如一代，所以贵古贱今；进化论者，便反而主张“后优于前”，“后来居上”。吾尝以为：后人之所以尊崇孔子者，只在其学识冠于当时之学者；固未可妄认其能永久高出后世之士子也。因为在春秋时，诚以孔子为最有学识；若在今世，纯以学识论，则在普通大学生中，贤于孔子者，比比皆是。然则何以不奉今之普通大学生为师表，而仍尊崇孔子？此亦由于孔子贤于春秋时代之人，而普通大学生既非当今学界之代表者，即使是学界之代表者，亦患人数过多，未便奉为唯一师表。由是以观，是春秋时代只有一个孔子，而今世则一般大学生多是孔子也。这也就是“后优于前”、“后来居上”的明证了。所可惜的，是古今学者多信奉退化论。如赵翼说：“王充《论衡》亦云：画工好画古人，不肯图近世之士者，尊古而卑今也。贵鹄远而鸡近也。杨子云作《法言》，张伯松不肯观，以同时也；使子云在伯松前，伯松必以为金匮矣。刘勰《文心雕龙》云：韩非《储说》始出，相如《子虚赋》初成，秦皇汉武恨不同时；既同时矣，则韩囚而马轻，岂非同时则贱哉？”（《陔余丛考·文人相轻》）我今可再提出一个有力的证明：同是李华所作之文，如明说是李华作的，时人便认为比不上肖颖士；如污为故纸，就是肖颖士也大钦佩起来（详见《新唐书·文艺下》本传）。这明明是只问古今，而不论优劣。此类贵古贱今的学者，简直是古奴而不可看做今人。古代大思想家如墨子，头脑虽极清楚，但于崇古的观念，总是牢不可破。他自喜法夏而笑儒家的法周（详见《墨子·公孟》），不问优劣而论古近，古即优，近即劣，这便是古奴的代表。而儒家的主张“非先王之法服不敢服，非先王之法言不敢道，非先王之德行不敢行。”（《孝经》）更可以代表古奴。我以为，与其像墨子所说“子法周而未法夏也，子之古非古也”，不如反而主张“子法较古之今，而未法较近之今，子之今非今也。”后世之可取法，在法家的商鞅、韩非，儒家的荀卿，“道家的杂家”《淮南子》（详前“勿依附”条），王充（《论衡》齐世篇、宣汉篇）那般人，已有见及了。而清今文学家的廖平也说：“如专主退化：尧舜至春秋，迭降四等；秦汉至今二千年，又当降四等；由此推之，数千万年后，不复为人矣！”（《六译绾杂著·圣经世运进退表》）这是说得很痛快的！但还不如谭嗣同所说：

“古而可好，又何必为今之人哉？所贵乎读书者，在得其精意，以充其所未逮焉耳。苟以其迹而已，则不问理之是非，而但援事之有无，枭獍四凶，何代蔑有？殆将一一则之效之乎？……欧美二洲，以好新而兴；日本效之，至变其衣食嗜好。亚非澳三洲，以好古而亡；中国动辄援古制，死亡之在眉睫，犹栖心于榛狉未化之世，若千今熟视无睹也者。庄曰：莫悲于心死，而身死次之。谥曰至愚，可不谓之大哀！”（《仁学》卷一）“昨日之新，至今日而已旧；今日之新，至明日而又已旧。……言新必极之于日新，始足以为盛美而无憾。执此以言治言学，固无往而不贵日新矣。……日不一日，斯新不一新，闻斯行诸，不俟终日。”（《湘报后序上》）张履祥也说：“天地之道，无一息不去故而趋新，盖故者不去，则新者如何得来？学问之道，亦须如此。”（《张杨园全集·愿学记》二）“天地间只一日新之数，化工无一息之停，故能日新。吾人学问，正当体此。”（同上三）

（十六）勿执一

“勿执一”与“勿灰色”，似乎处于对立之地位，未免自相矛盾；其实不然：灰色太无定见，太笼统；执一太有成见，太片面。太笼统当然不对；太片面亦所不取。勿灰色在乎戒人勿两可，勿执一在乎教人要周到。既不两可，又能周到，才算合理。例如，苏联新经济政策的过渡的两重性：托洛茨基主义者，只看见其容许资本主义之存在一方面，因而误认之为国家资本主义；布哈林也只看见其市场关系的自由一方面，而忽视其须以国家调节商业为前提这一点。不知若消去这二方面之一，新经济政策便不复存在了。又如中农的本姓，也是双重的：一方面他是劳动者，另方面又是小产业的私有者。托派只看见其为小私有者一方面，而右翼机会主义者又相反的忽略了这一方面（《米著沈译》上册第 310 页，请再参看《李译教程》第 358—362 页）。

袁枚曾反对执一者道：“夫所谓不朽者，非必周孔而后不朽也。羿之射，秋之弈，俞跗之医，皆可以不朽也。……不知艺即道之有形者也，精求之，何艺非道？貌袭之，道艺两失。”（《与薛寿鱼书》）“士幸生宋儒争定之后，宜集长戒短，各抒心得，不必助一家攻一家。今有赴长安者，或曰舟行，或曰骑行，其主人之心，不过皆欲至长安耳，苍头仆夫，各尊其主，遂至戟手嚷詈，及问其路之曲折皆不知。”（《代潘学士答雷翠庭祭酒书》）而李元度亦论及之：“是非有定者也，此是则彼非，无两可也；抑有不尽然者，往往两是焉，而并行不悖；甚则相反而适以相成。若水之与火，冬之与夏，相悬若天渊矣；然水火缺其一，不能成既济；无秋冬，则不能为春秋；恶能执此以废彼哉！庄生云：'此亦一是非，彼亦一是非。'然则欲是非之不谬，非折衷圣人不可也。虽然，圣人亦有不能不两存者，汤武革命，顺天而应人，圣人之言也；然武王伐纣，夷齐独耻食周粟，至饿于首阳以死，夷齐者穷天地，亘万世，非之而不顾者也。夷齐是则武周非，武周是则夷齐非也；然武周……夷齐不失……为圣，岂非固有两可之理耶？当夷齐叩马时，左右欲兵之；太公曰：'此义人也！'扶而去之。夫太公既以夷齐为义，则伐纣为不义矣，而卒不闻止其伐者，岂甘为不义哉？亦谓世固有两可之义也。至若伯夷之清，伊尹之任，伯夷之隘，柳下惠之不恭，皆正相反，而皆不失为圣贤，又恶能执此以废彼哉？不宁惟是，即以《六经》论：同一《易》也，而施、孟、梁邱诸家所解各别；一《诗》也，而齐、鲁、韩、毛诸家所解各别；一《春秋》也，而左、公、穀、严、何诸家所解各别；世皆并称其说，而皆有益于经。……乌呼！此大智之舜，所繇执其两端，而后能用其中于民也。两端者，彼此不齐之极致，正水火冬夏之谓也；惟平心察之，而权度以取中，斯真是出矣。自古明君哲相，听言用人，皆得此意，而独至于论学术，则世之号称儒者，率是己非人，未得程、朱之所以是，亦未深悉陆、王之所以非；但排击异己，以蕲自附于正学之林。乌呼！彼其所谓是者，果是而无一非耶？所谓非者，果非而无一是耶？抑程、朱之是非，果即孔、孟之所谓是非者耶？抑犹有几微未尽协者耶？然则其龂龂交争也，不过各是其所是，各非其所非而已；而猥曰吾以卫道，直谓之专己自足可也。"（《天岳山馆文钞·是非》）

（十七）勿相对

绝对论者如墨子以天鬼为绝对的是，以音乐为绝对的非；法家以兵刑为绝对的是，以文学为绝对的非；这当然不是真理。而玄学的相对论者，却反而肯定一切都是相对的，如庄子的《齐物论》，既把相对固定起来，其实也就近乎绝对论者了。正是所谓"执中无权，犹执一也。"大概绝对论者之流弊，必至太武断，到处都有是非，往往把非真理之部分，而亦深信之；相对论者之流弊，必至太犹豫，到处都无是非，往往把近真理之部分亦怀疑之；所以二者虽似相反，要其皆不接近真理，则一而已矣。惟有近代西洋的断社会科学、新哲学，认真理既不是绝对的也不是相对的，而是"相对的绝对"，比较近真理。这是说：在一切或两种对立的事理当中，虽然不敢极端地肯定此一方面，而极端地否定另一方面，但无论如何总有一个比较接近真理的、一个比较不接近真理的。我们应该因其比较接近真理而信仰它，因其比较不接近真理而反对它，于是足蹈实地，勇往直前，将来自可益接近真理，而和非真理相距离。列宁说："人类关于时间和空间的概念是相对的；但这些相对的概念积集起来就成为绝对的真理。这些相对的概念不断地发展着，循绝对真理的路线而前进，日益走近这一绝对真理。""吾人知识之接近客观的绝对真理，是历史地有限度的；但是这一真理的存在是绝对的，我们不断地接近着它，这也是绝对的。"(《唯物论与经验批判论》。如欲知其详，请再参看《李译教程》第232—242页，《米著沈详》上册第171—178页，《陈编体系》第252—262页。）所以我们可把世间一切的思想学派分做三派：第一派是绝对论，第二派是平等的相对论，第三派是相对的绝对论。我们如果真的要求真理，那就要倾向这最进步的一说了！

（十八）勿颠倒

就大体上而言：如资本主义、帝国主义世界的混乱是因，共产学说的产生和提倡是果。今人却反而认为因有共产学说的产生和提倡，才酿成资本主义帝国主义世界的混乱（这似乎也不失为一因，但无论如何总比不上前者之重要），这便未免倒因为果了。不知如要极绝共产学说，实非先自消灭资本主义帝国主义世界不可。又如老子认"绝仁弃义，民复孝慈"，也是倒因为果；其实是因民不孝慈，故提倡仁义。（此点请参看蔡孑民先生著《中国伦理学史》。）以上是因果颠倒和别有作用的显例。他如"《孝经》三才圣治事君章，本窃《左传》子大叔、北宫文子、上真子、季文子之言；而或者反谓传者窃经。《尔雅》如切如磋等云，本窃《礼记·大学》之文；而或者反谓记者采《尔雅》之辞。（尚思按：前后各说多是，惟谓《尔雅》窃《礼记·大学》之文，似未必然。）《谥法》经天纬地曰文等云，本窃《左传》成鱄之言；而或者反谓成鱄仿《谥法》之体。《鹖冠子》贪夫殉财等云，本窃贾谊《鹏鸟》之赋；而或者反谓谊赋尽出《鹖冠子》。《子华子》今世之人一段，本窃韩文《柳子厚墓志》之意；而或者反谓退之此文出《子华子》。世儒知有古世，而不知有伪真，类如此。"（李贽辑《枕中十书·精骑录》)。以上是是非颠倒和不能考辨的显例。

（十九）勿禁忌

古来思想家的很不禁忌者有庄子，他竟直说"道在矢溺"，"呼我为牛，我应之；呼我为马，我亦应之”。古来君主的很禁忌者有符生：“既有目疾，其所讳者，‘不足’、‘不具’、‘少’、‘无’、‘缺’、‘残’、‘毁’、‘偏’、‘只’之言，皆不得道，左右忤旨而死者，不可胜纪。”（《晋书·载记》）我们的态度究竟应该怎样？古人论史道：“古史家凡闺门丑恶之事，人所羞称而厌闻者，莫不备著，如《左传》载卫宣公、齐襄公等事；《史记》、《汉书》载诸王淫乱等事皆是。盖使人知为不善于幽暗之中而不能掩万世之直笔，如此庶乎知所戒矣！仲尼删《诗》，《墙有茨》、《鹑之奔奔》、《桑中》诸篇，皆存而不削，而杨龟山所谓卫为狄所灭之因是也。南北史臣，亦识此意；下至《金史》，犹备载海陵炀王淫乱之事；腥秽杂揉，莫甚于元，而《元史》一切隐讳不录，亦是一病。”（李贽辑《枕中十书·精骑录》）。而谭嗣同更说：“防民之口，甚于防川。此周之所以亡也，不毁乡校，此郑之所以安也；导之使言，谁毁谁誉，此三代之所以直道而行也。”（《湘报·后序》下）可见对于一切，多以不隐讳不禁忌为是。

（二十）勿利用

凡过于喜欢利用者，常会弄到自相矛盾。例如《国策·秦策》载：“楚人有两妻者，人诛其长者，长者詈之；诛其少者，少者许之。居无几何，有两妻者死，客谓诛者曰：‘汝取长者乎？少者乎？’曰：‘取长者！’客曰：‘长者骂汝，少者和汝，汝何为取长者？’曰：‘居彼人之所，则欲其许我也；今为我妻，则欲其为我詈人也。’”这便是关于利用的一个妙例。但“利用”的行为，实不可一概而论：如其动机或目的，在乎为私情、为少数、为个人，固无一而可；反之，如为公理、为大众、为社会，则无所不可。

……

傅斯年与《〈性命古训〉辨证》

经典导读

傅斯年（1896—1950 年），字孟真，山东聊城人。自小学习中国传统文化，12 岁已经读完十三经，具备了坚实的国学基础，这为他以后研究中国历史打下了基础。13 岁考入天津府立中学堂，接受新式教育。1913 年夏考入北京大学预科社会科学部学习。20 岁时升入北京大学本科国学门，23 岁投身文学革命，创办《新潮》，是五四运动中的学生领袖。1919 年夏从北京大学毕业考取官费留学生，赴英留学。3 年后，转赴德国，入柏林大学哲学研究院。1926 年 10 月，傅斯年结束了长达 7 年的留学生涯回国。这 7 年的留学生涯，尤其是德国重视比较语言学和史料考据的兰克史学对他思想影响很大。1927 年，任中山大学国文、历史两系主任，讲授“尚书”、“古代文学史”、“陶渊明诗”、“心理学”等课程。同年秋，在中山大学创办语言历史研究所，创刊《中山大学语言历史学研究所周刊》。1928 年，创办中央研究院历史语言研究所，并任所长。建所之初，傅斯年提出以历史语言研究所为大本营，在中国建筑“科学的东方学正统”的目标。

在担任历史语言研究所所长期间，傅斯年草拟《历史语言研究所工作之旨趣》，提出了历史科学的研究目标和方法，他指出“中央研究院设置之意义，本为发达近代科学，非为提倡所谓固有学术”。号召人们“一、把些传统的或自造的“仁义礼智”和其他主观，同历史学和语言学混在一气的人，绝对不是我们的同志！二、要把历史学语言学建设得和生物学地质学等同样，乃是我们的同志！三、我们要科学的东方学之正统在中国”。他指出历史科学研究的方向是“扩充材料，扩充工具，以工具之施用，成材料之整理，乃得问题之解决；并因问题之解决，引出新问题，更要求材料工具之扩充，如果伸张，乃向科学成就之路”[①]，为历史学走向科学化指明了方向。傅斯年担任历史语言研究所所长期间，作出的主要贡献有以下几点：一是团结、领导、培养了一大批从事中国历史学、语言学研究的学者。历史语言研究所是一个团结协作的学术团队，傅斯年聘请陈寅恪为历史组组长，赵元任为语言组组长，李济为考古组组长，还延揽了顾颉刚、陈垣、徐中舒等名流学者。还培养了一大批少年学者，如梁思永、劳干、夏鼐、尹达等。二是历史语言研究所通过各种科学实践，创造了一大批史学成果，这些史学成果都是运用现代科学方法的结果，为史学研究走向科学化做出了榜样。比如民族学方面，对广西瑶族，东北赫哲族，湘西苗族，四川羌族、戎族等少数民族地区，进行了广泛调查，采用录音等科技手段，掌握了大量第一手原始资料。傅斯年自己以历史语言学的研究方法开创了研究中国思想史的新方法。陈寅恪用诗文互证的方法来研究隋唐历史，还有董作宾的甲骨文研究、李济的考古学研究、赵元任的比较语言学研究、劳干的秦汉史和敦煌学研究、严耕望的中古政治制度史研究等，都是中国现代历史科学的开创，他们的著作大都成为所属方向的经典作品。三是抢救整理了明清大内档案，出版了《明清史料》30册。同时他对考古学科极为重视，对运用考古学方法研究历史更是极为看重，亲自领导了山东龙山文化遗址、河南殷墟遗址等的发掘，这对中国现代考古学、历史学发展的影响是巨大的。

1931年“九一八事变”后，傅斯年心急如焚，组织编写了《东北史纲》，用大量历史资料说明东北自古以来就是中国的固有领土，该书后来由李济翻译成英文送国联作为调查参考。抗战胜利后，傅斯年出任北京大学代理校长，他以雷厉风行的态度，为北京大学的迅速回归正轨作出了贡献。1949年1月20日，傅斯年被任命为台湾大学第四任校长，并继续担任历史语言研究所所长。1950年12月20日，傅斯年突发脑溢血，不幸逝世，年仅55岁。

傅斯年不仅是一位杰出的校长、历史语言研究所的学术领导者，而且他本人写

---

① 黄振萍等编：《傅斯年学术文化随笔》，《历史语言研究所工作之旨趣》，中国青年出版社2001年版，第49页。

出了不少经典性的学术论文，以下着重介绍傅斯年与中国古代思想史研究有关的主要成果。

首先是发表于1931年春的《夷夏东西说》，这是傅斯年研究古史的代表作。该文认为从东汉以来的中国历史，无论是政治上的分裂时期，还是北方游牧民族南侵时期，都只是南北之争的现象。而在夏商周三代及其以前，中国历史的演进主要是东西之分，并无南北之争。夷与商属于东系，而夏、周属于西系。夏的分布大致偏西，包括今山西省汾水流域、河南省西部中部地区，东不过平汉线，西面包括陕西省渭水下游地区，这就是古代的中原之地，也被称为夏、诸夏或华夏等。夏实际上是该地区的帝国或联盟，对东方的商和夷构成压迫之势。东方主要是夷人，由若干族类组成，活动范围包括西至河南，东到东海，北达济水，南达淮水，《论语》中所记载的“九夷”都分布在这一地区。东夷与西部的诸夏族之间形成冲突斗争的形势，三代之史就是这样形成的。傅斯年此文说明了古代中国民族的分合、冲突、同化以及融合的过程，尤其是从地域上说明了夏商周的起源过程，对先秦史的研究具有重要意义。

其次是《周东封与殷遗民》，该文主要说明周王室东征到山西北部，征服整个东部地区以后，对原来的殷商遗民和旧部并未采取斩尽杀绝的政策，而是采取怀柔政策，使他们在东部原地封国建邦，鲁国、卫国、齐国都是这种类型的殷遗民封国。在这些小国中，殷遗民是周族，而老百姓都是殷代的遗民。因此上层统治者都用周礼，而下层百姓仍沿袭殷礼。傅斯年认为，因为鲁宋之儒墨，燕齐之神仙、惟孝之论、五行之说，主宰中国思想界两千余年，所以殷商文化是中国文化的正统，殷遗民是中国文化之重心。傅斯年运用这个观点解决了不少前人无法解决的学术难题。比如孔子曾经指出“夫三年之丧，天下之通丧也”①，但是一百年后，孟子鼓动滕文公行三年之丧，滕国卿大夫却说：“吾宗国鲁先君莫之行，吾先君亦莫之行也。”② 傅斯年得出解释，鲁君之所以不行三年之丧，是因为孔子所指的天下是鲁卫宋陈这些小国，这些小国是殷遗民的后裔，当然行的是殷礼，即三年之丧，而鲁君是周王的后代，行的是周礼，当然不是三年之丧。傅斯年对《论语·先进》篇的解释更是解决了思想史上的一个难题，孔子曾说，“先进于礼乐，野人也；后进

---

①《论语·阳货》。

②《孟子·滕文公上》。

于礼乐，君子也。如用之，则吾从先进”，表面看孔子似乎是在说君子之礼还不如野人，傅斯年指出孔子所谓的野人就是殷遗民，而君子就是统治阶级即周王室后裔，殷商属于东方，经济文化发达，而西方的周族地利优厚，爱好武力，但是文化落后。周灭殷以后，自然君子后进于野人了。孔子也正是殷遗民。胡适对此称赞道：“能够把这个观念来解释论语先进篇第一章的，二千多年来，孟真还是第一个人。”①

三是在《大东小东说》一文中对《诗经·小雅·大东》中的于大东、小东的地理位置给予了说明。傅斯年指出，大东当在泰山山脉至南各地，今山东境内，济南泰安以南，或兼及泰山东部，而小东应在今山东濮县、河南濮阳和河北大名一带，秦汉以来所谓东郡一带。傅斯年还指出，鲁、燕、齐被封于成周东南、至于鲁国到曲阜、燕国到蓟丘、齐国到营丘，都是后来的事了。此文论证了大东、小东的地理位置，还考察了鲁、燕等封国的地理沿革情况，是一篇很有价值的历史地理文章。此外，傅斯年还提出了中国古代文化起源的三种假说，即夷夏东西说、史前文明多元说和先商文明高级而又长久说。傅斯年在《〈城子崖〉序》一文中指出：“中国的史前史原文化本不是一面的，而是多面互相混合反映以成立在这个文化的富土上的。凭借现有的文籍及器物知识，我们不能自禁的假定海边及其邻近地域有一种固有文化，这文化正是组成周秦时代中国文化之一分子。”② 这就是史前文明多元说的观点。傅斯年在《〈性命古训〉辨证》一文第三章还提出了先商文明高级而又长久论。这些学术观点对于中国先秦历史研究、考古研究有重要意义。

在明清史研究方面，傅斯年曾写有《明成祖的生母记疑》及《明成祖生母问题汇证》等论文，考订了明成祖的生母是硕妃而不是马后。还在《清代学问的门径书几种》一文中论述了清代思想文化的特征，指出清学是宋学的反动。

在中国古代思想史研究方面，傅斯年的代表作是《〈性命古训〉辨证》。该文篇幅较长，1936年写成，由上中下三卷组成，总字数近11万字，主要目的就是要“以语言学的观点解决思想史中之问题”，即将语言学与历史学结合起来研究思想史问

---

① 耿云志、李国彤编：《胡适传记作品全编》(第2卷)，《傅孟真先生的思想》，东方出版中心1999年版，第433页。

② 傅斯年：《〈城子崖〉序》，见黄振萍等编：《傅斯年学术文化随笔》，中国青年出版社2001年版，第187页。

题。用这种方法研究思想史，在近代中国学术界具有代表性。《〈性命古训〉辨证》主要是要通过新材料的增加来弥补阮元《性命古训》一文的不足，在方法上主要采用语言学与历史学相结合的方法。傅斯年认为阮元的缺陷在于“材料蔽之”，阮元所见史料毕竟有限；“时代偶像蔽之”，阮元思维不出孟子的道统观念；“门户蔽之”，即存在汉学宋学的门户之争。傅斯年力图使用“语学的观点所以识性命诸字之原，用历史的观点所以疏性论历来之变”[①]，方法是增加新材料、扩充新工具和得出新观点。在史料上，傅斯年大量使用了甲骨文、金文等考古资料；工具上主要是运用古文字学考证新材料并吸收了西方语言学、哲学及宗教学等方法；还抛弃汉宋之争的传统成见，而以客观的科学的态度来论述先秦时期性命观念的演变。总之，傅斯年从新材料、新工具、新态度，运用语言学考证了“性”、“命”等词在先秦时期最初的本义及其演变的新义，对于性命之说的思想演变历程做出了新的说明，并且对唐宋的性命之说给予了重新评价。通过语言学研究观念含义的变化，语言学语义的变化和历史演变两种角度相结合，是研究中国思想史的重要方法，我们在本书中对该文进行节选，希望傅斯年治思想史的这种方法能得到继承和发展。该文在当时就产生了重要影响，著名学者赵纪彬指出该文“甚多重要发现”，而且“大都精确至当，无可移易”[②]。桑兵写有《求其是与求其古：傅斯年〈性命古训辨证〉的方法启示》[③]，对傅斯年采用语言学和历史学结合的方法治思想史多有阐述。当然也有不少学者指出傅斯年此文的不足，主要是“把语言与思想等同起来，是颇为牵强的”[④]。

—— 延伸阅读文献目录：

1. 黄振萍等编：《傅斯年学术文化随笔》（二十世纪中国学术文化随笔大系），《〈性命古训〉辨证》，中国青年出版社，2001 年。

① 傅斯年：《〈性命古训〉辨证》，见黄振萍等编《傅斯年学术文化随笔》，中国青年出版社 2001 年版，第 60 页。

② 赵纪彬：《读〈性命古训辨证〉》，见赵纪彬著《赵纪彬文集》（2），河南人民出版社 1985 年版，第 7 页。

③ 见桑兵：《求其是与求其古：傅斯年〈性命古训辨证〉的方法启示》，载《中国文化》，第 29 期。

④ 江心力：《傅斯年的先秦诸子学研究析论》，见布占祥、马亮宽主编《傅斯年与中国文化》，天津古籍出版社 2006 年版，第 165 页。

2. 桑兵:《求其是与求其古：傅斯年〈性命古训辨证〉的方法启示》,《中国文化》，第二十九期。

—— 原文:《〈性命古训〉辨证》(节选)

经典原文

《性命古训》辨证（节选）

傅斯年

《性命古训》一书，仪征阮元之所作也。阮氏别有《论语论仁》、《孟子论仁》诸篇，又有论性、命、仁、智诸文，均载《研经室集》中，要以《性命古训》一书最关重要。此中包有彼为儒家道德论探其原始之见解，又有最能表见彼治此问题之方法，故是书实为戴震《原善》、《孟子字义疏证》两书之后劲，足以表显清代所谓汉学家反宋明理学之立场者也。自明末以来所谓汉学家，在始固未与宋儒立异，即其治文词名物之方法，亦远承朱熹、蔡沈、王应麟，虽激成于王学之末流，要皆朝宗于朱子，或明言愿为其后世。其公然掊击程朱，标榜炎汉，以为六经、《论语》、《孟子》经宋儒手而为异端所化者，休宁戴氏之作为也。（汉学家掊击宋儒始于毛奇龄，然毛说多攻击，少建设，未为世所重。）然而戴氏之书犹未脱乎一家之言，虽曰疏证孟子之字义，固仅发挥自己之哲学耳。至《性命古训》一书而方法丕变。阮氏聚积《诗》、《书》、《论语》、《孟子》中之论性、命字，以训诂学的方法定其字义，而后就其字义疏为理论，以张汉学家哲学之立场，以摇程朱之权威。夫阮氏之结论固多不能成立，然其方法则足为后人治思想史者所仪型。其方法惟何？即以语言学的观点解决思想史中之问题是也。

夫阮氏一书之不能无蔽者，其故有三。在阮氏时，汉学精诣所在，古训古音之学耳！其于《诗》、《书》之分析观念或并不及朱子、蔡沈，其于古文字之认识，则以所见材料有限之故，远在今人所到境界之下。阮氏据《召诰》发挥其“节性”之论，据《大雅》张皇其“弥性”之词，殊不知《召诰》所谓“节性”，按之《吕览》本是“节生”，《大雅》所谓“弥尔性”，按之金文乃是“弥厥生”，皆与性论无涉。此所用材料蔽之也，一端也。孟子昌言道统，韩愈以后儒者皆以为孟子直得孔门之正传，在此“建置的宗教”势力之下，有敢谓孟子之说不同孔子者乎？有敢谓荀子性论近于孔子者乎？此时代偶像蔽之也，二端也。自西河毛氏、东原戴氏以来，汉宋门户之见甚深。宋儒之说为汉学家认作逃禅羽化，汉学家固不暇计较宋儒性命论究与汉儒有无关系，亦不暇探讨禅宗之果作何说，道士之果持何论也。自今日观之，清代所谓宋学实是明代之官学，而所谓汉学，大体上直是自紫阳至深宁一脉相衍之宋学，今人固可有此“觚不觚”之叹，在当时环境中则不易在此处平心静气。此门户蔽之也，三端也。有此三端，则今人重作《性命古训》者固可大异于阮氏，此时代为之也。吾不敢曰驳议，不敢曰校证，而曰辨证者，诚不敢昧其方法之雷同耳。

“以语言学的观点解释一个思想史的问题”之一法，在法、德多见之。自十九世纪中叶以来，研治柏拉图、亚里斯多德［亚里士多德］著书者，其出发点与其结论每属于语学。十年前余教书中山大学时，写有“战国子家叙论”讲义，（此书旧未刊，今拟即加整理付印。）其序意“论哲学乃语言之副产品”一节云：

> 世界上古往今来最以哲学著名者有三个民族：一、印度之亚利安人；二、希腊；三、德意志。这三个民族有一个共同点，就是在他的文化忽然极高的时候，他的语言还不失印度日耳曼系语言之早年的烦琐形质。思想既以文化提高了，而语言之原形犹在，语言又是和思想分不开的，于是乎繁丰的抽象思想，遂为若干特殊语言的形质作玄学的解释了。以前有人以为亚利安人是开辟印度文明的，希腊人是开辟地中海北岸文明的，这是大错而特错。亚利安人走到印度时，他的文化比土著低，他吸收了土著的文明，后来更增高若干级。希腊人在欧洲东南也是这样，即地中海沿岸赛米提各族人留居地也比希腊文明古得多多。野蛮人一旦进于文化，思想扩张了，而语言犹昔，于是乎凭借他们语言的特别形质而出之思想，当做妙道玄理了。今试读汉语翻译之佛典，自求会悟，有些语句简直莫明其妙。然而一旦做些梵文的功夫，可以化艰深为平易，化牵强为自然，岂不是那样的思想很受那样的语言支配吗？希腊语言之支配哲学，前人已多论列，现在姑举一例。亚里斯多德［亚里士多德］所谓十个范畴者，后人对之有无穷的疏论，然这都是希腊语法上的问题，希腊语正供给我们这么些观念，离希腊语而谈范畴，则范畴断不能是这样子了。今姑置古代的例子，但论近代。德意志民族中出来最有声闻的哲人是康德，此君最有声闻的书是《纯理评论》，这部书所谈不是一往弥深的德国话吗？这部书有法子翻译吗？英文中译本有二：一出马克斯谬勒手，

他是大语言学家；一出麦克尔江，那是很信实的翻译。然而他们的翻译都有时而穷，遇到好些名词须以不译了之，而专治康德学者还要谆谆劝人翻译不可用，只有原文才信实，异国杂学的注释不可取，只有若干本国语言中之标准义疏始可信。哲学应是逻辑的思想，逻辑的思想应是不局促于某一种语言的，应是和算学一样的容易翻译，或者说，不待翻译。然而适得其反，完全不能翻译，则这些哲学受他们所由产生之语言之支配，又有什么疑惑呢？即如Ding an sich一词汉语固不能译他，即英文译了亦不像，然在德文中则an sich本是常语，故此名词初不奇怪。又如最通常的动词，如sein及werden，这一类的希腊字，曾经在哲学上作了多少祟，习玄论者所共见。又如戴卡氏之妙语Gogito ergo sum，翻成英语已不像话，翻成汉语更做不到。算学思想，则虽以中华与欧洲语言之大异而能涣然转译，哲学思想，则虽以英德语言之不过方言差别，而不能翻译，则哲学之为语言的副产物，似乎不待繁证即可明白了。印度日耳曼语之特别形质，例如主受之分，因致之别，过去及未来，已充及不满，质之与量，体之与象，以及各种把动词变作名词的方式，不特略习梵文或希腊文方知道，便是略习德语也就感觉到这些麻烦。这些麻烦，便是看来仿佛很严重的哲学分析所自出。

此虽余多年前所持论，今日思之差可自信。思想不能离语言，故思想必为语言所支配，一思想之来源与演变，固受甚多人文事件之影响，亦甚受语法之影响。思想愈抽象者，此情形愈明显。性命之谈，古代之抽象思想也。吾故以此一题为此方法之试验焉。

语学的观点之外，又有历史的观点，两者同其重要。用语学的观点所以识性命诸字之原，用历史的观点所以疏性论历来之变。思想非静止之物，静止则无思想已耳。故虽后学之仪范典型，弟子之承奉师说，其无微变者鲜矣，况公然标异者乎？前如程朱，后如戴阮，皆以古儒家义为一固定不移之物，不知分解其变动，乃昌言曰“求其是”。庸讵知所谓是者，相对之词非绝对之词，一时之准非永久之准乎？在此事上，朱子犹胜于戴阮，朱子论性颇能寻其演变，戴氏则但有一是非矣。（朱子著书中，不足征其历史的观点，然据《语类》所记，知其差能用历史方法。清代朴学家中惠栋、钱大昕诸氏较有历史观点，而钱氏尤长于此。若戴氏一派，最不知别时代之差，“求其是”三字误彼等不少。

盖“求其古”尚可借以探流变，“求其是”则师心自用者多矣。）故戴氏所标榜者《孟子字义》也，而不知彼之陈义绝与孟子远也。所尊者许、郑也，而不察许、郑之性论，上与孔孟无涉，下反与宋儒有缘也。戴氏、阮氏不能就历史的观点疏说《论语》、《孟子》，斯不辨二子性说之绝异，不能为程朱二层性说推其渊源，斯不知程朱在儒家思想史上之地位。阮氏以威仪为明德之正，戴氏以训诂为义理之全，何其陋也！今以演化论之观点疏理自《论语》至于荀子古儒家之性说，则儒墨之争，孟荀之差，见其所以然矣。布列汉儒之说，以时为序，则程朱性论非无因而至于前矣。夫思想家陈义多方，若丝之纷，然如明证其环境，罗列其因革，则有条不紊者见矣。

以上语学的观点与历史的观点两义，作者据之以成书者也。第一卷曰字篇，统计先秦文籍中之性命字，以求其正诂者也。第二卷曰义篇，综论先秦儒家及其相关连者论性命之义，以见其演变者也。第三卷曰绪篇，取汉以来儒家性说之要点分析之，以征宋儒性说之地位，即所以答戴、阮诸氏论程朱之不公也。

萧公权与《中国政治思想史·绪论》

经典导读

萧公权（1897—1981 年），原名笃平，字恭甫，自号迹园，笔名君衡，生于江西南安（今大庾县），著名政治学家。早年就读于上海中国基督教青年会中学，1918 年考入清华学校。1920 年赴美留学，最先就读于密苏里大学修习新闻学和哲学，硕士毕业后入康奈尔大学学习。1926 年以论文《政治多元论》获得博士学位。回国后，历任南开大学、东北大学、燕京大学、清华大学等校政治系教授，讲授“政治学概论”、“比较政府”、“法理学”、“中国政治思想”、“西洋政治思想”等课程。抗日战争爆发后，在四川大学及光华大学任教。1947 年赴国立政治大学讲授“中国政治思想”和“西洋政治思想”。1948 年被选为中央研究院第一届院士，政治学领域仅萧公权与钱端升两人。1949 年萧公权赴中国台湾讲学，不久赴美，在西雅图华盛顿大学讲授“中国政治思想”和“中国社会制度”等课程。

萧公权的主要著作包括：博士论文《政治多元论》1927 年在海外一出版，即获得广泛赞誉，并被列为国际心理学哲学及科学方法丛书之一，成为国际学术名著；1940 年萧公权写完了《中国政治思想史》，全书 70 余万字，国民政府将该书定为“部定大学用书”，1945 年由上海商务印书馆出版。1960 年出版了《中国乡村》，“该书对近代乡村社会的研究，完全立足于社会控制体系方面。诚如萧氏所言，这是一项有关清朝统治者在 19 世纪实施于整个乡村社会控制体系的理论基础、基本方法和其运行功能的研究。”[①]1975 年出版《近代中国与新世界：康有为变法与大同思想研究》，1979 年出版《帝制中国的和解》，1983 年出版《翁同龢与戊戌维新》。其中萧公权 20 世纪 40 年代的《中国政治思想史》一书由著名汉学家牟复礼（Frederick Mote）花费十多年工夫翻译为英文，并于 70 年代由普林斯顿大学出版社出版。后全部著作由汪荣祖教授编为九卷本的《萧公权全集》出版。萧公权在政治学理论和中国政治思想史研究等学术领域享有极高的声望和影响，是 20 世纪中国政治思想史研究方面的杰出学者。20 世纪三四十年代，萧公权还在《独立评论》、《新经济》、《观察》等自由主义色彩浓厚的刊物上发表了很多政论和时评文章，这些文章 1948 年编为《宪政与民主》出版。

萧公权以《中国政治思想史》一书为代表的中国思想史研究具有以下学术特点和贡献：

萧公权回忆自己缘何要研究中国政治思想史时指出，一是早年的志愿，早在 1920 年代萧公权就“立了一个志愿：我今后要利用留美所受的一点训练，所得的一点知识，去从长研究中国文化。我在美国曾研究西洋政治思想。我回国后的主要工作当是中国政治思想史的研究”[②]。二是后来回国后对当时中国政治思想史学术研究现状的分析。在萧公权的著作问世之前，已有不少中国政治思想史方面的著作，比如 1923 年商务印书馆出版了谢无量的《古代政治思想研究》、梁启超的《先秦政治思想史》，1932 年新生命书局出版了陶希圣的《中国政治思想史》，1932 年商务印书馆出版了陈安仁的《中国政治思想史大纲》，1933 年新生命书局出版了李麦麦的《中国古代政治哲学批判》，1934 年商务印书馆出版了刘麟生的《中国政治思想史》，1937 年黎明书局出版了吕振羽的《中国政治思想史》，1937 年商务印书馆出版了杨幼炯的《中国政治思想史》等等。可见当时中国政治思想史的研究成果是不少的，但是真正系统全面的著作几乎没有，这些著作都有很大不足之处。李麦麦的著作带有将马克思的学说生搬硬套到中国历史中的缺点；陶希圣的著作虽名为中国政治思想史，其实取材广泛，涉及社会、政治和经济许多方面，内容庞杂；梁启超、谢无量的著作内容太简单。中国政治思想史与中国哲学史、思想史一样，草创阶段往往产生用西学牵强比附中学的情况，往往是西方的理论、中国的资料，没有真正挖掘出中国思

① 王先明：《中国近代乡村史研究及展望》，载《近代史研究》，2002 年第 2 期。

② 萧公权：《问学谏往录》，学林出版社 1997 年版，第 78 页。

想的特点。有的人没有真正理解政治学，有的人又对历史资料取材不当，不清楚到底什么应该是中国政治思想史的史料。这是萧公权研究中国政治思想史的一个出发点。同时，当时很多人认为中国历史中不仅没有哲学，也没有政治思想、经济思想，比如钱端升就指出："中国几无政治思想可言，盖中国人对于政治极为重视，《论语》中有许多政治思想在内，其余如庄子、荀子皆有政治思想在内。不过此等书籍，多半为著者之人生观，故不能承认其为政治思想专书。"[①] 据萧公权回忆，张奚若曾经挖苦他讲授中国政治思想史是捕风捉影，"奚若对我最初似乎有点疑忌。他在教室里对学生讲，中国没有值得研究的政治思想。言外之意，当然是任何人讲授中国政治思想，无异于捕风捉影，大言欺人。我听他的'高论'，只好付之一笑。廷黻为我抱不平，在《独立评论》发表的一篇论文里讥笑留学生回国大谈洛克、卢梭，对于中国文化和历史却不能置一词。"[②] 萧公权分析很多人认为中国没有政治思想的原因一是外国学者对于中国历史缺乏真切的体会，二是西方学术重方法系统，而这恰恰是中国学术的不足之处，因此仅凭两点就误认为中国没有政治思想。其实萧公权认为，"吾人以为中国不特自有其政治思想，且其思想亦具有不可否认之价值。其异于欧美者不在价值之高低，而在性质之殊别。故吾人治中国政治思想之先，宜一探寻其特点之所在。……重实际而不尚玄理，此中国政治思想最显著之特点也。……中国政治思想之第二特点为多因袭，少创造。"[③] 明确指出中国不仅有政治思想，而且与欧美有不同的特点，这是一种很有创见的学术观点。正是在以上因素的基础上，萧公权对中国政治思想史展开了系统的研究。正如萧公权晚年在自传中所说："坊间虽然已经出版了两三部《中国政治思想史》，我相信还有余地写一部根据政治学观点，参酌历史学方法，充分运用原始资料，尽量避免臆说曲解的书。"[④] 就是要运用西方政治学理论、历史学的方法，在占有大量第一手资料的情况下，对中国政治思想史做出系统的条理，此种方法开创了研究中国政治思想史的新范式。

萧公权十分重视原始资料。在清华大学等校讲授"西洋政治思想史"与"中国政治思想史"等课程的时候，为了教学的方便，就从众多旧籍里摘选了有关的资料，

---

① 钱端升：《钱端升自选集》，首都师范大学出版社 2010 年版，第 337 页。

② 萧公权：《我所认识的蒋廷黻先生》，载《清华校友通讯》第 15 期，第 2～3 页。

③ 萧公权：《中国政治思想史参考资料绪论》，见刘梦溪主编，汪荣祖编校《中国现代学术经典 萧公权卷》，河北教育出版社 1999 年版，第 761 页。

④ 萧公权：《问学谏往录》，学林出版社 1997 年版，第 138 页。

请人抄出，印成讲义，随堂发给学生，可惜抄录和排印的进度都颇迟缓，清代的资料抄写未竟，七七事变后无法继续完成。所幸已经印成从先秦到明末总共 1 400 多面的资料，他存留一份，给他后来《中国政治思想史》的撰写提供了不少方便。他晚年回忆："我在农家寄居两年，完成了《中国政治思想史》的撰写。我在清华任教时所编的参考资料和我历年授课所用的教材，全部带到了成都。我在城内川大任教时又从图书馆所藏的中国旧籍中搜集了一点补充资料。现在利用乡间的安静环境，着手写一部适合大学生和一般读者参考的《中国政治思想史》。……每天晚饭已毕，稍事休息之后，我便独坐书斋，在灯下构思走笔，日复一日，很少间断。到了二十九年夏天，全书脱稿，偿了怀抱十几年的夙愿。"[①] 所选资料来源广阔，包括先秦至清末的各种著述。萧公权指出选择史料的标准是：一是尽量收录有理论价值的文献，二是酌量收录有历史价值的文献，纯粹针对一个实际问题而发的政论文章则不选入，史料编订以年代为次序，偶尔也以参考的便利程度来编排，编成的《中国政治思想史参考资料辑要》全书共 53 章，附录 31 章，主要以人物为主，史料涉及一家之言、影响重大的著作。对于思想相近、时代相及、文献不足的思想家，则合在一起编排。附录主要收集不符合以上情况，但又是能够参考的资料，或者符合上述情况但是文献过于简短或者残缺不全的，还包括一些真伪未定之书。这就是萧公权选编政治思想史史料的基本原则，并在《中国政治思想史》一书得到明确的阐述，"本书体例以时代为经，以思想派别为纬，其取材以前人著作之具有理论价值者为主，影响较大之政论亦酌量述及，专对一时一地实际问题之政论则一概从略。"[②] 占有丰富的原始资料，然后经过严格选择，这是写好一部中国政治思想史的关键，只有从原始资料出发，才有可能做到客观公允地评价古代思想家的政治思想，否则容易断章取义。他曾经说："我所谓放眼看书包括两层工作：一是尽量阅览有关的各种资料，二是极力避免主观偏见的蒙蔽。……为研究专题，搜集资料而看书，当然不是漫无目的，无所取舍的'浏览'，但也不可全凭主观，只摘取与已见相符的思想或事实以为证据，而自圆其说，把一切不相符的思想事实，悉数抹煞，予以视若无睹、存而不论的处置。坦白地说，这是一个自欺欺人的下流手法。"[③]

运用西方政治学、历史学的方法条理中国政治思想史是该书的第二大特点。萧

① 萧公权：《问学谏往录》，学林出版社 1997 年版，第 138 页。
② 萧公权：《中国政治思想史·凡例》，辽宁教育出版社 1998 年版。
③ 萧公权：《中国政治思想史·本书说明》，辽宁教育出版社 1998 年版。

公权在美国六年的政治哲学的学习，使他真正对政治理论有了深入的了解，其博士论文《政治多元论》的广泛影响就说明了这一点。这种学术背景使得他对政治思想的核心概念有比较精确的理解和把握，具体到中国政治思想史上，就会有适当的取材，找准重点，详略得当，而不至于像很多著作一样，名为哲学史，实为思想史。在评断中，萧公权发挥自己的哲学素养，概括简洁准确，能够抓住关键，这对于汗牛充栋的史料来说是不可缺少的一种能力。其《中国政治思想史》使人读起来既能知道重点之所在，又很清晰，不至于读完仍然一头雾水。当年审阅书稿的著名史学家缪凤林在给萧公权的信中指出："大著林虽仅拜读一过，然胜义络绎，至今历历如在心目。如谓法家思想与近世法治如两极之相背，真令人有石破天惊之感，然其说实至当而不可易。又如丁在君与某君合纂《梁任公年谱》油印本三厚册，林曩尝细阅一过，所述任公一生思想之变迁，实远不足与大著比。章太炎氏门生甚众，其民族思想之精义亦无人能如大著言之详且尽也。"[①] 萧公权童年读过不少古代思想典籍，受过比较系统的国学训练。这种经历使得他对中西思想的特点常能作出极富新意的判断。萧公权指出，研究中国思想应"采中国固有之原理为基础，以西洋现代之实学为内容。惟能融旧，故吻合于国性民情。惟能铸新，故适应现代之需要。盖处二十世纪之时不精通先秦以来之学术不足为中国之思想家，不精通欧美之学术不足为现代之思想家"[②]。萧公权清醒地认识到，只有借助西方现代思想和学术，通过与中国传统思想的比较，找出中国思想自身的特点和不足之处，使中国传统思想在与西方的融合中得到发展，适合中国现代的需要。

萧公权研究中国政治思想史既注重概念的分析和文献资料的选取，还十分强调对思想的历史背景的充分把握。萧公权要求把古人的思想放到特定的历史脉络中去考察，"政治思想虽不能离环境以产生，而在同一历史环境中，所有思想之内容不必皆出一辙。个人之品性，家庭之生活，师友之影响。凡此一切均可使个人对于同一环境发生不同之反应而促成其思想之分歧。"[③] 唯有如此才能还古人的本来面貌，"治思想史应求平正踏实。"[④] 当然，萧公权所说的社会背景还不全面，侯外庐对于思想的社会背景的理解更加全面，强调其不仅包括家庭环境、个人性格以及师友影响，更

① 萧公权:《中国政治思想史·本书说明》，辽宁教育出版社 1998 年版。

② 萧公权:《中国政治思想史》，辽宁教育出版社 1998 年版，第 881 页。

③ 萧公权:《中国政治思想史》，辽宁教育出版社 1998 年版，第 153～154 页。

④ 黄俊杰:《敬悼萧公权老师》，载《传记文学》，第 39 卷第 6 期。

主要的是当时的社会生产方式和生产关系的结合情况，不同的社会性质下的思想内容是有不同特点的。

在《中国政治思想史》一书的“凡例”中，萧公权对其研究中国政治思想史的方法做了几点说明：一是采用政治学的观点，历史的方法，对晚周以来两千五百年间的政治思想进行研究。对于西周前的部分，由于文献收集的难度，不专门立编叙述，这是对中国思想史起点的看法，“故政治思想起于晚周，由于千载一时之机会。而吾人即以此时期为研究之起点，诚亦有其自然之理由也。”[①] 二是不仅注重思想的历史演变顺序，也注意到每个时期众多的思想派别，“以时代为经，以思想派别为纬”，选取具有理论价值的史料进行研究。三是叙述各家思想，力求客观公正，做到不“任意抑扬，臆断得失”。最后萧公权非常谦虚地指出，“本书属稿值抗战期中，参考图书又颇不便。匪特见闻未广，尤恐纰缪滋多”，体现了他治学的严谨态度。

《中国政治思想史》一书包括5编25章，上起先秦，下至孙中山。其中第五编仅存有目录。该书按两种方式对中国政治思想做了分期，一种是按政治思想演变的历史趋势，分为四个时期，即创造时期，包括春秋战国晚期及战国时代，也就是先秦时代；因袭时期，包括秦汉至宋元时期；转变时期，包括明初到清末大约500年；成熟时期，指三民主义之成立到萧公权著作该书之时，最初完成在孙中山伦敦蒙难居英的两年时间（1896—1898年）；一种是按思想的历史背景划分为三个时期，即封建天下之思想，与创造时期基本相符；专制天下之思想，包括因袭时期与转变时期；近代国家之思想，包括清末戊戌维新时代及辛亥革命直至萧公权写书之时，包括转变时期之后部及成熟时期。实际上两种划分方式是重合的。至于把孙中山作为中国政治思想的结尾，汪荣祖有准确的评论：“公权先生视三民主义为中国政治思想之成熟，显有时代因素，因其撰稿成书之日，仍属国民党训政时期，以孙文学说与三民主义为不可侵犯之‘圣教’。谄之，心有不甘；评之，恐遭时忌，是以虽原有孙中山一章，终于不予收录，既奉阙疑之旨，复得讳而不隐之效。”[②] 本书所选为《中国政治思想史》的“绪论”，在“绪论”中，萧公权提出了“中国政治思想史”这个领域的许多根本问题，诸如中国政治思想史的起点、依据什么标准划分中国几千年政治思想的发展阶段等，是治中国政治思想史无法绕过的问题，读完对我们会有所启

① 萧公权：《中国政治思想史·绪论》，辽宁教育出版社1998年版。

② 萧公权著：《近代中国与新世界 康有为变法与大同思想研究》附录，《萧公权先生学术次第》，江苏人民出版社2007年版，第526页。

发。总之，该书不是这个时期唯一的《中国政治思想史》，但毫无疑问是这个时期最全面最系统的著作，而且大多数学者认为该书至今无人超越。

—— 延伸阅读文献目录：

1. 萧公权著：《中国政治思想史》，辽宁教育出版社，1998 年。

2. 萧公权著：《问学谏往录》，学林出版社，1997 年。

—— 原文：《中国政治思想史 · 绪论》

经典原文

中国政治思想史·绪论

萧公权

一 中国政治思想史之起点

吾国历史，世推悠久。溯其远源，可至四千年以上。然研究政治思想史者，不能不断自晚周为始。此实势有必然，非敢数典忘祖。三代以前，社会浅演，书契无征，固不待论。即夏商之世，文物制度尚在草创之中，学术思想殆亦方见萌芽，未能具体。况文献不足，记载阙失，纵有学说，已难考见。孔子生春秋之时已叹二礼无征[①]。《洪范》九畴虽或为夏禹政治之大法，而文辞简短。《商书》虽多为信史，而记载疏略[②]。至于殷墟甲骨贞卜契券之文字，虽可据以推想古代之制度[③]，而究非学术思想之纪录。凡此皆历史家与考古家之重要资料，而就政治学之观点论，殊觉其鲜裨实用。故吾人今日欲取中国政治思想作较有统系之研究，至早只能以周代为起点。盖吾国古代文化至周而盛。吾人虽不必从夏曾佑之说，谓“中国一切宗教典礼政治文艺皆周人所创”[④]，然学术思想之为周人所创，则为至明显之事实。

周代学术之大兴，不在西周盛世，而在东迁之后之春秋末叶与战国时代[⑤]。政治思想亦于此时突然发展。盖自孔子以师儒立教，诸子之学继之以起，“至

① 《论语·八佾》第三。

② 王国维《古史新证》认《商书》除《汤誓》外皆真，《周书·洪范》可疑。

③ 参周传儒《甲骨文字与殷商制度》，郭沫若《中国古代社会研究》。

④ 《中国古代史》页二九。孔子谓“周监于二代，郁郁乎文哉。吾从周”。又谓“周因于殷礼，所损益可知”。是不以周为新创。

⑤ 平王元年迁都洛邑（西历纪元前七七〇）。春秋始于鲁隐公元年（平王四十九年纪元前七二二），终于哀公十四年（纪元前四八一），战国时代之起迄尚无定说，姑以春秋终止以后，始皇统一以前之二百五十九年当之，即敬王四年至始皇二十六年（纪元前四八〇——前二二一）。

战国而著述之事专"[①]，持故成理之政治学说乃风起云涌，蔚为大观。吾人今日虽不能依据史实确断其骤盛之原因，然就当时历史环境之大势，与乎文化进步之通则，尚可作大致不差之推论。政治思想兴于晚周之主因有二。简言之，即社会组织之迅速变迁，与伟大思想家之适生其会而已。周室自平王之末，已趋微弱，诸侯强大，"秦、晋、齐、楚代兴"[②]，遂酿成春秋之局势。封建制度既就崩溃，贵族之社会组织与生活亦同时发生变化。士族与庶人同之界限逐渐消失[③]，贵族原有从政掌学之特权亦普及于平民[④]。史家所谓王官失守者，殆非虚构。且列国并存，相争雄长。同文壹教之术犹未用世。思想自由、学无拘禁。处士得以横议，"邪说"亦可大行。而国君图强，每重才士。魏之文侯（西元四四六——三九七），田齐之稷下[⑤]，尤为战国时代之著例。当此"天下无道"（语见《论语》），社会蜕化之际，不仅争乱频仍，民生困苦，而旧日所以维系人心保持秩序之风俗制度皆动摇崩坏，失其原有之效用。深思远虑之士，对此巨变之原因与影响，自不免加以疑问批评，而提出抗议或补救之方。政治思想，于是勃兴。上述种种情形，春秋已见其端，至战国而更甚[⑥]。故思想之发展亦至战国而始极。然社会环境仅为思想萌育之条件。苟无天资卓绝之思想家如孔、孟、庄、韩诸人适生此特殊之环境中，何能造成吾国学术史上此重要之

① 章学诚《文史通义》卷一，《诗教上》。

②《国语》卷十六《郑语》。《史记》卷四《周本纪》亦有同样之记载。

③ 如《左传》昭公三年载晋国"栾却原狐续庆伯降在皂隶"。又如宁戚饭牛而见用于齐桓公，百里奚贫贱而事秦穆公。

④ 孔子"有教无类"以《诗》《书》六艺授人，首开学术普及之风。

⑤ 魏文侯立于周贞定王二十三年（前四四六），齐威王立稷下宫，设禄招士，当在其即位之初（前三五七）。宣王时（前三一九——前三〇一）稷下复盛，达"数百千人"（《史记·田齐世家》），"喜议政事"（《新序》），至湣王时（前三〇〇——前二八四）乃解散。

⑥ 顾炎武《日知录》卷十三《周末风俗》条谓"春秋时犹敬重礼信，而七国则绝不言礼与信矣。春秋时犹尊周王，而七国则绝不言王矣。春秋时犹严祭祀，重聘享，而七国则无其事矣。春秋时犹论宗姓氏族，而七国则无一言及之矣。春秋时犹宴会赋诗，而七国则不闻矣。春秋时犹有赴告策书，而七国则无有矣。邦无定交，士无定主。此皆变于一百三十三年之间史之阙文，而后人可以意推者也"。此述春秋战国之变颇为明晰。刘向《战国策序》亦谓"仲尼既没之后，田氏取齐，六卿分晋。道德大废，上下失序。至秦孝公捐礼让而贵战争，弃仁义而用诈谲，苟以取强而已矣。夫篡盗之人列为王侯，诈谲之国兴立为强，是以转相仿效，后生师之，遂相吞灭，并大兼小，暴师经岁，流血满野，父子不相亲，兄弟不相安，夫妇离散，莫保其命。湣然道德绝矣"。可见周末社会之大概。

"黄金时代"？故政治思想起于晚周，由于千载一时之机会。而吾人即以此时期为研究之起点，诚亦有其自然之理由也[①]。

■ 二 中国政治思想史之分期——按思想演变之大势

西人论吾国文化者每谓其偏于守旧。学者遂或疑吾国之政治思想亦历久顿滞，古今不变。其实中国政论变化之剧烈迅速，虽未足与欧洲相比[②]，然吾人略加探索，即知其确经显著之重要变化，且可循其变化起伏之迹，而将此二千余年之思想史分为下列之四大段落：

（一）创造时期　自孔子降生（西历纪元前五五一）至始皇统一（纪元前二二一），为时约三百年，包括春秋晚期及战国时代，学者通称之为先秦时代。

（二）因袭时期　自秦汉至宋元（纪元前二二一至纪元一三六七），为时约一千六百年。

（三）转变时期　自明初至清末（一三六八至一八九八），为时约五百年。

（四）成熟时期　自三民主义之成立以迄于今。（三民主义之讲演在民国十三年。其最初完成则在孙中山先生伦敦被难以后居英之两年中，即一八九六与一八九八之间。）

先秦为创造时期，其事显明，无待赘说。然孔子自谓："述而不作"[③]，门人复称其"祖述尧舜，宪章文武"[④]。墨子"用夏政"[⑤]，而其言每兼称尧、舜、禹、汤、文、武[⑥]。道法二家，推尊黄帝。法家立言，且或以诸国刑书为依据[⑦]。是诸子之学，悉有渊源，非尽出心裁，凭空立说。创造之名疑有未妥。吾人请释之

① 梁启超《论中国学术思想变迁之大势》及《评胡适中国哲学史大纲》，胡适《中国哲学史》上卷二篇一章，冯友兰《中国哲学史》一章二节，均论先秦学术之起因，可参阅。

② 作者所编《中国政治思想史参考资料》绪论第一节中略论中西政治思想之异同，可参阅（见本书附录）。

③《论语·述而》第七。

④《中庸》三十章。

⑤《淮南子·要略训》。

⑥ 汪中《述学·墨子后序》。

⑦《晋书·艺文志》谓"律文起自李悝，撰次诸国法，著《法经》。（中略）商君受之以相秦"。

曰：创造者非无中生有之谓。春秋以前之人既有政治生活，岂无政治观念，古籍如《诗》《书》所载天命民本，礼乐兵刑诸说皆经先秦各家所采用，而成为中国政治思想中之要旨。然此等旧说，原来既乏系统，含义亦较简单。必分别经先秦大家之发挥董理，然后斐然成章，蕴蓄深远，进为一家之学说。此融旧铸新之工作，实无愧于创造。譬如工师建屋，木石砖瓦皆仰给于成品，固无碍于堂构一新也。复次，《汉书·艺文志》有诸子出于王官之说[①]。孔子从周，其教人之《诗》《书》六艺于诸子中殆最近官学。故章学诚谓“六经皆先王之政典”[②]，“孔子学而尽周公之道”[③]。以此类推，则先秦政治思想已具体于春秋战国之前，儒墨道法之学乃因袭而非创造[④]。此论虽能成理，然不必与吾人之说相悖。请以儒家明之。孔子之政治思想虽以成王周公之制度为根据，然非墨守成规，举先王之政以为后生之教。必于旧政之中，发明新义而自成一家之言，然后七十子乃心悦诚服，奉为宗师。若其仅传周公之政典。“符节叵合”，毫无损益，则《诗》《书》六艺，当时既为官书，文武方策之政未经秦火，周鲁所藏，得观者岂仅孔子[⑤]？《左传》所载春秋士夫言谈中能称引《诗》《书》之文者不乏其例，何以儒家之学必以孔子为宗乎？吾人如谓孔子就文武之成规，加以自得之创造，而以之为设教立言之资，似较近情理而易通也。虽然，吾人认先秦时期为创造，尚有一最重要之理由，为上文所未道及而应注意者，则无论诸子学说之来源如何，其本身实“自我作古”，开后学之宗派。秦汉以至宋元之政治思想虽不乏新意义，新内容，而其主要之观点与基本之原理，终不能完全越出先秦之范围。必俟明清海通以后，外学输入，然后思想为之丕变。故研究中国政治思想史者，春秋以前可以存而不论，先秦时期则不能不认为全部工作之起点。其所占地位之重要，可以不言而喻。总之，先秦思想，对春秋以前为融旧铸新，对秦汉以后为开宗立范，创造之名，由此而立，或不至于大误。

---

① 诸子学说来源，此后于分述各家时当略论之，兹不赘及。

②《文史通义》卷一，《易教上》。

③ 同书卷二，《原道上》。

④ 例如江瑔《读子卮言》卷二页二八谓“墨子之学出于史佚。（中略）史佚有书二篇，《汉志》列于墨家之首，且谓周臣在成康时，则由史佚历数百岁而后至墨子，未有墨子之前已有墨家之学。”

⑤《左传》昭公二年，载晋韩宣子观书于太史氏，谓“周礼尽在鲁矣”。

先秦之创造，不由凭空杜撰。秦汉以迄宋元之为因袭，亦非悉出模仿，步趋古学，而绝无进展与改易。始皇并吞六国，封建之天下一变而为郡县，创二千年专制一统之政体。社会之环境既殊，则先秦百家竞起，各创新学之盛况，自亦难于继续维持。同时且以环境不同之故，秦汉以后之思想家虽因袭前人之观念与名词，而政治之对象既已迥异，则其所持观念之内容，与所用名词之含义，亦势不能与古人悉合。故严格言之，秦汉以后之政治思想不必有变古之名，而每有变古之实。吾人以此期之思想远不如先秦之富于创造精神，而思想家亦多无意于创造，因以“因袭”称之，非谓此千六百年之政论悉守晚周之旧也。抑吾人更须注意，先秦诸子，各立门户，辩生末学，相攻尤烈。如孟拒杨墨[①]。荀非十二子[②]，墨氏讥儒[③]，庄生评骘诸家道术[④]，此皆最著之例。当时虽意在尊师说，息异端，然不过入主出奴，各有是非，交相胜负。正如群雄角逐，未知鹿死谁手。及至秦汉各家后学相攻已久，接触已多，于是互相折衷调和，而寖有学术混同之趋势。放弃门户之见者遂成杂家之学[⑤]，坚持门户之别者亦参采异端，以与师说相糅合。参合之限度不同，故学说之纯驳不一。因此周末及秦汉学术每呈下述之二态。一为学派之名号犹昔，而思想之内容有异。二为一派之中间有分支，而数派之间反相混合[⑥]。自此以后，先秦学派之能继续存在者，虽尚壁垒森严，而所守者不过旧学之主旨。其变易之尤甚者或至体貌不殊，而精神迥别，然既仍互相争辩排斥，则其求胜之心，无异于古人。政治统一之后，专制君主每欲致思想之统一。始皇“以吏为师”，武帝推尊儒术。此种“别黑白而定一尊”之办法，未必遂能消减诸家争胜之心，使其相攻，趋于和缓。故秦汉以后为学术内容调和之时期，亦为学术派别决战之时期。秦亡后之千余年中，各派相争雄长，随历史环境之转变而相代起伏。或先盛而后衰[⑦]，

---

①《孟子·滕文公》上，下。

②《荀子·非十二子》。

③《墨子·兼爱》、《节用》、《节葬》、《天志》、《明鬼》等篇。

④《庄子·天下》。

⑤《吕氏春秋》为最重要之代表（杂家为门派之一，非诸家之杂，见《汉书·儒林传》）。

⑥ 姚舜钦《秦汉哲学史》第二章谓秦汉哲学乃混成、颇有见。

⑦ 如法家之在秦汉，儒家之在汉魏。

或既废而复兴[①]，或一时熄灭而不再起[②]，或取得独尊之地位而不能袭断全局[③]，或失去显学之势力而仍与主潮相抗拒[④]。思想之内容虽随时代而屡变，其大体则先秦之旧。绝对新创之成分，极为罕见。

因袭时期政治思想潮流冲激之大势，简言之，乃中国学术上之长期内战。其交战之团体为中土固有之学派，其争斗之利器为先秦旧创之学说。千六百年中仅南北朝时代佛道二教关于致敬君父、分别夷夏等问题之争辩为异域思想参加战争之例外事实。然为期甚短，对思想进展之趋势，未有显明之重要影响。学术内战之结果，虽非政治思想之全部停滞，然中国君主专制之政体，自秦汉开端，此后殊少改变。先秦思想既以社会环境之剧变而骤兴，秦汉以后之思想亦以社会环境之变动较少而缺乏创造之成分，此诚一极自然之现象，毫不足异。苟非明清时代西洋之武力与文化藉海通而相继不断侵入中土，恐政治思想之因袭时期或不能至宋元而终止，其转变时期亦未必至明清而到来也。

吾国政治思想转变之直接原因为外力之刺激。佛教东来，开异族文化侵入之端。五胡乱华，露异族入主中国之兆。然二者虽促成政治社会宗教哲学各方面之骚动与进步，而未曾引起政治思想之转变。盖佛教为宗教而非政治思想，其消极出世之人生观又适与老庄思想有相近之处。其不能对政治思想有所贡献，亦意中事。至于晋代乱华之诸胡，其文化均低。占据中原以后，文化则自动“用夏变夷”[⑤]，政治亦不能越出建号称王之故智，尤不易有促动思想转变之能力。必俟明清时代海通之后，欧洲之高度文化随传教士而播于中土。加以闭关自守之局既破，昔日大一统之“天下”突然变为世界上列国之一。而积弱之余，更屡为外国所侵侮。如此空前巨变，自不免激起思想上之革命。此殆为转变时期见于明清之主要原因。再则蒙古入主中国，约一百年。人民备受异族之欺凌荼毒，儒家之仁义礼乐，法家之尊君重国，明法饬令，道家之知白守黑，任天无为，以及一切中国固有之政理治术，均经历史之事实证明，不足以保民族之自存，则穷极生变，明清政治思想自不得不另辟途径，向新方面以前进矣。

---

① 如道家之在魏晋。

② 如墨家之在汉代。

③ 如儒家之在汉代。

④ 如道法之在汉代，儒家之在魏晋。

⑤《晋书》卷一〇五，《载记五·石勒传下》。

转变时期虽包括明清两朝之五百年，然明代以至清初不过略见转变之端。除旧更新之大转变，直至晚清，然后发动。盖明清之初，遗民志士以反抗异类政权而发挥种族思想，一变传统思想中之大同主义。中明以后阳明学派以反对宋明理学之桎梏而发挥自由思想，亦图冲决网罗，肃清尊古守旧之结习。凡此虽具重大之意义，明示转变之方向，然其本身所据观点与所含内容，仍自旧学中蜕化而来，终不脱前人之窠臼。虽知革故，未逮鼎新。及至太平天国崛起，始本基督教义，参以民族思想而产生吾国空前之思想转变。此后则戊戌维新，辛亥革命，无论其所持之主义为何，其受西洋思想之直接影响，而与二千余年传统思想相对抗，则不谋而合。吾人断不可因新思想中每接受旧学说之一部分，遂疑其仍与先秦以来之"道统"完全一贯，良以清季维新及革命思想家之采用旧说，皆按自立之标准。其采用一家之言，非以其为古圣先贤之说，而以其适于现代国家之用。权衡在我，取舍从心[①]。思想自主之风气，殆为先秦以后所创见。

辛亥革命，思想为转变时期之结局，亦为成熟时期之起点。孙中山先生之三民五权学说融会古今，贯通中外，运独到之特见，集一代之大成，不仅树革命之理论基础，而立国之根本大道，亦于是完成。二千余年之政治思想，至此乃臻成熟之境。

三　中国政治思想史之分期——按思想之历史背景

上文就二千余年中思想演变之大势，而分为四期，虽不尽妥，或无大误。吾人又可就思想之历史背景而划分为下列之三时期：

（一）封建天下之思想　包括春秋及战国时代，与上述之"创造时期"相当。

（二）专制天下之思想　包括秦汉至明清之二千年，与"因袭时期"及"转变时期"之前大部分相当。

① 维新思想家中康有为似为例外。盖其主张变法，每托《春秋》三世之义，称孔子为万世制宪，确不免守旧之嫌疑。然《孔子改制考》谓先秦百家之学悉出新创，孔子亦改制托古著为六经。或康氏本人亦窃取改制托古之义。又《大同书》之理想虽出于《礼运》，实多与西洋学说相合。

（三）近代国家之思想　包括清末戊戌维新时代及辛亥革命以迄今日，与“转变时期”之后部及“成熟时期”相当。

政治思想与政治制度相推移。以故政治思想史亦可按制度演变之大势而分期。吾国政制自商周以来，凡经三变。商周之际，部落社会[①]渐进而成封建天下[②]，此为一变。始皇并吞六国，划天下为郡县，定君主专制之制，此为二变。晚清失政，民国开基，二千年之君制遂告终止，此为三变。段落分明，早为人所共喻。吾人若按此政治制度史之段落以划分政治思想史之时期，诚极自然之事。

封建天下之政治思想不发生于周代极盛之时，而兴起于就衰之后，上文已略述及。故先秦之思想均以封建天下为其背景，而不必悉以之为对象或理想。试举诸家之著者言之，如孔子“从周”[③]，其思想以封建天下为背景而兼理想者也。孟子百里可王，天下定一[④]之说虽不尊周，而亦未否认封建之理想。墨子“非攻”实为对战国侵伐兼并之抗议，其“尚同”之说明揭“国君”“家君”[⑤]壹义之事，则亦纯然为封建天下之思想。道法二家，与此相异。老子近乎放任主义，庄子近乎无政府主义，二者皆消极对晚周政治作激烈之批评，而提出缺乏历史根据之自由社会为理想。法家如商鞅、韩非诸人则承认战国七雄争长之实际情形而发为富国强兵尊君重令之学说。其思想之背景既非盛周之封建，其理想又倾向于嬴秦之专制。故诸子之中儒墨拥护已就崩溃之封建天下，法家预想行将出现之君权一统，道家则否定历史上之一切制度。

专制天下之政治思想以秦汉至明清之制度为背景。先秦诸家各视其本身能否适应此历史之新环境而决其宗派之盛衰，儒家适应之力最强[⑥]，故其道统最长远，实力最雄厚，非任何宗派所能及。法家思想虽倾向于专制，且事实上为嬴秦统一之基础，似应大盛于专制之天下。然申韩之学自李斯致用之后，其法令名实诸旨渐已成为实用之治术，终止学理上之发展，而其君臣守法，“令尊于

① 徐协贞《殷契通释序》据甲骨文推定殷前半纪为“混乱部落社会”，后半纪为“王朝部落社会”，可参阅。

② 周代封建概况可参阅《史记》卷四《周本纪》。

③《论语·八佾》第三，《中庸》第二十八章。

④《孟子·梁惠王上》。

⑤《墨子·尚同》中、下。

⑥《荀子·儒效篇》谓儒者“持险应变典当，与时迁移，与世偃仰，千举万变，其道一也”。

君”[①]之要义则与君主专制政体之精神根本冲突，尤难为人所接受。故秦汉以后，虽间有法家之言，终不能预于显学之列，足与儒家相抗衡。专制政体得先秦法家之助而长成，乃旋即弃之不顾，使归于微弱，纵非枭食其母，亦似得鱼忘筌（语见《庄子》）。专制天下之乱多治少，恐此为原因之一。墨家本与儒家同为封建天下之思想，而不能如儒之善变。加以“其道大觳”[②]，“若烧若焦”[③]，又不似儒家具有《诗》《书》礼乐，五行三统诸术，上足以“合文通治”[④]，下亦可粉饰太平。故秦汉以后，宗风顿息，终专制天下二千年中遂成绝学[⑤]。道家思想之时间性，较诸家为最少。其消极之态度始终大体一贯，未曾因封建天下之改为郡县而有根本之改易。故除在极短之时间，曾为朝廷所采用，取得独尊之地位[⑥]以外，老庄政治思想为专制天下时期反对专制最彻底之抗议，与儒家思想对立，略如野党之于朝党。每值盛世承平或方衰而未乱之际，则儒胜而道微。纪纲崩坏，生民困苦，则无为无君之思想乘机兴起。直至宋元以后，专制政体之发育达于极点，然后此抗议之声始趋消息，而政治思想之中不复有独立之道家宗派。综上所述，足见专制天下时期政治思想之主要趋势有三：（一）儒家思想由拥护封建制度一变而拥护专制政体，成为二千年中之正统学派[⑦]。（二）儒家势盛，而法墨同归失败。（三）儒道二家随社会之治乱，互为消长[⑧]。

封建与专制两时期之思想有一共同之特点，无论其内容如何，均以“天下”为对象。其所异者封建天下为合法之分割，专制天下为绝对之一统而已。天下观念之含义略近欧洲中世初期之世界帝国。其理想之范围，至为广大。古

---

① 《管子·法法》。

② 《庄子·天下》。

③ 《荀子·富国》。

④ 同书，《非十二子》。

⑤ 清末谭嗣同《仁学》自序谓墨学乃其思想来源之一，然未尝认为复兴之独立宗派。

⑥ 西汉初年迄文帝之世，黄老曾一时大行。

⑦ 夏曾佑《中国古代史》页二五六，论专制君主之心理曰：“综（秦皇汉武）两君生平而论之，其行事皆可分为三大端。一曰尊儒术，二曰信方士，三曰好用兵。（中略）盖皆专制之一念所发现而已。其尊儒术者，非有契于仁义恭俭。实视儒术为最便于专制之教耳。开边之意，则不欲己之外别有君长，必使天下归于一人而后快意，非今日之国际竞争也。至于求仙，则因富贵已极，他无可希，惟望不死以长享此乐。”于儒术与专制之关系，言之至确。

⑧ 儒家孟子一派注重民本之旨，与秦汉以后传统儒学之关系，略有似道之与儒。每当君国暗危之际，孟子一夫可诛，保民而王等说，辄起与无为无君之思想相呼应。

人所谓“溥天之下莫非王土，率土之滨莫非王臣”[1]者，最能表示此点。故严格言之，“天下”时期之一切政治关系皆为内政，而无国际间之外交。至封建改为专制，则并春秋时代，形似外交关系之聘吊盟约，亦完全归于消灭。周秦以后，四夷时与中国为敌，甚至侵占中原，僭窃神器，事实上否定天下之观念。然而自汉以来，论治夷政策者，仍多袭四海一家，安内柔远一类之传统思想[2]。其尤荒谬可笑者，如清乾隆五十八年英国使臣马加特尼[3]之来，所乘舟车皆令悬英吉利朝贡之旗。觐见皇帝，强之行跪拜礼。高宗与英王之敕书复有“倾心向化”“航海来庭”等语。此皆明白表现国人根本缺乏国际观念之事实，而推原此政治唯我论[4]之由来，天下本位之思想殆应负一部分之责任。复次，专制天下之思想，颇有大同主义之倾向。忽略族类之区分，重视文化之同异[5]。其结果遂致二千年间，中国势盛，则高唱“用夏变夷’之理论，外族入主，则迁就政治屈服之事实。只须征服者行中国“先王之道”，同化于我，则北面称臣，承认异类之政权，亦毫不愧恨。民族思想发育不良，此为专制天下思想之又一结果。

综上所举各端，一言以蔽之曰：缺乏近代国家之观念而已。近代国家之品性为何，虽无绝对之标准以资判断，然按世界各国政治经验之通例言，则所谓近代国家，至少具有下列之数特点：（一）树立民族自主之政权。（二）承认列国并存，彼此交互之关系。（三）尊法律、重制度，而不偏赖人伦道德以为治。上述三端欧洲主要之国家在十五世纪以后已粗具轮廓，迅速发展，至十六七世纪而大体成熟。吾人若就十八世纪以后之情形论，则（四）扩充人民参政权利

---

①《诗·小雅·北山》。

② 公羊家最能代表此种态度。如成公十六年钟离之会，《传》文云：“《春秋》内其国而外诸夏，内诸夏而外夷狄。王者欲一乎天下，曷为以外内之辞言之。言自近者始也。”

③ Macartney，参《清朝续文献通考》卷三百，《四裔考》六，《英吉利》。

④ “Political Solipsism”此名虽作者杜撰，似尚能显示天下观念一方面之精神。

⑤ 此亦公羊家开其端。其进退褒贬之标准为夷狄用中国之道则进之于中国，中国有夷狄之行则贬之为“夷狄”。哀公十三年黄池之会，《传》曰：“吴，夷狄之国也，祝发文身，欲因鲁之礼，因晋之权，而请冠，端而袭，其藉于成周以尊天王。吴进矣。”此前者之例。僖公三十二年秦袭郑，《传》云：“其周之秦何。夷狄之也。”此后者之例。秦汉以来有意或无意间承其绪者，如王通以元魏“受先王之道”而帝之（《元经·述史》），许衡为蒙古立纲常制度（《鲁斋遗书》），凌廷堪为侵华之外族辩护（《校礼堂文集·诗集》），康有为为满洲进维新保国之计，皆其著者。清世宗《大义觉迷录》亦利用其论，以折吕留良，曾静之民族思想。

一端亦可认为近代国家特点之一[①]。此四种品性，吾国当专制天下之时期固完全缺乏，即在封建天下之分割时期亦仅略有痕迹，似是而非。二千年政治思想之酝酿冲激不能产生近代国家之观念，此实历史环境之所限，不足以为前贤病。亦犹欧洲古代思想家之注目于市府：中世之醉心于帝国，必至近代，然后有民族国家之理论也。

欧洲近代国家之发生与长成，先于中国者数百年。以开国之迟早论，则我老大而彼少壮，以政治演化之程度论，则彼先进而我晚成。两者相值，强弱立判。明季清初，西洋教士虽已东来，国人尚狃于专制天下之结习，对其所传来之西学，未发生普遍之影响。必经辛丑、庚申、甲午、庚子诸役丧师辱国，然后朝野人士始渐觉专制天下之旧制度旧思想不足以图存。于是效法西人，维新变法之议大起。欧美近代国家观念乃传入中国，与传统思想互相争斗，局部调和。离陆璀灿，蔚为大观。先之以戊戌维新，继之以辛亥革命。至孙中山先生集全局之大成，而吾国政治思想之第三期于是正式开始。

吾人就不同之观点，试拟两种之分期，其结果竟大体相符合。足见所拟虽未必尽善，而大致不误，则可断言。本书下文即按此分期，将二千余年之政治思想史，次第作扼要之叙述。

① 梁启超谓中国二千年之政论只知有朝廷，不知有国家，意即指此。参阅《少年中国说》。

郭沫若与《十批判书·后记》

经典导读

郭沫若（1892—1978年），原名郭开贞，号尚武，字鼎堂，曾用笔名沫若、麦克昂、石沱、高汝鸿、羊易之等，生于四川省乐山市。20世纪中国著名的历史学家、考古学家、古文字学家、社会活动家，成绩卓著的诗人、剧作家。在近代中国学术革新的潮流中，郭沫若运用马克思主义经典作家的理论和方法研究中国社会和历史，在文学、戏剧、考古学、历史学、甲骨文、金文以及青铜器等方面，都有重要贡献，其对先秦诸子思想的批判性研究，是20世纪中国思想史研究的重要组成部分。

郭沫若的一生与众多近代人物一样，与近代中国社会和历史的变迁密切联系。早在“五四”时期，郭沫若就创作了诗歌《女神》，讴歌个性解放，主张打破传统伦理和道德的禁锢。后来他还创作了《屈原》、《武则天》、《蔡文姬》等知名剧本。大革命失败后，郭沫若留学日本，开始研究中国甲骨文与中国古代社会。20世纪40年代，在重庆对先秦诸子思想进行研究，写了著名的《十批判书》，推动了古史的研究。郭沫若一边投身革命，随时响应中国共产党的召唤，为革命和新中国成立后的建设贡献力量，一边运用马克思主义的辩证唯物主义理论从事学术研究。

郭沫若在甲骨文、金文、青铜器以及古籍整理等方面作出了重要贡献。在甲骨文研究方面，从1928年开始，郭沫若就投入其中，1931年出版了《甲骨文字研究》。1933年出版了《卜辞通纂》，将甲骨文按照干支、数字、世系、天象、食货、征伐、畋游、杂纂八类编排，确立了研究甲骨文的系统。郭沫若以甲骨文的字形为基础，摸清了甲骨文文字结构的变化线索，释读了这些甲骨文字，还用金文来释读甲骨文。郭沫若超越王国维等人的地方就在于，他没有停留在文字研究上，而是进一步利用甲骨文等古代文字研究的成果，结合文献资料，去研究中国古代的社会历史。晚年郭沫若还主编了《甲骨文合集》。由于对甲骨文研究的贡献，郭沫若也被称为“甲骨四堂”之一（其余三人是罗振玉、王国维、董作宾）。在青铜器研究方面，1929 年，郭沫若写成《殷周青铜器铭文研究》，对青铜铭文进行考释、韵读和研究，1930 年，写成《两周金文辞大系》一书，对《殷周青铜器铭文研究》进行了吸收和扩展，还增订了《两周金文辞大系图录考释》，从周代青铜器铭文的历史系统和地域分布两方面出发，建立了系统研究两周青铜器铭文的方法。郭沫若还十分重视古籍的整理，如《由周代农事诗论到周代社会》以及著作《周易之制作时代》和《管子集校》等。《由周代农事诗论到周代社会》从年代考定、古今文译、内容等方面整理了周代典籍。《管子集校》尤其体现郭沫若重视古籍整理的方法，总共搜集了 17 种版本和稿本，网罗了以往校释《管子》的著述达 42 种之多，征引古今学者之说超过 110 家，并写有 2 000 多条“沫若案”，校注结合。通过对古文字的研究和古籍的整理，为郭沫若研究中国古代社会的先秦诸子提供了大量第一手的历史资料，便于他进行古史的研究。当然，对甲骨文等的研究和古史研究不是分开进行的，而是相互促进，共同推进。

1928 年 8 月初，郭沫若写出《周易的时代背景与精神生产》（后改名《〈周易〉时代的社会生活》），不久又写出《〈诗〉〈书〉时代的社会变革与其思想上之反映》。1928 年 10 月，郭沫若完成了《卜辞中的古代社会》一文，主要依据恩格斯《家庭、私有制和国家的起源》的理论观点，以罗振玉、王国维整理的甲骨文成果为资料，研究了殷商社会的生产状况和组织结构。随后，又依据摩尔根《古代社会》和恩格斯《家庭、私有制和国家的起源》，写成《中国社会之历史发展阶段》，以西周为界，认为之前为原始公社制，之后为奴隶制，春秋以后为封建制，最近百年为资本制。在结集出版以上诸文之际，又写了《周代彝铭中的社会史观》一文，以青铜器铭文论证西周社会是奴隶社会。这就是 1930 年 3 月由上海联合书店出版的《中国古代社会研究》。为何要写作《中国古代社会研究》？郭沫若认为，恩格斯的《家庭、私有制和国家的起源》中“没有一句说到中国社会的范围”，因此便决心以这部著作为“向导”来撰写“续篇”，在恩格斯所知道的美洲印第安人、欧洲古代希腊、罗马之外，提供出“他未曾提及一字的中国的古代”[①]。《中国古代社会研究》是以马克思主义的观点和方法系统研究中国古代社会的开创之作，还运用了大量新出土的甲骨文等考古资料，详细论证了马克思关于人类社会发展的一般规律也适用于中国，具体探讨了中国由原始社会进入奴隶社会的过程。该书一经出版，得到许多人的肯定，侯外庐就深受此书的影响。疑古派大师顾颉刚称赞《中国古代社会研究》“是一部极有价值的伟著”，“中国古代社会的真相，自此书后，我们才摸着一些边际”[②]。该书的主要贡献一是在史料上更加丰富，不再局限于传统的文献经典，二是运用马克思主义的方法解释历史，给人们提供了一种观察历史的理论体系，能够很明确地分疏中国漫长历史的演变阶段，明了现在所处的历史发展阶段。郭沫若开创的系统研究古史的史学，带来了马克思主义史学在中国的繁荣发展。

以上关于甲骨文和古代社会研究的三部重要成果：《中国古代社会研究》、《甲骨文字研究》、《殷周青铜器铭文研究》，被郭沫若称为自己关于古代研究的“三部曲”，可见它们在郭沫若学术研究中具有重要地位。

在中国思想史的研究方面，郭沫若也作出了重要贡献。1921 年，郭沫若发表了《我国思想史上之澎湃城》，初步勾画了中国远古历史的轮廓，对老子、孔子、墨子、庄子、惠施等思想家进行评述。1935 年底，郭沫若以唯物史观为指导，写成了《先秦天道观之进展》，从思想家之间思想的传承和相互影响等方面研究了先秦学术。马克思主义史学家的特点是注重社会史和思想史之间的联系，郭沫若也是一样，20 世纪 40 年代前后，写成了研究周秦时期社会和思想研究的两部重要著作，即“偏于考证”的《青铜时代》和“偏于批评”的《十批判书》，成为其研究先秦诸子思想的代表作。《青铜时代》和《十批判书》1945 年出版，体现了郭沫若运用马克思主义对中国历史上的思想派别的批判性研究，它们展现了鲜明的“人民本位”的立场。郭沫若认为自己“没有过于轻率地诬枉古人。批评古人，我想一定要同法官断狱一样，须得十分周详，然后才不致有所冤屈。法官是依据法律来判决是非曲直的，我呢是依据道理。道理是什么呢？便是以人民为本位的这种思想。合乎这种道理的便是善，反之便是恶。我之所以比较推崇孔子和孟轲，是因为他们的思想在各家中是比较富于人民本位的色彩。荀子已经渐从这种中心思想脱离，但还没有达到后代儒者那样

① 郭沫若：《中国古代社会研究·自序》，中国华侨出版社 2008 年版。

②《当代中国史学》，南京胜利出版公司 1947 年版，第 100 页。

下流无耻的地步”[①]。

郭沫若的这种搜罗周详完备的考证材料，运用唯物辩证的科学方法成为中国马克思主义史学的标志性特点。两书将意识形态的变化和社会性质的变化结合起来的研究方法具有开创意义。《青铜时代》一书共含12篇文章，即《先秦天道观之进展》、《〈周易〉之制作时代》、《由周代农事诗论到周代社会》、《驳〈说儒〉》、《墨子的思想》、《公孙尼子与其音乐理论》、《述吴起》、《老聃、关尹、环渊》、《宋钘、尹文遗著考》、《〈韩非子·初见秦篇〉发微》、《秦楚之际的儒者》和《青铜器时代》。《十批判书》包括《古代研究的自我批判》、《孔墨的批判》、《儒家八派的批判》、《稷下黄老学派的批判》、《庄子的批判》、《荀子的批判》、《名辩思潮的批判》、《前期法家的批判》、《韩非子的批判》和《吕不韦与秦王政的批判》。两书一共22篇，大部分都写于20世纪40年代，基本都是关于先秦思想的研究。通过研究，郭沫若指出："在这里把古代社会的机构和它的转变，以及转变过程在意识形态上的反映，可算整理出了一个比较完整的轮廓。"[②] 本来郭沫若还计划研究社会在艺术形态上的反映，比如文学、音乐、绘画、雕塑等，除《屈原研究》之外，大部分计划因为资料不够等没有实现。

对于中国思想史的研究而言，郭沫若的方法"是把古代社会的发展清算了，探得了各家学术的立场和根源，以及各家之间的相互关系，然后再定他们的评价。我并没有把他们孤立起来，用主观的见解去任意加以解释"。即运用唯物辩证法的方法，"我主要是想运用辩证唯物论来研究中国思想的发展，中国社会的发展，自然也就是中国历史的发展"[③]，将人物放到古代社会的具体背景中去考察，注重各家学说之间的联系和立场、根源的差别，最后对他们做出客观的评价。

具体而言，郭沫若的两部著作主要有以下启示或意义：

一是注重历史资料的全面性，客观地研究。在《十批判书·后记》中郭沫若指出，"秦、汉以前的材料，差不多被我彻底剿翻了。考古学上的、文献学上的、文字学、音韵学、因明学，就我所能涉猎的范围内，我都作了尽我可能的准备和耕耘。"[④]

---

① 郭沫若:《十批判书·后记》，东方出版社1996年版。

② 郭沫若:《十批判书·后记》，东方出版社1996年版。

③ 郭沫若:《跨着东海》，见《郭沫若全集作品经典》(第6卷)，中国华侨出版社1997年版，第254页。

④ 郭沫若:《十批判书·后记》，东方出版社1996年版。

正是因为占有大量一手资料，使得郭沫若对思想家的评判才比较准确。比如郭沫若对秦汉以前和以后的儒家做了区别，指出：“不加分析而笼统地反对或赞扬，那就是所谓主观主义或公式主义。因为在你的脑筋里面先存了一个既成的观念，而你加以反对或赞扬，你所如何的只是那个观念而已。……假使我错了，应该举出新的证据来推翻我的前提。拘守着旧式的观念来排击我的新观念，问题是得不到解决的。”[①] 从史料出发，实事求是的研究是中国思想史研究的基础。

二是重视从社会属性去研究思想家的思想。郭沫若反复强调自己“尽可能搜集了材料，先求时代与社会的一般的阐发，于此寻出某种学说所发生的社会基础，学说与学说彼此间的关系和影响，学说对于社会进展的相应之或顺或逆”[②]，注意诸子思想的“社会属性”，从中寻得其基本立场或用意。不同于胡适、冯友兰中国哲学史研究从概念到概念的方法，郭沫若指出，“游离了社会背景而专谈逻辑也是以前治周、秦诸子者的常态。就是新史学家也未能免此。我是不满意这种办法的。无论是怎样的诡辞，必然有它的社会属性，一定要把它向社会还原，寻求得造此诡辞者的基本立场或用意，然后这一学说或诡辞的价值才能判断。不然，我们只好受着古人的愚弄，得不出他的真象的。”[③]

三是批判的研究方法。郭沫若善于对诸子思想进行批判，比如对韩非子的批判，指出韩非子的“法治”思想中，一切自由都是被禁绝的。

四是独立自得的学术态度。郭沫若指出，“我比较胆大，对于新史学阵营里的多数朋友们每每提出了相反的意见。”[④] 不人云亦云地轻信他人的学术观点，注重自己独立的研究，是马克思主义史学家的特点。

五是对时代的关怀体现了郭沫若学术研究的现实感。郭沫若认为“对于未来社会的待望逼迫着我们不能不生出清算过往社会的要求。古人说‘前事不忘后事之师’，认清楚过往的来程也正好决定我们未来的去向”[⑤]。《十批判书》更是怀着“彻底整理古代社会及其意识形态的心向”，力图对先秦诸子“作一个通盘的追迹”，郭

① 郭沫若:《十批判书·后记》，东方出版社 1996 年版。
② 郭沫若:《青铜时代·后记》，中国人民大学出版社 2005 年版。
③ 郭沫若:《十批判书·后记》，东方出版社 1996 年版。
④ 郭沫若:《十批判书·后记》，东方出版社 1996 年版。
⑤ 郭沫若:《中国古代社会研究·自序》，中国华侨出版社 2008 年版。

沫若称自己"并不甘心做一个旧书本子里面的蠹鱼"[①]。对现实的关怀是郭沫若等马克思主义者从事古代社会研究的动力所在。

本书所选为《十批判书》的后记，其中郭沫若详细叙述了自己的学术研究之路，尤其是成熟期两部重要的史学著作《青铜时代》和《十批判书》的写作过程、主要内容以及研究方法。通过该文，我们可了解郭沫若对中国古代社会、先秦诸子思想的研究的特点。

—— 延伸阅读文献目录：

1. 郭沫若著:《十批判书》，东方出版社，1996年。

2. 郭沫若著:《青铜时代》，中国人民大学出版社，2005年。

—— 原文:《十批判书·后记》

① 郭沫若:《十批判书·后记》，东方出版社1996年版。

经典原文

十批判书·后记

——我怎样写《青铜时代》和《十批判书》

郭沫若

■ 一

小时四五岁起所受的教育是旧式的，《四书》、《五经》每天必读，虽然并不怎么懂，但毫无疑问，从小以来便培植下了古代研究的基础。

我和周、秦诸子接近是在十三四岁的时候，最先接近的是《庄子》，起初是喜欢他那汪洋恣肆的文章，后来也渐渐为他那形而上的思想所陶醉。这嗜好支配了我一个相当长远的时期，我在二十年前曾经讴歌过泛神论，事实上是从这儿滥觞出来的。

在《庄子》之后，我读过《道德经》、《墨子》、《管子》、《韩非子》。对于《墨子》我从前也曾讴歌过他，认为他是任侠之源。《墨经》中的关于形学和光学的一些文句，我也很知道费些心思去考察它们，就和当时对于科学思想仅具一知半解的学者们的通习一样，隐隐引以为夸耀，觉得声光电化之学在我们中国古人也是有过的了。

十七八岁时做过一些诸子的抄录，把警粹的文句摘取下来，目的自然是在供给做文章时可以运用的辞藻（五年前我曾经回过我峨嵋山下的老家，发现了这样的抄本，现今我还把它保存着在）。

这些虽然说不上是研究，但也总可以说是我后来从事研究工作的受胎时期了。

我是生在过渡时代的人，纯粹的旧式教育在十二三岁时便开始结束，以后便逐渐改受新式教育。尤其在一九一三年出国，到日本去留学之后，便差不多完全和旧式教育甚至线装书都脱离了。

在日本的学生时代的十年期间，取得了医学士学位，虽然我并没有行医，也没有继续研究医学，我却懂得了近代的科学研究方法。在科学方法之外，我也接近了近代的文学、哲学和社会科学。尤其辩证唯物论给了我精神上的启蒙，我从学习着使用这个钥匙，才认真把人生和学问上的无门关参破了。我才认真明白了做人和做学问的意义。

学生时代完结（一九二三），中国大革命的浪头逐渐高涨，解放祖国应该是每一个中国人民的使命，一九二六年我便参加了北伐。不幸仅仅一年多，我又不能不向日本去度亡命生活了。

亡命生活又是十年，在日本人的刑士与宪兵的双重监视之下，我开始了古代社会的研究。为了研究的彻底，我更把我无处发泄的精力用在了殷墟甲骨文字和殷、周青铜器铭文的探讨上面。这种古器物学的研究使我对于古代社会的面貌更加明了了之后，我的兴趣便逐渐转移到意识形态的清算上来了。

在一九三四年与三五年之内，我写了些关于屈原的研究和一篇《老聃·关尹·环渊》，还有是用日本文写的《周易之制作时代》和《先秦天道观之进展》（日本文原名为《天之思想》）。这后两篇由我自己译成了中文，曾经有单行本问世，现在我已经把它们收在《青铜时代》里面去了。

一九三七年我写过一篇《驳“说儒”》，是反驳胡适的《说儒》而作，原名为《质问胡适》，曾在钱亦石兄所主编的《中华公论》上发表过。发表当时，适值芦沟桥事变与八一三战役的爆发，时代的大波澜把它湮没了，未曾获得世人的注意。往年我曾经把它收进《蒲剑集》，新近我也把它收进《青铜时代》里面去了。

芦沟桥事变使我结束了十年的亡命生活，回到祖国，接着便忙于抗战的宣传，把学术研究工作便又完全中断了。

我的从事古代学术的研究，事实上是娱情聊胜无的事。假如有更多的实际工作给我做，我倒也并不甘心做一个旧书本子里面的蠹鱼。然而时代毕竟善于调侃，回国以来转瞬八年，时局尽管是怎样繁剧，国内国外都是一片烽火连天，而我在最近的两三年间却又得到了充分的闲暇，使我走起回头路来。

我写了六种历史剧，写作的经过，我在每一个剧本的后记里面都有详细的叙录，不必在这儿重提。我在这儿很想把两个学术论集——《青铜时代》与《十批判书》——的各篇的写作过程叙述一下。上面所提过的在日本写出的几篇，因为当时的日记已被丢在日本，写作的记忆已经模糊，我可以不用再缕述了。

回国以来担任了将近三年的宣传工作，后来又被改任为文化工作委员会的主任委员。五年来的“文化工作”最近告了结束，我这两个集子也不先不后适在这时完成，倒也是值得纪念的事。但我也须得多谢文工会的一些朋友们，是他们没有让我过问会内的杂务，使我得集中精力读书。又因为每星期的纪念周须得有工作可以报告，我便把朋友们作为对象，火迫地赶写了一些文字出来以供报告的资料。看是凑巧，今天我的工作刚好告了一个段落，而文工会也被迫解散了。多年朝夕共处的朋友们要向四方分散，这一事，实在不免使我增加回忆。

同处在一个环境里面，大概是不能不感受同一风气的影响。历史研究的兴趣，不仅在我一个人重新抬起了头来，同一倾向近年来显然地又形成了风气。以新史学的立场所写出的古代史或古代学说思想史之类，不断地有鸿篇钜制出现。这些朋友们的努力对于我不用说又是一番鼓励。我们的方法虽然彼此接近，而我们的见解或所得到的结论有时却不一定相同。我不否认我也是受了刺激。我的近两三年来的关于周、秦诸子的研究，假使没有这样的刺激或鼓励，恐怕也是写不出来的。

我比较胆大，对于新史学阵营里的多数朋友们每每提出了相反的意见。我坚持着殷、周是奴隶社会，重新提出了更多的证据和说明。我对于儒家和墨家的看法，和大家的见解也差不多形成了对立。我自然并不敢认定我的见解就是绝对的正确。但就我所能运用的材料和方法上看来，我的看法在我自己是比较心安理得的。

秦、汉以前的材料，差不多被我彻底勦翻了。考古学上的、文献学上的、文字学、音韵学、因明学，就我所能涉猎的范围内，我都作了尽我可能的准备和耕耘。

说陈腐了的一句老话：人生如登山。今天这句话对于我却有了新的意义。登山不纯是往上爬，有时候是往下窜。爬过了一个高峰要到达另一个高峰，必须窜下一个深谷。今天我或许已窜到了一个深谷的绝底里，我又须得爬上另一高峰去了。而比较轻快的是我卸下了一些精神上的担子，就是这五十年来的旧式教育的积累。

虽然也有人说我已经老了，但我自幸还没有那样的自觉。再能活多少年辰我不知道，我也无须乎知道。我能再活多少年，我就要再学多少年。我的学习的兴趣并没有减衰，不要让它减衰，无疑也就是我活在这人世上的一部分责任。

以下让我根据我的日记，追述我这两三年来的研究经过。

■ 二

起初是一九四三年的七月尾上，于怀兄要我为《群众杂志》写文章，我答应写一篇关于《墨子》的东西。那年有所谓“热气团”通过重庆，我从七月二十六日起便中暑发烧，一直到二十九日正午“热气团”过了，我的烧才退了。三十日挈眷下乡，移住赖家桥。这是每年的惯例，就象候鸟一样，冬天冷的时候住城，夏天热的时候下乡。

赖家桥在成渝公路上，离城四十多公里。桥东不远的公路旁边有一家相当宽敞的农家院子，做了四年半的文工会的在乡地点。就在这院子里面，我把一间原是堆稻草杂具的四面土墙的房屋改修了一下，开了一些窗眼，围了一圈篱栅，也就自成了一个小小的院落，我就住在这儿。

这院子我相当喜欢，特别是门边的一株大白果树最使我留恋。白果树在重庆附近是不容易见到的，而那株树子特别高大，论年龄总当得在百年以上了。夏天，它是我一位无言的伴侣，树如有知，至少我一半的甘苦它应该是知道的。

下乡的第二天，七月三十一日的日记上，这样写着:“读方授楚《墨学源流》，仍在梁（启超）、胡（适）余波推荡中，在打倒孔家店之余，欲建立墨家店。杜老以为最平允者，其实际不过如此”。杜老是杜守素兄，日本留学时代的老同学，兼三厅以来的老同事，他是墨学研究的专家，而且是相当崇拜墨子的人。只有在这一点上我和他的意见不十分一致。他的生活很艰苦，我们有时戏称他为“墨者杜老”。

墨子，我在前面说过，我在小时也曾经崇拜过他，认他为任侠的祖宗，觉得他是很平民的、很科学的。那时的见解和时贤并没有两样。但约略在二十年前我的看法便改变了。我认为他纯全是一位宗教家，而且是站在王公大人立场的人。前后看法的完全相反，在我是有我的客观根据的，我并没有什么“偏恶”或“偏爱”的念头。我的方法是把古代社会的发展清算了，探得了各家学术的立场和根源，以及各家之间的相互关系，然后再定他们的评价。我并没有把他们孤立起来，用主观的见解去任意加以解释。

继续温习了几天的《墨子》，在八月四日的日记里写着“开始草《墨子的思想》得十页”这么一句。五日依然写着“草《墨子的思想》”。六日写着“将《墨子的思想》交人录副”。

《墨子的思想》是我这次恢复诸子研究的第一篇文章，就这样费了两天工夫把它写成了。

由于研究《墨子》引起了对于吴起的同情。吴起本是儒家，由魏入楚，辅助悼王变法，不幸遭了贵族们的反对。在悼王死时，他便被一些反动的贵族们射杀了。在这贵族中有一位阳城君，而他的老师却是墨家钜子孟胜。在这个故事里面，我看出了儒、墨斗争的政治化。因此在八月十二日的日记里面记着这样的话：

> 对吴起发生兴趣，将《吕氏春秋》中关于吴起的故事抄出。读《吴子》，乃伪托。《艺文志·兵权谋类》本有'《吴起》四十八篇'，但今传本仅《图国》、《料敌》、《治兵》、《论将》、《应变》、《励士》六篇，大率托为吴起与魏文、武二侯之问答，毫无精义。《治兵篇》中竟有'左青龙，右白虎，前朱雀，后玄武'之语，妄甚。殊感失望。

酝酿了一个星期，我在二十日便"开始写吴起"。

二十一日的日记又这样写着：

> 晨起极早，天尚未明，乃于菜油灯下续草《述吴起》。时复出步中庭，月正当天，颇为明朗，早饭后复就寝移时，始解去困倦。将《论语》温习一遍，看孔子对于军事与政治之主张。'足食足兵'、'世而后仁'、'教民即戎'等，应即吴子思想之渊源。续写《述吴起》，至午后四时顷完成。稿约一万二千字。

这以后有几天工夫专门研究建安文学，到二十七日又"查《史》、《汉》，获得若干资料，拟写《秦汉之际儒者参加革命之史实》"。这，仍然是《墨子》研究的补充，因为时贤有的主张墨家曾参加陈涉、吴广的农民革命，陈、吴失败，故墨家因而灭亡。但考之史籍，毫无迹象可寻。反而是墨家以外的各家都曾有参加革命的人物，而以儒者为最多。

二十八日"开始草《秦楚之际的儒者》。"

二十九日"续草《秦楚之际的儒者》。午后草成，得十五页，七千字。此为意外之一收获。”

就在写完《秦楚之际的儒者》的同一天晚上，我的兴趣又被吸引到了音乐问题上面去了。因为儒、墨之间所争的主要问题之一便是音乐，我须得彻底根究一下儒家方面对于音乐的见解究竟是怎样，因而公孙尼子的《乐记》便上了我的研究日程。

研究《乐记》费了好几天的工夫，我曾经参考着《史记·乐书》、《荀子·乐论》及其他有关文献，把《乐记》按照着刘向《别录》的原有次第加以整理，整个钞录了一遍。一切准备工作停当了。九月四日“夜，开始草《公孙尼子与其音乐理论》”。第二天也就把它完成了。

九月七日的清早，我到金刚村去访问杜老，他依然辛勤地在研究着墨子。我看见他的书架上有一部钱穆著的《诸子系年》，便向他借阅。这书我是早就闻名的，但还没有看过它的内容。翻到了考证公孙尼子的一节，作者的意见和我所见的完全相反。他认为《乐记》是抄袭《荀子》、《吕览》、《毛诗》等书而成的东西，因而他断定公孙尼子为荀子的门人。我感觉着这样的论据实在是薄弱得可笑。

八日“夜，临睡前，草《公孙尼子追记》千余文，驳钱穆之说。冰藕一大椀，立群恐其久留变味，乃啖食之几尽”。

■ 三

把《公孙尼子》写好之后，我的兴趣又掉换了一个方向。九月十三日的日记这样写着：

> 读《吕氏春秋》，初意欲收集关于惠施之材料，忽尔意动，欲写《吕不韦与秦始皇》，写此二人之斗争。吕不韦当为一非凡人物，汉人名之为‘杂家’，其实彼具有集大成之野心，儒、道、墨、法，冶于一炉，细心考之，必有所得。

接连几天，翻来覆去地把《吕氏》读了好几遍，我的一贯的方法是先就原书加以各种注意的标识，再备一个抄本把它们分类摘录下来，这样在下笔的时候，便可以左右逢源了。

开始写作是在九月二十五日，至十月三日夜完成，竟成了四万字左右的长文。

在写作当中，便是十月二日，偶然在报上看见中大出版的《社会科学季刊》的广告，中有程憬《秦代政治之研究》一文，当即以电话通知城内的友人，托为购买，第二天便得到阅读的机会，我的日记里这样写着："程文歌颂嬴政，有意阿世，意见与余正反，毫无新鲜资料"。

在这之后，我曾经"打算开始写《荀子与韩非之比较研究》或《子思孟轲之思想体系》，又想把《庄子与惠施》作一彻底之清算"。——十月四日的日记里这样记着。这三项课题虽然也酝酿了几天，但都没有照原订计划进行，而我的注意力专门集中到韩非子身上去了。

从十月十日起又开始读《韩非子》，翻来覆去的读了好几遍。要征服《韩非子》却费了很大的力气。第一，《韩非》书很窜杂，有好些不是他的文章。第二，真是韩非的文章如《五蠹》、《显学》之类，完全是一种法西斯式的理论，读起来很不愉快。因此我读得非常的勉强，象"不愉快"或"愈读愈不愉快"这样的话，在日记里屡见。

写时也很感困难。先想从真伪的考证入手，每篇文章都一一加以考核，也着手写过十几页。但那样必然成为干燥无味的学究式的流水账，而且必然愈拖愈长，我自己的兴趣不容许我写那样的文章，结果我中止了。

还有使我的工作不能不中止的原因，是乡下渐渐寒冷了起来，而立群又将作第四次的分娩，我们又不能不作进城的准备了。

进城是在十月二十二日。计在乡间一共住了三个月，算写好了四篇文章，《韩非子》的研究在中途抛了锚。

这一抛锚经过了相当长的时间，一直到去年（一九四四）的一月十二日又才"开始草《韩非子的批判》"。二十日的夜间写成。这个使我不愉快的《韩非子》，和我足足纠缠了三四个月，但到写好之后自己也认为"清算得颇为彻底"。

不过在入城后的这三个月的期间，立群产了一个男孩，我在左边的鼻道里生过一次疔疮。这些当然也要分担一点耽误了时间的责任。

我的《韩非子的批判》，仍然采取的单刀直入的办法，废弃了最初预计的考证式的打算。但从这预计中有一篇副产物值得提起的，便是《韩非子"初见秦”篇发微》，这是十二月十七日写成的。我认为《初见秦》是吕不韦所作。这个副产物也是从乡下带来的胎儿，十月十三日的日记里有这样的一段：

心境颇寂寞，不愉快。勉强读《韩非子》，除《解老》、《喻老》之外，大率全部温习了一遍。其中确有不能一致之处，不知系韩非前后不同之主张，抑系它人文字有所窜入。确为窜入者如首篇《初见秦》即毫无疑问。此篇必作于秦昭王时围邯郸失败事之直后，或疑乃蔡泽或其徒所为。依余所见，实吕不韦所作也（下列论证颇长，已见《发微》中，今从略）。

把《韩非子的批判》写完了的同一天（一月二十日），日记里面又写着：“明日起拟写《周代的农事诗》”。这是一个新的方面，我的念头又转换到社会机构的清算上来了。好多年辰以来，研究古代社会的人，意见不一，但大多数认为周代是封建社会，我是不赞成的。主张封建说的朋友们，对于我的奴隶社会说，自然也不赞成。我现在想从周代的农事诗来证成我的说法。但这篇文章，事实上是一月三十日才开始写的，断断续续地写了一个礼拜，就是收在《青铜时代》里面的《从周代农事诗论到周代社会》。

在这前后，我以偶然的机会得以读到清初的禁书《剿闯小史》的古抄本。明末农民革命的史实以莫大的力量引起了我的注意。适逢这一年又是甲申年，是明朝灭亡的三百周年纪念。我的史剧创作欲又有些蠢动了。我想把李岩与红娘子搬上舞台。因此我对于古代研究便生出了在此和它告别的意思。在这时早有过一个计划，想把性质相同的一些论文收集为一个专集，名为《先秦学说述林》，连《后叙》都写好了（二月二十日），而且发表过。这书在重庆的出版未能实现，后来我的计划也改变了。最近福建的东南出版社却照旧替我把它印行了出来，虽觉得多余，但也可以作为我并无留恋于古代研究之意的证据。

史剧没有写成功，想和古代研究告别也没有办到，这原因我在这儿可以不必缕述。但在这儿却须要提到的，不仅和古代研究告别没有成功，而研究的必要反更被促进了。主要的原因在上面已经提到过，是在这个期间之内有好几部新史学阵营里面的关于古史的著作出现，而见解却和我的不尽相同。主张周代是封建制度的朋友，依然照旧主张，而对于我的见解采取着一种类似抹杀的态度。这使我有些不平。尤其是当我的《墨子的思想》一文发表了之后，差不多普遍地受着非难，颇类于我是犯了众怒。这些立刻刺激了我。因为假如是不同道的人，要受他们的攻击，那是很平常的事；在同道的人中得不到谅解，甚至遭受敌视，那却是很令我不安。因此，我感觉着须得有一番总清算、总答覆的必要。就这样彻底整理古代社会及其意识形态的心向便更受了鼓舞。

■ 四

一九四四年，我下乡比较往年早。在五月三十日，全家便又搬到了赖家桥的乡居。

下乡之后酝酿了一个月，到七月三日才“开始写《古代研究的自我批判》”。

起初我的计划是想由社会机构写到意识形态，一直写成一部长篇论文。但到后来我把这计划改变了。我想分成各个单独的论文来写，而综合起来却又可以成为条贯。我尽力地避免了讲义式或教科书式的体裁，而且想写得比较容易懂。但这后一种企图却没有十分达到：因为研讨的是古代的东西，反复征引古文，自然难免要具有晦涩的外貌和内容。不过我也不希望任何人都要阅读我这次的著作，只要是对古代的东西感觉兴趣的人，就稍微晦涩一点，我相信是不大要紧的。我们现在还没有达到可以下结论的时候，自然有时也不免要用辩论的笔调。这或许也就是不能写成为讲义式或教科书式的一种制约。

由七月三日起，到十八日止，把社会机构的一部分写完了。这一部分我就尽它占有了《古代研究的自我批判》的题名。中间虽然休息过几天，也还写过些别的文字，但我的意识主要是集中在这一个问题上面的。

我在古代社会的机构上，除掉把我历来的意见综合地叙述出了之外，有了些重要的新的发扬。第一，我把井田制肯定了，由井田制如何转化而为庄园制，我也得到了较合理的阐明。第二，我从工商业方面来证明了和农业的蜕变有平行的现象，即是从事工商业者在春秋中叶都还是官奴，继后才逐渐成为了都市的有产者。第三，《考工记》一书附带着得以考定了它的年代和国别，那是春秋年间齐国的官书。第四，详细地追求了士民阶层的分化，在这上面奠定了后来的封建政权的基础。这些都是比较重要的新的收获，杜老很为我高兴，他看见了我的原稿后，竟做了四首诗来送我。虽然有点近于标榜，但也足见只要有辛勤的耕耘，一定可以得到朋辈的承认和慰勉的。四首诗，我摘录三首在下边：

般契周金早擅场，井田新说自汪洋。庐瓜一样堪菹剥，批判依然是拓荒。

齐国官书证《考工》，纷纷臆说廓然空，晚周技史增新页，不下美洲发现功。

管家娃子扬眉日，正是士林得意时。狗盗鸡鸣君莫笑，帮闲衣钵滥觞兹。

不过第三首仅侧重“帮闲”性质来看“士林”，和我的原意还不大相洽。其实“士林”就是封建社会的层累的统治者，“帮闲”仅是其中一小部分的弄臣而已。

社会机构得到明确的清算，从这里建立起来的意识形态然后才能清算得更明确。我的对于孔子和墨子的见解，虽然遭受了相当普遍的非难，但我却得到了更加坚定的一层自信。大家都为后来的煊染所眩惑，孔、墨的基本立场究竟是怎样，不是只凭煊染去看，便是只凭自己的想象去描写；有一项重要的资料，《墨子》书中的《非儒篇》把孔、墨之所以对立的关系突露得非常明白，却一向不为人所注意。我抓到了这一项现成的资料，进行着阐述了孔、墨的基本立场，在公家腐败、私门前进的时代，孔子是扶助私门而墨子是袒护公家的。

杜老曾经说过我“有点袒护儒家”，其实，话不能那样笼统地说。“儒家”那样一个名词，便是非科学的东西。秦、汉以后的儒者和秦、汉以前的已经是大不相同，而秦，汉以前的儒者也各有派别。不加分析而笼统地反对或赞扬，那就是所谓主观主义或公式主义。因为在你的脑筋里面先存了一个既成的观念，而你加以反对或赞扬，你所如何的只是那个观念而已。假如要说我有点袒护孔子，我倒可以承认。我所见到的孔子是由奴隶社会变为封建社会的那个上行阶段中的前驱者，我是在这样的意义上“袒护”他。我的看法和两千多年来的看法多少不同。假使我错了，应该举出新的证据来推翻我的前提。拘守着旧式的观念来排击我的新观念，问题是得不到解决的。但我也实在鼓起了很大的勇气。我在前写了《墨子的思想》，已经瞠惑了好些友人，今年我又开始写着《孔墨的批判》，不仅依然反对墨子而在反面还赞扬了孔子，这也恐怕要使好些友人更加瞠惑。然而我不想畏缩。今天已经不是宋儒明儒的时代，但也不是梁任公、胡适之的时代了。只要我有确凿的根据，我相信友人们是可以说服的。

有的朋友也很担心，以为我这样做会是替旧势力张目。但我的感觉却稍稍两样。在我认为答覆歪曲就只有平正一途，我们不能因为世间上有一种歪曲流行，而另外还他一个相反的歪曲。矫枉不宜过正，矫枉而过正，那便有悖于实事求是的精神。敌对者不仅不能被你克服，而且你将要为敌对者所乘，把问题弄得更加纷拏的。

就在这样的意识之下，我在七月十九日便开始写《孔墨的批判》，写到八月一日得到初步的完成。

在这之后，我的研究有点波动。先是想继续“追求儒、墨间的相互影响”，已经写了一些东西，结果不能满意，通同抛弃了。接着便徘徊于儒家八派与黄老学派的探索。在这个时候突然有了一个新的发现，是八月十九日的事，日记里这样记着：

> 读《管子·心术》、《白心》、《内业》、《枢言》、《戒》、《君臣》、《四称》、《侈靡》诸篇。忽悟《心术》、《白心》、《内业》与《庄子·天下篇》宋钘，尹文之学说为近，乃比较研究之，愈觉若合符契。无意之间得此发现，大快于心。此重要学派重见天日，上承孔、墨，旁逮孟、庄，下及荀、韩，均可得其联锁。在灯下更不断发掘，愈发掘，愈信其不可易。

二十日我又把《心术》、《白心》、《内业》等诸篇整个抄写了一遍，发现了《心术下篇》和《内业篇》的中段相同，而简篇是错乱了，依着《内业》把它整理了出来，觉得更有条贯。

这个发现在性质上是属于考证部门的东西，和我所写的《批判》有点不相水乳，因此我便把它写成了另外一篇单独的文字。便是收进《青铜时代》的《宋钘尹文遗著考》。这是在八月二十六日开始写作的，二十八日完成。它便成为了我的一项重要的副产物。

宋、尹这一派被发现，我对于齐国稷下学宫的黄老学派的清算便得到了一个头绪。

九月一日开始写《稷下黄老学派的批判》，主要依据《庄子·天下篇》的次第，连续批判宋钘尹文、田骈慎到、关尹老聃的三个派别。九月十九日得以完成。

这儿来了一个错综。在九月七日把关于田骈、慎到的一节草完之后，我却回到了《儒家八派的批判》里去。九月八日开始写作，十一日完成。到十八日又才回写关于关尹、老聃的一节。

儒家八派的追踪，在我认为是尽了我自己的能事。资料多被秦、汉以后的儒者所湮灭或粉饰了，所有的孔门弟子及其门徒都被涂上了正统派的色彩。然而，仔细分析起来，他们内部的派别性实在是相当可观的。而他们对于儒家以外的各派也是在相互影响之下，并不是那么互为水火般的存在。

九月二十一日开始写《庄子的批判》。《庄子》书是我从小时便爱读的一种，至今都还有好几篇文字我能够暗诵。但写起他的批判来却也相当吃力。主要的原因是书里面的各篇，究竟那些真是庄子本人的，那些是他的后学或许别派的，实在划分不出一条显明的界线。我只按照着一般学者间比较近于公认的一些见解，把《内篇》七篇作为庄子本人的文字而处理着，其他《外》、《杂》诸篇使它们处在从属地位，或则完全除外了。

这一批判写成于二十六日。日记里这样写着："草《庄子》告一段落，拟补写一些庄子后学，但无甚新意。蔺且疑是蔺相如，时代性格均颇相合，可惜别无旁证"。这层意思我没有写在《批判》里面。我当时为了证成这一说也相当绞了一些脑汁，我疑"相如"即是"且"之缓音，但以终觉勉强，我把它抛弃了。

接着写了《荀子的批判》。十月十五日开始，三十一日完毕。

荀子的思想相当驳杂，最成问题的是《仲尼篇》的"持宠处位终生不厌之术"及"擅宠于万乘之国，必无后患之术"。那完全是后代腐败官僚社会的宦海指南，令人怎么也不能忍耐。我本来是不大喜欢荀子的人，假使我抓到这些"术"便痛贬他一顿，更进而断定无怪乎从他的门下会有韩非那样刻激的术家，李斯那样无耻的卖友者出现，自然是很容易的事（在《先秦学说述林》的《后叙》里已曾这样说过），但我踌躇了。我感觉着荀子不至于这样卑鄙，而且那些"术"和他的《臣道篇》的见解也不能相容。是一真一伪，否则便有一先一后。假使说《臣道篇》是伪作或《仲尼篇》是晚年定论，那么荀子便值得铸铁像了，每读一次《荀子》，对于这一个问题总要伤一次脑筋，想不到妥善的方法来处理。

已经开始写作的第二天，十月十六日，我才终于发觉到《仲尼篇》不会是荀子的文章。荀子的中心思想之一是把礼看得很隆重的，而本篇通篇却没有一个礼字，因此我又把《荀子》书通读了一遍，统计了各篇中的礼字。结果就只有本篇和《宥坐篇》没有，而后者自来是被认为“弟子杂录”的。那么本篇也可断定是“弟子杂录”了。一开首便是问答体，到这时又成了另一个证据。

就这样我总算费了一些心思，没有过于轻率地诬枉古人。

批评古人，我想一定要同法官断狱一样，须得十分周详，然后才不致有所冤屈。法官是依据法律来判决是非曲直的，我呢是依据道理。道理是什么呢？便是以人民为本位的这种思想，合乎这种道理的便是善，反之便是恶。我之所以比较推崇孔子和孟轲，是因为他们的思想在各家中是比较富于人民本位的色彩。荀子已经渐从这种中心思想脱离，但还没有达到后代儒者那样下流无耻的地步。

■ 五

下乡之后，不知不觉之间便整整住了五个月，白果树的叶子逐渐翻黄，气候寒冷了下来，又到了要作进城打算的时候了。但我所想写的东西却还没有完毕。我想写《名辩思潮的批判》，企图把先秦诸子关于名辩的思想综合起来加以叙述。我不想把所谓名家的惠施、公孙龙诸人孤立起来看，也不想对于墨家辩者毫无批判地一味推崇，那种非辩证法的态度是我在整个研究中所企图尽力摒弃的。这工程比较艰剧，但我不能再推延了，很想火迫地把它完成，因为时局一天一天地严重了起来，敌人打通大陆交通线的企图快要如愿，似乎不能容许我再有多的余暇来，在旧纸堆中出没了。

十一月六日我一个人进了城，准备参加第二天的苏联十月革命纪念日的庆祝。在城里住了九天，研究工作是完全停顿了。

十九日往北碚看舍予兄，来回又耽搁了三天。认真“开始写《名辩思潮的批判》”是二十九日。

在这时桂、柳相继沦陷，敌人还有西进的模样，一般人都有惶惶然不可终日的情形。逃难呢？上山呢？大家都在那儿认真考虑着。我在这时候却于十二月四日又把全家搬进了城。有的朋友感着奇怪，他问我：“别人都在下乡（逃难）的时候，你怎么又搬进城来了？”我的回答是：“敌人不会来的”。我的这个预言倒当真猜中了。（理由很简单，日寇和蒋政权是狼狈为奸的，他何必来？）

进城后的第三天，我又开始继续写作，是关于庄子的部分。但来访的友人很多，“仅一着手，即有人来，进行很不顺畅”。

八日“独山克复消息传出”，群情稍见稳定。接着上司下司亦有相继克复的消息。外界传言：“西犯之敌，人数极少，只御单衣短裤，盖准备南下广东，误向西来者”。这样重庆的生活经过一番甚嚣尘上之后，似乎又象洒了水的一样了。然而我自己的生活却是相反，日日为人事繁忙，倒弄得甚嚣尘上，很难得安静下来了。文章一天写得一两页，一两行，或甚至一两字。艰涩得比钻石磴似乎还要费力。就这样一直拖延到一月中旬（是那一天，日记里失记），才勉强完了卷。

从《墨经上下篇》看出了墨家辩者有两派的不同，是我进城后的一个发现。这个发现在庄子以后是为前人所未曾道过的。《墨经上篇》盈坚白，别同异，《墨经下篇》离坚白，合同异，两者判然不同。《庄子·天下篇》言墨者“以坚白同异之辩相訾”，可见是真确的事实。离坚白，合同异是道家别派惠施、公孙龙的主张，《经下》派显明地是受了惠施、公孙龙的影响。《经上》派固然是反对施、龙，然必先有正然后有反，可知墨家辩者的抬头断然是后起的事。先秦人言辩者合称“杨、墨”，杨在前而墨居后，正是包含有历史程序在里面的。关于辩的资料，墨者幸运，所被保存的比较多，因而推崇墨家的人便差不多都认为古代逻辑是墨家的独擅场，连惠施、公孙龙都被认成为墨者。那是在研究方法上根本有了错误。

游离了社会背景而专谈逻辑也是以前治周、秦诸子者的常态。就是新史学家也未能免此。我是不满意这种办法的。无论是怎样的诡辞，必然有它的社会属性，一定要把它向社会还原，寻求得造此诡辞者的基本立场或用意，然后这一学说或诡辞的价值才能判断。不然，我们只好受着古人的愚弄，得不出他的真象的。

整个说来，无论是先秦名家、墨家辩者、或其它学派，关于名辩的努力，都没有达到纯粹逻辑术的地步。或许是资料丧失了吧。但是无征而必地高扬先秦的学术成就，或称颂辩者为最有科学精神，都不免是犯了主观主义的毛病。我自信对于这种态度似乎还能保持了相当远的一个距离。

在《名辩思潮的批判》写完之后，我的关于古代意识形态的研究似乎是可以告一段落了。在前我已经写了法家的韩非和杂家的吕不韦，从春秋末年以来一直到秦代，我算已经作了一个通盘的追迹。假使还有一节断径须得架一座桥梁的话，那便是韩非以前的法家思想的清理。因此我便有了《前期法家的批判》以为补充。

在前期法家中，我清理了子产、李悝、吴起、商鞅、申不害诸人。我是一月三十日开始写的，到二月十八日才把关于申不害的一节草拟完毕。关于慎到，因为在黄老学派中已经叙述了，便没有重提。很想清理《管子》书中的法家思想，也反覆研究了好几遍，象《法法》、《任法》、《明法》诸篇，无疑是田骈、慎到一派的传习录。但因找不出其它的证据，这一清理终竟没有完成。

■ 六

凡本文中所述及的一连串的研究，我本来是想把它们集合成为一部书，分为前编和后编的。但为出版上的便宜起见，把它们分成了两部:《青铜时代》是原拟的前编，《十批判书》是后编。

为使《青铜时代》的名称更有所凭借，我在二月八日赶着起草了一篇《青铜器时代》，是在二月十日草成的。这本是我十几年来研究青铜器所得的结论。腹稿构成了多年，在最近一两年间我曾作过几次的演讲，现在率性把它写了出来。这是错综在《前期法家的批判》写作期中的一个副产物。

在这儿，我不妨把两个集子的内容整个地撮录在下边:

一、《青铜时代》:

(1)先秦天道观之进展，

(2)《周易》之制作时代，

(3)由周代农事诗论到周代社会，

(4)驳《说儒》，

(5)墨子的思想，

(6)公孙尼子与其音乐理论，

(7)述吴起，

(8)老聃、关尹、环渊，

(9) 宋钘、尹文遗著考,

(10)《韩非子·初见秦篇》发微,

(11) 秦楚之际的儒者,

(12) 青铜器时代。

二、《十批判书》:

(1) 古代研究的自我批判,

(2) 孔墨的批判,

(3) 儒家八派的批判,

(4) 稷下黄老学派的批判,

(5) 庄子的批判,

(6) 荀子的批判,

(7) 名辩思潮的批判,

(8) 前期法家的批判,

(9) 韩非子的批判,

(10) 吕不韦与秦王政的批判。

合共二十二篇,除掉四篇是旧作之外,其余都是最近两年写的,而大多数是写在赖家桥的白果树下。假使这两个集子有合印成一部的机会,应该恢复我原来的命名:《先秦学说述林》,或者称为《白果树下书》也还别致。

在这里把古代社会的机构和它的转变,以及转变过程在意识形态上的反映,可算整理出了一个比较完整的轮廓。依我原先的计划本来还想写到艺术形态上的反映,论到文学、音乐、绘画、雕塑等的情形,或因已有论列,或因资料不够,便决计不必再添蛇足了。已有论列的如文学,有我的《屈原研究》。那是有单行本行世的。

音乐,我曾经写过一篇《隋代音乐家万宝常》,虽是属于后代的事,但其中也涉历到了古代。古代的音乐,我感觉着我们所固有的东西非常简单,卜辞及金文中所见到的乐器,只有钟、鼓、磬、籥等类。音阶在古只有宫、商、角、徵、羽的五音,其起源还不知道。琴瑟是西周末年由国外传来的新乐器,三《颂》中祭神乐器无琴瑟,《风》、《雅》中虽见琴瑟的使用,而是用于燕乐男女之私,足见这类乐器传统不古,没有资格供奉宗庙鬼神,也就如一直到今天二胡琵琶都还不能进文庙的一样。十二律也是春秋时代由国外输入的,有了它的输入才使五音或七音成为了相对的音符。但这些乐器和乐律的来源，我也还没有得到更确切的阐明，只好等待对于这一方面感觉兴趣的人去继续从事发掘了。

绘画、雕塑，资料不多。一部分可由象形文字上去追求，一部分可得诸青铜器的花纹形制。关于后者，我在《青铜器时代》一文中略略有所叙述。这是应该作为专书研讨的，而且没有插图是不容易说明的事。这些，自然也只好留待研究美术史的专家了。

月来我不断地思念着那株白果树。它的叶盖已经是青翠成云的时候了。假使是在往年，我又是快要作下乡准备的时候，但我现在却十分地踌躇，往年的朋友们已经散了，白果树的无言会给我难堪的忍受。我倒愿意就和我对于古代研究告别的一样，永远和它告别。

（一九四五年五月五日）

侯外庐与《侯外庐史学论文选集·自序》

经典导读

侯外庐（1903—1987 年），原名兆麟，又名玉枢，自号外庐，山西平遥人。1923 年考入北京法政大学法律系和北京师范大学历史系。在李大钊的教育和鼓励下，对马克思主义的理论产生了浓厚的兴趣。为了寻求马克思主义的真理，1927 年，他到达法国巴黎大学求学。1928 年，他开始试译《资本论》，这使他比较系统地学习了马克思主义的基本理论和方法，确立了他的辩证唯物主义世界观，对他后来从事史学研究起了重大指导作用。他后来回忆到："数年之后，当我成为史学界一员时，以往那段为《资本论》，为政治经济学，孜孜苦斗的经历，反而不被人注意了。实际上，正是通过那段苦斗，赢得了理论上的武装，才构成我在社会史和思想史研究中的真正支柱。"[①]1930 年，侯外庐回国，读到了郭沫若的《中国古代社会研究》，侯外庐认为这本著作"内容丰富而又新颖"，尤其是在掌握大量史料的基础上，运用历史唯物主义的观点和方法，以其锐利的眼光，第一次提出并且论证了中国古代同样存在奴隶制社会，从而证明了马克思主义关于人类社会史一般规律的普遍意义。侯外庐被这一大胆的发现所鼓舞。侯外庐说："如果说，大革命时期，李大钊同志曾经是

① 侯外庐：《韧的追求》，三联书店 1985 年版，第 67 页。

指引我学习马克思主义理论的导师，那么，从三十年代初开始，我已经把郭沫若同志看作是指引我学习和研究中国历史的老师。”① 侯外庐在《中国古代社会史论》“自序”中详细叙述了自己开始研究古史的经历：“一是步着王国维先生和郭沫若同志的后尘；二是继承亚细亚生产方式论战的绪统”，并“力求在这两个方面得到一个统一的认识”②。

从 1932 年开始，侯外庐“将马克思主义的观点与方法应用于中国历史的研究”③。此后，他投入了大量的精力，致力于用马克思主义的观点与方法解释中国的社会史与思想史。侯外庐对中国思想史的研究是从中国古代思想史的研究开始的，1934 年 6 月由山西国际学社出版的《中国古代社会与老子》一书，是他研究中国古代思想史的“处女作”。虽然不足 3 万字，但它展示了侯外庐研究思想学说史的某些特点。1941 年上半年，他完成《中国古典社会史论》后，把研究工作的重点转到对先秦诸子思想学说的研究上，1942 年完成、并于 1944 年由重庆文风书店出版了其研究先秦思想史的专著《中国古代思想学说史》。该书共计 25 万言，无论在研究方法上，还是在对先秦思想的具体分析上，都独树一帜，对西周学官以及诸子出于王宫的问题、老子思想的时代性问题、孔子的人类认识与墨子的国民自觉问题、诸子思想所反映的各自的阶级性问题等，都一一进行了研究，提出了自己独立的见解。

在完成《中国古代思想学说史》之后，侯外庐调整了他最初拟定的按顺序撰写秦汉以后的中国封建社会思想史的研究计划，开始了“近世思想学说史”的研究。在短短两年之内，他以惊人的努力完成了上、下两卷合计 78 万言的《中国近世思想学说史》，并于 1944 年至 1945 年由重庆三友书店出版（1947 年上海生活书店再版时，更名为《近代中国思想学说史》），对上自明清之际的王夫之、顾炎武，下迄清末民初的王国维的思想发展途径进行研究。

1946 年，侯外庐开始组织杜国庠、赵纪彬、邱汉生等著名学者，实施撰写《中国思想通史》的宏大工程，截至 1949 年底，完成了《中国思想通史》的第 1—3 卷。其中第 1 卷 1947 年由上海新知生活书店出版，第 2、3 卷最后完稿于 1949 年上海解放前夕，初版于 1950 年 6 月。《中国思想通史》第 1—3 卷是对先秦、秦汉和魏晋南

① 侯外庐：《韧的追求》，三联书店 1985 年版，第 234 页。

② 侯外庐：《中国古代社会史论·自序》，河北教育出版社 2000 年版，第 4 页。

③ 侯外庐：《韧的追求》，三联书店 1985 年版，第 67 页。

北朝思想的研究。其中第 1 卷是在《中国古代思想学说史》的基础上进行修改充实而成的，内容上融合了杜国庠的《先秦诸子思想概要》、赵纪彬的《古代儒家哲学批判》的观点和材料，结构较《中国古代思想学说史》更为完整，论证也更为深入严密，篇幅增至 48 万言。第 2、3 卷是关于中国封建社会前期思想学说的研究，全部手稿共计 80 万言，对儒学神学化的过程，玄学的命题及其实质，异端思想家王充、王符、仲长统、范缜等的思想，佛教在中国的初期传播进行了研究。

解放后，侯外庐除约请原有的合作者之外，又约请白寿彝、杨荣国、杨向奎、韩国磐以及青年学者杨超、张岂之、李学勤、林英、何兆武等，用一年多时间完成了《中国思想通史》第 4 卷的撰写。该卷内容上起隋初、下至明末，共 95 万余言，于 1960 年分上、下两册由人民出版社出版。与此同时，侯外庐还将前 3 卷进行修订，又将旧作《中国近世思想学说史》上卷修改为《中国早期启蒙思想史》，作为《中国思想通史》的第 5 卷，于 1956 年出版。《中国思想通史》5 卷 6 册，共 260 万字，论述了上起殷代，下迄 19 世纪中叶共约 3 300 年的中国思想发展史。1978 年，侯外庐又在张岂之、李学勤、何兆武、卢钟锋等同志的协助下，出版了《中国近代哲学史》。他本来想把他的《中国近代思想学说史》下卷连同《中国近代哲学史》一起修订，改名《中国近代思想史》，编为《中国思想通史》第 6 卷，同时还计划编著一本从"五四"到新中国成立前夕的《中国现代思想史》，作为《中国思想通史》的最后一卷，可惜没有完成。

侯外庐在社会史的研究中的主要学术观点包括以下方面：

一是关于亚细亚生产方式与中国的奴隶制社会问题。侯外庐认为"亚细亚的古代"中国自殷末周初进入文明社会，氏族制度仍保留在奴隶社会之中，土地财产为氏族贵族专有，国家是城市国家。这与古希腊家族消灭、私有制起源、城邦国家产生显然具有不同特点。与"古典的古代"城市与农村相分离形成城邦国家的起源路径不同，侯外庐首次提出"城市国家"的概念，探讨了中国国家起源的特殊路径。侯外庐指出虽然二者具有不同的特点，但二者并不是两种不同的社会。由于地理环境等特有的历史条件不同，亚细亚生产方式的确立比"古典的古代"早，成为"早熟"的文明。二者属于同样的阶段。亚细亚的中国只是众多古代文明途径中的一种，"古典的古代"代表的是希腊罗马进入文明社会的途径，"亚细亚的古代"是古代东方人类由野蛮步入文明的路径之一。简言之，中国古代城市国家文明的起源与古代希腊城邦国家的起源具有相同的社会性质，处于同样的发展阶段，区别在于二者所走的道路有异，即“同一个历史阶段的两种不同路径”①。侯外庐注意到与古代希腊的发展道路比较而言，中国文明起源有“早熟”特征。“‘古典的古代’是从家族到私产再到国家，国家代替了家族；而‘亚细亚生产方式’的古代是家族到国家，国家混合在家族里面，叫做‘社稷’。因此，前者是新陈代谢，新的冲破了旧的。这是革命的路线；后者却是新陈纠葛，旧的拖住了新的，这是维新的路线。前者是人惟求新，器亦求新；后者却是‘人惟求旧，器惟求新’。”②

二是中国封建社会确立的相关问题。侯外庐把中国封建社会发生到形成的过程划在战国中叶到秦汉之际，就是从“秦孝商鞅变法所谓废井田开阡陌，在奴隶制的发展情况之下就有封建因素的萌芽”开始，经过秦始皇的统一，到汉武帝的法度，才真正确立了封建制度，即“封建生产方式，在古旧诸制度同时存在之下，作为主导倾向而统驭了社会的全性质”③。侯外庐判断封建制确立的时间和过程的主要依据是法典化，即体系化的制度形式。秦汉之际封建化的过程、体系化的制度是逐步完善的。商鞅变法，废井田，开阡陌，实际内容是废除西周以来的城市和农村的关系，开始建立以农村为出发点的封建制的萌芽。秦始皇统一六国，废除分封诸侯的制度，允许土地买卖和私有，则是中古小单位生产制代替了古代社会构成的表现。经过汉初一系列的法律形式，到了汉武帝的法度，封建经济构成才典型地完成。每一步都是以制度的法律化为完成的，至汉武帝法律化过程的完成，才算封建制度最终确立的标志。针对秦汉之际封建化所体现的社会变化，侯外庐主要从封建生产关系的基础、土地与生产力的结合方式以及封建社会的主要矛盾等方面论述了封建社会的主要特征。侯外庐指出，“自由的土地私有的法律观念的缺乏，土地私有权的缺乏”④是中国封建社会的显著特点。此外，侯外庐还分析了汉代各阶层之间的关系。他指出统治阶级内部的矛盾主要是“豪族地主与庶族地主彼此势力之消长”⑤。但他们都是封建专制主义的重要支柱，都在不同程度上依附于皇权，因此他们有共同的利益面，他们同农民阶级的矛盾才是汉代社会的基本矛盾。

三是关于中国封建社会的变化以及资本主义萌芽问题。对于整个封建社会的历

---

① 侯外庐:《侯外庐史学论文选集》(上册)，人民出版社1987年版，第56页。

② 侯外庐:《韧的追求》，三联书店1985年版，第235页。

③ 侯外庐:《中国思想通史》(第2卷)，人民出版社1957年版，第3页。

④ 侯外庐:《韧的追求》，三联书店1985年版，第253页。

⑤ 侯外庐:《韧的追求》，三联书店1985年版，第257页。

史分期，侯外庐也是以若干重要立法为依据的，以唐代实行两税法作为划分封建社会前后期的标志，以明代的一条鞭法作为封建社会进入晚期的标志。两税法是中国封建土地所有制形式相对变化的结果，它反映了均田制的破坏和庄园经济的发展。一条鞭法是对明中叶以后土地商业化和私有化的反映。侯外庐指出，18 世纪的中国社会经济有了恢复和发展，随之资本主义萌芽有了一定的发展，但这点萌芽很难突破封建的束缚。鸦片战争后，外国资本主义入侵，落后的中国沦为半殖民地半封建社会，19 世纪 70 年代以后，中国才有了一点点自己的民族工业，但仍然没有获得充分的发展。侯外庐认为："从古代文明的难产到近代文明的难产，说明旧的传统是阻碍历史前进的巨大堕力，这是中国社会的特点。"[①] 在我国封建社会晚期，到底有没有资本主义生产关系的萌芽，这在史学界存在极大的争议。侯外庐认为，"从十六世纪以来，中国的历史没有如欧洲那样走向资本主义社会，这并不等于说，中国封建社会没有解体过程，没有资本主义的形成过程。关键在于，既在封建社会的母胎内产生了资本主义的萌芽形态，又在发展过程中未能走进近代的资本主义世界。"[②] 他从土地关系的变化、手工业以及海外贸易的发展三个方面考察了明代嘉靖、万历封建社会解体过程中的资本主义萌芽情况。侯外庐在论述资本主义萌芽时，还探讨了明中叶以后社会阶级关系的变化及其斗争形式，探讨了社会思潮与一些进步思想家的早期启蒙思想的特点。他说："十六世纪末以至十七世纪的中国思想家的观点，是中国社会经济发展特点和中国社会条件的反映，它不完全等同于西欧以至俄国的'资产者—启蒙者'的观点，然而，在相类似的情况之下，启蒙运动的思潮具有一般相似的规律。"[③] 但是中国的启蒙者如何心隐、李贽以至王夫之、黄宗羲、顾炎武和颜元等人，都以各种表现形式，强烈地仇视封建制度及依存于它的一切产物，他们拥护教育、自治和自由，同情人民的利益，特别是农民的利益，尽管他们多数并不同情农民暴动。最后侯外庐经过对古代社会的研究，指出明末清初中国产生了资本主义萌芽和早期启蒙思想，但是中国封建阻力太强大，资本主义萌芽并没有健康成长，从而突破封建势力的束缚。从 19 世纪初开始，尤其是鸦片战争之后，中国社会发生了激剧的变化，中国步入了近代，向西方寻求真理逐渐成为主流，社会性质也随之演变为半殖民地半封建社会。这样侯外庐就从历史的角度论证了中国共产党新民主主

① 侯外庐：《韧的追求》，三联书店 1985 年版，第 259 页。
② 侯外庐：《中国思想通史》（第 5 卷），人民出版社 1956 年版，第 16 页。
③ 侯外庐：《中国思想通史》（第 5 卷），人民出版社 1956 年版，第 26~27 页。

义革命的主张是正确的。

在中国思想史研究方面，可以说侯外庐开创了现代中国思想史学科，形成了侯外庐学派。

首先是对中国思想史研究对象的独特理解。侯外庐认为中国思想史至少应该包含三个主要层面：第一个层面是世界观。即人对世界总体的看法，包括人对自身在世界整体中的地位和作用的看法，亦称宇宙观。哲学是它的理论表现形式。侯外庐认为，用进化论、实在论来解说中国思想学说，确实并不完全符合中国思想学说的实际，但这并不是说，哲学就不是中国思想学术史的研究对象。因为哲学问题是任何思想都不可能逃避的问题。无论何种从经验世界得来的思想观念，都有哲学的基本认识作为最后依据，而处理经验世界各种具体问题的思想，也通常有待于哲学的反思才能得到超越和提升。中国思想学术一般来说不像西方学说那样有严密的条理，但这并不是说它没有明确的观点。中国思想或学说的表现形式虽然是零散的，但它实质上是一个统一的整体。侯外庐认为哲学思想确实是思想学术史研究不可缺少的内容。

第二个层面是逻辑思想，即思想学术家们阐发思想观点的方法。对方法论的重视，是 19 世纪末 20 世纪初人们对比中西学术之后所形成的共同认识。侯外庐认为对中国传统思想学术的逻辑思想的分析，是准确把握中国思想特质的主要依据。1947 年，他与赵纪彬、杜国庠合著、由上海新知书店出版的《中国思想通史》第 1 卷《古代思想编》，就非常注重“各时代学人的逻辑方法之研究”。其中讨论孔墨显学，就分别讨论了“前期儒家的知识起源论和知识方法论”、“墨子的逻辑思想”；讨论战国百家争鸣的学术，就讨论了“老子的知识论”、“思孟学派的尤类逻辑”、“公孙龙学派诡辩的概念论和推理论”、“后期墨家的认识论和逻辑学”、“荀子的逻辑思想”和“韩非子的知识论和逻辑学”等。《中国思想通史》关于秦汉以后中国认识思想和逻辑思想的研究，其中主要有“董仲舒的知识论及逻辑思想”、“王充的唯物主义知识论以及与自然科学相结合的逻辑学”、“嵇康的辩论述”、“范缜的逻辑思想”、“吕才的认识论、逻辑思想及其逻辑著述的推测”、“王安石的唯物主义认识论”、“朱熹的唯心主义的格物致知说”、“陆象山的直觉主义的方法论”、“方以智的唯物主义认识论”、“天主教输入中国的自然哲学和思想方法”、“王夫之的知识论”、“顾炎武的方法论”和“颜元的知识论”等。可见，侯外庐研究中国思想学术史，把逻辑思想的探究置于至关重要的地位。侯外庐研究中国逻辑思想，侧重于分析逻辑作为思想方法的反思。他认为我们研究古人的逻辑思想，主要目的并不在于从古人的思想材料中提出某一个逻辑命题，也不在于说明或讨论古人具有西方的某种逻辑思想，而是要揭示历史上的思想家一以贯之的思想方法。侯外庐认为，如果我们有对思想家一以贯之的思想方法的准确把握，我们就有可能真正了解思想家们的思维水平，从而真正理解中国思想的演进历史。

第三个层面是社会意识。所谓社会意识，是指人们关于社会生活、社会问题、社会模式的意识、观念或理论，它既包括各种比较自觉的、定型化的社会意识形式，也包括直接与日常社会生活相联系的、不自觉的、非定型化的社会心理。中国传统学术的核心内容就是社会意识。中国古代社会意识既包括对个体生命存在的体验，也包括对个体与社会的关系的思考，更包括对伦理道德、政治建构和历史文化实质的反思。自20世纪初叶以来，就不断有学者指出，与西方学术相比较，中国古代的社会思想与社会意识都相当丰富，中国思想学术的起点在于社会思想与社会意识，落脚点也是在社会思想与社会意识。侯外庐曾说：哲学思想与逻辑思想确实是中国思想学术史研究的重点，但真正能够反映中国思想学术史研究的核心范围却不是哲学思想或逻辑思想，而是社会意识。他在《中国思想通史》第1卷《古代思想编》卷首，就曾指出："斯书特重各时代学人的逻辑方法之研究，以期追踪他们的理性运行的轨迹，发现他们的学术具体的道路，更由他们剪裁或修补所依据的思想方法，寻求他们的社会意识及世界认识。"[①] 在侯外庐看来，思想史主要研究每一历史时期人们的社会意识是怎样由当时的社会经济状况及相应的政治法律制度形成的，社会的变动如何决定着思想内容的变化，而思想体系、观点的出现又如何直接、间接地起着推动与阻碍社会发展的作用，等等。也就是说，思想史就是从历史上社会的政治、经济方面去探索思想发生、发展及其规律，并通过思想的研究反过来看社会的面貌、看思想的作用。侯外庐回答了中国思想学术史研究的对象即哲学思想、逻辑思想和社会思想。1957年，修订本《中国思想通史》出版。侯外庐另外写有"自序"，再一次明确他所关注的核心内容，就是以上三者的综合。他说："这部《中国思想通史》是综合了哲学思想、逻辑思想和社会思想在一起编着的，所涉及的范围比较广泛。"1987年出版的《侯外庐史学论文选集》，侯外庐也曾以"自序"的形式回顾、总结研究中国思想学术史的历史，其中提到："对中国思想史的研究，我以社

① 侯外庐:《中国思想通史》(第5卷)，人民出版社1956年版。

会史研究为前提，着重于综合哲学思想、逻辑思想和社会思想（包括政治、经济、道德、法律等方面的思想）。应该指出，哲学史不能代替思想史，但是，思想史也并不是政治思想、经济思想、哲学思想的简单总和，而是要研究整个社会意识的历史特点及其变化规律。”① 侯外庐关于中国思想学术史研究对象的上述理解，是在中国传统学术研究向现代学术研究过渡过程中，对思想学术史作为一门学科的重新定位，它既有对中国思想学术研究传统的继承，也有对中国传统思想学术特点的深刻了解，更有对西方社会思想研究特别是马克思主义唯物主义理论观点的吸收，具有丰富的理论意义。

其次是对中国思想史研究方法的探索。侯外庐认为材料问题是研究中国思想学术史的首要问题，史料的考证辨伪确实是研究中国思想学术史最基础的工作。侯外庐把史料的考据作为研究思想学术史最基本的步骤，他特别重视学者生平考证，学术师承的考证以及学派传衍考证。搞清了史料的真实性，然后才是对思想学术的贯通性诠释。侯外庐认为研究思想学术史，首先应对中国社会历史的特点有科学的理解。而要准确理解中国社会历史的特点，就必须“以自然史的精确性”对中国社会历史进行研究，这就需要对中国社会经济形态的发展历史有深入的探讨，而这些都离不开对史料的精确理解。

侯外庐提出了“横通”和“纵通”的研究方法，“横通”就是要考察思想家个人的思想体系与历史时代的关系，主要解决“人类思想自身的过程与一时代学说的个别形成，环链何系？学派同化与学派批判相反相成，其间吸收排斥，脉络何分”② 等问题。“纵通”就是要考察思想源流的演变，主要解决“人类的新旧范畴与思想的具体变革结合何存”的问题。如果说横通主要在于揭示一个时代思想的不同侧面，而纵通则主要在于揭示思想发展的阶段性。

侯外庐把中国思想史的发展分为殷末西周、春秋战国、秦汉到清中叶、清中叶到“五四”等阶段来加以论述。无论是西周的官学、春秋时代的缙绅之学、战国时代的诸子并鸣之学、两汉的经学、魏晋的玄学，还是隋唐的佛学、宋明的理学、明清之际的早期启蒙思潮以及近代的各种社会思潮，它们都有思想上的继承关系，都有对前人的思想命题的继承和发展。侯外庐认为中国思想学术史的继承性表现得特

---

① 侯外庐：《侯外庐史学论文选集·自序》（上册），人民出版社 1987 年版。

② 侯外庐：《侯外庐史学论文选集·自序》（上册），人民出版社 1987 年版。

别明显，中国思想学术喜欢托古，喜欢用疏解或笺注的方式来表述自己的思想见解，这为深入理解中国思想学术史的继承关系提供了帮助。

侯外庐对中国思想史研究方法的论述，并没有局限在思想自身的解释之中，他用相当多的时间和精力探索社会史如何与思想史贯通，并取得了巨大成绩。单纯从思想的角度解释思想，容易使思想主观化。如何才能避免这种解释上的随意性？侯外庐认为：高屋建瓴的哲学洞察力和同情地了解的态度，对于中国思想学术史的研究的科学性确实有所帮助，但如果要使中国思想学术史的研究真正成为一门科学，就必须把思想史置于中国社会史的具体背景之下，把二者贯通起来。侯外庐对于社会史如何与思想史贯通，作了系统的论述，提出了许多富有启发的思路。他特别重视社会思潮的研究，认为社会思潮是联系历史与思想的关键。社会思潮是反映特定环境中人们的某种利益或要求，并对社会生活有广泛影响的思想趋势和倾向。它有时表现为由一定理论形态的思想作主导，有时又表现为特定环境中人们的社会心理，是社会意识的综合表现形式。社会思潮的根源在于社会的经济生活，它是当时经济发展所引起的社会生活中突出矛盾的反映，同时它又是一种能动的、起着巨大冲击作用的精神力量。虽然强调社会史与思想史结合，但是侯外庐一再指出思想史本身有其相对的独立性，研究社会史与思想史的贯通，不能把所有的思想都归结于经济发展的支配作用。把社会史与思想史相贯通，是 20 世纪中国思想学术史研究最重要的创见，它不但为符合真实的现代中国思想学术史的建立提供了基础，而且为科学地解剖中国思想学术史，挖掘思想背后的社会原因提供了依据，侯外庐在这方面的探索是中国思想史研究事业的宝贵财富。

在中国 20 世纪 30 年代乃至以后更长的历史时期内，侯外庐为马克思主义思潮在中国的发展，尤其是为中国历史研究、中国思想史研究的深入推进作出了重要贡献，主要表现在：1. 孜孜不倦地翻译《资本论》，促进马克思主义思潮在中国的深入；2. 通过对中国历史和思想的批判性分析，揭示了当代中国的时代主题，为中国革命和建设做了积极论证。侯外庐从不讳言自己的研究是为了民族的独立和自由，他通过对“早熟”的文明起源路径、先王思想的局限、封建社会的神学、早期资本主义萌芽的脆弱等问题的批判以及对早期启蒙思想和进步思想的发掘，为中国实现自由、民主、科学指明了方向；3. 首次运用马克思主义建立了中国思想史的通史体系，至今无人超越。

本书所选为 1987 年人民出版社出版的《侯外庐史学论文选集》一书的“自序”。

这一年侯外庐去世，因此这篇自序可以说是侯外庐对自己研究中国社会史和思想史的发展历程和研究方法、研究原则的最后总结，文章简短精炼，值得我们仔细琢磨。当然要系统了解侯外庐的学术成果，还必须去读他的著作，比如《韧的追求》以及《中国思想通史》等。

—— 延伸阅读文献目录：

1. 侯外庐：《中国思想通史》，人民出版社，1956—1960 年。
2. 侯外庐：《中国封建社会史论》，人民出版社，1979 年。
3. 侯外庐：《中国思想史纲》，中国青年出版社，1980 年。
4. 侯外庐：《韧的追求》，三联书店，1985 年。
5. 侯外庐：《侯外庐史学论文选集》（上、下），人民出版社，1987—1988 年。
6. 侯外庐：《中国古代社会史论》，河北教育出版社，2000 年。

—— 原文：《侯外庐史学论文选集·自序》

经典原文

侯外庐史学论文选集·自序

侯外庐

我从事史学研究虽已50年，但我是在经过一段曲折道路之后才跨入史学门槛的。这里，我想先讲点个人经历和思想变化。

我出生于清朝末年山西平遥的一个封建家庭，自幼受旧学教育，读过四书五经以及《资治通鉴》一类书籍。那时读书只是囫囵吞枣，不求甚解，完全想不到这些古董对我后来研究历史的用处。

“五四”时代，我在中学读书，由于受新文化运动的启蒙，思想开始发生了变化。我不再相信“书云”、“子曰”这些封建时代的旧教条，而是拥护民主和科学的新思潮，投身于爱国学生运动。

1923年，我从山西河汾中学毕业后，同时考入北京法政大学法律系和北京师范大学历史系。由于强烈的求知欲望的驱使，我除在法大、师大听课外，课余时间大都钻在图书馆里，广泛涉猎社会科学各个领域的新书，渴望得到更多的新知识，以填补自己头脑中的空虚。当时，我对哲学兴趣最浓，而对所读史学专业，并未看作自己未来的事业。

1924年，随着第一次国共合作的实现，马克思主义得到了进一步的传播，从此，我接触到一些宣传社会主义的书籍。后来经过同乡朋友高君宇同志的介绍，我有幸认识了著名马克思主义者李大钊同志。在大钊同志的教育和鼓励下，我对马克思主义理论产生了浓厚的兴趣。但那时的马列著作中译本实在太少了。为了寻求马克思主义真理，我离开北京去哈尔滨，等待赴法求学的机会。

1927年，我到达法国，在巴黎大学听课。翌年，即开始试译马克思《资本论》的工作。我在法国三年期间，除了做党的工作以外，主要精力放在翻译《资本论》方面。我的水平和能力，不可能在两年内译完这部科学巨著。然而，这件工作却帮助我比较系统地学习了马克思主义的基本理论和方法，确立了我的辩证唯物主义世界观，对我后来从事史学研究起了重大指导作用。

1930年，我离开巴黎取道莫斯科回国。不久，读到郭沫若同志的新著

《中国古代社会研究》，他应用马克思主义的理论和方法在中国古史研究中开辟了一条崭新的道路。我当即写信给他，对他的贡献表示钦敬。郭老的这一著作以及当时正在开展的中国社会史论战，刺激了我对研究中国历史的兴趣。只因这时我正和王思华同志合译并出版《资本论》第一卷，尚无暇作专题研究。然而，对于研究古史的方向，我是确定下来了。

1932年，我在北平大学教书，因宣传抗日救国，反对蒋介石的不抵抗政策，和许德珩，马哲民同志先后被国民党政府逮捕（即所谓“许、侯、马事件”），次年，经营救才被“假释”出狱。牢狱生活，折磨得我身体很坏，医生劝我中止翻译工作，换换脑筋，于是我开始写古史研究的文章。这本集子所收入的《社会史导论》，就是我在1933年出狱后写成的。1934年，我出版了《中国古代社会与老子》一书，从此，开始了史学研究的行程。但在抗日战争以前，我仍然集中精力翻译《资本论》第二、三卷，间或写些经济学和史学论文。

七·七事变以后，我从山西辗转到达重庆，担任《中苏文化》主编。抗战初期，我全力以赴宣传抗日，历史研究工作做得很少。皖南事变发生后，重庆的政治形势异常险恶，党组织决定把大批进步文化人转移香港，我因主编《中苏文化》而被留下。周恩来同志对我说：“形势不利于大规模地搞公开活动，但这也是一个机会。有研究能力的人，尽可以利用这个机会，坐下来搞点研究。抓紧时间深造自己，深入研究几个问题，想写什么的，赶快把它写出来。”又说：“等革命胜利了，要做的事情多得很呢。到那个时候，大家就更忙啦，你们想研究问题、写书，时间就难找啦！”恩来同志的这一席话，深深激励了我。遵照他的意见，我着手写了《中国古典社会史论》（后改名《中国古代社会史论》）和《中国古代思想学说史》两部书。本来我准备继续研究中国封建社会史和封建社会思想史，恩来同志又希望我根据现实的需要，研究一些中国近代史或近代思想史的问题。于是，我调整了自己的工作计划，着手研究近代问题，撰写1部《中国近世思想学说史》。那时，我的生活很窘困，连必需的书都买不起。我要研究章太炎，借不到书，也无钱买，正为此苦恼。不晓得董必武同志怎么知道了这件事，他请徐冰同志送钱来，说明是给我买书的。我喜出望外，立刻买来了《章太炎遗书》。随后我和赵纪彬同志一起完成了对太炎思想的研究。董老对我的支持，是永远鼓舞我的力量。

抗战胜利以后，我从重庆来到南京。1946年春，生活书店决定出版《新中国大学丛书》，约我撰稿。我和杜国庠、赵纪彬、陈家康同志商定，共同撰著一部系统论述从先秦到现代的中国思想通史。这年秋天，我到达上海，和杜老、纪彬三人完成了《中国思想通史》第一卷（家康同志因忙于停战谈判工作，兼顾不上，未能参加写作）。自第二卷开始，邱汉生同志参加进来了。当时国民党已发动反共反人民的全面内战，我在上海无法立足，于 1947 年秋离沪去香港。纪彬同志亦被东吴大学解聘而出走青岛。我们四人虽然天各一方，仍按原定分工完成了该书第二、三卷的编写工作。在白色恐怖下的上海，邱汉生同志按照杜国庠同志的嘱咐，把集中起来的稿件妥善地保存下来了，因而得以在解放初期很快出版、和读者见面。

1948 年秋，我和郭沫若同志等自香港浮海赴东北解放区。1949 年回到解放了的北平。建国以后，先在北京师范大学历史系任教，旋调西北大学做了几年教育行政工作。1954 年奉命回京，在郭老领导下参加筹建中国科学院历史研究所，然后在历史所工作，直到现在。史学研究成了我的毕生事业。

我的一些著作是在师友以及学生们相互砥砺中写出的。我始终认为，学术研究应当由志同道合者分工合作去进行，这既能节省时间，又能保证质量。50 年代中期，我和赵纪彬、杜国庠、邱汉生、白寿彝，杨荣国、杨向奎以及中国思想史研究室杨超、李学勤、张岂之、林英、何兆武诸位青年同志（即“诸青”）合作，完成了《中国思想通史》第四卷的撰写工作。在此期间，我还主持修订出版了该书第一、二、三卷，并将我写的《中国近代思想学说史》上册修订成为该书的第五卷。至此完成了五卷六册本的《中国思想通史》。60 年代初，我利用养病的时间，翻阅了元明时代的戏曲资料，写成了《论汤显祖剧作四种》，试图从文艺宝库中去开拓研究思想史的新领域。但在十年浩劫中，我因受到林彪、江青反革命集团的残酷迫害，学术研究工作权利亦被剥夺。

打倒“四人帮”以后，我恢复了工作，在思想史研究室的同志们的协助下，研究工作又有一些新的进展。1978 年出版了《中国近代哲学史》（这里顺便说一下，这本书在将来经过修订之后，改名《中国近代思想史》，编为《中国思想通史》第六卷）。我的《中国封建社会史论》一书于 1979 年出版。前年和去年先后出版了我主编的《中国思想史纲》（上、下册）。人民出版社还重印了《中国思想通史》。目前，我和邱汉生、张岂之同志共同主编的《宋明理学史》工作正在进行。在史学十年规划中，我已提出再撰写一部《中国思想通史补编》。如果健康允许，我还计划编著一本从“五四”至建国前夕的《中国现代思想史》，作为《中国思想通史》的最后一卷。

下面，再扼要谈谈我的研究原则和方法。

总的说来，依据马克思主义的理论和方法，特别是它的政治经济学理论和方法，说明历史上不同社会经济形态发生、发展和衰落的过程；物质生活的生产方式制约着整个社会生活、政治生活和精神生活的过程；以及经济基础与上层建筑、意识形态之间的辩证关系，是我五十年来研究中国社会史、思想史的基本原则和基本方法。而在具体研究中，我注重于以下几点：

一、社会史研究，先从经济学入手。恩格斯说过，马克思主义的“全部理论内容是从研究政治经济学产生的”(《马克思恩格斯选集》第2卷第116页)。又说，“政治经济学本质上是一门历史的科学”(同上，第3卷第186页)。因此，以历史唯物论为指导的历史科学不能不从研究经济学开始。我在《社会史导论》中说了这样的话：“在经济学和历史学中，研究社会发展的一般构成，是一个先决的问题，没有在此方面做确定的认识，就要犯错误的。”这里所说的“社会发展的一般构成”，即指社会经济形态。我认为，研究历史，首先要知道生产方式，根据生产方式来区别某一社会的经济构成，因为生产方式决定着社会性质。反之，如果不应用政治经济学的理论和方法，研究特定历史时代生产力和生产关系的变化以及由此引起的生产方式的变化，就难以自然史的精确性去判明这一时代的社会性质，揭示历史的规律性，历史研究也就失去了最基本的科学依据。我对于中国历史——无论是古代的奴隶制社会和中古的封建制社会——的研究，都是从“生产方式”这一经济学的基本范畴开始的。当然，广义的经济学本身便是经济范畴的历史科学，但它又不能代替整个历史科学。历史科学的对象不仅包括具体的经济史，而且包括政治法律、思想文化等更加广泛的领域。

二、研究中国古代社会，首先弄清亚细亚生产方式的理论。在五十年前的中国社会史论战中，关于亚细亚生产方式的问题，是当时热烈争论的主要问题之一。我在中国古代社会研究中，曾花费了相当长的时间和精力来探讨这个问题，细心研读了马克思主义经典著作和中国的古文献，经过认真思考之后，提出了自己的见解。我认为，“古代”(指奴隶制)社会是有不同路径的。在马克思和恩格斯的著作中，所谓“古典的古代”、“亚细亚的古代”，都是指奴隶社会。两者的序列并不一定是亚细亚在前面，有时两者平列，是作为不同种类看待的。我用家族（氏族）、私有制、国家三个标志来说明形成古代文明的不同路径：“古典的古代”（如希腊）是由家族而私有财产而国家，国家代替了家族；“亚细亚的古代”（如中国）则是由家族而国家，国家混合于家族而保留着家族。前者是新陈代谢，新的冲破旧的，即扫除以血缘关系为纽带的氏族制度的革命的路径；后者则是新陈纠葛，旧的拖住新的，即保留氏族制度的维新的路径。前者便是马克思所说的“正常发育”的文明“小孩”；后者是“早熟”的文明“小孩”。在中国古代，文明的“早熟”与国民思想的晚出、宗法制度的建立与人们对伦理道德的偏重，都是“人惟求旧，器惟求新”这一特殊路径的具体表现。

三、对中国封建社会的研究，强调以法典化作为确定历史分期的标志。因为从封建专制主义国家的法典来研究土地所有权及其相应的地租形态，研究不同地租形态的转变过程、途径和为法律所固定了的型范，就能比较确切地反映整个封建社会历史发展的阶段性。封建制因素是在古代社会的解体过程中逐渐生长起来的。从李悝、吴起、商鞅的变法改革算起，新的经济因素的成长大约经历了二百多年的时间。但是，确认古代社会经济构成之被封建制社会经济构成所代替，则是以封建制的法典化为标志的。我断定中国封建制社会形成于秦始皇统一六国之后。“汉承秦制”。经过汉初一系列的法制形式，到了汉武帝的“法度”，封建制度才完整地建立起来。以后，唐朝的“两税法”，标志着封建社会由前期向后期的转变；明朝的一条鞭法，则是封建制社会趋向晚期的标志。

四、依据马克思主义关于“土地私有权的缺乏”，“可以作为了解‘全东方’世界的关键”的理论，分析中国自秦汉以来封建社会皇权垄断的土地所有制形式是封建的中央专制主义的经济基础。地主阶级对土地只有“占有权”，农民对土地只有“使用权”。封建的品级结构和特权制度是与倒行逆施的土地权力紧密结合一起的。封建思想之定于一尊，封建礼教之渗透于整个社会生活而成为束缚人民的绳索，其终极根源均在于专制帝王的土地所有权，即封建土地国有化形式。

五、对中国思想史的研究，我以社会史研究为前提，着重于综合哲学思想、逻辑思想和社会思想（包括政治、经济、道德、法律等方面的思想）。应该指出，哲学史不能代替思想史，但是，思想史也并不是政治思想、经济思想、哲学思想的简单总和，而是要研究整个社会意识的历史特点及其变化规律，所以我的研究既注意每种思想学说的“横通”（即它与社会历史时代的联系），又注意它的“纵通”（思想源流的演变）；既注意思潮，也注意代表人物。

在研究顺序上，我并没有按照历史的顺序，而是研究先秦思想和近世思想（即17世纪以后的早期启蒙思想和19世纪中叶以后近代启蒙思想），再研究从两汉至宋明的思想，即先两头后中间的顺序。这样的研究顺序，自然不无缺陷，但由于我起先研究了中国历史上发生思想剧变的时代，这为我后来研究封建社会的思想提供了一定的条件。

在研究方法上，我通过自己的研究做过一些摸索，如在《中国古代思想学说史自序》中曾概括提出如下问题：

> 社会历史的演进与社会思潮的发展，关系何在？人类的新旧范畴与思想的具体变革，结合何存？人类思想自身的过程与一时代学说的个别形成，环链何系？学派同化与学派批判相反相成，其间吸收排斥，脉络何分？学说理想与思想术语，表面恒常掩蔽着内容，其间主观客观，背向何定？方法论犹剪尺，世界观犹灯塔，现实的裁成与远景的仰慕恒常相为矛盾，其间何者从属而何者主导，何以为断？

上述思想史方法论问题的提出，也包含着我在研究过程中对于这些问题的解答。下面，拟再谈些自己的看法。

（1）从历史唯物主义观点来看，思想是存在的反映。历史从哪里开始，思想进程也应从哪里开始。因此，社会历史的演进与社会思潮的发展是相一致的。例如，西周的官学、春秋时代的搢绅之学、战国时代的诸子并鸣之学、两汉的经学、魏晋的玄学、隋唐的佛学、宋明的理学、明清之际的早期启蒙思潮以及近代的各种社会思潮，都是和中国历史自身的演进相联系的。因此，我的具体方法是，在研究社会史的基础上，注重对社会思潮作比较全面的考察，力图把握社会思潮与社会历史的联系及其所反映的时代特点，进而研究不同学派及其代表人物的思想特色和历史地位。

（2）一般说来，思想史（包括哲学史）上的范畴、概念之新旧交替，反映了人类思想本身变革的过程，亦即反映了人类认识活动不断深化的过程。但是，正象历史向前发展中总会出现曲折反复一样，人类认识的长河也不会是直线前进的。因此，在思想史上并非所有新的范畴、概念都是趋近客观真理的思想变革，有的甚至还可能是它的反面。例如，战国时代以荀子为代表的唯物主义天道观，无疑是对殷周以来的神学天命观的一次深刻变革，然而，汉代“神人大巫”董仲舒的天谴论则是对先秦唯物主义天道观的反动。此外，还必须注意，即便是同一个范畴或概念，在不同时代、不同派别，特别是政治上和哲学上的不同派别的思想家头脑中，是有不同思想内容的。例如，古代的“民主”与近代的“民主”观念；韩非唯物主义哲学中的“理”与朱熹唯心主义哲学中的“理”，都有根本的不同。由此可知，考察人类新旧范畴更替与思想具体变革的结合，关键在于依据不同历史条件，具体分析各种范畴在不同思想家的头脑中所反映的实际内容。

（3）经济发展虽然对思想史的各个领域起着最终的支配作用，但是，由于思想意识的生产又属于社会分工的特殊部门，因而思想史本身有其相对的独立性。恩格斯曾经指出：“每一个时代的哲学作为分工的一个特定的领域，都具有由它的先驱者传给它而它便由以出发的特定的思想资料作为前提。”（《马克思恩格斯选集》第 4 卷第 485 页）不但哲学领域是如此，思想史的其它领域也是如此。任何一个时代的任何一种思想学说的形成，都不可能离开前人所提供的思想资料。应当说，思想的继承性是思想发展自身必不可少的一个环链。至于对前人思想遗产继承什么和怎样继承，则是由思想家所处的时代条件、阶级地位及其思想性格、学术渊源等诸种因素决定的。当然，继承并不意味着对前人思想的简单重复，而是包含着不同程度的、甚至是不同性质的改造。历史上有建树的思想家总是在大量吸取并改造前人思想资料的基础上，形成自己的思想学说。在中国思想史上，思想的继承性表现得特别明显。儒家的经学所以能象滚雪球一样越滚越大，和它通过笺注形式的继承关系而不断扩大其自身的积累是分不开的。

（4）思想史上各种学派的产生及其融合和批判、吸收和排斥的复杂过程，一方面展现出人类思想在其自身矛盾运动中的丰富多样性，另一方面又反映出一定历史时代的社会矛盾和社会思潮的某些特点。因此，研究思想史不能不研究学派。我们不仅需要了解不同学派的形成过程及其赖以产生的社会历史条件和思想凭藉，进而了解它们在思想内容、观点、方法乃至风格方面的不同特点，而且更加需要深入了解不同学派之间错综复杂的关系，对于那些彼此对立的学派尤其需要进行具体分析，分清其脉络。相互对立的学派可以反映出双方政治上的对立，而且这种对立有时带有阶级对立的性质；也可能并不反映政治上的对立，而只是同一思想体系的某个环节上的差异（如宋明道学中程朱理学与陆王心学就带有这种性质）；也可以反映出哲学上唯物主义与唯心主义的对立，或者是唯心主义阵营内部客观唯心论与主观唯心论的对立；也可以反映出思想上的“正宗”与“异端”的对立；也可以反映出学术文化思想本身的不同形式和不同学风的对立（如汉学与宋学，今文经学与古文经学的对立）等等。值得注意的是，相互对立的学派在各自批判对方的过程中，往往又或多或少地吸收对方的思想来丰富自己。有的对立学派经过长时期的相互批判和相互吸收，最后趋于融合。最典型的例子就是从先秦时代开始的儒法斗争，至汉武帝时期形成为儒法合流。学派融合与学派批判相辅相成，是思想史上带规律性的现象，恰好反映了历史发展的辩证法。

（5）思想家常常以自己的理想和言辞掩蔽着自己思想的真实内容，这是普遍存在的历史现象。思想家这种理想与现实、言辞与内容的矛盾，无论主观客观上都有其产生的原因。马克思曾经指出:“在不同的所有制形式上，在生存的社会条件上，耸立着由各种不同情感、幻想、思想方式和世界观构成的整个上层建筑。整个阶级在它的物质条件和相应的社会关系的基础上创造和构成这切。通过传统和教育承受了这些情感和观点的个人，会以为这些情感和观点就是他的行为的真实动机和出发点。”（《马克思恩格斯选集》第1卷第629页）因此，我认为在思想史研究中，必须把握具体历史条件，注意把一个阶级的著作方面的代表人物的理想和言辞同他们的本来面目和真实动机区别开来。比如，中国思想史上的“王道”理想和“仁政”学说，在不同时代、不同阶级、不同派别的思想家那里，具有不同的、甚至相反的内容。统治阶级的著作家往往以思想的普遍性形式来掩蔽本阶级的狭隘利益；而代表被压迫阶级的进步思想家则往往借用对历史的回忆或是对未来的憧憬，表示他们对于黑暗世界的抗议。

（6）世界观和方法论相联系。一般说来，二者是一致的，但有时也会出现矛盾。或者世界观是先进的，方法论是陈旧的；或者世界观是陈旧的，方法论是先进的。问题都要具体分析，不可一概而论。

世界观是一种更高的、即更远离经济基础的意识形态，属于哲学的范畴。因此，我们要评断思想家的世界观，首先应以全部哲学的最高问题即思维对存在的关系问题作为依据，把哲学家依照他们对于这一问题的回答分成唯物主义和唯心主义两大阵营。前者承认自然界是世界的本原，后者断定精神是自然界的本原。只有坚持这样一种划分，才能在五光十色的人类认识史上清理出不同的哲学党派和不同的认识路线，而哲学史研究也才能成为科学。在这个问题上，同时也要防止把马克思主义基本原理教条化和庸俗化。如同不能简单地给每一种思想体系贴上某个经济范畴的标签一样，绝不能简单地给每一种哲学体系贴上“唯物论”或“唯心论”的标签。事实上，旧唯物论者在终点上仍是唯心论者，他在自然哲学上的唯物主义观点一到社会领域没有不陷于唯心论的。另一方面，几乎没有一个唯心论者不在他的体系中漏一点唯物论的成分，百分之百的唯心论者是没有的。更何况还存在动摇于唯物论与唯心论之间的某些二元论者（当然，二元论最终是要跌入唯心论的）。因此，我们应当在全面考察一个思想家的思想体系的基础上，判断其哲学的基本倾向。

在哲学史上，唯物论和唯心论、辩证法和形而上学之间的对立和统一是客观存在的，而且这种对立和统一都有一定时代的社会根源和思想根源。唯物主义和唯心主义作为哲学中的两个基本派别，它们在相互对立和彼此排斥的过程中，又都不同程度地吸取并改造对方的思想资料。但在哲学基本问题上，只能是唯物主义继承并发展唯物主义，唯心主义继承并发展唯心主义。从哲学党性原则角度来看，唯物主义和唯心主义是不可逾越的两个范畴。作为彼此对立的哲学党派，它们之间是不可能相互转化的。但作为哲学家个人来说，从唯心主义者逐步转变成唯物主义者，或者从唯物主义者逐渐转变成唯心主义者的情况是经常出现的。

一般说来，唯物主义和辩证法思想能够引导人们的认识趋向客观真理，因而在思想史上起了进步作用，甚至可以成为某一时期社会政治变革的理论先导；唯心主义和形而上学思想则妨碍了人们对于客观世界的正确认识，在思想史上起了消极作用。但是，我们对于历史上唯心主义和形而上学思想，也不能采取简单的否定态度，而要阐明它们是怎样把人类认识过程中的某一个侧面加以片面地夸大，以至得出了和客观世界的真相不相符合的错误结论。在分析唯心主义和形而上学的阶级根源方面，更要具体细致，不能一概而论地说凡是唯心主义和形而上学都是反动阶级的世界观，因为思想家的阶级立场、政治观点同他们的哲学观点有时可能是不一致的。在思想史上就出现过这样的现象：某个时代有些政治上的先进人物在哲学上却采取了唯心主义的路线。

总之，思想史上唯物主义和唯心主义、辩证法和形而上学的斗争和发展，有着丰富的理论思维的经验和教训，我们应当科学地加以提炼和总结。

六、我的研究重在阐微决疑。所谓“阐微”，一是力图用科学的方法，从古文献中发掘历史的隐秘。例如，《老子》“三十辐共一毂，当其无，有车之用；埏埴以为器，当其无，有器之用；凿户牖以为室，当其无，有室之用。故有之以为利，无之以为用”章，前人大都把“当其无”解释为物理现象的空虚之义。我从经济学角度加以考察，章中所举车、器、室，显系人的劳动生产物。其中所谓“无”，并非物理的、自然的属性，而是社会属性。“无”当诂为“非有”，义指非私有。故“无之以为用”是指在非私有社会（原始公社）中劳动生产物只表现做使用对象物；“有之以为利”是指私有社会中劳动生产物变做“以为利”的商品了，出现了商品的价值观念。因此，我认为老子是中国古代社会商品概念的最早发现者，进而论证战国时代已经进入商品经济较为发展的奴隶制社会。又如，在研究《公羊春秋》的过程中，我阐述了《春秋繁露》中所谓“繁露”一词，正是董仲舒著述动机的奥秘所在（详见拙著《中国思想通史》第2卷第3章）。二是尽力发掘不被一般论著所重视的思想家，如吕才、刘知几、刘禹锡、柳宗元、王安石、黄震、邓牧、何心隐、吕坤、汤显祖、方以智等。对他们的思想，我都做了初步的探索。

所谓“决疑”，就是关心于解决历史的疑难。对于社会史和思想史上许多争论不休的难题，我都怀有浓厚的兴趣，把它作为自己特别关心的重点。例如：社会史研究中关于亚细亚生产方式和中国古代社会的特征问题、中国封建社会土地国有制形式问题、中国农民战争的纲领口号问题；思想史研究中关于老子思想的时代性问题、孔子的人类认识与墨子的国民自觉问题、先秦诸子思想所反映的各自的阶级性问题、明清之际诸子中的早期启蒙思想性质问题、近世今古文学之争问题等等，都是需要解决而又不易解决的学术上的疑难问题。我对上述历史疑难问题都作了解答。这些解答究竟有多少正确性，我是非常不安于心的。但它又是我在钻研大量历史资料的基础上，经过认真思考之后独自得出的，自信不是草率的漫然的自由其说。

在治学态度上，我赞赏古人提倡的学贵自得精神。科学是在不断探索中发展的。如果一个学者不敢言前人之所不言，为前人之所不为，因循守旧而无所作为，是不可能把科学推向前进的。我之所以重在阐微决疑，目的在于使自己的研究工作有所创获。

七、实事求是，谨守考证辨伪方法。中国史料汗牛充栋，真伪相杂。无论研究社会史、思想史，要想得出科学论断，均须勤恳虚心地吸取前人考据学方面的成果，整理出确实可靠的史料。考据学本身算不上历史科学，但它却是历史科学不可缺少的专门学问。如果要研究中国历史，尤其是古代史，就必须钻一下牛角尖，在文字训诂、史料考证辨伪方面下一番工夫。要遵守前人的严谨的方法，不可随意采择史料。例如，如果拿《周礼》来论证周初的制度，如果拿《管子》来论述管仲思想，就会犯错误。此外，还要充分利用经过专家董理的出土文字资料和实物资料，作为古史研究的必要论据。科学重证据，证据不足或不确，结局便会是闭门造车和主观臆度。而且古书文字有一定的时代含义，决不能拿现代语的同类字句相比附，否则，就会犯望文生义的错误。因为古人所用的词句在字面上尽管和现代的一样，可是实际意义有时却是相反的。今文经学家常犯的毛病就是“托古”、“影古射今”。历史科学要求实事求是的研究，不能流入夸诞和虚构。

八、注意马克思主义历史科学的民族化。所谓“民族化”，就是要把中国丰富的历史资料，和马克思主义历史科学关于人类社会发展的规律，做统一的研究，从中总结出中国社会发展的规律和历史特点。马克思主义历史科学的理论和方法，给我们研究中华民族的历史提供了金钥匙，应该拿它去打开古老中国的历史宝库。我曾试图把中国古代社会研究，看作是恩格斯关于家庭、私有制和国家起源问题的理论在中国引申和发展。而这项工作不是我个人所能做到的，但却心向往之。

“五四”以来，史学界出现一种盲目仿效外国的形式主义学风，企图按照西方历史模式来改铸中国历史，搞所谓“全盘西化”，往往因此跌入民族虚无主义的泥坑。我对这种学风深不以为然，在40年代我就说过：我们中国学人应当学会使用自己的语言来讲解自己的历史与思潮，学会使用新的方法来掘发自己民族的优良文化传统。在这一方面，我是用了一些精力的。例如，对于古代社会发展的特殊路径和古代思想发展的特征的论述，对于中国思想史上唯物主义和反封建正宗思想的优良传统的掘发，都是我在探索历史科学民族化过程中所做的一些尝试。因了个人能力和水平所限，这方面的工作做得很不够，也存在着缺点。

九、执行自我批判，聆听学术批评。我认为，学贵自得，亦贵自省，二者相因，不可或缺。前者表现科学探索精神，后者表现自我批判勇气。历史科学如同其它科学一样，总是在探索中前进的，难免走弯路，有反复，因而不断执行自我批判，检点得失，总结经验教训，是十分必要的，否则就会固步自封。就资质而论，我是个常人，在科学道路上自知无捷径可走，惟有砥砺自学，虚心求教，深自省察，方能不断前进。我和我的合作者可以互相改稿，没有顾虑。即或是青年同志，只要他们对我的稿子提出了意见，我总是虚心考虑，将不妥之处反复进行修改。仅以《老子》研究而言，我自30年代撰写《中国古代社会与老子》，至50年代修订重版《中国思想通史》第一卷的20年间，曾四易其稿。每易一稿，都可以说是执行一次自我批判。本书所收《论洪秀全与洪仁玕》一文，这次我又将自己过去对洪仁玕的评价作了较重要的修改，也是一种自我批判。同时，我又认为自我批判应当是郑重的，对于自己经过反复研究而得出的学术观点，不管人们对这个观点有过怎样的批评，只要在自己看来还没有足够证据和充分理由改变它之前，决不应轻易做自我否定。对于那种毫无客观真理标准的今是昨非论，以及随机应变、毫无理论气节的风派态度，更是不足取的。

坚持自己的学术见解，并非拒绝批评。马克思在《资本论》序言中说得好："任何的科学批评的意见我都是欢迎的"。我觉得学术批评之所以值得欢迎，主要是自己可以借助于这些批评（那怕在自己看来是不能同意的批评）来启发思考，帮助自己提高学术水平。我的著作出版之后，经常受到并世学者和读者的批评。我在《中国古代思想学说史》再版序言中说过这样一句话："我对于奖勉我者，益生谨慎恐惧之感，而一句一字之教言，则使我反复思考，检点得失。"我至今仍以此自勉。

我之所以作如上的自叙，一是为着说明我是在党的领导关怀下，从事史学研究工作的，我所取得的一点成就，首先要归功于党，归功于帮助过我的许许多多的同志和朋友；二是为着向本书读者提供一个简略的历史背景，使之了解我的治学道路和研究方法，以便对拙著进行批评。

现在出版的这个集子，虽然不是我的著作的全部，也不是我的著作的主要部分，但它收入了我从30年代开始的各个不同时期所写的若干论文或著作的片段，大体上能够说明半个世纪以来我在史学研究中所走的道路以及我所运用的理论和方法。然而，我的工作仅仅对中国社会史、思想史做了初步探索，中国悠久而丰富的历史遗产有待于进一步发掘、整理和总结。我期望并深信我国史学著作之林，将会出现煌煌杰构。

本书共收论文35篇，分为上下两卷。第一卷头一部分是研究中国社会史的几篇论文，后一部分是研究先秦至隋唐的思想史论文。第二卷是研究明代中叶至近代的思想史论文。这些文章既然成稿于不同时期，也就反映了各个时期的不同风貌。这次结集出版，除更换个别题目和作个别文字修改之外，皆仍其旧。对其中必须加以说明的地方，已由本书编辑同志作了题解和注释。因了这个集子所收的论文都已经发表过，而且其中大部分是最初发表的，有些文章我在后来做过修改，已收入有关论著中；有些文章至今未及修改，故其中某些观点和内容已显得陈旧，甚至有这样或那样的错误。我希望读者把它当作一份历史资料，批判地对待。至于我的早期作品中所引用的马克思主义经典著作，因了当时没有通行译本，而且有些引文是自译的，有些名词术语用了不同时期的流行译法，显得前后不一贯，现在读来颇觉艰涩费解；有些则是根据外文版本意译的，当时并未注明出处，为着保持作品的原貌，此次仍未按照现行译本予以更改。

本书由中国社会科学院历史研究所思想史研究室编辑，论文编选工作由李经元、侯闻初、黄宣民、卢钟锋同志承担。李经元、黄宣民同志合编了我的著作年表作为本书附录。在本书编选过程中，邱汉生同志和李学勤、张岂之、冒怀辛同志给予了帮助。步近智、唐宇元、樊克政、孙开泰、姜广辉、柯兆利、崔人华、宋镇豪、谢保成等同志帮助校对了引文。历史研究所中国史学史研究室叶桂生同志以及图书室的同志帮助提供了资料。我对这些同志为本书的出版而付出的辛勤劳动表示感谢。

这里，我要特别感谢中国社会科学院副院长许涤新同志。他在挥汗如雨的盛夏，于百忙中为本书写了序言，他对我的揄扬，使我感到惭愧。此外，我的老同事张云非同志为本书题签，滕昭宗同志为本书做了不少工作，人民出版社历史编辑室张安奇同志担任本书责任编辑，她为此而付出了辛勤的劳动，我在此一并致谢。

钱穆与《中国思想史·自序、例言、（一）、（二）》

经典导读

钱穆（1895—1990年），字宾四，笔名公沙、梁隐、与忘、孤云，晚号素书老人、七房桥人，斋号素书堂、素书楼，江苏无锡人。9岁入私塾，熟悉中国的传统文献典籍。13岁入常州府中需学堂学习，1912年因家贫辍学，任教于家乡的中小学，后自学。1930年发表《刘向歆父子年谱》成名，受到顾颉刚推荐，被聘为燕京大学国文讲师。后历任北京大学、北平师范大学、西南联大、齐鲁大学、华西大学、四川大学、云南大学、江南大学等校教授。曾任江南大学文学院院长。1949年迁居香港，出任香港亚洲文商学院（夜校）院长。1950年秋，在香港创办新亚书院。1955年获香港大学名誉博士学位。1960年应邀讲学于美国耶鲁大学，耶鲁大学特颁赠人文学名誉博士学位。1965年正式卸任新亚书院校长，前往马来西亚大学讲学。1966年，钱穆移居台湾台北市，在"中国文化书院"（现"中国文化大学"）任职。1967年，钱穆当选台北"中央研究院"院士。1990年8月，钱穆病逝于台北。钱穆毕生从事中国历史文化和思想史研究，尤其是先秦学术史、秦汉史、两汉经学、宋明理学、近世思想史等领域，造诣很深，是中国著名的历史学家、国学大师，现代新儒家的代表之一。

钱穆博通经史文学，擅长考据，一生著述不倦，毕生著作多达70余种，共约 1 700 万字。代表性著作如:《国学概论》(1931 年)、《先秦诸子系年》(上下册，1935 年)、《中国近三百年学术史》(1937 年)、《国史大纲》(上下册，1940 年)、《人生十论》(1955 年)、《中国文化精神》(1971 年)、《现代中国学术论衡》(1984 年)以及《中国思想史》、《宋明理学概论》、《庄老通辨》、《两汉经学今古文平议》、《孔子与春秋》、《论语新解》、《中国史学名著》、《双溪独语》、《孔子传》、《理学六家诗钞》等。20 世纪 60 年代，钱穆还整理了自己主要的学术论文编成共八册的《中国学术思想史论丛》。此外还有《庄老通辨》、《两汉经学今古文平议》、《中国学术通义》等学术思想的论著汇编。1964 年开始计划写《朱子新学案》，用 7 年时间完成。1998 年台北联经出版事业公司出版了《钱宾四先生全集》三编(甲编：学术思想，乙编：史学，丙编：文化人生及其他杂著)，共 54 册。其中 20 世纪 40 年代出版的《国史大纲》，采用历史流变的脉络，坚持国人必对国史具有温情和敬意，以激发对本国历史文化爱惜保护之热情与挚意，弘扬民族文化史观，论述了中国文化的发展趋势，产生了广泛的影响。《先秦诸子系年》对先秦诸子年代、诸子思想、学术渊源及诸子事迹的考辨，以及对战国史的研究，都作出了极大的贡献，是近代中国学术史上的名作。《朱子新学案》是他晚年的代表作，该书将朱熹放在整个中国思想史中考察，突出了朱熹在中国思想史后半期的重要历史地位，比较深入地研究了朱熹的学术思想，还系统梳理了朱子思想资料。在书中，钱穆贯彻了自己义理与考据结合的治学方法，指出“考据正所以发明义理，而义理亦必证之考据”[①]。还解决了朱熹之后学术思想史上不少争论不休的问题，比如哲学上的理气论与心性论是一大问题，钱穆用理气一体浑成的道理解决了学者对理气二元或一元的争论，也用心性一体两分的道理，打破了思想史界关于程朱与陆王的门户之见。钱穆不仅学术成绩和贡献享誉世界，而且培养了很多优秀的弟子，如余英时、严耕望皆出自其门下。

钱穆在史学方面的研究可以归结为四个方面，即子学、经学、宋学和清学。在子学研究方面，他以史学贯通诸子，对诸子师友、诸子之间的学术渊源和演变进行研究，力图从总体上把握诸子学的基本精神，建立动态、全面的诸子学研究系统。钱穆认为孔子之前的书籍被称为经书，主要原因是那个时代学术都掌握在贵族手里。孔子之后的书籍称为子书，原因在于学术已经转移到了平民阶级手中，可以称为平

---

① 钱穆:《朱子学提纲》，见刘梦溪主编《中国现代学术经典·钱宾四卷》，河北教育出版社 1999 年版，第 1194 页。

民学时代。儒家和墨家是平民学中最先兴起的两家，而孔子是将贵族学传到平民的第一人。古代典籍与思想流传到孔子，焕发出一种新精神，也就是平民阶级的觉醒，这也是孔子、儒家及其子学的精神。显然钱穆研究评价诸子都是将其放在春秋的历史变化中加以考察。钱穆认为诸子各家思想上有很多相通之处，比如儒墨相通，法家、兵家、农家均渊源于儒家，彼此相通等。钱穆认为从学术渊源上看，诸子学术不归儒即归墨。钱穆还从历史的角度来看诸子的演变过程，认为诸子从先秦开始，尤其是在秦汉之际完成了统一，先秦法家试图统一诸子，但是秦朝的灭亡证明法家不能担此大任，秦汉政治上的大一统对思想上的一统是必然要求。

在经学研究方面，钱穆从经学的渊源与发展、经学的精神及其研治方法以及经学的贡献等方面，从史学的角度，力图破除今古文经学的门户之见，贯通经学。他认为经学自儒家兴起后才开始，但渊源则更早，他用大量的资料证明孔子与六经无涉，指出“六经”见于《庄子》，后成于王莽。钱穆考察了中国经学的发展历程，认为汉代经学精神重在政治，魏晋和隋唐的经学主要是义疏之学，宋元明时期的经学四书代替五经，开启了经学的新时代；清代的经学主要是考据之学，是经学的终结。经学的精神主要是具有人文主义精神，主张历史精神、天人合一精神、注重融会贯通的精神，以及通经致用和注重教育的精神。在治经方法上，钱穆提出考据、义理和辞章结合的治学方法。以史学治经学打破了以往治经学的门户之见，具有重要的意义。

在宋学的研究中，钱穆同样采用历史的方法。钱穆认为理学是宋儒中的后起，在理学之前，已经有诸如胡瑗、孙复、范仲淹、王安石、司马光等宋儒，宋初儒学是理学发展的渊源。宋初的儒学发展了韩愈辟佛卫儒的运动，对儒学的复兴意义重大。但是宋学儒学与理学存在差异，前者复兴了儒学博大的精神，而理学向内转了。北宋五子弥补了宋初儒学内核的不足，南宋儒学的代表人物是朱熹和陆象山，使宋学的发展达到顶峰。明代学术基本没有超出宋学范围，但是王阳明却集理学之大成。王门末流，流弊愈深，导致理学一蹶不振。钱穆治理学特别重视朱熹，专门写有《朱子新学案》。

钱穆对清学的研究主要是探讨了清代学术与宋明学术的渊源关系，以及清代学术的发展和流变。在以上领域中，钱穆最为推崇宋学。钱穆在其对宋代学术研究推崇的基础上，在对于宋学新的解释基础上，形成了他的“新宋学”思想体系。

在史学研究中，钱穆始终贯彻贯通与变化以及专门研究相结合，反对那种拘于一隅的研究，主张把考据和义理的研究方法结合起来，按照史学的方法来展开对思想渊源和流变的研究。而这一切研究的根源还在于钱穆的文化思想。钱穆认为历史研究的出发点应该是揭示一个民族文化的风貌、特殊性格和人文精神，“必确切晓了其国家民族文化发展个性之所在，而后能把握其特殊之环境与事业，而写出其特殊之精神与面相。然反言之，亦惟于其特殊之环境与事业中，乃可识其个性之特殊点。”“故曰，治国史之第一任务，在能于国家民族之内部自身，求得其独特精神之所在。”[①] 研究中国历史，应该对社会史、政治史以及经济史，乃至思想史做一种整体的研究。显然钱穆的历史研究最根本的还是要揭示中华民族的民族精神，“民族精神，乃是自然人与文化意识融合而始有的一种精神，这始是文化精神，也即是历史精神。只有中国历史文化的精神，才能孕育出世界上最悠久最伟大的中国民族来。若这一个民族的文化消灭了，这个民族便不可能再存在。”[②] 民族文化、民族精神是一个民族赖以存在的根本依据。在揭示中国民族精神的独特性的过程中，钱穆采用了中西比较的方法，真正找出了中国文化不同于西方文化的内涵。

在20世纪50年代出版的《中国思想史》一书中，尤其是在“自序”、“例言”等部分中，钱穆充分强调了自己研究历史的方法，尤其是研究中国思想史的一些方法，归纳起来，主要有以下几点：

一是钱穆运用佛经说明了什么是思想、思想史乃至中国的思想史。他认为人的相续心，即对同一对象和问题的专注思考就产生思想。对一个问题长年累月思索的人，这些人便成为思想家。对于广博的宇宙人生问题，经一人两人无法解决，后人延续他们的思路，继续思考继续推进，即成为思想史。对对象、问题不同的思考面向，形成了思想史上不同的派别。不同的民族有不同的文化，有自己民族的思想，产生了民族的思想史，中国民族具有悠久的历史文化，对宇宙人生问题有自己的独特思考，形成了中国的思想史，将来必将成为全人类思想史中的一个派别。

二是钱穆采用中国思想与西方思想比较的方法，论述了中国思想的特点，指出西方三大思想体系哲学、宗教和科学的共同特点是向外求理的态度，而中国思想不同于西方的特点“乃在其不主离开人生界而向外觅理，而认真理即内在于人生界之本身，仅指其在人生界中之普遍共同者而言，此可谓之向内觅理。因此对超越外在

---

① 钱穆:《国史大纲》，商务印书馆1994年版，第9、11页。

② 钱穆:《中国历史精神》，九州出版社2012年版，第7页。

之理颇多忽略。不仅宗教科学不发达。即哲学亦然。若以西方哲学绳律中国思想，纵谓中国并未有纯正哲学，亦非苛论”。但是无论是向外求理的西方思想还是向内觅理的中国思想都是真理的组成部分，西方思想并不能包揽真理的全部。“中国思想，尤其是儒家思想之最重要点，则在仁智兼尽。智属哲学范围，仁则不属于哲学范围。因智是理智，而仁则属于情感。”西方哲学属于纯理智纯思辨活动也不能得真理的全部。钱穆指出在上述认识的基础上，才能真正“认识中国思想对人类探究真理之独特贡献与其价值之应有分际。中国思想乃主就人生内在之普遍共同部分之真理而推广融通及于宇宙界自然界。故中国思想不能形成为宗教。若谓中国有宗教，此可谓之人文教。因其信仰中心仍在人文界，而不在宇宙界”。钱穆还从许多方面指出了中国思想不同于西方思想的独特特点，比如中国的天人合一观念，对情感和理智的平等重视，情感、物理、天心常能兼顾，形成三位一体的思想特点，重视以人为中心，但并不是西方二元论的个人主义。钱穆认为中国思想中也有近似西方思想的内容，比如墨子的思想近似于西方宗教，老庄的自然观近似于西方科学。在以上认识的基础上，钱穆指出:“我们该从中国思想之本身立场来求认识中国思想之内容，来求中国思想本身所自有之条理组织系统，进展变化，与其派别之分歧。此始成为中国的思想史。我们不能说西方思想已获得了宇宙人生真理之大全，同样不能说中国思想对此宇宙人生之真理全然无获，亦不能说中国思想对宇宙人生真理之所获，已全部包括在西方思想之所获之中。如是始可确定中国思想史在世界人类思想史中之地位与价值。”钱穆认为研究中国思想史是很有意义的，“不仅对于中国今天的思想家可得一反省，一启示。实于近代西方思想之冲突矛盾获不得解决处，可有一番意外之贡献与调和。至于我言信否，则请先平心静气地读完了我这一部中国思想史后再讨论。”①

三是钱穆探讨了中国思想史研究的范围、方法以及目的和意义。他指出《中国思想史》主要叙述春秋中晚期至孙中山的中国思想史上一些主要的思想家，并不能涵盖中国思想的全貌。钱穆指出研究思想史应该注意思想家的生卒年代、师友渊源、生活出处、时代背景等，但是由于篇幅的限制，该书就省略了，因此读者最好参照他的其他著作如《国史大纲》、《国学概论》、《先秦诸子系年》、《论语要略》、《孟子研究》、《墨子》、《惠施公孙龙》、《老子辨》、《王守仁》、《近三百年学术史》、《中国

① 钱穆:《中国思想史》(自序、例言等，新校本)，九州出版社2012年版。

文化史导论》、《文化学大义》以及《中国学术思想史论丛》等。钱穆认为研究思想史，必须注意通史与文化史，还最好能旁通西方思想，通过中西比较探讨异同和长短。钱穆提出思想史研究贵在获得“豁然贯通之境”，能对博大精深的中国思想史有所体悟。最后钱穆指出，他研究中国思想史的最终目的，即他认为没有思想、没有文化的民族是不能独立自存于世界之上的，而钱穆生活的时代，中国文化的命运受到了极大的冲击和挑战，因此钱穆旨在“指示出中国思想之深远的渊源，抉发出中国思想之真实的生命。学者由此窥入，明体可以达用，博古可以通今。庶乎使中国民族之将来，仍可自有思想，自觅出路。幸读此书者，切勿以指导一些旧公案，拾得一些旧话头，即为了事”①。

钱穆的中国思想史研究强调中国思想的独特性，这对于摆脱西方哲学史的模式有借鉴意义。在20世纪的中国思想史研究中，广泛存在运用西方哲学体系来分门别类中国思想的情况，强调与西方思想相通的一面，而钱穆反其道而行之，是采用文献学方法、历史学方法、学术史方法从事中国思想史研究的代表，但是钱穆并不忽略社会史、政治史。钱穆的思想史研究具有重要的贡献和意义，尤其是他复兴中国文化，把中国文化和民族命运联系在一起的忧患意识更是难能可贵。

延伸阅读文献目录：

1. 钱穆：《中国思想史》（新校本），九州出版社，2012年。
2. 钱穆：《国史大纲》，商务印书馆，1996年。
3. 钱穆：《中国文化史导论》，九州出版社，2011年。
4 钱穆：《钱穆先生全集》，九州出版社，2011年。

原文：《中国思想史·自序、例言、（一）、（二）》

① 钱穆：《中国思想史》（自序、例言等，新校本），九州出版社2012年版。

经典原文

中国思想史·自序

钱　穆

西方思想，大体可分三系：一为宗教。二为科学。三为哲学。此三系思想，均以探讨真理为目标。所谓真理，则可有两种看法：一认真理为超越而外在，绝对而自在。一认真理即内在于人生，而仅为人生之中普遍共同的。此二看法，各有是处。天地万物，本先人类而有。天地万物有天地万物之理，其时尚无人类，则谓此等真理超越外在，独立自存，自无可议。迨既有人类之后，便有内在于人生界之真理，络续发现。此仅指其在人生界有普遍性，共同性，决非亦超越人生而外在。然此二项真理，亦非全相隔绝，抑且互有关涉。人生本从宇宙界来，本在天地万物中，故人生真理中必处处涵有宇宙真理，抑必处处被限制于宇宙真理中而不能违反与逃避。然就人生论人生，则人生本身，亦必有其内在之真理。此二项真理之分别，本极明显。然人类思想往往从此分别上发生种种偏差与歧误。

宗教家认为有一万善之上帝，创造天地万物以及人类。遂认为人生界种种真理，皆由上帝而来。故宗教真理乃为超越而外在者。科学家不认有此上帝，然抹杀人类与万物之大区别，以为天地万物之理已包括尽人生之理，因此，于天地万物自然真理之外不再认为有人生真理之存在。则科学真理亦为超越而外在者。宇宙界若无人类，此上帝之理，万物自然之理，依然存在。则此项真理，根本不因人类之有无而有无，人生之变动而变动。由此观念而产生一种向外觅理智态度。宗教与科学所探究之真理虽不同，此一向外寻觅之态度，则为两者之所同。

西方哲学派别尤繁，然或则导源于宗教，或则依傍于科学。我们暂可归纳之为两大干：一主理性。一主经验。若主理性，试问理性何自来？必谓其属诸先天。又问理性与人类之关系，则谓理性乃绝对而自存。此即其渊源宗教之证。其主经验者。都认经验由个人与外界天地万物之接触因应而来，则经验所得及天地万物外在自然之理，此则不得不依傍科学。然则西方哲学，大体亦向外觅理，其在态度上，仍与宗教科学一致。

中国思想，有与西方态度极相异处，乃在其不主离开人生界而向外觅理，而认真理即内在于人生界之本身，仅指其在人生界中之普遍共同者而言，此可谓之向内觅理。因此对超越外在之理颇多忽略。不仅宗教科学不发达。即哲学亦然。若以西方哲学绳律中国思想，纵谓中国并未有纯正哲学，亦非苛论。

然真理确有此两面，一属自然，一属人文。前者须超越人生，向外觅之，后者须即就人生本身，向内觅之。并当求其界限，明审其交互之相通流，乃始得真理之大全。

如论宗教，固有一至善创世之上帝否，据科学言，似此非真理。然宗教信仰，实于人生界有作用，有贡献。故宗教真理，纵谓于自然界非真理，而于人生界则不得谓其全非真理。换言之，宗教所信仰者纵非真理。而宗教信仰之本身，则确有真理寓乎其中。宗教所信仰属宇宙界，属超越外在，而宗教信仰之本身，则属人生界，系普遍内在共同内在之一种人文心理。此种心理之有用而不可毁弃，本身即成为人生界一真理，可不因科学界所发现之自然真理而推翻。

再言科学，其所发现者固属真理，然不属人生。原子弹可以大量杀人，此乃自然真理。然人文真理中并无应该大量杀人之理。不得因科学界发明原子弹，遂认为杀人须大量杀，而奉之为人生真理之新发现，此其甚显。可见科学发现仅是真理，而非即人生真理。至少科学真理包括不尽人生真理，则无可疑难。

然则人类既不能无条件信仰宗教所建立之体，亦不能无条件运使科学所发现之用。故宗教科学皆有真理，而不得谓其各得真理之全。

依次再言哲学。西方哲学，本意应译爱智。然理智仅占人类心知之一部分而非其全体，则仅由理智所获得之人生真理，亦属人生真理之一部分而非其全体可知。中国思想，尤其是儒家思想之最重要点，则在仁智兼尽。智属哲学范围，仁则不属于哲学范围。因智是理智，而仁则属于情感。仅可有主张以情感为重之哲学，而情感本身则不成为哲学。然情感纵非哲学，却不得谓非人生。毋宁谓其在人生界之重要，乃更甚于理智。人生真理应向人生求，不应向哲学求。则西方哲学之属于纯理智纯思辨者，仍不能得真理之全可知。即综合西方宗教科学哲学三系思想之大全，而仍不能得人类所欲求之真理之全亦可知。

我们必明得此上所述，才可回头来认识中国思想对人类探究真理之独特贡献与其价值之应有分际。中国思想乃主就人生内在之普遍共同部分之真理而推扩融通及于宇宙界自然界。故中国思想不能形成为宗教。若谓中国有宗教，此可谓之人文教。因其信仰中心仍在人文界，而不在宇宙界。人性善，人皆可以为尧舜。此乃中国人文教之信仰中心。由此推扩融通到宇宙界，则尽性可以知天，尽己之性尽人之性可以尽物性而替天地之化育。尽物性替化育，须有事于格物穷理，此已侵入科学范围。中国非无科学，然中国人之格物穷理，则仍主依随于人文中心之基点而出发，仍回复到人文中心所蕲乡为归宿。虽不明白否认为一绝对超越人生而外在之自然真理，然就人文真理言，则必求此自然真理之与人文真理而相会通相合一，而始奉之为真理。故在西方，宗教与科学，为超越人生而自在之两对垒，在中国，则为紧贴人生而添上之两翅翼。在中国思想中，常抱天人交通，天人合一之观念。而此宗教之天与科学之天，在中国思想中亦可交流、可合一，而未见其有严格之划分与冲突。

中国人之探究人生内在真理，乃即就人生全体而如实以求。故情感理智，自始即平等重视。毋宁于人情更重视。故人情物理天心，在中国思想中，常求能一以贯之，成为三位之一体。西方则以宗教识天心，科学研物理，哲学则仍侧重在天心物理上而忽略了人情。如是则成为以个人面对外界，即面对宇宙之局面。其视人群亦如天地万物然。毋宁谓是识得天，识得物，乃始识得人。中国思想则其视人也特重，毋宁谓是识得人乃始可以识得天识得物。在西方观点，其对此外界，见仁见智，或为宗教的，或为科学的。其转入哲学，则常为一种个人主义之二元论，其症结即在此。中国思想，则认为天地中有万物，万物中有人类，人类中有我。由我而言，我不啻为人类之中心，人类不啻为天地万物之中心。而我之与人群与物与天，则寻本而言，浑然一体，既非相对，亦非绝对。最大者在最外围，最小者占最中心。天地虽大，中心在我。然此决非个人主义。个人主义乃由分离人与天物人群相对立而产生。然亦决非抹杀个人，皆各自成为天物人群之中心。个人乃包裹于天物人群之中，而为其运转之枢纽。中心虽小，却能运转得此大全体。再深入一层言之，则所谓中心者，实不能成一体，因其不能无四围而单有一中心之独立存在。故就体言，四围是实，中心是虚。就用言，四围运转，中心可以依然静定。中心运转，四围必随之而全体运转。此为中国思想之大道观。此所谓道，亦可说是中国人之宗教观，亦可说是中国人之自然科学观，亦即中国人之人生哲学。

中国古代思想中有较近似于西方之宗教者如墨子。天志要人爱，人不该不爱。天志要人兼爱，要人爱无差等，人便该兼爱，便该无分别无差等底爱。宇宙中究有此天，天究有此志否，此属理智问题。须向外寻觅，向外探讨。在中国思想界反对墨子，则直截从人情上反对。人既不是天，人心亦究不是天志，强要把天志来压迫人心，人心不堪。我哪能把别人父亲真当作自己父亲看？宇宙中纵有此理，其奈人心之实无此情何？而且人情所求，亦实在须得一人间之爱。天之爱人，一律平等无差别相。为子者须得父爱，为妻者须得夫爱，若全没有了这些，而仅得一天爱，天爱仅可谓是一种理之爱，而非人情之爱，将仍为人情所不堪。故中国人虽亦崇敬墨子之人格，而到底不能接受墨子之理论与教诲。

中国古代思想中有较近似于西方之科学自然观者，如老庄道家。科学真理中无爱，自然现象中亦无爱。庄老言人生亦然。鱼相忘于江湖，天地不仁，以万物为刍狗。鱼类固无情乎？天地固不仁乎？此仍属理智问题，仍须向外寻索，向外研讨。但究竟人类相处，该不该如鱼之相忘，如天地之不仁，此则属诸人类之本身问题，毋宁更属于人类本身所自有之情感问题。中国人反对老庄，亦直截从人情上反对，谓其知有天不知有人。人便须有情。仁，人心也。人心有仁，便不必深论天心之仁与不仁。仁者爱人。我便该无失其本心。

依照中国人的思想态度，似乎太平易，太简单，便走不上西方哲学路子。西方哲学界纵是要讲一个理，而此理还是该向外寻索，向外研讨。西方哲学界如不全依宗教科学的路走，则必另走上一条名辨逻辑之路，由名辨逻辑的客观条例客观律令来探求真理。然观念本从实际人生而有，名字亦从实际人生而起。而西方哲学界，则必教人先把此观念与名字从实际人生中抽离而独立，为之规定名义，确立界说。于是再从此许多有确定名义与界说之观念中曲折错综地引生出一套理论。结果这一套理论，却远离了实际人生而独立自在，如是始成为哲学。中国古代思想中也有近似此一派者，则如名家惠施。此种由名辨逻辑所得之真理，其可靠性究如何？依然仍得由名辨逻辑向外寻索。而中国思想界，则依然只直截从人心之平易处，即人情之实感处，来反对此派之言辨，谓其足以服人之口，不足以服人之心。西方哲学界偏重此种名辨逻辑者，则若谓你的口说既无法辨了，你心上便不该不服。这正因西方哲学乃纯理智纯思辨的，哲学对象超越而外在，为纯客观的，无感情的。而因此中国思想遂亦终不能有像西方般的纯正哲学精神。

有些处，中国思想很近似于西方哲学中之理性主义。但有些处，又很近似于西方哲学中之经验主义。在西方哲学上，此两派自成一对立。但在中国则无此对立。有些处，中国思想很近似于西方哲学中之唯心论，但也有些处又很近似于唯物论。在西方，唯心唯物，又成一对立，在中国则仍无此对立。有些处，中国思想很近似于西方哲学中之个人主义。但有些处又很近似于集体主义与社会主义。在西方，此两派仍然有一对立，但在中国则仍然无此对立。故以西方哲学之规范来绳律中国，衡量中国，则中国思想实似太简单太平易，还未发展成熟，不能剖析精微。在中国不像有严格纯正的哲学家与哲学思想。但仅可说中国无哲学，中国又何至于无思想呢？在人类思想中，可以有如西方般的哲学思想，却不能说西方哲学思想乃人类思想之唯一准绳，与唯一规矩！

有人说，中国思想无条理，无系统，无组织，其实只要真成为一种思想，便不会无条理，无系统，无组织。又有人说，中国思想无进展，无变化，此无异于说在中国，则只有某一时期人能思想，此外各时期的中国人，便不再能有思想，此亦属武断。若果中国人能继续有思想，便在其思想体系上不会无进展，不会无变化。又有人说中国思想定于一尊，无派别，无分歧，其实思想本身决然会生派别与分歧。即使定于一尊，但定于一尊之后，仍会有派别分歧。

若说中国思想，太平易，太简单，则试问如何在此平易简单之中，又能有条理，有组织，有系统，有进展，有变化，有派别，有分歧呢？只要它真能有条理，有组织，有系统，有进展变化，有派别分歧，则此种思想还是不平易，不简单。

我们该从中国思想之本身立场来求认识中国思想之内容，来求中国思想本身所自有之条理组织系统，进展变化，与其派别之分歧。此始成为中国的思想史。我们不能说西方思想已获得了宇宙人生真理之大全，同样不能说中国思想对此宇宙人生之真理全然无获，亦不能说中国思想对宇宙人生真理之所获，已全部包括在西方思想之所获之中。如是始可确定中国思想史在世界人类思想史中之地位与价值。

今天的世界问题，最主要者，还是一思想问题。在西方，宗教与科学，唯心与唯物，个人主义与社会主义，理性主义与经验主义，处处矛盾，处处冲突。但在中国思想史里，则并不见有此种矛盾冲突之存在。今天的中国人，不认自己有思想，勉强要外面接受一思想，来在自己内部制造冲突。于是有所谓新旧思想之冲突，然试问今天的中国，果能真实认识了解中国之旧思想者又有几人？今天的中国思想界，又果何尝有所谓新旧之冲突？所谓冲突者，其实只是接受了西方思想一外貌。接受了西方思想外貌上所最易显见之一冲突性，而自求冲突。于是认为非冲突即是无思想，于是有不革命即是反革命之口号。□□□［编者注：空格处有删节。］若专就西方思想史之演变言，则亦未尝无一些客观事实可资为证成。但若回就中国思想史看，则殊不见得此种思想之现实性与必然性。故我认为研究中国思想史，不仅对于中国今天的思想界可得一反省，一启示。实于近代西方思想之冲突矛盾获不得解决处，可有一番意外之贡献与调和。至于我言信否，则请先平心静气地读完了我这一部中国思想史后再讨论！

中国思想史·例言

钱　穆

一、本书限于篇幅，叙述古代思想由春秋中晚开始，更前的不再推溯。

二、每一时期各只提及主要的几家，每一家只提及主要的几点。其余都略去了。因之此书只能提供出中国思想史里几个主要节目，并非中国思想史之全貌。

三、每一思想家之生卒年代及其师友渊源，生活出处，以及时代背景，均为研究思想史者必需注意之项目，但此书因限于篇幅，都略去了。

四、书籍之真伪及其著作年代必先经考核。如本书叙述老子思想在庄子后，叙述中庸易系辞在孟荀后，在本书作者均有极精密的考订，与极坚强的证据，但本书中全避涉及。

五、各家思想之内在精义，本书均未能详尽阐发，只求以简括透辟的语句，就扼要处约略指点，留待作者自己研寻。

六、本书所引各家原著，除极少例外，均未详细注明书名篇目，因此乃研治中国思想史者之普通常识，为节省篇幅计，均经略去。

七、本书作者以前各著作，与本书可互相阐发者，有（一）《国史大纲》（二）《国学概论》（三）《先秦诸子系年》（四）《论语要略》（五）《孟子研究》（六）《墨子》（七）《惠施公孙龙》（八）《老子辨》（九）《王守仁》（十）《近三百年学术史》（十一）《中国文化史导论》及（十二）《文化学大义》诸种。其未经集成专书之大量散篇诸文，将来拟汇合为《中国学术思想史论丛》一书。本书大体，仅为上述诸书之赅括而综合的述叙。读此书者，希望能参考及上列诸书。

八、研治思想史，决不当不注意及通史与文化史。读此书者，尤希望至少能参考及拙著《国史大纲》及《中国文化史导论》之两种。

九、研治中国思想史，最好能旁通西方思想，始可探讨异同，比较短长。本书关于此点，仅能微引端绪，其望读者勿轻易略过。

十、本书旨求简易通俗，各家思想之精深博大处，终不易于言下尽求速瞭。读者贵能细心玩索，明得一家是一家，明得一节是一节，明得一句是一句。若能反覆研究，积累之久，自能有豁然贯通之境。

十一、无思想之民族，决不能独立自存于世界之上。思想必有渊源，有生命。无渊源无生命之思想，乃等于小儿学语，不得称之为思想。今天中国之思想界，正不幸像犯了一小儿学语之病。本书旨在指示出中国思想之深远的渊源，抉发出中国思想之真实的生命。学者由此窥入，明体可以达用，博古可以通今。庶乎使中国民族之将来，仍可自有思想，自觅出路。幸读此书者，切勿以指导一些旧公案，拾得一些旧话头，即为了事。

十二、本书成稿距今已二十多年，经作者再自阅读，有增添，有改定，与旧版稍有不同。幸读者注意。

民国六十六年岁首识

中国思想史·（一）思想和思想史

钱　穆

佛经上说：有生灭心，有相续心。普通人心都是刹那起灭，一刻儿想这，一刻儿想那。很少能专注一对象，一问题，连续想下。相续心便成了思想。有些人能对一事实一问题，穷年累月，不断注意思索，甚至有毕生殚精竭虑在某一问题上的，这些便成为思想家。但宇宙间，人生界，有几件大事，几个大问题，虽经一两个人穷老思索，也获不到结论，于是后人沿他思路，继续扩大继续深入，如是般想去，便成为思想史。有些注意这问题，有些注意那问题，有些注意问题之这一面，有些注意问题之那一面。注意对象不同，思路分歧，所得结果也不一致，这就形成思想史上的许多派别。

中国思想史·（二）中国思想史

钱 穆

有文化有历史的民族，必然能对宇宙人生中某几件大事，某几个问题，认真思索。经历了几百年乃至几千年的悠长岁月，其实也仅能说对宇宙人生中某几件事，某几个问题，有了他们一些意见，还待以后继续阐发，继续证成。这是某民族的思想史，也还该把别一民族之所思所得来比较对证。将来在全人类的思想史里，民族思想也只成为一派别。

中国民族有了四五千年以上的历史，究竟中国人在四五千年历史文化遥长的演进中，对宇宙人生，曾想些什么，曾有些什么意见，我们是中国人，该知道一些才是。这些便是中国的思想史，无论如何，将来也必然成为世界人类思想史中之一派别。

李约瑟与《中国科学技术史（第二卷）·中国科学的基本观念》

经典导读

李约瑟（1900—1995年），英国杰出的生物化学家，研究中国科学文化史的权威学者、著名汉学家。字丹耀，号十宿道人、胜冗子，英文原名为Joseph Needham，生于伦敦。早年入读剑桥大学冈维尔—基斯学院学习生物化学，师从诺贝尔奖获得者英国近代生物化学之父霍普金斯爵士（Sir Prof. Frederick Gowland Hopkins，1861—1947年），1922年毕业后继续深造。

李约瑟的科学研究可以划分为两个阶段：第一个阶段从20世纪20年代到1937年，这个阶段李约瑟探讨了神经病的生物化学机制，为生物化学、神经生理学以及神经心理学之间架起了桥梁。在此期间，他还研究了生物化学和胚胎学之间的关系。这些跨学科的研究展示了李约瑟宏大的学术视野，也扩大了生物学的应用范围。正是这些研究，使得他获得了剑桥大学的哲学、科学双博士学位。1924年，李约瑟被选为冈维尔—基斯学院研究员。1931年，李约瑟出版三卷本经典著作《化学胚胎学》，架起了化学与胚胎学之间的桥梁。1941年当选皇家科学院院士。在此期间，李约瑟还对胚胎学史展开研究，1931年发表了《胚胎学史》，展开了对科学史的研究。李约瑟在生物化学的研究上取得了突出的成绩，短短几年间已经成为著名的生物化学家。但是这种情况在1937年发生了改变。这就是李约瑟科学研究的第二阶段。

1937年，三名中国留学生鲁桂珍、王应睐、沈诗章来到剑桥大学。李约瑟在与中国学生的接触中，逐渐改变了以往对中国文化的看法，并逐渐激起了他对中国科学文化史的兴趣，最终被古老的中国文化所深深吸引，并在思想上皈依中国文化。自1937年开始，李约瑟开始学习汉语。两年后，李约瑟与鲁桂珍合作发表了研究中国科学史的第一篇文章《中国人对食物疗法的历史贡献》。二人商定今后共同写作一部中国科学史著作。1942年，李约瑟作为皇家科学院代表与其他科学家一起来华援助，李约瑟先任英国驻华使馆科学参赞，后在重庆筹建中英科学合作馆，对于帮助中国在战时科学的发展上作出了贡献。在华期间，李约瑟广泛接触了中国各类人士，还在13个省份进行广泛的调查，加深了对中国的了解。通过对中国历史资料和现实的接触，李约瑟对中国传统的科学成就愈加有更清醒的认识和正确的评价。1946年，李约瑟离开中国到巴黎担任联合国教育与文化组织科学处首任处长。1948年李约瑟回到剑桥大学开始编写中国科学史。

1954年，《中国科学技术史》第一卷“总论”出版，英文名为“Science and Civilization in China”。1956年，《中国科学技术史》第二卷“科学思想史”出版。前两卷由李约瑟与当时在剑桥的王铃合作完成。1959年《中国科学技术史》第三卷“数学、天文学和地学”出版。1962年，《中国科学技术史》第四卷“物理学及相关技术”第一分册“声学、光学和磁学”出版。1965年，《中国科学技术史》第四卷第二分册“机械工程”出版。1971年，《中国科学技术史》第四卷第三分册“土木工程、水利工程和航海技术”出版。1974年，《中国科学技术史》第五卷“化学及相关技术”第二分册“炼丹术的起源及其性质”出版。1976年，《中国科学技术史》第五卷第三分册“炼丹术（外丹）的发展与早期化学史”出版。1980年，《中国科学技术史》第五卷第四分册“化学仪器、炼丹术的理论与比较长生术”出版。1983年，《中国科学技术史》第五卷第五分册“生理炼丹术（内丹）”出版。1985年，《中国科学技术史》第五卷第一分册“纸和印刷”出版。1986年，《中国科学技术史》第五卷第九分册“纺织技术”、第六卷“生物学及相关技术”第一分册“植物学”分别出版。1987年，《中国科学技术史》第五卷第七分册“军事技术：火药的史诗”出版。1988年，《中国科学技术史》第六卷第二分册“农业”出版。1996年，《中国科学技术史》第六卷第三分册“畜牧业、渔业、农产品加工和林业”出版。以上均由剑桥大学出版社出版。

在这期间，李约瑟还担任大量职务。1959年，李约瑟任剑桥大学冈维尔—基斯学院评议会主席。1966 年至 1976 年，李约瑟任冈维尔—基斯学院院长。1971 年，李约瑟出席在莫斯科召开的第十三届国际科学史大会，被选为国际科学史和科学哲学联合会科学史分会主席。该年还被选为英国学术院院士。1983 年，李约瑟研究所成立，李约瑟亲任研究所所长。李约瑟还积极致力于中英外交方面的工作，1965 年发起成立英中了解协会，担任会长。由于杰出的科学成就，1992 年，英国女王伊丽莎白二世授予李约瑟"御前顾问"勋章。1995 年 3 月 24 日，李约瑟在剑桥大学逝世，享年 95 岁。李约瑟在中国科学技术史的研究方面作出了开拓性的贡献，至今无人超越。特别是他作为一个西方人，以亲身研究，一定程度上转变了西方人对中国文化的偏见。自 1990 年开始，李约瑟的著作陆续被翻译成中文，该年《中国科学技术史》中文全译本三册由科学出版社、上海古籍出版社出版。

李约瑟的《中国科学技术史》的写作持续半个多世纪，写作者包括鲁桂珍、王铃、何丙郁、罗宾逊等多国学者，体现了各国学者之间的密切配合。按照总体规划，全书包含七大卷五十章，有的卷再分若干册，共计 35 册，一千多万字。这部著作力图研究从公元前 1 世纪到公元 15 世纪之间中国人在科学技术领域的各种成就，展现中国古代科学技术发展演变的基本过程，改变世界对中国古代科学技术的看法。李约瑟强调东西文化应该平等对话，"三千年来旧世界的东西两方一直在进行着对话，彼此给予很大的影响，但是双方所形成的文化却是迥然不同的。"东方文明也对世界文明作出了重要贡献，他严厉批评了西方人对自己文明的傲慢态度，"许多西欧和美洲人认为自己是文明的代表，负有统一全世界的使命。在他们思想上只有西方的文明是具有普遍性的，因为它本身是统一的，完整的，所以能统摄其他一切文明。这种自我吹嘘是毫无根据的"。这种欧洲中心论的根本错误在于"它隐含着一种武断的臆说：因为现代的科学技术确实产生于文艺复兴后的欧洲并且具有普遍性，因此，任何欧洲的东西无不具有普遍性"。李约瑟反对这种观点，他认为："真正具有普遍性的是现代科学和现代技术，以及形成这种科学技术的哲学思想。而且还必须清楚认识，欧洲所产生的并不是欧洲的或西方的科学，而是普遍适用的世界科学"，"科学的基石也并不只是欧洲人，而是全世界绝大多数人民所共同镌刻和奠定的。"所谓亚洲人抄袭欧洲科学技术成就的说法是完全错误的，现代科学技术的诞生经历了几个世纪的准备时期，在这个时期内欧洲曾经吸收了阿拉伯的学术知识、印度的思想意识以及中国的工业技术，西方人的傲慢源于对科学技术史的无知，事实上，很多科学技术的发明都源于亚洲，源于中国。因此李约瑟强调："他们的亚洲兄弟们应该和他们分享现代科学给全世界带来的无穷的福利（现实的或潜在的）。但是他们决不能再勉强亚洲人接受他们的思想方式和生活方式，那是与亚洲人固有的伟大文明格格不入的。”[①] 他认为西方人应该与亚非人民一起分享和利用各自的科学财富，西方人还应该了解亚非人民关于个人生活以及社会集体的许多道理。总之，李约瑟站在全球科学史的高度，从东西文明的平等对话出发，依据中国的原始资料，加上他所受的西方现代学科的训练，来研究中国科学技术史，转变了人们对中国传统文化的忽略和低估，在西方一度引起轰动。

在各卷的著述中，李约瑟还有大量具体的学术观点值得我们分析、学习，以下着重介绍《中国科学技术史》第二卷科学思想史，因为该卷对我们研究中国思想史，尤其是对中国科技思想的学习者和研究者具有不可忽略的重要价值和启发。《中国科学技术史》第二卷英文原版发行于 1956 年，1990 年译成中文出版，全书共 85 万余字。该书的主旨是要“探索中国哲学对于科学思想发展的作用”[②]，力图在中国古代哲学与科学之间搭起一座桥梁。全书共分十一章，从第八章起至第十八章止。第八章为导言，简短地介绍了写作主旨和主要论述的思想流派。第九章研究儒家与儒家思想。李约瑟对儒家在科学上的贡献基本是持否定态度的，指出：“我们将从儒家开始，以示尊崇，因为它在后来一直支配着整个中国的思想，虽然它对于科学的贡献几乎全是消极的。”[③] 他主要分析了儒家学派的一般特点、对待科学的矛盾态度、人性学说、灵魂阶梯理论、荀卿的人文主义、作为封建官僚主义正统思想的儒学，以及作为一种宗教的儒学等。他认为儒家对于科学体现了一种矛盾的观点，一方面儒家的理性态度助长了科学的萌芽，它反对任何迷信以至超自然的宗教，另一方面儒家又把注意力倾注于人类社会生活而无视非人类的现象，只研究事而不研究物，因此就贡献而言，儒家不如道家，唯理主义反而不如神秘主义的道家对科学的发展更为有利。

第十章讨论道家与道家思想，既包括前期道家老庄，也包括后期道教。李约瑟从道家的道的观念、自然界的统一性与自发性、对自然的态度（科学观察的心理）以及变、化和相对性、道家对知识和社会的态度、对封建制度的抨击、萨满与巫和方士、道家的个人目标（成为长生不死的仙）、作为一种宗教的道教等方面，系统研

---

① 以上引文均见［英］李约瑟：《四海之内》，劳陇译，三联书店 1987 年版。

② ［英］李约瑟：《中国科学技术史》（第二卷导言），科学出版社、上海古籍出版社 1990 年版。

③ ［英］李约瑟：《中国科学技术史》（第二卷），科学出版社、上海古籍出版社 1990 年版，第 1 页。

究了道家对于科学的贡献。他对道家极为推崇，指出“中国人性格中有许多最吸引人的因素都来源于道家思想。中国如果没有道家思想，就会象是一棵某些深根已经烂掉了的大树”[①]。李约瑟总结道，道家哲学虽然含有政治集体主义、宗教神秘主义以及个人修炼成仙的各种因素，但是道家却发展了科学态度的许多重要特点，对中国科学技术史有头等重要性，东亚的化学、矿物学、植物学、动物学、药物学都起源于道家，缺憾在于道家未对实验方法达到明确的定义，也没有把他们对于自然现象的看法加以系统化。

第十一章研究墨家和名家。李约瑟指出这两个学派对于科学逻辑作出了贡献，讨论了墨子的宗教的经验主义、墨经中的科学思想、公孙龙的哲学、惠施的悖论等，并认为墨家和名家曾试图建立起自然科学世界的基础，显示出一种辩证逻辑倾向而不是形式逻辑。第十二章讨论法家。李约瑟认为法家并非与科学毫无关系，科学史研究者对于法家对数量的爱好倾向是很感兴趣的，它们能与统计方法联系起来。

第十三章讨论中国科学的基本观念。李约瑟从以下方面展开：中国科学所用的一些最重要的字词的词源、自然主义学派（阴阳家）、邹衍与五行学说的起源和发展、五行的排列顺序及其象征的相互联系、阴阳作为两种基本力量的理论、董仲舒相互联系的思维及其意义，以及《易经》的体系等。这一章也是我们选出的章节，希望通过这一章的阅读，使我们能够了解到李约瑟对中国传统思想惊人的思维方式的发掘的努力。比如李约瑟从历史的角度考察了五行观念的起源、发展和演变，以及阴阳这些观念所体现的相互联系的思维，高度展现了古代中国人的科学思维水平。李约瑟称赞《易经》就是古代中国科学家的普遍的概念库。他通过这种历史的研究客观地评价了五行、阴阳等科学观念的贡献，而不是轻率地否定中国传统没有科学精神。这些都是对我们研究中国思想史的重要启示。

第十四章主要讨论伪科学和怀疑主义传统。伪科学就是占卜、算卦等活动所体现出的对古代的宇宙概念的理论和活动，某些方术活动甚至在考察自然现象方面有一些重大的发展。与这些迷信活动相反的思想就是以王充为代表的怀疑主义和理性主义传统。王充的怀疑论哲学、离心的宇宙生成论以及对人类中心说的否定等等，对科学的发展都是有利的。第十五章讨论佛教思想。李约瑟辩证地看待佛教与科学

① [英] 李约瑟:《中国科学技术史》(第二卷)，科学出版社、上海古籍出版社 1990 年版，第 178 页。

的关系，一方面佛教因为它信仰因果作用而有利于科学，但佛教又以虚幻的教义而敌视科学。总的来说，佛教对科学的作用主要是阻碍作用，但是佛教对于各种观测和实验科学可能具有意义。第十六章讨论晋唐道家和宋代理学家。魏晋时代的道教主要包括王弼和修正派、鲍敬言和激进派以及葛洪和科学思想，唐宋时代的道家思想以陈抟和谭峭为代表，然后讨论了李翱和理学的起源、朱熹等理学家的思想，还把朱熹、莱布尼茨与有机主义哲学进行了对比。李约瑟认为宋明理学是儒家伦理主义与道家自然主义的结合，整个学说提供了一种有机的自然观，其思想接近辩证唯物主义或进化唯物主义的世界观，还与怀特海的有机主义哲学性质十分相同。他认为理学的世界观和自然科学的观点极其一致。宋代科技的黄金时代与理学是有密切关系的。

第十七章主要讨论宋明时代的唯心主义者及中国本土的自然主义的最后几位杰出人物。这些人物包括陆象山、王阳明、王船山，汉代思想的再发现者颜元、李塨和戴震，以及黄覆庄的“新的、或实验的哲学”。李约瑟赞扬了这些思想家的唯物主义倾向，尤其是王夫之的聚散思想对中国科学思想的发展有重要意义。李约瑟在该章总结说：“我们也许可以把中国科学思想发展史的结论象征性地归结如下：它最早开始于诸子百家，直到公元 17 世纪它又在世界范围的统一体内与近代科学融为一体。”① 第十八章主要讨论中国和西方的人间法律和自然法则，可以说是一个比较的研究。李约瑟认为“西方文明中最古老的观念之一就是，正如人间帝王的立法者们制定了成文法为人们所遵守那样，天上至高的、有理性的造物主这位神明也制定了一系列为矿物、晶体、植物、动物和在自己轨道上运行的星辰所必须遵守的法则。”但是中国人的世界观却与西方完全不同，“一切存在物的和谐合作，并不是出自他们自身之外的一个上级权威的命令，而是出自这样一个事实，即他们都是构成一个宇宙模式的整体阶梯中的各个部分，他们所服从的乃是自己本性的内在的诫命”。李约瑟认为“中国人的这种思想与近代科学的发展极其吻合。”②

通过对以上章节的研究，李约瑟探讨了中国古代的科技思想，开启了中国科技思想史研究的先河，得出了许多重要结论，需要我们在阅读这部书的过程中自己详

---

① [英] 李约瑟:《中国科学技术史》(第二卷)，科学出版社、上海古籍出版社 1990 年版，第 549 页。

② [英] 李约瑟:《中国科学技术史》(第二卷)，科学出版社、上海古籍出版社 1990 年版，第 551 页。

加体会，分析辨别。有些观点我们甚至不能完全赞同，比如李约瑟对儒家思想对科技影响的消极评价就不是所有学者能够赞同的，而且李约瑟在论述中也有矛盾之处，一面认定儒家的消极影响，一面又对王充、宋明理学等基本属于儒家的学者大加称赞。也就是说李约瑟的著作并不是已经完美无瑕，对于古代科技思想的研究，还需要我们这个时代的同仁继续努力，才能在李约瑟的基础上，正确揭示中国古代科学思想宝库，推进中国思想史的研究。因为科技思想是中国思想史的重要组成部分，对于中国科技思想的研究目前不是太多，而是太少。而李约瑟的这卷著作是研究中国科技思想的奠基之作，需要我们学习、继承乃至超越，推进中国科技思想的研究。当然李约瑟还提出了不少被称为"李约瑟难题"的文明问题，比如为什么具有系统实验和自然知识假说数学化特征的近代自然科学及随之而来的工业革命首先在西方兴起？为什么在公元后1500年间中国科学发展比西方更为有效与领先？中国都有哪些成就，其贡献如何？为什么中国传统科学基本上处于经验阶段或达·芬奇式的水平，而未能自发地出现近代科学或伽利略式的突破及随之而来的工业革命？等等，这些问题都是困扰中西学人的大问题，只有我们自身苦加思索，才能给予一定的回答，而这些都离不开对中国科技史实事求是的历史研究。期待中国科技史研究取得新的进展。

—— **延伸阅读文献目录：**

1. ［英］李约瑟：《中国科学技术史》（第二卷），科学出版社、上海古籍出版社，1990年。
2. ［英］李约瑟：《四海之内》，劳陇译，三联书店，1987年。

—— **原文：《中国科学技术史（第二卷）·中国科学的基本观念》（节选）**

经典原文

中国科学技术史（第二卷）· 中国科学的基本观念（节选）

李约瑟

■（a）引言

我们现在就来探讨中国科学思想史上一个最重要的领域，即中国本土的自然主义者从最初时期起所研究出来的基本观念或基本理论。这里有三个主题需要讨论：第一是五行学说；第二是宇宙中两种基本力量（阴与阳）的学说；第三是对那种精微的符号结构、即《易经》的科学（或者毋宁说是原始科学）的应用。需要议论的不仅有它们的性质和后来的重要意义，而且还有它们的历史起源。我们这里的提法必然与以往被人普遍接受的中国传统大相径庭，这种传统被早期西方汉学家或多或少未加批判地沿用下来，但今天已被现代研究的结果所取代了。再者，我们认为可取的是，在进行这些讨论之前，应该先简要地说明科学思想中最关紧要的一些汉字是怎样随着会意文字的发展而出现的。

这一章在某种方式上牵涉到古代中国人的整个世界观。因此，不能不提到已经专门研究了这个问题的三部重要的西方著作：佛尔克的《中国人的世界概念》(*World-Conception of the Chinese*)，顾立雅的《中国论》(*Sinism*) 和葛兰言的《中国人的思想》(*La Pensée Chinoise*)。其中第一部是一本比较实事求是的著作，它值得称道地提供了所引用的许多章节的中文原文，但缺点是此书写在第一次世界大战之前或大战期间，当时人们对中国书籍的年代和可靠性知道得比现在少得多，因此它把周代和两汉以及宋、元的思想相当杂乱地混在一起了。的确，佛尔克曾尽力考察中国思想与其他文明思想之间的异同。但是，在他的书中我们最感到缺少的，乃是以受过自然科学训练的头脑的观点来对中国思想价值做出批判性的评价；这在当时是没有人能够做到的。这种情况也适用于十几年后顾立雅所写的书，但是它还有另一个严重的缺陷，即以为汉代的宇宙论和现象论是古已有之的。顾立雅本人现在也承认阴阳家（自然主义者）所起的重要作用，他们开创的许多思想后来都成为中国人世界观的主要组成部分。

葛兰言的著作比其他两部更加精致——就它那方式而言它确实是一部天才的著作①。葛兰言基本上是一个对于神话的社会学分析家，他［Granet(1,2)］描绘了周初《诗经》民歌时代小农社会、新石器向青铜器过渡期间原始封建主义的一幅令人难忘的图景。此外，他的《中国人的思想》从神话学和民间传说的角度探讨了由这两者发展出来的《淮南子》或王充之类的思想，从而展示了中国思想的广阔全景：从社会生活的事实到时间和空间的概念；从占卜习俗和幻方到五行学说；从大宇宙到小宇宙，然后又返回去。这部著作闪耀着深刻的洞察力，并且我相信，葛兰言对于中国古代思想的特点所作的最基本的评价是正确的。如果不从中摘引一些，要完成这一章将是不可能的。但是，他从一个论证到另一个论证是那么的自信和明晰，使人有一种观看魔术表演的不安感觉，并且他的著作以这样一个信念而告结束，即中国古代的自然主义者中没有一个人在其头脑中对自己的思想体系是能够像葛兰言那么清楚的。我们简直不敢采用这样一种如有神助的方式。

葛兰言本人也许会承认，在他的解说中存在着一定程度的主观性。他自己说过："不管人们可能以一种多么生动的想象力和批判的精神探讨中国，中国却似乎决心只是通过一层文学和书本的面纱来表现自己。"②这却不是我本人的经验。如果从现今仍在使用的古代技术入手，那么对中国技术的研究就会推进得更远。器物考古学已取得许多辉煌的发现，如甲骨文即是一例③；既然中国的情况允许真正大规模的发掘，所以现在我们可以期望取得惊人的成果④。在人们以

① 这一点终于被汉学家们承认了，参见 H.Franke（5）. pp. 69 ff. 那些慷慨大度的话。

② Granet（5）. p. 585。

③ 我们将在讲述磁针的发现时，看到有关此事的一个惊人例子［(《中国科学技术史》) 第二十六章（i）］。

④ 近几年在成都附近对一些皇陵的发掘就证明了这一点［参见 Fêng Han-Chi（2）］。我在中国的时候，常常注意一些有希望的考古工作地点。从西安上溯渭水流域到宝鸡，在河右岸的阶丘上要经过一个接一个的巨大的古墓，它们都是汉代和隋代帝王的葬地。人们会想到它们太大了，因而在以往的年代里未被盗掘，现在（1953 年），中国科学院的野外考古工作队正在不断地获得重要的发现，例如汉代的舟船模型。此模型将在本书（《中国科学技术史》）第二十九章中讨论。

受过自然科学训练的人的眼光来阅读以往的汉学家们很少能够加以阅读的中国原文时，才能使当时的中国科学复活起来。本书或许可以证明，越过许多世纪并越过会意拼音文字的障碍，相似的心灵仍然是能够沟通的。

■（b）中国科学所用的一些最重要的字词的词源（略）

■（c）自然主义学派（阴阳家）、邹衍和五行学说的起源与发展

现在就到了解说宇宙间两种力量（阴与阳）以及五行的基本学说的起源和意义的时候了。严格地说，最好是讨论前者，因为在理论上，阴阳在自然界中是处于更深的一个层次，并且是古代中国人能够构想的最终原理。但情况却是我们对五行学说的历史起源知道得比阴阳学说更多得多，所以首先讨论五行学说就更方便些[①]。这就要追溯到一位名叫邹衍的思想家，虽然他可能被认为是整个中国科学思想的实际创立者，可是我们还没有机会充分谈到他。他的确实生卒年代不详，但是他必定应被置于大约公元前350年到前270年之间。如果他不是五行学说的唯一创始者，也是他把有关这个论题的思想加以系统化和固定下来的。这种思想至多不过是在他所处的时代以前一百年才开始流传，主要是在东部海滨的齐国和燕国。这些年代的断定当然和传统的见解相反，因为传统的意见认为《书经》的《洪范》篇全部是真实的，所以就把这一学说的起源置于周初；然而，我们的年代断定则为现代的研究表明是正确的。

因为我们义不容辞地要细心追踪这位对科学史家来说是如此之可敬的人物所遗留下来的每一个足迹，所以我要重述一个《史记》第七十四卷的一部分，这一卷虽然事实上大部分是谈邹衍的，司马迁却题名为《孟子荀卿列传》。

齐国有三个姓邹的学者。第一个是邹忌，他的弹琴技巧深深感动了威

---

① 关于这两种学说的历史的一场大讨论，见《古史辨》第五册下编；许多学者——包括梁启超和顾颉刚——都参加了。

王[①]，以致被提拔担任国政，被封为成侯，并接受相印。他生在孟子之前[②]。

第二个是邹衍，在孟子之后。他看到国君们越来越荒淫而不能重视道德，但只有靠道德，他们才能把（《诗经》的）“大雅”（的原则）融合于自身，并使之普及于平民。所以他深入考察了阴阳增减的现象（“阴阳消息”），写出了关于它们奇异的换位和关于伟大圣人由始至终的循环的文章共十万余言。他的言论传播广远，与公认的经典信念不一致。首先，他必须检验小事物，并从其中得出关于大事物的结论（“推”）[③]，直到他达到无限的东西。首先他谈现代的事，然后上溯到黄帝[④]时代。学者们都研究他的学术。此外他追究各个时代盛衰的大事，并以它们的征兆和（考察它们的）制度而把他的调查（更进一步）扩展（“推”）到天地未生的时代，（事实上）是扩展到深奥难解而不可能究诘的事物。

他先分列出中国的名山、大川和通谷，禽兽，水土的富饶和稀有的物产[⑤]，并由此把他的调查推广到四海以外和人所不能观察到的事物。

然后，他由天地分离[⑥]的时候出发，往下研究，列举了五种力量（德）的周转和变移，安排它们，直到每一种都有其确切的位置，并（为历史）所证实。

邹衍主张儒家所谓的“中央王国”（即中国）只占全世界八十一分之一。中国称为赤县神州……

随后有一段据认为实际上是邹衍的话。因此留待后几页再述。

他的全部学术都是这类的。然而如果我们把它们归纳为基本要素，它们就都是基于仁、义、节、俭的德行，以及君臣、上下和六亲关系的实践之上

---

① 齐威王（公元前 377—前 331 年）。

② 因此，他必定生于公元前 400 年或稍早一些。

③ 注意，“推”这个字，墨家是当作一个术语来用的；意为引申（归纳？）。

④ 传说中的帝王。他之所以重要，是因为他始终是道家所喜好的主神。

⑤ 这些都没有传下来。但是，在《计倪子》的残篇中，我们确曾看到一些天然产物的目录，那或许是在同一个时期由同一学派的人为了炼丹而收集的。

⑥ 无疑地是指离心的宇宙生成论，如像《列子》书中所说那样。

的。只有（他的学说的）开头部分是夸张和不平衡的[①]。

王公和大臣们最初看到他的学术时，都恐惧地改变了他们自己，但是后来却不能付诸实践。于是邹子在齐国备受尊重。他旅行到梁，惠王[②]出城到郊外迎接他，并对他行一个主人对宾客的全部繁缛的礼节。他去赵国时，平原君[③]走在（道路）旁边，亲自擦掉他座位上的尘土。他到了燕国，昭王[④]用扫帚（扫路）作他的先驱，并请求列席为弟子以便接受他的教导。

在碣石[⑤]为他建造了一所宫殿，国王亲自去听他的讲授。邹衍在这里写了《主运》（现已失传）。他在封建诸侯之间的全部旅程中，都受到了这类礼遇[⑥]。

拿这些和孔子在陈国与蔡国几乎饿死，或者孟子在齐国和梁国时困难重重比较起来，那是多么的不同啊！武王以仁义之道征服了纣（商代最后的王）而为王，但另一方面，伯夷宁愿饿死也不吃周朝的粮食。卫灵公向孔子请教军事，但孔子不回答。梁惠王打算攻赵，向孟子问计，但他（却撇开这个问题，而建议）去邠作一次和平旅游。这些例子表明，这些人并不修改他们的想法去适应世俗统治者的愿望。然而（这事做得太过分），就像试图把一个方木榫放进圆孔里一样了。有人说，伊尹（屈尊）背着大锅却鼓励汤即王位，百里奚喂过驾车的牛，但秦缪公由于用他而成为诸侯的霸主。如果统治者和谋臣事先能意见一致（即一旦赢得统治者的信任），那么统治者就能被引上大道。所以，邹衍的话虽然未成为规范，但似乎起了正如大锅和牛那样的作用。

自邹衍开始，就有了稷下学士，例如淳于髡、慎到[⑦]、环渊、接子、田骈[⑧]和邹奭这些人。他们都著书讨论国事以期影响国君。我们不可能一一提到他们。

---

① 这只不过是司马迁这方面的一般辩解，因为他觉得至少必须佯装维护邹衍的儒家正统。

② 即魏惠王（公元前370—前319年在位）。

③ 卒于公元前252年。其传记（见《史记》卷七十六）已由普菲茨迈尔［Pfizmaier］译成德文。

④ 公元前311—前278年在位。

⑤ 位于现今河北省大沽和山海关之间的沿海某地。

⑥《史记》卷七十四，第一至三页，译文见Fêng Yu-Lan（1），vol. 1, p. 159；Dubs（5），稍经修改。

⑦ 是一位法家。参见Fêng Yu-Lan（1），vol. 1，p. 153。

⑧ 参见Fêng Yu-Lan（1），Vol. 1，pp. 132、157。

以下有两页关于淳于髡和慎到的记述，今略去。

邹奭是齐国邹氏的一员。他承受了邹衍的学术，写了有关的文章。齐王对这些文章很欣赏，授予淳于髡和所有其他人以大夫（国务大臣）的称号。他为他们在一条宽阔的大街上建筑宅第，有高门大厅，以各种尊敬的方式供养他们。于是其他封建王公的宾客们都说，齐国能吸引天下所有的贤士。

（例如）有赵国的荀卿，五十岁时才第一次来齐国传播他的学说（作为一个稷下学士）。邹衍的学术宏大，而推论又雄辩。邹奭的著作是完备的，但难以付诸实施。至于淳于髡，如果一个人和他久处，有时可得到有益的格言，所以齐国人称赞二邹说："谈论自然界的有（邹）衍；谈论雕龙（即对邹衍的学说加以文辞润色）的有（邹）奭；谈论精辟言辞的有（淳于）髡。"①

从司马迁的著作中摘录的这一长段话是极有启发性的。它给人的印象是，阴阳家（邹衍的信徒后来被这样称呼）的特性同我们迄今所考查过的任何学派都颇不相同，虽然他们最接近于道家②。但是，自然主义者（如果我们此后可以采用这个名词作为该派的方便而适宜的名称的话）不像道家那样，他们并不回避宫廷和王侯的生活；相反，似乎他们很相信自己掌握着有关宇宙的某些事实，统治者们只有自己冒危险才可以忽视它们。假如邹衍早就掌握了原子弹的"诀窍"，他几乎不会以正眼看待各国君主。于是，我们就看到这种原始科学在一个短时内取得了巨大的社会重要性和声望，而且同我们自己的时代相比也并不像可能看起来的那么牵强，因为马上就有证据表明，自然主义者的"术"极有可能一点也不是口头空论。

邹衍对一些封建宫廷的访问肯定是史实，因而没有理由怀疑《史记》关于他备受欢迎的记述③。至于位于齐国国都一个城门之外的稷下学宫④，邹衍似乎就

---

①《史记》卷七十四，第三至五页，由作者译成英文。

② 他们和道家的确切关系，已由谢扶雅在一篇有趣的论文中考证过。

③《史记》卷三十四中也载有他访问燕国的情况［Chavannes（1），Vol. 4，p. 195］．他访问梁（魏国国都）的情况则记载在卷四十四中［Chavannes（1），vol. 5，p. 158］。

④ 见戴闻达［Duyvendak pp. 73 ff.］和沙畹［Chavannes（1），Vol. 5，pp. 258 ff.］的记述，沙畹翻译了《史记》卷四十六中的有关段落。

是它最老的成员；他或许还作为齐国的一个公民鼓励过宣王创办这个学宫。我们已经提到它的巨大历史意义，大致像同时代的古希腊那些著名的学园一样。除了辩者淳于髡以及上一段提到的其他人（大多数是道家）之外，在学宫的成员之中可以看到还有墨家，例如宋钘（或宋牼），有一个时期，还有最大的儒家孟子。有人推想，庄周也可能是在他们之中。这些学士们的官衔纯粹是顾问性的职务，他们戴着特制的平顶帽——即华山冠，大概还有与之配套的特制长袍。我们是多么愿意不惜一切地得到他们讨论的逐字逐句的记录啊！这些学派这样密切的联系，必定导致术语的借用；我们已注意到在司马迁对邹衍的研究方法的叙述中就使用了墨家的归纳术语。

从这段记述中出现的一个有趣之点是，它的作者司马迁在一定程度上对邹衍是持批评态度的，但仍力图从儒家的观点来恢复他的名誉。司马迁说，不论他关于自然界的学说可能是如何地空想，这些学说还是归结于人类的仁、义等等道德的健全教诲。他在随后一段里还提示，邹衍关于自然世界的学说不过是意在引起封建王侯们的兴趣的趣谈，博取他们的信任，以便以后可以进而把他们纳入儒家的良好行为的正道。这显示出，到了司马迁时代，自然主义学派作为一个有组织的团体已经消失了，它所有的实用学术已经传给道家，而它的五行学说则成为公共的财富，为儒家和所有的人同样地享有。显然，司马迁似乎并不理解自然主义学派对于自然界的兴趣，因而提出了一些完全不需要的辩解。自然，他还必须解说一个事实，即从世俗的观点来看，孔子一直是个失意者，而邹衍则获得了巨大的成功。因此，就必须以这样或那样的方式把邹衍的学说说成是真正儒家的。

那么，什么是自然主义学派（阴阳家）认为是他们自己发现的而他们又能够说服封建王侯们承认其重要性的那些政治动力呢？这最好是用邹衍本人的话来解答。我们在马国翰浩瀚的辑佚之中找到几页[①]，凑齐了邹衍这位老师或他的嫡传弟子所写的书的全部残存部分，这些书还以《邹子》和《邹子终始》的书名为汉代书目编辑者所知。由于它们迄今尚无西文译本可用，我们现在把它们全部译出，并插入一些评注。

---

①《玉函山房辑佚书》卷七十七，第十六页以下。

（1）儒家所谓的中国只占全世界的八十一分之一。中国被称为赤县神州，其中共有九州，是大禹①所奠定的。但这些不能算在实际的大陆（即更广义的州）之中。中国只是全部九个大陆之一，这些大陆才是真正的九州。每个州都有小海环绕，所以人和兽却不能从其中的一个去到另一个。但是这九州形成一个区，并构成一个巨大的大陆。（又）有九个这样巨大的大陆，在它们的外边有一个大瀛海包围着它们，并且延伸直到天地接合的边界上。②

这种世界观就公元前4世纪来说真算是大胆的了，有人竟被诱要从中看出一种外来思想、特别是印度思想的直接影响［例如Conrady］。但是，认为中国的oikoumene［文明世界］并不是宇宙的中心，以及当时还有其他文化存在——这大概只不过是一种果断的信念，并且无疑地是以和我们所不知道的文化的接触为基础的。后来人们经常提到九州，例如在《淮南子》一书中③。

（2）在春天，应该钻榆木、柳木取火。在夏天，应该用枣木和杏木。在秋天应该用橡树和楢树④。在冬天就必须用槐木⑤和檀木⑥。

这些告诫或许是着眼于木材的不同性质，即多大的吸湿性，等等。

（3）行政和教育的条例，复杂礼仪的推行，或者反之，简单的礼仪的推行；所有这些都是（适用于特定的时代的）补救之道。在某些时期，它们也许是可行的，但是随着时间的推移，也许要被废弃。随着情况的改变，这些事情也就必须改变。坚持特定的安排而不愿随着时代改变的人们，永远不会

① 传说中的帝王和治理过洪水的水利工程师。

② 摘自《史记》卷七十四，第二页。注意，天的边缘与海的周界接合，这是“盖天”宇宙论的特点。

③《淮南子》第三篇，第十页。

④ 大概是一种橡树，也许即 *Quercus crispula*。

⑤ *Sophora japonica*，槐含有黄色染料。

⑥ 大概是 *Caesalpinia spp.*，生出一种细绞硬木，或者是 *Dalbergia hupeana*。虽然在理雅各的译文中常用 Sandalwood 来表示檀字，但不是很正确的对译词。

在统治的艺术上臻于完善。[①]

这里我们清楚地看出道家的灵活性及其对长期社会变化的领悟；例如，它与儒家的正统观念（如我们已在上文从荀子那里所见到的）相对立，儒家是拒绝变革而以强烈的保护态度墨守古老的习俗的。

（4）齐国派邹衍去赵国见平原君，当时公孙龙（名家）正和他的学生綦毋子在赵国讨论"白马非马"等问题。他们征求邹子的意见。但邹子拒绝讨论这个问题，他说："谈谈五胜[②]和三至[③]才是适合于人世的讨论类型。但是，区别不同的品种（范畴）以免它们互相伤害（即彼此重叠）；暴露所谓异端思想以免它们同所谓真的学说相混淆；用'共相'（'指'）[④]和个体的手段来表达思想；找出巧妙的言辞，用以反驳别人；制造巧妙的比喻（'辟'）[⑤]来推翻对方的想法；鼓动人们争论，直到他们自己再不知道应该想什么为止——这一切都有害于大道。而且这种言辞交锋也不能不给国君带来危害。"[⑥]

这一段如果是可信的（这是很可能的），便有极大的意义，因为它证实了所有前面已谈过的，即对自然感兴趣的各个学派都不愿在墨家、名家的思想家们为建立一种适用于科学的逻辑的努力中合作。邹衍不可能看到逻辑会怎样有益于道家和阴阳家。

（5）我站在缗城上，向宋国都城瞭望。[⑦]

---

① 摘自《前汉书》卷六十四下，第一页。

② 无疑是指五行。

③ 此词意义不明。我认为是阴阳的三个位置：(a) 阴处于最完全的支配地位时；(b) 阳处于最完全的支配地位时；(c) 二者完全平等地相平衡时。换言之，即一条波浪曲线的波峰和波谷及其交叉点。

④ 名家的一个很重要的术语。

⑤ 另一个术语，但这次是属于墨家逻辑学的。

⑥ 摘自已失传的刘向所撰的《别录》，这里残存的片段是在《史记·平原君列传》（卷七十六第五页）的《集解》中。

⑦ 摘自《水经注》卷八，第二十页。

此处意义模糊；或许是战略性的？

（6）四个角落都不平静。[①]

这句话似乎是指政治危机，但同样很可能是关于地球运动的陈述。参见本书（《中国科学技术史》）第二十章（d）关于“四游”的理论。

（7）五行交替地在统治着。（相继的帝王）随着方向选用（他们）官服（的颜色，以便使该色与占统治地位的“行”一致）[②]。

（8）五德（行）各继之以它所不能胜的德。舜[③]以土德为治，夏代以木德为治，商代以金德为治，周代以火德为治[④]。

（9）当某一个新朝代即将兴起时，上天就向人民显示吉兆。在黄帝兴起时，就出现了大蚯蚓和大蚊。他说：“这表明土德当运，所以我们的颜色必须是黄的，我们的事务必须以土为征象。”在大禹兴起时，上天生出秋冬不凋的草木。他说：“这表明木德当运，所以我们的颜色必须是青的[⑤]，我们的事务必须以木为征象。”在汤武兴起时，有金属的宝剑出现在水中。他说：“这表明金德当运，所以我们的颜色必须是白的，我们的事务必须以金为征象。”在周文王兴起时，上天显示了火，并且有许多赤鸟衔着丹书群集在周王朝的祭坛上。他说：“这表明火德当运，所以我们的颜色必须是红的，我们的事务必须以火为征象。”随火之后，将轮到水。上天将会显示水气统治来临的时间是什么时候。那时颜色就必须是黑的，事务就必须以水为征象。这样的天运到时候将

① 摘自萧统（约530年）《文选·魏都赋》（卷六，第三页）。

② 摘自《史记·封禅书》（卷二十八，第十一页）如淳的《集解》。

③ 传说中的帝王。

④ 这就是为什么秦始皇帝在大一统的帝国即位时。秦朝被认为是以水德得天下而其纹章是黑色的原因了。见下面一段，本段摘自《文选·齐故安陆昭王碑文》（卷五十九，第九页）。

⑤ 这里用的是“青”字。此字原意是“蓝”，但是古代中文的颜色名称变动很大（和在其他古代语言中的情形一样——参见荷马的史诗）。当“青”在学术上用作五行中“木”的相关物时，我们就以“青”为绿。

先结束，一切又再次回到“土”上来。但是我们不知道那将是在什么时候[1]。

在这里的最后三段中，我们就有了半科学、半政治的学说的本质，自然主义学派（阴阳家）利用它就能吓住封建诸侯。五行概念本身实质上是一种自然主义的、科学的概念，因此，下面我们很快就要以这种观点来更细致地考察它，探讨它确切地包含什么意思；但是邹衍由于相信每一个统治者或统治王室只是以五行系列中的一“德”进行统治，因而显然把它扩展到了朝代的领域。实际上，这就为统治王朝的兴亡提供了一种理论，把人事及其历史放在与非人类的自然界现象相同的“法则”之下（虽然就我们所知，“法则”这一关键的名词从未在这种意义上被人使用过）。这二者的机制就是大家都知道的相胜或轮胜这一不变的统一性，即木克土，金克木，火克金，水克火，土克水，循环至此又周而复始。这样，人类历史中的一切变化都被认为是可以在较低级的“无机”层次上观察到的同样变化的表现，而五行概念本身也正是导源于此。人们可以推测，封建王公发现邹衍的学说难以付诸实施的原因是：虽然他们可能对邹衍及其学派如此坚信不疑所宣扬的学说的真实性深深相信，但是，对于他们所借以进行统治的五行却难以准确断言并从而采取必要的预防措施。而且，不管他们采取什么样的预防措施，自然的循环变异总归是继续运行不已，所以就没有任何统治王朝能指望长治久安。我们可以看出，邹衍的“发现”只不过是一种原始科学，但其社会学的意义在于这样一个事实，即它是如此之广泛和深刻地受人信奉，以致自然主义学派（阴阳家）的学说和后来继承了此学说的汉代儒家的成功，就有点使我们联想到我们这个时代自然科学所取得的政治重要性。不管前苏格拉底学派、逍遥学派和亚历山大里亚学派的著作作为现代科学的基础可能被承认是多么重要，但要指出古代希腊同中国自然主义学派（阴阳家）的地位之间的显著类似之点，却是很不容易的。

大概在公元前3世纪末，邹衍的学说具体化为一篇题为《五帝德》的简短

---

[1] 事实上那是汉朝，因为那时候五行中的每一个都已经轮到了。本段摘自《吕氏春秋·应同》，卜德也翻译过，见 Fêng Yu-Lan（1），vol. 1，p. 161。此处的全部译文都是我们自己译的。其后有一段很含糊的预言，未译。

论文。已知它曾被司马迁引用过[①]，但大概不是后来编入《大戴礼记》[②]和《孔子家语》[③]的那篇同名文章，虽然它也包含有这种思想。我们还知道一位名叫张苍[④]（卒于公元前142年）的朝廷大臣，他可能是汉初几位皇帝统治时期自然主义学派（阴阳家）思想的重要传播者。

虽然这无疑大都是推测，但是邹衍及其学派的影响可能还有比这更多的来历，因此有相当理由猜想他们的“学术”也包括天文学和历法。所以司马迁在《史记·历书》（第二十六卷）中说：

> 后来各封建王国投入了互相间的战争，有进攻和反攻、强大国君之间的竞争、援救危难之中的诸侯的军事远征、联盟、条约和背信——在那样的时期，谁还有工夫考虑（像历法）这类的事情？只有邹衍一个人得到了有关五德（力量）替变的知识，并且论述行将生成和消逝之间的区别，从而使他在诸侯中享有盛名。[⑤]

此外，还有许多证据把自然主义学派（阴阳家）与练丹术的起源联系在一起。我们已经看到，邹衍曾编出天然产物，大概是矿物、化学物质和植物的各种目录。还有两篇重要的文章表明这个学派对炼丹的兴趣。《史记》说：

> 自齐威王和宣王[⑥]时起，邹子的门徒就讨论和著述关于五德的循环相继。到秦王称（始）皇帝时（公元前221年），齐国人上奏章给他（使这些学说引起他的注意）。于是秦始皇选定了它们并付之实用。另外，燕国人宋毋忌、正伯侨、充尚和羡门高[⑦]，都用方术来练习长生不老的方法，从而以用某种变

---

① 《史记》卷一第十三页。

② 《大戴礼记》第六十二篇，译文见 R. Wilhelm（6），p. 281。该书是公元1世纪、而不是过去认为的公元前1世纪写成的。

③ 《孔子家语》第二十三篇。这是公元3世纪的一部书，但却是根据更早的材料编的。

④ 《史记》卷九十六，第一页。张苍是一位数学家。

⑤ 《史记》卷二十六，第四页，译文见 Chavannes（1），vol. 3，p. 328，由作者译成英文。

⑥ 这两个王在位的时间为公元前377年至前312年。

⑦ 这四个人是否历史人物，至今还是个疑问；汉代著作家对他们都称之为前“仙”。但他们很可能是与邹衍同时或稍早的燕国术士－自然主义学家（阴阳家）。我们在前面（p. 133）曾提出，“羡门”是萨满的意思。

异的方法使自己的身体气化和变形（“形解销化”）。为了这个目的，他们依赖于自己对鬼神的侍奉。

邹衍，（由于他的）阴阳支配着命运的循环运动的（学说）而在诸侯中间有了名望。居住在燕国和齐国沿海地区而有方术的人传播了他的学术，但并不能理解它们。从那时起，那些从事骗人的奇迹、阿谀逢迎和违法行为[①]的人们不断增加，难以数计。

自（齐）威（王）和宣（王）以及燕昭（王）开始，就派人到海上寻找蓬莱、方丈和瀛洲（等仙岛）。据报道说，这三座神（岛）山是在渤海之中[②]，距离人（的居处）不远，但困难在于，人们将到达这些岛时，风就把船刮走。或许有些人曾成功地到达过（这些岛）。（无论如何，据报道说）那里住着许多仙人，还有不死之药。它们的生物，无论是鸟是兽，完全是白的；它们的宫殿和门楼都是用金银建造的。在你未到达之前，远眺它们就好像是云，但是（据说）当你接近它们时，这三座神山就沉到水下去，不然，就是一阵风突然把船刮走。所以没有人能真正到达那里。然而，当代的诸侯没有一个会不喜欢到那里去的。[③]

从这一段可靠而又令人销魂的引文似乎可以公正地断定，邹衍的自然主义学派阴阳家不仅是汉代半儒派关于五行的思辨的起源，而且同沿海各国的术士们如果不是同一派的话，也是有着密切接触的，这些术士们后来在汉武帝朝廷中是非常重要的，后面，例如在讨论化学和磁学史时，我们会一再地提到他们。

第二段对邹衍在这个复杂体系中的作用至关重要（亦见《前汉书》）[④]，而且涉及较晚时期的事件。我把其中大部分保留到论化学的那一章，因为它和公元前60年还是个青年的汉儒刘向试图人工炼金的事有关。但是，它清楚地揭示出自然主义学派阴阳家的秘密著作、或者也许是通过口头传说传给了淮南王刘安（淮南子）周围的人。

① 这是指炼丹术。

② 即今直隶湾。

③《史记·封禅书》，第十页至十一页。译文见 Dubs（5）。

④《前汉书·楚元王传》，第六页。

刘向向皇帝提出有关复兴神仙的方术和技巧的问题的奏议。这时淮南（王为了保险）在他的枕中保存着某些著作，名为《鸿宝苑秘书》。这些著作论述神仙和招致鬼神炼金的技术，以及邹衍用重复（变化）的方法（“重道”）以延长寿命的技巧。当时的人们没有看到这些著作，但是刘向的父亲刘德在汉武帝时曾调查过淮南（王）的案件，并（在他倒台后）得到了他的书。……[1]

当然，根据历代炼丹家们的共同习惯，公元前2世纪的炼丹术著作确实可能是祖述邹衍的[2]，但这并不是必然的假设。更可能的是，中国炼丹术（就我们所知，早于世界上任何其他地方）在公元前4世纪期间开始于自然主义学派（阴阳家）[3]。

关于五行理论起源于公元前4世纪早期的说法，与铭文证据是相符的。陈梦家已唤起人们注意到一把玉制剑柄上的铭文，据说这是最早提到五行的，剑柄的年代可能是公元前400年后不久，被认为是出自齐国。铭文是一种诗铭形式，有点使人想到可望在与希腊诗选（Greek Anthology）相对应的中国选集（如果有的话）中找到。铭文如下：

当五行之气被确定（时），就（引起）凝结（即肉身）；这个凝结体（得到）一个灵魂；（在已得到）一个灵魂（之后）它就降落（即出生）；（在已）降落（之后）它（变得）固定（即它所有的部分都齐备了）；（在它已）变成固定后，（它就获得了）力量；随着力量（就出现了）智慧；随着智慧（就有了）发育；发育（就达到）完全的身躯；随着完全的身躯（它就确实地变成）一个人。

（于是）天从上支持他，地从下支持他；凡是遵循（天地之道的）就生；

---

① 译文见Dubs（5）。事实上不可能是刘德调查了淮南子的案件，因为刘德不可能出生在公元前126年之前，而淮南王的覆败则发生在公元前123年。那大概是刘向的祖父刘辟疆（公元前164—前85年）。

② 我们在后代传说是墨子所写的书中，已看到了这种情况的一个可能的例子。

③ 我认为，德效骞［Dubs（5）］把这种说法和邹衍把中国摆在世界东南隅的地理观点联系起来，从而推断出它受外来的影响，是没有说服力的。这个问题牵涉到长生不老药的想法的最初起源。

凡是破坏（天地之道的）就死[①]。

这段优美的诗铭使我们或许能摹想齐国和燕国（以及后来的统一帝国）战士们的心理状态，他们坚信遵循自然主义学派（阴阳家）的教导就是站在“天使那方面”，或者我们可以说，是站在“历史的力量那方面”。试图作出一种科学的世界观会加强特定人类社会机体的兵士们的意志和勇气，这在历史上并不是最后一次。

五行理论的另一“经典引文”是《书经》[②]的《洪范》篇。这部经典著作历来被认为公元前一千纪中头几个世纪的著作，现在被认为（也像那么多的其他古书一样）是从时代极其不同的作品中杂凑成的著作。论述五行的《洪范》那部分，至少必须看做是公元前3世纪秦代窜入的，或至少不早于邹衍[③]。这段文字[④]开头就说，五行学说是上天从鲧那里留下来传给大禹的“洪范九畴”的一部分。除了显然是天文方面的那一部分（“协用五记”）而外，所有其他部分都是关于人类和社会的性质和关系的。它们被称之为“不变的原理”（“彝伦”），因此，“彝”这个字（K1237c，g）作为早期对（科学意义上）的自然法则概念的近似解释，是有其意义的，但在这方面很不常用。例如在这里，虽然它可能意味着自然规范、规则或定律，但是它来源于甲骨文，表示两手捧着一个盛有猪肉和大米并饰以丝绸的礼皿。因此彝字大概是来源于某种礼拜仪式。

现在，这里关于五行的描述，使我们对自然主义学家（阴阳家）对五行的构思方式有所窥见。由于短语简练的特性，翻译是有困难的。例如，原文说“水曰润下”，直译出来则为“水叫做浸润下来（向下或下面）”。所以我们不知道是否应写为“水被说成是能浸润的东西，等等”，或者是“具有浸润性质……的东西”，或者“是用于浸润的东西”，等等。但仍可以看出它是有某种意义的。原文如下：

---

① 由作者译成英文，诗铭译文中有许多带括弧的短语，是由于原来的中文完全没有动词。

② 第二十四篇（划在《周书》部分）。

③ 此处，我采用了马伯乐［Maspero（2），p. 439］的看法。《书经》中另有一处谈到五行，不那么有趣，但并非不重要，因为似乎是把“穀”加上作为第六行。它出现在《虞书》中的《大禹谟》篇中［第三篇；译文见 Medhurst（1），p. 44；Legge（1），p. 47］。参阅 Forke（6），p. 227。但是，这一篇被认为是公元4世纪以后掺入的。

④ 译文见 Medhurst（1），p. 198；Legge（1），p. 140。

关于五行：第一叫做水，第二叫做火，第三叫做木，第四叫做金，第五叫做土。水（是自然界中的一种性质），我们描述为浸润和下降。火（是自然界中的一种性质），我们描述为炽燃和上升。木（是自然界中的一种性质），它可以有曲面或直边。金（是自然界中的一种性质），可以顺着模子的样式然后变硬。土（是自然界中的一种性质），它容许人们播种、浸润、（生长）和收获。

浸润、滴落和下降的东西就得出咸味。炽燃、发热和上升的东西就产生苦味。可以有曲面或直边的东西就给出酸味。可以顺从（模子的样式）然后变硬的东西就产生辛辣味。可以播种、（生长）和收获的东西就给出甜味。①

这一切指示说，五行的概念倒不是一系列五种基本物质的概念（粒子未入这个问题），而是五种基本过程的概念。中国人的思想在这里独特地避开本体而抓住了关系。因此，我们可以编制一个表，大致如下：

水	浸润、滴落、下降（溶解？）	流动性、流质、溶液	咸
火	发热、燃烧、上升	热、燃烧	苦
木	因受切削和借助雕刻工具而成形	具有可加工性的固体性	酸
金	在液态时由模铸而成形，通过重新熔化和重新模铸有改变这种形状的能力	具有凝固和重新凝固（可模铸性）②的固体性	辛
土	产生食用植物	营养性	甘

此表首先举出触动了自然主义学家（阴阳家）想象力的那些自然特性或过程，其次举出近似的现代同义语，最后是他们以之与各该自然活动的产物联系在一起的相应滋味。在这样一种总结中，当然总难免把古人原来的思想变得比原来

① 由作者译成英文，借助于 karlgren（12），p. 30。

② 可模铸性是中国人特别注意的范畴之一，这与他们是古代最优秀的青铜器铸造家并且铸造铁器比欧洲人早一千三百年之久的一个民族是相应的，有人认为，“法”字（这个字后来意指“法律”）最初是指一个模子，因为它是代表“水”和“丧失”或“走开”的字旁的结合。凡是像水那样流动而其流动性又会消失的液体，就是可模铸的，葛兰言［Granet（5）］常常强调这些根源对法律概念所产生的影响，它对中国人说来，从未曾失去按照一种模型来“模制”或“模仿”的基调，也从来未取得由一个约束者（立法者，*ligare*）强加的“约束”的基调。

更加复杂化的危险，而《书经》里的那一段文字似乎就提示了这一点。

根据这样的看法，五行理论乃是对具体事物的基本性质做出初步分类的一种努力，所谓性质，就是说只有在它们起变化时才会显现出来的性质。因此人们常常指出，element 一词从来不能充分表达“行”字，正如我们刚才在 p. 222 表 11 第 14 条（节选时此表删除，请参看原书，下同——编者注）中所看到的那样，它的真正词源从一开始就有运动的含义[①]。正像陈梦家所说，五“行”是永远在流变着的循环运动之中的五种强大力量，而不是消极不动的基本物质。然而 element 这个词已经当作“行”用了这么久，不大可能加以废弃。《书经》这一段的显然是很有趣的一个方面，就是它把五行和五味联系起来[②]。虽然这一般被认为是那个把五行和宇宙中一切能够分成五类的东西联系起来的无远不届的系统的一部分，但是这里的联系并不能这样一笔带过，因为它有力地提示了自然主义学家（阴阳家）们对化学的兴趣。咸与水的联系对沿海居民说来确实是自然的，但还表示了对溶液和晶化的原始实验和观察。苦与火的联系或许是这五者之中最不明显的，但可能含有用热煎草药的意思，那大概是人们所知道的最苦的物质。还有调味品中“辛辣”的和苦的联系。酸与木的关联是很容易解释的，因为木是植物，与一切因腐败而变酸的草木物质有关。草木灰中的碱也有酸味。辛与金的关联直接指熔冶作业，它们大多发散强烈的辛辣气体，例如二氧化硫。最后，甘甜与土的联系是由于在土中的蜂巢里发现了蜂蜜；还由于谷类一般都有甜味。

（1）与其他民族的元素理论的比较

在这些中国理论和古希腊关于元素的思想之间进行比较，是不可避免的。希腊的元素似乎要追溯到前苏格拉底学派的开始，因为它们曾被阿那克西曼德（约公元前 560 年）[③] 讨论过，他区分了四种元素（即通常的四种：土、火、气和水），以及第五种，即无限（*apeiron*, □π□□□□□），后者是其他各种的基础。但是在古俄耳南斯派的公式中则只有三种[④]，这一传统曾被某些思想家、如希俄

① 我感谢臧启谋（音译，Tsang Chhi-Mou）博士在私人通信里强调了这一点。

② 葛兰言［Granet（5）, pp. 168, 308］有关该段的全部讨论是值得一读的。参见迈尔斯［Myers（1）］关于原始民族的味觉用语的论文。

③ Freeman（1），p. 56。

④ Freeman（1），p. 6。

斯的伊翁(Ion of Chios,公元前430年)[①]所延续下来。按照锡罗斯的斐瑞西德斯(Pherecydes of Syros,约公元前550年)[②]的说法,这些元素是互相战斗着的(与“相胜”理论极其相似)。他和恩培多克勒(公元前450年)[③]都把一种元素和一个特定的神联系在一起。这种情况也见于中国思想中,因为在例如《计倪子》一书中就保留着几份超自然的神仙名单,其中每一个神都和一种元素联系着[④]。恩培多克勒把这些元素叫作“根”(*rhizomata*,□□□□μ□□□),而大家都熟悉的 *stoicheia*(□□□□□□□□)这个词是柏拉图(公元前428—前348年)首先使用的。与通常的想法相反,这个词似乎与运动的概念并没有关系,但是它最原始的意义是表示一个固定直立的小标杆,事实上是日晷的指针。因此,它便带有“简单成分”的意义。然而,比邹衍年长的同时代人亚里士多德(公元前384—前322年)接收过这四种“原始物质”(*prota somata*,π□□̂□□□□μ□□□)的学说,把它们看作是性质,对它们作了断然的激烈的曲解。亚里士多德的 *stoicheia* 不再是土、火、气和水,而是干、热、冷和湿,这些性质在亚里士多德占统治地位的时期,在后来的欧洲科学和医学中是人所熟知的[⑤]。惰性的原始物质(*hule*,□□□)具有了这些性质,便有了它的形体(*eidos*,*α*□̂□□*s*)。这些元素能够而且确实是在不断地彼此变换[⑥],在一种既定的现象之中,一种性质就被它的相反的性质所取代(*alloiosis*,□̇□□□□□□□□*s*)。亚里士多德区分了各种不同的组合;他的 *synthesis*(□□□□□□□□*s*)就是我们现在所谓的物理混合物,而他的 *mixis*(*μ*□̂□□*s*)则更接近于——如果有点笼统的话——我们对化学化合物的概念。他的 *krasis*(□□□□□□*s*)这个在希波克拉底派医学集中曾经具有重大意义的词,则是指液体或溶液的一种均衡的混合。

希腊人的第五种元素是饶有兴味的,但是我不清楚它同中国概念有否任何类似之处。塔兰托的菲洛劳斯(philolaos of Tarentum,约公元前430年)[⑦]感到需要有一种第五元素,因为在这些元素和立体几何的五个已知图形之间应该

① Freeman(1),p. 206。

② Freeman(1),p. 39。

③ Freeman(1),pp. 181 ff.。

④ Forke(13)p. 502。

⑤ 参见 W. D. Rass(1);B & M,pp. 238 ff.。

⑥ 斯多葛派的人也是这样想;参见 Arnold(1).p. 180。

⑦ Freeman(1),pp. 222.231;B & M,p. 197。

有某些关系。他把它称之为 *holkas*（□□□□s）——即船身或车辆，并且也许是以一种与阿那克西曼德的“无限者”（*apeiron*）有点类似的方式来想象它。柏拉图对此加以发挥，把第五元素认同为 *aether*（□□□□□），即一种较微妙的空气，而亚里士多德则把它归属于天体的物质，从而把它排除在月球以下的世界之外[①]。

总之，可以这样说，虽然在希腊的和中国的元素理论之间有着某些相似之点，但是分歧则更为明显，并且似乎没有必要假定有任何传播。

在这方面，必须提到沙畹 [Chavannes（7）] 的坚决努力，他想证明中国的五行理论是公元前第一千纪中期随着十二生肖循环而从邻近的突厥或匈奴民族那里得来的。他极其重视这样一个事实，即公元前 205 年汉朝的第一个皇帝征服了从前秦国疆土的时候，他发现习惯上只供奉四个天帝（白、青、黄、赤），于是他下令此后要增加对黑帝的供奉[②]。在中国文明中的西北方的成分，正如我们所看到的 [第五章（b）] 无疑是属于说图兰语的（Turanian）和游牧的民族的，而沙畹在这里的结论是，（四）元素的理论是随着它传入的。秦国在文化上是声名狼藉地“野蛮”的。这种看法曾被德·索绪尔 [de Saussure（8,10）][③] 和佛尔克[④] 极力反驳，他们在他们那方面可能是有此权利的，虽然他们的许多理由肯定都是错误的，因为他们部分地依据诸如《易经》和《周礼》之类的书的时代要比今天所公认的时间早得多。在《史记》中叙述汉高祖的惊讶和他的新训令的章节里并没有提到关于五行的事，因此整个事件同样可以这样解释，即假定东海之滨的齐国和燕国在此之前几个世纪中已由邹子的前辈和继承者们研究出的五行的宇宙总体系，曾不大完备地渗入到西部落后而好战的秦国去。要使突厥人传入了西方的元素说这一点令人信服，司马迁就应该在这里谈到一些关于气或风这个元素的事，但我们没有听说过这一点[⑤]。再者，

---

① 但是，摩尼教徒又把它恢复了，在他们的宗教哲学中牢固地确立了五种元素 [参阅 Cumont（3），p. 16；Bousset（1），p. 231]，并将它包括在五元素之内。他们的五元素中有水和火，这与中国和希腊的相同，另外两个是光和风。也许，他们与波斯人和中亚细亚人的关系使他们把数目固定为五；他们也认为有五种植物、五种动物，等等。

②《史记·封禅书》；译文见 Chavannes（1），vo1. 3，p. 449。

③ 见 de Saussure（1），pp. 249，351。

④ Forke（6），p. 242。

⑤ 五元素在伊朗的类似说法及其与印度思想的关系，是更加令人感兴趣的，不过这些问题现在仍在研究中 [见 Sheftelowitz（1）]。

把诸天分为五个天官，肯定要追溯到邹衍之前的好几个世纪[①]。

（2）汉代自然主义学派（阴阳家）与儒家的综合

这段题外话使我们离开了邹衍和他的学派。人们会问：他的学说是怎么传给汉代人的？这里的一个关键人物是伏胜（约鼎盛于公元前250—前175年）[②]，他是一位山东（旧齐国）的学者，必定是生于邹衍死后不久；他活过了整个秦王朝[③]。他是《书经》专家，据一个有名的故事说，在秦始皇焚书之后他能根据记忆背诵其中的绝大部分，但是因为整个这件事确实可能是杜撰的，所以这个传说可能只是说他及其周围的人曾大幅度地重新编订或改写了《书经》；而这必定就是把五行理论纳入其中的时候。伏胜对这部经典的评注（《尚书大传》）的残篇肯定存在[④]，而且有些大概已收入《前汉书·五行志》中。五行理论稳步地变得政治性越来越多而科学性越来越少，并通过诸如欧阳生、欧阳高、夏侯始昌和夏侯胜等一连串的学者[⑤]流传下来。真正的《易经》专家京房（参看下文）也可能和它有某些关系。许多不同的学派发展起来了。在公元前1世纪的最后二十五年里，刘向和他的儿子刘歆都从事于这种理论的研究，并编出（现已失传）《洪范五行传》（也许是《五行传说》；书名不能肯定，但该书是讨论出自《洪范》本文的理论的）。到了公元1世纪初，材料已准备就绪，遂收入上述班固《前汉书》的该卷中，艾伯华［Eberhard（6）］曾对此做过详尽分析。班固的写作时间是在1世纪的第三个二十五年。到那时候，这一理论的要旨已被裹上了大量附加的各种凶吉预兆的传说。以“现象主义”为人所知的这一理论已经固定了下来；按照这个理论，政府或社会的失常就会导致地上五行程序的错位和天上事件正常过程的偏差。这一传统就这样而告开始，并且在以后历代史书的“五行志”中继续下去——自然主义学家（阴阳家）的原始科学已变成现象主义者的伪科学了[⑥]。

---

① 尽管不是像德·索绪尔和佛尔克所相信的，要上溯到公元前两千年。

② G599。

③ 参见 Eberhard（6）。

④ 见 Wu Khang（1），p. 230。

⑤ 见《前汉书》卷七十五中的列传；参见 Tsêng Chu-Sên（1），p. 86 后的表Ⅱ。

⑥ 这当然不是说，在后来历代史书上的这些“五行志”并不包含许多有科学意义的东西，特别是关于太阳黑子、极光、流星雨和日月食的记载，这些留待后文再谈。然而，这些五行志仍然是很有价值的，因为引起对上述现象进行观察和记录的动机与现代科学的动机是不完全一样的。

为了摆正这种转变与整个中国文化史的关系，我们必须记住，原始科学思想家和假科学思想家差不多都是属于“今文家”，而他们的对方则组成了“古文家”[①]。这种分裂的发生，是因为在公元前2世纪间发现了一套与以前公认的原文不同的经文（《书经》、《礼记》、《论语》等等），这些经文是用西周早期的古字体写成的。这件事发生在大约公元前92年，当时鲁恭王为扩大宫殿而拆毁了据说是孔子的故居。其后许多世纪的学术辩论得出这样的结论：有关这个发现的故事乃是传说，“古文”大概是伪造的，尽管它与现在的《书经》的“古文”章节不一致，后者是公元320年左右用古代的断简残篇纂成的。因此，情况便难于把握了，因为，虽然今文家的成员们在文字方面有较强的根据，他们却接受了现象主义和其他伪科学的全部迷信的夸张[②]；虽然古文家的成员们对假文献表示信任，但是他们却大多是唯理主义者。总的说来，今文学家在前汉占优势，而其对方则在后汉占优势。刚刚提到的那些人大部分属于今文家，例如刘向；但是他的儿子刘歆却领导着反对派。王公们（例如东平王刘苍）支持古文派，而董仲舒则是它的最大的思想家。但是两边都有科学思想，因为除了如孔安国、毛亨、毛苌和王璜等有名的学者外，古文家中还有天文学家如贾逵、突变论者如杨雄，这一派为最大的怀疑主义者王充准备了道路。

汉代以前不久和汉代期间所遗留下来的五行理论的文献，数量很大（也是冗长的、怪诞的和重复的）。但是，为了表明这些学者们的思想和谈论的方式，我引用两段选录，一段摘自《管子》（这一段一定是在公元前3世纪或2世纪期间插入该书的），另一段摘自董仲舒的《春秋繁露》。《管子》[③]在一年的循环期间看出了五行中的每一种轮流占有周期性的优势，它说：

> 在我们看到甲子循环的标志到来时，木行就开始它的统治。如果皇帝不赐恩授奖，而容许大量的采伐、破坏和伤害，则他就有危险。如果他不死，太子就有危险，并且他家族中的某人或配偶就要死亡，不然，他的长子就要丧生。（因为春天是生长而不是毁坏的季节。）在七十二天以后，这个时期就

---

① 参见 Fêng Yu-Lan（1）vol. 2, pp. 7 ff., 133 ff.；Wu Khang（1），p. 186；Wu Shih-Chhang（1）。

② 当然，包含有机哲学的真理的内核。

③《管子·五行第四十一》，有关的材料也见于《四时第四十》中，部分的译文见 Hughes（1），p. 215；Than Po-Fu *et al.*（1），p. 88，所引证的一段释文又见于《淮南子》的第三篇，第八页。

过去了。

在我们看到丙子循环的标志到来时，火行就开始它的统治。如果这时皇帝采取急促和草率的措施，干旱就要造成流行病，草木就枯死，人民就死亡。到七十二天后，这个时期就过去了。

在我们看到戊子循环的标志到来时，土行就开始它的统治，如果这时皇帝建宫殿或修楼台，他就有生命危险，如果（这时）建筑城墙，他的大臣们就要死去（因为不应该征调人民脱离收获）。到七十二天以后，这个时期就过去了。

在我们看到庚子循环的标志到来时，金行就开始它的统治。如果皇帝（为了采矿作业）攻山和（为冶金）而凿石，他的军队在战争中就要败绩，士卒死亡，他就要失去帝位。到七十二天以后，这个时期就过去了。

在我们看到壬子循环的标志到来时，水行开始它的统治。如果这时皇帝（允许）决坏堤防，因而使洪水横流，则王后或贵妇人就死去，鸟卵将会破坏，有毛动物的幼仔早产，孕妇将流产。到七十二天以后，这个时期就过去了。[①]

在这段引文里，五行理论与前兆和预言之间的联系是很明显的。我要从董仲舒的著作摘引的一段话，也证明如此。他在必定是公元前 135 年左右成书的《五行之义》篇中有如下的说法：

天有五行：第一木，第二火，第三土，第四金，第五水。木在五行循环中最先出现，水最后出现，土则居于中间。这是天定的次序。木生火，火生土（也就是灰），土生金（也就是矿物），金生水[②]，水生木（因为木本植物需要水）。这是它们的"父子"关系。木居左，金居右，火居前，水居后，土则居中央。这也是它们的父子次序，每一种都轮流承受另一种。所以，木承受水，火承受木，以此类推。作为传递者，则它们是父；作为承受者，则它们是子。子对父有一种不变的依赖关系，还有父对子的指使。天道就是如此。

---

① 译文见 Forke（6）。p. 259。

② 或则因为把熔融的金属当作水，或则更可能是礼仪的习惯是夜间把金属镜子放在室外承露。

既然如此，木产生了火就滋养着它，金死之后则贮藏在水中。火喜欢木，并通过阳的作用得到它的滋养。水克金之后，通过阴的作用而埋葬它。土“用它的全部忠诚”来侍奉天。就是这样，五行符合着孝子和忠臣的行为。[①] 把五行用（这样的）语言说出来，它们就真像是五种行为，不是吗？

对五行能提出确切的命题这一事实，意味着圣人得以理解它们，从而增加他们自己的仁爱并减少他们自己的严厉，并着重对生命的滋养，关怀死者的丧事，就这样来符合天命。因此就像儿子欢迎他的（养育）之年的完成，所以火喜欢木；就像儿子埋葬他的父亲（的时刻到来时），所以到这时候水能克金。侍奉君王也就像土对于天表示敬礼。所以可以说，有的人是与五行（同调的），正有如五行循序彼此相继；有的官吏是与五行（同调的），恪尽其职。

故此，木的方位在东，有掌管春气之权。火的方位在南，有掌管夏气之权。金的方位在西，有掌管秋气之权。水的方位在北，有掌管冬气之权。既是如此，木就执掌赋予生命，金就执掌处理刑杀；火就执掌热，而水执掌寒。人们别无选择，只有按着这个顺序进行；官吏别无选择，只有按着这些威力行事，因为天数就是如此。

土的位置在中央，并且（好像）是天的丰饶的土壤。土是天的大腿和手臂，它的德行看起来是那么丰富和那么美好，以致一次不能说完。事实上，是土把五行和四季都结合在一起。金、木、水、火虽各有其职能，但是如果它们不依赖中央的土，它们就都会瓦解。同样，酸、咸、辛和苦也有赖于甜。没有那个（基本的）味，其他的就不成为“滋味”。甜（即可吃的）是五味的根本。所以，土是五行的掌管者，它的气是统一它们的原则，正如五味中有甜的存在，就不能不使它们成为五味那样。既然如此，在圣人的行为中，就没有什么在荣誉上可以与忠诚相比，那种忠实，我要称之为土的特有的德行。……[②]

五行按照它们相生的次序通过一年各季循环再现，这在以后的世纪里被因袭了下来[③]。在一年五季的每一季里（第六个月是在夏秋之间分开考虑的），五行就各处于下列的这种或那种相位：帮助（“相”）、繁盛（“旺”）、退休

---

① 注意自然主义（阴阳家）是多么完全地被儒家学说所吸收的。

② 见《春秋繁露·五行之义》。译文见 Hughes（1），p. 294。

③ 对这一点的最早说明之一见《淮南子·天文训》第十四页。

（“休”）、囚禁（“囚”）和死亡（“死”）。后来又有与一年十二个月相对立的十二种相位，五行依次居其中：(1)“受气”；(2)“胎”；(3)“养”；(4)“生”；(5)“沐浴”；(6)“冠带”；(7)“临官”；(8)“旺”；(9)“衰”；(10)“病”；(11)“死”；(12)“葬”。这些阐述大量用于算命。

但是，如果说五行理论是这样被吸收到汉代政治思想之中，那么，汉代传统的和正统的儒家们却排斥了邹衍和他的全部著作。这可以用一段有趣的引文来证明，这段引文是桓宽在公元前80年左右写的《盐铁论·论邹第五十三》，据认为是前一年汉朝官员和儒家学者之间的一次会议的逐字逐句的记录。《盐铁论》是极其重要的文件，将在本书结尾部分加以仔细研究。它与此处有关联，是因为在该篇中官员们呼吁要把邹衍作为一个具有最广博的概念和最深刻的学识的人物来追念，而学者们则贬低他，并且完全率直地陈述了庸俗的儒家教义，在这些教义中看不出有科学方面的任何价值。从这一观点来看，这段文字值得被看作是中国科学史上至关重要的话。下面就是《论邹》那一篇：

> 宰相说：“邹子讨厌后来的儒家和墨家，因为他们不了解天地的广大和宽阔光明的宇宙之道。他们只知道一部分，就认为自己能谈论所有九部分；他们只知道世界的一个角落，就认为自己了解了它的全部。他们认为不用水准器就能测定高度，不用矩尺和圆规就能辨别直线和弧线的差别。但是邹衍能推论大圣人从始至终的循环，（根据历史）给君王、诸侯和著名学者举出例证。对中国名山和通谷加以分类以后，他进而获得关于海外的知识。……

他不知不觉地逐字引用了那时刚写成的《史记》第七十四卷，并且接着叙述邹衍关于中国不是世界的中心和关于九大洲的地理学见解。

> “（不错），在《禹贡》（《书经》的一篇）中（已经）记载着山川沼泽的高下，但是禹并不认识大道的深远。这就是为什么秦（始皇帝——他生在邹子之后）想要达到九州并取得大瀛海，驱逐野蛮人而主宰万国。普通学者只为他们自己小小土地上的事情操心，从来也不走出他们自己的乡村和地区，所以他们对帝国的伟大世界的意义，毫无观念。”
>
> 学者们回答说：“尧任命禹为司空来管理水土。他随着山的自然走势用

木柱标出高度，并划定九州。但是邹衍不是圣人；他以怪异和欺骗的教义迷惑六国的封建君主，从而使他们采纳他的意见。这就是《春秋》所说的‘一个平常人迷惑了封建君主’。孔子说，‘人们不知道怎样处理人事，他们又怎么知道神鬼的事呢？’尚未得到近在手边的事情的知识的人们，又怎么会知道关于大瀛海的事呢？所以君子应该不去做并不实用的事。凡是与政事无关的，他都不应该去研究。（传说中的）三皇笃信（儒）经之道，他们的光明德行遍布于天下。但是战国时代的国君们信仰（像邹子那样的人的）诱惑人的教导，于是他们就被征服而且灭亡了。再者，在秦（始皇）已经吞并了已知的天下之后，仍想掌握万国，最后他甚至丧失了自己的三十六郡，——他打算到达大瀛海，但是反而甚至于丧失了他原有的郡县。如果我们彻底理解这种种事情本来就是如此，那么我们就最好把自己约束在适度的计划之内。”①

此处我们不能提前讨论《盐铁论》的社会意义和经济意义；只需要说明，它的论述是以儒家的保守主义对比了新的官僚政体的国家机构。这一段引文的旨趣在于这样一个事实，即它揭示了秦代的统治王朝是怎样受到自然主义学派（阴阳家）的影响，以及后来的儒家由于不能抵制五行理论的政治方面，是怎样在反对邹衍学说中其余的科学部分的。同时，阴阳家的炼丹和制药部分已被吸收到道家的复合体内，因而对儒家说来已完全成为异端。

在《前汉书·艺文志》中，有不下于二十一种书被指定为属于自然主义学派（阴阳家）的，但是后来都失传了。前面提到的邹衍本人的两种书都在其中，还有一种是邹奭写的，另一种是张苍著的。其中提到公孙家族的两个人，但其他方面不详。篇名之一由于有黄帝的出现而表明了道家的影响。②《艺文志》的著者评论说：

阴阳学派的学说是从古天象官羲与和创始的③。（这一学派）恭敬地遵循

① 由作者译成英文。

② 如果从其他古书和残篇中来查明这些书的著者及其内容，那会是一项有趣的研究工作。或许这项工作已有人做过了，但是我尚未见到。参见 Forke（13）p. 506。

③ 在《书经》中提到的传说中的天象之官。《前汉书·艺文志》的著者有一种理论，即每一哲学流派都起源于政府的一个部门，这当然是无稽之谈；参看胡适（6），冯友兰（4）。

辉耀的天、连续的征象和日月星辰，以及为人民划分时间和季节。这就是这一学派的优点。但是那些过于严格和拘于文字来接受它的人们，则被无数的限制和烦琐的禁忌所束缚；他们倾向于放弃依靠人力，而依靠鬼神。[①]

在其后的历史中，五行理论越来越和算命之类的伪科学结合在一起，我们将在下一章中对这个问题做稍稍进一步的描述。南朝梁（5世纪末和6世纪初）的陶弘景写了几部这类书，有几份大约同时代的残篇收集在马国翰编的《玉函山房辑佚书》内。但是关于五行的最重要的中古时代的书籍，是594年萧吉所写的献给隋朝皇帝的《五行大义》。这本书讨论的科学问题比后来的任何著作都更多，而讨论的算命都更少[②]。在唐代则有吕才、李虚中和其他许多人，其中有些人将在以后谈到。那时，五行理论已成为中国思想中普遍的常用话了。

(d) 排列的顺序和象征的相互联系（略）

(e) 两种基本力量的理论（阴阳学说）（略）

(f) 相互联系的思维及其义；董仲舒（略）

(g)《易经的体系》（略）

---

①《前汉书·艺文志》，第二十二页，由作者译成英文。

② 见 ChaoWei-Pang（1）。

任继愈与《中国哲学发展史·导言》

经典导读

任继愈（1916—2009 年），著名哲学家、宗教学家、历史学家。字又之，山东平原人。1931 年毕业于平原县立初级中学，1934 年考入北京大学哲学系，1938 年毕业。1939 年考取西南联合大学北京大学文科研究所第一批研究生，师从汤用彤、贺麟攻读中国佛教史和哲学史。1942 年毕业留北京大学哲学系任教，1956 年晋升为教授，先后在北京大学讲授中国哲学史、宋明理学、中国哲学问题、朱子哲学、华严宗研究、佛教著作选读、隋唐佛教和逻辑学等课程，并在北京师范大学讲授中国哲学史课程。1956 年起兼任中国科学院哲学研究所研究员。1964 年，负责筹建中国科学院世界宗教研究所，并任所长。1987 年至 2005 年，任继愈担任中国国家图书馆馆长，后任名誉馆长。

任继愈一生著述丰富。专著有《汉唐佛教思想论集》、《中国哲学史论》、《老子全译》、《老子绎读》、《老子新译》、《墨子与墨家》、《韩非》、《天人之际》等；与人合著的著作有：1956 年与石峻、朱伯崑合著《中国近代思想史讲授提纲》；1956 年与汤用彤合著《魏晋玄学中的社会政治思想略论》等。他主编的著作主要有：《中国哲学史》（4 卷本）、《中国哲学史简编》、《中国佛教史》（8 卷本，已出第 1、2 卷）、《中国哲学发展史》（7 卷本）、《中国道教史》等，主编的工具书如《宗教词典》、《宗教大辞典》、《佛教大辞典》、《道藏提要》等。他还整理了大量古籍，如《中华大藏经》（汉文部分，106卷，获全国古籍整理一等奖，国家图书奖荣誉奖）、《中华大典·哲学典》、《中华大典·宗教典》、《国家图书馆藏敦煌遗书》等，还主编了中国文化史文化知识丛书《中国历史文化丛书》等。任继愈还发表了有关中国思想史、哲学史、儒教、道教、佛教、三教关系以及中国文化、中国哲学的未来道路问题的大量论文，这些论文有的已经编成论文集出版，如《任继愈学术论著自选集》（北京师范学院出版社，1991年）、《任继愈学术文化随笔》（中国青年出版社，1996年）、《任继愈自选集》（重庆出版社，2000年）、《竹影集》（新世界出版社，2002年）、《任继愈禅学论集》（商务印书馆，2005年）、《皓首学术随笔·任继愈卷》（中华书局，2006年）等。此外，他还创办了《世界宗教研究》、《科学与无神论》等杂志。

任继愈是运用马克思主义研究、总结中国思想史、哲学史的重要代表之一。他以历史唯物主义的观点研究中国儒教、佛教、道教及其中国哲学思想，注重儒、道、佛三教复杂关系的考察，揭示中国哲学史、宗教发展变化的规律，在诸多领域有深入的研究和建树。他的学术贡献主要体现在以下几个方面：

第一，在中国哲学通史的研究方面，任继愈于20世纪60年代主编了四卷本的《中国哲学史》，后又于70年代后期主编了《中国哲学发展史》（七卷本），并且出版了《中国哲学史论》等研究专著，在中国哲学史研究领域提出了许多重要的创见。《中国哲学史》是任继愈受国家委托为大学哲学系编写的教科书，1963年由人民出版社发行第1版，到1996年已发行第5版。该书具有广泛的影响，是运用马克思主义的唯物史观系统研究、完整梳理中国哲学、思想通史的教材，也是运用马克思主义分析研究佛教道教等宗教思想的代表著作。《中国哲学史》全书共分8篇，从商周写到五四运动，在中国哲学史的分期、主线、内容、方法以及撰写原则等方面都提出了独到的见解。该书的特点在于每篇的首章都要简要介绍这个时期的社会经济状况、科学文化成果以及各种思想流派之间的相互斗争。它把中国哲学史分为奴隶社会、封建社会、近代旧民主主义革命三个时期，封建社会又分为确立时期、封建专制国家的建立和发展时期、长期分裂门阀地主阶级统治时期、封建国家重建与地方割据时期、封建国家中央集权加强和巩固时期、没落时期共六个阶段。该书认为唯物主义和唯心主义的斗争是贯穿中国哲学史的一条主线，只是在各个时期有不同的表现形式。《中国哲学史》对以侯外庐为代表的中国马克思主义中国思想史研究者有很多继承，继承了他们运用马克思主义研究中国思想、哲学的理论，对于思想的解释，注重思想与社会经济、政治以及科学发展的联系，还继承了侯外庐等人注重挖掘异端思想的传统，使许多不为人注意的思想家登上前台。还有延续近代学术现代化的传统，特别注重原始资料的积累。该书在对思想家的评价上也是尽可能客观，既注意分析思想家的局限，也肯定其功绩。总之，《中国哲学史》是中国思想史、哲学史学科在新中国成立后的代表作之一，反映了那个时代学者对中国思想的反思水平，该书在20世纪中国学术史上的历史作用也是比较重要的。

1978年改革开放之后，社会各界对新中国成立后的道路进行了反思，学术界也是如此。任继愈本人也对新中国成立后30年的学术道路进行了反思，1983年出版的《中国哲学发展史》就是这种反思的代表。在该书“导言”中，任继愈详细论述了中国哲学史的研究对象、特点、方法与目的等，对60年代的《中国哲学史》中的观点有继承，也有很大修正。不再简单划分唯物唯心哲学阵营，对唯心主义哲学家也有相当的肯定。该书的进步性是不言而喻的，我们把该书的“导言”选入本书中，希望当代学者能够看到中国思想史、哲学史学科在20世纪走过的不平凡的、不断自我反思的这样一段历程。在该书出版之后，很多学者转变了以往对哲学史的观点，比如萧萐父、李锦全主编的《中国哲学史》就抛弃了以前非唯物即唯心的简单研究方法。《中国哲学史论》是任继愈解放后十多年研究中国哲学史的论文集，共41篇，反映了解放初任继愈对中国哲学理论、方法等很多方面的认识，于1981年由上海人民出版社出版。

第二，在儒教的研究方面，任继愈发表了大量论文，如《论儒教的形成》（《中国社会科学》1980年第1期）、《儒家与儒教》（《中国哲学》第3辑，三联书店，1980年）、《儒教的再评价》（《社会科学战线》，1982年第2期）、《朱熹与宗教》（《中国社会科学》1982年第5期）、《具有中国民族形式的宗教——儒教》（《文史知识》，1988年第6期）、《从程门立雪看儒教》（《群言》，1993年第2期）、《朱熹的宗教感情》（《群言》，1993年第8期）、《从佛教到儒教——唐宋思潮的变迁》（《任继愈学术文化随笔》，中国青年出版社，1996年）、《中国儒教史》序（《中国哲学史》，1997年第4期）等，任继愈主编的《中国哲学发展史》一书中对儒教也有系统的表述。在这些文章中，任继愈提出“儒教是宗教”的论断，认为中国的儒教是宗教，教主就是孔子。任继愈认为孔子创立的儒学发展成为儒教经历了一个漫长的历史过程，不是一下子完成的。孔子的儒学思想对殷周时期的天命神学思想、祖宗崇拜的早期宗教有很多继承，本身就具有发展成宗教的可能性。在先秦时期，儒学并不是宗教，后来经过两次大的改造，儒学才真正发展成为宗教。一次是汉武帝“罢黜百家，独尊儒术"，主要是由董仲舒从理论上完成的。儒学成为社会政治、道德、社会生活等多方面的法典，违背儒家思想就是犯法，此时儒学已具有宗教的雏形。经过宋代，尤其是朱熹吸收道教、佛教的思想对儒学进行改造，儒学真正发展成为宗教，任继愈指出"儒学成为完整形态的宗教，应当从北宋算起，朱熹把它完善化。多年来，人们习惯地称之为理学或道学的这种体系，我称之为儒教，这不是什么名词之争，它实在关系重大"①。儒学发展成为儒教是三教合流的产物，是以儒家的思想为基础，吸收了佛教等宗教的修行方法，所形成的一个系统的思想体系。他指出儒学不止具有一些外在的宗教形式，还具有很多实质性的内容，比如注重内心反省、禁欲主义、蒙昧主义等。为了系统研究儒教，任继愈在世界宗教研究所成立了儒教室，还在他主编的《宗教大辞典》等工具书中专门列出儒教词条，贯彻自己的学术观点。任继愈的儒教观提出之后，有很多学者表示异议，2000 年，任继愈收集这些争论文章汇编成《儒教问题争论集》由宗教文化出版社出版。在任继愈的影响下，很多学者对儒教进行了研究，如李申的《中国儒教史》、《中国儒教论》、《儒学与儒教》等。

第三，对佛教的系统研究也是任继愈中国传统思想文化研究的重要方面。首先任继愈主编 8 卷本的《中国佛教史》，试图梳理了中国佛教的完整发展历程。任继愈还对汉唐佛教、禅宗等做了具体研究，著有《汉唐佛教思想论集》、《任继愈禅学论集》等。任继愈对中国佛教的研究是以马克思主义的唯物史观为基础的，注重考察佛教与中国社会历史的联系，佛教与儒教、道教的融合过程，以及佛教与中国历史结合之后不同于印度的特点。其次，任继愈对于佛教文献极其关注，他主编的《中华大藏经》是一项宏大的古籍整理工程。这项工程始于 1982 年，1994 年编辑完成，集历代藏经之精华，不仅保存了文献遗产，而且对于中国佛教的研究具有重要意义。

第四，关于道家、道教的研究，任继愈也成果丰硕。他前后四次注、译《老子》，每次修订都受到考古资料的影响。1956 年，古籍出版社出版了他的《老子今译》；后来由于马王堆汉墓帛书的出土，他修订了《老子今译》，1976 年由上海古籍出版社出版了《老子新译》；1992 年，巴蜀书社出版了他的《老子全译》；随着郭店楚简的出土，他决定再次修订老子翻译，2006 年由北京图书馆出版社出版了《老子绎读》。任继愈认为老子哲学是中国哲学史上的第一座里程碑。

---

① 任继愈著:《天人之际》,《具有中国民族形式的宗教——儒教》, 上海文艺出版社 1998 年版, 第 159 页。

在道教研究方面，任继愈的主要贡献可以归结为两点：一是主编了《中国道教史》一书。该书1989年由上海人民出版社出版，全书上下两册，共分5编19章，约60万字。它是我国第一部全面系统论述道教史的著作，论述了道教从东汉孕育诞生直至近代大约2000年的历史发展过程，主要问题包括道教的教团组织、经典、教理、著名人物、内外丹、养生术、符录咒术、斋醮科仪以及道教对民间秘密宗教的影响等。对于道教的研究，任继愈以历史唯物主义为指导，梳理了道教的发展历史，研究了不同历史时期道教的特点，还研究了道教与社会历史的联系。该书在许多方面对道教思想的研究有所推进，如关于道教内外丹和养生学的研究，对于道教在中国古代科学，特别是化学、医药学发展方面的重要贡献都有新的研究。二是任继愈主编了《道藏提要》，这是查询道教历史资料的工具书，比较全面地介绍了《道藏》中每部书的成书年代、作者、内容，还附有目录索引、编纂者简介，这为查阅道教资料提供了便利。

第五，任继愈写了大量文章，来讨论、提出对于中国文化、哲学未来道路的看法。在《如何迎接中国哲学的明天》一文中，任继愈指出“博采众长，吸收一切先进的文化成果，是中国哲学的好传统，也是中华民族不断发展壮大的成功经验。中华民族素有吸收人类一切先进文化成果的魅力，也素有吸收一切有价值的中外哲学遗产构建新哲学体系的胸襟。……我们更要有海洋般的心胸，容纳新学科、新知识、新系统，贯串古今，融通中外，继承人类一切优秀文化遗产、创见社会主义的新的哲学体系”[①]。《从中国民族文化看中国哲学的未来》一文指出，新的哲学必须在总结人类文化成果的基础上，吸收传统中的精华。“建立新哲学，要承认文化思想、哲学有衰减现象。希望用古代某一两个哲学家的思想来支撑新局面，是不能成功的，它不能代替新哲学的新体系。”不能把未来的希望寄托在孔子等某个思想家之上。“建立新哲学，要重视过去的哲学的融会现象，要以马克思主义为指导，吸收西方及东方哲学文化遗产的精华。新哲学不应当也不可能抱残守缺，孤芳自赏，而是汇百川众流。”[②]融会贯通是中国文化发展的基本经验。在《二十一世纪的中国哲学》一文中，任继愈指出21世纪的中国哲学出发点和落脚点是中国多民族统一大国的基本国

① 任继愈:《任继愈学术文化随笔》,《如何迎接中国哲学的明天》，中国青年出版社1996年版，第63页。

② 任继愈:《任继愈学术文化随笔》,《从中国民族文化看中国哲学的未来》，中国青年出版社，1996年，第72、73页。

情，所以中国哲学必然带有中国的民族特点、历史文化特点，反映它的祈向和理想。对于中国哲学如何走向世界，任继愈也提出了他的看法，他还对中国哲学的前途寄予希望，“中国哲学的前景无限广阔。因为我们有前人没有遇到的机遇，有前人留下的丰厚遗产……文化有继承性，不能白手起家，传统文化是抛不掉、打不烂的。”[①] 这些观点是任继愈在长期的对中国历史、思想文化进行系统研究得出来的宝贵经验，是对历史经验的总结和升华，对 21 世纪中国哲学及其文化的发展具有重要的指导意义。

—— 延伸阅读文献目录：

1. 任继愈主编：《中国哲学史》，人民出版社，1963 年。
2. 任继愈主编：《中国哲学发展史》，人民出版社，1983 年。

—— 原文：《中国哲学发展史 · 导言》

① 任继愈：《皓首学术随笔任继愈卷》，《二十一世纪的中国哲学》，中华书局，2006 年，第 8 页。

经典原文

中国哲学发展史·导言

任继愈

中国哲学源远流长，已经有了近三千年的发展历史。把中国哲学史建立为一门科学，距今不过三十多年。三十多年来，中国哲学史这门学科受到国内政治经济发展的总形势的影响，有时繁荣和前进，有时停滞和倒退，但总的趋势是前进而非倒退。

封建社会的哲学史名著，如黄宗羲的《明儒学案》、《宋元学案》，其中汇集了相当丰富的资料，注重各个学派思想演变的来龙去脉，今天仍然不失为研究宋明理学的有用的参考书。但是这两部学案却有一个根本的弱点，就是不敢触及“经学”的禁区，不敢大胆非议“圣人”。如同中世纪的欧洲哲学是包括在神学里面一样，在中国的封建时代，哲学还没有从“经学”中分化出来。“经”是圣贤垂训的典籍，封建社会的一切成员，只能宣传它，解释它，信奉它，不能怀疑它，议论它，更不能批判它。“五四”前夕，胡适出版了《中国哲学史大纲》上卷。这是用近代资产阶级观点研究中国哲学史的第一部著作，虽然有头无尾，却使当时人们的耳目为之一新，得到社会的广泛重视。当时人们认为“新”的地方主要在于它不同于封建时代哲学史书的代圣人立言，为经传作注解，而敢于打破封建时代沿袭下来的不准议论古代圣贤的禁例，把孔子和其他哲学家摆在同样的地位，供人们评论。这是一大变革，标志着哲学开始从古代“经学”的禁锢下解放出来，步入近代。继胡适之后，冯友兰的《中国哲学史》，梁启超、萧公权、钱穆等人的政治思想史、学术史，比封建时代的哲学史都不同程度地有所前进，但是由于缺少历史唯物主义这个先进的武器。总的说来，都不能算作阐明中国哲学史发展规律的科学著作。

解放前，郭沫若、范文澜、翦伯赞、吕振羽、侯外庐、杜国庠等同志运用马克思主义观点对中国的古代社会、古代历史以及古代思想进行了卓有成效的探索。他们开始运用历史唯物主义，进行科学的分析，从而有可能透过各种现象的迷雾，看到了一些真相，或者说更接近于真相。这正是马克思主义学者高出于资产阶级学者的地方。尽管这几位前辈们的著作有一些论点可以讨论，但他们走的道路是一条阳关大道，他们开拓荒地的功劳是不可磨灭的。使中国哲学史开始成为一门科学，他们的著作具有示范作用。

全国解放之后，在党的领导下，马克思主义被广大学者所接受，并被运用于一切社会历史研究领域内。中国哲学史研究这个阵地也在被马克思主义所占领。三十多年来，我们出版了通史、断代史、专题研究、论文集等，举行了几次大规模的讨论。尽管研究者在对于一些重要哲学家或学派进行历史探讨时，得到的结论不同，甚至相反，但是绝大多数人对于以马克思主义作为中国哲学史研究的指导思想，基本上没有分歧。问题在于我们怎样正确理解马克思主义的基本原则，怎样把这些原则和中国哲学发展的具体实际相结合。在这个问题上，我们取得了一些成功的经验，也走了不少弯路。粉碎“四人帮”以后，通过拨乱反正，正确贯彻党的十一届三中全会路线，学术界充满了前所未有的自由讨论的气氛，中国哲学史又呈现繁荣景象。过去曾经讨论后来被窒息了的一些问题，今天又得到哲学史研究者的深切关注。在建国三十多年之后的今天，我们有了丰富的正反两方面的经验，这将大大有益于开展实事求是的学术研究，为进一步发展中国哲学史提供了新的起点。

六十年代初期，在教育部主持下，为高等院校开设中国哲学史这门课程，由北京大学、人民大学，中国科学院哲学研究所的几位同志共同编写了四卷本的《中国哲学史》教科书。作为一部用于教学的教科书，讲的是一些比较基本的简明的知识，受授课时间的限制，不允许对某一方面的问题多所发挥，同时，观点也力求稳妥，学术界争论大的问题，则尽量避免采入。《中国哲学史》（四卷本）教科书，前三卷出版近二十年，我们对已出版的教科书不能满意：因为有些应当说的，没有说到，也有些问题，书成后我们的观点有了改变，认识有所前进。为了适应于这门科学进一步发展的需要，应当写出一部新的反映我们目前认识水平，比二十年前出版的四卷本教科书更详尽的哲学史专著来。

几十年来，对中国哲学史的特点、道路、发展规律以及中国哲学史的地位，有我们自己的想法和看法，经过多年酝酿、考虑，这些想法和看法更趋明朗。这些看法是否符合中国哲学史的实际，将接受客观实践和历史的考验。但是我们的结论是在消化原始资料，广泛吸取已有的研究成果的基础上，亲手撷取来的。我们力图做到材料和观点的统一；力图运用马克思主义的指导原则；下结论要有事实的依据；对中国哲学史的发展作一次严肃认真的探索。

这部哲学史，将分成七卷。以华夏民族的认识史为开端，说明哲学如何从原始宗教中逐渐分化出来的逻辑过程，以《先秦哲学发展史》为全书的第一卷。汉承秦制，从社会结构到政治体制都是一脉相承的。对秦汉之际、两汉之间、东汉之末，我们将在一些专题研究的基础上进行系统的探究，对谶纬思想也有较多的论述，以《秦汉哲学发展史》为第二卷。魏晋时期，哲学从两汉神学目的论中获得一定的解放，在农民起义失败后，佛教、道教都在建立，儒学玄学化，与佛教、道教同时并存，形成时代特点，以《魏晋哲学发展史》为第三卷。隋唐时期，儒、释、道并称三教，互争雄长，国力达到封建社会的高峰，而宗教思想也发展到高峰，以《隋唐哲学发展史》为第四卷。宋元明清，儒教建立，形成体大思精的宗教神学体系，不但关联到中国近千年的国运的兴衰，也影响到东亚诸邻国。由于儒教的内容复杂，体系庞大，在人们的精神生活中直到今天还在起作用，《宋元明清哲学发展史》将分第五、第六两卷叙述。鸦片战争到“五四”前夕，中国社会发生质变，哲学思想亦迥异于前期，《近代哲学发展史》纳入第七卷。七卷既竟，如乘槎以穷河源，如汇百川而归大海，事实既明，条理自见，哲学史规律亦将从此引出。

本书写的是一家之言，不求每个章节字数按比例分配。我们认为重要的，或研究得比较多的问题，就多讲；认为不重要或没有多少新见、学术界都已注意到或讲得烂熟的问题，我们就少讲或不讲。因此，对各个哲学家和哲学流派之间的论述占用的篇幅就显得不够匀称，而有些任其自然了。

参加这一工作的同志，有的共同合作过一、二十年，也有年代较短的，除了在京的几位同志是基本队伍外，也有外地的同志参与某一专题的讨论和写作。第一卷撰写人（按姓氏笔划为序）有孔繁、任继愈、牟钟鉴、余敦康、周继旨、阎韬同志。以后各卷的撰写人，将根据工作的需要，而有些调整，但基本队伍不变。我们这个写作集体，学术观点十分相似以至相同，因而本书的脉络得以自然地保持一贯。本书着眼于中国哲学逻辑的发展过程，所以称之为《中国哲学发展史》。

下面就中国哲学史的对象、特点、方法和目的，分别谈一谈我们的一些看法，这是编写本书的指导思想。

一、中国哲学史是中华民族的认识史

中国哲学史记录了伟大的中华民族在漫长的岁月里改变世界、认识世界的艰难曲折的历程，集中了中华民族的智慧。中华民族远在二千多年前就有了成系统的哲学体系出现，这是可以引为自豪的。在中国历史上，从孔子到孙中山，涌现出了许多重要的哲学家和哲学流派，有如群星灿烂，他们各自体现了时代的精神面貌，代表着认识前进运动中的各个发展阶段。

每个民族的哲学是该民族的精神文明的一面镜子。文学、音乐、美术、宗教都能表现各个民族的文化特点，虽然都反映着民族智慧发展某一方面的成果，但不能表现各民族抽象思维的最高水平。既能表现该民族的特点，又能衡量该民族抽象思维最高水平的只有哲学。哲学是思维进行高度概括的结果，要有相当发达的生产力水平，有相当发达的科学，相当丰富的社会历史经验作为发生发展的前提。只有达到一定发展水平的文明社会才会有哲学。迄今，世界上每一民族都有自己的文学（包括口头文学）、美术、音乐、宗教，它们可以内容丰富，各具特色，甚至具有永恒的魅力，但不能说每一民族都有哲学。据社会调查表明，一些停留于氏族社会的民族，抽象的概念还没有产生，他们的社会生活用不着那些抽象概念，因而不会有哲学。没有哲学，当然不会有哲学史。

中国哲学史绵延数千年，这在世界上是仅有的。纵观世界各国，有的民族文化，古代灿烂，后来消沉；有的近代煊赫震烁，其古代则渺茫难考；也有些文化，中世纪时曾横跨欧亚，不久即分崩离析，往事繁华徒供后人凭吊。中华民族则不同，它经历了无数艰难险阻，历数千年之久，融合多种民族的优秀文化，如百川汇归大海，最后形成中华民族的文化。中国哲学史是中华民族优良精神文明的集中表现。中华民族以汉族为主体，实际上汉族是许多兄弟民族长期融合的结果，今天已不具有“纯粹”的汉族。中国哲学史上的优秀哲学家、伟大哲人，既反映了汉族文化的先进水平，也反映了各兄弟民族文化的先进水平。没有多民族大家庭的不断交流[①]，多次大规模的渗透、竞争、融合，就没有今天中华民族的文化。

① 春秋战国以前华戎杂处，民族之间交往频繁，已经融合为华夏族；秦汉时期，六国贵族及边区游牧区贵族牧主大迁徙即形成今天的汉族。南北朝时期，北方汉族地主阶级与北方少数民族的贵族互相结合，共同统治，南迁的汉族也与当地土著相融合，共同统治，这是一次更大规模的民族融合。隋唐时期，皇室、贵族是汉族与少数民族混血的后裔，唐王朝实际上是我国多民族地主阶级共同专政的政权，所以在文化上也互相学习，取长补短，共同进步。宋、元、明、清，自然是多民族共同进步的历史。

因此，中国哲学史实际上是中华民族的精神文明的一面总的镜子。它以逻辑的形式记录了中华民族认识世界的经历，它的历史经验为人类认识史提供了极可宝贵的丰富的内容。总结过去，为的是创造未来，为今后更高的精神文明贡献一份财富。

马克思列宁主义能够在中国生根，并取得伟大成绩，除了中国的革命实践的需要这个决定的因素外，中国文化的优良传统，中国哲学史提供的思想资料也是一个因素。1949年以前，世界上半殖民地半封建的社会不只中国，而毛泽东思想却诞生在中国，它成功地把马克思列宁主义的普遍原理与中国革命实际相结合，形成具有中华民族特色的马克思列宁主义，不能认为是偶然现象。

哲学史作为人类认识的发展史，唯物主义和唯心主义的斗争史，在古代，在奴隶社会和封建社会具体表现为哲学和宗教、理性和信仰的斗争史。哲学的发展过程，就是一步一步摆脱宗教的束缚的过程，征诸中外历史，没有例外。

哲学起源于宗教，古代的希腊是如此，古代的印度是如此，古代的中国也是如此。

人类最初由古猿进化而来，猿人没有宗教，那时人类还不能够从自然中把自己分离出来。后来才产生了宗教。原始社会有宗教而无哲学。由于当时生产力的极度低下，生活的极端困苦，大自然给予人类的考验十分严酷，人类为了生存，把一切力量都用来对付自然。天灾、疾病、部落之间的争夺无情地摆在人类面前，人类无力克服这些苦难，于是产生了宗教，这是自发的宗教，和后来阶级社会的人为的宗教不同。人类从没有宗教到形成宗教，是一个进步，它是人类思维能力向前发展、人类从与自然界混然一体的状态下分离出来的标志。

进入阶级社会以后，由氏族部落掌权者演变而来的奴隶主贵族，把原始宗教改造成为论证剥削压迫制度合理性的工具。宗教本身所具有的消极特性，恰恰适合了统治阶级的这种需要。

宗教是人类对现实世界的歪曲的反映。它立足于信仰和虔诚，而不是立足于理性的思辨和逻辑的论证；它祈求超自然的神秘力量的拯救，而不是激发人们自身的聪明才智；它指示人们向“上帝”投降，屈服于异己力量，而不赞同人们向压迫自己的自然力量和社会力量进行反抗。

哲学与宗教不同，它是人们通过实践而产生的理性思维，是生产斗争知识和阶级斗争知识的概括。人们在生产斗争和阶级斗争中，犯过错误，也取得过成功。总结成功的经验，吸收错误的教训，人们就逐渐变得聪明起来。不断地积累这些经验教训，并把它们抽象概括为原则性的总结性的格言，这就是哲学的雏型。为了便于记忆和流传，先用诗的形式，后来才有文字的著作。总结经验要有科学的知识，科学的方法，科学的态度。哲学的基础是科学，哲学本身就包含着与宗教分离的内在因素。最早宗教指导着人类生活的全部，后来宗教的阵地逐渐被哲学所挤占，才被迫缩小了它管辖的范围。

哲学必须对自然现象和社会现象作出规律性的解释，它一开始就注意物质和精神的关系问题，由于解释的不同而划分为唯物主义哲学和唯心主义哲学。宗教反对科学实践，而唯心主义哲学则歪曲科学实践。在历史上，宗教和唯心主义哲学经常结成同盟军。宗教是粗糙的唯心主义，唯心主义是精致的神学，这两者的任务和目的相同，只有高低精粗的差别。代表人类正确思维的哲学是唯物主义，它可以称为哲学的主流。但是，人类认识世界不是沿着直线前进的，走过不少的弯路，唯心主义和唯物主义也存在着互相转化和互相促进的复杂情况。不过从总的方面来看，哲学每前进一步，特别在古代，都要和宗教发生冲突。但也有宗教渗入哲学，哲学屈服于宗教的情况。

自发的宗教产生于原始社会，人为的宗教产生于奴隶社会，但宗教得到广泛的滋长传播，无论中外，都是在封建社会。封建社会比奴隶社会前进了一个历史阶段。奴隶社会的存在和巩固，更多的靠暴力。封建社会的经济特点是个体小农经济，统治者采用的统治手段比奴隶制有所改变，不专靠皮鞭和刑罚，允许农民耕种小块土地，使他们对生产比奴隶有较高的积极性。但这并不等于放松了对农民的暴力压迫和剥削，而是更多地用宗教作为思想武器，推行奴化说教，以巩固封建统治秩序。佛教、基督教和伊斯兰教的广泛流传，形成世界宗教，都得力于封建社会统治阶级的支持和推动。

在封建社会，哲学只是宗教的附庸。中外的历史都已表明哲学没有能力从宗教神学的绝对权威下解放出来。中国封建社会的历史特别长，哲学从属于宗教的这种状态也特别久。进入资本主义社会，有了近代生产和实验科学，哲学才具备了独立存在的现实基础，神学才失去了垄断意识形态的至上地位。只有在这时，哲学的基本问题：思维与存在的关系问题，才被十分清楚地突出起来，获得了它的完全意义。哲学发展史的任务就是把人类认识挣脱宗教的过程的规律性揭示出来。

哲学史是整个认识的历史，这是列宁给哲学史下的定义[①]。同时列宁也指出，在两千年的哲学发展过程中，唯心主义和唯物主义的斗争、柏拉图的和德谟克利特的倾向或路线的斗争不会陈腐[②]。苏联日丹诺夫根据列宁的后一种说法否定了苏联亚历山大洛夫的哲学史定义，其实亚历山大洛夫把哲学史看作是认识史也是根据列宁的说法而来的。哲学史是认识史，哲学史是唯物主义和唯心主义的斗争史，这两个说法本来是互相补充、并不排斥的。但是在有些马克思主义学者中间，对它的理解却往往产生偏向，似乎用了其中的一个说法就非得反对另外一个说法不可。亚历山大洛夫用哲学史是认识史的定义写他的《西欧哲学史》，确实是忽略了唯物主义和唯心主义的斗争，把认识的发展描述成为一种和平的量的渐进过程，日丹诺夫对他的批评不是没有道理的。解放以后，我们接受了日丹诺夫的定义来研究中国哲学史，又产生了另一种偏向，只看到哲学史上的两军对战，用全部注意力去给哲学家划分阵营，而不去着重研究人类认识螺旋上升的曲折复杂的发展过程，不去总结这种发展过程中的规律和经验教训，也不去注意分析每个哲学体系的内部结构和它在认识史上的地位。现在有人提出要否定日丹诺夫的定义，回到列宁的定义上来。也有人表示担心，认为如果否定了日丹诺夫的定义，将会重复亚历山大洛夫所犯的错误。我倒认为，列宁的定义是全面的完整的，日丹诺夫和亚历山大洛夫的定义都只见其一，不见其二。为了克服我们研究工作中的偏向，必须全面地理解列宁的思想。

哲学史，顾名思义，就是哲学发展的历史。哲学这门学科不同于自然科学、社会学、历史学等具体学科，它是一门世界观的学问，所涉及的领域是人类对自然、社会和思维的一般规律的认识。因此，哲学史讲的是各个历史时期人们对自然界发生、发展的认识，即自然观；对社会历史发生、发展的认识，即社会历史观；对思维规律的认识，即逻辑学和认识论。把这些概括起来，哲学史的研究

---

① 列宁认为“哲学史……简略地说，就是整个认识的历史”，并认为“全部认识领域”，包括“各门科学的历史，儿童智力发展的历史，动物智力发展的历史，语言的历史”，加上“心理学”和“感觉器官的生理学”，“这就是那些应当构成认识论和辩证法的知识领域”。(《哲学笔记》,《列宁全集》第 38 卷第 399 页)

② 列宁认为，“在两千年的哲学发展过程中，唯心主义和唯物主义的斗争难道会陈腐吗？哲学上柏拉图的和德谟克利特的倾向或路线的斗争难道会陈腐吗？宗教和科学的斗争难道会陈腐吗？否定客观真理和承认客观真理的斗争难道会陈腐吗？超感觉知识的维护者和反对者的斗争难道会陈腐吗？”(《唯物主义和经验批判主义》,《列宁选集》第 2 卷第 128—129 页)

对象就是整个人类认识的历史。认识是不断发展、不断深化的，在各个认识领域里，认识过程中总有先进与保守、正确与错误的斗争。一般说来，唯物主义的认识路线方向对头，能比较正确地反映客观实际，唯心主义的认识路线方向不对头，不能正确地反映客观实际。说唯物主义只是比较正确，是因为人类的认识不可避免地要受到历史的和阶级的局限，只能做到比较正确，不可能完全正确。唯心主义有它的认识论和阶级根源，是人类认识前进运动中的一个必然环节，表现了认识过程的复杂性和曲折性。它是不结果的花。唯心主义对唯物主义提出了质疑，出难题，从而淬砺、锻炼了唯物主义，促进了认识的深化。从这个意义上来说，哲学史也是唯物主义和唯心主义的斗争史。离开唯物主义和唯心主义的斗争来讲认识的发展，它的发展也是讲不清楚的。过去我们离开认识的发展来讲唯物主义和唯心主义的斗争，又陷入了另一种片面性。从亚历山大洛夫的定义到日丹诺夫的定义，再回到列宁的定义，是一个否定之否定的过程。如果我们在具体的研究工作中避免这两种片面性，就能够比较准确地掌握列宁的思想了。

哲学史上的重要人物和重要学派，如果说他们有过重大贡献，就在于他们曾经站在认识世界的最前列，体现了当时的思想高度。他们把当时人们的认识推进到一个新水平，无愧于是他们各自时代的思潮的代表。有贡献的哲学家们提出的一些哲学思想不应仅仅看作属于他们个人的见解，他们是集体智慧的代言人。哲学家虽属于某一个民族，但也不应把他看做仅仅某一个民族的哲学家，同时也具有全人类的意义。后人看前人，不难发现他们的理论有这样那样的缺点，甚至错误。但是更应去发现他们比前人提出了哪些新的命题，进行了哪些新的探索，揭示了哪些新的范畴。这样，哲学史就不是一系列错误观念的积累，而是人类认识世界、解释世界前进道路上连绵不断的里程碑。先进的哲学家（或哲学流派）所以称为先进，就在于他们站在当时人类认识的尖端，给后来人提供了精神财富。凡是不能体现当时先进水平的哲学家或流派，有时得到某种外力的支持，也能行时一阵子，毕竟不能行久及远，经不起历史的考验。

二、中国哲学史的特点

哲学史作为认识史，作为唯物主义和唯心主义的斗争史，在不同的国家和地区，表现形式是不一样的。中国哲学是在中国这块土地上生长、发展的，中国社会历史的特点，决定了中国哲学史的特点，正象欧洲社会历史的特点决定欧洲哲学史的特点一样。中国社会历史大约有以下几个特点：

（1）奴隶制度不典型，但封建制度发展得相当充分而完善，封建社会维持得比较长久和稳定；近代资本主义力量则软弱，始终没有达到成熟阶段。

（2）始自奴隶社会的宗法制度，在封建社会里发展得较为完备，成为联结社会最重要的纽带，一直延续到近代，直到今天还有它的影响。

（3）中央集权下的多民族的大一统国家结构形成得早，统一的时间长，分裂不能持久。

（4）农民起义次数多，规模大；封建统治者在对付农民反抗和进行内部斗争中，积累了较丰富的统治经验。

中国社会历史的特点，给中国哲学史带来如下特点：

（1）封建社会的哲学历史最长。中国有文字记载的历史绝大部分是封建社会的历史，中国哲学发生于奴隶社会，其主要发展过程是在封建社会进行的。如果把中国封建社会的哲学史研究清楚了，找到它的基本规律，中国哲学史的主要研究任务也接近完成了。这是一个长期的任务，不是一代人、两代人的努力就能办到的。从世界范围看，希腊、罗马的奴隶制具有典型性，它的哲学光彩夺目；欧洲的资本主义制度具有典型性，资产阶级哲学最发达兴旺，影响了全世界。中国的封建制度具有典型性，封建时代的哲学最丰富、系统，成为中国哲学史的重点。中国的资本主义没有得到正常的发展，自然科学也没有达到近代实验科学的水平，所以中国哲学史中自然哲学的成分很少。近代的机械唯物论和生物进化论，都是从西方传进来的，不是自身发展出来的。

（2）神学化了的儒学占有极大优势。中国封建社会是宗法制社会，它要求建立与之相适应的意识形态。中国同欧洲的封建社会一样，都是宗教神学在意识形态中占统治地位，但是中国封建社会占统治地位的宗教不是佛教，不是道教，也不是基督教和伊斯兰教，而是一种具有特殊形态的适合于中国封建社会历史特点的宗教，即儒教。表面上看来，儒教这种宗教不同于一般的宗教，甚至它还打出反对佛、道的幌子，缺少一般宗教的外在特征，但是却具有宗教的一切本质属性。

儒教的思想基础是孔子所创立的儒家学说。儒家学说虽然是直接继承了殷周奴隶制时期的天命神学和祖宗崇拜的宗教思想发展而来，但是在先秦它还不是宗教，只是作为一种政治伦理学说与其他各家进行争鸣。由于这种学说强调尊尊、亲亲，维护君父的绝对统治地位，巩固专制宗法的等级制度，能够对劳动人民起极大的麻醉欺骗作用，汉代开始把它推崇为占统治地位的意识形态。为了使这种意识形态有效地稳定封建社会秩序，更好地发挥控制人心的作用，汉以后的历代封建统治者及其思想家们不断地对它加工改造，用政治手段不断扩大它的影响，使它朝着宗教神学的方向发展。他们进行了儒学的造神活动，把孔子偶像化，把儒家经典神圣化，到了宋代又吸收佛教、道教的思想，将儒家学说变成了体大思精的宗教神学。它在整个中国封建社会时期一直占据着正统地位，对于巩固封建制度和延长其寿命，起了十分巨大的作用。

由儒学发展为儒教是伴随着封建统一大帝国的建立和巩固逐渐进行的，曾经历了千余年的过程。这一过程中，孔子的学说共经历了两次大的改造。第一次改造在汉代，它是由汉武帝主持、由董仲舒倡导的，这就是中国历史上所谓“罢黜百家，独尊儒术”的措施。汉代大一统的中央集权封建宗法专制国家需要一套在意识形态上和它紧密配合的宗教、哲学体系。董仲舒、《白虎通》借孔子的口，宣传适合汉代统治者要求的宗教思想。第二次改造在宋代，宋代统治者从唐末五代分散割据的混乱局面中捞到了政权，鉴于前朝覆亡的教训，要求强化中央集权的封建宗法专制制度，思想文化领域里也要有与它相适应的意识形态相配合，于是产生了宋代理学。如果说汉代董仲舒和《白虎通》的神学目的论是一种比较粗糙的宗教神学，经过第二次改造后产生的宋代的理学就精致得多了。它是儒、释、道三教合一的产物。它以儒家的封建伦理为中心，吸取了佛教、道教的一些宗教修行方法，加上烦琐的逻辑思辨的论证，形成了一个体系严密、规模庞大的宗教神学结构。它既是宗教又是哲学，既是政治准则，又是道德规范，将四者融合为一体。理学的建立，标志着中国儒教的完成。

传统的看法认为儒学不是宗教，或者董仲舒的神学目的论虽可称为宗教，但宋明理学却不是宗教，而是一种哲学。其实，在封建社会的历史条件下，无论中外，都是神学笼罩一切。人们不能摆脱宗教这个异己的力量，而统治者则极力把神学树立为正统思想。神学需要利用唯心主义哲学为自己提出论证，唯心主义哲学也只有依附于神学才能发展。欧洲中世纪的经院哲学既是宗教，也是哲学。托马斯·阿奎那的《神学大全》，用亚里士多德的哲学来论证基督教的神学，就是明显的例子。宋明理学不象董仲舒那样宣扬活灵活现的人格神，但是理、气、心、性之辨，天理、人欲之辨，所宣扬的是一种神秘的宗教世界观，中心目的是把维护封建宗法制度的“三纲五常”抬到神圣不可侵犯的地位，叫人把它们当作宗教教条来信奉。说宋明理学是一种哲学，这和说它是一种神学并不矛盾。正如我们研究欧洲中世纪托马斯·阿奎那的思想，既把它看作是一种哲学也把它看作是一种神学一样。但是，也只有首先注意到这些在封建社会用来禁锢人心的思想的神学性质，才能把握它们的实质。

由于欧洲封建社会的历史特点，神权高于王权，因而欧洲中世纪的宗教和教会具有垄断一切的势力，基督教神学成了当时支配一切的意识形态。在中国，封建统治阶级始终是把神权限制在王权之下，而不允许平起平坐，更不用说神权凌驾王权之上了。这种历史特点使得中国封建社会在意识形态领域不象欧洲中世纪那样单调呆板，而是丰富多彩。统治阶级虽然极力培植儒教，同时也利用佛教和道教。儒、释、道三教并行，既斗争，又联合。它们在互相争夺正统地位的斗争过程中，尽量吸取对方所长，以补己之所短，不断地进行渗透交融，这就推动了它们逐渐由粗糙向精致的方向发展。

（3）有光辉的唯物论和无神论传统。中国是文明古国，殷周时代就有了高度文化。进入封建时代以后，这种文明继续昌盛发达，造就了优秀的唯物论和无神论传统，它的朴素唯物论和朴素辩证法达到了古代的最高水平。唯物论和辩证法思想是中国哲学史的精华，它在中国封建社会能够得到较充分的发展，具体地说，得力于以下的社会条件：

第一，根本说来，中国的古代社会比较有生气。地主阶级在上升时期表现出充分的活力，即使到了中、后期，也不乏主张进步、勇于革新的集团或派别。农民起义不断发生，每一次都打击了腐朽势力，推动了社会的前进。在民族危亡的关头，总有一批志士仁人挺身而出来救危图存，寻求真理，主持正义。阶级斗争、民族斗争和统治阶级的内部斗争交织在一起，使社会生活起伏多变、错综复杂，人们从中积累了大量的社会斗争的经验教训，给唯物论和辩证法的发展，提供了现实的动力和生动的资料。

第二，中国古代的自然科学起步早。在封建社会之初，天文、历法、医学、数学、生物、物理等学科就有较高成就。在数千年的封建社会里，自然科学都达到封建制度下可能达到的最高水平，长期保持着世界领先地位。它们为唯物主义者提供了丰富而有价值的自然科学知识，给予哲学的发展以直接的推动。荀子、王充、范缜、王夫之、戴震等人，都是吸收了当时自然科学的成果而成为一代哲人。

第三，在中国封建社会里，意识形态各个部门都得到较充分的发展，不像欧洲中世纪，基督教是唯一的意识形态。在文学、艺术、道德、法学、政治学、史学等领域里，涌现出一大批杰出的学者，撰写出数量众多的鸿篇巨制和不朽的传世之作，给社会增添了宝贵的精神财富。先秦时期诸子百家的思想资料也基本保存下来，给后来的哲学提供了相当大的选择余地。唯物主义者受到丰富的文化典籍的熏陶，在构造自己理论体系时，有广博的文史知识作为基础，有多方面的资料可资借鉴。

第四，道高一尺，魔高一丈。中国封建社会的宗教和唯心论，经历了一个由粗糙到精致的发展过程，在理论上达到相当系统周密的程度。例如宋明理学和佛教哲学，都有庞大的体系，它们在结论上是错误的，对认识过程的分析却有相当的深度。这就从反面诱发了唯物论，使得唯物论者不得不在理论上认真对付这种挑战，用更高水平的唯物论和辩证法去回答对方提出的难题，从而使自己的体系不断完备，使正确的认识不断深化，形成一浪高过一浪的发展势头。

中国哲学史上有许多伟大的唯物论者、无神论者和辩证法思想家，这是中华民族的骄傲。不过我们也不能过分夸大他们的贡献；比起资产阶级的唯物论和辩证法来说，他们的学说毕竟处在朴素、自发的水平，低了一个历史阶段。而且在儒教影响遍及全国以后，从唯物论者身上，或多或少都可以看到儒教（即中国特有的宗教神学）的烙印。这种历史的局限性，我们也要给以足够的注意。

■ 三、中国哲学史的研究方法

科学的世界观和方法论是一致的，如何把历史唯物主义的基本原理与中国哲学发展的实际相结合，是我们长期努力实践的课题。历史唯物主义运用得正确，人们才能从历史上纷繁复杂的现象中揭示出事物的本质和发展规律。历史唯物主义运用得好与不好，是中国哲学史能否真正成为科学的关键。为此，要注意几个问题：

（1）把问题提到一定的历史范围

历史唯物主义要求我们把所研究的问题提到一定的具体历史范围之内，努力还其本来的历史面貌。

“五四”以后，中国文化与西方文化有了大量广泛的接触，无疑给中国哲学史的研究打开了眼界。但是在我国学术界过去缺少现代科学方法的长期训练的传统，借鉴西方本来是件好事，搞不好，流弊所及成了依样画葫芦，生搬硬套。先是生搬西方资产阶级的，后来又生搬苏联的。实际效果证明，这种方法无助于弄清哲学史的本来面貌，反而增加了混乱。我们不能按照西方哲学史的图式来写中国哲学史。老子的“道”绝不同于黑格尔的“绝对理念”，王阳明的心学也不能与贝克莱的主观唯心论相比附。老子和王学属于封建时代的哲学体系，贝克莱和黑格尔属于资本主义时代的哲学体系。把不同时代的哲学强拉在一起机械相比，就是犯了不知类的错误。即使是时代相同或相近，中西的具体历史条件也有差异。孔子不是苏格拉底，孟子不是柏拉图，荀子也不是亚里士多德。不顾中国和西欧古代的历史特点，强行比较，不是一种科学的态度。

我们也不能强使古人穿上时装。孔子是春秋末期的思想家，他不是汉以后封建统治者塑造的孔圣人，更不是“四人帮”笔下的“孔丘”。封建时代的正统思想家，标榜尊孔，实际上他们并不尊重历史上的孔子，而把孔子任意改造打扮，名为尊孔，实则用孔。如果说封建地主阶级把孔子当成一面旗子，以此来整肃人心，那么林彪、“四人帮”则把孔子当成一个靶子，用以影射攻击革命家。他们的用意都不在研究历史，而在施展政治策略和手段。无论是正统经学的尊孔，还是影射史学的骂孔，现在都已成为历史陈迹，都不能引起研究者的兴趣。应当指出的是：一个哲学史家怀着善良愿望的借古喻今，同怀着鬼蜮动机的影射史学，作为历史研究的方法，都是不足取的。这样的做法，不可避免地要用主观的好恶去涂抹历史，既歪曲了历史的真实性，也破坏了历史科学，只会引起思想上的混乱。我们不能根据今天某种需要去塑造古代哲学家的形象，不论这种实际需要是否正当。实际需要是经常起变化的，而历史是不能改变的。历史事实是不应涂抹，也涂抹不掉的。否则，我们和实用主义就划不清界限，哲学史的研究就不成为科学。我们只有在揭示历史上客观存在的规律性的前提下，才能正确总结历史经验教训，决不是任意截取或歪曲历史资料以满足眼前的需要。还有，彻底的唯物主义者只需要老老实实地做事，明明白白地讲话，毫不含糊地表明自己的观点，不需要戴着古人的脸谱、穿着古人的服装，来演出历史的新场面。

（2）进行具体的阶级分析

人类的文明史，从根本上说来是生产和科学发展史，是阶级斗争的历史。哲学作为意识形态之一，是人类社会活动在理论上的反映。哲学史研究要想从复杂多变的社会历史现象中，发现社会发展和思想演变的规律性，就要对古代哲学思想进行全面、具体的分析，揭示它的社会属性及时代特征。

阶级分析是历史唯物主义观察社会、认识历史的主要方法。但是不能把阶级分析简单化、公式化。不同的社会形态，有不同的阶级和阶级斗争，在同一社会形态之内的不同时期，阶级斗争的表现也不相同；不同的阶级有不同的属性，而同一个阶级在不同的历史时期，其表现也是有变化的，在其内部还存在着不同的阶层、集团和派别。这一切都需要进行具体的细致的分析。从哲学同阶级斗争的关系来说，哲学是距离社会经济基础较远的上层建筑，它和基础之间的关系是间接的，有时被一些中间环节弄得模糊了，给哲学家贴标签并不能如实地反映哲学家本来的情况。

不能认为，一个阶级只信奉一种学说，他们都说一样的话。历史的实际情况要复杂得多。比如说先秦时期涌现了新兴地主阶级，他们中间有从工商业者和平民上升而成的，有以军功起家的，有从奴隶主转化过来的。他们都要求打破奴隶制，实行封建制，但他们又各有自己的特殊的利益和不同的文化教养，因而具有不同的宇宙观和治国方案。孟子、荀子、韩非三家的异同，直接与上述复杂的社会阶级背景有关。当时的小生产者阶级中，有来自从宗法奴隶制下解放出来的平民或奴隶，有来自没落的奴隶主贵族。同属小生产者阶级，其中有主张兼爱非攻的墨子，有崇尚自然无为的老子和庄周。历史事实表明，一个阶级不仅会有许多主义，这些主义甚至有唯物与唯心的差别；而一个具体的哲学家，由于带着各自的现实条件的烙印，他只能表现特定阶级众多属性中的某些属性，在共同的阶级属性之外，他总还有着自己的个性，并以此在哲学史上表现出自己鲜明的特色。

如何理解唯物主义与唯心主义对立的阶级基础，是一个复杂的问题。秦汉以后，直到鸦片战争以前，中国封建社会的主要矛盾，是地主阶级和农民阶级的矛盾。农民阶级虽然是社会物质财富的直接创造者和文化财富的间接创造者，但是它不是新的生产方式的体现者，又被剥夺了受教育的权利，所以不能产生自己的大理论家，他们往往要靠别的阶级的政治家和思想家来“代表”他们自己。封建时代的主要哲学家，不论是唯物论者还是唯心论者，都出自地主阶级。那么，哲学如何反映出封建社会的阶级斗争，这不仅要对每个历史时期阶级总形势进行分析，还要对地主阶级的发展变化及其内部斗争进行具体分析。封建社会经历了上升、停滞和没落几个重大阶段，地主阶级也从朝气蓬勃的进步阶级逐步转化为腐朽没落的阶级。与此相适应，封建意识形态也经历了很多的变化。

两汉时期有豪强地主阶级和普通地主阶级的矛盾。魏晋南北朝时期有门阀士族阶级和寒门庶族阶级的矛盾，还有世俗地主阶级和僧侣地主阶级以及僧侣地主阶级内部的矛盾，这后一种矛盾一直延续到明清。隋唐以后，有官僚地主阶级同中小地主阶级的矛盾，在官僚地主阶级内部还有进步集团与腐朽集团之间的矛盾。明中叶以后在一部分地主兼工商业者中，出现了资本主义倾向，他们与正统地主阶级有矛盾。在民族矛盾尖锐的年代，地主阶级内部分化为抵抗派和投降派。上述斗争受着地主与农民两大对抗阶级之间斗争的制约和影响，表现得错综复杂，往往进行得十分激烈。哲学战线上的斗争，就是各个时期阶级斗争（包括地主阶级内部的斗争）或明或暗的表现。

有一种说法，封建社会中期以后，中小地主阶级进步，大地主阶级反动。这种说法不能认为是全面的、正确的。一般地说，中小地主阶级没有特权，又受到大地主阶级的压抑，在豪强兼并剧烈的时代，当农民的土地被兼并罄尽的时候，他们也就成了被兼并的对象，容易对特权阶层的腐败政治产生不满，主张革新。但大地主阶级内部，甚至在当权派里，也同样会出现革新集团，他们从本阶级长远的和根本的利益出发，主张革除弊政陋习，整顿封建纲纪，实施轻徭薄赋，推行开明政治，以图挽救社会危机，稳定封建秩序。不能把这类主张，都归属到中小地主阶级身上。唐朝的永贞革新，宋朝的王安石变法，都是一部分官僚地主阶级当权派主动发起的，并得到了皇帝的支持。认为中小地主阶级产生唯物论，大地主阶级产生唯心论，这不能被认为是一个普遍适用的公式。

一般地说，唯物主义哲学与进步阶级相联系，唯心主义哲学与反动阶级相联系。这只是“一般地说”，而不能绝对化，绝不能在唯物论与进步、唯心论与反动之间划等号。那会得出十分荒谬可笑的结论。前若干年，我们的哲学史界确曾有过这种荒唐的说法。应当看到，唯物与唯心是哲学概念，表示认识路线上两种世界观的对立；进步与反动是政治概念，是对政治行为所作的肯定与否定的评价。两者有时一致，有时不一致。历史资料表明，错误的理论并不总是起反动作用。地主阶级在上升时期，可以同时采用唯物论和唯心论作为自己的宇宙观和理论武器。如先秦的孟子的唯心论和荀子的唯物论都不失为进步的哲学理论；西汉董仲舒的唯心论，就其社会作用而言，有进步的一面。地主阶级在没落时期，其统治集团多采用唯心论和宗教，但其中的进步势力和派别，有的主张唯心论和宗教，有的则主张唯物论和无神论。例如李贽和王夫之同为进步思想家，一个相信陆王心学和佛教，一个主张唯物论和无神论。在封建社会里，中国历代农民阶级举行起义时，往往披上宗教的外衣。如东汉末年黄巾起义、宋朝方腊起义、清朝太平天国起义和义和团运动，都是打着宗教的旗号发动的。当然，唯心论和宗教毕竟不是真理而是谬误，当它们作为反动阶级或集团的思想武器时，能够大显身手，顺理成章地发挥其反动社会作用；而当它们被进步的阶级或势力利用时，它的积极社会作用是相当有限的和为时短暂的，它的消极影响在当时或不久就显露出来，最后不得不把革命事业断送。

（3）中国古代哲学发展中的地区性和多种文化的融合过程

哲学思想和学术流派都是在特定的社会环境中产生的，不同的国家和地区有不同的社会环境，这就给哲学思想带来了国别的、民族的、地域的特点。这是哲学不同于自然科学的地方。欧洲近代哲学史，给我们提供了有益的借鉴。法、德毗邻，鸡犬相闻；英法相望，一衣带水。英、法、德三国的哲学同属近代资产阶级哲学范畴，但英、法、德三国哲学却各有自己的面貌，这是因为三国的经济结构、新旧力量对比、文化传统等组成的社会历史条件之间有一定差异。

春秋战国时期，华夏民族的活动范围西从渭水流域，东至黄河下游，南到长江中下游流域，北到蓟辽地域相当广阔。哲学上出现众多学派，呈现百家争鸣。这固然反映了不同阶级不同阶层的利益和要求，同时也与各家所在地区文化传统有关。当时有四个文化区，分别产生了四种文化类型，即：邹鲁文化、荆楚文化、三晋文化、燕齐文化。

邹鲁文化对西周传统文化继承得最多。尤其是鲁国，为周公子伯禽封国，保存了丰富的西周文物典籍①。鲁文化对周朝的宗法制度采取肯定和维护的态度。鲁国是儒家的发源地，儒家的经典《诗》、《书》、《礼》、《乐》，都是西周数百年文化积累形成的。

楚文化发生在江汉流域，它受西周传统文化的影响较小，有自己独特的风格，对中原文化持批判态度。在思想方面，《楚辞》、《老子》及后来受《老子》影响的庄周②，都带有楚文化的鲜明特征，即偏重于探讨世界万物的构成、起源，人与自然的关系，人在自然界中的地位，对于自然事物歌颂备至。老庄哲学对于人伦日用、政治生活，采取轻蔑的态度，视社会生活为桎梏，认为它破坏了朴素的自然。所以荀子说："庄子蔽于天而不知人"。荆楚文化的遗风，至西汉时期的《淮南子》犹可辨认。刘安和他的门客的活动地区仍在当年楚境。

三晋文化指韩、赵、魏一带的文化。三晋处于四战之地，地理条件不如邻近大国，缺少天然屏障和回旋余地。为了在激烈斗争中求得生存和发展，这些国家对内注意改革、练兵、储粮，对外则随时权衡国际交往的利弊，利用矛盾，争取外援。法家吴起、商鞅、韩非等，纵横家苏秦、张仪等，虽然其中有些人后来在三晋以外受到重用，但他们最初都萌发于这一地区，这是形势逼出来的。名家公孙龙为赵人。惠施学说流传于梁（魏）、宋间。荀况的思想兼有儒法两家的特点，与他曾受过三晋学风影响有关。秦国是后起的诸侯国，其地虽为姬周故乡，但平王东迁以后，文化重心随之东移，秦陇反呈空虚，所以秦的文化长期落后，缺乏自己的传统，没有实行严格的宗法制。秦孝公以后，主要受三晋文化影响，可以归到三晋文化类型。

燕齐文化，发轫于齐国稷下，后转输于燕。齐国的周礼传统不如鲁国深固，而军功新贵的势力又不如三晋强，它产生的管仲学派，对旧有的宗法制采取半保留半否定的态度，主张把法治和礼治结合起来。稷下学宫，人才辈出，以道家的势力较大。邹衍的阴阳五行学说，后来盛行于燕齐。西汉董仲舒生活在燕齐方士、道家最流行的地域，他的学说明显受到燕齐文化的影响。

秦汉以后，全国政治上统一，统治者也在努力使思想文化得到统一，车同轨，书同文，行同伦。但由于封建经济是自给自足的自然经济，由于中国地域

① 公元前540年，晋国韩宣子到鲁国访问，看到鲁国丰富的文物典籍，惊叹道："周礼尽在鲁矣。"见《左传》昭公二年。

② 庄周，宋人。《楚辞》、《老子》对庄子的影响甚深，故应归为楚文化型。

辽阔广大，有千山万水相阻隔，加上各地文化传统具有保守性，思想文化上的地区差异性仍然长期存在着。在国家分裂、地方封建势力割据称雄的时代，文化上的地区差异性就更加突出。

三国时，魏、蜀、吴各有自己一大批文人学士。荆州地区集中了不少文学家、经学家。刘备、诸葛亮以荆州人才为基础，夺取了四川。王弼先人王业、王粲都在荆州，如果追溯魏晋玄学思想渊源，可以上溯到荆州学派。

南北朝时，政治、经济上的分裂，使南北两地文化上的差别扩大，学术上形成迥然不同的风格。北方的门阀士族为了在少数民族中保持其封建宗法特权，主要是保持其经济特权，他们着力利用儒家传统，宣扬封建宗法道德来维系人心，于是汉儒的经学在北方得到重视。南方门阀士族不象北方处于少数民族贵族统治之下，他们享有足够的政治、经济、文化及社会地位的特权，他们才有条件尚清谈，擅名理，好庄老。北方文化比南方落后，世俗地主阶级的学风，也影响到僧侣地主阶级。因而北方佛教十分注意禅定，强调宗教实践，对于佛学理论上的发挥不甚在意。南方佛教则偏重佛教理论的探究，与唯心主义玄学清谈相配合，为门阀士族特权制度服务。例如般若学与贵无论相呼应，涅槃佛性学说为门阀士族特权作辩护。南北文化的地区性，一直影响到书法艺术，南方尚飘逸、洒脱，北方多端庄、凝重。

隋唐时期，南北统一，文化融合的趋势随之加强。但学术的地区性差别并未泯除。就拿门户林立的佛教宗派来说，它们之间的不同，既表现在经典、教义与师承传授关系上，也表现在学派的地区性上。如禅宗分为南北两宗，南宗主顿悟、北宗倡渐修，也与南朝重义解，北方重禅定的传统有关。

宋以后，儒教垄断了文化，地区性的特点进一步减弱。凡与正统思想不合的新见解，往往受到限制，甚至遭到扼杀。但是细加考察，一些具有全国影响的学派都有自己活动的中心地区或根据地。就宋代理学而言，有濂、洛、关、闽等学派，分别以江西、关中、洛阳和福建为本学派学术活动的中心。此外，还有永嘉、永康等学派。辽金学术与江南赵宋传统也有差别。北宋苏氏父子在理学上亦自成一家，号称蜀学。明朝则有王守仁学派的分化，有浙中和江右、泰州学派等。这些学派的学说是全国性学术思潮的组成部分，同时又各有自己的特色。

明中叶以后，中国有了资本主义萌芽，社会内部孳生着一种破坏封建桎梏的新生力量。明末清初之际，阶级矛盾和民族矛盾加剧，学术思想趋于活跃。黄宗羲的民主思想的提出，复社知识分子集会结社活动，与他们生活、活动的江浙地区有着深切的关系。那里工商业发达，有手工业工场的存在，受着东林党人的巨大影响。王夫之与黄宗羲同时，两人思想却很不相同，除开两人所受教育、家庭等原因外，生活环境不同也是一个重要原因。王夫之生活在湖南，又到过两广，直接接触到当时湘黔原始氏族社会生活，因此他不相信儒家关于尧舜禹三代盛世之说，提出了今胜于古的进步历史观[①]。

过去讲哲学史，哲学发展的地区性是常常被忽视的一个环节。为了把具体问题具体分析的原则贯彻到底，在哲学史研究中，不仅要注意哲学家的阶级性、时代性、地区性，也还要分析哲学家个人经历、性格特征给哲学理论形态带来的个性差异。这些问题如不注意，就把哲学史写成千篇一律、千人一面。

既要看到哲学史上地区性的差异，而哲学的融合过程也同样值得注意。中国向来是众多民族混居杂处的国家。殷朝、周朝的诸侯，虽然各自为政，但都拥戴一个共主，是大国中的小国，彼此间有密切的经济文化联系，在黄河、长江流域，形成大范围内的华夏民族共同体。春秋战国时期，各诸侯国由奴隶社会相继过渡到封建社会，各国之间既进行着政治和军事上的激烈争夺，又进行着经济和文化上频繁的交流，并向着统一合并的方向发展。最后由秦国统一了天下。秦王朝由于压迫剥削过甚，激化了与农民的矛盾，不久即被农民起义所推翻。汉朝总结亡秦的经验教训重建和巩固了全国范围内地主阶级的中央集权，中国从此进入了较稳定的全国统一的时代。政治上的统一，促进了兄弟民族之间经济的往来、文化的交流；民族之间的通婚，加强了民族之间的融合。

在学术思想的发展上，也表现为不断融合的过程。唯物论和唯心论的发展都是这样。荀况的哲学是先秦各种唯物主义哲学的总结，其中既有邹鲁文化，也有三晋文化、燕齐文化及荆楚文化。《吕氏春秋》一书，集合众家之长，儒、墨、道、法、名、阴阳各家，兼而有之。汉初《淮南子》也是一部以老庄为主的综合诸家的著作。董仲舒号称醇儒，其实他的儒术并不醇正，是燕齐方士与儒学的混合物。董仲舒融合各家，用神学驾驭哲学，使两汉经学具有中古经院

① 王夫之认为唐虞三代并不高明，那时“国小而君多”，“暴君横取无异今川广之土司，吸龁其部民”。见《读通鉴论》卷二十。

哲学的特色。西汉以后，表面上看只有儒家被尊崇，实际上在儒家这面旗帜下对许多别家的思想都有所吸收。王充的哲学，是继荀子之后对唯物论的第二次大的总结，他对于先秦《老子》、《管子》、《荀子》、《韩非子》中的积极成分都有所吸收，同时对汉以来扬雄、桓谭的思想也有直接的继承和发挥。

魏晋时期，儒家独尊的局面暂时被打破，佛教、道教大量流行。儒、释、道三家互有斗争，又互相渗透、吸收、融合，三家都在起着变化。从三国时起，汉译佛经就增加了某些儒家的传统观念[①]。尔后，儒、释两家在义理上彼此调合、融通的做法，更加盛行。东晋慧远，在佛学内部调合大小乘之间的矛盾，在世俗哲学上则调合儒学与玄学的歧异，在儒佛关系上融合在世与出世的矛盾。南北朝时，梁武帝儒佛兼信。儒家讲的三纲五常成为佛教的善恶标准。

隋唐以后，儒、释、道三教合流的趋势相当明显。唐朝由政府明令禁佛、道两教互相攻击，三教都得到朝廷的大力支持，三教在内容上由互相诋毁而变成互相补充。

宋代理学创始者周敦颐，他的太极图说显然来自道士陈抟。朱熹与道教的关系也很深，他曾大力钻研过《参同契》、《阴符经》等道教经典。宋明理学是儒、释、道三教在理论上相结合的产物，只是以三纲五常为核心罢了。

王夫之的哲学是封建时代唯物主义哲学的最高成就，他集前人之大成，系统地总结了我国古代朴素唯物论和辩证法，吸收了各方面学术研究的优秀成果，在这个基础上，他才能够使自己的哲学有较全面的创新，代表了前资本主义社会人们认识世界一般规律的最高水平。

以上只是举例说明，中华民族的文化是各时代、各民族、各地区人民共同创造的。中国历史上重要的哲学家、思想家都善于吸收前人和同时代人的学术思想，经过消化，形成新的理论体系。经过不断的汇合、积累，逐渐形成中华民族独立的文化传统，它有较深厚的根基，较持久的影响力。当然，唯物主义哲学的融合与唯心主义哲学的融合不同；前者是融合科学的积极的成分，使真理得到发展，后者是融合非科学的消极的成分，给谬误保持了地盘。我们应当

---

① 吴支谦译《太子瑞应本起经》卷上：“佛言：至于昔者定光佛兴世……寿尽又升第七梵天，为梵天王。如果上作天帝，下为圣王，……。及其变化，随时而现；或为圣帝，或作儒林之宗，国师道士”，与康孟详译《修行本起经》相较，自“寿尽又升梵天”以下，两译本相同，只是没有“或为圣帝，或作儒林之宗，国师道士”。可见这几句话是译者为了调合佛儒而故意增加的。

对这种文化融合的过程作深入的研究，总结出规律性的东西来。

（4）详细地占有历史资料，认真地进行审查和鉴别

对于中国哲学史的研究工作来说，从实际出发，就是从真实的中国哲学史史料出发。所以研究工作的第一步是全面地搜集资料，去伪存真，确定时代和作者。资料根据不充分就难免陷于空谈和武断；使用错误的资料，同样也得不出正确的结论。

搜集资料即使不能“竭泽而渔”，而基本的和主要的事实则不能漏掉。这些资料便是我们用以作出论断的依据，我们要尊重它，使自己的观点与之相一致；我们反对那种为了适应主观的需要去剪裁历史事实，取其一点，不及其余。有许多学术上的争论，是由于不能全面地处理资料，而是片面地引用资料引起的。历史上没有纯而不杂的哲学家，其思想资料里不同程度地存在着互相矛盾的部分，倘若我们的研究工作者各取所需，根据观点去找资料，那么持相反论点的双方，都可以从中找到自己所需要的资料，当然也都不能正视对方所掌握的资料，而结论则都不免陷入片面性。例如《老子》、《墨子》、《庄子》，它们的思想体系内部有矛盾，我们若各持一端，这笔墨官司一万年也打不清。正确的态度应当是，对资料要有一个全面的观点，承认矛盾的客观存在，历史地说明这种矛盾出现的原因及其发展趋向。情况是多种多样的。唯物主义成分和唯心主义成分在一个哲学家的头脑中同时并存，这是极常见的现象。有的“大醇而小疵”，基本倾向（或唯物或唯心）很清楚；有的在这个领域唯物，在那个领域唯心；有的本身观点模糊不清；或者一个学派的早期后期有变化，对此都不应忽略。

有些古代哲学著作不出于同一作者之手，也不是同一时代的产物，需要分开来处理。《墨子》一书，历史上学者们长期把它当作墨翟所作，根据近人的研究，我们把它分为墨子哲学和后期墨家，一个在战国初期，一个在战国中后期，这样更符合古代历史的实际。《庄子》一书也有类似的问题，若不加区别，一律作为庄周的思想，许多矛盾不好解决。我们根据古人的记载，把它分为庄周的哲学和后期庄学。这样，《庄子》书中进步性和保守性的矛盾，唯物主义体系和唯心主义体系的矛盾，也就迎刃而解了。《庄子》书中两种思想的矛盾，不同于《老子》，不是思想本身含混不清，而是存在着两种不同的论证体系，只能说明它分别出于不同时代作者之手。还有《周易》，过去把它当作一部不

可分的完整著作，其实，《易经》部分属于殷周之际，《易传》部分属于战国后期，时代相距甚远。《管子》一书并不是管仲亲著，已为学者们公认，其中哪些保存了管仲的思想，哪些属于后来的管学，我们研究得还不够，但也谨慎地作了一些鉴别剔除工作，我们认为，其中大部分应看作是战国时期齐管仲学派的集体著作。学术界经常提到先秦的“思孟学派”，我们作了一些考证，认为资料不足，“思孟学派”的存在无法得到证实。

也有些资料，写成文字的时间较迟，但有关事件发生的时代甚早。如早期的宗教、神话、传说，文字流传时期多在汉魏间。我们结合民俗学、少数民族社会调查，考古发掘资料，均可证明其事出有源，不为无据，我们也审慎地、有选择地加以使用。我们对原始社会人类思维的描述，就是以这样的资料为根据的。

辨别资料的真伪，是治哲学史必然遇到的问题。在封建时代，经书是圣人留下来的，敢怀疑的人不多。直到清代，才对《尚书》的真伪开展广泛的讨论。“五四”以后，《古史辨》派的学者在清人考据的基础上，进一步打破旧传统的迷古，提出更大胆的怀疑，为清除封建时代对古史的歪曲和偏见，重新用科学的眼光审查古史资料的真伪，开辟了道路。这一历史功绩，不容抹煞。今天有了更多的考古资料，看来他们当初为了“矫枉”，有时难免有“过正”的地方，不该怀疑的也怀疑起来。

解放后，我们不仅有了科学的世界观和方法论，而且得到了逐年增多的大批出土文物，其数量之多，超过以往任何时代。这就为中国哲学史史料的辨伪工作创造了更有利的条件。例如过去有人怀疑《孙膑兵法》传世，现在在同一墓地发现了《孙武兵法》和《孙膑兵法》，问题便迎刃而解。有了马王堆出土的帛书，对于黄老之学的面貌，我们就更清楚了。对于文物考古的新发现新成果，中国哲学史工作者要给予关心，把能够采用的及时吸收进来。当然，我们并不把中国哲学史研究上今后出现重大新突破的希望，寄托在新资料的发现上，而要花大力气研究在历史上发生过重大影响的学派和学说。

有些著作假托古人，如能找到真凭实据，把它作伪的时代搞清楚，那么它就可以从伪书变为该时代真实资料。如东晋的《列子》，前人不把它看作战国时期的列子的思想，因而说它是伪书，但用它来说明魏晋时期的一种思潮，则是可用的和有价值的。在这个意义上说，它一点也不伪。如果我们能善于利用科学手段来处理历史资料，把有用的资料放在它应当被放置的地位，那就有一天会做到人无弃人，物无弃物，书无伪书。当然这是一个长期努力的方向。

四、发扬优良传统，批判封建主义

中国有将近四千年有文字可考的历史，中华民族在长期封建社会中，创造了灿烂的封建文化。中国哲学史是中国文化的重要组成部分，它的内容十分丰富，有许多优良传统值得我们继承发扬。

中华民族善于吸收、消融外来文化，从不照搬照抄。外来文化到了中国，不改变成为中国的样子，就不能立足，因为我华夏文化有深厚的历史的政治、经济根基，形成了独特的民族性格。中国哲学史不仅是国内各民族文化思想的融合结晶，而且也以外来的哲学思想丰富自己的体系内容，像汉魏以后对佛教的吸收和消化，到宋代理学糅合儒、释、道三教思想，成为最完备的儒教哲学体系。佛教经过中国改造又传播到亚洲各邻国，各邻国封建社会时代也大多采用中国的儒家学说。中国哲学史在构成东方世界文明以及影响世界文化的作用中做出了应有的贡献。

中国历史上出现了许多伟大的哲学家和许多博学的学者，如春秋时期的孔子、老子，他们约与古印度的释迦牟尼同时，而早于古希腊的苏格拉底，他们的著述不但成为中华民族的财富，也是世界文化财富。

战国时期的墨子、孟子、庄子、荀子、韩非子等人，他们的学问造诣，可与欧亚任何民族古圣先哲相媲美。至于汉朝以后出现的大哲学家，像董仲舒、王充、王弼、向秀、郭象、范缜、韩愈、柳宗元，玄奘、慧能、王安石、张载、程颢、程颐、朱熹、陆九渊、陈亮、王守仁、王廷相、王夫之、黄宗羲、戴震等。其人物之多，理论造诣之博大精微，更是外国（包括东西方）中世纪无法比拟的。只是到了明中期以后，由于儒教的消极作用抑制了中华民族的生机，统治者切断正常的中外交流，以“天朝”大国固步自封，压制资本主义因素的萌发，当西方已迅速步入资本主义时代，它仍然停滞于封建社会，这样便逐渐落后了。我国近代史上也出现了洪秀全、康有为、严复、谭嗣同、章炳麟、孙中山等大思想家，他们是我国近代最早向西方寻求救国救民真理的先进的代表人物。尽管中国近代社会缺乏西方近代资产阶级哲学发生发展的条件，但是他们作为中国微弱的资本主义因素代表，毕竟将中国哲学发展到一个新阶段，为辛亥革命的胜利准备了思想条件，也为后来的“五四”新文化运动铺了路基，他们的历史功绩是不可磨灭的。

随着社会主义祖国的强大，中国已进入现代世界文化大国之林，旧中国那样长期闭关自守的局面已被打破。我们要面向世界，要无愧于中华民族的光荣历史，对人类做出较大的贡献。我们如果能够写出一部较为科学的中国哲学发展史，能够对中华民族的认识史有所揭示，将是我们的最大光荣，也是我们应尽的责任。随着我国国际地位的提高，中外文化交流将推动我们进一步总结经验，发扬优点，吸取外国哲学思想的长处，创造未来的精神文明。

中华民族在长期封建社会中创造了灿烂的封建文化。如何剔除其糟粕，批判地吸收其优良传统，在新的历史条件下予以发扬光大，这是我们的责任。

中华民族的文化，贯通古今数千年，有文字记载的历史连绵不断，越来越翔实。中国哲学史的著作更是十分丰富，给后人留下了可资依据的大量的思想资料。从春秋战国到近代“五四”，使我们对历史上思想发展有一个连绵不断的线索，我们这个传统是值得自豪的。

中国哲学史每一个时代都有它的独特的表现形式和中心思想议题。争论的中心随着人类认识深化而不断创新、前进，有因有革，从而使得中国哲学发展史显得绚丽多彩，既有继承，又有发展，哲学范畴内容不断地得到丰富。这一优良传统给中国哲学史提供了广阔的思想资料来源。

我国自古是个多民族的国家，各民族之间交往频繁。民族交往中随时吸取其他民族的长处，以弥补各自民族的短处，这是民族之间的常规。但是在人民真正当家作主以前，广大劳动人民（人民的主体）没有权利，主宰国家和民族关系的是各个民族中的贵族特权上层人物，他们是剥削阶级的代表，难免要扩大疆土，掳掠人民。因此，在中国历史上除了民族之间的交往和融合之外，也不断发生战争争夺现象。一般地讲，民族之间的战争，掠夺的一方是非正义的，被掠夺的一方，即受害者，如果进行自卫，应当认为是正义的。把历史事件放在当时的历史条件下来评判，古代的民族战争的正义性和非正义性不应含混过去，因为那是当时的大事，它直接影响着有关民族兴衰和当时人民群众的切身利益。中国古代历史上有许多哲学家的新思想往往是在民族矛盾的激发下产生的。这样的进步的思想家，在汉族和其他兄弟民族中都有。维护正义，反对外来民族侵略压迫构成中华民族的爱国主义的精神传统，一直成为中华民族对内融合兄弟民族的长处，对外抗拒侵略的精神支柱。特别到了近代，这种爱国主义精神传统更具有非凡的意义。

在近代，中华民族为了摆脱帝国主义侵略、奴役的处境，民族解放的斗争，成了推动人民觉醒、奋发图强的巨大动力，而先进的中国人为了向西方寻找真理，揭开了中国现代化的序幕，在曲折的道路上摸索前进，最后终于找到了马克思主义这个真理。有了爱国主义的好传统，才使得我们有可能一次又一次地挣脱灾难深重的境地，才能有繁荣富强的今天。也正是有了爱国主义的好传统，才使得中华民族中的优秀的思想家得到鼓舞和力量，抛弃旧成见，钻研当时的新问题，提出了有新意的哲学问题。

中华民族各族劳动人民又具有反压迫反剥削的好传统，从先秦到近代，这种传统一直未断。号召人们向往无拘无束的生活，有老子的小国寡民的理想，有庄子的歌颂无君的思想，直到洪秀全的《天朝田亩制度》和康有为的《大同书》，有过各种反剥削反压迫的思想。这种思想成了经常的反抗儒家正统思想的促进剂，它有时是儒家明显的对立面，也有时作为儒家思想的必要补充，因而形成了中国特有的空想的大同理想。

数千年的中国历史表明中国的无神论思想和唯物主义思想十分丰富。这是由于中国封建社会得到了充分的发展，封建社会的生产力发挥到这个社会形态可能到达的最好水平。在封建社会中，神学当权，宗教神学笼罩了一切学术领域。唯物主义和无神论在中国的存在，当然也受到中国宗教思想的限制，但是，中国的封建生产关系与生产力的关系有较协调的一面，因而生产、经济、文化都有突出的进展。科学技术与文化是发生唯物主义和无神论的土壤。而唯物主义和无神论的进展又必然限制了宗教神学的辖区。这又是中国哲学史的一个好传统。由于不断得到科学和无神论的理性源泉的灌溉，中国的封建哲学才不致显得像欧洲中世纪经院哲学那末枯燥、独断、反理性。

中国哲学史上的辩证法传统也是世界上封建社会中少有的。辩证法的传统在我国有两大思想体系，一是以老子为代表的贵柔体系，一是以《周易》为代表刚健体系。这两大体系经历数千年交相融摄，不断丰富中国哲学的辩证法内容，从而使中国古代的辩证法思想达到了朴素辩证法的高峰。辩证法作为一种思想方法和世界观，它不但表现在哲学上，它已渗透到生产和生活的各个领域，如医学辩证施治的理论，军事学的指导思想，农业生产上的因地制宜，不但形成了中国医学，兵法、农学的独特体系，而且对世界文化宝库也做出了应有的贡献。

当然，我们也应看到，中国古代的朴素唯物主义和朴素辩证法思想毕竟是近代科学以前的产物，它们的水平也是近代科学以前的水平，缺乏科学实验的可靠基础，而带有极大的臆测性、直观性。它们不但与马克思主义哲学的辩证唯物主义不可同日而语，与法国的机械唯物主义和德国古典哲学家黑格尔的造诣也差着一个历史阶段，是不能相比的。

学习中国哲学史，继承发扬祖国优秀的哲学遗产，可以提高我们的民族自信心。马克思主义若不与中华民族的优秀文化传统相结合，社会主义的精神文明便不可能真正建立起来。我们必须反对民族文化虚无主义，反对那种看不起祖国文化的崇洋思想，但是我们亦不主张排斥外来文化的国粹主义。我们继承封建文化的优秀成果，并不继承封建主义，而且要把批判封建主义作为中国哲学史研究的重要内容之一。

从战国到鸦片战争两千多年，中国是封建社会。鸦片战争后，中国进入半封建半殖民地社会。由于中国民族资产阶级的软弱性，旧民主主义革命没有能够完成反帝反封建的任务。在中国无产阶级领导下，新民主主义革命取得成功。但因为中国资本主义极不发达，封建残余势力却十分强大，肃清其影响，不是轻而易举的。“文化大革命”带来的十年浩劫，正是残余封建主义不甘心灭亡，与社会主义进行的一场生死搏斗。秦汉以后的中国，长期处于大一统局面下，与欧洲中世纪分散割据的封建格局很不一样。中国历代封建统治者不断从政治制度、思想体系方面，加强中央集权的统治力量，维系大一统的局面。

为封建制度服务的各种思想体系，也与这个制度密切配合，形成了具有中国特点的封建社会的意识形态。在唐以前封建社会还处于上升阶段，这时政治结构、意识形态着眼于封建宗法制度的加强。随着宗法制度的加强，中央集权也日益强化，皇帝个人及皇室集团的权力也跟着加强起来。中央集权从秦汉到明清，变得越来越集中。这种权力集中的过程反映了封建制度由发展到腐朽的过程。由于中国封建社会有了一套维持统治的重点，即着眼于加强皇帝个人的权力，用皇权的绝对性来维持封建统治，这样便由前期的着重维护封建宗法制度，转到后期着重维护皇帝个人的权力。由于皇权的加强，贵戚、宦官等等腐朽力量依附于皇帝独裁权力的周围，于是造成封建社会政治的腐败和黑暗。

封建的意识形态与封建制度的发展密切关联，有以下几个特点：

第一，封建时代地主阶级的思想、尤其是那些占统治地位的哲学思想，都积极维护封建宗法制度，为封建的三纲五常提供理论根据，因而打上浓厚的封建主义的印记。关于封建制度的“三纲”说，在先秦诸子如荀子，韩非已经提出，但在那时仅仅属于理论主张，并没有形成严整的制度。到了汉朝，地主阶级利用它掌握的政权以行政手段来推行“三纲”准则，提拔那些认真贯彻“三纲”的人做官，从一家一户到全国都推行“家长制”，奖励孝道，提倡以孝治天下，这就使得维护封建宗法制度的“三纲”思想的贯彻得到物质保证，比先秦时期着重于讲道理要有效多了。宋元以后，把《大学》这本书定为国家的教科书，这本书讲的是修身、齐家、治国、平天下，把封建的个体自然经济的思想体系哲理化，向全国灌输，以维护封建的“三纲”。皇帝集中体现了封建国家的权力意志，因此，“君为臣纲”便成为三纲之首，成为纲中之纲。中国封建社会占统治地位的哲学思想都具有明显的维护皇权的特点。宋代的理学家们提出以“天理”为宇宙的精神本体，所谓“天理”就是把三纲五常扩展为宇宙的根本规律。理学把纲常名教抬高到神圣不可侵犯的“天理”地位，而宣扬“存天理，灭人欲”的僧侣主义说教。从汉到宋是儒教的发展和最后完成，儒学成为儒教，渗透到社会各个机体，成为套在人民身上的沉重枷锁。

封建主义哲学的认识论，不像近代哲学那样，以明确的方式对主体与外界的关系进行探讨。中国封建时代的哲学认识论，特别是儒教说的认识过程，只是为了指示人们通过人伦日用的实践以达到神秘主义的本体。认识论只是达到封建伦理、自我人格完善的手段。虽然它也讲了许多庞大的宇宙结构的“天理”、“太极”等玄远的观念，而落脚点还在于如何更好地实践事父事君的义务，宋儒把它叫做“践形”、“尽性”。一般是被用来作为维护封建纲常道德的手段。它把道德作为认识的标准。理学家提倡的“主敬”、“惩忿窒欲”，即变相的“原罪”说。所谓“存天理，灭人欲”的宗教修身方法严重地阻碍了哲学思辨的道路，以信仰主义代替了理性思考，生活中一切疑问，都要在《五经》、《四书》中寻求答案。

封建主义哲学宣扬帝王、“圣人”是历史的推动者，这本来是历史唯物主义出现以前人类认识的通病。这里要提出的是中国哲学史上这种唯心史观有其特殊表现。中国封建社会越到后期，它的自我保护的机制越完备，君主中央集权越强大。理论上的“圣人”，具体化为当时的君主。以“天理”至上去论证君主至上；以天理无谬误去论证君主无谬误。

中国哲学史的研究范围绝大部分是封建时代的意识形态，这些意识形态当然是有着进步与落后、唯物与唯心之分。过去我们在研究中坚持哲学史的党性原则，一般注意了赞扬进步的、唯物的，批判落后的、唯心的，但是忽视了具体分析和批判这些意识形态中的封建主义的糟粕。“四人帮”炮制的“法家进步、儒家反动”的公式就是钻了我们工作中这个空子，他们以赞扬法家为名，贩卖封建专制主义的私货。现在看得很清楚，阻碍我国社会主义发展的，除了资本主义以外，还有大量的封建主义东西。过去由于没有认清中国的这个历史特点，往往在批资本主义的口号下给封建主义留下了后路，甚至错误地把封建主义的东西当作社会主义的东西予以肯定。我们从事中国哲学史的研究，应该自觉地把批判封建主义的任务担负起来。

中国哲学史是中华民族的认识史，它展示出中国哲学与宗教的斗争中发展前进的历程，展示出人类抽象思维从低级向高级的发展，以及人类的认识是如何由浅入深，从片面向更多的方面扩展的。它也展示，哲学压缩了宗教的辖区，而宗教则不断地改变着自己的形式以维护它的阵地。中国哲学史用事实说明儒教形成后，给中华民族带来的苦难，直到今天，人们还不得不背着因袭的重担，不适应现代化的步伐。

哲学史作为认识史，无疑地将为人们提供可贵的借鉴。看到前人如何克服错误，我们从中受到启发；看到后人重犯前人已经犯过的错误，我们从中得到警惕。百年前恩格斯就指出：训练思维能力，迄今为止，还没有比学习哲学史更有效的方法。今天看来，它仍然是颠扑不破的真理。

历史传统悠久，文化积累深厚，这是我们国家的特点，但特点并非尽是优点。正如鲁迅批判的所谓“国粹主义”者们，好比一个人头上长了个赘疣，对这个人来说可以说是“粹”，但这又有什么值得保存的价值呢？如果我们对遗产不善于区别什么是精华，什么是糟粕，就可能把赘疣当成“国粹”，可能把缺点、弱点当成了优点，被死人拖住活人前进的脚步，这是我们要警惕和要避免的。

费正清与《中国的思想与制度·引言：方法和内容》

经典导读

费正清（1907—1991 年），英文原名 John King Fairbank，中文名“费正清”是他 20 世纪 30 年代在北平学习期间，结识了著名建筑学家梁思成和林徽因夫妇，并与之成为亲密朋友，梁思成为他取名费正清，意为费氏正直、清白。费正清非常喜爱这个名字，一生使用。费正清是美国著名的历史学家，美国现代中国学之父，1955 年费正清在哈佛大学创办了美国第一个东亚研究中心——哈佛大学费正清东亚研究中心，并长期担任该中心主任，还曾担任美国历史学会主席、美国亚洲研究协会主席等。1907 年 5 月 24 日费正清出生于美国南达科他州休伦市，先后入威斯康星大学和哈佛大学就读。1928 年在哈佛大学读书时，他接受查尔斯·韦勃斯特的建议，决定主攻中国近现代史，当时北京故宫所收藏的一些清代档案开始解密并大量印行。1929 年秋，费正清得到罗兹奖学金的资助，赴英国牛津大学攻读博士学位。1932 年，25 岁的费正清为了高质量完成有关中国海关的博士论文，偕未婚妻来到中国，进入清华大学历史系，师从著名外交史专家蒋廷黻学习中国历史。费正清在中国学习期间大量考察中国各地的风俗民情和文化古迹，广泛接触中国社会。这次中国之行直到 1936 年结束。此后费正清又数次来到中国，并且为中美关系的正常化作出了重要贡献。

汉学是指西方人从语言文字、历史、地理、哲学、宗教、经济等方面系统地研究中国的学问，是东方学的主要组成部分。西方汉学至今已有400多年的历史。从地域上看，世界汉学主要包括以法国为中心的西方传统汉学、以美国为中心的美国汉学以及和东亚中国学。美国的汉学主要研究现当代的中国，而费正清是美国中国学公认的创始人、“中国学之父”。费正清开创的美国汉学打破了传统汉学只注重古代汉语的研究的习惯，注重近现代的研究。中国学研究在美国能够成为一门显学，费正清的贡献无人匹敌。费正清的中国学研究始于20世纪30年代。当时美国的中国学研究由于受欧洲传统汉学的影响，当时的中国学仅仅作为西方文明的一个分支，只注重中国语言文化，几乎忽略了中国近现代史的研究和对中国现实的国情的研究。费正清提出了新的学术主张，他使美国的汉学研究由古典的传统的研究转向现实问题的区域性研究，研究对象侧重清代以来的中国历史。费正清认为，一切历史都是当代史，只有追溯几百年的历史，才能够更好地理解当代的中国。费正清认为中华文明是不同于西方文明的独特的文明，中华文化是最特殊、最与众不同、最古老、最自成体系、最平稳和伟大的文化，因此必须运用新的视角来研究中国文化。费正清还主张研究方法的创新，强调使用中国的档案和原始资料来研究中国历史。费正清还采用了多学科的研究方法，即把历史学、社会学等结合起来分析中国社会的变迁。费正清主张学术研究的目的是经世致用，主张学者的责任不仅在于增加知识，而且在于教育公众，在于影响政策。

据不完全统计，费正清一生主编著作60余部，发表论文200余篇，发表书评160余篇，此外还为他人撰写了大量序言和专访。对于中国学的研究，费正清首先非常重视原始资料的收集和梳理。1950年，费正清与刘广京等合编《近代中国：中文著作书目指南，1898—1937》；1951年，费正清与勃兰特、许瓦茨等人合编了大型资料集《中国共产党文献史，1921—1950》；1952年，费正清与坎布里奇合编了《清代文献（1—2卷）》（这些材料均由哈佛大学出版社出版），为美国的中国学研究提供了大量一手资料。在整理材料的同时，费正清也开始发表自己对中国问题研究的成果。

1948年，费正清出版了成名作《美国与中国》一书，对近代中国的社会、文化和中美关系做了初步的探讨。该书后来多次修订再版，到1978年已经第四次再版，成为研究中国近代史的经典著作。每次再版，费正清都根据自己对中国社会的新认识，不断修正丰富自己的学术观点。在这本著作中，费正清展现了自己的历史观，首先是从整体历史观出发，详细分析中国传统的制度结构的特点，力图说明传统中国社会与现代社会的差异，并指出现代中国社会是从传统中国发展而来。其次，费正清把中国的现代化过程纳入世界体系中去思考，指出中国的现代化过程与西方的影响密不可分。但是由于受传统制度的影响，中国的现代化步伐十分缓慢。1953年，费正清出版了《中国沿海贸易和外交：1842—1854年通商口岸的开放》（2卷本）（哈佛大学出版社出版）。1954年，费正清与邓嗣禹等人合作，出版了《中国对西方的反应：文献通考》（哈佛大学出版社出版）。1957年，费正清主编了《中国的思想与制度》（芝加哥大学出版社出版）一书，在该书“引言”中费正清阐述了他对中国思想研究的方法。我们选择了这篇引言，相信对中国思想史的研究者有所帮助。1960年，费正清与邓嗣禹、坎布里奇合著了《清代行政机构研究三种》（哈佛大学出版社出版）。1962年，费正清与鲍伊等人合作，出版了《共产党中国，1955—1959：政策文件和分析》（哈佛大学出版社出版）。1967年，费正清与坎布里奇合著了《人民中国与美国》（哈佛大学出版社出版）。1968年，费正清与坎布里奇合著了《中国人心目中的世界秩序：传统中国的对外关系》（哈佛大学出版社出版）。20世纪70年代以后，费正清还出版了不少著作，如《被发觉了的中国：它在中美关系中的形象和政策》（1974年纽约艾尔弗雷德公司出版）、《在华的传教事业与美国》（与坎布里奇合著，1974年哈佛大学出版社出版）、《中国海关总税务司赫德书信集1868—1907》（2卷，1975年哈佛大学出版社出版）、《日本关于近代中国研究：有关19—20世纪的历史和社会科学研究书目题解，1953—1969》（与浦地典子等人合编，1975年哈佛大学出版社出版）、《中国的面貌：1860—1930年间摄影师、游客所见》（与卡梅伦合编，1978年纽约阿普特尔公司出版）、《中国：传统与变革》（与赖肖尔等人合著，1978年波士顿霍顿出版社出版）、《东亚：传统与变迁》（与赖肖尔等人合著，1978年波士顿霍顿出版社出版）、《剑桥中国史：晚清1800—1911》（1978年剑桥大学出版社出版）以及《剑桥中华人民共和国史1949—1965年》（与麦克法夸尔合作）等。1986年，费正清还写出《伟大的中国革命：1800—1985》（美国哈泼罗公司出版）一书。此外，20世纪80年代还出版了《透视毛的中国》一书。1991年中国知识出版社出版了《费正清对华回忆录》。1992年，中国广播电视出版社出版了费正清的《眺望中国》。可以说费正清研究了中国近现代史包含政治、经济、文化、制度、思想文化、对外贸易等各方面的问题，出版了大量著作，汇编了不少研究资料，对于中国近现代史的研究具有重要指导作用，而且其研究方法对于中国古典历史研究亦有启发意义。

除了撰写大量著作之外，费正清还建立了专门的研究机构研究东亚文化，并使东亚文明和文化的研究成为一门学科。费正清 1935 年获得牛津大学哲学博士学位，翌年返回母校哈佛大学任教。费正清以哈佛大学为基地，把近现代中国的历史发展变迁作为中国学研究的重点课题。费正清建立了以自己名字命名的哈佛大学费正清东亚研究中心，培养了大量美国中国学的研究人才，学生遍及全球 70 余所著名大学、研究中心以及欧美亚非各主要国家的外交部门。这些学生中比较杰出的研究中国学的学者有：列文森（Joseph R.Levenson），哈佛大学博士，曾任美国加州大学伯克利分校教授，20 世纪五六十年代美国中国学研究领域最主要的学术代表之一，代表著作是：《梁启超与近代中国的心灵》、《儒教中国及其现代命运》；柯文（Paul A.Cohen），哈佛大学费正清东亚研究中心教授，代表作有《在中国发现历史》，提出了中国中心观的研究模式；史华慈（Benjamin I. Schwartz），哈佛大学已故教授，代表作有《中国的共产主义运动与毛泽东的崛起》；费维恺（Albert Feuer Werker），著名中国近代史研究专家，曾任美国密歇根大学中国研究中心主任，和费正清一起主编剑桥中国近代史，代表作有《中国早期工业化：盛宣怀（1844—1916）和官督商办企业》、《中共马克思主义史学》等。费正清创立了中国研究的新模式，确立了自己在西方中国学界的泰山北斗的地位，被誉为 20 世纪中国学发展过程中最重要的人物。1991 年 9 月 12 日上午，费正清亲自将生平最后一部书稿《中国新史》送交哈佛大学出版社，下午心脏病突发，两天后平静辞世，享年 84 岁。许多欧美媒体称费正清的逝世是西方中国学学术史上一个时代的结束。

此外，费正清充分发扬经世致用的学术观念，积极研究中美关系，为美国政府的外交政策提供指导，代表性成果如：《认识中国：中美关系中的形象与政策》、《中美关系的相互影响：历史评述》、《中美关系展望》、《美国和中国》、《东亚文明史》、《中国：传统与变迁》、《伟大的中国革命》、《中国新史》等。

费正清对于中国近现代历史研究的主要学术观点是“冲击—反应”模式。他的成名作《美国与中国》等都是对这种模式的应用。该模式认为中国传统是连续和自成一体的，而近代以来，西方人对中国人的生活和价值观起到了加速的作用。他并不是认为传统中国没有任何变化，但是只不过这种变化总是没有脱离文化和制度的基本格局，这种制度的连续性已经成为一种惯性和惰性。因此中国的现代化过程是在西方冲击下的回应。在西方的冲击下，中国的现代化缓慢前进。他认为中国文化的惰性太大，对西化的吸收并不彻底，压力增大时暂时做出回应，危险过去后则依然如故。费正清的“冲击—反应”模式明显带有西方中心论的色彩，这种观点虽然一度成为美国中国学的主流观点，但是后来也逐渐受到许多学者的批判。费正清自己晚年也有所变化。

费正清关于中国历史的研究不太重视抽象理论的建构，而是偏向实证。其史学理论主要来源于马克斯·韦伯、汤因比以及年鉴学派。费正清主要吸收了韦伯利用社会学研究区域问题的方法对中国进行研究。汤因比的“挑战与回应”说解释中国近代史的理论是费正清“冲击—反应”的理论来源。客观地说，近代中国的变换确实与西方的冲击有很大关系，但是中国自身内部也有变迁的因素，完全忽视这种因素，就变成了一种西方中心论的观点，仿佛整个近代历史、中国的现代化变迁的主导因素就是西方入侵，不仅美化了西方的侵略，而且对中国传统社会带有很大的偏见。20世纪80年代，“冲击—反应”的解释中国历史的模式逐渐被舍弃，费正清也部分地纠正了自己的观点。他在再版的《美国与中国》一书中有所纠正，承认了中国自身内在的变化是中国现代化的主要因素，西方的影响是有限度的。当然对于汤因比的文化形态史观，费正清没有盲目跟风，而是反对这种看法，强调区域研究的合理性。年鉴学派关于整体历史、跨学科的研究方法等方面都对费正清有深刻影响，这从他的著作中都能清晰发现。

在《中国的思想与制度》一书的“引言”中，费正清对中国思想史的研究有不少启示，展示了美国学术界对中国思想研究的兴趣所在。费正清指出由于西方政治学研究领域的狭隘性，很多政治学家以普遍科学性为基础，否定区域政治的特殊化，对已有知识进行逻辑研究而不是进行地域分类研究，因而他们忽视了对占全人类大多数的中国的研究，他指出对中国政治思想的研究是一个被人们长久忽略的领域。费正清的主要目的是研究中国思想在政治和社会中的应用，尤其是研究儒家思想在政治斗争和社会政治制度中的运用。

费正清对中国政治思想研究的方法主要有以下启示：一是费正清强调西方学者应该重视第一手的中文原始材料，并且要在材料的翻译上下工夫，对材料的理解只能永远接近但是没有终点，这种对待原始材料的态度是研究中国思想史不能少的。二是费正清重视思想在制度和社会中的运用和影响的研究，这是研究中国思想史的一个很重要的向度。思想如果得不到社会的应用，影响是极其有限的，儒家思想作为传统思想的主导，其影响遍布社会的各个层面，对社会进程具有举足轻重的作用。

但是思想与制度又并不完全一致，思想影响制度，制度也反作用于思想的发展演变，我们应该重视思想与包含制度在内的社会各个层面关系的研究，只有如此才能揭示一个活生生的社会，而不是逝去的思想。三是费正清强调跨学科的研究方法也是研究中国思想史的重要方法，“在这个领域里，社会科学的分析能力同人文学者特有的专业知识同样重要。我们必须坚持采用两种方法，兼容并举。为了透彻分析保存完好、深奥难懂的中国历史文学内涵，我们需要汉学家的严谨态度和极大耐心。同时，为了搞清中国政治现象所蕴涵的深意，使之对现代科学的研究有所帮助，我们又必须研究后者的方方面面，尤其是社会学领域的知识。”① 四是跨文化的理解方法也是费正清中国思想史研究的重要启示，费正清时常指出，“历史学家经常碰到的一个问题就是，一个人在自己的文化背景中，怎样思考别人在他的文化背景中生活的问题”，只有时常有这种意识，我们才能在多元文化对话的世界中，避免对其他文化思想的误解。而且这也是不同文化之间相互理解的基础，“西方人与中国人之间保持和谐关系需要以互相理解作为基础。而理解又必须建立在对对方民族的不同习惯、态度、理想和自我表达方法了解并欣赏的基础上。”② 晚年费正清致力于推进中美关系的正常化就是这种观念的延伸。五是比较的研究方法也是费正清十分强调的一种研究方法，在比较中尊重、理解它种文化才能促进和谐，并且深入认识各自文化的特色。以上都是研究中国思想史不可不注重的方法和观念。

—— **延伸阅读文献目录：**

[美]费正清主编:《中国的思想与制度》，郭晓兵等译，世界知识出版社，2008 年。

—— **原文:《中国的思想与制度 · 引言：方法和内容》**

---

① [美]费正清主编:《中国的思想与制度 · 引言》，郭晓兵等译，世界知识出版社 2008 年版。

② [美]费正清、赖肖尔:《中国：传统与变革》，陈仲丹等译，江苏人民出版社 1992 年版，第 1 页。

经典原文

中国的思想与制度·引言：方法和内容

费正清

中国的政治思想是一个被人们长久忽略的领域，要想对此深入研究，不妨注意下面这些文章。这些文章与其说更多涉及的是古代经典文献的形成，不如说是介绍儒家思想在政治斗争和社会政治制度中的运用。颇让人出乎意料的是，这些研究都是出自历史学家而非政治学家之手，当然其中也含有社会学家的帮助。虽然政治学家在其专业角度尚不至于消亡，不过至少到目前为止，他们还在极力规避中国政治记载所带来的挑战，而且做得还相当不错。这些历史记载不仅在我们的图书馆里唾手可得，而且它们毕竟代表了人类历史上人口最多的国家政府制度持续最为悠久的一段经历。

我认为，西方政治学中的狭隘主义应当引起我们的注意。其根源来自一个所谓普遍科学性的错误理论，即对待“区域”的特殊化持否定态度。这些政治学家是在西方政治生活的背景下接受数据、观念和语言等方面的训练，他们把已有知识进行逻辑性而非地域性的分类。因此，他们不会去研究全人类中大多数人的政治，而这大多数人却恰恰居住在亚洲。在经济学领域，落后地区发展的迫切需要促使美国经济学家于不久前创造了新的经济发展学说。这一学说恰巧也主要适用于亚洲，而且不受地方主义的限制。毫无疑问，出于政府管理的需求，将来政治学领域也会出现相似的可喜进展。

与此同时，作为从事专门研究某一地区的历史学家，我们在编写本书的过程中感到自己正处于既令人兴奋又常令人迷惑的跨文化边界。在这个领域里，社会科学的分析能力同人文学者特有的专业知识同样重要。我们必须坚持采用两种方法，兼容并举。为了透彻分析保存完好、深奥难懂的中国历史文学内涵，我们需要汉学家的严谨态度和极大耐心。同时，为了搞清中国政治现象所蕴涵的深意，使之对现代科学的研究有所帮助，我们又必须研究后者的方方面面，尤其是社会学领域的知识。

毫无疑问，现代学者们普遍面临这样的处境：一方面，他们在尝试开辟新的学术领域；另一方面，他们又希望能跟上其他领域的迅速发展。因此，我们在中国传统思想上所获得的经验不仅能吸引不断增长的中国问题专家而且更能吸引广泛的读者群。以下我们主要概述一下我们工作的起源、研究方法和内容。

■ 一、原因和方法

中国思想委员会——即现在的远东协会于1951年成立。当时大家普遍认为，西方的学者们长久以来忽视了一些中国传统观点在其社会及历史上所起的作用。如果真是那样的话，结果是非常危险的。虽然我们已翻译并研究了相当数量的经典文献和历史著作，但却很少注意到这些传统观点与中国政治制度及文化习俗之间的相互作用，或者说很少关注与这些观点有针对性的历史事件、历史进程和其间政策的影响以及对此进行相关分析。随着战后美国国内对中国研究和日本研究的升温，人们似乎有可能调集多种多样的思维方法和技术手段，寻找汉学家和语言学家、哲学家、社会学家以及其他情况下备受忽略的研究中国问题的学者们，将他们的工作更为紧密地联系起来，使新观点的提出成为可能。这项工作是在美国学术理事会的莫蒂默·格雷夫思（Mortimer Graves）的提议下发起的。斯坦福大学的芮沃寿（Arthur F. Wright）成为这个新成立的委员会的主席。在罗伯特·雷德费尔德（Robert Redfield）主持的"文化与文明比较研究"项目的支持下，第一届关于中国思想的研究会议于1952年在科罗拉多州的阿斯本（Aspen）举行。

会议之后，芮沃寿出版了论文集（《中国思想研究》，美国人类学协会，学术论文集第75卷，芝加哥大学出版社，1953）。在前言中，他指出这次会议为系统分析和研究问题开辟了新的道路。这些新的道路包括：研究诸子百家的思想渊源；界定关键术语；描述、评价一些观点发展的历程；讨论价值观念的沿革；记述学术取向的变迁；分析外来观点在中国的发展；研究非语言符号意义的发展过程。正是有了这次会议的经验，再加上会议成果受到热诚的接纳，在这样的鼓舞下，中国思想委员会才得以于1954年9月3日至10日在新罕布什尔州拉哥尼亚（Laconia）附近的斯蒂尔山（Steele Hill）举行了为期一周的第二次大会。会议的主题为“中国传统观念与制度习俗之间的关系”。

从若干论文集中，我们可以看出第二次讨论会的价值。首先，所有的论文都是事先发给大家，让每个人预先看一下，然后对每一篇论文的讨论也是由一名与会成员对论文进行严肃认真的分析，然后再提出需要讨论的问题。每天都有一位能干的报告起草人（由哈佛大学研究生院的斯蒂芬·海依［Stephen Hay］先生担当）准备纪要（而不是逐字记录）。接下来，论文的修订工作便可以从容不迫地利用学者们在几个小时中对每个主题及相关方面进行批判性评论的成果。正是采用了这些方法，才使得这一周讨论会上的十三名讨论者不但拥有条理清晰的思维，而且富有自由发挥的灵感——这二者达到了平衡的默契。（让人尤为印象深刻的是，几年来的调查成果和多位同事的集体智慧兼容并蓄，一位学者一年的研究就把许多人好几年的研究成果甚至许多人倾尽一生所得的智慧汇聚到了一起。）

就方法论而言，我们向与会者提供了汉学研究以外社会学家们颇有见地的批评。我们认为，尽管想方设法，耗费重重努力，催发不同学科的结合，真正的知识组成仍然而且一定存在于个人的头脑之中。要想更为有效地研究中国，那么汉学家的脑海中必定要出现跨学科的新设想。为了得到更为重要、更加集中的信息，而不是刻意关注不同学科的对立和冲突，我们于是只邀请了一位汉学家，即兰德公司（Rand Corp）的赫伯特·戈德哈默（Herbert Goldhamer）博士作为与会者的咨询顾问。随即在1954年初，学者们开展了各项课题的研究。在大多数情况下，与会者都会就研究课题的主要情况及遇到的问题及时向戈德哈默博士请教，并从这位顾问提出的意见中受益匪浅。不管在会议召开之前，还是在会议讨程之中，大家一直如此。

就这些论文所涉及的方面而言，我认为我们展示了20世纪下半期西方历史研究多样化的特点。每位作者都自主选择了论题并进行了研究。然而结果却是，这些论文并非与总体计划完全吻合。最好的情况不过是论文和我们的计划有一半是符合的，有一半是有联系的。但毫无疑问，这些论文的撰写者在两个方面的观点相当一致，即大家都认为思想在历史进程中具有的主要作用。同样，在研究中国历史中思想和习俗的关系时，大家都遇到的一些特别的问题。

首先我们认为，学者们所研究的各种思想在中文著作当中都有记录，都可以查询得到，而且这些思想在中国人的头脑中都占据非常重要的一席之地，在中国许多重大事件中都曾是十分重要的部分。思想是历史进程的一个组成，是整体当中的个体。我们每个人可能会选择不同的话语给思想在思想家一系列的行为以及在当时社会背景下所扮演的角色下一个抽象的定义。但我们相信，对于历史的理解，不论是在其独有的特殊性还是在其潜在的普遍性上，都不仅仅是研究一些抽象的名称、因素和定义。我们基本赞同史华慈（Benjamin I. Schwartz）先生的观点。正如他在本卷开篇时所说的那样：在最终的分析中，我们必须通过个人提出观点时牵连的内在含义、态度和感受，以及这种思想与特定时间、人物、地点之间密切的内在联系去理解它。仅仅按照促使其产生的各种原因去为其发展寻找解释或仅局限于对某人思想的错误之处进行批判是不够的。历史学家必须试图去了解每位思想家的内心世界及他的思想所表达的内容，同时要承认这位思想家对当时情况的反应中包括了一定程度的自由发挥和个人创造。这意味着，在这个所知史料相对极少的汉学研究领域里，我们必须从一种文化史实研究出发，并与悉心分析和缜密阐述紧密结合，同时还要考虑到普遍意义上对社会科学理论的应用。我们面临的首要危险是，为了仿效人们对西方思想历史的深入研究，我们会急于使自己的研究达到一种概括而抽象的水平。

第二，我们尝试着对中国思想的具体内容和历史意义进行理解，这要求我们必须把自己看作是观察者。但是，文化的差异使这一过程变得十分艰难。首先是语言上的差距很大。语言的差距给我们——生活在当今世界的人们和中国古代的个人之间树起樊篱。我们一些常识性的假设以及身为现代观察者的义务对于我们正在研究的一幕幕中国历史来说却绝对陌生。这是因为，中国是所有伟大文明中与西方传统之间相距最远的。举例来说，致力于社会秩序研究的西方思想家通常默认，法律在一个国家中拥有至高无上的地位。马克斯·韦伯（Max Weber）可以对一个“法律权威”占主导地位并有效运作的国家行为进行政府机构层面上的讨论。但他在分析中国政府机构时，自然要从中国缺少一种“系统的、独立的、彻底的法律理性”说起。

我们重视中国史料记载，而在我看来，我们的思考过程必须有一种振荡的特征。我们的注意力要不断地在中国个人特有的思想与他所处的时代以及之前时代更加广阔的环境之中，并且要在中国历史不可或缺的一个整体与我们个人对普遍历史过程的概念性理解之间的位置上进行来回转换；要在以中国历史为单元的完整一页和我们自己对普遍历史进程的概念和理解之间来回波动。这种波动中的每一步都会给我们带来问题。在翻译某位中国历史人物的独特的思想时，我们会遇到一些语言学及相关学科的问题。其中一些已经在第一次会议的材料中讨论过了。这些问题包括：对原文的忠实及精确表达，对标点、语法和句法的理解，对文言文的引用和典故的使用，明确相关的修辞手法及表达的感情色彩。诸如此类，不一而足。除了文字方面的问题之外，还层层叠加着背景方面的问题：包括作者当时的境遇，他以前的职业，当时的传统，当时中国社会的情况等。我们不可避免地要面对关于文化环境、社会惯例以及促使其思想记录成文的具体事件等一系列综合性问题进行考虑。这些背景中的一部分可以通过特定史实的细节获得；也有一部分必须放在中国通史漫长的进程中去理解。在这一理解过程中，我们根据自己对中国人的政治、经济、社会知识和文化经历的了解，对一些现象进行评判，解释与定性。在这个阶段，从逻辑上讲，没有任何一点可以切断我们对人类历史的总体理解，但我们必须运用自己对历史进程的整体把握，尽管这样的分析和判断并不完美。

因此，在这种波动起伏的注意力的引导下，我们透过层层背景，通过种种提取，从中文材料里得到关于中国历史时期、总体文化以及人文历史的概念。直到最后，和任何翻译过程一样，我们集中焦点，选择用词，用英语写出具体的文字。在这个过程中，概念上的精确不仅和翻译上的精确同等重要，而且与之密不可分。因而，在从一种文化时期向另一种文化时期过渡的过程中，并没有一条简便易行、让真理遵循的道路。我们的理解过程是持续不断的，永远接近但却永远没有终点。

二、概念与主张

正如历史学家们所了解的那样，分别收集事实数据、理解普遍概念，远比将二者结合为整体并给予清晰叙述要来得容易得多。概念之于某一历史环境的“运用”可能会产生非常类似于那些西方游客来到中国时带来的武断、偏颇、成见。他们带着偏见来到中国，又通过自己的“观察”和“结论”好像论断了自己的观点。对此弊病，赫伯特·戈德哈默（Herbert Goldhamer）博士在第二次会议结束时给我们开了一剂很有用处的解药：

> 我们面临着一种危机，那就是汉学会像社会科学一样不断自我腐蚀，慢慢变质，完全忽略生活中的具体数据，而转向单纯研究概念和书本。这种危机表现为两种形式：(1) 完全由概念为指导，但这些概念必须经历经验主义去检验。(2) 直接把意义强加于词语，而不是先研究社会现实，再去寻找相应的词语来诠释。

为解决这种把概念演绎化和实质化的危机，赫伯特·戈德哈默博士提出了一条有效的建议，这就是研究者们应该把相关资料、数据同自己提出的结论、主张紧密地结合，而不是单纯和概念相结合。他说：

> 对于研究而言，核心概念不像结论和主张那样有强烈的刺激感。因为主张会对资料和数据提出质疑，并尽力证明或否定这些资料数据。在规范一致性的前提下，汉学研究之间以及汉学内的亚学科之间可以进行更广泛的合作来证明一些结论和主张。条件是我们先约定一些具体要求。这些结论和主张不可太过僵硬，应该将其理解为仍有待证明的假说。问题也应该可以分成更为具体的主张，这样才能使研究其他朝代和历史学科的人明白个中缘由。而参考的资料和数据必须十分充足同时筛选要十分严格。

简单来说，对实践和可行性的检验必须针对我们的问题，而问题也必须规范在一种可实行的范围内。毫无疑问，这项出色的提议是受我们讨论当中的不足之处启发而来。在一些文章中，这一提议也会部分得到例证。

史华慈先生在第一篇文章中讨论了学者们在人类文明发展中面临的更深层的问题。他坚持认为，一切哲学论断都构成界定各个学科的基础。他把人类文明历史定义在着重关注人类对所处环境的"有意识的回应上"。据他看来，历史环境充满各种矛盾与可能，人类对此的回应不单有态度、感觉还应有思想。这些思想不仅为环境所创造，人类在其中也发挥了一定的主观能动性。因此举例来说，马克思列宁主义在中国共产主义运动中既是启发思想的主体又是一个合理而理想的典范。以下的文章也将向大家展示儒教如何在中国传统文化中扮演着类似的角色。

■ 三、内容的主要分支和趋势

就内容方面而言，我们的论文涉及广阔的领域，反映出作者不同的理解能力和兴趣所在。这些论文主要分为两大组：第一组是一系列不同凡响的历史专论，阐述了国家权力运用和思想流派之间的联系。这些论文讨论了从汉朝到清朝两千多年的封建时代里六个不同时期。对于各个时期，每位作者都分析了统治过程中——尤其是在官僚体制争权夺势的过程中，一些思想流派的观点及其运用。

埃伯哈德（Wolfram Eberhard）先生探究了天文学在汉朝起到的政治作用。根据一些早期专论，埃伯哈德揭示出：朝廷记录的日食、月食、干旱、火灾以及其他自然灾害实际上预示着天道背后隐藏的政治意义而非科学意义。这些预兆不仅跟世间的大事有联系，而且与此相关的假想是：它们打乱了天地间自然和谐的象征。一旦如此，人们则更会把灾害看作是来自“上天”的警告（也许是来自一个私人的神？）。或许是上天不满皇帝的作为，或许是不满朝廷执政权力的失衡和不当的做法。于是，这一预兆便成了人们惯用的一种检验封建专制的方法，并编入皇朝的编年史。这是因为，中国的历史学家希望通过对历史事件的叙述，为未来的政治领导提供一面镜子或向导。有一些预兆是捏造的，而且对于任何预兆的解释也都因记录官员和援引理论的不同而相去很远。但是，由于这些预兆针对的不仅仅是对皇帝的引导，还有对政府的引导，因此它们可以用作一个政治派别与另一个政治派别斗争的工具。作者最后写到，汉朝使用的是对农业生产几乎毫无价值的阴阳历法。这种历法根据所谓象征性的标准编写，从而显示王朝的神奇力量。这一点充分说明，中国的天文学是以政治目的为导向，因此妨碍了自身作为一种真正科学的正常发展。

埃伯哈德研究了汉代天文学家预兆思想的系统化和体制化的应用。接下来，芮沃寿（Arthur F. Wright）评述了建立新王朝的强大统治者所使用的思想控制。公元581年，中国重新统一后，隋朝的开国皇帝对道家、儒学和佛教思想的种种利用，似乎反映了隋朝皇帝已然看到此前存在的等级问题并就如何解决这些问题设计了种种假想。了解问题和应对问题两者都关系到汉语书面文字的法力和由此代表并沿袭下来的价值体系。通过分析皇帝的思想主张和政策法令，芮沃寿先生对皇帝的智力、遗传因素以及其事业、性格的主要特点进行了评估。随后，芮沃寿先生对隋朝早期统治者所面临的经济、政治和文化问题做了示范性的总结。在此历史构架下，芮沃寿最终探究出：儒、道、佛三家思想是如何为意识形态服务的——即在执行权力的同时又用来使百姓臣服。

接下来的三篇论文组成了一组三部曲，论述的是对政府有影响力的官员们的所作所为的两个首要因素：一是儒家思想；二是他们和皇帝权力之间的关系。刘子健（James T.C.Liu）先生研究的北宋早期范仲淹领导的改革是维护等级制度的理想官僚主义者和企图操纵皇帝的实用官僚主义者之间权力斗争的高潮。机会主义者最终争取到全体官员都赖以生存的皇帝专权，才得以挫败改良革新派。然而，儒家思想对改善引导皇帝的统治行为一直都产生着推动作用。刘先生详述了范仲淹和同僚们不懈努力，旨在将他们的政治理想付诸行动。这些努力包括：促进儒学研究；通过改革完善科举考试制度，推举、提高新征官员的素质以及改善地方政府的行政状况。刘先生分析指出了一批具有代表性的官僚主义者和典型权力机构，并暗示我们不同官员是如何依赖于不同的权力部门得以生存的。理想主义的官员们追求的是一种“精神统治”，从而使他们思想道德权威能获得至高无上的权力。然而在转化为政治行动时，这一追求不可避免地成为一种威胁，不仅是对那些反对改革的人，也是对皇帝个人的统治。于是，尽管理想主义的活动从未销声匿迹，却也是屡遭遏制。当然，这也暗示了儒家思想世代相传的一种顽强生命力。

贺凯（Charles O.Hucker）先生在文章中分析了明末著名的东林党人的活动以及与其密切相关的官僚贤哲人士的政治活动，以此作为儒家理想主义的又一行为例证。他首先描述了明朝统治机构的缺陷、管理的腐败以及官员间的权力斗争。贺凯发现，在各派系的相互斗争中浮现出各种道德观点的冲突。随即，带有政治倾向的东林党学士和官员们对此大肆披露。在朋党和小集团的斗争当中，这些矛盾引发了一场矛头直指东林党集团的士大夫，同时又针对那些品德低下的反对派集团的斗争。这场斗争因宦官魏忠贤残酷迫害东林党的支持者而达到高潮。贺凯关于这些人物及事件的研究揭示了一种普通道德目的之下一种更广泛的模式，致使这些具有哲学意识的官员援引传统儒家道德用来反对滥用皇权及官员渎职的现象。暂时掌握并控制皇权的宦官对改革者的清除是短暂的。然而按照儒家思想的逻辑，铲除改革者的这一现象意味着最后一个纯粹的中国王朝瓦解在即。

狄百瑞（W.T.de Bary）先生所著的文章是三部曲的第三篇。他主要研究了政治理论家黄宗羲写于1662年的《明夷待访录》。这份针对中国弊病的改革方案（正如之后明朝很快瓦解所证实的那样）从一个施行仁政但仍然专制的皇权着手，提供了一种有力的、批判性的儒家政治理想的总结。《明夷待访录》期望法律能够成为一种比纯粹的皇家工具更具基础性的改革工具，提高大臣的地位，恢复宰相制度，约束宦官，兴办面向全社会的公学并改善科举制度，改进政府机构，改变土地所有权和土地税。黄宗羲的诸多改革愿望都是在两千多年前儒家经典理论中提出的“为民”的君主统治的基础上实施。而相较于律法的强制和平衡，一个英明君主的才干和一种和谐的社会秩序更能使这些改革成为可能。尽管黄宗羲的想法大胆超前，却颇具影响力。这些想法与范仲淹和东林党的运动相比，同样是立足于儒家思想的古老框架之下。

我自己的文章记录了一个世纪以前在条约体系之下，传统理论的瓦解以及中国人和外国官员如何共同管理中国。这种和异邦王朝共同管理已成为一种具有规律性并具有明确特点的儒家制度。这些特点中有许多在鸦片战争期间及战争之后英国对中国的入侵中短暂重现。在不平等条约之前，早期欧洲人的交往被融于中国的传统之中，但条约并没有立即破坏这个传统：在条约规定的港口城市开放之后，共治的趋势在中西关系中充分地显现出来。但是置身于中国传统的主张和设想之下又和侵略者联合统治，由于西方思想的流入，条约体系中隐含的新式民族主义概念使共治局面很快就中断了。

论文集的第二部分涉及的是中国传统社会秩序的思想所扮演的角色，尤其是那些影响官僚阶层的思想。追溯中国古代和儒家官僚阶层的起源，瞿同祖（T'ung-tsu Ch'ü）先生首先描绘了伴随封建时期社会阶层结构的思想体系。身份尊贵的人从事脑力劳动，尤其统治并管理其他人。身份卑微的人从事体力劳动，处于受统治地位。这种合理化体制符合封建时期的实际情况。当那种体制消除后，帝王统治下的阶级差异一直延续到公元前221年。尊贵的人或卑微的人的地位不再由归属而定，而是根据其后来的功绩和成就来决定。道德和能力方面的成就最终由考试来证明。这两个阶级群体在职业、声望和权力方面有所差异，但并没有形成简单的“两种阶层的社会”。受统治的人们实际上包括若干阶层，但是官僚统治阶级在中国传统社会结构以及儒家社会理论中始终处于最具实权和最有威望的地位。

在隋唐中央集权复兴后，崇尚儒教的政府通过科举考试招募更多的官员。柯睿格（E. A. Kracke, Jr.）先生审视了科举制度的理想和现实的转化关系。虽然行政机构的任命是通过保举、推荐、买官以及其他方法，但是科举制度的作用表达了一个理想，同时体现了群众转化为官员的过程和程度。早期的情况是地区间自由的竞争，一直到1279年宋朝末期，来自中国东南部商业化地区的应试者（来自非官僚家庭）人数不断攀升，新人才比重不断增加。这说明了城市化进程促进了平民百姓跨入行政机构。在蒙古人统治时期（1279—1368），看似公平的配额制度实质上是在惩罚反对蒙古最为强烈的中国南部地区。在明代和清代，到1911年按照地区人口密度决定配额是承认机会均等这一目标合法性的另一途径。

中国官员以其儒家的思维方式受到了他人的支持与认可。因此，他们在理论上提倡大一统的国家里始终占据着支配地位。在这样的国家里，政教分离的统治体系从未建立。杨庆堃（C. K. Yang）先生在分析儒家思想与中国宗教的关系时发现儒家思想并不是完全合理或不可知的，而是由于它接纳吸收了一些超自然的元素。儒家思想在道德领域占据着支配地位，并始终保持自身与宗教分离的观点。中国的宗教或是由于缺少来自中央集权组织的支持，或是在儒家思想这种非宗教的控制下（如祖先崇拜和对上天的崇拜这种散布开来的宗教）而一直软弱无力（如道教、佛教这样的专门宗教）。从未有过一个教士阶层挑战中国的官场获得过成功。

杨联陞（Lien-sheng Yang）先生在其所研究的一个例子中阐述了社会秩序这个基本概念的持续性与激增性。这一特性甚至在孔子之前的时代就已经具备。他追溯了“回应”,“归还”,“回报”（用汉字“报”来代表）等概念的形式和用法，留意它们在各种不同社会关系中的应用，如为早期的游侠们所用。他还注意这一概念在儒家著名的五种关系以及人与自然关系中的应用（包括上天因果报应，分享命运以及佛教中的“业”）。这一概念还在家庭生活中得到了体现。家族作为一个整体，共同分享奖赏，承担责罚。人们反复教诲，孝敬是对父母的回报。这种思想在“天人合一”及人际关系中也得到应用，特别是在政府官员当中用得多。这正好与西方人所称的“任人唯亲”和“政治上的偏袒”不谋而合。

剩下的几篇文章分别讨论了在文学与绘画两个领域，学者和官员们如何倡导美学的表达方式。卫德明（Hellmut Wilhelm）先生把汉代“赋”的写作手法与同一时期学者们担任国家机构官员（或者说，至少他们成为了统治阶层的成员）这一现象的增长联系起来。他对“汉赋”与“楚辞流派”间的独一无二的传承关系持怀疑态度，他认为“赋”是政治家在哲学上的一笔遗产。大多数赋与政治有关，内容隐晦，而且有很多是特别来讨论君臣关系的。理论上讲，“赋”是学者们间接批评奏谏的一种手段。特别有一种“赋”，用来表达那些决心效忠朝廷却没有合适的机会得到皇权重用的学者们的苦闷。于是这类被忽视的中国文学便可与汉代政治机构的发展联系起来。而那些表达学者们忧伤失意的文学作品则暗示了他们在官场受挫的危险因素。

另一种对士大夫阶层的看法是从一个非同寻常的角度出发的，勒文森（Joseph R. Levenson）先生在一篇关于绘画理论的文章中提到这种看法。他认为，明清早期的士大夫阶层都是一些既保守又没有专长的业余人士。但是，恰恰在他们身上却结合了最为崇高的社会地位和文化价值。作为画家，他们鄙视专业技巧，孜孜不倦地沿袭“自发创作”的传统。这些儒家学派的知识分子通过“将直觉程式化”继承了佛教的反理性主义。他们不直接地描绘自然，而是描绘流传下来的自然表现物。这造就了他们绘画风格上的折中与融合。来自西方的冲击与现代中国民族主义的兴起使这一类没有专长却享有特权的士大夫阶层退出了历史的舞台。他们这种不够专业的绘画风格也至此才被打破。科举制度的废止和整个士大夫阶层的消亡最终标志着这种传统的结束。

■ 四、中国思想的政治定位

当然，如果读者认为以上的概论可以代表后面文章的深度和广度，那将是轻率的（我的同事们则会因此备感失望）。然而草草浏览一番的确能给人留下一些印象，而这恰恰是整部论文集要强调的：堆积如山的中国历史记录都是那些将自己视为统治阶层的学者们所著。无论是理论上还是实际上，这一阶层都依赖于天子（即西方所说的君主）的最高权力。使这个儒教国家得以延续发展的动力一部分来自于精英分子组成的政府所面临的残酷现实同由帝王进行公正统治（中国版本的仁慈专政）的儒家理想之间的冲突。这种寻求社会和谐有序的儒家理想使中国学者的思想主要是从社会政治的角度来定位。社会秩序不仅仅靠法律和武力，而是靠统治者和官员的个人行为来维持。这一事实代表了传统的儒家思想，并且在我看来，它加深了士大夫们的政治意识。士大夫阶层要想在一个相当个人化的政府机构中参与其政治制度，则必须要求他们始终如一地坚持个人操守，这一点总是和他们的政绩并驾齐驱。

也许，这恰好能够表明论文作者们的苦心。他们应邀就“中国思想和制度的关系”这一题目展开研究，将焦点集中在中国政治生活中“思想”所扮演的角色上。他们强调了国家（政体）角色，至少在有中国文字记载的历史中是这样体现的。不论是本卷收录的论文还是别处收录的论文，通过一个个的研究表明：在中国漫长的历史中涌现出来的是儒家政体（儒家之治），并一直居于主要的核心地位。显然，和“基督教世界”或“西方”这样的名词相比，“儒家之治”这个术语和概念是一样宽泛。在一定的检查和监督之下，“天子”是这一制度下的领袖；统治阶级为这个制度服务，当然要不时受到天子突发奇想的干扰；宗教、道德和社会关系都受到这一制度思想体系的统治；改革派和造反者所追随的也不过是实现这一制度最本质的理想；而东亚中国以外的异邦蛮夷之人要么是作为统治者，要么是作为被统治者都渐渐融入到这个制度当中。到了现代，□□□［编者注：空格处有删节］继承了这一伟大的政治传统，而这个伟大的政治传统也是众多西方学者已经开始研究的课题。我们了解最为具体的莫过于中国传统的经济制度，而我们了解最为抽象的则是儒家道德思想的经典论述。在这两个极端中间是相对而言尚未探索的领域。我们在这些论文中论述的就是这个领域中在相应的历史形势下学术思想和政府制度的相互渗透、相互影响。

■ 五、丰富的研究课题

在论文集中，每一篇论文都表现出独特的视角，让我们更好地了解“思想”（ideas）的政治—社会角色，不论这一角色是：掌控着宫廷制度的管理权限（埃伯哈德），社会行为的分布概念（杨联陞），用于证明新王朝的合理性的意识形态尺度（芮沃寿），一群激进的改革家们强烈要求在政治生活中的实践（刘子健，贺凯），还是学者们从理论上尽力改善对帝王专制统治的看法（狄百瑞）。通过这样的研究，人们已经建立起实现伟大学术成就的基石——这个成就是一个相互关联的研究，揭示出在中国社会整整三千年的历史长河中，政治思想和制度的演变。这些论文中呈现出的演变的例子表明了其在一个同质的文化传统的体系之内的多样化和变动——在皇权之下，作为周的封建制度的遗存的阶级结构仍然存在但已被更改了（瞿同祖）；人们对自然征兆的看法越来越趋于理性，但其仪式或许还有神秘价值而仍被保留（沃尔弗勒姆·埃伯哈德）；宗教的发展被儒教长期深刻地同化或抵消了（杨庆堃）；宋代的科举名额分配因城市化而有所变化（柯睿格）；文人画在宋代是另辟蹊径，到了明代却成了墨守成规（约瑟夫·R. 勒文森）。此外，还有几篇文章谈到士大夫阶层不断进行制度设计，以约束统治者的专制权力。

□□□［编者注：空格处有删节］我们相信，只有根据具体问题和每位研究者掌握材料的具体情况采用多元方法、多种方案，才能准确把握这些问题。但集个人与协作研究之力，也许会取得一些学术成果，我们可以用它们来描绘与评价孔夫子的国度及其在当今的遗产。

徐复观与《中国思想史论集·研究中国思想史的方法与态度问题（代序）》

经典导读

徐复观（1903—1982年），原名秉常，字佛观，后由熊十力取名为复观，取义《老子》“万物并作，吾以观复”，湖北浠水人。出身贫寒，15岁后，先后就读于湖北省立第一师范、湖北省立国学馆。1928年3月东渡日本，先后就读于明治大学经济系和陆军士官学校步兵科。回国后曾组建政党，党名“开进社”。九一八事变后，在军政界任职，1943年在重庆北碚拜访熊十力，受熊十力启发，开始进入学术圈，并热衷于中国文化的研究和弘扬。1946年退役后，在南京创办学术刊物《学原》月刊。1949年去台，此后埋首书斋、潜心学术，同年6月，在香港创办《民主评论》。1955年被聘为台湾东海大学中文系教授。于知命之年转入思想史研究的徐复观在中国思想史尤其是儒学思想史研究方面成绩斐然，并与唐君毅、牟宗三同列为现代新儒家之重镇。1958年1月，由徐复观、牟宗三、张君劢、唐君毅共同署名的《为中国文化敬告世界人士宣言》在《民主评论》上发表，成为现代新儒学思潮在港台地区崛起的标志。徐复观集学者与社会批评家于一身，出版过10多部专著、文集，发表过近百篇学术论文和数百篇时论、杂文。徐复观的主要学术著作有三大卷的《两汉思想史》、《学术与政治之间》、《中国人性论史》（先秦篇)、《中国艺术精神》、《中国思想史论集》、《中国思想史论集续编》、《中国文学论集》、《中国文学论集续编》、《儒家政治思想与民主自由人权》、《中国经学史的基础》等。

徐复观在先秦两汉思想史研究方面有很突出的成绩，他认为中国传统思想始于殷周之际，人性论是其主干，孔子、孟子、老子、庄子及宋明理学家的人性论是中国人性论思想的主干。徐复观认为“忧患意识”成为中国传统文化的主流文化精神，激发了一种强大的道德使命感。徐复观还力图在中国文化中找出可以与现代民主理论衔接的内容，力图把专制政治和儒家思想区分开来，指出封建专制主义对儒家思想的发展是一种歪曲和压迫，使得儒学思想在有些时段发生严重变形，阻碍了儒家思想的发展，但不能说儒家思想就是封建专制主义政治的护身符。徐复观承认民主与科学是中国走向现代化所必须的，是打开中国历史专制主义与儒家思想冲突的钥匙。与大多数新儒家学者一样，徐复观力图把中国传统文化中的固有的精神转化为民主与科学，所谓“内圣开出新外王”。徐复观发表了大量以儒家思想为中心的中国传统文化的论著和论文，对研究、传播中国传统文化作出了重要贡献。

徐复观关于中国思想史的具体观点很多，此处不能一一列举，仅就其研究中国思想史的方法做出几点概括。徐复观强调，对于中国思想史的研究，主要应该归结到思想史的研究，而研究思想史最重要的就是方法和态度问题。徐复观从中西思想家思想的不同特点出发，指出西方思想家以思辨为主，其思想形成了一种逻辑的结构。而中国思想家以内外生活的体验为基础，具体性多于抽象性，但经验经过反省与提炼之后形成文字，也常常显出一种合乎逻辑的结构。因此中国思想史研究的任务就是把这些思想家潜伏着的思想结构如实地揭示出来。具体而言，就是先拆散原有的材料单元，把思想家各种观念、问题从各种材料中抽出，然后以观念、问题为中心重新结合材料，以便了解思想家对每个观念的认识。进一步把各个观念、问题加以排列，找出它们之间的关联、层次与方位，发现思想家思想的基点、中心点和宗旨。在这种笨功夫中，考据占有很重要的地位，但是仅仅停留在文字训诂的考证上是不够的，不能忽略思想家所用的观念名词，这些名词与思想家自己思想系统的规定和他所处时代的流行用法有很大的关联。在对材料的结合中，还需要注重对材料的解释，解释主要是把原文献中含有但是没有明白说出来的内容揭示出来，但不是过分解释，必须要以文献为基础并接受文献检验。徐复观认为决定如何处理材料的是方法，但是决定运用方法的则是研究者的态度，这主要涉及自然科学和人文科学的区别，自然科学研究者直接面对研究对象，离现实生活有一定距离，所以研究者一般能做到持理智的态度。人文科学的研究对象与研究者的现实生活密切联系，于是在现实生活中的态度直接影响到研究的态度，为了克服自己的态度以适合研究时的态度，要求研究者存有一种“敬”的态度，就是在思想史研究中，首先要客观地承认此一思想，在研究之时，先顺着前人的思想去思想，随着前人思想之展开而展开，才能真正了解其中所蕴涵的问题，及其所经过的曲折，然后提出怀疑、评判，才能与前人的思想本身相符合，否则只是一种猜度。不要因为个人的主观成见误解了古人的思想。徐复观在对传统思想的研究和评价中力图把思想与政治有所区分，学术思想始终受到政治的影响甚至干扰，因此研究思想史的人应该根据具体的材料，深入儒家思想的内部把握其本来面目。要了解儒家思想的本来面目，离不开对现实条件的研究，因为现实条件影响和限制着儒学思想的发展，尤其是专制政治之下，儒学被严重歪曲，但是儒学既有不停地向上挣扎，也有向下堕落的情形，客观研究儒学与政治的关系，而不是简单把儒学归结为专制政治的护身符。

对中国思想史研究的这种态度和方法即是《中国思想史论集》“代序”中表达的主要观点，该文写成于 1959 年 10 月 2 日。在《治古代思想史方法——答辅仁大学历史学会问》一文中，徐复观再次对思想史研究方法和态度有所阐述，但基本宗旨未变。徐复观继续强调在典籍上和时代背景上考据功夫的重要性。对于人文科学研究者而言，很难脱离主观的作用，因此要有一个忠于知识的勤勉、谦虚、自信的态度，及“过则勿惮改”的态度，适当的方法只有以这种态度为基础才可以运用。具体而言，首先要尊重材料、服从材料；其次必须通过不断阅读古人、他人的思想培养自己的思想力，思想是考证工作、搜集材料的导引，鉴别材料、解释材料、组织材料也离不开思想，徐复观反对那种标榜科学方法但是无思想的学术；再次对于考证要细加审查，不可随意否定传统。总之，对中国思想史中核心观念如天命、天道、阴阳五行的研究，“我们的责任，是要在时间之流中，弄清楚它们的起源、演变、在当时的意义及在现代的意义。既不回头去扮演古人，也不把古人拉到现在来改造。”①

① 徐复观：《治古代思想史方法——答辅仁大学历史学会问》，见韦政通编《中国思想史方法论文选集》，上海人民出版社 2009 年版，第 134 页。

延伸阅读文献目录：

1. 徐复观：《中国思想史论集》，上海书店出版社，2004 年。

2. 徐复观：《中国思想史论集续编》，上海书店出版社，2004 年。

3. 徐复观：《学术与政治之间》，华东师范大学出版社，2009 年。

4. 李维武编：《徐复观文集》（共 5 卷），湖北人民出版社，2009 年第 2 版。

5. 黄克剑、林少敏编：《徐复观集》，群言出版社，1993 年。

6. 陈克艰编：《中国知识分子精神》，华东师范大学出版社，2004 年。

原文：《中国思想史论集 · 研究中国思想史的方法与态度问题（代序）》

中国思想史论集·研究中国思想史的方法与态度问题（代序）

徐复观

■ 一

这里所收的十一篇文章，都是已经在刊物上发表过的，因研究的对象——中国思想史——大体相同，所以现在略加补正，汇印成这本《中国思想史论集》。其中，《象山学述》是没有到东海大学以前所写的，我到东海大学已经四年，前两年所写的这类的文章，已收入在《学术与政治之间》的乙集。仅乙集里面《〈中庸〉的地位问题》一文，因与此集所收的《中国思想史中的若干问题》一文有直接关系，所以也汇印在这里。此外，收集在《学术与政治之间》甲、乙两集的若干同性质的文章，未能放在一起汇印，实系一大缺憾，所以后面特附存一个篇目。同时，在这两年内，除了收在这里的九篇及收在《东海学报》一卷一期的《〈文心雕龙〉的文体论》一篇以外，尚有几篇关于现代文化评论性的文章，或者更值得这一时代的人们看看，但因为性质的关系，所以都未加收录。至于这两年内发表过的若干杂感性的文章，那本来是不足爱惜的。

■ 二

我的看法，对于中国文化的研究，主要应当归结到思想史的研究。但一直到现在为止，还没有产生过一部像样点的综合性的著作。这一方面固然是因为分工研究的工作做得不够，但最主要的还是方法与态度的问题。

“五四”运动以来，时贤特强调治学的方法，即所谓科学方法，这是一个好现象。历史上，凡是文化的开山人物，总多少在方法上有所贡献。不过，凭空地谈方法，结果会流为几句空洞口号。方法是研究者向研究对象所提出的要求，及研究对象向研究者所呈现的答复，综合在一起的一种处理过程。所以真正的方法，是与被研究的对象不可分的。今人所谈的科学方法，应用到文史方面，实际还未跳出清人考据的范围一步，其不足以治思想史，集中已有专文讨论。

一个思想家的思想，有如一个文学家的文章，必定有由主题所展开的结构。读者能把握到他的结构，才算把握到他的思想。西方哲学家的思想结构，常即表现为他们的著作的结构。他们的著作的展开，即是他们思想的展开，这便使读者易于把握。但中国的思想家，很少是有意识地以有组织的文章结构来表达他们思想的结构，而常是把他们的中心论点，分散在许多文字单元中去，同时，在同一篇文字中又常关涉到许多观念、许多问题，即使在一篇文章或一段语录中是专谈某一观念、某一问题，但也常只谈到某一观念、某一问题、对某一特定的人或事所需要说明的某一侧面，而很少下一种抽象的可以概括全般的定义或界说。所以读的人，不仅拿着一两句话推论下去，常会陷于以偏概全，容易把针对某一具体情况的说法，当作是一般性的说法。例如看到孔子曾主张“拜下”[①]，便误认孔子系以卑下为臣道，这当然是非常危险的结论。即使是把多数材料汇集在一起，但若不能从这些材料中抽出可以贯通各材料的中心观念，即是若不能找出黄梨洲所说的学者的“宗旨”[②]，则那些材料依然是无头无尾的东西。西方的思想家是以思辨为主，思辨的本身必形成一逻辑的结构。中国的思想家系出自内外生活的体验，因而具体性多于抽象性。但生活体验经过了反省与提炼而将其说出时，也常会澄汰其冲突矛盾的成分，而显出一种合于逻辑的结构。这也可以说是“事实真理”与“理论真理”的一致点、接合点。但这种结构，在中国的思想家中都是以潜伏的状态而存在。因此，把中国思想家的这种潜伏着的结构如实地显现出来，这便是今日研究思想史者的任务，也是较之研究西方思想史更为困难的任务。我在写《象山学述》一文时，先是按着象山的各种观念、问题，而将其从全集的各种材料中抽了出来，这便要把材料的原有单元（如书札、杂文、语录等）加以拆散，再以各观念、各问题为中心点重新加以结合，以找出对他所提出的每一观念、每一问题的比较完

---

①《论语·子罕》“子曰：拜下，礼也；今拜乎上，泰也，虽违众，吾从下。”按此语乃针对当时鲁之三家而发。

② 见黄梨洲《明儒学案·凡例》。此凡例对治思想史者极富有启发性。

全的了解。更进一步把各观念、各问题加以排列，求出它们相互间的关联及其所处的层次与方位，因而发现他是由哪一基点或中心点（宗旨）所展开的思想结构（或称为体系）。这种材料的拆散与结合，及在再结合中所作的细心考量比较，都是很笨的功夫。此后我所写的与思想史有关的文章，都是以这种笨功夫为基底。当然，在这种笨功夫中，还要加上一种“解释”的工作。任何解释，一定会比原文献上的范围说得较宽、较深，因而常常把原文献可能含有但不曾明白说出来的，也把他说了出来。不如此，便不能尽到解释的责任。所以有人曾批评我：“你的解释，恐怕是自己的思想而不是古人的思想。最好是只叙述而不解释。”这种话，或许有一点道理。但正如卡西勒（Carsirer）所说：“哲学上过去的事实，伟大思想家的学说与体系，不作解释便无意味”。[①] 并且没有一点解释的纯叙述，事实上是不可能的。对古人的、古典的思想，常是通过某一解释者的时代经验，某一解释者的个性思想，而只能发现其全内涵中的某一面、某一部分，所以任何人的解释不能说是完全，也不能说没有错误。但所谓解释，首先是从原文献中抽象出来的。某种解释提出了以后，依然要回到原文献中去接受考验，即须对于一条一条的原文献，在一个共同概念之下，要做到与字句的文义相符。这中间，不仅是经过了研究者舍象、抽象的细密工作，且须经过很细密的处理材料的反复手续。

■ 三

戴东原曾说：“义理者，文章考核之源也。熟乎义理，而后能考核、能文章。”[②] 此处的“义理”，可以泛解作思想，这本是很平实的话。但段玉裁却接着说“义理、文章，来有不由考核而得者”[③]，这便把他先生的意思完全弄颠倒了。今人表面上标榜戴氏，实则并不足以知戴氏，而仅承段氏之末流。凡研究与文献有关的东西，必须先把文字训诂弄清楚，这还有什么疑问？但由段氏以至今日标榜考据的人所犯的毛病是：一则把义理之学与研究义理之学的历史

① *An Essay on Man* 日译本，二五七页。

②《戴东原集》段玉裁序。

③《戴东原集》段玉裁序。

（研究思想史），混而不分；一则不了解要研究思想史，除了文字训诂以外，还有进一步的工作。仅靠着训诂来讲思想，顺着训诂的要求，遂以为只有找出一个字的原形、原音、原义，才是可靠的训诂，并即以这种训诂来满足思想史的要求。这种以语源为治思想史的方法，其实完全是由缺乏文化演进观念而来的错觉。从阮元到现在，凡由此种错觉以治思想史的，其结论几无不乖谬。现在我引二十世纪语言学权威耶斯柏孙（Otto Jespersen）在*Mankind, Nation and Individual from a Linguistic Point View*（日译为《人类与言语》）大著中的几句话来破除这种错觉。他说："在下宗教、文明、教育等某些概念的定义时，多数人总爱先问它的语源是什么？以为由此而对于它本来的性质可投给以光明，这实在是最无意义的事。这是迷信名号之力的学者，他们与相信名号有魔术能力的（按如念真言、咒语之类）原始迷信，有其关联。我们即使知道悲剧（Tragedy）曾经指的是'山羊之歌'，这对于悲剧本质的理解，不曾前进一步。又知道喜剧（Comedy）的希腊语 Kōmos 的语源是'祭之歌'、'宴响之歌'的意味，对于喜剧本质的理解，更无所进步。"[①] 因中国文字的特性，从语源上找某一思想演变的线索，并不是没有一点益处，但不应因此而忽略了每一思想家所用的观念名词，主要是由他自己的思想系统来加以规定的。即使不是思想家，也会受他所处的时代流行用法的规定。

四

其实，决定如何处理材料的是方法，但决定运用方法的则是研究者的态度。有人强调科学方法，而常作陷于主观的论证，这种令人困惑的情形，大概不是在方法上可以求得解答，而关系到隐藏在运用方法后面的态度。所以科学方法与科学态度是不可分的。但所谓态度，是整个现实生活的自然流露。在研究自然科学方面，因为研究的对象和研究者的现实生活有一个距离，于是他的现实生活的态度，和他走进实验室时的态度，也可以形成一个自然的隔限，而不易受到现实生活态度的影响。所以有不少的自然科学者，其现实生活的态

① 日译本，三〇四页。

度，和在实验室中的态度，无妨其有相反的现象。例如现实生活是固执的，而做实验时则是客观的；在现实生活中带有迷信，而在实验室中则全系理智。这也不大妨碍他的研究工作。并且自然科学的真理，其证明是来自对象的直接答复，所以一经证明以后，便没有多大的争论。研究人文科学，则研究的对象与研究者现实生活的态度常密切相关，于是在现实生活中的态度，常能直接干涉到研究时的态度。譬如假使有人对跳舞有兴趣，便可以把孔子的“游于艺”解作即是他的进跳舞场，而不知孔子的“游于艺”是和他的“志于道，据于德，依于仁”连在一起，所以和今人的跳舞，在精神上会有些两样，因此，便很难把自己的跳舞，解释是在师法孔子。并且在人文这一方面的证明，常常是间接性的证明，任何简单明白的道理，也可以容许人的诡辩。所以在这方面的困惑，许多是和研究者的现实生活的态度有其关连。要使我们的现实生活态度能适合于研究时的态度，最低限度，不太干涉到研究时的态度，这恐怕研究者须要对自己的生活习性有一种高度的自觉，而这种自觉的功夫，在中国传统中即称之为“敬”。敬是道德修养上的要求。但黄勉斋称朱元晦是“穷理以致其知，反躬以践其实，居敬者所以成始成终也。谓致知不以敬则昏惑纷扰，无以察义理之归；躬行不以敬则怠惰放肆，无以致义理之实”[①]。这段话便说明敬乃贯彻于道德活动、知识活动之中的共同精神状态。在求知的活动中，为什么需要这种精神状态？因为求知的最基本要求，首先是要对于研究对象作客观的认定，并且在研究过程中，应随着对象的转折而转折，以穷究其自身所含的构造。就研究思想史来说，首先是要很客观地承认此一思想，并当着手研究之际，是要先顺着前人的思想去思想，随着前人思想之展开而展开，才能真正了解他中间所含藏的问题及其所经过的曲折，由此而提出怀疑、评判，才能与前人思想的本身相应，否则仅能算是一种猜度。这本是很寻常的事。但一般人在实际上所以做不到这一点，只是因为从各个人的主观成见中浮出了一层薄雾，遮迷了自己的眼睛，以致看不清对象；或者把自己的主观成见先涂在客观的对象上面，把自己主观成见的活动当作是客观对象的活动，这自然就容易作出指鹿为马的研究结论。此种主观成见的根源，是因为有种人在自我的欣赏、陶醉中，把自己的分量，因感情的发酵而充分地涨大了，于是常常会在精神的酩酊状态下看

① 黄勉斋《朱熹行状》。

问题，也在精神的酩酊状态中运用方法。所以稍微有了一点声名地位的人，更易陷于这种状态而不自觉。敬是一个人的精神的凝敛与集中。精神的凝敛与集中，可以把因发酵而涨大了的自我，回复到原有的分量，于是先前由涨大了的自我而来的主观成见所结成的薄雾，也自然会随涨大部分的收缩而烟消云敛，以浮出自己所研究的客观对象，使自己清明的智性直接投射于客观对象之上，随功夫之积累而深入到客观对象之中，即不言科学方法，也常能暗合于科学方法。例如朱元晦本人并不曾标榜什么校勘学，但其校勘方法的谨严精密，正是出于他的居敬功夫。兹摘录他《与张钦夫论程集改字书》以作一例证：

> 夫所谓不必改者（按指程集旧本之文字而言），岂以为文句之间小小同异，无所系于义理之得失而不必改耶？熹所论出于己意，则用此说可也。今此乃是集诸本（按指程集旧刻诸本）而证之，按其旧文然后刊正，虽或不能一一尽同，亦是类会数说而求其文势语脉所趋之便，除所谓疑当作某一例之外，未尝敢妄以意更定一点画也。……若圣贤成书稍有不惬己意处，便率情奋笔，恣行涂改，恐此气象亦自不佳。盖虽所改尽善，犹启末流轻肆自大之弊，况未必尽善乎。伊川先生尝语学者，病其于己之言有所不合则置不复思，所以终不能合（原注：答杨迪及门人二书，见集）。今熹观此等改字处（按系指胡刻程集所改旧本之字），窃恐先生之意尚有不可不思者，而改者未之思也。盖非特己之不思，又使后人不复得见先生手笔之本文，虽欲思之以达于先生之意亦不可得，此其为害岂不甚哉。夫以言乎己，则失其恭敬退让之心；以言乎人，则启其轻肆妄作之弊；以言乎先生之意，则恐犹有未尽者而绝人之思。姑无问其所改之得失，而以是三者论之，其不可已晓然矣。……大抵古书有未安处，随事论著，使人知之可矣。若遽改之以没其实，则安知果无未尽之意耶。汉儒释经，有欲改易处但云某当作某，后世犹或非之，况遽改乎。……窃以为此字（按指旧刻本程集中所用之“沿”字）决当从旧，尤所当改（按此指胡刻本将旧本“沿”字改作“泝”字，故朱子主张改从旧本），若老兄必欲存之，以见“泝”字之有力，则请正文只作“沿”字，而注其下云某人云“沿”当作“泝”字，不则云胡本“沿”作“泝”，不则但云或人可也。如此两存，使读者知用力之方，改者无专辄之咎，……岂不两全其适而无伤乎。……计老兄之意岂异于此，但恐见理太明，故于文

意琐细之间，不无阔略之处；用心太刚，故于一时意见所安，必欲主张到底，所以纷纷未能卒定。如熹则浅暗迟钝，一生在文义上做窠窟，苟所见未明，实不敢妄为主宰。……

按胡刻《二程全集》将旧本之“沿”字改为“泝”字，将旧刻之“姪”字改为“犹子”，张钦夫重刻程集，欲遵用胡刻所改之字，而朱元晦以长凡二千二百五十二字之书札争之，其对校勘方法之谨严，可以概见。其所以能如此者，乃出自其“恭敬退让之心”，亦即来自其“居敬”之精神状态。今人好做毫无根据的翻案文章，乃至先存一种看假把戏的心情来标榜他的研究工作，其病根正在缺少此一“敬”字。《说文》“忠，敬也”，无私而尽己之谓忠。因不曾无私而尽己，所以自会流于不敬；因为肆无忌惮，所以也自然会不忠于所事。忠与敬是不可分的。

■ 五

儒家思想为中国传统思想之主流。但“五四”运动以来，时贤动辄斥之为专制政治的维护拥戴者。若此一颠倒之见不加平反，则一接触到中国思想史的材料时，便立刻发生厌恶之情，而于不知不觉中，作主观性的恶意解释。这与上述的研究态度相关连，也成为今日研究思想史的一大障碍。从历史上看，学术思想若与现实的政治处十分离状态，则其影响力常系局部的、慢缓的；若与现实政治处于对立状态，复无有力之社会力量加以支持，以改变当时之现实政治，则现实政治之影响于学术思想者，将远过于学术思想之影响于现实政治。若在本质上系与现实政治相对立，而在形势上又须有某程度之合作时，则现实政治对学术思想之歪曲，常大过于学术思想对现实政治之修正。学术思想的力量，是通过时间的浸润而表现；现实政治的力量，则在空间的扩张中而表现，所以学术思想常无法在某一空间内与政治争胜。政治是人类不得已的一种罪恶，它是由现实中的权力关系生长起来，开始时并不靠什么学术思想。而学术思想，则一开始便会受到现实政治的干扰。近代民主主义与社会主义，其所以能改变现实政治，是因为先有了市民阶级、工人阶级，及立基于此种阶级之上的强大政党。换言之，即是结合上另一政治力量以改变原有的政治力量。至于可以不受到现实政治的干扰而自由发展其与人自身有关的学术思想，只有在民主政治之下，才有其可能。民主政治，在交通、通信尚未发达以前，仅有在地小人少而又集中的城邦，始能实现。中国从古代以至近代，都是以散漫的农业生产为社会经济的基础，而黄河流域的广大平原的实力，使它可以向四周辐射，以建构一个庞大的农业帝国，这便促进了封建政治向大一统的专制政治的发展。而大一统的专制政治建立起来以后，虽不断地改朝换代，但卒无一种社会力量可以支持建立专制以外的政治形式，于是中国专制政治的规模之大、时间之久，在人类历史中殆罕有其匹。处于此种历史条件之下，一切学术思想不作某程度的适应，即将归于消灭。“五四”运动以来，有人反儒家而崇尚道家，以为道家富有自由精神，殊不知先秦各家思想，除法家本为统治阶级立言以外，最先向专制政治投降者即系道家。以出世为目的，并主张不拜王者的佛教，传入中国后亦必依附帝王以伸张或保存其势力，所以从前藏经的扉页，首先要印上“皇图巩固，帝道遐昌”八个大字。儒家思想，乃从人类现实生活的正面来对人类负责的思想。他不能逃避向自然，不能逃避向虚无空寂，也不能逃避向观念的游戏，更无租界、外国可逃，而只能硬挺挺地站在人类的现实生活中以担当人类现实生存发展的命运。在此种长期专制政治之下，其势须发生某程度的适应性，或因受现实政治趋向的压力而渐被歪曲，歪曲既久，遂有时忘记其本来面目，如忘记其“天下为公”，“民贵君轻”等类之本来面目，这可以说是历史中的无可奈何之事。这只能说是专制政治压歪，并阻遏了儒家思想正常的发展，如何能倒过来说儒家思想是专制的护符。但儒家思想在长期的适应、歪曲中，仍保持其修正缓和专制的毒害，不断给予社会人生以正常的方向与信心，因而使中华民族度过了许多黑暗时代，这乃由于先秦儒家立基于道德理性的人性所建立起来的道德精神的伟大力量。研究思想史的人，应就具体的材料透入于儒家思想的内部，以把握其本来面目，更进而了解它的本来面目的目的精神，在具体实现时所受的现实条件的限制及影响，尤其是在专制政治之下所受到的影响歪曲，及其在此种影响歪曲下所作的向上的挣扎，与向下的堕落的情形，这才能合于历史的真实。梁启超住在租界里面写《异哉所谓国体问题者》，却在《中国历史研究法》中大骂无租界可住的古人，何以会由临文不讳，变而为临文有讳？今人常在他们所不愿意的宣言上签上自己的名，常在他们所不愿意的场合说上连自己也不相信的话，却怪无外国可跑、无宪法可引的古人何以不挺身而起，对专制政治作革命性的反抗？此皆由颠倒之见未除，所以常常拿自己在千百年以后所不能做之事、所不敢自居之态度，以上责于千百年前之古人，这如何能与古人照面呢？对古人的不忠不恕，正因为今日知识分子在其知识生活中过于肆无忌惮。

我中年奔走衣食，不曾有计划地做过学问，垂暮之年，觉得古代思想堡垒之门，好像向我渐渐开了一条隙缝，并从缝隙中闪出了一点光亮，所以这几年做了若干尝试性的工作。此一工作对我个人说，仅仅算是开端；就全般工作自身说，几乎并未开始，而依然是一片广漠的处女地。因此，我对下一代的人在此一工作中的期待，远过对我自己的期待，所以当本集付印之际，不敢阿附时贤而率直写出这些感想。

徐复观于东海大学

一九五九年十月二日

牟宗三与《中国哲学的特质·中国有没有哲学？》

经典导读

1949 年后，现代新儒学研究的主要阵地逐渐转移到港台与海外，主要代表人物有牟宗三、徐复观、唐君毅、张君劢、方东美等人。1958 年元旦，在香港由唐君毅起草，当代新儒家的第二代人物唐君毅、牟宗三、徐复观、张君劢等人在《民主评论》上联名发表了《为中国文化敬告世界人士宣言》，副标题为“我们对中国学术研究及中国文化与世界文化前途之共同认识”。该文主张研究思想史旨在照明中国文化历史中的精神生命，代表了新儒家对中国儒学思想史研究的看法。在以上新儒家人物中，牟宗三被称为是最具原创性的智者型哲学家，是当代港台新儒家中的重镇，也是新儒家中系统研究中国哲学的重要代表之一。

牟宗三（1909—1995 年），字离中，生于山东栖霞，祖籍湖北省公安县。20 世纪中国哲学家、哲学史家。1927 年入北京大学预科，两年后升入哲学系。1933 年毕业后，曾先后在华西大学、中央大学、金陵大学、江南大学等校任教，以讲授逻辑学和西方哲学为主，写出了《逻辑典范》等哲学著作。1949 年去台湾，任教于台北师范大学、台湾东海大学，讲授逻辑、中国哲学等课程。1960 年去香港，任教于香港大学、香港中文大学新亚书院，主讲中国哲学、康德哲学等。1974 年由香港中文大学退休后，专任新亚研究所教授。1995 年 4 月病逝于台北。

牟宗三自述自己哲学思想的进路大致包括三个阶段[①]：第一个阶段是早年求学和哲学思考的开端时期，主要包括大学时代和毕业后的十多年，大约 40 岁以前。大学时代，牟宗三还不了解康德，但对怀特海的自然哲学非常喜欢，对中国哲学的《易经》也非常有兴趣，在 24 岁的时候写出《从周易方面研究中国之玄学与道德哲学》，就是运用怀特海的自然哲学去观察中国思想的作品。除了对自然哲学的兴趣外，牟宗三还对逻辑学十分感兴趣，常读罗素的数理逻辑。他还对维特根斯坦的哲学发生了兴趣，但是并没有成为逻辑学家和逻辑实证论者。后来他的兴趣逐渐转移到康德身上，大学毕业之后的十年，他想用康德的思路来消化罗素和维特根斯坦的数理逻辑和怀特海的哲学思想[②]，出版《认识心之批判》上下册。此时的牟宗三并不赞成康德《先验综合判断》的最高原则，他力图把知识的对象从知性的自发性中解放出来。但是后来，牟宗三反思自己对于康德的理解，认为《认识心之批判》并不能代替康德的哲学体系。

第二个阶段是其 40 岁到 60 岁左右，他活跃于台湾、香港一些大学直至退休前。这个阶段牟宗三一面继续理解康德，一面加强对中国文化精神的研究，把康德哲学所代表的西方智慧与中国从先秦以后经过道家、佛教和宋明理学之发展所代表的中国智慧来进行对比，看各自的表现在哪里，并且消化融合[③]。这个时期他撰写了大量研究中西哲学思想的代表作品：《历史哲学》、《道德的理想主义》、《政道与治道》、《中国哲学的特质》、《才性与玄理》、《心体与性体》（三卷）、《从陆象山到刘蕺山》、《佛性与般若》、《名家与荀子》等。

第三个阶段就是他退休以后直至逝世。这是他思想上超越康德所说的理境的阶段，用他的话说是“儒家的本怀之终极的彰显”[④]。这个阶段牟宗三力图把康德哲学与儒家哲学实现融合，重建儒家哲学，复兴儒家哲学。著作主要有：《智的直觉与中国哲学》、《现象与物自身》、《时代与感受》、《康德的道德哲学》、《康德〈纯粹理性批判〉译注》、《圆善论》，还翻译了康德的《判断力批判》等。

牟宗三的一生基本贯穿 20 世纪的中国，处在中华民族大变动的时期，跟其他 20 世纪的中国知识分子一样，他有很深的问题意识。民国之后的一系列变动和政治

---

① 王岳川编：《牟宗三学术文化随笔》，中国青年出版社 1996 年版，第 3～14 页。

② 王岳川编：《牟宗三学术文化随笔》，中国青年出版社 1996 年版，第 9 页。

③ 王岳川编：《牟宗三学术文化随笔》，中国青年出版社 1996 年版，第 11 页。

④ 王岳川编：《牟宗三学术文化随笔》，中国青年出版社 1996 年版，第 12 页。

动荡，牟宗三是亲眼见到的。“这一百年变动的经过，到底问题出在哪里？而我个人亲身经历、感受这个时代，在思考应如何把握这个时代，如何了解、领导这个时代？”[①]他认为这些问题虽然与政治经济相关，但根本是文化问题，是人类理性问题。他一辈子都把哲学、文化思考作为解决时代问题的钥匙，他说：“我之一生消耗在三个阶段的学思中，也不过是疏解中国传统之智慧方向，配合康德之思考，一方面消化康德，一方面畅通中国之文化生命，开源畅流，如是而已。”

在牟宗三“反省中国文化生命，重开中国哲学之途径”的学思历程中，有三本很有代表性的研究中国哲学、思想的著作。首先是1963年出版的《中国哲学的特质》一书。该书从基本概念入手，认为中国不仅有哲学、宗教，而且具有与西方不同的特点。他认为中国哲学的重点是主体性与道德性，还揭示了中国哲学的发展道路，以及中国传统思想文化在现代社会的发展转化问题，这些思考都具有启发意义。该书的“引论”“中国有没有哲学？”，力图解决在20世纪一直存在的巨大争议，就是“中国哲学的合法性问题”，这也促使我们去思考中国哲学史、思想史的学科根基问题。牟宗三对他之前的哲学史研究进行了总结。他认为“五四”时代诸如胡适等人对于逻辑与西方哲学的了解非常肤浅，而只是附会他们所浅尝的那点西方哲学，对中国学术主流并不了解。而冯友兰的《中国哲学史》受到新实在论的影响，往往不能进入宋明儒者的真问题，另一个致命缺陷是冯友兰关于中国哲学史的分期完全是套用西方哲学的模式，并不能了解中国传统思想。牟宗三认为：“中国学术思想既鲜与西方相合，自不能以西方哲学为标准来定取舍。”[②]中国哲学的特点在于以生命为中心，而不是西方哲学以知识作为自己的中心。正是因为牟宗三对胡适、冯友兰的批判，他实际上开创了一种新的中国哲学史、思想史的研究范式，即中西互释，运用西方哲学尤其是康德哲学解释中国思想，运用中国思想补充评判西方哲学的不足，实现二者的会通。《中国哲学的特质》“引论”部分所提出的中国哲学存在的依据、特点以及如何研究代表牟宗三对中国文化研究的基本看法，是20世纪中国传统文化研究的重要代表，故此我们在本书中选入了这部分内容。

其次是20世纪70年代牟宗三在台湾大学的任课讲义，后来以《中国哲学十九讲》为书名出版。该书以康德哲学作为思考的参照，系统梳理和解释了中国哲学史

① 王岳川编：《牟宗三学术文化随笔》，中国青年出版社1996年版，第3页。

② 牟宗三：《中国哲学的特质》，上海古籍出版社2007年版，第3页。

上代表性的儒释道思想，方法主要是以现代哲学、西方哲学观照、反思中国哲学，还指出了中国哲学在当代的时代问题和历史使命。

第三本书是牟宗三晚年思想集大成时候的讲学著作《中西哲学之会通十四讲》。凭借多年对中西哲学、思想的研究和体会，他晚年直截辨析中西哲学的差异，揭示中西哲学的特点，超越康德哲学，站在更高的起点上来会通中西哲学和文化。

2010年，吉林出版集团出版了《牟宗三文集》，收入牟宗三著作13部，即《中国哲学的特质》、《中西哲学之会通十四讲》、《道德的理想主义》、《中国哲学十九讲》、《从陆象山到刘蕺山》、《名家与荀子》、《历史哲学》、《佛性与般若》、《才性与玄理》、《圆善论》、《现象与物自身》、《人文讲习录》、《政道与治道》等。这是大陆目前出版的最系统完整的牟宗三著作集。台湾联经出版事业公司也出版了《牟宗三先生全集》。

牟宗三有关中国文化和儒家哲学主要有以下代表性的观点或理论：

牟宗三认为中国古代确有哲学，但中国哲学的特点是注重主体性和内在道德性，而西方哲学主要以知识为中心，注重客体性。中国三大主流思想儒释道思想都重主体性，但是只有儒家给主体性加以特殊的规定，而成为内在的道德性，成就了道德主体性。中国哲学重视道德根源于忧患意识，强烈的忧患意识能够产生道德意识。牟宗三认为中国哲学关注生命，西方哲学关注自然，但中西哲学是可以会通的。

牟宗三认为儒学经过了三期的发展。第一期是先秦儒家，他们面对的现实是礼崩乐坏，如何实现稳定的社会秩序的问题。先秦儒家主张用内圣开启外王，就是从培养内在的道德性来实现外王的目的。在第一期发展中又经历了三个阶段，即孔子、孟子与荀子为一个阶段，《中庸》、《大学》等为一个阶段，董仲舒是第三个阶段。第二期儒学是宋明理学，由周敦颐开启，张载、程颢继续发展，到胡宏、刘宗周等为第一期，程颐到朱熹为第二期，陆王心学为理学发展的第三期，宋明理学的特性是过分强调内在的主体性，使得内圣与外王出现了矛盾。儒学发展的第三期即是现代新儒家，面对西方文化的强劲输入和20世纪强烈的反传统思潮，新儒家主张继承传统文化，走返本开新之路，吸收西方哲学，重建儒家哲学体系，以此来抵制全盘西化，实现中华民族的文化延续。

牟宗三还提出了儒学的三统说。所谓“三统”，即道统、学统和政统。他指出：“一，道统之肯定，此即肯定道德宗教之价值，护住孔孟所开辟之人生宇宙之本源。二，学统之开出，此即转出‘知性主体’以融纳希腊传统，开出学术之独立性。三，政统之继续，此即由认识政体之发展而肯定民主政治为必然。”[①] 牟宗三的“三统”说实际上仍是“内圣外王”的问题。牟宗三认为中国传统文化有道统而无学统和政统，注重内圣而忽视外王，这不适应现代社会的需要。要解决中国传统文化现代化的问题，必须由儒家的“内圣之学”开出适应时代的“新外王”、由“道统”领域扩展而开出“政统”和“学统”。牟宗三立足民族文化，但他并不反对科学与民主。他认为中西文化各有短长，“凡是真理皆当有关系。相辅助以尽其美。相制衡以去其弊。”[②] 中国现代文化需要“吸收西方的科学传统、自由民主传统”[③]。

牟宗三把自己所重建的儒家哲学体系称为“道德的形上学”。他指出“‘道德的形上学’云者，由道德意识所显露的道德实体以说明万物之存在也。”“意即由道德的进路来接近形上学，或形上学之由道德的进路而证成者。”[④] 实际上就是人作为一个纯粹理性的、道德的本体，同时也是一个可以对存在进行本体论陈述的主体，这样就把中国儒家思想中的道德主体与现实存在结合起来了，也把道德理性与现实存在通而为一了。牟宗三的道德形上学体系是一个复杂的建构体系，包括两层存有论和良知坎陷说等。他认为世界有形上、形下的区分，由“智的直觉”即不依赖感性、概念所认识到的世界为“无执的存有”，这是超越我们现实的、具有西方纯粹理性或者中国传统道德形而上的世界，这个世界就是形上的世界，它是一切认识的根源与基础，具有一定的超越性、先验性。与此相对的是由“无限智心”所认知的“执的存有”，即我们日常认识观察到的可知、可感的现象世界。二者的关系是，一切形上的、超验的感知最终的目标都是对现象世界的改造。所以形上世界与形下世界、“无执的存有”与“执的存有”必须结合才构成整个世界。良知坎陷说就是要实现二者的结合。良知延续孟子的概念，作为世界的本源，它不仅仅是道德领域的根本，同时也是为人们的认知和知识领域提供根基与支撑。通过“良知坎陷”的途径可以打通“无执”“有执”世界的界限，将“内圣”引导成“外王”，使中国传统儒学返本开新，开出科学与民主的新外王，最终解决人类社会新的发展时期所遇到的问题。

牟宗三运用康德哲学解释中国哲学，同时运用中国哲学来批评康德哲学，力图

① 牟宗三:《道德的理想主义·序》，台湾学生书局1985年版。

② 牟宗三:《政道与治道》，台湾学生书局1983年版，第45～61页。

③ 牟宗三:《中国文化中的大综合与中西传统的融会》，见《儒学与当今世界》，台北文津出版社1994年版，第9页。

④ 牟宗三:《心体与性体》(上)，上海古籍出版社1999年版，第8页。

实现二者的融通和综合，其思想的最终归宿仍是儒家的道德生命。

—— 延伸阅读文献目录：

1. 牟宗三：《中国哲学的特质》，上海古籍出版社，2007 年。

2. 牟宗三：《牟宗三文集》，吉林出版集团有限责任公司，2010 年。

3. 牟宗三：《人文讲习录：中西哲学的会通》，广西师范大学出版社，2008 年。

4. 王岳川编：《牟宗三学术文化随笔》，中国青年出版社，1996 年。

—— 原文：《中国哲学的特质·中国有没有哲学？》

经典选文

中国哲学的特质·中国有没有哲学?

牟宗三

中西哲学，由于民族气质、地理环境与社会形态的不同，自始即已采取不同的方向。经过后来各自的发展，显然亦各有其不同的胜场。但是中国本无“哲学”一词，“哲学”一词源自希腊，这是大家所熟知的。我们现在把它当作一通名使用。若把这源自希腊的“哲学”一名和西方哲学的内容合在一起，把它们同一化，你可以说中国根本没有哲学。这个时代本是西方文化当今的时代，人们皆一切以西方为标准。这不但西方人自视是如此，民国以来，中国的知识分子一般说来，亦无不如此，所以有全盘西化之说。中国以往没有产生出科学，也没有开出民主政治，这是不待言的。说宗教，以基督教为准，中国的儒释道根本没有地位。说哲学，中国没有西方式的哲学，所以人们也就认为中国根本没有哲学。这样看来，中国文化当真是一无所有了。构成一个文化的重要成分、基本成分，中国皆无有，哪里还能说文化？其实何尝是如此？说中国以往没有开发出科学与民主政治，那是事实。说宗教与哲学等一起皆没有，那根本是霸道与无知。人不可以如此势利。这里当该有个分别。西方人无分别，还可说。中国人自己也无分别，那就太无出息了。

五四前后，讲中国思想的，看中了墨子，想在墨子里翻筋斗，其他皆不能讲。既无兴趣，也无了解。原来中国学术思想中，合乎西方哲学系统的微乎其微，当时人心目中认为只有墨子较为接近美国的实验主义。实则墨学的真精神，彼等亦不能了了，彼等又大讲《墨辩》，盖因此篇实含有一点粗浅的物理学的知识，又含有一点名学与知识论。虽然这些理论都极为粗浅，而又语焉不详，不甚可解，但在先秦诸子思想中，单单这些已经足够吸引那些浅尝西方科学哲学的中国学者。因此，研究墨子，其实是《墨辩》，一时蔚为风气。钻研于单词碎义之中，校正训诂，转相比附。实则从这里并发现不出真正科学的精神与逻辑的规模。而那些钻研的人对于逻辑与西方哲学，也并无所知，连入门都不可得，更不用说登堂入室了。舍本逐末，以求附会其所浅尝的那点西方哲学，而于中国学术之主流，则反茫然不解。

后来冯友兰写了一部《中国哲学史》，彼在《自序》里自诩其中之主要观点是正统派的。可是冯书之观点实在不足以言正统派。冯书附有陈寅恪和金岳霖二先生的审查报告。其中陈氏多赞美之语，如说冯书“能矫附会之恶习，而具了解之同情”。此实亦只貌似如此，何尝真是如此？陈氏是史学家，对于中国思想根本未曾深入，其观冯书自不能有中肯之判断。至于金岳霖先生，他是我国第一个比较能精通西方逻辑的学者，对于西方哲学知识论的训练也并不十分外行。他看出冯书“讨论《易经》比较辞简，而讨论惠施与公孙龙比较的辞长。对于其他的思想，或者依个人的意见，遂致无形地发生长短轻重的情形亦未可知”。金氏虽知冯氏之思想倾向于西方的新实在论，但是力言冯氏并未以实在主义的观点批评中国思想。这虽在冯书第一篇容或如此，但在第二篇就不见得如此。冯氏以新实在论的思想解析朱子，当然是错的。以此成见为准，于述及别的思想，如陆、王，字里行间当然完全不相干，而且时露贬辞。这即表示其对于宋明儒者的问题根本不能入，对于佛学尤其外行，此皆为金氏所不及知。金氏早声明他对于中国哲学是外行。我们自不怪他。

同时冯书另一致命缺点，那就是分期的问题。冯书分二篇。首篇名为《子学时代》，自孔子以前直至秦汉之际，类似西方古希腊时代。次篇名为《经学时代》，由汉初至清末民初之廖季平，这又类似西方的中世纪。但并无近代。冯氏以西方哲学之分期方式套在中国哲学上，显为大谬。至于冯书特别提出并且注重名学，对《墨辩》、《荀子·正名篇》，以及惠施、公孙龙等的名学所作的疏解，当然并非无价值。而且对中国名学之特别重视，仿佛提供了研究中国哲学一条可寻的线索。可惜先秦的名学只是昙花一现，日后并未发展成严整的逻辑与科学方法。所以名学不是中国哲学的重点，当然不可从此来了解中国之传统思想。故冯氏不但未曾探得骊珠，而且其言十九与中国传统学术不相应。

中国学术思想既鲜与西方相合，自不能以西方哲学为标准来定取舍。若以逻辑与知识论的观点看中国哲学，那么中国哲学根本没有这些，至少可以说贫乏极了。若以此断定中国没有哲学，那是自己太狭陋。中国有没有哲学，这问题甚易澄清。什么是哲学？凡是对人性的活动所及，以理智及观念加以反省说明的，便是哲学。中国有数千年的文化史，当然有悠长的人性活动与创造，亦有理智及观念的反省说明，岂可说没有哲学？任何一个文化体系，都有它的哲学，否则，它便不成其为文化体系。因此，如果承认中国的文化体系，自然也承认了中国的哲学。问题是在东西哲学具有不同的方向和形态。说中国没有“希腊传统”的哲学，没有某种内容形态的哲学，是可以的。说中国没有哲学，便是荒唐了。西方的哲学工作者，历来均有无视东方哲学的恶习，所以他们的作品虽以哲学史为名，而其中竟无只字提及东方的哲学。如此更易引起一般人的误会，以为东方哲学无甚可观，甚至以为东方全无哲学。哲学就等于西方哲学，哲学尽于西方。二次大战前后，罗素始一改西方哲学史作者的传统态度，名其书为《西方哲学史》。本“不知盖阙”的态度，不讲东方，但无形中已承认了东方哲学的存在。罗素又著《西方之智慧》（*Wisdom of the West*），不名为人类之智慧，特标“西方”二字，亦可见他对东方并未忽视。时至今日，东西方都应互相尊重平视，藉以调整、充实、并滋润其文化生命，否则无以克魔难。西方人若仍固步自封，妄自尊大，那也只是迷恋其殖民主义恶习之反映。中国人少数不肖之徒，若再抵死糟蹋自己，不自爱重，那只可说是其买办之奴性已成，自甘卑贱，这只是中国之败类。

中国既然确有哲学，那么它的形态与特质怎样？用一句最具概括性的话来说，就是中国哲学特重“主体性”（Subjectivity）与“内在道德性”（Inner-morality）。中国思想的三大主流，即儒释道三教，都重主体性，然而只有儒家思想这主流中的主流，把主体性复加以特殊的规定，而成为“内在道德性”，即成为道德的主体性。西方哲学刚刚相反，不重主体性，而重客体性，它大体是以“知识”为中心而展开的。它有很好的逻辑，有反省知识的知识论，有客观的、分解的本体论与宇宙论：它有很好的逻辑思辨与工巧的架构。但是它没有好的人生哲学。西方人对于人生的灵感来自文学、艺术、音乐，最后是宗教。但是他们的哲学却很少就文学、艺术、音乐而说话。他们的哲学史中并没有一章讲耶稣。宗教是宗教，并不是哲学。宗教中有神学，神学虽与哲学有关，而毕竟仍是神学，而不是哲学的重点与中点。哲学涉及之，是哲学的立场，不是宗教的立场。他们有一个独立的哲学传统，与科学有关，而独立于科学；与宗教、神学有关，而独立于宗教、神学。而且大体还是环绕科学中心而展开，中点与重点都落在“知识”处，并未落在宗教处，即并不真能环绕宗教中心而展开。但是中国哲学却必开始于儒道两家。中国哲学史中，必把孔子列为其中之一章。孔子自不像耶稣式的那种宗教家，亦不类西方哲学中的那种哲学家。

你如果说他是苏格拉底，那当然不对。印度哲学中亦必须把释迦牟尼佛列为一章。释迦亦不类耶稣那种宗教家，亦不像西方哲学中那种哲学家。但是孔子与释迦，甚至再加上老子，却都又有高度的人生智慧，给人类决定了一个终极的人生方向，而且将永远决定着，他们都取得了耶稣在西方世界中的地位之地位。但他们都不像耶教那样的宗教，亦都不只是宗教。学问亦从他们的教训，他们所开的人生方向那里开出。观念的说明，理智的活动，高度的清明圆融的玄思，亦从他们那里开出。如果这种观念的说明，理智的活动，所展开的系统，我们也叫它是哲学，那么，这种哲学是与孔子、释迦所开的“教”合一的：成圣成佛的实践与成圣成佛的学问是合一的。这就是中国式或东方式的哲学。

它没有西方式的以知识为中心，以理智游戏为一特征的独立哲学，也没有西方式的以神为中心的启示宗教。它是以“生命”为中心，由此展开他们的教训、智慧、学问与修行。这是独立的一套，很难吞没消解于西方式的独立哲学中，亦很难吞没消解于西方式的独立宗教中。但是它有一种智慧，它可以消融西方式的宗教而不见其有碍，它亦可以消融西方式的哲学而不见其有碍。西方哲学固是起自对于知识与自然之解释与反省，但解释与反省的活动岂必限于一定形态与题材耶？哲学岂必为某一形态与题材所独占耶？能活动于知识与自然，岂必不可活动于“生命”耶？以客观思辨理解的方式去活动固是一形态，然岂不可在当下自我超拔的实践方式，现在存在主义所说的“存在的”方式下去活动？活动于知识与自然，是不关乎人生的。纯以客观思辨理解的方式去活动，也是不关乎人生的，即存在主义所说的不关心的“非存在的”。以当下自我超拔的实践方式，“存在的”方式，活动于“生命”，是真切于人生的。而依孔子与释迦的教训，去活动于生命，都是充其极而至大无外的，因此，都是以生命为中心而可通宗教境界的。但是他们把耶教以神为中心的，却消融于这以“生命”为中心而内外通透了。既能收，亦能放。若必放出去以神为中心，则亦莫逆于心，相视而笑，而不以为碍也。众生根器不一，何能局限于某一定型而必自是而非他？

中国哲学以“生命”为中心。儒道两家是中国所固有的。后来加上佛教，亦还是如此。儒释道三教是讲中国哲学所必须首先注意与了解的。二千多年来的发展，中国文化生命的最高层心灵，都是集中在这里表现。对于这方面没有兴趣，便不必讲中国哲学。对于以“生命”为中心的学问没有相应的心灵，当然亦不会了解中国哲学。以西方哲学为标准，来在中国哲学里选择合乎西方哲学的题材与问题，那将是很失望的，亦是莫大的愚蠢与最大的不敬。

附识：西方哲学亦很复杂。大体说来，可分为三大骨干：一、柏拉图、亚里士多德为一骨干，下赅中世纪的正宗神学。二、莱布尼兹、罗素为一骨干，旁及经验主义，实在论等。三、康德、黑格尔为一骨干。这三个骨干当然亦有互相出入处，并不是完全可以截然分得开。如果从其大传统的理想主义看，虽其活动大体亦自知识中心而展开，然而充其极而成其为理想主义者，亦必最后以道德宗教为中心。从柏拉图、亚里士多德，下及中世纪的圣多玛，以至近世的康德、黑格尔，与夫眼前海德格尔（Heidegger）的“存在哲学”，从其最后涉及道德宗教的哲理说，这一传统是向重“主体性”的主体主义而发展的。现在德国有一位名叫缪勒（Muller）的，他讲述海德格尔的存在哲学，文中即宣称柏拉图、亚里士多德，下赅中世纪的圣多玛，以及近世的康德、黑格尔、（包括费希特、谢林等），都是主体主义。他当然分别开古典的主体主义之处理人生道德问题，与康德、黑格尔的主体主义之处理人生道德问题之不同。他并宣称他们都不能面对具体存在的人生，在人生方向、道德决断上，作一个当下存在的决断。所以他宣称他们的哲学皆不能适应这个动荡不安、危疑不定的时代。他由此显出海德格尔的存在哲学之特色。据我们看，说柏拉图、亚里士多德，下赅中世纪的圣多玛等，是主体主义，未免牵强。他们当然涉及主体（灵魂、心等），但是他们并不真能成为主体主义。必发展至康德、黑格尔，主体主义始真能彻底完成。不至主体主义，严格讲，并不真能接触道德宗教的真理。说康德、黑格尔的主体主义（理想主义）亦不能在人生方向、道德决断上，作一个当下存在的决断，在某义上，亦是可以说的。但这并非不可相融。存在主义，自克尔凯郭尔（Kierkegaard）起，即十分重视主体性，这当然是事实。发展至今日的海德格尔，虽主重“存在的决断”，让人从虚伪掩饰的人生中“站出来”，面对客观的“实有”站出来，此似向“客观性”走，（这本亦是承继克氏面转出的），然说到家，他并不真能反对主体主义。在这里，最成熟的智慧是主观性与客观性的统一，是普遍原理（泛立大本）与当下决断的互相摄契。我看西方哲学在这一方面的活动所成的理想主义的大传统，最后的圆熟归宿是向中国的“生命之学问”走。不管它如何摇摆动荡，最后向这里投注。

如果顺“知识”中心而展开的知识论，以及由之而展开的外在的、观解的形上学看，这当然是中国哲学之所无，亦与中国哲学不同其形态。近时中国人只知道一点经验主义、实在论、唯物论、逻辑分析等类的思想，当然不会了解中西理想主义的大传统。就是因表面的障碍，不喜欢中国这一套吧，那么就从西方哲学着手也是好的。对于西方哲学的全部，知道得愈多，愈通透，则对于中国哲学的层面、特性、意义与价值，也益容易照察得出，而了解其分际。这不是附会。人的智慧，不管从哪里起，只要是真诚与谦虚，总是在长远的过程与广大的层面中开发出的。只要解悟与智慧开发出，一旦触之，总是沛然也。今人之不解不喜中国哲学，并不表示他们就解西方哲学。

中村元与《比较思想论·建立普遍思想史的理想》

经典导读

中村元（1912—1999 年），文学博士，日本东京大学名誉教授，曾任日本东方学会评议员、东洋研究会理事长、东方学院院长、比较思想学会会长等职，日本著名东方学家、佛教史学家、东亚哲学研究家和藏学家。生于岛根县松江市，1936 年毕业于东京大学文学院印度哲学与梵文系。1943 年任东京大学副教授，1954 年任教授。1964 年至 1966 年还担任东京大学文学部部长。1984 年当选学士院会员。

中村元研究范围涉及印度哲学、佛学、历史、日本思想、比较思想等，领域广泛。1943 年到 1956 年，中村元的 4 卷本《早期吠檀多哲学史》由岩波书店出版。该书从哲学、语言学和历史学等方面对商羯罗以前近 1 000 年的吠檀多哲学进行了系统梳理。1989 年，中村元又在《早期吠檀多哲学史》的基础上增加《商羯罗的思想》一卷，构成 5 卷本的《印度哲学思想》系列。1999 年 6 月，《中村元选集》编辑完成，该书由 32 卷和附加 8 卷组成。前 32 卷中村元称为《印度思想史纲》，其中前 4 卷《东方人民的思维方式》和由菲利普·维纳（Philip P. Wiener）编辑的《东方人民的思维方式：印度、中国、西藏、日本》以及《朝鲜人民的思维方式》等，是《选集》的引论。第 5 至第 7 卷是三部印度史的著作，其中《印度思想史》研究了印度历史在印度思想形成中的重要作用。第 8 卷至第 32 卷按时间先后研究印度思想的演变。

中村元对于佛教的研究主要集中于早期佛教，尤其是对大乘佛教的研究。他还特别重视佛教辞典的编纂工作。1974 年，中村元编写了《佛教术语辞典》，1988 年编辑了《佛教术语图解辞典》等。中村元还出版了 4 卷本的《世界思想史》一书，包含古代思想、普遍思想、中世纪思想、现代思想。这部书是一部建立在比较思想方法基础上的著作，涵盖了在欧亚大陆出现的所有思想。中村元力图构建一部世界思想史。其他著作还包括《东西方文化交流》、《圣德太子》、《现代日本的批判精神》、《日本宗教中的现代主义》等。中村元除了在佛教、印度哲学方法上的卓越贡献外，1970 年还创办了学术机构——东方学院，目的是要培养年轻的学者和加强东方思想的研究。

中村元在比较思想史领域有卓越的贡献。关于比较思想、比较哲学的研究在 20 世纪的日本学术界发展十分迅速，是蔚为壮观的学术领域。中村元为日本比较思想的发展作出了重要贡献。在比较思想史方面，中村元的主要著作有：《东方人的思维方法》（4 卷本，1948—1949 年）、《比较思想论》（1959 年）、《平行发展——思想史比较》（1975 年）、《世界思想史》（七卷，1974—1977 年）等。1994 年 6 月出版的《比较思想的轨迹》收录了作者多年来在比较思想会议上的报告、演讲和发表的文章，反映了作者比较思想研究的理论、宗旨、方法、目的等观点。

其中《比较思想论》一书是中村元多年悉心研究和收集材料而写成的专著。其主要内容是系统回顾了 20 世纪 60 年代之前世界各国在比较思想研究方面的成果，既有历史回顾，还有作者自己的评论，详细地介绍了各国比较思想研究的历史概貌以及当时的研究情况，是我们今天开展比较思想史研究的重要参考书。该书在日本和世界其他地区有着广泛的影响。1987 年由吴震翻译，浙江人民出版社出版了这部书的中文版。在中文版“序言”篇首，中村元言简意赅地指出：“在当代世界，各种不同的思想彼此对立、交流，并在互相批判的同时逐渐形成新的思想。生活在这样的世界状况之下的我们，必然会把我们自己的思想同另外不同的思想进行比较。我们深深感到这是我们无法抗拒的命运。”① 他还回顾了当时世界比较思想的研究情况，日本 1974 年成立了比较思想学会，总部设在大正大学西洋哲学研究室，每年发行《比较思想研究》杂志。北美大陆有亚洲与比较思想协会（Society for Asian and Comparative Philosophy）。美国的亚洲思想研究也逐渐兴盛起来。欧洲各国虽然没有

---

①［日］中村元：《比较思想论》（中文版序言），吴震译，浙江人民出版社 1987 年版。

比较思想学会，但是也不乏比较思想类的著作。在该书“序”中，中村元指出进行比较思想研究是一种必然的趋势，“以往看上去彼此各不相关的各文化圈，在今天已有十分密切的联系，彼此的思想交流已变得活跃起来，不论我们是否愿意，我们正置身于各种不同的思想之中，促使我们作出决断，去选择其中某一种思想。在这样的时代，那种只是含混不清地祖述古典著作的研究是难于在实际中发挥作用的。我们自己通过与不同性质的思想的质疑和辩驳，则可以从中揭示出新的东西。比较思想论的研究近年来盛行起来，这是非常自然的现象。”①

《比较思想论》一书包括六章和增补。第一章为序论，中村元提出比较哲学的主要目的是对过去的各种哲学思潮进行客观的比较考察和批判。他所说的比较哲学也就是广义的比较思想，宗教经典以及文艺作品也是包括在内的。中村元认为，为了进行比较思想的研究，首先应该清楚比较思想乃至比较哲学过去是在怎样的历史条件下形成的？现在正朝着什么方向发展？有哪些文献是首先必须掌握的？然后，依据文献材料，对比较思想的发展轨迹进行历史的整理。中村元指出对思想的历史和社会背景的考察也是十分重要的事情，但是该书不打算涉及思想的社会背景的研究。

第二章为比较思想论的历史发展，中村元从三个方面展开。首先是回顾了欧洲精神的自我反省，从希腊化时代、东方思想的发现、印度哲学对德国哲学的影响以及比较研究的形成、英国的比较研究及其影响、西欧近代文艺中的佛教思想、第一次世界大战以及对东方的向往、关于宗教思维的比较考察、人文主义与东方、比较哲学的形成，以及在苏联及其文化圈中的比较哲学研究等方面展开；其次是亚洲的现代印度的比较哲学、中国的比较思想论，以及伊斯兰文化圈的比较思想；最后是美国比较思想论的发展，包括比较思想论在美国的社会意义、美国早期哲学中的东方思想、比较宗教学的研究、比较哲学的发展，以及美国接受东方思想的特点等方面说明了东方思想对美国的影响。

第三章力图对东方思想和西方思想做一个比较。首先介绍了美国耶鲁大学诺斯罗普教授的东西方文明论。诺斯罗普认为，“和平的真正实现取决于世界上各种对立思想的互相理解，为此，我们必须以科学的态度揭示出东西方思想的本质特征。”②诺斯罗普认为东方众多的思想体系中有一个共同的特点，就是讲求直接把握而不作

---

①［日］中村元：《比较思想论》（序），吴震译，浙江人民出版社 1987 年版。

② 转引自［日］中村元：《比较思想论》，吴震译，浙江人民出版社，1987 年版，第 133 页。

区别，以内含有一切差别的连续的物质概念作为他们思想的基础[①]。但是诺斯罗普对东方的直观思维采取贬斥的态度。中村元接着介绍了美国夏威夷大学的穆尔教授的《哲学—东方与西方》一书。穆尔指出，“关于东西方哲学的关系，我们所能得到的最为有益的观点是，双方的互相补充，一方所欠缺或不够重视的思想观念由另一方来弥补或加以强调。人类思想的各个不同方面被汇集在一起，就能达到综合，而且是应该达到的。正是这一综合才能把我们引进世界哲学。……东方的智慧与西方的智慧必须互相融合，以贡献于人类智慧的进步。”[②] 穆尔指出西方人过分看重了活动本身，而丧失了心灵的平静，相反，我们或许可以说印度人放弃了人生哲学，“在这方面，我们也许可以从中国哲学当中，找到综合东西方哲学的途径。”[③] 西方人为了行动本身看不到行动的目的，但是东方人给西方人指出了一个道理，即“不能在繁忙的生活中迷失了生活的方向。不仅如此，东方人还向我们西方人指出：人类的唯一目的，即避免混乱和贪婪的唯一目的，就是精神上的满足和心灵上的平静。达到心灵上的平静有两种，亦即在印度教与佛教当中所持有的、达到终极的和精神上的平衡；亦即在中国思想中所特有的、在平凡生活中的平静或满足。西方的哲学以及西方人的生活的不足之处在于，他们未能成功地向人们提出和强调东方人的这些思想”[④]。西方人的另一个缺点是过分强调了个人主义等等。然后中村元介绍了美国哲学家莫利斯的《开放的自我》一书，该书旨在建立一种有关生活的哲学，通过思索与人类的生活方式有关的问题，力图找到通向未来生活的道路。莫利斯总结道：今后对于所有开放的自我来说，与自由精神背道而驰的只能是使人有效地处于奴隶状态中的封闭社会，理想应该是开放社会，开放社会承认和尊重多样性，反对将所有的社会成员都塑造成一个模样，一切不同种类的人们在这一社会中都能得到各自独立的、全面的发展。因此要尊重文化的多样性。最后一部分，中村元叙述了关于对东方人的思维方法的研究成果，从东方的概念、东方各民族的思想特征、东方思想的一般特征、东方思想的普遍性展开，指出中国人的思想无视普遍的东西，关注于个别的或特殊的东西，依赖于感觉、重视知觉。抽象思维不够发达，语言表现及思维方法是非逻辑的，对规律性的理解也是贫乏的。中国人的个人中心主义往往表现为利己主

---

① 参见［日］中村元：《比较思想论》，吴震译，浙江人民出版社 1987 年版，第 134 页。

② 转引自［日］中村元：《比较思想论》，吴震译，浙江人民出版社 1987 年版，第 141～142 页。

③［日］中村元：《比较思想论》，吴震译，浙江人民出版社 1987 年版，第 143 页。

④［日］中村元：《比较思想论》，吴震译，浙江人民出版社 1987 年版，第 144 页。

义的倾向。中国思想是重伦理学的，行为方面重视身份秩序等形式，中国人有民族自豪感，重视民族的本源。但是没有形成国家中心主义，而是讲求顺从自然本性，试图与自然合一，关注于天人关系。总之，中国思想有严重的谋求折衷融合的倾向。中村元作为一个外国人对中国思想特点的研究和评价并不完全准确，但是他的观察作为一种视角值得我们关注。

第四章中村元提出了思想史的探索之路，包括比较思想史的形成、建立普遍思想史的理想、世界思想史的发展阶段、哲学与东方思想（展望未来的研究）等。中村元指出，“今天，机械文明的高度发展，其结果使世界在物质上已经形成了一种不可分割的关系。今天乘飞机环行世界，就好像是作一次轻松随便的游山玩水的旅行；纽约股票价格的涨落在某些方面会给全世界带来影响；几颗氢弹或许就会毁灭全人类。然而，在精神上，我们的世界决没有形成这种关系，各国之间互相猜疑，观念形态互相对立，彼此之间设置障碍。这些都是我们应当特别注意的现代问题。如何打破这种束缚手脚的困境，难道不正是思想家们的任务吗！”① 这也是比较思想研究的任务。本章第二部分，中村元从多个方面阐述了他对普遍思想史的理想，包括建立普遍思想史的必要性、什么是思想史、思想史与社会基础的关系、思想史与哲学史的关联，以及建立普遍思想史的各种实际问题，等等，这部分内容对于我们思考思想史的理论和方法富有启示意义，我们在本书中选入该部分内容，希望可以促进我们对一种理想的思想史的思考。

第五章主要研究思想形态论，从不同发展阶段的思想体系的比较、禅与现代文明、比较逻辑学、比较文化论等方面阐述了思想形态的比较。

第六章是一个展望，中村元提出了东西方思想综合的可能性、和平的实现与比较思想论，指出“比较思想论将对于世界和平的实现提供有利的条件。地球正在显得狭小，世界正朝着同一的方向迈进，相比之下，人与人之间思想的相互理解更应加快进行。尤其是，各民族之间的对立冲突，必须在相互理解各民族文化的基础上得到消除溶解。为此，有必要对人类过去所形成的各种思想进行对比探讨和相互批判。比较思想论将会打开通向和平的大门。”② 在全书的结尾，中村元增补了“比较思想论近况”的回顾，包括欧洲对东方的新发现、美国的东方思想、各宗教的并存和

---

① ［日］中村元:《比较思想论》，吴震译，浙江人民出版社 1987 年版，第 187～188 页。

② ［日］中村元:《比较思想论》，吴震译，浙江人民出版社 1987 年版，第 280 页。

相互理解、普遍思想史与思想形态论、现代哲学与比较思想论、个别文明的思维特征等方面，总结了比较思想的研究现状。

中村元的这部著作是一部全面、深入，而且富有特点的比较思想史研究的开创之作，不仅有对研究现状的系统回顾，还有作者对东西方思想差异以及建立普遍思想史的构想的真知灼见。中村元的比较思想研究勾画了人类思想从古至今丰富多彩的画面，而且带着强烈的现实关怀，让我们从过去到现在的历史视野中，认识到和平的重要性，相互理解的重要性。

—— **延伸阅读文献目录：**

[日] 中村元：《比较思想论》，吴震译，浙江人民出版社，1987 年。

—— **原文：《比较思想论 · 建立普遍思想史的理想》**

经典选文

比较思想论·建立普遍思想史的理想

[日]中村元

建立普遍思想史的必要性

今天，我们正被投身于世界性的动乱之中，虽然二次大战结束已有十几年了，但世界上战争并没有绝迹，和平之日仍很遥远，和平之路正充满艰难险阻。然而，不管我们处在如何困难的状况，我们决不能悲观绝望，应当为了和平的实现，尽我们最大的努力。

今天，机械文明的高度发展，其结果使世界在物质上已经形成了一种不可分割的关系。今天乘飞机环行世界，就好像是作一次轻松随便的游山玩水的旅行；纽约股票价格的涨落在某些方面会给全世界带来影响；几颗氢弹或许就会毁灭全人类。然而，在精神上，我们的世界决没有形成这种关系，各国之间互相猜疑，观念形态互相对立，彼此之间设置障碍。这些都是我们应当特别注意的现代问题。如何打破这种束缚手脚的困境，难道不正是思想家们的任务吗！

为了实现人类的和平与幸福，必须促进世界各民族之间的相互理解，为此目的，近来在世界各国正迅速兴起比较思想的研究。作为这一研究的一项重要工作，是对东西方的各种哲学的发展历史进行比较研究。

在十八世纪以前，西方所说的“哲学”，只是指西方的哲学思潮而言。所谓印度哲学，是经过欧洲的梵文学家的努力才为西方人所了解。但是，在最初，印度哲学并没有能够从各位哲学家那里得到理应得到的评价。这些哲学家读了有关印度哲学的各种研究著作，也未能理解其真正的意义，他们并不想把印度哲学与被称为“哲学”的西方思想一视同仁。黑格尔在他的《哲学史讲演录》中，拒绝把印度及中国的思想放在主要章节来论述，他把这些几乎为西方人所未知的文明产物当作是“真正的哲学”兴起的一种序曲。他认为，“真正的哲学”是由古希腊人所创造的哲学。时至今日仍有人认为，印度及中国的某些不朽的思想家不能称之为“哲学家”。

文德尔班[①]的《哲学史》是一部至今仍有较高声誉的著作，他在该书中也拒绝把东方思想称为“哲学”。他承认古代中国人及印度人在个别问题上、或是在一般性的世界观方面，具有丰富的知识这一事实，但是他认为：“这些事实的知识在他们那里，前者（中国人的知识）是与各种实际的需要相关联而获得的，后者（印度人的知识）是从神话的空想中产生出来的，所以，他们的这些知识自然免不了受到日常生活需要或宗教诗歌的支配。此外，在这些知识当中，也缺乏个人的创造性，没有将知识推向进一步充实和独立的发展，这是东方精神所特有的一种束缚性的必然结果。”[②]由于受到这种评价的影响，所以，在西方发表的重要的哲学史著作中，对于旨趣不同的东方思想几乎连一章的篇幅也不给。

但是，随着进入了二十世纪，开始出现了一些研究东方哲学的学者，还出版许多印度的原著以及译著。今天，人们通过这些英译本（或其他西方语言的译本），可以读到许多印度宗教哲学的经典著作，使得人们远比以前对印度思想产生了更大的兴趣。虽然某些思想家未必能解决人们的歧议，正确地阐述印度思想，但是，他们开始了解到印度哲学具有某种十分宝贵和崇高的东西。奥尔德斯·赫克斯利的以下一段话，就是一个明显的例子：

“在一百年之前，梵文、巴利文和汉语还几乎不为人所知。欧洲的学者们由于无知而采取了一种地区主义（仅仅是欧洲的）态度，这也是情有可原的。但是，到了已经能够大量地利用多少是合适的翻译资料的今天，再采取这样的态度就既没有理由，也没有借口了。可是，欧洲及美国的许多学者在有关宗教及形而上学问题的著作当中，仍这样写道：除了犹太人、希腊人、地中海盆地和西欧的基督教徒之外，人们对于宗教及形而上学问题根本就不曾考虑过。到了二十世纪的今天，这种全然是故意的歪曲和熟视无睹（对东方思想），就不仅是错误的和可耻的，而且对社会也是十分有害的。同其他形式的帝国主义一样，‘神学的帝国主义’（theological imperialism）对于永久的世界和平的实

---

① Wilhelm Windelband（1848—1915）：德国哲学家，新康德主义弗赖堡学派的创始人。——译注

② Wilhelm Windelband：《哲学史教科书》，第 9、第 10 增补版，Besorgt von Erich Rothacker，图宾根，Verlag von J. C. B. Mohr（Paul Siebeck）1921 年。井上忻治译《一般哲学史》第一卷（1931 年），第 65—66 页。——原注

现也是一种威胁。”①

这一主张是正确的。在印度及其他东方民族当中，存在着“哲学”，这早已为古希腊人所承认。公元前300年左右，希腊人叙利亚王塞琉哥一世（Seleukos Nikator）②向当时统治着全印度的王朝（建都于印度的华氏城，即现在的巴特郡）派遣了麦加斯梯尼大使，麦加斯梯尼写了《见闻记》一书，记述了当时印度的社会和文化等各种情况，其中谈到当时的印度思想时，他说：“事实上，古希腊人对自然（physis）所说的一切，也由希腊以外的哲学家们说了，亦即，在印度是Brahmana（婆罗门），在叙利亚是Ioudaios（犹太人）。”③虽然他在用希腊语言向人们介绍印度的哲学思想的时候，想揭示出希腊与印度的不同，但是，还是应当承认他有这样的意图，想让人们知道希腊与印度的哲学实际上有许多相似之处。

梵文研究兴起之后，主要由西方的学者逐渐完成了各种印度哲学著作的出版及翻译工作，但印度及日本的学者也作出了很大的贡献。在今天，数量庞大的各种书籍正任凭我们去使用。

但问题是，与西方的“哲学”概念相应的概念在东方是否也有？对此，我们可以列举梵文中的两个词汇来解答，即“见”（darśana）和“察”（ānvīkṣikī）。“见”的原义是“看到了真理”，特别具有直观的含义，但在广义上也可指人类对于实在或真理所持的看法或见解，因此，它可以涵指任何的哲学观点。在印度教徒的眼里看来，佛教是一种“见”，商羯罗的吠檀多哲学也是一种“见”。所谓“察”，是指人类只是依靠思索而形成的哲学理论，以传统的吠陀经典的最高权威为前提而形成的各种哲学理论除外。也就是说，唯物论、数论派哲学、瑜伽哲学、逻辑主义哲学等均可称为“察”。简言之，“见”一词可广泛使用，而“察”则有许多限制。印度人具有这样的词汇足可证明，古代印度人具有可以与古希腊人的“哲学”概念相媲美的哲学概念。

---

① Aldous Huxley:《永存的哲学》(*The Perennial Philosophy*)，纽约及伦敦，1945年，P. 200。——原注

② 塞琉哥一世，原为亚历山大的部将，于前312年建立塞琉西王国，又名叙利亚王国，前64年亡于罗马。——译注

③ 麦加斯梯尼片断42，克雷芒（亚历山大里亚的）：Strom. I，P. 305D，科仑版，1688年。J. W. McCrindle:《麦加斯梯尼和阿利安所描述的古代印度》(*Ancient India as Described by Megasthenés and Arrian*)，伦敦，Trübner & Co，1877年，P. 103。——原注

西方知识分子传统的偏执病，还遭到了西方汉学家的批评，休士（前牛津大学教授）说："在北欧、西欧以及南欧的颇有影响的人士以及青年教师们，长期以来向他们的学生说道，我们的文明大多是来自于古希腊和古罗马，因此，正确的思考、高尚的趣味应当以古希腊、罗马在其兴盛时代所奉行的思考方法和行为方法作为标准。……然而，今天我们应当充分意识到，我们的文明终将彻底打破这种限制，不管主观愿望如何，我们正朝着未来前进，我们不能只是依据于自己的伟大文明去评价希腊、罗马以及其他我们曾在过去蒙受教益的文明。"[①]

现在，在知识界正逐渐出现这样强烈的呼声：必须正视和研究东方哲学。近年，罗素写了一部庞大的哲学史著作，书名叫《西方哲学史》，罗素所以用这个书名，是要区别于东方的哲学史。因为按照今天的一般见解，认为除了西方的哲学思潮之外，东方也有其他各种哲学思潮。

若真是那样的话，那么我们如何来阐明东西方思想之间的关系呢？不论东方还是西方，所有的哲学家在有关宇宙及人类的问题上，所讨论的和企图解答的课题都是一致的。如果可以从西方和印度二千多年来的哲学发展过程中发现他们之间的相似性，那么，我们也许能够注意到这样一个事实，东西方在某些哲学理论方面存在着共同性。也就是说，许多哲学问题是人类普遍的问题，我们不仅应当从历史上来考察，还必须从纯哲学的观点出发来作出阐发。真理应当从所有的民族、所有的宗教当中去寻找，这一观点数百年来得到了优秀学者的肯定。

在各种不同的语言当中，如果有两种语言的表达方式相同，那么这两种语言虽属于两种不同的文化传统，但也不能认为两者就毫无共同之处了。由于东西方哲学所讨论的大致上是同样的哲学问题，所以，想从纯哲学的角度出发，来研究东西方哲学的人，必须去探讨人类共同的、但又是由不同民族、用不同方法提出来的各种哲学问题。（在日本，完全采用西方人的研究方法，重复研究西方哲学的各种问题，习惯上这被称为"纯粹哲学"，但细想一下，我觉得这是非常奇怪的现象。）东西方哲学所探讨的问题是共同的，但事实是，哲学家思索的结论是随着其民族的不同，而得到不同的对待。

还应当加以注意的是，各种哲学问题和对此所进行的研究的方法，在大约

---

① E. R. Hughes：《古典时代的中国哲学》（*Chinese Philosophy in Classical Times*），（人人丛书），PP. Ⅻ—ⅩⅢ。——原注

二千五百年的哲学史当中，未必是完全一致的，它们随着时代的不同而有所差别，在各个时代或是时期，它们又具有各自的特色。关于这一点，伦格女士说："在哲学史上的任何时代，都有各自独立形成的问题，那些问题乃是那些时代所特有的。但是哲学问题的形成，并不是由于政治的或社会的某种实际上的原因，更为深刻的原因是：由于人们知性能力的成长而产生了哲学问题。当我们回顾逐渐形成和汇结起来的具有历史特征的各种思想观点的时候，或许会从中发现某种观念集合体。观念集合体并非由某一个主题所构成，而是由各思想观点当中所具有的或许可称为'技巧'的某种微妙的共同要素所构成。不是保持那些观念的做法，而是处理和对待各种问题的方法才是一个时代的特征。在这些观念当中所反映出来的主要问题也许是偶然的，而且这些观念的存在还依赖于征服、发现和控制自然的能力，然而，对这些观念或哲学问题的处理方法则来自于更为坚实的基础。"①

在印度和西方的哲学史当中，都有一些特殊的问题，例如，在城市兴盛时代，会有某些特别突出的问题，在中世纪也会有某些特别被重视的问题。即使是同一个民族也会随着所处时代的不同，而形成不同的思维方法。

当然，在神学家当中也有人强烈反对历史是发展的或变化的这一观点，他们认为，最高真理是永恒不变的，不能随着时代的变化而变化。天主教会有一倾向，主张真理是决不会改变的。就连佛教的僧侣当中也有人主张，没有必要去改变佛教。在南亚的教佛教会二千年来信奉着同一部经典，就连不重视原始佛教经典的北亚各国的佛教徒也主张，要永远遵守佛陀永生这一信条。但是在实际上，组成这些教会或宗教团体的人们都无法摆脱变化着的环境及思想的影响。因此，他们心中所怀有的信仰实际上已经不同于以往的信仰了。也许，他们会重复相同的语句、坚守同样的信条，然而，那些同样的语句多少已经被他们作了不同的理解，那些同样的信条也多少已经被他们作了不同侧面的强调。

人们的思想以及行为，即便是宗教性的，也会因周围环境及社会基础的不同而发生明显的变化，只有在完全相同的条件之下，人们的思想以及行为才会有许多方面表现出相似性。而宗教信仰之所以会发生变化，并在不同的各个时期呈现出不同的特征，乃是因为那些条件决非是一成不变、完全一致的。因

① Susanne K. Langer:《一种新基调的哲学》(*Philosophy in a New Key*)(良师书籍)，纽约，The New American Library of World Literature Inc. 1948 年，P. 1。——原注

此，对于宗教信仰也需要作历史的研究。

某些传统的思维方法是根深蒂固的、不易改变的，对此我们并不否认。就从发展迟缓的印度来看，各种民族和各种文化虽然从很早开始就涌入了印度，但是印度教依然能保持着优势。即使这些新来的宗教以政治力量为背景，企图强迫人们改变宗教信仰，也不能使大部分印度人改变他们自己的宗教信仰。然而，同时也必须看到，某种思想只有在特定的时期才会出现、才会取得支配的地位，正因如此，才会有思想史。

许多哲学家及思想家认为，思想具有一种远远超过最初倡导这一思想的时代及国土的深远的意义，思想对于全人类来说，具有一种无法估量的价值。不论未来的哲学将开辟出一条怎样的新路，思想的这一特性是永远不会消除的。然而，我们也不得不注意这样的事实，提出各种哲学问题的方法在历史上是有不同特征的，这是思想史本身成为可能的原因所在。

由此看来，对哲学史作比较研究，不仅具有历史意义，而且对哲学本身来说也是必要的。我们只有对各种不同的哲学观念进行互相比较，并与人类生命的内在本质联系起来进行考察，我们才能可望达到真理。

进行这种比较或考察是否可能，多伊森指出："如果在太阳系中的某一行星，如火星或金星上面，栖息着人类或与人类相似的生物，并在那里开放出了文化的花朵，建立了哲学。如果其中有一个人碰巧被弹射了出来，进入了我们地球的引力圈，那么我们就能够了解到他们的哲学。那时，我们也许对那种哲学的结论不会怀疑而产生非常深厚的兴趣；也许，我们会注意把我们的哲学同他们的哲学进行深入的比较探讨。如果两者存在差异，我们就要找出真理究竟在哪一方；如果两者是一致的，那么就要保持各自的哲学思索的正确性。——此刻，不得不使我们想起康德所说的必然而不可避免的纯粹理性(Sophisticationen)。然而，我们通过对印度哲学的了解，就可使那种希望成为现实，因为印度哲学是独立于西方哲学而发展起来的。"[①] 当然，思想一致决不能认为是证明了这种思想的真理性，但是，如果对于相同问题提出的不同看法进行比较的话，我们就能够进一步加深我们的思索。

---

① P. 多伊森:《一般哲学史》卷一，1. 4Aufl. 莱比锡，F. A. Brockhaus，1920 年，S. 7。Ditto，《吠檀多箴言集》；2. Aufl，莱比锡，F. A. Brockhaus，1920 年，前言，S. 5—6。——原注

我们今天正生活在融为一体的世界上，因而这样的比较研究日益显得不可或缺。然而，把人类哲学史上的各种思潮流派联系起来进行考察，目前我们做得还很不够。今天，我们已经不能回避我们是世界共同体中的一员，这就如同我们不能从我们周围的空气中逃离出来一样。因此，对各种哲学思潮进行比较研究就显得非常重要了。这里，我们赞同拉达克里希南的观点，他说："在这个行星的历史上，起初居住的人们形成了一个整体，其中任何一部分的人都要受到其他部分的人的命运的影响。科学和技术并不一定以这样的整体性作为自己的目标，但是科学和技术促进了人类的统一。现在，经济和政治上的各种现象正在日益向我们表明，应当把世界作为一个整体来对待。流通的货币被相互联结，商业活动成为国际性的活动，政治上的命运也彼此相依。并且，人们对于人类必须一体化的这种意识还很含混、也不坚定，一般说来，人们还没有充分意识到我们大家都同样具有公民的尊严和义务，也不会去承认他人自觉意识到的理想，不认为有实践这种理想的必要性。"[①] 不要忘记拉达克里希南的这段话，也不要认为没有必要去探讨东方与西方的哲学。

在当今的思想状况之下，只是研究印度哲学在事实上是根本无法把握或了解印度哲学的，因为如果采用以往的许多学者所用的那种研究方法是不可能认识印度哲学的特征和意义的。这一点可以说也同样适用于对其他哲学思想的研究。

特别是在历史研究领域，早在三十多年前，自称是《世界史》的书籍就作为中学教科书在大量出版。对世界史的处理方法，在今天已经成为一般的常识了，可是在思想研究领域，从世界范围内去考察它的历史，这种尝试在日本至今未曾出现过，这是什么原因呢？

对于要建立普遍思想史的这种想法，加以反对的理由有如下一点：人们认为即使只专门研究一个学派或一个思想家，那也是很重要的，况且，要完全掌握一种哲学思潮，即使尽其一生也做不到。想通过一种哲学思潮去了解另一种哲学思潮，这是很荒唐的。研究印度哲学的去阅读希腊哲学的著作，这超过了自己的专业范围，是一种令人讨厌的行为；研究希腊哲学的去议论中国哲学，

---

① S. 拉达克里希南:《东方宗教和西方思想》(*Eastern Religions and Western Thought*)，伦敦，Humphrey Milford，牛津大学出版社，1939 年，P. 2。——原注

这是超过了自己权利的行为。

按照这种说法，那么所谓的“研究”究竟是一种什么样的研究呢？如果某位学者终其一生研究一个哲学家，那么，这位学者的研究或许会像鹦鹉学舌一样，仅仅是重复那位哲学家的话而已。要终其一生研究一位西方哲学家，这或许会获得好评，（其实，这种“获得好评”的学者其自身应当采取的思想态度是什么呢？）但是，归根到底，这位哲学研究者只是成了他所信奉的那位哲学家的精神奴隶而已。要“研究”一位哲学家，研究者自己必须同他所研究的对象——哲学家——具有某种不同的东西，这种不同愈多愈好。因此，研究柏拉图的，对于印度等哲学也要有丰富的知识素养，由此对柏拉图就能作出更多的批判，并能从更广泛的角度作出更多的评价。只是研究西方哲学，而对东方及其他哲学思潮却视而不见的这种哲学研究者，是否有存在的意义，我们深感怀疑，反之也一样。

当然，我们对于竭其一生整理出版一部原著的学者和翻译家们的努力，深表敬意和感谢，他们努力的意义是不容否认的。但是他们的努力毕竟只限于文献学的领域，而不是“哲学”研究。如果要讨论到哲学，那么，从广阔的视野出发来进行哲学的反省，这将是非常必要的。

也有人反对只以西方人的世界观为标准来进行思想研究，东方人也开始批评和议论起西方思想，所以，西方人企图保持住自己的思想传统，他们认为：“如果想要参加在东西方之间架设起一座桥梁这一重要和庞大的计划，那就先须从内部来注视西方的思想、哲学和宗教，站在外部，这些是决不可能被充分理解的。”的确，对于一种精神传统的内在结构，作出确切的了解是十分必要的，但是，要评价一种传统，必须是站在外部，如果只从内部出发，就不可能作出价值批判。必须指出，上述西方人的那种观点表明了他们缺乏谦逊的态度。

■ 对思想本身的探讨

经常读到一些称为“什么思想史”、“什么哲学史”之类的大作，笔者近来特别感到而又疑惑不解的是，在这些大作中从目录到索引，为什么只是采用专用名词，普通的名词（亦即表示思想观念的名词）却极少采用。笔者也曾写过类似这样的书。但是专用名词决不表示人的思想或思想观念本身，只有当个人的权威与书的权威联系在一起，专用名词才会引起注意。譬如，在街上某一工人说道："说谎是不好的"，有人引用这句话的时候，是不会举出这位工人的姓名的，然而，如果这句话是由某部经典或某位伟人所说，那么人们就会举出这部经典或伟人的名字。但是，话的意义可以超越说话者个人。由此可见，引用专用名词毕竟同权威至上主义相联系的，——从市井平民以至于文化人士和知识分子都如此。因此，以前的许多思想史、哲学史之类的著作所介绍的也许是一些被公认为是有权威的人的思想，但却很难说这些著作介绍的是思想本身的历史。就思想本身而言，不管是权威者说的，还是市井平民说的，其真理性是不会改变的。

有人认为，哲学是由哲学家个人所决定的，脱离了个人，哲学就无从谈起。例如，冯友兰教授指出："哲学家之哲学，与其自己之人格（即一人之性情、气质、经验等之总名）或个性有大关系。在此点，哲学与文学、宗教相似。盖一切哲学问题，比于各科学上之问题，性质皆较广泛，吾人对之，尚不能作完全客观的研究。故其解决多有待于哲学家之主观的思考及其'见'。故科学之理论，可以成为天下所承认之公言，而一家之哲学则只能成为一家之言也。威廉·詹姆士谓：依哲学家之性情、气质，可将其分为二类：一为软心的哲学家；其心既软，不忍将宇宙间有价值的事物归纳于无价值者，故其哲学是唯心论的，宗教的，自由意志论，一元论的。一为硬心的哲学家；其心既硬，不惜下一狠手，将宇宙间有价值的事物概归纳于无价值者，故其哲学是唯物论的，非宗教的，定命论的，多元论的。（见所著 Pluralistic Universe）海佛定亦谓哲学中诸问题皆在吾人之知识边境上，为精确的方法（Exact methods）所不能及之地，故研究者之人格，乃决定其思想之方向，而或不自知。不待此也，有时哲学中一问题之发生，或正以其研究者之人格，为先决条件。有些思想，只能在某种心理状况中发生。其次则研究者所引以为解决问题之根据，于其解决问题，亦有关系。故吾人对于一人之哲学，作历史的研究时，须注意于其时代之情势，及各方面之思想状况。（Herald Höffding：*History of Modern Philosophy*，P. XVI）此皆研究哲学史者所宜注意者也。孟子曰：'诵其诗，读其书，不知其人可乎？是以论其世也。'（《万章下》）宋儒最注意于古圣人之'气象'；虽其动机在于修养方面，然对于一人之哲学作历史的研究时，实亦须注意于其‘气象’也。”[①]

这也是历来许多哲学史家的观点。但是，在今天，通过我们的研究了解到了这样一个事实，在某些可说是毫无关联的文化圈之间，存在着相似的思想言论，由此以上这种观点就须作根本上的修改了。艺术作品有其独特的意义，但是思想是可以普遍运用的，这一观点可以成立，是有意义的。

所以，暂且不谈思想家的人格及经历来论述思想史，这也是可能的。如：当甲思想家讨论A、B、C的问题，乙思想家讨论B、C、D的问题时，我们可以就A、B、C、D这些问题来进行讨论。在这样的思想史当中，还是尽可能不列举太多的人名为好。提出人名时，也应当按照实际需要来列举。

用这种方法编写的思想史有一显著的特征：各章节的名称必须是普通名词，而在过去的思想史、哲学史当中却是专用名词；内容按哲学的各种问题来安排。

为建立起这样的思想史，不能预先建立先验的逻辑原则，那恐怕有独断主义的倾向，我们必须尽可能多地以思想史的事实为依据，进行全面的而无偏见的探讨研究，这种研究必须是实证性的。

这样的思想史也许不可能将东西方所讨论的一切问题全部包罗进来，但是，即使只论述了最重要的哲学观点，或是只论述了某个时代东西方所共同关心的问题，那也是有一定意义的。今后只要继续研究下去，那么就有可能从东西方同时找到其他各种思想问题，作出进一步的研究。虽然，去探寻思想家提出的问题及其解决问题的方法也无可非议，但我们还是应该从相互联系的整体上去把握思想。

再者，这些哲学问题大部分几乎是世界上一切思潮中共同存在的问题，所以，讨论某种特殊的思潮，如印度思想史，也每每可以讨论到全体人类的共同哲学问题，从而也就可以同时讨论其他的哲学思潮，如希腊思想史及中国思想史。这里，体现了华严宗所说的“一即一切，一切即一”的思想。如果我们的思想史不能体现出这一思想，就不能称其为真正意义上的思想史。

---

① 冯友兰著、柿村峻译：《中国古代哲学史》第21—22页。——原注
参见冯友兰：《中国哲学史》上册，中华书局1961年版，第14—16页。——译注

与社会基础的关系

虽然我们强调要研究普遍思想史，但是我们决不是无视个别优秀的思想家或学派。只是因为当我们把他们作为课题来探讨的时候，我们认为应当把他们的思想看作是历史的、社会的产物，而必须同他们所生存的社会联系起来。所以，思想与社会的关系也是很重要的问题。关于这一点，罗素在《西方哲学史》中说的以下一段话应当引起我们的重视。

“哲学史已经很多了，但据我所知，还没有一部其目的与我为自己所定的完全相同。哲学家们既是果，也是因。他们是他们时代的社会环境和政治制度的结果，他们（如果是幸运的话）也可能是塑造后来时代的政治制度信仰的原因。在大多数哲学史中，每一个哲学家都仿佛出现于真空中一样；除了顶多和早先的哲学家思想有些联系外，他们的见解总是被描述得好像和其他方面没有关系似的。与此相反，在真相所能容许的范围内，我总是试图把每一个哲学家显示为他的环境的产物，显示为一个以笼统而广泛的形式，具体地并集中地表现了以他作为其中一个成员的社会所共有的思想与感情的人。”①

这一见解在罗素之前，已有人提出，如和辻博士的《日本伦理思想史》一书就已说过：“为理解日本的伦理思想的发展，我打算从日本社会结构的变迁这一角度出发，来深入分析和把握日本的伦理思想。对时代的区分等我也完全从这一角度来处理。”②

此外，也有不少学者提出了这样的见解。我们主张，应当尽可能地在广泛的范围内，来采用这一见解。

思想史与哲学史

在普遍思想史当中，哲学占有重要的位置，然而似乎也不一定要称其为

① 罗素著、市井三郎译：《西方哲学史》上卷，第1—2页。——原注
参见中译本，何兆武、李约瑟译，《西方哲学史》上卷，商务印书馆，1963年9月第1版第8—9页。——译注

② 和辻哲郎：《日本伦理思想史》上卷，第18页。——原注

“哲学史”。因为，“哲学”意指什么，实际上是不确定的。英语的 philosophy 与日语的“哲学”，在辞书中是一个词，但实际上，其含义是有差别的。印度的 darśana（“见”——译者）和 ānvīksikī（“察”——译者）与 philosophy 和“哲学”一词也有差异。还有，“哲学”所具有的社会意义或思想史的意义也因时代的不同而有所不同。我们仍想把人类思维本身作为问题来进行探讨，人类思维能使这种“哲学”得以形成，还能使“哲学”具有社会意义。

像以往那样的，主要记载了以概念组织之精密为荣的哲学体系的各种各样的“哲学史”，其本身或许是有意义的，但是这种“哲学史”亦有堕于概念游戏之忧，而对于具体的人类精神的各种问题和社会实践问题，几乎是未给予我们解答。我们希望使这些问题得以产生的根本的人与推动哲学体系形成的思想之间，进行一场争论，并希望通过这种争论，形成与以往的“哲学史”有所不同的“思想史”。当然，如果有人说我已经写出了正是今天在这里所说的那种真正的“哲学史”，那么毫无疑问，可以称其为“哲学史”。

同样情况下，即使是与宗教史有关的著作也可以这样称呼。宗教意指什么？东方所说的“宗教”与西方所说的 religion 未必一致，而宗教所具有的社会意义也随着时代的不同而有所不同。

把各时代的思想分为政治思想、经济思想、宗教思想、道德思想等等，来加以叙述这是容易做到的，但是，这种区分乃是将当代的观念去套过去的时代，虽然这是非常方便的，但这并不是确切地把握各种时代精神的方法。我们倒是希望掌握各时代的重要的问题意识，并作出整理。在这方面，历来不乏有优秀的著作，但我们的目的是要继承和发展时代的精神。

■ 各种实际问题

然而，这种理想的思想史的具体形式又是怎样的呢？

首先在用语方面，要采用能容纳属于各不同思潮中的相类似的语言，也就是说，要采用像最小公倍数那样的用语。换言之，用语应当尽量做到浅显易懂，最好是采用在不同哲学思潮中都共同使用的那种概念来进行分析。只采用一种哲学思潮中所使用的概念来分析，是与要理解各种不同思潮的目的不相称的。当然，有些概念只能在一种哲学思潮中被采用，但是，如果一种概念具有可以普遍采用的性质，那么也不妨运用到对其他思潮的分析当中去。不过，在逻辑学及自然科学以外的情况下，还是尽量避免采用这种方法为好。

其次，就文章而言，最好是通过翻译来大量引用原始材料。因为古人的思想适宜于用他们的语言来表达，通过翻译就可为今后的研究打下坚实的基础。

在引用原始材料时，原则上应当通过翻译来进行，只有在必要的时候，才应当引用原文。人们自信会说的语言恐怕只有一种。当然，有些学者虽然不知道哪一种是母语，但仍然能够用许多语言自由地交谈，这在欧洲特别多。但是，这些学者也坦率地承认，使用任何一种语言最终都不可能达到完美无缺的境地。研究者不得不把其他的语言译成自己的语言来进行思考，这样的话，我们可以发现有这样一种现象，听某些德国哲学家在发议论，让人感到实际上只是在用德语说着莫名其妙的玩笑似的，如果译成其他语言，听起来也只是觉得似乎是毫无意义的一派胡言乱语。在美国，以及在印度等一些亚洲国家中，已经习惯把哲学原文译成英语来使用。在欧洲及日本，由于受传统主义和权威主义的强大支配，而有这样的倾向：不引用古典文献的原文就会感到不圆满，但这一倾向现在正逐渐消失。作为当代的日本人，我们应当把其他语言的哲学原文译成现代日语，但是由于一翻译成另一种语言，就可能生出一些原文所没有的意思，所以要特别注意这一点。

翻译是一件好事，它可以使我们按不同的思维方式来进行思考。通过翻译可以揭示出这样一种事实，在某文化圈或思想圈内不证自明的、公认的观念，在其他文化圈或思想圈内不过是一种不明确的、含混不清的观念。正是通过对这种事实的反省，才能舍弃陈旧的观念，提出一种新的、明确的观念。

在这一反省过程中，还可以克服脱离实际这一历来是思想史研究的重大缺陷。人们一般都反对不能给当前人们的实践以指导的思想史研究，所以，认真地关注于现实问题的人们都在轻蔑或无视思想史的研究。但是，仔细想一想，过去的思想形态仍以某种形式存在着，这一点在亚洲和非洲特别明显。就是在西方，其古代思想也决没有完全消亡。因此，古代的思想还是有可能作为现代思想来加以利用的。纵使是已完全消失的思想，在其自身的**否定状态**中，仍与现在的我们有某种联系。因此，只要能够明确在现在的世界上正在被否定的是些什么，也就可以了，因为不管怎么说，否定必将使其他各种思想固定于普遍思想史之中。

如此看来，思想史研究同时也可以是对现代思想的研究，能够阐明现代思想的那种思想史也不是不可能的吧！

总之，思想是不断持续的，在甲时代兴起的思想，也可以在以后的乙时代、丙时代流传下去，这种情况并不少见。问题是在什么时代应当采取什么思想？如果某种思想对某个时代来说具有特别明显的适应性，就应当在那个时代加以特别的注意，这样就使一个时代精神更加明确、突出，同时也能明显地体现出超越时代变化的思想意义。

在研究个别思想史时，是否可以采取以下的处理方法呢？首先，各学者从自己专业的角度出发，把个别思想史，如印度思想史放在世界思想史中来评价，在把具有印度特征的思想与其他文化圈中的思想比较之后，揭示出印度思想具有怎样的意义。这一研究可以打开评价其他思想的途径。第二，这一研究同时还可以揭示出其他各种文化圈中的个别思想，在世界思想史中所具有的地位和意义。如，日本思想史中的某一有特征的思想，可以直接在世界思想史中找到它的位置。这就好像是查找第二种索引一样。第一种工作与第二种工作大致上属于不同阶段，但其目的都是希望达到个别思想史与世界思想史的彼此相溶。正是达到了浑然一体的程度，才能完成思想史的研究。

更为具体的处理方法有：

一、在历来的哲学史、思想史之类的著作中，对个别思想家的生平传记有很详细的叙述，然而，我们不妨全部省掉这些叙述。只有当他的生涯中的某些事迹与他的某种思想有因果关系时，才有必要将这些生平事迹列举出来。

二、同样，也不妨省略对学派、师承关系及友人关系的探讨。的确，学派、师承关系及友人关系与思想的形成有关，但这些并不是思想本身。在以往的思想史中，对于甲思想家受到乙思想家的影响这种现象，特别喜欢加以论述。但是我们也可以撇开这种现象不谈，因为，一个思想家即使受到了某人的影响，也不会改变他已经形成的思想本身。如果印度的甲思想家受乙思想家的影响，西方的A思想家受B思想家的影响，这两种情况存在着某种平行关系（且有若干差异）的话，那就具有非常重要的意义，对此就有必要列举出来作适当的论述。

三、在历来的哲学史、思想史的著作当中，有关文献的真伪、版本等问题也有很详细的说明和探讨，这些也可以省略，我们可以直截了当地仅把思想本身作为问题来探讨。在把思想本身作为问题进行探讨的时候，真作抑或伪作是无关宏旨的。关于这点，冯友兰教授说了一段意味深长的话：

“从前研究中国学问者，或不知分别真书伪书，或知分别而以伪书为无价值，此亦中国哲学之所以在表面上似无进步之一原因。吾人研究哲学史，对于史料所以必须分别真伪者，以非如此不能见各时代思想之真面目也。如只为研究哲学起见，则吾人只注重某书中所说之语之本身之是否不错。至于此语果系何人所说，果系何时代所有，则丝毫不关重要。某书虽伪，并不以其伪而失其价值，如其本有价值。某书虽真，并不以其为真而有价值，如其本无价值。即就哲学史说，伪书虽不能代表其所假冒之时代之思想，而乃是其产生之时代之思想，正其产生之时代之哲学史之史料也。如《列子·杨朱篇》虽非杨朱学说，而正魏晋间一种流行思想之有系统的表现，正魏晋时代哲学史之史料也。故以《杨朱篇》为伪者，非废《杨朱篇》，不过将其时代移后而已。其所以必须将其时代移后者，亦不过欲使写的历史与实际相合，作到一信字而已。”[①] 难道以著作文献和人为中心而写成的思想史是真正意义上的思想史吗？这是值得怀疑的。

四、关于年代问题，必要时可以列举一般为学术界所公认的说法，如有原著作者自己的说法，也可视情况而定加以采纳。在没有必要的情况下，也不妨省略年代。年代与思想本身是无关的，只有当我们探讨一种思想的历史意义和社会意义的时候，年代才是必要的，在这种情况下，需要明确指出年代。

有人认为，要编著这样大规模的思想史，应当请许多有权威的学者来分担执笔。但我觉得，这种尝试在思想探讨方面通常是失败的。诚然，由各位专家执笔，能写出正确的、不怕吹毛求疵的东西来，但是，在思想上不可能达到一贯性。各位专家是从各种不同的视点来写的，所以，写作意图是不同的、零乱的。我们深深感到，将来无论如何必须采取这样的方法：由一人一贯到底地完成写作，再向其他诸位学者请求补正。（在这一点上，可以说文德尔班的《哲学史教科书》确是成功的。）

---

① 冯友兰著、柿村峻译：《中国古代哲学史》，三—三四页。——原注
参见冯友兰《中国哲学史》上册，中华书局1961年版，第24—25页。——译注

然而，一想到这点，宛如梦幻一般，觉得这是一件非常了不起的工作，这样的思想史著作究竟在什么时代才能得以实现呢？但我认为，追寻这样的梦仍是十分必要的，以往的思想史或哲学史之类的东西也依然是需要的。当笔者在向共同期待着新形式的思想史著作出现的学生们倾诉这一愿望的时候，自己也想从这种著作中得到某些教益，笔者这里所说的只是向大家提出一个课题而已。

吕澂与《中国佛学源流略讲·序论》

经典导读

吕澂（1896—1989 年），字秋逸，也作秋一，原名吕渭，后改名澂。生于江苏省丹阳县。毕业于镇江中学后，考入常州高等实业学校农科。学校停办后，入宋教仁任校长的南京民国大学经济系就读，3 年后因停办辍学。在南京期间，由于受胞兄吕凤子的影响开始接触佛法，并对佛法产生了兴趣。1911 年杨仁山居士逝世，欧阳竟无继业，主持南京金陵刻书处。吕澂因去刻书处购书，晤见欧阳，就虚心请教。自是以后，经常受到欧阳竟无的指导。后来民国大学停办，吕澂入金陵刻书处，与邱郗明、姚伯年、徐钟峻等同为研究部第一批学人。修习一年后，吕澂赴日本留学，先在日本高等学校学习，后入日本美术学院学习美术。一年后，因反对日本侵略中国而罢学回国。1916 年，吕澂被刘海粟聘为上海美术专科学校教务长。在此期间，他撰写了《美学概论》、《美学浅说》、《现代美学思潮》、《西洋美学史》以及与美学、艺术有关的《色彩学纲要》。后 4 本书均由商务印书馆出版，收入王云五主编的《万有文库》中。

1918 年开始，吕澂受欧阳竟无的邀请，协助创办支那内学院（即中国佛学院），此后，吕澂便把佛学研究作为其毕生的事业。1922 年 7 月 17 日，支那内学院正式成立，吕澂任学务主任。自 1918 年到 1943 年间，吕澂一直追随欧阳竟无，从事佛学研究、佛典校勘与整理、佛学教学等工作。他在此期间撰写了《声明略》、《佛典泛论》、《佛学研究法》、《印度佛教史略》、《因明纲要》等，还对西藏佛教深有研究，著有《西藏佛学原论》，20世纪30年代出版。还从事藏文佛典的汉译和整理工作。吕澂在支那内学院的教学中提出了“五科佛学”的体系，即按照毗昙、般若、瑜伽、涅槃、戒律五个方面教授佛学，开创了近现代佛学教学上的壮举。吕澂还提出了“佛法不离世间”的口号，希望佛学能够为现实的人生服务，解救众生。

1943年，欧阳竟无逝世，吕澂继任院长。1953年，吕澂当选中国佛教协会常务理事。1955年，担任中国佛教百科全书编纂委员会副主编，为该书付出了大量心血，对文字、条目等都细加审阅。改革开放后，该书以《中国佛教》为书名出版，得到了学术界好评。1956年，吕澂被选为中国科学院哲学社会科学学部委员。90年代初，李安编辑了一套《吕澂佛学论著选集》全五册，140余万字，由齐鲁书社出版，对于传承吕澂的佛学研究有重要意义。李安在《吕澂在佛学研究上的贡献》(《法音》，1985年第3期）一文中对吕澂的学术贡献给予了高度评价。吕澂的弟子张春波在《当代著名佛学家吕澂》(《五台山研究》，1989年第1期）一文中也对吕澂的佛学研究给予了高度评价。

归纳起来，吕澂关于佛学研究的贡献主要在以下方面：一是校勘整理了《藏要》。这部书编印了三辑，收书70种，学术价值极高，是校释佛学典籍的重要参考。二是在佛教义理方面提出了不少新看法，比如关于中国佛教和印度佛教在心性理论方面的不同，吕澂有自己的看法。他认为中国佛学主张“心性本觉”，而印度佛学则主张“心性本寂”，以心性问题的差异为出发点，对中国和印度的佛教作出了区分，还用以研究隋唐时期的佛教宗派。他指出：“隋唐时代先后成立的佛学派别，如天台宗、贤首宗、禅宗等，它们相互之间，在指导实践的禅观上，或在评论佛说的判教上，原有不少联系，因而它们关于心性的基本思想自然也有共同之点，都采用性觉说。”[①] 对于中国佛教与宋明理学的关系，吕澂也有自己的看法，他指出中国佛教对儒学的重要影响在以知为心体上，“禅宗思想对于后来中国的理学和心学都有影响，而影响的重点就在于以知为心体上。”[②] 对理学与佛学关系的研究有重要价值。以心性本觉和心性本净为区别，吕澂还断定了很多典籍的真伪，断定《大乘起信论》等经典是中国人所撰的可能性极大。三是吕澂还十分注重对佛典的研究，证明了《四十二

---

① 吕澂：《吕澂佛学论著选集》(卷三)，《试论中国佛学有关心性的基本思想》，齐鲁书社1996年版，第1417～1418页。

② 吕澂：《中国佛学源流略讲》，中华书局1979年版，第233页。

章经》、《理惑论》均成书于晋宋之际。对众多佛典之间的内在联系的研究也比较注意。此外，吕澂还编写了佛典目录:《新编汉文大藏经目录》，便于研究和检索。四是对西藏佛学的源流、传播、文献以及学说进行了大量研究，代表作是1933年由商务印书馆出版的《西藏佛学原论》，该书是研究藏传佛教的重要著作。吕澂还对佛教因明学有重要研究，著有《因明纲要》、《佛家逻辑》、《因明入正理论讲解》等，得到学术界高度评价。五是重视对佛学各种基本概念范畴的研究，比如正觉与出离、缘起与实相、观行与转依等。

吕澂有两本著作十分重要，一本是《印度佛学源流略讲》。这本书是他研究印度佛学的集大成之作，该书编写的主要目的就是对印度佛学学说的来龙去脉、发展演变的过程给予说明，可以说具有思想史的特点。该书在掌握大量基本资料的前提下，对印度佛教的产生、发展、衰亡的全过程给予了比较全面的勾勒。

另一本是《中国佛学源流略讲》，被称为最见功力的佛教思想史通史类著作。对该书的重要性，张春波概述得是比较准确的，“这是一部比较集中反映对中国佛学成熟看法的作品。这部书写得最精彩的是隋唐佛学。可以说《略讲》把隋唐时期成立起来的五大宗的主要学说都清楚地描绘出来。老一辈学者汤用彤写了《汉魏两晋南北朝佛教史》，准确而比较详尽地向人们介绍了这一时期的中国佛学；此书则对隋唐佛学做了精辟分析。合读这两部书，即可窥见中国佛学全过程。”[①] 该书的中心观点是中国佛学来源于印度，但是又不同于印度，是在吸收印度佛学思想基础上产生的一种新的佛学思想，“中国佛学是随着由印度传来的佛教而产生的一种宗教哲学。佛教传入中国后和中国原有的思想相接触，不断变化，不断发展，最后形成了自己的特殊的新学说。”[②] 中国佛教宗派的主要代表天台宗、贤首宗、禅宗三家的思想都与印度佛学有较大差别。在该书的“序论”中，吕澂从佛学研究的内容、资料、研究方法以及有关著述等方面为佛学研究作出了具体的指导，尤其是在研究方法上，吕澂指出“研究中国佛学，也须采用一般哲学史和一般佛教史的研究方法，基本原则是实事求是、分析批判。具体的说，就是运用哲学史一般的研究方法，同时注意到佛学本身的特殊范畴和特殊规律等方面。”[③] 这与汤用彤的佛教亦哲学、亦宗教的思想有异曲同工之妙，都是主张哲学的批判研究，而又不能陷入信仰，但是又必须注意到

① 张春波:《当代著名佛学家吕澂》，载《五台山研究》，1989年第1期。

② 吕澂:《中国佛学源流略讲》，中华书局1979年版，第1页。

③ 吕澂:《中国佛学源流略讲》，中华书局1979年版，第13页。

佛教作为宗教的特点。这些观点对我们研究中国思想史中的重要内容——中国佛教，乃至其他宗教都有启发意义，本书选录了该书“序论”以见其旨趣。

—— 延伸阅读文献目录：

1. 吕澂:《中国佛学源流略讲》，中华书局，1979 年。

2. 吕澂:《吕澂佛学论著选集》(卷三)，齐鲁书社 1996 年版。

—— 原文:《中国佛学源流略讲 · 序论》

经典原文

中国佛学源流略讲·序论

一 内容

中国佛学是随着由印度传来的佛教而产生的一种宗教哲学。佛教传入中国后和中国原有的思想相接触，不断变化，不断发展，最后形成了自己的特殊的新学说。在其发展变化过程中，一方面，印度发展着的佛教思想仍在不断传来，给予了它持续的影响；另方面，已经形成的中国佛学思想也逐步成熟，构成了如天台、贤首、禅宗等各种体系。因此，所谓中国佛学，既不同于中国的传统思想，也不同于印度的思想，而是吸取了印度学说所构成的一种新说。我们所要讲的中国佛学，就以此为主。

中国佛学有它自己的特点。要了解它，须从它的如何发生、成长以及如何形成自己的结构等许多方面去考察。中国佛学的发生和发展，有它内外的主客观条件，与中国的传统思想和印度思想都有区别。这可以从两个方面来看：

第一，属于传译和讲习方面。中国佛学学说的来源，基本上是依靠传译和讲习为媒介。这是一个很特殊的条件。印度佛学产生于公元前五世纪，其宗教部分传来我国的时间要比学说早一些，约在公元前后。佛教哲学，因其内容复杂，需要一个相当时期的酝酿才能得到传播，所以要迟一些，据现有史料看，约在公元二世纪左右。这样，佛学从产生到传入中国，前后相去有七百年。在七百年的过程中，它本身曾有很大的变化：大乘的产生，相对小乘而言，当然是个重大变化；单就小乘说，变化也不小，其中部派繁多，有分有合，后来说一切有部将小乘佛学发展到登峰造极。非但学派不同，引起内容差异，即同一学派，由于传播地区不同，也带有严重的地方色彩。如同是说一切有部，流行于东方迦湿弥罗和流行于西方健陀罗的就很不一样。自然，传入中国，决不会按照它学说发展次第来介绍，而是混杂一起传播的。又由于译人的水平和传承关系，对于这些复杂情况也不可能全部了解，因而也不可能就学说发展的次第作介绍，只能是就各自所尊所懂的来传译。因此，在翻译上就看不出佛学思想的发展顺序了。

翻译的经籍本来就难理解，加上当时又不可能明了它的发展线索．更增加了理解上的困难。所以在翻译之外还必须辅之以讲习。讲的人当然又是按照自己所学所知的来讲，听的人就不能不借助于自己原有的中国思想底子去理解和接受。换句话说，是将自己本土的学说与印度学说作比较，即所谓“格量”（以中国学说尺度来衡量）的方法。这是规定中国佛学特点的一个基本条件。

第二，与上一条件有密切联系的是属于研究和融通的方面。随着资料增多，所传的义理也逐渐明确了，就有可能进行研究，加以融会贯通。但如上所述，由于受了传译和讲习的限制，翻译与理解都不可能如实反映印度佛学的全貌，因而这一步工作，也只不过把以前传习的范围比较扩大一些而已。

佛典的翻译有许多模糊和不正确的地方。这首先是由翻译本身的困难造成的。例如，把梵文译成汉文，要找到与原文概念范畴相同的语言来表达，有时就很困难，因此不得不借用某些大体相当的语言，这就有可能走样了。其次，文字的表达还往往受到思想方法的影响。印度人的思想方法与中国人的不完全相同，例如，印度逻辑同我国古代墨辩、名家的逻辑就不一样。思想方法不同，会影响文字的表达；文字的表达也会影响思想方法的接受。这样，学说的传播就形成了种种的变化。再次，时代和社会条件也能影响传译与研习的风尚。中国和印度的佛学思想，各有自己的历史的社会的基础。就社会条件看，印度和中国都处在封建社会时期，但具体情况则不同，中国是处在封建社会较发达的阶段，而印度则处在封建社会形成时期。因此，要把印度思想原封不动地搬到中国来，就不完全适用。

由此看来，佛经在中国的传译和讲习，必然会有不正确之处，这是可以理解的。例如，关于“如性”这一概念，当初译为“本无”。现在考究起来，这是经过一番斟酌的。“如性”这个概念来自《奥义书》，并非佛家所独创，表示“就是那样”，只能用直观来体认。印度人已习惯地使用了这一概念，可是从中国的词汇中根本找不到与此相应的词。因为我国古代的思想家比较看重实在，要求概念都含有具体的内容，所以没有这类抽象含义的词。所谓“如性”即“如实在那样”，而现实的事物常是以“不如实在那样”地被理解，因而这一概念就有否定的意思：否定不如实在的那一部分。所以“如性”也就是“空性”，空掉不如实在的那一部分。印度人的思想方法要求．并不必否定了不实在的那部分以表示否定，只要概念具有否定的可能性时就表示出来了。所以佛家进一步把这一概念叫作“自性空”，“当体空”。从这个意义上说，译成“本无”原不算错。而且“无”字也是中国道家现成的用语。要是了解“本无”的来历，本来不会产生误解。但这种用意只有译者本人了解，译出以后，读者望文生义，就产生了很大的错误。最初把这一概念同老子说的“无”混为一谈，以后联系到宇宙发生论，把“本”字理解为“本末”的“本”，认为万物是从无而产生。这一误解并未因它的译名重新订正而有所改变。例如，以后“本无”改译成“如如”、“真如”等，反而错上加错，以至于认为是真如生一切。这种不正确的看法，代代相传，直到现在。总之，我们不能把中国佛学看成是印度佛学的单纯“移植”，恰当地说，乃是“嫁接”。两者是有一定的距离的。这就是说，中国佛学的根子在中国而不在印度。试以玄奘的传译为例来说吧，他是继罗什以后在中国传布正统印度佛学的第一人，理应与印度本土的佛学思想相接近的了，事实不然。不但他的传译带有中国风味，而且还把中国风味带到了印度。例如，他在那烂陀寺同师子光辩论，写了《会宗论》，会通中观学派与瑜伽行学派的观点，这种会通的办法在印度当时是少见的。再如，他回国以后．本人无暇顾及成立自宗的体系，全靠他的门人窥基创设规模。窥基在中国思想史上是有影响的人物，经他整理的得意之作《成唯识论》在谈到四重胜义时，对最后一重“胜义胜义谛”，就用了“一真法界”这个具有中国风味的概念来表达，这也不是印度的说法。所以尽管玄奘把中国以前的佛学作了清算，又亲身到印度留学，学习得很有成绩，但也并没有缩小中国佛学与印度佛学的距离。

我们讲中国佛学，主要讲与印度佛学距离较大的几家学说。这个可以天台、贤首、禅宗三家为代表。这三家的共同特点，就是他们所理解的佛学与印度的根本不同。如关于心性说，印度讲心性本寂，他们则讲心性本觉，分歧很大。我们讲中国佛学的源流，主要就是讲他们的体系之产生、发展和衰落的各阶段。中国佛学源流也即以此做为分期的根据。我们的分期方法，是从学说的前后成长、开展而区分阶段。这样，可以把学说成立前作为一个阶段，把学说成立后另作一个阶段，从中贯穿时代、代表人物、师说、宗派等各方面的联系。我们不采用单是以时代或人物或师说或宗派这样的分期方法。同时还要和中国当时有关的学说以及印度的学说联系起来，说明它们的关系，这样才能看出它的真正源流。

■ 二　资料

佛家哲学同佛教联系着。它的源流常与佛教的发展有相应的关系。所以研究的资料，大部分要从佛教史籍里面将有关学说的部分区别出来，并加以刊定。这部分资料主要是有文字记载的僧传和史传，其次是灯录、经录等等。

在佛教史籍中，僧传是比较完备的。佛教刚一传播，就曾有个别的译家和名僧的传记出现，以后逐渐发展到分类的专书。因为与其他传记相区别，名之曰僧传。著名的有梁慧皎的《高僧传》。继此之后，唐宋明各代都续编了《续高僧传》。其中有不少学者和学说传承方面的资料，不过并不是现成可用的，还需要花些工夫从里面钩稽出来。后来还有尼传、居士传等，都不甚重要。

其次是教史与宗史。到了宋代出现了一种不以人为主而只记述一般事实的史著，称为宗史。其时宗派势力已相当巩固，彼此之间有不少争论。各宗为了提高自己的地位，常以自宗的传承为中心从历史上加以叙述。开始写宗史的是禅宗。早在唐代就有了好些著作，如神会的《南宗定是非论》（收在神会语录中），就辩论到禅宗的世系问题；以后发展到智炬的《宝林传》，包括了印、中两方的世系。单讲中国世系的，有敦煌发现的《楞伽师资记》和《历代法宝记》。此外讲派别的有宗密的《禅门师资承袭图》。到了北宋，更发展到规模巨大，模仿一般通史体裁的著作，如契嵩（公元1007—1072年）的《传法正宗记》，把禅宗的传承一直推到印度祖师释迦，而且全是按照禅宗自己的传承来写的。其中有与天台宗交涉之处，在天台宗看来，不但中国的世系与他们有出入，就是印度的传承也不一致。这就随之而有天台一系的著述出现。如元颖的《天台宗元录》（写于北宋政和年间，公元1111—1118年）即叙述天台宗的传承（此书已佚）。一直到了南宋，天台的这类著述尚络绎不绝。如南宋末咸淳五年（公元1269年），志磐还著有《佛祖统记》。到了元代，禅宗也还有这方面的著作，如念常的《佛祖历代通载》，它以本宗传承做中心，以编年体的形式叙述的，其中包括朝代、甲子、年号、佛教事实等；此外还有关于佛教的著名学者、祖师、学说等的记载。上述这些史籍并不包括佛教全体的历史，而是带有以各宗为经纬的宗史性质。

灯录。这是禅宗独创的体裁。因为禅宗主张“以心传心”，谓之心印（只是默许）。对这种心印也有记载，但以记言为主，而说明传承的关系，叫作传灯录。传灯，是比喻他们的传承像燃灯一样，代代相传。灯录的种类很多，五代时有《祖堂集》，宋有《景德传灯录》，此后还陆续地有所出现。从这一类著作中，可以看出他们学说的前后关系。

经录。中国佛教是以翻译的经典为主，所以历代的翻译情况都有记录，记载译家、译籍、译时等。这一类的著作称为经录。它不同于一般的目录，其中除载有目录外，还对译人的生平，译事的进行情况都有记录。并依时代顺序，为之分类编定。经录一类资料，可以当作翻译史读，也是很重要的。

另有一类，是属于宏扬佛教的著作。中国佛学是接受外来思想而又参酌传统思想消化融会的产物。但这两种思想，又往往发生冲突而有争论，于是产生了一类专门宏扬佛教的著作。南朝（齐梁之间）有僧祐编集的《宏明集》，唐代道宣又续编有《广宏明集》。其中收集的多是从佛教立场所作的正面文章，同时也保存了一些反面文章。这也是一种资料。

此外，还有游记、笔记之类的资料。中国有不少僧人、学者抱着求法的热忱到印度去游历，留下了一些游记。其中著名的有东晋法显的《历游天竺记》，唐玄奘的《大唐西域记》，唐义净的《南海寄归传》等。其中对佛学的源流和史实，有许多极可珍贵的材料。

笔记（随笔）的体裁早在南北朝时期就有了，例如南朝刘义庆的《世说新语》（并刘孝标注），记载了魏晋清谈人物的一些事实。由于佛教人物如支遁等也与他们有过往，所以其中也记录了一些有关僧人的逸事和隽语。这一资料在讲到佛学与玄学关系的时候，很有参考价值。到了宋代，佛教方面所出现的笔记就更多了，如惠洪的《林间录》，记载了当时禅宗有关的史实。以后还有晓莹的《罗湖野录》等，都留下了可供参考的资料。

总之，举凡与佛教有关的资料都可采用。这里只列举了主要的几种做例子。陈垣著《中国佛教史籍概论》，讲述得较详，可以参看。

以上是佛教本身的。此外，一般诗文集、笔记、小说等，也保存了一部分佛教的资料。历代的所谓“正史”中，资料比较少，除《魏书·释老志》外，列传记载佛教人物的，不过如玄奘等十人。这是由于佛教思想和中国正统思想有矛盾，同时统治阶级又要利用佛教，所以“正史”上也不能不有所记录。此外，我国历代文人与佛徒常有交往，他们的诗文中就留下了一些记载，散见于《全唐文》、《全唐诗》等。又历代的各种笔记以及宋代理学家的语录，都有部分资料。从这些方面讲，资料的范围还是相当广泛的。

除了文献资料外，还有考古的资料。中国遗留下来的佛教胜迹、遗物等很多，其中有些是可以做资料用的，因为这些与佛教直接有关，从而与学说也有联系。例如，日本学者在辨贤首宗的世系时，就用了这方面的材料。最初，人们把杜顺推为贤首宗的初祖，他们从史料中看不出杜顺与贤首宗有若何关系，因而许多学者怀疑初祖不是杜顺而是智正。但也有人认为就是杜顺，如常盘大定就这样主张。他曾来过中国五次，踏查佛迹，发现陕西华严寺的历代祖塔的头一代就是杜顺，从而结束了这场争论。这是用佛教遗迹作为学说源流旁证的例子，说明考古资料也是必须注意的。

特别需要注意的是，近六十年来，在佛学源流研究方面发现了一种特殊的文献资料，即敦煌写经。这里面有许多从来为人们所不知道的属于手写本的佛经。

敦煌原系中国与外国在陆地上的交通要道，既是经济文化交流的枢纽，又是边防重地。北宋仁宗时，西北的西夏族入犯中原，先占领了莫高窟一带，一时酿成兵荒马乱。在莫高窟，原有上中下三寺，下寺中，历代都藏了一些经像，僧人为了避乱，便将经卷、佛像、杂书等封闭在下寺旁石窟主群相近的一个大洞的北边复洞中。当时，僧人大概一去未返，后人也不知道这一复洞，所以这些文物一直未被发现。过了八百年左右，即一八九九年，乃为一个姓王的道士所发现。腐败的清政府并不知道这些文物的宝贵，未加重视，事为英、法、日等帝国主义分子所知，就曾不止一次地来这里进行骗劫，先后盗走了不少的珍贵资料。先有英人斯坦因，盗去七千余卷；继之，法人伯希和盗去一千五百卷；日人橘瑞超等盗去几百卷。日本人以大谷光瑞为代表，曾发起了三次西行探险，第一次，他亲自参加；后二次，他派人来的。在最后一次路经敦煌时，他们发现了这批资料，由橘瑞超、吉川一郎带交给大谷光瑞处理。

英人盗去的七千余卷，已经整理，出版了目录，并照了显微影片，北京也买到了两份。法国的还未全部整理出来。法国盗去的虽然数量较少，但质量高，因为伯希和是汉学专家，挑选的都是有价值的。斯坦因就不然，他是考古学家，专挑完整的。后来，清政府去清检残余，运回北京，路上又遭到多次偷窃，最后仅剩八千余卷。这部分已由陈垣先生编了目录，名《敦煌劫余录》。总计敦煌原藏连同零星被窃部分，约在二万卷以上。

日人大谷光瑞收集到的历史文物，以敦煌为主，加以编纂，于一九五八年出版了《西域文化研究》两卷。其第一卷就是专门研究敦煌写经的，藏在龙谷大学。在它的附表上，可以看出我国最初的写经是在西晋咸宁年间。此外，虽然还有甘露元年三月的写经，但并不是最早的。因为：第一，甘露的年号不但曹魏有，孙吴末年，苻秦，辽代都有；第二，月份也不合，甘露改元，魏、秦都在六月，孙吴则在四月，都非三月；第三，这个写本是在酒泉写的，远处边疆，改元也需要一个时期才会知道，它的写出不会早于改元的时间。所以，最早的写经还是应推西晋。除此以外，所有写本大都是唐代的。

敦煌写本的学术价值很大。一方面，因为它保存了较古的经典，未经转抄，脱落错误较少。另一方面，其中有一些是人们从来所不知道的，学术上许多问题可以借它刊定。所以无论从校勘学上或学说思想上，这些写经都是十分宝贵的材料。例如，禅宗一系的变化。本来很大，初是北宗得势，尔后逐渐转向南宗；南宗最初是神会一系得势，其后又逐渐转到南岳、青原二系；在这些转变过程中，失势各系的资料，由于不受重视，多数丧失，而在敦煌卷子里保存下来的却不少，这对研究初期禅宗的历史，极有用处。

敦煌文物中，还有梵文、藏文、西域文的写本。藏文本中，有部分关于西藏的史料，因为西藏吐番王朝的势力，在唐代曾经伸展到了河西一带，就把这些资料带了过来。这部分资料，有些在西藏本土已经散失。西藏也仿照汉族设置史官，专门记载贵族的宫廷历史；这些资料就保存在敦煌，所以可被用来订正后世关于吐番王朝世系的错误说法。法人曾经整理了一部分印出。

此外，敦煌石窟中还保存了大量的塑像、壁画等艺术作品，从中也可以看出历代艺术发展的面貌。其他涉及到民族、历史各方面的文物也不少。以后人们把依据敦煌资料进行各方面研究的学问，称之为“敦煌学”。

研究中国佛学，当然要用到敦煌的资料。但是必须说明一下，敦煌文物的发现，确实是震动学术界的大事，但一些西方资产阶级的学者，曾想独占它为猎取名利的资本，因此把它说得高于一切，认为不懂敦煌学，就不能进行佛学研究，而且唯有他们这批人，才能懂得敦煌学，这是应该驳斥的。敦煌学，虽有其一定的适用范围和使用价值，它可以补充研究资料的某些不足等。但也不能予以过高的估价。从学说源流上讲，固然有史实而无记载的，需要加以补充，这对于佛学研究自然有好处，例如，我们上面讲的禅宗历史的情况；但决不能说，整个禅宗史全部要靠敦煌资料来决定。另外，有些资料本来就没有发生过什么影响，从而被历史淘汰了，现在被发现，作用也不大。总之，我们对敦煌的资料，应该有一个实事求是的恰如其分的估价。

最后，关于西域方面的资料。中国佛学一开始就与西域发生关系，因为内地的佛学，最初并不是直接来自印度，而是通过西域传来的，有的甚至是西域的佛学。因此，对于西域佛学，应该有所了解。可惜，直到现在，有关这方面的研究，尚少完整的系统的著述。早年，日人羽溪了谛著有《西域之佛教》，中国曾有翻译；以后他还在继续研究，但仍未能对西域佛教做出完整的介绍。他的研究方法，是采用“逆转”法，即从中国内地的资料去研究西域，而不是从西域本身的资料进行研究，未免有所不足。现在从西域写本和敦煌的卷子里发现了西域古文写书。西域古文有四种：窣利、于阗和两种吐火罗（乌耆、龟兹）。这些都是西域古代的文字，后来才有回鹘文。现在很多西域古文写本已整理出版，只有拿这些资料进行研究，才能弄清西域佛教的本来面目。但是这方面的工作，做得还很零碎。并且西域的文化，一开始是从西往东流的，尔后内地文化又向西流，其间错综复杂，所以保存下来的资料也不纯粹。因此，在中国佛学开始传来的时候，西域的情况究竟如何，一时还难明白。

到了宋元时代，西藏佛学占了优势，那时期，西藏资料也多了，但对内地的影响不大。元、明、清三代西藏喇嘛教传入内地，也翻译了他们的一些著作，如发思巴的《彰所知论》等，但毕竟不多，所以，整个西藏佛学为人们知道的也就有限。我们以前编辑过一些汉藏佛学关系方面的资料，但未完成。至于说到纯粹的西藏佛学，资料极多，这里不能详举。

另外，还有些对佛教史个别问题作的研究论文，像法国的汉学家沙畹、伯希和等，他们是自命“东方学在巴黎”的。近人冯承钧是很关心这方面的学者，他毕生从事翻译法人东方学的著作和论文，总计百余种，题为《西域南海史地考证译丛汇编》，分集出版。在他生前，曾印出过四编，死后到一九五八年止，共印出了九编，都与佛教史的研究有关。同时，冯承钧个人的论文，在他死后也汇集一册出版（1957 年），其中也有关于佛教方面的材料，如目录等。另外，他编有《历代求法翻经录》，寻检极便，可作手头书用。《西域地名》是对各种译名的对照索引，也是一种方便的工具书。他还以“尚志学会丛书”名义出版过一些其他的译著，其中有他的《法住记及所记阿罗汉考》等译文，都可参考。

日本方面，龙谷大学图书馆编有《佛教学关系杂志论文分类目录》，把日本有关佛教研究的论文作了索引。第一本到一九四一年为止，搜集杂志二百余种，论文万余篇。一九六二年续出第二本，编至一九五五年止。又有花山信胜，本人是研究日本佛教的，但外文很好（锡兰发起的“佛教大百科全书”的日本总编辑开始就是他），东京大学教授。他在一九三四年，曾收集一九三二年以前欧美关于佛教的文献，著作五千余种，论文万余篇，准备编欧美佛教学文献目录，作为《佛书解说大辞典》的第十卷出版，后来没有实现。今年日人为纪念他的六十一岁生日，由纪念会为之印行了（想来1932年以后的材料已经补充进去了）。有关欧美研究佛教的状况，可以从这一著作中得到了解。此外，法人法拉露女士，编印了《佛教文献（目录）》，作为法国佛教丛书的一种出版。从一九二八年编起，每年出版一册，至一九三六年，出了八册就停止了。第二次世界大战后，继续出版从第九册到第二十册合卷印出，材料收集到一九四七年以前。日人山口益编的《法兰西佛教学五十年》中，有专文介绍它的内容，说它的合卷本中共收论文一千五百八十余篇，其中法人的居多，日人百篇，苏联四篇。并说这一文献还在继续出版，一九五二年又出了一九四七——五〇年的合册一本。这些书籍都可以作为研究用的工具书。

三　研究方法

研究中国佛学，也须采用一般哲学史和一般佛教史的研究方法，基本原则是实事求是、分析批判。具体的说，就是运用哲学史一般的研究方法，同时注意到佛学本身的特殊范畴和特殊规律等方面。中国佛学来源于印度，而又不同于印度，这一特点，也就规定了它的特殊研究方法。其基本点是，在理解中国佛学时，首先要注意到中国佛学同印度佛学的关系。印度佛学在不断变化，我们就要注意到这些变化给中国佛学以怎样的影响；注意中国佛学在这个过程中，与印度佛学保持了多大的距离。总之，要以印度佛学的发展为尺子，用来衡量中国佛学发展的各阶段，并借以看出两者之间的异同以及中国佛学的实质。

其次，还要注意下述四点：

第一，译者的辨伪。我们所运用的资料，正确或不正确，直接影响到研究成果的正确与否，佛学的研究如此，其他学说的研究也如此。因此，研究所用的资料，对它的来源、真伪等，应该首先加以考察。过去，有伪托古人著述以为自己立说依据的风气。例如，道家的书《庄子》、《列子》里面就有许多伪托的篇目。佛典是翻译的，不但原书有伪托，就是译本也大成问题。隋代以前，魏晋南北朝的政治局面很紊乱，翻译不集中，译文不统一，翻译的记录不完备，因而就更便于弄虚作假，有真伪混杂的情况出现。辨伪的对象，则多是翻译的经典，这一点在经录家早就注意到了。他们对著录的书，发觉有问题的，一般采用这样的办法来处理：一、疑惑：对于译家、译时、译地三者需要进行核实，如果这些方面不能加以断定，则予以存疑。二、伪妄：如果有确实根据证明哪些书是假的，即评为伪妄。经录家就是以这种办法来确定经籍的正确程度。佛教在中国的发展，不仅受到原文译本的影响，而且也受到伪书的影响，像《大乘起信论》的影响就比原文译本还大。以前人们不知它是伪书，误认它的思想即是印度的思想，以致混淆了中印佛学的界限。如果辨别出经典的真伪，对中国佛学的实质就可以得到更为正确的判断。

义学家和学者们，也曾经对佛典的真伪做过一些审核工作，把一些有问题的书都提出来讨论。近代日本学者对此也相当注意，较早的如境野哲（黄洋），他研究中国佛教史就是以翻译史为重点，同时讲述中国佛教思想的发展，在研究过程中，做了许多辨伪的工作。后来望月信亨，更是比较专门地注意这方面的问题，他对佛教史的研究是从经典史着手的，在他的《大乘佛教经典史论》中，有一部分是疑伪经论考，举出了十几种重要的疑伪书，并作了考证。此外，松本文三郎从佛经经典的研究中，也开出十几种疑伪书来。松本的书名《佛典之研究》、《佛典批评论》。研究结果与望月相近，有问题的也就是那十几种书。中国方面，李翊灼早年著有《佛学伪书辨略》，指出主要的有七种，《大乘起信论》就在其内。

第二，叙事的论世（时代错误的订正）。遇到叙事性的材料，要注意阐述的内容与所叙述的时代是否一致。比如拿到一份材料，首先要弄清楚材料中陈述的事实及学说等是指的什么时代，这个时代与该事实、学说的发展阶段是否相应。只有把这一点先肯定了，才能进行第二步研究。有些材料经常拿作者当时所知道的或当时才会有的说法附会到更前的时期去（像我们分析过去的问题，往往运用今天的口吻来叙说一样），对此，必须严加考订、辨别，否则就会因为时代错误，影响对学说的正确了解。例如，有的著作引用了东晋袁宏（公元 328—376 年）的《后汉纪·孝明皇帝纪》和刘宋范晔（公元 398—445 年）的《后汉书·西域传论》中的几段话，来说明佛教在中国初传时的情况；这两个材料，常被人引用，似乎不成问题，就不被人注意到它的论世的错误。其实，一加考察，两项材料所叙述的，都不是佛教在中国初传时的情况。如《后汉纪》说："……有经数千万，以虚无为宗，苞罗精粗，无所不统。"首先，这里的"有经数千万"，清王鸣盛在《十七史商榷》中，就认为可能是"有经数千万言"之误。初传时，怎能有此规模？其次"无所不统""以虚无为宗"，也不是初传时能有的，而是后来形成了以般若为主流时的情况。佛教初传，怎能一下子就形成以"虚无为宗"呢？牟子的《理惑论》也引用了这一材料，同样犯了时代的错误。又如《西域传论》说："详其清心释累之训，空有兼遣之宗，道书之流也。"引者还说这是指的"汉魏之际安世高系统的禅学"，是否禅学系统固然可以商量，但说"汉魏之际"，即佛教初传中国时，显然是错了。佛教初传时，译籍零乱，又是汉土刚刚接触佛学，怎能谈得上空有兼遣之说呢？范晔撰《后汉书》时，佛教在中国的传播已广，像罗什这样的大译师已来中国，中国人对佛学也有了相当的理解，这才有空有兼遣的说法；所以，范晔那段话，明明说的是他自己所处的时代情况。从上面举的两个例子，说明资料的时代勘定是十分重要的。特别是佛学典籍，印度人的时间观念就很淡薄，这对中国佛学的影响很不小；如佛籍中一些概念、术语、命题常是后世出现的，但撰者偏说是古人的，这就非得加以辨别不可。

第三，理论的证义（原来意义的寻究）。上述两项工作之后，接着就需要对资料本身的意思有正确的了解。中国佛学所依据的经典，主要是从梵文译过来的，如能了解到梵文原意当然更好，但限于条件，做到这点比较难；那么，最起码应对译文有正确的了解，这叫证义。唐代译经，为了翻译的谨严，译场设有专职的"证义"，以审查译出的佛典，是否表达清楚，在道理上是否通得过。我们说的理论的证义，就是借用了这种方法。这对中国佛学的研究，颇为重要。因为译过来的佛典，往往容易使人望文生义。例如，《中国思想通史》第四卷 135—136 页中，就有一个突出的例子：唐代玄奘译了《因明正理门论》和《因明入正理论》两本因明的著作，第一次把印度的因明介绍到中国来。当时唯物主义思想家吕才，也很喜欢，但他却产生了许多误解，并写文章同玄奘门下辩论。辩论留下的材料不多，只有日本秋篠善珠所著《因明论疏明灯钞》中保存了有关“生因”“了因”的部分。《通史》谈到吕才的逻辑思想时，引用了上述材料中如下的话：“居士吕才云，谓立论言，既为了因，如何复说作生因也？”这是吕才对玄奘一系的反驳。说话的人要确立自己的思想就叫“立论”；所谓“言”，就是论式中的判断，如三段论式中的三个判断，因明中的三支、五支等。立论的目的在使人信服，以达到预期的效果，所以“言”相对于效果来说，就是一种“因”。因有两类：“了因”与“生因”。这种划分是指因果联系的性质说的：原无而被启发出来的叫作“生”，已有不明显而使之明显的叫作“了”。这里争论的是：“立论”对于“言”所达到的效果，其性质是属于“生”呢还只是“了”？玄奘认为，“言”的结果既是“了”，也是“生”。“了”是了境，“生”是生智，二者均有。吕才认为，只能说“了”，不能说“生”。他的理由是：“论文既云由宗等多言开示诸有问者未了义故说名能立。”“宗等多言”即指宗因喻三支；“能立”是指建立自己的论点，亦即指“多言”讲的。这句话的意思是：“论”（指《人正理论》）文中说，由论式三支阐明了人们所不了解的义理，所以把“多言”所阐明的称为“能立”。因之吕才得出结论说：“果既以了为名，因亦不宜别称。”由果推因，可知因亦是“了”。对于这段文字就应该做这样实在的理解。但是，《通史》的作者没有理解这句话的原意，甚至连句读也断错了：“……说名能立果。既以了为名……”。把“果”字误断到上句，因而跟着解释也就错了。

第四，人物的疑年（年代异说的决定）。学说思想与社会政治、经济有联系，一种学说思想与前后时代及同时代的学说思想也有联系，因此，搞清楚学说代表人物的年代（生卒及活动年代），对研究学说源流，很有关系。中国的历史资料，可说是相当完备的了，不仅记载了个别人物的卒年，而且还有生年。但也不能说这方面就不存在问题了。偏偏在几个著名人物上发生了问题，如玄奘的生年，现在还弄不清楚，汤用彤先生提出过道安卒年的疑年，塚本善隆提出罗什的卒年也有问题，这些都有待进一步的研究。如果还没有一般公认的年代，自己应该确定一个，否则议论就没有基础。

此外，还应该充分运用各种工具书，例如学术年表（像刘汝霖的《汉晋学术编年》、《东晋南北朝学术编年》，望月信亨的《佛教大年表》），个人年历、年谱等。陈垣的《释氏疑年录》，虽然有些论断尚可研究，但资料很多。同时还要运用辞书（特别是那些专门分类的，如日人的《禅宗辞典》）以及目录（刊定性和勘同性的）、索引等。

四　有关著述

对中国佛教史的研究，日本人走在了中国的前面，自明治末年以来，他们对佛教研究之风颇盛。在中国佛教史研究方面，最早的是境野黄洋，他陆续发表有“讲话”、“研究”、“精史”等一些专著。稍后有常盘大定，他著有关于中国佛教史的论文集。后来宇井伯寿，也著有《支那佛教史》等。第二次世界大战到现在，也还不断地发表了一些研究成果。在一九五三年以前，据他们自己介绍，佛教史方面有这些著作：塚本的《支那佛教史北魏篇》，小笠原的《中国佛教简史》等；集体编写的有《中国佛教史概说》。一九五三年以后，大部头的著作不多，倒是出了不少论文集，如横超（写古代的）、道端（写唐代的）、牧田（写近代的）等人都出版了论文集；还有集体出版的论文集。西洋人对中国佛教的研究，还谈不上，最近美国莱脱著有《中国史籍上的佛教》一书，只是把历史上关于佛教的记载加以整理而已。

中国方面，过去的形式比较陈腐，如《释氏稽古略》、《佛祖统载》，都太简单。民国以后，曾取材并模仿日本人，一九一一年，上海《佛学丛报》登载过日本人写的《三国佛教史》；后来蒋维乔著的《中国佛教史》，主要取材于境野的《支那佛教史讲话》（宋前部分）；黄忏华著的《中国佛教史》，则大体仿照宇井的著书；都是以日本人的著作为蓝本的。汤用彤先生在《中国无十宗》的论文中，说中国本来没有成实宗、俱舍宗，这些都是跟随日本人（日本有）说的，这也证明早期中国佛学研究跟随日本人的事实。汤用彤先生的《汉魏两晋南北朝佛教史》，受日本人的影响就少，所用资料比较丰富。不过，这也是早年的著作了，到现在，还没有一本新的佛学史。《中国思想通史》，采用新的观点方法讲到一些佛学方面的内容，如对汉、魏、晋、隋、唐的佛教都谈到了，作者们是下过一番工夫的，尽管有些议论还可商酌，但总算是开荒了。这两部书，作为我们的主要参考书。

余英时与《接受 2006 年克鲁格人文奖讲词》、《历史与思想·自序》

经典导读

余英时（1930— ），生于天津，祖籍安徽潜山。1950 年至 1955 年就读于香港新亚书院及新亚研究所，师从钱穆。1956 年至 1961 年就读于哈佛大学东亚系，师从杨联陞，获博士学位。1962 年至 1966 年执教于密歇根大学，1966 年至 1977 年任哈佛大学中国史教授，其间 1973 年至 1975 年出任香港中文大学副校长兼新亚书院院长，1977 年至 1987 年受聘担任耶鲁大学西摩尔历史系讲座教授，1987 年起在普林斯顿大学荣任著名的迈克尔·斯彻特克斯士任讲座教授至今。余英时 1974 年当选为台湾“中央研究院”院士，1977 年香港中文大学授予他荣誉法学博士学位，1992 年香港大学授予他荣誉文学博士学位。

余英时的主要著作有：《近代文明的新趋势》（香港自由出版社，1953 年）、《民主制度的发展》（香港亚洲出版社，1954 年）、《民主革命论》（香港自由出版社，1954 年）、《到思维之路》（香港高原出版社，1954 年）、《自由与平等之间》（香港自由出版社，1955 年）、《文明论衡》（香港高原出版社，1955 年）、《方以智晚节考》（香港新亚研究所，1972 年）、《历史与思想》（台北联经出版事业公司，1976 年）、《论戴震与章学诚：清代中期学术思想史研究》（香港龙门书店，1976 年）、《中国近代思想史上的胡适》（台北联经出版事业公司，1984 年）、《中国近世宗教伦理与商人精神》(台北联经出版事业公司，1987年)、《士与中国文化》(上海人民出版社，1987年)、《中国思想传统的现代诠释》(台北联经出版事业公司，1987年)、《中国文化与现代变迁》(台北三民书局，1992年)、《朱熹的历史世界——宋代士大夫政治文化的研究》(台北允晨文化实业股份有限公司，2003年)、《现代儒学论》(第2版)(上海人民出版社，2010年)、《中国文化史通释》(三联书店，2011年)、《中国文化的重建》(中信出版社，2011年)、《朱熹的历史世界》(三联书店，2011年)、《重寻胡适历程：胡适生平与思想再认识》(上海三联书店，2012年)，以及由三联书店2012年出版的《论戴震与章学诚》(增订本)、《方以智晚节考》(增订本)、《现代儒学的回顾与展望》、《现代危机与思想人物》、《文史传统与文化重建》等。

余英时毕生从事中国文化的研究，其研究范围十分广泛。他说："我的专业是19世纪以前的中国史，就已发表的专题论述而言，大致上起春秋、战国，下迄清代中期；所涉及的方面也很宽广，包括社会史、文化史、思想史、政治史、中外关系史(汉代)等。""我虽不研究19世纪以后的中国史，但'传统'在现代的归宿却自始便在我的视域之内。"[①] 实际上，对于20世纪中国思想史，尤其是五四运动，余英时也有很深入的研究。余英时早年进入史学领域便有一个思考，即在西方文化占据主导的情况下，如何认识中国文化传统的特色。余英时认为："中国思想的特色自然也就是中国文化的特色，不过表现得更为集中、更为突出而已。"[②] 广义的思想史实质上成为余英时毕生研究的对象。2006年余英时被授予克鲁格人文奖，在获奖演说中，他对自己的研究方向有更清楚的表示。他说："成为2006年克鲁格奖的共同得主，我深感荣幸，并表示感谢。然而经过自我反省，我认识到今天我得以在这里的主要理由，是要通过我来表达对中国文化传统和作为一门学科的中国思想史的尊敬，前者是我毕生学术研究的对象，而后者则是我所选择的专门领域。"在这篇演讲中，余英时谈到了他对中国思想史研究方法的理解，也就是《余英时学术思想文选》的"序言"。本书一并收入的《历史与思想》"自序"，谈到了余英时对思想与社会关系的反省。

在中国思想史研究方面，余英时提出了许多重要的研究方法，如"内在理路"的研究方法。在《论戴震与章学诚》一书中，余英时主要从学术思想变迁的自主性，来研究清代考证学对宋明道德形而上学的取代。这种方法受到很多质疑，许多人认

① 余英时：《余英时作品系列·总序》，三联书店2005年版。
② 余英时：《中国思想传统的现代诠释·自序》，江苏人民出版社1989年版。

为它忽略了政治、社会等对于学术思想变迁的作用。余英时后来在讲演中用“内在理路”来概况自己的研究方法，即“这个生命、这个传统的成长并不是完全依赖于外在刺激的，因此单纯地用外缘来解释思想史是不完备的。同样的外在条件、同样的政治压迫、同样的经济背景，在不同的思想史传统中可以产生不同的后果，得到不同的反应。所以在外缘之外，我们还特别要讲到思想史的内在发展”①。“内在理路”主要有两层含义，一是只有从学术思想自身的逻辑来理解与解释学术思想史的变化，才能避免简单将学术思想视为特定历史过程的产物；二是固然要研究学术思想所处的外在环境，但是学术思想的最终理解还是需要回到学术的自身语境中。余英时指出：“我深信，研究学术思想史而完全撇开内在理路，终将如造宝塔而缺塔顶，未能竟其成功。”②“内在理路”实质上蕴涵了深厚的历史观念，即强调思想具有能动作用。余英时不接受任何一种形式的历史决定论，他认为思想确实受到不少客观条件的限制，研究思想，离不开对客观环境的研究，但是却不能忽视思想在历史进程中的能动性，思想的积极作用是不能抹杀的。但是也不能为此过高地估计了思想的作用，把一切历史事件的成败都归结到思想上是不合适的，这样不免使思想观念承担的历史责任远超过了它的实际效能。余英时部分地肯定了决定论的正面功用，比如与唯物论渊源极深的知识社会学加深了我们对思想的社会根源的认识。余英时强调思想能够创造历史，而且思想一直是历史进程中的一股重要力量，因此人对于历史必须负责任。决定论的分析不能为人应负的责任开脱。

余英时比较推崇科林伍德（余英时在《历史与思想·自序》中翻译为柯灵乌——编者注）的“一切历史都是思想史”的理论。科林伍德把历史事件分为内在和外在两个层面，外在是史事的物质状态，内在是史事中人物的思想状态，史学家只有深入史事的内在面，即思想状态，才能把握历史的真相。余英时认为科林伍德的观点体现了历史知识不同于自然科学的特殊性质，即史学致知的对象已成为过去，不能直接观察，因此史学的科学化又不允许史家不加批判地接受前人的见证，在这种限制之下，史家所能确实把握的对象只能是古人的思想了。余英时认为科氏的理论便于接引中国传统史学走向科学化的途径。余英时批判了傅斯年等史学就是史料学的观点，认为这种观点将思想的因素完全排除在历史之外是不科学的。实际上，余英时是主张实证

① 余英时：《中国思想传统的现代诠释·自序》，江苏人民出版社1989年版。

② 余英时：《余英时作品系列·总序》，三联书店2005年版。

与诠释交互使用的思想史研究方法的，在实证方面，余英时很重视史料的考订，只不过他反对仅仅停留在史料上，还必须以人为中心，把历史上真实存在过的人的主观向往、人的思想观念容纳于历史范围之内，在史学研究中达到主客交融。

余英时指出自己从事历史研究有两条主要线索：一是比较的角度。中国文化必须按其自身的逻辑并同时从比较的角度来加以理解，运用早期中华帝国时代的印度佛教和16世纪以来的西方文化与中国文化进行比较研究。余英时认为“仅仅用自身的逻辑来解释中国的过去，而缺乏比较的角度，那无疑会有掉入简单的中华中心主义这个古老窠臼之中的危险”。二是余英时强调中国历史的独特性。在从古代到20世纪的中国思想史、社会史和文化史的研究中，他总是把焦点放在历史阶段的转变时期，既要弄清楚中国历史上重要的思想、社会和文化变迁，又要尽可能辨识中国历史变迁的独特模式。他认为通过对中国历史变迁的独特过程与方式的研究，我们才有可能更清晰地看到这个伟大的文化传统是如何在其内在活力的推动下从一个阶段走向另一个阶段的。在强调中国历史特殊性的同时，余英时不否定中西思想的可通性。他认为中西文化之间在基本价值上似乎存在着大量重叠的共识，中国文化中也有对共同人道和人类尊严的承认，一旦中国文化回到“道”的主流，中西相对的一系列问题也将随之而终结。强调中西文化的比较、交流与沟通也是余英时思想史研究的重要方法。

余英时运用上述方法，对宋明理学、清代学术思想史进行了研究，取得了重要的成绩。

—— **延伸阅读文献目录：**

1. 何俊编：《余英时学术思想文选》，上海古籍出版社，2010年。
2. [美]余英时：《朱熹的历史世界》，三联书店，2011年。
3. [美]余英时：《论戴震与章学诚》（增订本），三联书店，2012年。
4. 何俊：《余英时的中国近世思想史研究》，《学术界》，2009年第6期。

—— **原文：《接受2006年克鲁格人文奖讲词》、《历史与思想·自序》**

经典原文

接受2006年克鲁格人文奖讲词

余英时

成为2006年克鲁格奖（John W.Kluge Prize）的共同得主，我深感荣幸，并表示感谢。然而经过自我反省，我认识到今天我得以在这里的主要理由，是要通过我来表达对中国文化传统和作为一门学科的中国思想史的尊敬，前者是我毕生学术研究的对象，而后者则是我所选择的专门领域。

在1940年代，我对中国历史和文化研究开始产生浓厚的兴趣，那时，中国的历史思考正陷于一种实证主义和反传统的模式中。中国整个过去都被负面看待，无论何种看起来像是独特的中国的东西，都被解释成是对于以西方历史发展为代表的文明进步的普遍模式的一种背离。其结果，中国文化传统各个方面的研究，从哲学、法律、宗教到文学和艺术，常常等同于谴责和控告。毋须赘言，那时我对中国文化的认同，更要紧的也是对我个人的认同，处于一种完全的迷失中。幸运的是，我能够在香港完成我的大学教育，并继而在我现已入籍的美国攻读研究生。

当我的知识视野随着时间而逐渐开阔，我才开始明白的真相是我们必须清楚地认识到中国文化是一种具有自己明显特征的原生传统。中国文化开始清晰呈现出她的特定形态是在孔子（前551—前479）的时代，这在古代世界是一个非常重要的年代，在西方有个更为人知的称呼是“轴心时代”。人们已经注意到，在这个时期，包括中国、印度、波斯、以色列和希腊在内的几个高度发达的文化都发生了一种精神觉醒或“突破”。它所产生的形式或是哲学推理，或是后神话的宗教想象，或如中国那样，是一种道德—哲学—宗教的意识的混合体。这一觉醒直接导致了现实世界与超现实世界的区分。作为一种新视野，超现实世界使思想者——他们或者是哲学家，或者是先知，或者是圣贤——拥有必要的超越观点，从而能够反思与批判性地检视与质疑现实世界。这便是通常所知的轴心时代的原创超越，但其确切形态、经验内容和历史过程则每个文化各不相同。这种超越的原创性在于它对涉身于其中的文化产生持久的塑造性影响。

孔子时代中国的原创超越的一个结果是出现了最重要的"道"的观念，它是相对于日常生活的现实世界的超现实世界的一个象征。但是，中国这个"道"的超越世界从最开始便被认为是与日常生活的现实世界彼此相关的，这与处于轴心突破中的其他古代文化迥然不同。例如，柏拉图认为存在着一个看不见的永恒世界，而现实世界只不过是它苍白的复制，这种概念在早期中国哲学的图景中是全然没有的。在中国的宗教传统中，像基督教那样将神的世界与人的世界决然二分的类型也不存在。我们在中国诸子百家的思想中，找不到任何与早期佛教极端否定世界、强调空无相类似的观点。相反，"道"的世界从不远离人的世界，正如孔子讲得好："道不远人。人之为道而远人，不可以为道。"而且我要马上讲，"道"的这一观念并非只是孔子及其追随者拥有，包括老子、墨子、庄子在内的中国轴心时代所有的主要思想家都共享这一观念。他们共同相信，"道"虽是隐藏的，但在人的世界中却无处不发生作用，即便是只有普通理解力的男女在其日常生活中也能或多或少地体会并践履这种道。轴心时代的原创观念，尤其是儒家与道家的观念，对于此后许多世纪的中国人的生活产生了日渐增长和日渐深刻的影响，因此，可以不夸张地认为，"道"和历史构成了中国文明的内核与外形。

在本质上把中国文化传统视为固有起源和独立生长的前提下，我在过去几十年里尝试沿着两条主要线索来研究中国历史。第一，中国文化必须按其自身的逻辑并同时从比较的角度来加以理解。所谓的"比较的角度"，我指的是在早期中华帝国时代的印度佛教和16世纪以来的西方文化。毋须赘言，19世纪中国与西方的第二次相遇是震撼世界的历史性事件。从20世纪初开始，中国人的思想在很大程度上专注于中西相对的问题。但如果仅仅用自身的逻辑来解释中国的过去，而缺乏比较的角度，那无疑会有掉入简单的中华中心主义这个古老窠臼之中的危险。

第二，在我对从古代到20世纪的中国思想史、社会史和文化史的研究中，我总是将焦点放在历史阶段的转变时期。无论是轴心时代以前，还是轴心时代及其以后，中国与其他文明相比，其悠久历史的延续性尤其显著。但是，在中国历史的演进中，连续与变化是始终并存的。因此，我使自己的研究设定在两个目标：首先是弄清楚中国历史上重要的思想、社会和文化变迁，其次是尽可能辨识中国历史变迁的独特模式。中国历史上这些意义深远的变迁常常超出了朝代更替的意义。虽然“朝代循环”的观念长期被传统中国所奉行，而且短时间内也在西方流行，但这是个很误导的观念。20世纪初期，中国的历史学家以其日本同行为榜样，开始按照西方的历史模式重新建构和重新解释中国历史。此后便通常认为，中国一定曾经历过与西方历史相似的发展阶段。在20世纪前半期，中国的历史学家采用早期欧洲的断代模式，将中国历史分成古代、中世纪和近现代；1949年以后，则以马克思—斯大林主义者的五阶段论取而代之。后者在今日中国仍为正统，即便在实际的研究中不总是这样，至少在理论上仍是如此。这种削足适履的方法，无论它有什么其他的优点，不可能对作为一种固有传统的中国文化作出完全合理的评估。我确信，只有通过关注中国历史变迁的独特过程与方式，我们才有可能更清晰地看到这个伟大的文化传统是如何在其内在活力的推动下（这种活力虽不是唯一的因素，但却是主要的因素）从一个阶段走向另一个阶段。

现在容我转到另一个问题：作为两个不同的价值系统，在历史的视野里中国文化是如何与西方文化相对照的？刚才提到，我最初接触这个问题是在1940年代后期，那时中西相对的一系列问题支配了整个中国思想界。此后，这些问题从来没有在我的意识之外。我在美国生活已达半个世纪，当我在两个文化之间优游时，这些问题对我来说已经具有了一种真实的存在意义。经过一些最初的心理调适，我早已能在接受美国的生活方式的同时保留我的中国文化认同。然而，中国文化是否能和西方的核心价值相容，我们最好的导引还是来自中国历史本身。

中国初遇近代西方是在16世纪末，那时耶稣会教士来到东亚传教。对文化敏感的利玛窦，当他在1583年到达中国时，很快发现当时中国的宗教氛围是极其宽容的。儒、佛、道基本上被视为可以合一的事物。事实上，在王阳明（1472—1529）的影响下，晚明的儒家确信三教各自掌握了同一种“道”的一个面向。正是这种对宗教的宽容精神使得利玛窦在传教方面取得非凡的成功，许多儒家精英人物皈依了基督教，其中特别值得注意的是被称为“传道三柱石”的徐光启（1562—1633）、李之藻（1565—1630）和杨廷筠（1557—1627）。儒家相信人同此心以及得“道”的普世性，这使一些儒家转而支持儒耶的结合，儒家的“道”至此扩展到将基督教也包括进来了。中国与西方在宗教层面上的这种早期关系，无论如何都不可能被解释成为一种冲突。

在19世纪末，也还是一批思想开放的儒家首先热情地接受了在近代西方占主导地位的价值与理念，像民主、自由、平等、法治、个人的自主性，以及最重要的人权等等。当他们中的一些人第一次访问欧美并停留足够的时间做第一手观察时，首先给他们留下深刻印象的都是西方宪政民主的理念与制度。协助理雅各（James Legge）英译儒家经典的王韬（1828—1897）在1870年从英国回到香港时，就把英国的政治与法律捧上了天。王韬可能是第一个使用“民主”这一中文术语的儒家学者，他对晚清的儒家政治思想起了相当大的影响。到了上（指20世纪，编者注）世纪初，中国出现了以今文经学和古文经学而著称的两个相对立的儒家学派，两派虽然各有一套，但都倡导民主。前者赞成立宪制，后者推动共和制。王韬曾将英国政治与司法比作儒家经典中所描述的三代，也许是受此启发，今古文经学两派开始有系统地在早期儒家文献中寻求民主观念的起源和演化。显然，在这样做的过程中，他们已经把中西文化的相容性看作是理所当然的了。

最后，我想就“人权”说几句话。就像“民主”这个词，作为一个术语，“人权”是西方特有的，在传统儒家的话语中不存在。但是，如果我们同意联合国1948年的共同宣言中关于“人权”的界定，即人权是对共同人道和人类尊严的双重承认，那么我们也完全可在不使用“人权”这一西方术语的情况下来谈儒家的“人权”理念。在《论语》、《孟子》和其他早期文献中就已经清楚地论述了对共同人道的承认和对人类尊严的尊重的观念。了不起的是最迟到公元1世纪，在皇帝的诏书中，儒家强调人类尊严的观点已被公开引用来作为禁止买卖和杀戮奴隶的充分依据。在公元9年和35年颁布的帝王诏书中都引述了孔子的同一句名言：“天地之性人为贵。”奴隶作为一种制度，从来没有被儒家接受为合法。正是儒家的人道主义，才使得晚清儒家如此欣然地接受西方的人权理论与实践。

如果历史是一种指引，那么中西文化之间在基本价值上似乎存在着大量重叠的共识。中国的“道”毕竟就是对共同人道和人类尊严的承认。我比以往任何时候都更坚信，一旦中国文化回到“道”的主流，中西相对的一系列问题也将随之而终结。

历史与思想·自序

余英时

这部《历史与思想》是我近二十年来所写的单篇论文的一个选集，其中最早的一篇发表于1956年，最迟的则成于今年5月。但全书在时间上虽先后跨越了二十个年头，而实际的撰写则集中在50年代之末和70年代之初，中间足足有十年的岁月我几乎没有写中文论著的机会。1973年之秋，我回到香港工作了整整两年，重新结下了文字因缘，因此本集所收的，70％以上都是最近两年的作品。

为了照顾到一般读者的兴趣，选在这部集子里面的文字大体上都属于通论的性质，凡属专门性、考证性的东西都没有收进去。所以这部选集的对象并不是专治历史与思想的学者，而是关心历史和思想问题的一般知识分子。通论性文字之不易落笔，我是深切了解的。通论是所谓“大题小做”，往往不免要把非常复杂的问题加以简化，面面俱到是不可能的。而且作者的知识和主观见解，又处处限制着论点的选择、资料的运用，以至文章的剪裁。因此任何通论性的题旨都达不到最后的定说。照理想来讲，通论必须建立在许多专论研究的基础之上，立说始能稳妥；而事实上，每一范围稍广的通论性的题旨都包括无数层次的大大小小的问题，如果要等到所有问题都解决了才能写通论，那么通论便永远不能出现了。这里面实际上牵涉到哲学上的一个“吊诡”（paradox），即“一个人如不是对一切事物皆有知识，便不能对任何事物有知识。”（One does not know anything until one knows everything.）这种说法当然是不能成立的。但是这并不等于说，我们对于某一题旨密切相关的种种问题全无所知，也可以动手撰写关于该题旨的通论。清末的朱一新曾说：“考证须字字有来历，议论不必如此，而仍须有根据，并非凿空武断以为议论也。”又说：“此其功视考证之难倍蓰，而学者必不可无此学识。考证须学，议论须识，合之乃善。”朱氏所说的确是深识甘苦的话。本书所收的一些文字，在我已力求其有根据，但限于学识，议论却未必中肯。读者不妨对这两个方面分别地看待。

本书所收诸文先后曾刊载于各种期刊上。香港方面是《自由学人》、《人生杂志》、《祖国周刊》、《中华月报》（以上四种均已停刊）、《新亚书院学术年刊》、《中国学人》、《香港中文大学学报》和《明报月刊》；台北方面是《幼狮月刊》、《中华文化复兴月刊》和《联合副刊》。我愿意借此机会向主持以上各种刊物的友人们表示衷心的感激。我的文字几乎全部是被主编、朋友们逼出来的，没有他们的热情鼓励，这些东西是不可能产生的。至于这部文集之终于能和读者见面，则要感谢联经出版事业公司的热心，特别是编辑组陈秀芳小姐的说服力，他们使我相信这些散篇文字还有汇集成册的价值。

这部文集基本上是从一个知识分子（intellectual）的立场上写成的，所以它不能被看作一个专业史学家（professional historian）的专门著作，虽则我的专业训练处处影响着我的知识分子的观点。在现代社会中，一个知识分子必须靠他的知识技能而生活，因此他同时必须是一个知识从业员（mental technician）。相反地，一个知识从业员（无论他是教授、编辑、律师或其他知识专业）却不必然是一个知识分子，如果他的兴趣始终不出乎职业范围以外的话。Richard Hofstadter 曾指出，一个知识分子必须具有超越一己利害得失的精神；他在自己所学所思的专门基础上发展出一种对国家、社会、文化的时代关切感。这是一种近乎宗教信持的精神。用中国的标准来说，具备了类似“以天下为己任”的精神才是知识分子；“学成文武艺，货与帝王家”则只是知识从业员。但我们不能说，知识分子在价值上必然高于知识从业员。事实上，扮演知识分子的角色的人如果不能坚持自己的信守，往往会在社会上产生负面的作用；知识从业员倒反而较少机会发生这样的流弊。

本书所收诸文大多数都经过了一番修正和润饰的工作，其中论柯灵乌和文艺复兴三篇，因成篇较早，更增订了若干注释，尽量把最新而比较重要的研究成果吸收进去，但疏漏是终不能避免的。全书定名为《历史与思想》，主要是因为所收各篇都不出这一范围，而且我自己近二十年来的兴趣也一直是环绕着这一主题。下面我将就历史与思想之间的关系略做一些补充的说明，希望使全书的主旨更为明确。这部论集原无一预定的系统，下面的补论也许可以为全书提供一条贯穿诸篇的线索。

我们目前所处的是一个决定论思想得势的时代。在共产世界里，唯物主义的决定论当然是思想的正统；在所谓的自由世界里，则有各式各样的行为主义的决定论在大行其道。在决定论弥漫的思想空气中，人们往往看不到思想在历史进程中的能动性。正如柏林（Isaiah Berlin）在他的《历史必然论》

(*Historical Inevitability*)中所分析的，历史已化身为一种巨大而超个人的力量；这种力量有它自己的运行规律，不是人的主观努力所能左右的。正是在这种思想笼罩之下，才产生了所谓“历史潮流不可抗拒”的这种怪论。

就我自己的知解所及，我没有办法接受任何一种形式的历史决定论。我始终觉得在历史的进程中，思想的积极的作用是不能轻轻抹杀的。而且只要我们肯睁开眼睛看看人类的历史，则思想的能动性是非常明显的事实，根本无置疑的余地。但是我并不曾唯心到认为思想是历史的“最后真实”(ultimate reality)，也不致天真到认为思想可以不受一切客观条件的限制而支配着历史的发展。中国人以往评论历史，常在有意无意之间过高地估计了思想的作用，特别是在追究祸乱的责任的时候。因此，五胡乱华之祸要归咎于魏晋清谈，明朝之亡国则诿过于“空言心性”，甚至所谓“洪、杨之乱”也要汉学考证来负责。这种观点一直到今天还流动在许多人的历史判断之中。把共产主义在中国的得势，溯源至“五四”前后的新文化运动，依然是一个相当普遍的看法。这个传统的观点并非毫无根据，但是在运用时如果不加分析，那就不免要使思想观念所承担的历史责任远超过它们的实际效能。尤其是在进一步从思想追究到思想家的时候，这种观点的过度严酷性便会很清楚地显露出来。如果不是出于情绪而是基于理智地判断王弼、何晏之罪深于桀、纣，恐怕总不能算是一种持平之论吧。同样地，新文化运动以来的反传统论者把中国的一切弊病归罪于儒家和孔、孟，也正是这一传统观点的引申。贝克(Carl L.Becker)在他的名著《18世纪哲学家的王国》(*The Heavenly City of the Eighteenth Century Philosophers*)中指出，伏尔泰以下诸哲人虽摧毁了圣奥古斯汀的中古“天国”，但立刻又用新的材料建造了另一个大同小异的“天国”。因此他认为18世纪哲人的基本观念仍不脱中古圣多玛时代的窠臼。贝氏的论断近年来颇受到启蒙思想史专家的挑战(特别是Peter Gay)，但是我们只须略变其说，便可以解释中国近代的反传统运动：反传统论者虽以全力摧毁传统，但他们所持的武器主要还是传统性的。上面所说的唯思想论的历史观不过是许多传统性的武器之一而已。

从这种地方作深刻的反省，我们反而可以看到决定论在史学上的正面功用。现代行为科学的长足进展，使我们了解人的思想和行为在某些层面上确然是被决定的。即使与唯物论渊源极深的知识社会学也可以加深我们对思想的社会根源的认识。因此批评历史决定论最力的柏林也肯定社会科学的研究成果足以纠正我们以往在判断他人的行为时所犯的“无知”、“偏见”、“武断”以及“狂想”等等错误。这和中国传统论人讲求平恕的态度是完全符合的。

肯定决定论在某些层次上的有效性却不等于否定思想在历史上的积极功能。相反地，只有通过决定论的分析，思想的真正作用才能获致最准确的估计。事实上，在政治运用方面，唯物主义决定论者最重视思想，马克思曾说：“思想一旦掌握了群众，便成为物质的力量。”这正是因为他深知思想的能动性，所以在概念上把思想物质化以求符合他的基本哲学立场。而所谓“历史潮流不可抗拒”也是唯物主义决定论者故意把他们自己的思想和愿望化身为“历史潮流”，以瓦解一切与他们持论不同者的奋斗意志。有人说：“所谓不可抗拒者往往只是没有去抗拒而已。”（The irresistible is often only that which is not resisted.）我们对于“历史潮流不可抗拒”之说正应作如是观。所以，追究到最后，只有不去抗拒或抗拒而不得其道的“历史潮流”才是所谓“不可抗拒”的“历史潮流”。当希特勒的纳粹运动如日中天之际，它看起来不正是一种“不可抗拒”的“历史潮流”吗?

孔子说：“道之将行也与，命也；道之将废也与，命也。”（《论语·宪问》）昙摩耶舍梦见博叉天王对他说：“道假众缘，复须时熟。”（慧皎《高僧传》卷一）儒家的“命”、释氏的“缘”在这里都具有决定论的涵义。但决定论的限制终不能伸展到价值创造的最高层面。这是人类能否自作主宰的唯一关键之所在。孔子被当时的人描写成一个“知其不可而为之”的人，正可见孔子虽勇敢地承认“命”的限定，却并不因此就向“命”投降。罗素在他的《西方哲学史》自序中曾说：哲学家同时是“果”（effects）也是“因”（causes）。他是“果”，因为他的思想离不开他所处的社会环境，以及政治与制度的背景；他是“因”，因为，如果幸运的话，他的思想变成了一般人的信仰，便可以塑造后来的政治与制度。罗素所说的“幸运”，当然也是决定论层面上的事，相当于上述的“命”与“缘”。所以思想一方面固然是在决定论的基础上活动，另一方面则也具有突破决定论的限制的潜能。在后一种意义上，我们可以说，思想创造历史。正由于思想可以创造历史，并且实际上也一直是历史进程中的一股重要的原动力，所以人对于历史是必须负责的；而且越是在历史发展中占据着枢纽地位的个人，其责任也就越重大。决定论的分析只能开脱个人所不应负责的部分，但决不能解除其一切应负的责任。在这个意义上，中西传统史学中的褒贬（praise and blame）之论仍然有它的现代功用。希特勒、斯大林的大批屠杀当然应该受到历史家的严正谴责，我们岂能根据“不可抗拒”的“历史潮流”或历史心理分析来给他们涂脂抹粉，说他们的暴行完全是被决定的？

强调历史上的思想因素自以柯灵乌（R. G. Collingwood）为现代最重要的代表。柯氏曾有“一切历史都是思想的历史”（All history is the history of thought.）的名言。他把历史事件分为“内在”与“外在”两面；“外在”的是史事的物质状态，“内在”的是史事中人物的思想状态。史家只有深入史事的“内在”面（即思想状态）始能把握到历史的真相。因此柯氏认为史家最重要的本领是能够“设身处地重演古人的思境”；真正地懂得了史事中所蕴藏的思想，则该史事何以会发生也就豁然呈露，无所遁形了。本书所收两篇讨论柯氏历史观的文字都曾涉及这一中心问题。但是这两篇文字的撰写距今已有二十年之久；在我撰写之时，西方哲学家对柯氏这一说法（他们称之为“the method of empathetic understanding”“感通了解法”）抱有相当普遍的反感。如 Carl G. Hempel、Patrick Gardiner、W. H. Walsh、G. J. Renier 诸人都对此说有严厉的批评，或谓其诉诸“直觉”，或谓其将史学的题材神秘化。至于为柯氏的历史观起而辩护者当时尚未有其人；对柯氏哲学作深入的专题研究，如 Alan Donagan 和 Louis O. Mink 的作品，是近十三四年之内才出现的。但是据我阅览所及，对柯氏的历史思想解释得最明白中肯的是戈斯坦（Leon J. Goldstein）在 1970 年发表的《柯灵乌的史学致知论》（*Collingwoods Theory of Historical Knowing*）一篇长文[①]。戈氏此文对前此诸家之误解柯氏宗旨作了最有说服力的驳正。依照戈氏的分析，柯灵乌之将史事分为内在与外在之两面，而复以内在的思想为史学的核心，乃起于历史知识的特殊性质：从一种观点看，史学与自然科学最大不同之处是在于史学致知的对象早已成为过去，不能再供人直接观察。同时，史学的科学化又不再允许史家不加批判地接受前人的见证（testimony）。在这种限制之下，史家所能确实把握的致知对象便只能是古人的思想了。但柯氏所谓“思想”是最广义的用法；历史上每

① 刊于 *History and Theory*，Yol. IX，No. 1，pp. 1–36.

一事件（event）或遗迹（如长城、烽燧），其背后都表现着人的目的（human purpose）。史家的主要任务便是找出贯注在史事后面的人的思想。（举例言之，如果我们真正把握到烽燧背后所表现的人的思想，我们自然就懂得汉人为什么要建造它了。否则烽燧只是一不可解的建筑物而已。所谓史家重演古人的思想正是从这种基本目的方面用心，而不是重演汉人建造烽燧时的全部思考过程。）柯灵乌不仅是一位哲学家，同时也是一位历史家；他的重演古人思想之论在其与 J. N. L. Myres 合著的 *Roman Britain and the English Settlements* 一书中有许多精彩的实例。戈斯坦便曾具体地说明柯氏的思想重演是怎样结合着证据而应用在历史研究上的。根据柯氏的中心理论，史家致知的对象是人的“行动”（action），即贯注了思想的“行为”（behavior informed by thought）而绝非单纯地从物质方面去了解的行为（behavior understood physicalistically）。前者是史学的范围，后者则是行为科学的园地。尽管柯氏的说法仍不免有其局限性，但其中决不包含任何“直觉”或“神秘”的成分。通过戈斯坦的疏解，这一点是非常明显的。

我绝不认为柯灵乌的历史观是我们对于历史的唯一可能的看法。我之所以比较推崇他，是因为他的理论最便于接引中国传统的史学，使之走向科学化的途径。《章实斋与柯灵乌的历史思想》一文便是要展示这一接引工作的可能根据。柯氏论史以人的思想为其核心，这是合乎中国的史学传统的；但柯氏正视行为主义决定论对史学的冲击作用，而同时复能超越决定论以归宿于思想在史学上的中心位置，这对中国史学的科学化是极富于启示性的。近代中国的史学，从清代训诂考证的基础上出发，一度凑泊而汇入兰克（Leopold von Ranke）历史主义的末流，真是一个值得惋惜的发展。我在《史学、史家与时代》那篇讲词中曾指出，近代中国提倡“科学的史学”（scientific history）的人深信史学可以而且必须完全客观化，其中不能渗入一丝一毫个人的主观见解。照他们看来，史学最后可以发展到生物学、地质学同样高度的科学性。落到实践的层次，中国的“科学的史学”运动便成为以史料学为史学；在史料范围的扩大和考订的精密方面，这个运动的成绩是有目共睹的。但是其代价则是将思想的因素完全排除于历史之外；不但史家个人的主观思想不许混入史学研究之内，而且历史上已经客观存在过的抽象东西如精神、价值观之类也一律要划出史学范围之外。傅斯年在 1928 年发表的《历史语言研究所工作之旨趣》中说得最明白："一、把些传统的或自造的"仁义礼智"和其他主观，同历史学和语言学混在一气的人，绝不是我们的同志！二、要把历史学语言学建设得和生物学地质学等同样，乃是我们的同志！"这确是兰克的历史主义一派的根本见解。过了十五年（1943）傅先生为历史语言研究所的《史料与史学》写"发刊词"，持论依然未变。他说："此中皆史学论文，而名之曰《史料与史学》者，亦自有说，本所同人之治史学，不以空论为学问，亦不以《史观》为急图，乃纯就史料以探史实也。史料有之，则可因钩稽有此知识，史料所无，则不敢臆测，亦不敢比附成式。此在中国，固为司马光以至钱大昕之治史方法，在西洋，亦为软克（按：即 Ranke）、莫母森（按：即 Theodor Mommsen，1817—1903）之著史立点。"傅先生所提倡的"科学的史学"是乾嘉考据和兰克的历史主义的汇流，在这里得到了确切的证明。

我在《史学、史家与时代》中复指出，就在历史主义正式进入中国史学研究的领域之际，它在西方已开始衰落了，我的讲词中特别提到美国史学家比尔德（Charles Beard），因为他对历史主义的攻击最力，影响也最大。其实在比尔德同时或稍早，其他史学名家如美国的贝克（Carl L. Becker），德国的 Karl Lamprecht 已不断地对这一过分乐观而天真的看法展开了有力的批判。兰克一度几成为众矢之的。但这对于兰克本人而言是十分不公平的，兰克并没有把思想放逐于史学之外，而史料的审订在他只不过是史学的起点而已。我最近稍稍涉猎了若干有关兰克和历史主义的专题研究，特别是 Georg G. Iggers 的著作，才知道兰克在西方史学思想界拥有两个完全不同的形象。流行在美国的兰克形象是所谓"科学的史家"，这也正是兰克在中国的形象；流行在德国的兰克形象则是一个唯心史观的主要代表，他的史料分析和个别史实的考订都是支持他的唯心史观的手段。大体上说，在第二次世界大战之前，美国史学界对兰克的了解尚限于他的方法论的层次；直到德国学者流亡到美国以后，才把兰克的全貌介绍了过来，兰克史学中的哲学涵义乃逐渐为人所知。兰克决不承认史学只是事实的收集，也不主张在历史中寻求规律。相反地，他认为历史的动力乃是"理念"（Ideas），或"精神实质"（spiritual substances）；在"理念"或"精神实质"的背后则是上帝。每一时代的重要制度和伟大人物都表现那个时代的"理念"或"精神"，使之客观化为"积极的价值"（positive values）。史学的目的首先便是要把握住这些"理念"或"精神"。他自己的重要著作，如

《宗教革命时代之日耳曼史》、《拉丁与日耳曼民族史，1494—1514》，以及晚年未及完成的《世界史》（只写到中古末期）巨著等都企图通过许多特殊的事象以了解其间之内在关联性，并进而窥见历史上的“趋向”（tendencies）和每一个时代的“主导理念”（leading ideas）。兰克的瑞士弟子布加特（Jacob Burckhardt）的《意大利文艺复兴之文化》便正是在这一史学理论引导之下写成的经典作品。（参看本书所收《文艺复兴与人文思潮》一文）由此可见兰克本人及其弟子便恰恰不折不扣地是“把些传统的或自造的仁义礼智和其他主观，同历史学混在一气的人”。

兰克和黑格尔一样，以国家为精神力量的表现（expression of spirituality）。但是他不赞成用抽象概念来讲历史，更反对把历史看作“理性”的辩证发展的一种过程，每一个时代都有其主导性的理念，也都有其独特的价值，因此必须具体地、如实地加以研究。他的名言说：“每一个时代都直接与上帝觌面”（Every epoch was immediate to God.）其涵义即在于是。在方法论方面，他诚然是要人研究个别的事象，要找出“什么事真正发生了”（What really had happened？）；同时他也要求史家不要把自己的主观价值放射到历史研究的对象上去。他之所以强调这一点是由于他坚信史家唯有完全撇开自己的主观始能看到历史上的“理念”或“精神实质”。总结地说，兰克仍浮荡在德国唯心论的哲学主流之中，他非常注重历史上的思想因素；对他而言，把史学建设得和生物学、地质学一样，乃是不可想象的事。Cushing Strout 对于19世纪末叶美国“科学的史学家”之曲解兰克曾有以下一段扼要的评论：

> 美国的史学家在“什么事真正发生了”这一号召之下集合在德国旗帜之下，但是他们所拥戴的领袖却与真正的兰克很少相似之处。兰克之从事历史研究是出于哲学的和宗教的兴趣。他喜欢讲通史而不讲狭窄的题目。照他的看法，历史事实“就其外表言之，只不过是一独特之事，但就其本质而言，则具通性，而含有意义和精神”。通观兰克一生的学术事业，他一直在努力建立一套以理念为历史之动力的理论；此种理念的基础非它，正是源自上帝的道德力量。德国唯心论的传统始终在与悍而肆的实证主义精神搏斗之中，而兰克则非常接近这个传统。但兰克的美国信徒却和他截然异趣，他们已不加批判地膜拜在科学的神龛之前。事实上他们是根据自己的形象而塑造了另

外一个兰克。[1]

所以真正的兰克是非常注重思想的，他的精严的方法论其实是为寻求各时代的“主导理念”服务的，它本身并不是史学的终站。他论历史事实也从外表的独特性和内在的通性两个方面着眼，这正是后来柯灵乌的历史哲学的一个重要立足点。因此 Lamprecht 批评兰克，亦如近代有些哲学家批评柯氏一样，认为他的历史研究陷入了“感通了解”的神秘观念之中。兰克提倡通史，又要人从重要典章制度和伟大人物上面去捕捉每一时代的主导精神，这些都显然足以和中国的史学传统相通的。但近代中国一部分史学家竟把兰克的史学方法论和他的史学理论的中心部分割裂了，其结果是把史学研究推到兰克本人所反对的“事实主义”（factualism）的狭路上去，以章学诚所谓的“史纂”、“史考”代替了史学。

我当然不是说，因为我们要接受兰克的方法论，所以连他的德国唯心论也必须一齐搬到中国来。我只是要指出，在兰克的历史理论中，思想、精神实占据着中心的位置；他绝不是一个只考订一件件孤立的事实的人，更不是一个以史料学为史学的人。他和许多现代史学家一样，把人当作历史的中心。正唯如此，他总认为历史的真实不能由抽象的概念得之，而必须通过对“全部人生的透视”（clear contemplati on of total human life）然后始把捉得定。但人生决不能限于衣、食、住、行之类有形的、客观的物质生活，思想、信仰、情感种种主观的精神上的向往，同样是真实人生的一部分。我们没有理由把历史上真实地存在过的人的主观向往排除于史学的范围之外。在史学研究中要求达到主客交融、恰如其分的境界，是极为困难的事，兰克在《拉丁与日耳曼民族史》的“自序”中便坦白地承认这一点。但是他仍然强调这是史学家所必当努力企攀的境界。如果我们真能适当地体会兰克的历史理论和方法，则史学的科学化只能意味着中国史学传统的更新与发扬，而不是它的终结。事实与价值之间、专精与通博之间终将趋向一种动态的平衡；而司马迁所谓“究天人之际，通古今之变，成一家之言”也将获致崭新的现代意义！

1976 年 6 月 16 日余英时序于美国麻州之碧山

① Carl L. Becker and Charles Beard，*The Pragmatic Revolt in American History*. New Haven，1958，p. 20.

萧萐父与《中国哲学史·导言》

经典导读

萧萐父（1924—2008年），著名的中国哲学史家，四川成都人。幼年深得家庭教育的熏陶，其父萧中仑是著名的文学家、道学家，四川大学教授。1943年，萧萐父考取内迁乐山的武汉大学哲学系，在张真如、万卓恒、金克木等教授的指导下，阅读了大量关于德国古典哲学、马克思主义、中国传统思想、印度思想等方面的中外哲学、文学名著，基础知识和哲学修养深厚，所写论文《康德之道德形上学》的参考文献全是英文原著。1949年，萧萐父受著名历史学家蒙文通之邀，为尊经国学专科学校讲授“欧洲哲学史”，并为《西方日报》主编“稷下”副刊，发表了大量学术政论文章。新中国成立时，他在成都参与接管华西大学，并任政治理论课教研组组长，1953年任四川医学院马列主义教研室主任，1956年先后在中央党校理论班、北京大学进修中外哲学史。1957年，萧萐父受到李达校长的邀请，回武汉大学哲学系工作。此后，扎根于武汉人学从事哲学研究，为武汉人学哲学系的发展乃至整个中国哲学史、思想史的研究都作出了重要贡献。

早在新中国建立之初，萧萐父就在四川华西大学等学校主讲了“新民主主义论”、“社会发展史”、“辩证唯物论”等课程，加深了他对马克思主义理论的理解。20世纪50年代他在《光明日报》、《新建设》等报刊上陆续发表了《怎样理解马克思主义哲学的继承性》、《关于继承祖国哲学遗产的目的和方法问题》等多篇论文，阐释了对中国哲学研究方法的理解。他认为对于中国思想的研究应该史论结合，采用中西对比的方法，达到古今贯通的治学目的。他认为中国哲学史研究应该探索中国哲学的发展规律，同时要探索马克思主义哲学中国化的历史根据和思想土壤。1957年秋萧萐父进入武汉大学哲学系任教后，担任哲学史教研室主任，与其他教师一道，构建了具有武汉大学特色的中国哲学史课程体系和哲学史研究方法论，即以仔细研读马列主义经典著作和中国古典文献为基础，力图清理哲学发展的线索与重点，探索哲学思想的社会根源和认识论根源。

20世纪60年代，萧萐父写了多篇中国哲学史研究的论文，尤其是明清之际的哲学思想，如《历史科学的对象问题》、《王夫之哲学思想初探》、《浅论王夫之的历史哲学》、《唐代禅宗慧能学派》等。明清之际的哲学，尤其是船山哲学是萧萐父研究的重点领域之一。他继承侯外庐关于明清之际早期启蒙的学术观点，就明清之际的思想家对当时社会的积极影响给予较高的评价。明清之际早期启蒙说是20世纪中国思想学术史研究中一个非常重要的观点。该观点的开端可以追溯到梁启超的《清代学术概论》和《中国近三百年学术史》两书。尤其是在《清代学术概论》中，梁启超将清代学术从总体上分为启蒙期、全盛期、蜕分期、衰落期四个阶段，启蒙期是在17世纪，代表人物是顾炎武、王夫之、黄宗羲、颜元等人，他们主要表现为对宋明理学空谈的反动，而提出经世致用的学术精神，也被称为实学思潮。清学启蒙期的主要特征实质上就是与理学特点明显不同的思想学术。在梁启超之后，张岱年和范寿康从中国哲学史的角度阐发了早期启蒙说的观点。吕振羽从中国政治思想史的角度阐发了早期启蒙说，他认为明清之际中国社会经济生活发生了不少新变化，不仅代表农民阶级的被统治阶级的思想出现了新的变化，而且出现了代表市民阶级的思想家，明清之际启蒙期思想的特点就是新旧的矛盾并存。吕振羽把王夫之、黄宗羲等人的思想作为中国市民阶级思想的开端，他们的思想标志着古代思想向现代思想的转化。真正从中国思想史的角度系统阐发早期启蒙说学术观点的是中国思想史的奠基者侯外庐。侯外庐认为，“从十六世纪以来，中国的历史没有如欧洲那样走向资本主义社会，这并不等于说，中国封建社会没有解体过程，没有资本主义的形成过程。关键在于，既在封建社会的母胎内产生了资本主义的萌芽形态，又在发展过程中未能走进近代的资本主义世界。”① 他从土地关系的变化、手工业以及海外贸易的

① 侯外庐:《中国思想通史》(第5卷)，人民出版社1956年版，第16页。

发展三个方面考察了明代嘉靖、万历封建社会解体过程中的资本主义萌芽情况，表明在中国封建社会的晚期，封建社会内部已经有资本主义的萌芽形态，“十七世纪的中国社会，已存在着资本主义的幼芽，这是在十六世纪中叶开始的”，中国历史从这时起已经处于封建解体的缓慢过程之中。“尽管十六世纪中叶以来，中国社会具有若干资本主义的萌芽因素，但农业和手工业相结合的封建自然经济依然是支配的倾向。在十八世纪的世界市场形成的时候，中国社会缓慢的变化还是远远落在世界风暴之后面。”[①] 也就是说，虽有资本主义萌芽，但清初以来封建社会的性质并没有改变，封建势力阻力太强大，资本主义萌芽并没有健康成长，从而突破封建势力的束缚。

萧萐父继承了侯外庐等人的观点，他指出：“如今，虽然不少随波逐流的人们漠视侯外庐先生的学说，虽然他的早期启蒙说成了摩登的后现代派学者们力图消解的对象，但我们仍然在此庄严地宣称：我们自愿继承侯门学脉，自愿接着侯外老的启蒙说往下讲。”[②]1995 年出版的他与许苏民合著的《明清启蒙学术流变》（辽宁教育出版社，1995 年）是研究明清之际早期启蒙思想的代表作之一。在研究明清之际整体启蒙思想特点的同时，萧萐父尤其注重对王夫之的研究，代表性的成果如：《王夫之哲学思想初探》（载《王船山学术讨论集》上册，中华书局，1965 年）、《王夫之辩证法思想引论》（湖北人民出版社，1984 年）、《船山哲学引论》（江西人民出版社，1993 年）、《王夫之评传》（与许苏民合著，南京大学出版社，2001 年）等。

1978 年，萧萐父与中山大学李锦全组织九所院校新编了《中国哲学史》专业教材，萧萐父、李锦全任主编。该书 1982 年由人民出版社出版。该书的出版对于转变中国思想史、哲学史的研究方法具有重要意义。《中国哲学史》一书共分六编：第一编主要研究夏、殷、周和战国初期奴隶制时代的哲学的产生和发展；第二编论述战国中晚期封建制形成时期哲学矛盾运动的展开；第三编论述秦汉至隋唐封建社会前期阶段哲学的发展；第四编论述北宋至明中叶封建社会后期阶段哲学的发展；第五编论述明中叶至鸦片战争前封建制衰落、资本主义萌芽时期哲学发展的新动向；第六编论述半殖民地半封建社会时期中国哲学的新发展。

该书的出版受到社会的广泛称赞。张岱年等人认为该书不仅是一部具有自己特色的中国哲学史教材，而且较好地揭示了中国哲学发展的规律和特点。该书的“导

---

① 侯外庐：《中国思想通史》（第 5 卷），人民出版社 1956 年版，第 623 页。
② 萧萐父：《吹沙三集》，巴蜀书社 2007 年版，第 39 页。

言”以及《中国哲学史方法论刍议》等文，体现了萧萐父等人力图超越“文革”期间运用马克思主义研究中国思想史的教条主义态度。通过这篇导言，我们能够看到20世纪70年代末80年代初中国思想史研究的新进展和新变化。

具体而言，《中国哲学史》一书具有以下特点：

首先，它从一门学科的角度，对中国哲学史研究的特定对象、论述的重点范围、史料的筛选原则等进行了科学规定。它尤其区分了哲学史和思想史的差异，认为哲学史的研究不能与研究政治、伦理、法权、宗教、教育等思想史研究的内容混淆不清，否则就会模糊自己的特定任务。它对哲学史的研究对象做出了明确的规定：“哲学史研究的特定对象，简括地说，就是哲学认识的矛盾发展史。所谓哲学认识，区别于宗教、艺术和各门具体科学的知识，是人们的理性思维形式表达的关于自然、社会和思维运动的一般规律的认识。也可说是对于客观世界的本质和人对客观世界能否认识和改造、怎样认识和改造的总括性认识”[①]，认为哲学史的研究对象就是人类认识发展的历史。

其次，遵循历史和逻辑统一的方法，是萧萐父研究中国传统思想的重要方法。他认为中国古代哲学中历史地形成了一些独特的概念、范畴和讨论的中心问题，如前期的天人、名实之辨，后期的理气、心物之辨等都是哲学讨论的焦点问题，这些问题反映了哲学本质矛盾在不同层面的展开。而哲学史研究的任务就在于揭示哲学本质矛盾在中国哲学发展中的表现形态和历史特点。这是哲学的历史学特点。他指出哲学认识的矛盾发展按其逻辑进程，集中体现在哲学概念和范畴的产生、发展和演变之中。哲学概念和范畴都是经历一个过程逐渐成为一个明确的系统。所以哲学史研究应该分析这些概念的发展和运用，要研究不同历史阶段的哲学矛盾运动中哲学范畴的逻辑发展。将历史联系和逻辑发展结合起来是中国哲学史研究的重要方法。萧萐父指出历史唯物主义所提供的解剖社会意识形态的一般方法，比如阶级分析法、历史主义的方法、比较鉴别的方法、实事求是的人物评价方法、系统周密的史料考证方法都是哲学史研究必须坚持的方法，但是历史和逻辑统一的方法对哲学史研究尤其重要，既要从历史事实出发，把哲学发展的生动过程展现出来，又必须透过历史现象，摆脱某些偶然性因素，从历史上具体的哲学矛盾中去发现哲学概念演化发展的逻辑进程及其理论上前后连贯的环节。萧萐父指出人类哲学认识的发展充满矛

① 萧萐父、李锦全主编：《中国哲学史·导言》，人民出版社1982年版。

盾和曲折、肯定和否定，由偏到全，由低到高，表现为近似于螺旋式的曲线，近似于一串圆圈组成的大圆圈。圆圈说的提出标志着萧萐父力图走出文革时期以唯物和唯心简单划分中国哲学阵营的做法，具有重要的学术意义。

再次，萧萐父比较系统地论述了中国哲学史作为一门学科的根本意义。研究中国哲学史，能够提高理论思维的能力；研究中国哲学史，能够继承这份珍贵的遗产，充实唯物辩证法对人类哲学认识史的概况，利于丰富马克思主义的哲学史观；对于中国哲学史的研究，既利于发掘和总结中国哲学认识中的积极成果，又能够对腐朽糟粕和思想毒素进行批判和揭露，取长补短，推动中国文化的发展。以上认识都是萧萐父在长期的学术研究中做出的科学总结。

20 世纪 80 年代以来，萧萐父还发表了《中国哲学启蒙的坎坷道路》(《中国社会科学》)、《评梁启超“近三百年”学术史论》(《社会科学战线》)、《对外开放的历史反思》(《中国社会科学》)、《关于改革的历史反思》(《武汉大学学报》) 等多篇论文。在这些文章中，他把明代万历年间到五四运动作为一个文化历程来考察，以 17 世纪的西学东渐作为中国近代文化思想代谢发展的杠杆，从文化汇合和冲撞的角度对中国近代思想的演变进行系统的研究。

萧萐父指出中国文化的未来道路应该是实现“两化”，即中国传统文化的现代化和西方先进文化的中国化，但是“必须寻找传统哲学走向现代的内在机制和必经环节，探寻传统文化与现代化的历史结合点”。他认为传统文化与现代化的历史结合点可以从多维的角度考察，但主要应从 17 世纪以来曲折发展的启蒙思潮中去探寻，“在中国传统文化走向现代化的历史进程中，我们应该找到我们自己实现现代化的历史根源和内在必然性，而不能浮泛地接受欧风美雨。”①

萧萐父还主编有《中国辩证法史稿》第一卷、《哲学史方法论研究》，著有《中国哲学史史料源流举要》等。2007 年，巴蜀书社出版了《吹沙集》、《吹沙二集》、《吹沙三集》，武汉大学出版社出版了《萧氏文心》，收集了萧萐父的多篇论文，这些资料对于我们了解他的学术思想提供了便利。

---

① 引自《“神州慧命应无尽，世纪桥头有所思”——访萧萐父教授》，载《哲学动态》2000 年第 1 期。

延伸阅读文献目录：

1. 萧萐父、李锦全主编《中国哲学史》，人民出版社，1982 年。
2. 萧萐父：《吹沙集》，巴蜀书社，2007 年。
3. 萧萐父：《吹沙二集》，巴蜀书社，2007 年。
4. 萧萐父：《吹沙三集》，巴蜀书社，2007 年。
5. 萧萐父：《萧萐父文选》，武汉大学出版社，2007 年。
6. 萧萐父、许苏民：《明清启蒙学术流变》，辽宁教育出版社，1995 年。

原文：《中国哲学史·导言》

经典原文

中国哲学史·导言

萧萐父

中国哲学史是一门发展着的科学。中国哲学史之成为一门科学，有其发展的历史过程；作为一门科学的中国哲学史，还需要继续沿着马克思主义的哲学史观所开辟的认识道路不断地发展。

在中国古代，早就有对前代学术思想成果进行总结性评述的论著，诸如《庄子·天下篇》、司马谈《论六家要旨》、宗密《华严原人论》、朱熹《伊洛渊源录》，直到黄宗羲主编的《宋元学案》、《明儒学案》等等；这些论著，按不同的时代要求，从不同的思想角度，辨章学术，考镜源流，至今对哲学史研究仍有参考价值。但由于古代社会分工和学术分类的局限，哲学还与其他非哲学的社会意识形态浑沦未分，被包容在所谓"内圣外王之道"、"天人性命之学"的庞杂体系之中。哲学史还不可能成为独立的学术部门。

哲学史的专门研究伴随着哲学的独立化而始于近代。在西方，近代资产阶级哲学冲破了神学网罗而独立发展，曾被囊括在神学中的各个学术部门相继独立，于是有了哲学和哲学史的专门研究；又经过几代人的努力，才由黑格尔系统化的演述而总其成。黑格尔基于唯心辩证法所形成的哲学史观及对一系列方法论问题的探讨，曾在哲学和哲学史上作出划时代的贡献，被马克思赞为"开始奠定哲学史的基础"，并实际成为马克思主义创立科学的哲学史观所继承和改造的直接理论前提。在中国，近代是畸形的。中国资产阶级政治上软弱，文化上落后，因而哲学发展极不成熟；但毕竟在广泛汲取西方哲学的过程中，逐步摆脱了封建"经学"等传统束缚，开始了对中国古代哲学和哲学史的独立研究。经过章太炎、刘师培、梁启超等人的钩稽撰述，到"五四"前夕出现了胡适的《中国哲学史大纲》(上)；嗣后，一些学者如冯友兰、萧公权、范寿康、唐君毅、钱穆等以类似论著，踵事增华，颇有发展。他们的研究成果，比古代学术史论大有进步，为中国哲学史适应近代学术分工的要求而独立成科，作出了历史贡献。但是，他们在研究中所采取的哲学史观及其方法，却落后于

"五四"以后整个文化思潮的迅猛发展而具有极大的局限性。总的说来，这些论著，往往陷入浅薄的唯心史观，停留于对历史上某些学派的分合和思潮起伏的现象形态的描述，谈不上对哲学发展的本质矛盾和内在规律的阐释，在方法上还未能达到黑格尔演述西欧哲学发展所显示的思维水平，也未能真正跳出中国古代学术史论的某些陈旧的窠臼。

"五四"以后，中国新旧文化思想的激烈冲突中涌现出马克思主义的生力军。随着马克思主义哲学运动在中国的蓬勃展开，首先在社会史领域，然后在思想史领域，以郭沫若等为代表的马克思主义学者作了巨大的开拓性工作。马克思主义的唯物史观，以无可辩驳的科学锋芒，解开了许多中国古史之谜。三十年代起，吕振羽、杜国庠、侯外庐等发表的有关中国思想史、哲学史的一些论著，使历史唯物主义的真理与中国哲学发展的特点初步结合，破除了不少封建社会传统意识用以解释历史的迷信，批判了"五四"新文化运动中滋生的某些思想偏向和种种非历史主义的臆说，这就为中国哲学史走向科学化开辟了道路，奠下了基石。

解放以后，以马克思主义为指导的中国哲学史这门年轻的科学，得到空前的繁荣和发展。尽管在发展过程中有过干扰，走过弯路，尤其"左"倾思潮的一再作祟，曾产生过把马克思主义的哲学史观公式化、庸俗化、贫乏化等不良倾向。但三十年来，历史资料的整理，方法论问题的研讨，重要考古文献的发现，研究成果的积累，科学体系的初步建立等方面，都取得了长足的进展；特别是结束了十年动乱之后，迎来学术解放的春天，为拨乱反正而展开的对马克思主义哲学史观的理论研究日益深入，许多学术问题的争论得以正常开展，一些新的研究领域逐步开辟，这一切，推动着作为一门科学的中国哲学史在更坚实的基础上建设起来。

当然，在科学的道路上，"直行速获而可以永终"的事情是没有的。目前，中国哲学史的科学化建设还有待从多方面努力推进，特别需要进一步研究、解决一些基本的理论、方法问题。我们在编写本书的过程中，曾经注意到以下一些问题。

首先，中国哲学史作为一门科学，它所研究的特定对象、论述的重点范围、史料的筛选原则，似应得到进一步的科学规定。这是一个历史遗留的问题。在西方，经过资产阶级哲学发展的整个历史阶段，原被包容在哲学中的各门科学以及与哲学关系最密切的伦理学、美学、心理学、社会学等都相继独立出去，并各有自己的专门史。哲学的概念逐步净化，从而哲学史研究的特定对象也逐步明确。特别是黑格尔提出了“哲学史由于它的题材的特殊性质而与别的科学史不同”，必须把其他精神文明的材料排斥于哲学史之外，“哲学史才会达到科学的尊严”(《哲学史讲演录》第1卷第12—13页）等思想，西欧哲学史的研究范围和史料筛选等问题，似乎得到了历史的解决。由于历史条件不同，中国长期封建社会留下了丰富的精神文化遗产和笼统的学术分类传统，近代又流行着所谓“中国哲学属于伦理型”、“中国古代哲学家缺乏逻辑思维”、“中国哲学主流之进展是极高明而道中庸”之类的论断，影响到中国哲学史的研究，范围难定、对象不明，往往因人而异地把未经筛选的各种思想资料羼入哲学史，似乎中国哲学史的研究可以而且应当去分担政治、伦理、法权、宗教、教育等思想史的研究任务。这样，哲学史或仍被沉没在一般思想史、学术史之中，或由于研究的对象不明、承担的任务太广，而模糊了自己的特定任务。

按照马克思主义对社会诸意识形态的分析，哲学是一种特殊的社会意识，它具有自身的特殊矛盾及其发展的特殊规律。哲学史研究的特定对象，简括地说，就是哲学认识的矛盾发展史。所谓哲学认识，区别于宗教、艺术和各门具体科学的知识，是人们的理性思维形式表达的关于自然、社会和思维运动的一般规律的认识，也可说是对于客观世界的本质和人对客观世界能否认识和改造、怎样认识和改造的总括性认识。这种哲学认识，来自人类在不同发展阶段的历史实践中对各种具体科学知识的概括、总结和反思；在古代，它常被混合在各种具体知识中，所以哲学史研究往往涉及其他学术史料；但就哲学认识成果的形式和内容而言，就其在人们认识和实践中的作用而言，都与其他非哲学的认识有质的区别，可以从古代学术思想资料中筛选出来。哲学史料的筛选，当然不能主观随意，它取决于对哲学史研究的内容和对象的科学规定。列宁通过对希腊哲学的考察，把哲学史简略地规定为“就是一般认识的历史”，即关于自然、社会和思维的“一般”（共同本质、普遍规律）的认识的历史，借以区别于“全部认识领域”中其他“各门科学”关于特殊、个别领域的本质和规律的认识史，但哲学认识并不与各种科学认识相脱离，也不是各种科学认识的简单综合，而是通过哲学的概括、总结和反思，抽象出“构成认识论和辩证法”等属于哲学的“一般认识”。整个人类的认识史（包括各门科学史、儿童智力发展史……语言史、宗教史、艺术史等等），包罗万象，无比宽广，而哲学史所研究的则仅是既区别于宗教、艺术，又区别于各门科学而专属于哲学的“一般认识”的历史，按列宁的提示，即认识论和辩证法的历史[1]。在中国哲学史的研究中，无疑应当以列宁这些科学的规定为指针，认真厘定哲学史研究的对象、论述的重点和思想资料的筛选原则。例如，中国哲学家们对社会政治问题所发表的许多议论，大量的应属于社会学史、经济学史、政治学史、法学史等研究的范围，但其中也确有一些是对历史发展规律、社会矛盾运动的哲学分析，则应筛选出来作为哲学史的对象。中国古代思想遗产中人性善恶、道德理想以及“性情”关系、“理欲”关系之类问题的言论特别丰富，确应从哲学思维的角度加以择取，重视历代哲学家对人性问题的探讨中有关人的本质、人性的发展和异化等属于历史辩证法问题的认识成果，但不属于此的内容则理应由伦理学史、道德学史、教育学史等去进行独立研究，哲学史不必要也不可能去代庖。这是由于社会诸意识形态虽然互相影响，乃至互相渗透，但各有自己的特殊矛盾和特殊本质；而哲学史与各门科学史的分工，正取决于研究对象所具有的特殊的矛盾性。

人类哲学的认识在其发展中充满着矛盾。这些矛盾中，最能表现其本质的特殊矛盾性，是思维和存在的关系问题所引起思想路线的分歧和对立。黑格尔曾指出：“思维与存在的对立是哲学的起点，这个起点构成哲学的全部意义。”（《哲学史讲演录》第3卷第292页）他并认识到哲学在消除这种对立的做法上分为两种主要形式：“一种是实在论的哲学论证，一种是唯心论的哲学论证；也就是说，一派认为思想的客观性和内容产生于感觉，另一派则从思维的独立性出发寻找真理”。（同上，第4卷第7—8页）费尔巴哈在考察哲学史时也指出：思维与存在的关系问题“是最重要的也是最困难的问题，全部哲学史就是在这个问题的周围兜圈子”[2]。恩格斯总结这些成果，进一步作出更明确的论断：“全部哲学，特别是近代哲学的重大基本问题，是思维与存在的关系问题。”“哲学家依照他们如何回答这个问题而分成了两大阵营。凡是断定精神对自然界说来是本原的，……组成唯心主义阵营。凡是认为自然界是本原的，则属于唯物主

---

① 以上见《列宁全集》第38卷，第399页，译文略有订正。

② 转引自《列宁全集》第38卷，第63页。

义的各种学派"。"但是思维和存在的关系问题还有另一个方面：我们关于我们周围世界的思想对这个世界本身的关系怎样？我们的思维能不能认识现实世界？我们能不能在我们关于现实世界的表象和观念中正确地反映现实？用哲学的语言来说，这个问题叫做思维和存在的同一性问题。"[①] 恩格斯对哲学基本问题的总结，是马克思主义哲学史观的一个理论基石。它本质地概括出了哲学的"基本问题"或"最高问题"，并以之作为哲学本质矛盾产生的根据和划分哲学上对立阵营的唯一标准，从而如实地指出了从思维和存在的关系问题所展开的哲学矛盾运动的复杂性和丰富内容。哲学的基本问题包括：思维和存在谁是本原的世界观（本体论）方面的问题和思维能否反映存在的认识论方面的问题。由这两个方面的分歧所产生的唯物主义和唯心主义的矛盾，是哲学认识中最普遍、最根本的矛盾。而在回答世界的本原问题时必然联系到世界是否运动变化、统一的本原怎样发展为杂多的万物等问题；回答世界能否被人认识的问题时必然联系到这种认识是否具有能动性、是否有一个发展过程等问题，这就逻辑地蕴含了两种发展观的分歧，由此产生的辩证法和形而上学的矛盾，贯串哲学认识史的始终，也是根本性的矛盾。哲学认识中这些本质的矛盾，具有普遍性，因而具有表现形态的多样性；它们在各个民族及其哲学发展的不同历史阶段可以有千差万别的表现形态。中国古代哲学的独立发展，历史地形成一些独特的概念、范畴和争论的中心问题，如前期的"天人"、"名实"之辩与"和同"、"常变"之争，后期的"理气"、"心物"之辩与"一两"、"动静"之争，就都是哲学论争的一些焦点。它们恰好反映了哲学基本问题及其所引起的哲学本质矛盾在不同侧面的展开。科学研究的任务，就在于揭示出这些哲学的本质矛盾在中国哲学发展中的表现形态和历史特点，揭示出矛盾的普遍性与特殊性的具体联结。

哲学认识的矛盾发展，按其逻辑进程，集中地体现在哲学概念、范畴的产生、发展和演变之中。范畴是认识之网上的纽结，是理性思维在去粗取精、去伪存真的积淀、升华中的结晶。由普通概念精炼成为哲学范畴；哲学范畴的内涵又由贫乏到丰富、由朦胧到清晰、由简单到复杂、由抽象到具体；哲学范畴之间的关系、转化日益形成明确的系统；这些都标志着人类哲学认识一步步提

①《马克思恩格斯选集》第 4 卷，第 219—221 页。

高和深化的过程。历史上唯物主义与唯心主义、辩证法与形而上学的相互斗争和在斗争中的相互联结、渗透、转化，正是通过对一些基本范畴的继承、扬弃或赋予不同的解释表现出来的。哲学发展到一定阶段的历史总结，也总是通过把以往各个体系中的重要范畴纳入一个新的体系而变为这一新体系中的各个环节来实现的。不同民族文化系统中的哲学思维的特点和水平，可以通过范畴体系的异同对比而得到较好的说明。列宁指出："概念（认识）在存在中（在直接的现象中）揭露本质（因果律、同一、差别等等）——整个人类认识（全部科学）的真正的一般进程就是如此。""从逻辑的一般概念和范畴的发展与运用的观点出发的思想史——这才是需要的东西！"[①] 科学的哲学史应当分析概念和范畴的发展与运用，分析每个哲学家的中心范畴，分析一些重要哲学家的范畴体系，特别要研究不同历史阶段的哲学矛盾运动中哲学范畴的逻辑发展。只有通过这样的分析和研究，才可能真正揭示出哲学思维发展的进程和规律。中国哲学发展的不同阶段都合规律地出现了一系列本体论、认识论和发展观的概念和范畴，有的公用，有的独用，有的时起时灭，有的长期流行。诸如"天"、"道"、"气"、"神"、"有无"、"道器"、"阴阳"、"消息"、"和同"、"动静"、"常变"、"体用"、"本末"、"一两"、"理气"、"心物"、"能所"、"知行"等等较为通用的范畴，也都经历了复杂变化，曲折发展的过程，它们在不同历史阶段上对立的哲学体系中各有自己的规定。这些基本范畴的涵义不断丰富深化，正反映了哲学认识螺旋前进的客观进程。所以，具体剖析和清理这些范畴在不同派别、体系中的特定涵义和特殊应用，进而把握它们在人类哲学认识史上的逻辑意义和客观作用，无疑地将大有助于探索中国哲学发展的内在规律。中国哲学史的科学化建设，应当把研究哲学范畴的历史联系和逻辑发展作为一个重要课题。

基于以上认识，在本书的编写中，按我们所理解的哲学史研究的特定对象，比较注意了突出哲学思想的发展线索，而对哲学家们的非哲学的思想成果则尽量删略。把围绕哲学基本问题所展开的哲学矛盾运动，作为论述的重点，而以认识论和发展观为重心。一方面，对历代哲学矛盾发展的普遍根据，即其社会阶级根源、自然科学基础和其他社会意识、时代思潮的影响等，进行必要

①《列宁全集》第38卷，第355、188页。

的历史唯物主义的说明；另一方面，对哲学本身发展的特殊根据，即其内在矛盾，则作为重点，进行尽可能具体的唯物辩证法的分析，力图通过分析哲学范畴的历史演变来探索哲学认识发展的逻辑进程。

哲学史研究的对象和方法有密切的关系。为了探索哲学认识发展的逻辑进程，总结其发展演变的规律，我们认为必须充分重视哲学史研究中的一些重要的方法论原则。

哲学史方法论问题很多。历史唯物主义所提供的解剖社会意识形态的一般方法，诸如阶级分析的方法、历史主义的方法、比较鉴别的方法、实事求是的人物评价方法、系统周密的史料考订方法等等，都是研究中必须坚持的科学方法。但就哲学史这个特殊领域来说，历史和逻辑的统一，是一个具有特别重要意义的指导原则和方法。这是由于哲学史这门科学既属史学又属哲学这种特殊的性质所决定的。

历史和逻辑的统一，作为辩证逻辑的科学思维的一个普遍原则，是马克思主义熔铸、改造黑格尔哲学史观所取得的重大成果。黑格尔哲学史观的一个重要观点，即把哲学史和哲学都看作是“发展中的系统”，两者具有本质的联系，由此导出了历史和逻辑统一的方法论原则，认为：“历史上的那些哲学系统的次序，与理念里那些概念规定的逻辑推演的次序是相同的。”并说：“如果我们能够对哲学史里面出现的各个系统的基本概念，完全剥掉它们的外在形态和特殊应用，我们就可以得到理念自身发展的各个不同阶段的逻辑概念了。反之，我们如果掌握了逻辑的进程，我们亦可从它里面的各个主要环节得到历史现象的进程。不过我们当然必须善于从历史形态所包含的内容里去认识这些纯粹概念。”(《哲学史讲演录》，第 34 页）黑格尔把抽象的理念自身发展的逻辑进程看作是基础，把现实的哲学史看作不过是绝对理念自我认识的历史表现，历史从属于逻辑，从而唯心主义地颠倒了历史和逻辑的关系。但黑格尔的这一深刻的论述，却包含了历史和逻辑相统一这一辩证思维的合理内核，受到了马克思主义经典作家的高度赞扬，并予以改造和发挥，使之成为马克思主义方法论体系中的一个重要原则。

恩格斯指出：黑格尔的方法“是从纯粹思维出发的，而这里必须从最顽强的事实出发”[1]。然而，在历史科学的研究中必须摆脱历史现象的外在形式和各种偶然性因素的干扰，“因此，逻辑的研究方式是唯一适用的方式。但是，实际上这种方式无非是历史的研究方式，不过摆脱了历史的形式以及起扰乱作用的偶然性而已。历史从哪里开始，思想进程也应当从哪里开始，而思想进程的进一步发展不过是历史过程在抽象的、理论上前后一贯的形式上的反映；这种反映是经过修正的，然而是按照现实的历史过程本身的规律修正的，这时，每一个要素可以在它完全成熟而具有典型形式的发展点上加以考察。”[2]这就是马克思主义剥取黑格尔的辩证逻辑方法所得出的结论。恩格斯还深刻地指明：“在思维的历史中，某种概念或概念关系（肯定和否定，原因与结果，实体和变体）的发展和它在个别辩证论者头脑中的发展的关系，正如某一有机体在古生物学中的发展和它在胚胎学中（或者不如说在历史中和在个别胚胎中）的发展的关系一样。……在历史的发展中，偶然性起着自己的作用，而它在辩证的思维中，就像在胚胎的发展中一样包括在必然性中。”[3]列宁也充分肯定黑格尔“把他的概念、范畴的自己发展和整个哲学史联系起来”对辩证逻辑的贡献；并指出：“黑格尔的辩证法是思想史的概括。从各门科学的历史上更具体地更详尽地研究这点，会是一个极有裨益的任务。总的说来，在逻辑中思想史应当和思维规律相吻合。”[4]以唯物史观为前提的历史和逻辑相统一的方法论原则，毫无疑问应当成为哲学史研究的指导原则和根本方法。马克思主义所肯定的历史和逻辑的统一，既是唯物的统一，又是辩证的统一。一方面，坚持从历史事实出发，把哲学发展的生动的现实的历史过程，作为哲学范畴的逻辑发展的出发点、根据和基础；另一方面，也必须善于透过历史的现象形态，摆脱某些起扰乱作用的偶然性因素，从历史上具体的哲学矛盾运动中去发现其概念、范畴演化发展的逻辑进程及其理论上前后连贯的诸环节。这样把历史的方法和逻辑的方法结合起来，对历史上前后更替、互相对立的哲学体系及其中心范畴，进行深入的马克思主义的阶级分析、历史分析和逻辑分析，剥掉它们的外在形态和特殊应用，揭露其中包含的作为人类哲学认识发展的必经的理论环节。这样，

① 《马克思恩格斯选集》第 2 卷，第 120 页。
② 《马克思恩格斯选集》第 2 卷，第 122 页。
③ 《马克思恩格斯选集》第 3 卷，第 544—545 页。
④ 《列宁全集》第 38 卷，第 355 页。

就能通过哲学史的研究，总结出人类哲学认识史的逻辑。

人类哲学认识的发展，充满了矛盾，经历着曲折，有其大体依存于社会经济发展阶段的思想起落的阶段性。每一阶段的哲学运动，大体都有一个思想的起点和终点，由问题的提出，矛盾的展开，范畴的演变，争论的深入，到思想的总结，形成一个首尾相应的逻辑进程。这个逻辑的进程，由于它所反映的客观过程的矛盾性和反映过程本身的矛盾性，必然经历着曲折和反复，肯定和否定，由偏到全，由低到高，而表现为近似于螺旋式的曲线，近似于一串圆圈组成的大圆圈。“圆圈”的比喻是黑格尔提出的。列宁认为，这是“一个非常深刻而确切的比喻！每一种思想＝整个人类思想发展的大圆圈（螺旋）上的一个圆圈”。[①]在《谈谈辩证法问题》一文中，列宁按历史和逻辑统一的原则，对西欧哲学发展的“圆圈”，曾勾画出一个简明的纲要，具有极其重大的方法论的指导意义。中国哲学史的科学化建设，应当把列宁的这些提示作为指针，努力去探索中国哲学的历史发展中所固有的“圆圈”。

源远流长的中国哲学史，并不是什么“百家往而不反”的可悲战场，也不是什么千古心传的“道统”记录，而是中华民族的哲学智慧在艰苦曲折中发展的合规律的必然历程。

战国时期的百家争鸣，似乎是“各引一端，崇其所善”(《汉书·艺文志》),“皆有所明，不能相通”(《庄子·天下篇》)。所谓阴阳、儒、墨、道、名、法等各家蜂起，互相攻讦，争论的问题又涉及许多方面。但如果筛选出这些争论中的哲学认识的积极成果，又剥掉其外在的形式和特殊应用，就可以发现这一时期的哲学认识的矛盾运动，有其符合思维规律的固有的逻辑进程，并形成特定历史阶段上哲学发展的一个“圆圈”。早期稷下道家保留在《管子》一书中的思想资料，早被筛选出“精气说”的宇宙观和“静因之道”的反映论，可说是这一时期哲学运动的逻辑起点。孟轲和庄周继之而起，都试图克服这种消极反映论，从不同角度论述和夸大了人的主观精神的能动作用，构成哲学认识的必要环节。围绕思维和存在的同一性问题，惠施合同异、公孙龙离坚白、庄周齐是非，各以其片面性和直线性而陷入谬误，却又分别展开和加深了关于事物的差别性和同一性、认识的有限性和无限性、真理的相对性和绝对性

①《列宁全集》第38卷，第271页。

等客观矛盾的逻辑认识。后期墨家通过科学实践，注意到同和异、兼和分、一般和个别、相对和绝对在认识中的辩证联结，对名辩思潮中的谬误倾向有所纠正。这些都表现了哲学认识在对立斗争中的螺旋发展，准备了战国末期必然出现的批判总结。荀况以“解蔽”的方法基本上完成了这一历史任务，把百家争鸣中的哲学劳动成果都作为一个个必要的认识环节而纳入自己的哲学体系，并明显地以他的“天行有常”、人道“能群”、“天命可制”的天人关系论和“虚一而静、谓之大清明”的认识辩证法，在更高的理论思维水平上扬弃了孟子、庄子、公孙龙、惠施而向稷下道家的“静因之道”复归，逻辑地标志着这一时期哲学发展“圆圈”的终结。

明清之际的思潮激荡，是中国历史上出现的又一次社会动荡和哲学繁荣的局面，并具有思想上新旧杂陈、方生未死的时代特点。这一时期，伴随着资本主义萌芽，出现了早期启蒙思潮，标志着中国漫长的封建社会及其传统思想已进入马克思所说的尚未达到“崩溃时期”，但已“能够进行自我批判”[①]的历史阶段。一大批思想家几乎同时涌现出来，各以自己的批判武器去继往开来、推陈出新，各不相谋地在时代潮流中选择自己的学术道路，再经过明清易代之后十八世纪的思想洄流，在当时所谓王学和朱学之争、汉学和宋学之争等历史的外在形式的掩盖下，似乎难于理出他们的各具特点的哲学思想之间有什么内在联系。但是，就这一特定历史阶段的哲学运动说，通过历史和逻辑相统一的分析，不仅可以明显地看出，王夫之的哲学通过扬弃朱熹和王阳明而复归到张载，完成了宋明时期围绕“理气”“心物”关系问题展开的整个哲学矛盾运动的大螺旋。而且，从李贽的“童心”说和“是非无定”论对封建独断论怀疑、否定的逻辑意义，可以发现这一阶段早期哲学启蒙的实际起点。方以智、黄宗羲、顾炎武卓然成家，正好各有侧重地从自然史、社会史、学术思想史等各个侧面去突破传统思维方式，开拓哲学认识的新领域。王夫之更从哲学上总其成，他在理气（道器）、心物（知行）和天人（理欲）等关系问题上多方面的理论贡献，逻辑地综合了当时的哲学认识的成果，把朴素唯物辩证法的理论形态发展到顶峰，并预示着新的哲学启蒙即将来临。稍后，颜元重“习行”、倡“实学”的唯物主义的经验论倾向和戴震重“心知”、察“分理”的唯物主义的

① 《马克思恩格斯选集》第 2 卷，第 108 页。

唯理论思路，开始从不同侧面酝酿着新的思维方法和新的理论动向。但由于中国近代的长期难产，这一哲学发展的逻辑进程，未能达到它的理论终结；而到十九世纪初叶历史地转入了另一个时代。

以上是我们对历史和逻辑的统一这一马克思主义方法论原则运用于哲学史研究的一些粗浅理解，在本书的编写中，试图贯彻这一原则而作了一些探索。这些探索显然是初步的，一些具体论断，尚待今后在研究和教学中进一步推敲。

马克思主义的哲学史方法论是一个完整的体系。列宁提出的哲学斗争的党性原则和哲学发展的圆圈思想是统一的，不应作任何割裂的理解。当我们强调历史和逻辑相统一的原则时，毫无疑问应当坚持整个唯物史观的理论前提，坚持哲学矛盾运动依存于社会矛盾运动而又有其对社会运动的反作用的观点，坚持人民群众的三大实践是哲学发展的动力和源泉而哲学发展又有其相对独立性的观点，坚持观点和材料的统一、共性和个性的统一、一般原理指导和具体分析的统一，等等；一句话，必须坚持马克思主义的党性和科学性的统一，而科学性又是无产阶级党性的基础。全面理解和坚持这些原则，就一定能够不断地推进中国哲学史的科学化建设。

把中国哲学史作为一门发展着的思维科学来研究和学习，具有多方面的意义，而最主要、最根本的意义在于:（一）通过对中国哲学发展进程的历史考察和逻辑分析，把历史上经过许多艰难曲折才获得的哲学劳动成果和哲学斗争经验重新反刍一遍，总结和吸取其中理论思维许多典型的经验教训，可以锻炼、提高理论思维的能力。这对于解决我们民族当前面临的时代任务，建设社会主义精神文明，实现四个现代化，急起直追，勇攀现代科学和现代唯物主义的高峰，有着直接的联系。恩格斯说:“一个民族想要站在科学的最高峰，就一刻也不能没有理论思维。”但理论思维的能力“必须加以发展和锻炼，而为了进行这种锻炼，除了学习以往的哲学，直到现在还没有别的手段”[①]。恩格斯还从反面指出：轻视理论的自然主义、经验主义的思维道路必然受到历史的惩罚，以致“连某些最清醒的经验主义者也陷入最荒唐的迷信中，陷入现代降神术中去

①《马克思恩格斯选集》第3卷，第467、465页。

了。”[①]（二）通过对中国哲学史的学习，特别是对历史上独立形成的哲学范畴的体系、哲学斗争的焦点、哲学发展的“圆圈”进行认真的分析，揭示其规律和特点，解剖世界上仅有的几个文化系统中哲学创造的这一个历史类型，继承这份珍贵遗产，可以充实唯物辩证法对人类哲学认识史的概括。这对于丰富和发展马克思主义的哲学和哲学史观，是一个重要的方面。马克思主义的哲学史观，从欧洲哲学史的总体上，已揭示出了朴素形态的唯物论和辩证法相结合的古代阶段，到机械唯物论和唯心辩证法交错发展的近代阶段，再发展到科学形态的辩证唯物主义的现代阶段这一人类哲学发展的大圆圈；除希腊阶段外，列宁对欧洲近代充分发展的哲学矛盾运动更勾画出三个小圆圈，直到马克思主义产生而开辟哲学发展的新纪元。这是结合欧洲历史特点所总结出的人类哲学发展的普遍规律。沿着马克思主义哲学史观所开辟的认识道路前进，我们应当结合中国历史特点总结出人类哲学发展中另一典型的客观规律，诸如夏殷周奴隶制时代哲学的产生和发展，作为东方大国在战国封建制形成过程中哲学矛盾运动的展开，长期封建社会得到充分发展的哲学斗争、转化的两大阶段，中国近三百年的哲学启蒙在历史洄流中的两个螺旋，直到马克思列宁主义传入、毛泽东思想产生，中国哲学跃进到一个新阶段。这些典型规律的总结，不仅可以丰富对人类哲学发展的总规律的认识，而且有助于我们深刻认识毛泽东同志对哲学发展作出的贡献，也有助于我们预见中国哲学发展的未来。（三）在研究和清理哲学遗产中，必然涉及两种民族文化、两种思想传统的问题。哲学区别于一般文化思想，而又总是与某种文化思想相依存并成为其核心。中国哲学遗产中，历史既保存下许多珍品，作为真理的颗粒，作为哲学认识的积极成果，应当加以发掘和总结；同时，历史也遗留下不少谬误的种子，作为认识史上的腐朽糟粕，作为反动文化传统中的思想毒素，至今还起着腐蚀、毒害人们的作用，必须加以批判和揭露。当然，在中国哲学史的研究中对这些糟粕、毒素的批判，只能是科学的解剖，解剖其历史的根源和作用，还其历史的本来面目，并指出其将被人们扫进历史垃圾堆的必然性。

我们想，明确对象，突出重点，掌握方法，认清目的，中国哲学史这门科学的研究和教学，必将取得某些新的成绩。

---

①《马克思恩格斯选集》第 3 卷，第 482 页。

张岂之与《试论思想史与哲学史的相互关系》

经典导读

张岂之（1927—　），江苏南通人。1950年毕业于北京大学哲学系，同年考入清华大学读研究生。1952年起在西北大学从事教学工作。现任西北大学名誉校长、中国思想文化研究所所长、教授。

20世纪五六十年代，他协助侯外庐整理《中国思想通史》1—2卷，后来又同侯外庐、邱汉生共同主编了《宋明理学史》。80年代中期以来，他主编的著作有：《中国思想史》、《中国历史大辞典·思想史卷》、《中国儒学思想史》、《中国传统文化》、《中国近代伦理思想的变迁》、《中国近代史学学术史》、《民国学案》、《中国历史十五讲》、《中国学术思想编年》、《陕西通史·思想史卷》、《中国思想文化史》，以及《中国历史》六卷本。自著有《顾炎武》、《儒学·理学·实学·新学》、《春鸟集》、《中华人义精神》等。并主编《华夏文化》杂志。2009年首都师范大学出版社出版了《乐此不疲集》、学习出版社出版了《张岂之自选集》，比较全面地收集了他有关传统文化、思想史研究以及素质教育等方面的论文。

张岂之先生继承和发展了侯外庐中国思想史研究的理论和方法。1983年他发表了《试论思想史与哲学史的相互关系》，从长期存在争论的思想史和哲学史学科的关系入手，为中国思想史学科的研究对象、研究方法等方面做出了系统说明，这对于中国思想史学科的发展具有重要的意义，利于我们进一步厘清思想史的学科边界，本书选取了这篇对中国思想史学科而言具有重要影响的论文。该文的观点在1989年出版的70万字的《中国思想史》教材中得到很好的贯彻。"

张岂之认为中国思想史研究有很深厚的传统，已有2000多年的历史，《庄子·天下篇》等即是其产生的标志，马克思主义者运用辩证唯物论和历史唯物论研究中国思想史，思想史研究的面貌发生了很大的变化。但是直到20世纪80年代，中国思想史作为一门学科还有许多问题没有解决。例如中国思想史的研究对象和研究范围问题。张岂之认为中国思想史是中国历史、中国文明史的一个重要组成部分，是理论化的中国社会思想意识的演进史，"确切地说，思想史就是理论化的人类社会思想意识的发展史，思想史就是研究人类历史上社会思想意识发展、演变及其规律的学科。"[①] 但是思想史不是哲学史，哲学史的研究对象仅限于人们对自然、社会、人的思维的一般规律的认识，思想史的范围要比哲学史宽。思想史也不是包罗万象的文化史，文化史的范围更为广泛，它要研究物质文化、农业、手工业等，还要研究精神文化等，将思想史与文化史等同起来是不合适的。思想史和文化史研究有联系，文化史的研究有助于从更广阔的背景上去研究人类社会思想意识的发展。中国思想史是一门综合学科，涉及政治、经济、历史、法律、道德、科学、教育、军事思想等各个领域，但是思想史也并不是政治思想史、经济思想史等简单的总和，而是既要进行分门别类的研究，还应该进行综合的研究。思想史作为一门综合学科，要求揭示每个学派、每个思想家各种思想的内在联系。

关于中国思想史的研究方法，张岂之认为，首先要坚持侯外庐思想史与社会史相结合的研究方法，即思想史研究要求通过解剖社会，研究在特定的历史条件下社会政治经济与哲学思想、政治思想、经济思想、伦理思想的关系，以及这些思想对当时的社会产生了怎样的作用。其次要对社会思潮进行研究，因为社会思潮往往体现社会史和思想史的相互联系。他指出："研究某个历史时期的社会思潮在各个方面的反映及其内在联系，并通过思潮的演变嬗递去看社会政治经济的变化，这是思想史的独特方法。"[②] 所谓社会思潮也就是一个时期内思想领域的主要倾向。再次，他强调要把思想史研究同科学技术史的研究结合起来，弄清科技史与社会意识形态之间

① 张岂之:《试论思想史与哲学史的相互关系》，载《哲学研究》，1983年第10期。

② 张岂之:《试论思想史与哲学史的相互关系》，载《哲学研究》，1983年第10期。

的相互关系。最后，强调思想史研究应该注意思想源流的演变，对于各个思想学派的兴衰变化、学派间的相互辩论和承袭融合，前代思想家对后世的影响，以及后代思想家对前代的继承和发展，这些都是思想史研究的重要内容，也就是要注重思想的相对独立性和思想体系本身的历史演变过程的研究。他还讨论了思想研究的复杂性，即某位思想家往往一生中其思想在不断地发展变化，这就要求我们做尽可能全面的研究。他还十分注重分析中国思想史不同于西方思想的特点，认为重伦理思想和政治思想，自然哲学分量较少，重辩证思维，重天人合一的思维方式，以及重视经学形式，通过注解经书来阐述自己的思想等是中国思想的独特之处。对于中国思想的历史作用的评价，他认为不能以思想的政治作用，掩盖了思想的社会作用，还要深入剖析思想体系的理论思维的作用才能比较客观地阐明思想体系的各个环节对人类理论思维的发展所作出的贡献。总之，思想史是历史学的一个分支，更加具有史的特点。

张岂之对儒学思想有专门的研究。他曾经指出:“要了解中国的国情、中国的文化传统、中国的民族性格，就需要了解、研究长期影响过我国历史文化的儒学思想。”[①] 他主编的《中国儒学思想史》，1990 年由陕西人民出版社出版，梳理了先秦时期到清代中国儒学发展演变过程及其特点，提出了“儒学即人学”的观点，对儒学和而不同思想的发生发展做了深入论述。该书特别关注历代儒学与自然科学发展关系的问题，注意阐述儒学中的理性主义，强调儒学中的独断主义给科技发展以消极影响，但儒学中的理性主义对自然科学的发展起到了促进作用，对儒学的作用不能一概而论。他作为主编之一的两卷本《宋明理学史》(上册，人民出版社，1984 年；下册，人民出版社，1987 年)，是迄今为止最为详赡的宋明理学史研究专著，阐述了理学产生和演变的历史过程，对以哲学化的儒学形态为主，吸取佛学和道教的思辨方法与认识方法的理学学术难题进行了剖析，尤其对理学体系的重要范畴，如理、气、心、性等的含义及渊源均进行了论述。

在中国近代思想史研究方面，张岂之着重就中国近代哲学、近代伦理思想和近代学术思想来研究中国近代思想的发展源变。在《近代伦理思想的变迁》一书中，他认为近代伦理思想要从洋务运动写起，戊戌维新运动后，西学大量传入，中国社会的思想领域发生了重大变化，严复、梁启超、康有为、谭嗣同等皆借西学以批国

① 张岂之:《儒学·理学·实学·新学》，陕西人民教育出版社 1994 年版，第 51 页。

学，但中学与西学如何相融并没有解决；辛亥革命时期的孙中山对中国传统思想文化进行了深入的反思；五四新文化运动对传统思想文化是破多立少，对如何建立新的道德伦理观，并没有解决。通过对哲学思想、伦理思想、学术思想变迁的分析，他认为中国传统思想文化的现代化需要有一个较长的过程，恰如当年儒学是经历了“格义”、“寄言出意”、“明心见性”三个阶段才吸收融化了佛学一样，中国传统思想文化要吸收西学、走向现代化也有一个从盲目借用到认真取舍到创建新自我的过程，但可以肯定的是，现代化的中国思想文化，不是传统文化的翻版或西学的全盘照搬，而是传统思想文化在现代社会、在多种思想碰撞中进行的脱胎换骨的升华。

2007年6月，广西师范大学出版社出版了张岂之主编的《中国思想学说史》，全书共六卷九册，包括先秦卷、秦汉卷、魏晋南北朝卷、隋唐卷、宋元卷和明清卷，力图在总结近50年来、特别是近20年来中国思想史研究成果的基础上，提出对中国思想发展历史的新认识，丰富和发展中国思想史学科体系。《中国思想学说史》对中国思想史研究理论与方法问题以及相关学术问题，提出了比较系统的认识，具有以下特点。

特点之一，明确中国思想史研究的主要对象依然是理论化的社会思维，坚持思想史研究与社会史研究相结合的研究路径。侯外庐认为思想是以对世界整体有一定理论深度的思考为基础、有一定理论思维水平的关于人类社会的系统认识。《中国思想学说史》认为中国思想史离不开理论思维。同时认为把社会史与思想史相贯通，是20世纪中国思想学术史研究最重要的创见，它为解剖中国思想学术史，挖掘思想背后的社会原因提供了依据。在揭示思想的社会史背景问题上，《中国思想学说史》继承前人重视社会经济分析的科学方法，同时扩大了观察视野，注意到社会经济以外的社会生活领域，力求多层面说明思想的社会历史背景。

特点之二，力图勾勒中国思想学说发展历史的全貌。《中国思想学说史》研究范围上起中国文明起源时代，下至清代。中国文明起源于距今5000多年前，研究中国思想亦当从文明起源时代开始。但由于种种原因，近代以来的同类著作，有的从商周时代写起，有的甚至从春秋战国时代写起，不能不说是很大的缺憾。《中国思想学说史》利用新的考古发现和研究成果，将研究的起点上溯到中国文明起源时代，力求完整描述中国思想发展的全过程。此外，《中国思想学说史》力求揭示中国思想学说的各个组成部分，包括经学、子学、宗教思想、科技思想等形成、发展、流变的历史，每卷基本分社会篇、经学篇、子学篇、宗教篇、科技篇，力图全面展示理论思维的发展历史。

特点之三，重视中国思想发展的连续性。研究思想发展的连续性本来是通史性质的思想史著述的着重点之一，只有这样才能找到思想发展的内在逻辑，说明一个民族理论思维传统的特点。前人研究中国思想学说史，已经对此做过很好的讨论，例如指出近 2000 年来中国思想发展的经学形式，即是从思想学术的来源方面指出了近 2000 年中国思想发展的连续性。但是，由于偏重于强调各个时代新思想与旧思想的对立斗争，有时候忽视新思想与以前思想文化之间的内在联系。《中国思想学说史》在研究中国思想发展的连续性方面有新的进展。该书先秦卷对春秋战国诸子学说与西周思想文化的关系做了考察，肯定了诸子学说与西周思想文化的源流关系。说明不仅儒家学说是如此，法家学说也与西周思想文化有源流关系。魏晋南北朝卷对玄学的研究，宋元卷、明清卷对理学的研究，也注意揭示玄学、理学与经学的源流关系。这些努力使得理论思维的意义呈现在思想发展演变的整体性序列，与思想学说史的断代研究、专题研究有所不同。

特点之四，重视从学术史角度深化思想史研究。在中国思想发展史上，众多思想家提出其思想学说时，并不是另起炉灶，重新提出自己的概念范畴系统，而往往是采用托圣人立言的形式，通过对经典的注解与阐释来提出自己的思想学说。他们在理论上的创新与贡献，也往往体现在对原有概念、范畴、命题的改造或意义的重新赋予。在这种情况下，对思想理论的发展演变的把握，就需要将概念、范畴置于学术发展演变的整体序列中，通过对源流与演变的探究，考察其内容的更新与创造。一旦脱离学术源流的考察，就难以真正把握理论思维的深层次内涵与价值，以致造成误读与曲解。《中国思想学说史》力图结合学术史的研究视野，立足于思想背后深沉浑厚的学术土壤，使理论分析更为切合思想史自身发展的实际，深化思想史的研究。

特点之五，注重推进中国思想史一系列复杂问题的解决。例如先秦卷详细叙述了前诸子时代的思想发展历程；秦汉卷详细叙述了经学思潮在汉代的演变历史，分析了经学与汉代政治的结合程度，澄清了关于经今、古文之争的一系列模糊认识；魏晋南北朝卷详细论述了玄学思潮的曲折变化，对东晋玄学思潮的继续发展以及它与佛、道二教的渗透给予了较为细致的分析，弥补了以往研究的不足；隋唐卷对于纷繁复杂的佛学理论体系做了精炼的释读，补充了 6—9 世纪佛教宗派冲突与融合的大量史实。宋元卷充分展示了理学思潮产生的时代背景和文化背景，揭示出理学思潮的多样性与同一性；明清卷对乾嘉学者的学术理念提出了富有创见的讨论。上述研究，充分展示该书立足于中国思想史研究的前沿，具有独立的、自成系统的观点。

特点之六，反映出新材料的发现，吸收了相关最新研究成果。该书对于考古的最新进展给予了关注。如先秦卷论述中国思想的起源，大量使用最新考古发现，论述儒、道思想，充分运用郭店楚简和马王堆出土帛书，在充分理解出土文献的基础上，对孔子思想的演变过程以及先秦重要文献《中庸》的属性，都提出了新的观点。秦汉卷之子学篇，对考古发现也特别重视，举凡秦汉时期的与子学相关的文献和文物都基本有所涉及。该书对学术界相关研究成果也给予充分吸收。如魏晋南北朝卷及宋元卷关于社会史的研究，就吸取了当前学术界社会史研究的许多见解；隋唐卷与明清卷的科技篇引用了目前学术界关于天文数学史研究的大量成果，提高了学术含量。

《中国思想学说史》是近年来中国思想史研究有代表性的成果之一。

—— 延伸阅读文献目录：

1. 张岂之:《试论思想史与哲学史的相互关系》,《哲学研究》, 1983年第10期。
2. 张岂之主编:《中国思想史》, 西北大学出版社, 1989年。
3. 张岂之:《乐此不疲集》, 首都师范大学出版社, 2009年。
4. 张岂之:《张岂之自选集》, 学习出版社, 2009年。
5. 张岂之主编:《中国思想学说史》, 广西师范大学出版社, 2007年。

—— 原文:《试论思想史与哲学史的相互关系》

经典原文

试论思想史与哲学史的相互关系

张岂之

在中国，思想史的研究已有两千多年的历史，出现了《庄子·天下》、《荀子·非十二子》、《韩非子·显学》、《尸子·不二》、《六家要旨》、《伊洛渊源录》、《宋元学案》、《明儒学案》、《理学宗传》、《清儒学案》和《近思录》、《性理大全》等思想史论著与资料汇编。也产生了庄子、荀子、韩非、司马迁、朱熹、黄宗羲、全祖望、梁启超、章太炎等许多博学的思想史研究家。马克思主义传入中国后，在辩证唯物论和历史唯物论的指导下，思想史研究有了崭新的面貌，取得了显著成果。

但是，中国思想史作为一门学科，仍然有一个重要的理论问题没有解决，即它与哲学史的关系问题，包括研究的对象、范围和方法等问题。有一种看法认为，思想史与哲学史大同小异，两者所研究的内容、范围基本相同。还有一种看法认为，思想史是哲学史、政治思想史、经济思想史等的总和。

关于思想史的对象及范围等问题，早在三十年代，老一辈学者就已探讨过。例如：蔡尚思先生在《中国思想研究法》中认为，思想史就是社会科学史，即与人类社会密切相关之学科的历史，包括政治、经济、法律、教育思想等等；而哲学、宗教等探究宇宙心性、上帝神灵的学科是排除在外的。这种提法对我们有启发，但今天看来，仍需要进一步补充。至少，哲学是不应排除在思想史范围之外的，因为哲学是人类思维的精华，无论中国思想史还是西方思想史，哲学思想都是政治思想、经济思想、教育思想等的理论基础。哲学是思想史的主干，丢掉哲学思想，就等于抽掉了思想史这座大厦的大梁。

过去有的学者认为，思想史的内容包括政治思想、经济思想、法律思想、伦理思想等，这些分门别类的思想，同时又可称之为政治哲学、经济哲学、法哲学、伦理哲学等，所以思想史实际上就是哲学史。这种看法是受西方对“哲学”这一概念之理解的影响。在恩格斯确定“哲学”的对象与范围之前，“哲学”的范围很广，例如黑格尔便把哲学作为精神的科学，凡一切有关自然、社会及人的抽象的理性思维，都是哲学。这样的界说不够准确。今天我们所讲的哲学，是经过马克思、恩格斯作了严格科学限定的学科，它的范围仅限于人们对自然、社会、人的思维的一般规律的认识。

思想史的研究范围比哲学史宽，它要研究每一历史时期人们的社会意识是怎样由当时的社会经济状况及相应的政治法律制度形成的，社会的变动如何决定着思想内容的变化，而思想体系、观点的出现又如何直接、间接地起着推动与阻碍社会发展的作用，等等。这也就是说，从历史上社会的政治、经济方面去探索思想意识的发生、发展及其规律，并通过思想的研究反过来看社会的面貌，来看思想的作用。从这个意义上讲，思想史就是人类社会思想意识的发展史。当然，思想史也不是包罗万象的，仍然有一定的范围，或称之为科学的限定。只有以理论形式出现的思想内容才是思想史的研究对象。所以，确切地说，思想史就是理论化的人类社会思想意识的发展史，思想史就是研究人类历史上社会思想意识发展、演变及其规律的学科。这里想附带说明：思想史和文化史所研究的对象并不相同。文化史的范围更为广泛，它要研究物质文化、农业、手工业、畜牧业、渔业、陶瓷业、建筑业等等，还要研究人们的物质生活，如服饰、居处、饮食等等，而且要研究人们的精神文化，如思想、社会风貌、宗教信仰、各种艺术形式等等。所以，如果将思想史与文化史等同起来，似乎并不合适。近年来，有些学者主张研究中国文化史，提出了不少宝贵的建议。我认为这方面确实应当加强研究，一方面，思想史的研究范围和文化史的研究范围有区别；另一方面，这两者又有联系，文化史的研究将使思想史的研究视野开阔，从更宽阔的背景上去理解人类社会思想意识的发展。

理论化的人类社会思想意识，是从多方面反映出来的。人们在长期的社会实践中，不仅思考着人们与自然界的关系，研究世界的起源、本质及发展的问题；还思考人自身的问题，例如，如何丰富人的精神生活，如何进行道德修养等等。而且也探究人与社会的问题，例如：种种社会现象及历史变迁的原因，或者提出社会的矛盾以及解决的方法，诸如，如何轻徭薄赋，如何宽猛相济，如何重农抑商，如何制礼作乐，如何富国强兵，如何抵御外侮，如何举贤与能，如何吸取外来文化……等等。这样，在社会思想意识的范围内，就出现了与哲学思想并行的政治思想、经济思想、法律思想、科学思想、教育思想、人才思想、军事思想等等。这些都是思想史的研究对象。所以，思想史是一门综合学科，涉及历史、哲学、政治、经济、法律、道德、科学等各个领域。

也许有这种看法：马克思主义经典作家曾经说过，古代哲学与所有的学科都是不分家的，所以，哲学史就应等同于思想史，或者认为思想史只是哲学史的一个分支。其实，在一定的历史时期，哲学没有从其他学科中独立出来，这是人类意识形态发展的必经阶段，表示哲学的不成熟性，并不说明哲学范围的广泛。后来，哲学又和其他学科相分离，不是包罗万象的学科。哲学史说明哲学不能代替其他科学，而只能概括其他科学的成果，提高到世界的本原和人类认识普遍规律的高度而进行概括和总结。总之，哲学是把思维对于存在的关系作为根本问题而加以探讨的（人类认识的辩证思维与范畴的发展史，以及哲学的分支学科如伦理学、美学、逻辑学等都与这个问题有关）。哲学史乃是研究人类对于自然界、社会和思维的一般规律的认识史，在这个范围以外的思想内容，似乎并非哲学史研究的主要对象，所以哲学史无法代替思想史。

由此看来，思想史的研究不仅包括哲学史，也应当包括哲学史以外的分门别类的思想史。但这又容易产生另外一种看法，即思想史等于政治思想史加上经济思想史……等等。当然，这些都应当作专门的研究，事实上我国不少学者在这方面已经提供了许多优秀的成果。除分门别类的研究以外，还应该有综合研究，这就是思想史这门学科的任务。思想史作为一门独立的学科，或称之为思想史学，并不是这些分门别类的思想史的简单总和。从历史上看，每一学派和主要思想家，都有一个思想体系（尽管有些学派、有些思想体系很不完整，而且其中有相互矛盾之处），它往往包括哲学、政治、经济、伦理、教育等多方面的内容，但这些内容并不是彼此无关的，也不是没有主次之分的，它们相互照应、补充，其中一些思想为另一些思想提供依据，整个思想体系是一个整体。这种思想的“整体”，前人是很注意的，称之为“学问”。如《明儒学案》所谓“学问”其实就是指的思想体系，后来有的学者称之为“学术思想”。梁启超研究并撰述关于清代的“学术思想”，就是清代思想史；注意了每个思想家的思想体系。在中国思想史上，似乎找不出一个思想家或一个学派中的各种思想相互之间没有任何联系的情况。所以，思想史作为一门综合学科，要求揭示每一学派、每一思想家各种思想的内在联系；即或在体系内有相互矛盾的观点，也要分析产生矛盾的原因，以便将一个有机的思想整体展现给人们。我们老一辈的马克思主义学者在这方面作了许多拓荒的工作，我们应当在他们工作的基础上更有所前进，深入研究每个学派、每个思想家各种思想的内在联系。同时，在中国思想史上还有许多思想家和学派没有经过深入的研究，我国各个民族的思想家都要研究，汉族以外的兄弟民族的思想家更加不能忽视。总之，中国思想史中空白点和薄弱环节是很多的；在这些方面，我们有大量的工作要做。

思想史的研究方法也有若干特点，有些是和哲学史相同，也有一些是它本身所有。首先，无论思想史和哲学史的研究都要求通过解剖社会，研究在特定的历史条件下社会政治经济是如何决定为之服务的哲学思想、政治思想、经济思想和伦理思想等，以及这些思想对当时的社会起着怎样的作用。在思想史的研究中，更应强调将它与社会史的研究相结合，注意历史与逻辑的统一，这样才能对每一时代涌现出的各种思想体系的根源、内容、作用有更深刻的认识。

其次，思想史把对社会思潮的研究作为一个重要的课题。所谓思潮，就是一个历史时期内思想领域的主要倾向。思潮往往集中地反映出这一时期社会政治经济与思想的相互联系。杜国庠同志说过："思想都是实在世界（自然和社会）的运动的反映，而个别思想之所以能够汇合而成为思潮，也正因为它们是在某一历史时期反映了同一的实在世界的结果。"（《杜国庠文集》，第 337 页）这个说明很好。中国思想史的思潮是接连不断地涌现的。在汉代，主要表现为经学，魏晋时期则为玄学，隋唐时期主要是佛教，宋以后是理学，清代是考据之学。到了近代，随着西学的传入，西学则成为思潮的主流。"五四"运动以后，马克思主义便成了主要思潮。思潮有多种表现形式，每一种思潮都在哲学、政治思想、伦理思想等方面反映出来，但往往以某一个方面最为突出。玄学、理学多表现在哲学和伦理方面，讨论的主要问题是有无、名教自然、形而上形而下、性与天道（性指人性，理学也讲物性；天道即天理）、阴阳刚柔、格物致知、齐家治国等（理学不仅是哲学，也讲政治、教育、史学、宗教等问题）。近代的思潮则集中于政治思想方面，一些论争都围绕着中学与西学、改良与革命、君主立宪与民主共和等问题而展开。因此，研究某个历史时期的社会思潮在各个方面的反映及其内在联系，并通过思潮的演变嬗递去看社会政治经济的变化，这是思想史的独特方法。

第三，研究思想史和哲学史的一个重要方法是和科学技术史的研究相结合，将理论思维史与科学技术史相统一。黑格尔是这样做的，马克思也是这样做的。列宁指出："要继承黑格尔和马克思的事业，就应当辩证地研究人类思想、科学和技术的历史。"（《列宁全集》第38卷，第154页）所谓辩证地研究人类思想、科学和技术的历史，从微观方面看，就是要弄清科学技术史与哲学概念、范畴的关系。哲学概念、范畴不是凭空产生的，它既是科学技术成果的概括，又是人类思想精华的结晶。如中国思想史上的"道"、"气"和"阴"、"阳"等，就是这样一些基本范畴。它们是在概括当时天文学、数学、医药等科学技术成果的基础上产生的，这些基本范畴又推动了古代理论思维的发展。古代的理论思维虽然是朴素的，但它不是天生的先验观念，也不是普通的日常意识，而是一种巧妙地运用概念的艺术，或称之为综合各种科学成果的科学抽象。要掌握和精通这种艺术，认识这种"科学抽象"，并通过它们去认识人类思维的发展史，就应当把思想史研究和科技史研究辩证地统一起来。再从宏观方面来说，就是要弄清科技史与意识形态的相互关系。意识形态，包括人的一切意识要素和观念形态，它是全部社会精神生活及其过程的总概括。这种总概括，即思想史也是在科学技术发展的基础上进行的，每个民族在不同时代的意识形态都和当时的科学技术密切相关。中华民族古代的意识形态也不例外，据《尚书·洪范》记载："五行：一曰水，二曰火，三曰木，四曰金，五曰土。"五行中所以有金这一行，据专门家的研究，认为这是进入青铜时代的反映。青铜是铜和锡的合金。青铜做的工具比起石器来，不论从材料还是从技术上说，都是一次伟大的飞跃。伴随着这场科学技术上的飞跃，人们的意识形态也发生了根本变化，"五行"说就是在这种情况下产生的。它的产生对我国古代意识形态的发展影响很大，人们不仅用"五行"说来解释自然，而且用它来说明社会人事，以致古代的艺术、道德伦理、政治思想、法律思想、宗教和哲学等等都程度不同地刻上了"五行"的印记。所以，我们深入研究古代意识形态的本质和变化，就不能不研究科学技术史。而这一点长期被忽略。总之，只有把科学技术史的研究和思想史研究辩证地统一起来，才能开创出思想史研究的新局面。

第四，思想史的研究应注意思想源流的演变。对于各个学派的兴衰变化、学派间的相互辩论和承袭融合；前代思想对于后世的影响，以及后代思想家对于前代思想的继承发展，都要作尽可能细致的探讨。这一点，以往思想史资料编纂学，如《宋元学案》、《明儒学案》是很注意的。我们既要批判地继承这方面的历史遗产，同时又要在马克思主义的指导下加以改造与提高，使之具有科学的形态。任何社会思潮都有一定的思想渊源关系，不是凭空产生的。经济归根到底决定思想的发展，但是思想本身有其相对独立性，它的演变还取决于其他一些因素。举例来说，宋明理学的产生固然依赖于一定的社会条件，但从思想渊源的相互关系上加以研究，也是不可缺少的。从思想渊源上，我们可以看到：北宋初期胡瑗解《春秋》，石介解《周易》，不重训诂而重义理；揭开了后来理学借用儒家经典以创立自己理论体系的序幕。然而理学的奠基者是周敦颐和张载。周敦颐开始从本体论的意义上使用“理”。张载虽然以物质形态的“气”作为宇宙本体和各种物质形式的最基本的形态，但是，依据他的解释，“气”所具有的变化运动的能力（“神”）却带有神秘主义色彩。在他的思想体系中，对许多范畴作了精深的分析，后来理学也在这方面作出了贡献。在张载的范畴分析中，源于“神”的“天道”、“天性”、“天理”等都带有物质性和伦理性的双重性质，他的理学思想与其唯物论思想混杂在一起。理学体系形成于二程（程颢与程颐），程颐的《伊川易传》是北宋时期理学的代表作，“天理”成为其哲学、伦理学和政治观的最基本的范畴；建立了以“天理”为核心的思想体系，与张载的《易说》有相通之处，也有相异之点。至于南宋朱熹集理学之大成，中间也有不少的思想过渡环节。至于明代王（守仁）学之产生，如果离开南宋末和元代朱（熹）、陆（九渊）合流而偏于陆这一思想倾向的出现，那也很难说清楚。可见，各种不同学派之间的相互影响和诘辩，对于思想意识的发展有重大的影响；若干年来，我们对此注意得不够，挖掘得还不深，这就影响了思想史研究的深度。无疑，注意思想的相对独立性和思想渊源的探讨，应当是研究思想史、哲学史的方法之一。

总括起来说，思想史是历史学的一个分支，更加具有史的特点。如果说哲学史的对象是人们对于自然、社会、思维一般规律的认识史，主要侧重于世界观、认识论和逻辑问题的话，那么思想史则包括人类社会思想意识的各方面内容，包括一般规律的认识史，也包括对现实社会具体问题的认识史。在思想史研究过程中，不是从个别方面，而是从社会思想的整体方面去揭示每个个别的思想体系，探究它们的整个发展过程。

李泽厚与《中国思想史杂谈》

经典导读

李泽厚（1930— ），湖南长沙人，著名哲学家，曾就读于宁乡四中、湖南省立第一师范。1954 年毕业于北京大学哲学系，曾为中国社会科学院哲学研究所研究员，1983 年当选为巴黎国际哲学院院士，1998 年荣获美国科罗拉多学院荣誉人文学博士，曾任德国图宾根大学、美国密歇根大学、威斯康星大学等多所大学客座教授，主要从事哲学、美学和中国思想史研究，是 20 世纪 80 年代新启蒙运动的主要倡导者，对 20 世纪 80 年代后的中国思想界产生了重大影响。后长期定居国外。李泽厚的主要著作有《中国古代思想史论》、《中国近代思想史论》、《中国现代思想史论》、《美的历程》、《批判哲学的批判》、《美学论集》、《论语今读》以及《伦理学纲要》等。

在 20 世纪 50 年代的美学论争中，李泽厚提出了重实践、尚人化的“客观性与社会性相统一”的美学观。他主要通过批判朱光潜的美学和蔡仪的唯物主义美学而提出自己的观点。他把实践引入美的本质的思考之中，认为美的本质是一种实践的过程。

20 世纪 70、80 年代，李泽厚通过对康德哲学的批判性研究，提出了“主体性实践哲学”的口号，突出人是历史的主体，是活动者的主体，其进行实践是一种创造活动，并不是机械的反映，这样就把人的审美活动的自由本性突显出来，使美学成为一块活动的领地。“主体性实践哲学”对个体主体性的强调，有助于消解庸俗唯物论的影响，也有助于消解斗争哲学的影响。后来李泽厚还提出了积淀学说，对“积淀”的具体形态、类型、方式和途径等，都曾从不同角度进行过某些解释，“要研究理性的东西是怎样表现在感性中，社会的东西怎样表现在个体中，历史的东西怎样再现在心理中。后来我造了‘积淀’这个词，就是指社会的、理性的、历史的东西累积沉淀了一种个体的、感性的、直观的东西，它是通过‘自然的人化’的过程来实现的。”①20 世纪 80 年代末开始，李泽厚又提出了“情感本体”的观念，力图通过审美活动来塑造新的人性，在个体感性的形式中实现理性的飞跃。

2010 年，人民日报出版社出版了李泽厚所著《伦理学纲要》。李泽厚提出了他关于伦理问题的思考，包括内在自然人化说、两种道德论、情本体，以及对于现代性道德尤其是自由主义道德的批判。他提出西体中用学说，所谓“西体”，即建立在社会存在、生产方式和日常方式基础上的自我意识和本体意识应以近现代的西学为体，这个西学当然也包括马克思主义。所谓“中用”就是在了解、介绍、输入、引进过程中，自然会产生一个判断、选择、修正、改造的过程的问题，中用就是如何选择西学使适应中国的各种实际情况和实践活动。总之，就是要用现代化的西体——从科技、生产力、经营管理制度到本体意识（包括马克思主义和各种其他重要思想、观念、理论、学说）来努力改造中学，转换中国传统的文化心理结构，有意识地改变这个积淀。改变转换既不是全盘继承传统，也不是全盘扔弃，而是在新的社会存在的本体基础上，用新的本体来对传统积淀或文化心理结构进行渗透，从而造成遗传基因的改换。

李泽厚对中国思想史展开了比较系统的研究，体现在他的中国古代、近代、现代思想史研究的“三部曲”中，这三部著作《中国古代思想史论》（人民出版社，1985 年）、《中国近代思想史论》（人民出版社，1979 年）和《中国现代思想史论》（东方出版社，1987 年）发表于 1985 年的《中国思想史杂谈》一文展示了李泽厚对中国思想史的认识，结合“三论”，能够清楚看到李泽厚思想史研究的基本理路乃至李泽厚的哲学思想和雄心。

李泽厚认为学术研究应该允许多样化的发展，可以通过不同的途径、用不同的方法，从不同的角度去研究，相互渗透、彼此补充。在思想史研究中，可以用哲学

① 李泽厚：《李泽厚学术文化随笔》，《建立新感性》，中国青年出版社 1998 年版，第 200～201 页。

的方法，也可以用历史的方法，可以从宏观角度把握，也可以从微观角度把握，所以他不用唯物论唯心论斗争史，也不用认识论史来研究中国思想史，而是主张从许多不同的角度和途径去探讨研究。李泽厚认为思想史的研究对象是研究自我意识和自我意识的发生发展史、理解史。一个人真正有自我意识才能独立起来，要有自我意识，必须要理解自己，而理解必须通过对过去的理解来完成，一个人一个民族的存在总是一定时空中的存在，真正的历史真实就在于对历史的真实的了解，每个时代都在不断地写历史，都是根据自己此时此刻存在的要求来回顾历史，使历史成为推动我们前进的背景和动力，绝不是简单的知识和记录而已。李泽厚所说的思想史研究不止是一种纯粹的学术研究，而是人类存在的一种方式，一种认识我们自己、推动我们前进的方式之一。对于中国思想史的具体分析，李泽厚主张用唯物史观去分析，但不是去批判、判断阶级属性，而是要了解中国文化心理、中国语言的语法与规则，还要追溯中国的现实、物质生活以及中国的历史特征，思想史是受制于物质生活的历史。比如由于物质基础等的不同，中国的人道主义讲的是人们的互相友爱合作，互相帮助，而西方的人道主义是从个人出发，是文艺复兴时期要求从中世纪神权、教会的束缚中解放出来，强调个人的独立与自由。在整个文化方面也不一样，中国基本是技术发达，而科学不发达。儒家成为中国思想史的主体也是以血缘关系为基础的。中国思想中重视天地人融为一体的系统，这个相对稳定的系统在文化心理结构方面产生很大影响，对于维持稳定具有重要作用。中国文化如庄子也讲个体或个性，李泽厚认为庄子是最早反异化的，但是庄子只注意超越的人格。儒道互补对于中国的知识分子影响很大，一方面积极入世，另一方面又力图保持自己超越的人格。中国文化中直觉的思维方式也与庄子有关系。西方是逻辑推理、抽象思辨的理性主义占据主要地位，虽然也有非理性的东西一直存在。中国的理性与西方的逻辑理性不同，是确立人际关系的实用理性，也有通过直接把握本质的方式，等等。以物质生产方式的差异为基础，李泽厚归纳解释了中西思想观念的不同，并最后进一步论证了他的西体中用的正确性，即中国传统思想是建立在小农生产方式基础上的产物，现代化的中国社会必须吸收西学、西方观念来建立现代化的思想意识体系。显然，李泽厚的思想史研究是为其西体中用的哲学思想服务的。但是他对中国思想史的许多人物的分析，可以供我们继续研究作为参考。

延伸阅读文献目录：

1. 李泽厚:《中国思想史杂谈》,《复旦学报》(社会科学版), 1985 年第 5 期。
2. 李泽厚:《中国古代思想史论》, 三联书店, 2008 年。
3. 李泽厚:《中国近代思想史论》, 三联书店, 2008 年。
4. 李泽厚:《中国现代思想史论》, 三联书店, 2008 年。

原文:《中国思想史杂谈》

经典原文

中国思想史杂谈

李泽厚

（一）

在社会生活领域里，在学术领域里，搞单一的东西是不符合社会发展趋势的，现在整个社会生活是多样化的发展，学术领域里也应多样化地发展。我感觉我们有些固定的模式，如哲学史就是唯物论和唯心论的斗争史，中国历史就是农民跟地主的斗争史，文学史就是现实主义与非现实主义的斗争史，好像都要搞两军对战才好，这是不是和这几十年的军事斗争有关？军事斗争胜利以后，把这个模式慢慢地转到学术领域中来了。在太平天国时，洪秀全把它的军队里行之有效的一套制度，如圣库制度，男营女营制度一般地用到社会上，结果失败了，失败得那么惨。我们的战争是以农民为主力的革命战争，有些在战争中行之有效的东西胜利后是不是也慢慢地运用于社会？供给制、平均主义的习惯和观念，与现在改革中遇到的困难是否有关？总之，军队确实要求单一，但社会生活却并不如此，在学术领域里就更可以通过不同的途径，用不同的方法、从不同的角度去进行研究，相互渗透，彼此补充，也可以竞赛一番。通过各种途径、层次、方面课题的互相补充、交叉，才能把比较丰富的学术整体显现出来，这不就更接近客观真理吗？

在思想史领域里，可以用哲学研究的方法，也可以用历史研究的方法。前些日子我参加了孙中山讨论会，其中有两个问题的考证，一个是孙中山认识黄兴究竟是杨度介绍的还是日本人宫崎寅藏介绍的。还有一个是孙中山在伦敦蒙难，究竟是自己跑到使馆去的还是被绑架进去的。这种考证对历史甚或思想史的研究是有好处的，我自己对好些考证文章就很有兴趣。搞思想史的人也不能完全不管这些问题。但是不是只有这种历史研究才是扎实的真学问，其他就要不得了呢？现在有的人就这样认为。北京有一些青年（研究生）就为这个问题苦恼，来找我："老师说，你现在不必考虑什么问题，先读多少书，抄多少卡片再说，这才是真正的学问。"我自己也做卡片，并且是从大学时代就做起，但我并不赞成脑子里毫无问题、自己毫无想法去盲目地做卡片，特别是对研究生来说。一大堆卡片并不就等于学问的整体；一些细致的考证也不能代替学科的全部。作为一个学术整体，应该是有些人从宏观角度，有些人从微观角度，有的从哲学角度，有的从历史角度，还可以从其他角度，各自发挥所长去进行工作，进行研究。这就是我研究中国思想史既没用唯物论唯心论斗争史，也不用认识论史的原因。我觉得思想史哲学史可以从许多不同的角度和途径去探讨研究。

在美国有一个研究中国思想史很有名的列文森教授，他认为思想史是个博物馆，各种思想是摆在博物馆里陈列的实物，你跑去看只有一种情感的欣赏价值，并没有实际的用处。他特别讲到中国近代的一些人，理智上倾向未来，接受西方的许多东西，情感上却怀念传统，流连过去。即使像鲁迅，思想上十分激烈，主张不读中国书，但他对母亲、兄弟，却是标准的中国传统。这是一种意见，可以从这个角度去研究思想史和中国历史。另一位有名的史华滋教授，认为思想史不是博物馆，而是图书馆，各种思想好像是一些书，随时有参考的价值。这又是另一种意见。我认为思想史既可以是博物馆，也可以是图书馆，但更可以是照相簿。通过照相簿，你可以看到自己的整个成长过程，也可以看到自己生长的环境、亲友等等。所以，思想史可以成为研究自我意识和自我意识的发生发展史、理解史。一个人只有真正意识到自己的存在才真正存在着，而不再是某种机械的工具和盲目的奴仆。一个民族也是这样。只有对自己真正有自我意识，然后才能自立起来，才能真正走出自己的路来。当然，要自我意识，必须要理解自己，而任何理解都是通过对过去的理解来完成的。我们总是在一定的时空中存在，一个人一个民族的存在总是历史的存在。所以真正追求历史的真实，就应该把它同追求对历史了解的真实结合起来，真正的历史真实就存在于对历史了解的真实中间，存在于对历史的解释、对历史的理解中间。而对历史的理解也正是对自己存在的理解。每个时代都不断地写历史，都是根据自己此时此刻存在的要求来回顾历史，使历史成为推动我们前进的背景和动力，绝不是简单的知识和记录而已。这就是我研究思想史所采取的一个角度。

（二）

任何理解都要通过语言，这是指广义的语言。除了谈话用的语言外，还包括潜意识语言、心理结构语言等等。二十世纪是语言哲学占统治地位的，但语言是否能最终解决哲学问题或者是否永远成为哲学的中心？现在看来可能会有些变化，西方各派哲学也在走向研究社会生活。要了解中国文化心理、这种语言的语法、规则，就一定要追溯中国的现实、中国的物质生活、追溯中国的历史特征。我完全不同意柯灵乌德的说法：历史就是一部思想史，就是思想家的历史。我认为思想史倒是受制约于物质生活的历史。所以，我认为唯物史观是正确的。

中国历史的特点之一，我认为是新石器时代以农业为基础的血缘氏族制度非常之长，而且发展得特别完备。这是一个非常重要的特征。它对中国历史产生了很大的影响。即使是现在到了社会主义社会，还存在这种影响。农村里聚族而居，一个乡一个姓，长辈晚辈分得清清楚楚。这些东西的来源是很久很久的。在中国吃饭是大家一起吃的，这就要讲究谦让等等礼节。照荀子说，礼本来就来源于“吃”，实际是一种确定食物分享权的规定。现在某些少数民族猎获一个野兽，皮归谁、肉归谁、脑袋归谁，分得非常清楚。这其实就是礼的起源。还有敬老，实际上也来自氏族社会。有人做过调查，在一些少数民族，谁胡子最长，谁的权威就最大，因为他生活得时间长，积累的经验多，智慧也多，所以最后的决定权在他。这就是敬老的现实基础。这个传统变成一种意识形态和道德规则，就成了非常顽固的东西。孟子说，天下达尊三：德一、爵一、齿一。现在的学术界，也好像还是胡子越长、学问越大。这其实是不对的，是与现代科学发展完全不符的。但它被顽强地自觉或不自觉地保存了下来，这是积淀在心里的这种文化在起作用。这也来源于氏族社会。

从这里也就可以理解，为什么中国思想史是以儒家为主体的？为什么孔老二被打倒了多少次，十年前的“文化大革命”中也被打倒了，可现在又起来了呢？为什么先秦诸子百家就孔老二有那么大的势力？孔老二本人是不得势的，到处碰壁，为什么他的学说却反而始终不倒？孔夫子和儒家老是要回到三代去，“复三代之治”，认为夏、商、周社会是最好的；一直到顾炎武还是那么认为。因为孔老二想回复的是后期氏族社会的“文明”制度，这本是一个真实的历史存在，里面保存了原始社会一些比较好的东西，与柏拉图虚构的理想国不一样。恩格斯说，从封建社会转换到资本主义社会的历史进程是付出了高昂代价的，有科学的进步就有道德的倒退。卢梭也强调过这一点。在原始的氏族制社会里就有些互相帮助、互相爱护、经济上相对平等等等比较人道的东西。例如，儒家老讲“修身齐家治国平天下”，以修身为根本基础，这好像是道德主义，其实是氏族社会的政治产物。因为在氏族社会里，你要做首领，要率领一家（氏族）一国（部落或部落联盟），便必须要自己作出突出的榜样来，必须仁智勇都有，才能够服人，才能齐家治国。其实，儒家就是把古代这种种氏族政治意识形态化了，把它缩影在思想上。孔子讲“述而不作”是有原由的。真正把氏族社会这一套制度定型化规范化是周公，所以孔子那么佩服周公，要承继周公。我们要真正了解儒家，就应该首先从这个社会根源去理解。什么代表奴隶主还是封建主，是进步的还是反动的，争来争去，我觉得根本不着边际，并不能把最根本的东西抓住。又例如，中国儒家思想家老是讲“夷夏之防”。王船山主张地主剥削农民，但他对满清入关恨得要命。包括近代一些人，如章太炎，坚决要抵抗外国侵略。这也是孔夫子的传统，儒家是很讲究这一点的。这就是因为在氏族社会里，内部是强调“仁”的，但对外却是非常敌对的，“非我族类，其心必异”。儒家这样一些思想，到后代就成了中国古代的爱国主义的一个重要内容，强调要抵抗外侮，保存民族。唯物史观正应该从这方面去分析研究，而不能只是去判断、批判其阶级属性。中国的人道主义也可以溯源于孔孟，所以与西方的人道主义便大不一样。西方的人道主义是从个人出发，是文艺复兴时期要求从中世纪神权、教会的束缚中解放出来，强调个人的独立、自由。中国的人道主义讲的是人们的互相友爱合作，互相帮助。所以中西这两种人道主义尽管在表面上可能有相似处，但实际的历史基础并不一样。儒家有许多东西如“父母在不远游”、“不患寡而患不均”，“和为贵”等等，都是为了协调人际关系，巩固氏族团结，它并不提倡个体突出。直到现在，中国人还总是把大量精力放在处理人的关系上，从高明的领导艺术到腐朽的关系学，从国家到个人都如此。先秦哲学与希腊哲学有很大不同，希腊哲学对自然的思辨很突出，而中国哲学主要是政治论的社会哲学。先秦各家不管是老子、墨子、法家、道家（庄子可以除外）、阴阳家，都着眼于人际关系的处理，讲自然也总是把它与人事拉扯在一起。这是中国思想史的一个特点。

这个特点也表现在整个文化方面。爱因斯坦说过，希腊和西方文明是依靠希腊欧几里得的几何体系和文艺复兴以来伽利略的科学实验方法取得成果的。他很奇怪，中国没有这两样东西，何以能够做出很多工作。这便是中国思想史上一个值得研究的问题。我的看法是，技术与科学有区别。中国基本上可说是技术发达，科学并不发达，也就是说，中国是技术科学或应用科学较发达。中国的四大发明都是技术发明。中国数学发达，但主要也是计算方面，它不重视公理、模型、抽象体系。这也表现为中国人的思维总喜欢要求科学直接为社会生活服务，因而，科学常常变成或只是技术，对科学的独立意义、独立力量，对科学本身思辨的完备等等，便不够注意。所以中国先秦的一些非常杰出的名家、逻辑学家，像公孙龙、墨子后学，都没得到发展，就像荀子那样一个有科学精神的伟大的唯物主义思想家，也认为名家没什么用处，反而扰乱了政治。我们现在一讲中国科技史，就认为祖宗了不得，但就是没重视一些根本性的缺陷。中国科技到近代大大落后，长久停留在经验论水平的理论思维上，是有其内在的传统思维方式的原因的（当然也有许多外在的根本原因）。

我觉得中国思想与四大文化关系最为密切。这就是兵、农、医、艺（首先是技艺）。因为这四个东西与中国民族的生存发展的实际关系最为密切。中国远古打仗打得最多，中国兵书之所以出现得那么早那么成熟，就是因为极其频繁复杂的战争积聚了大量的经验。中国的农学在汉代便已相当发达。医也是，几千年来还在用。农、医从两方面保证了中华民族发展到了十亿人口，占世界人口第一位，这从全球文化角度讲是一个奇迹。技艺刚才讲了。由此可见，中国的思维乃至中国文化都与实用的东西联系得比较密切，所以我把中国思维叫做实用理性。实用理性以儒家为主体，其他各家也是。中国哲学的唯物论不大发达，在众多的哲学大师中，大多数都不是唯物论，孔子、老子、孟子、董仲舒、朱熹、王阳明都不是。但是他们都有辩证法，中国的辩证法有其特点。有人把朱熹比黑格尔，把老子比赫拉克利特，但中国的辩证法与西方的辩证法实际上有很大的不同。在西方希腊，“辩证法”这个词本来就是指一种辩论术，就是在辩论中发现和揭露概念的矛盾、思维中的矛盾，从而把你辩倒，所以我说它是概念的辩证法。中国的辩证法则主要是行动的辩证法，我认为它是从兵家中来的。毛泽东说：“《老子》是一部兵书”，这可能是他从自己一生丰富的军事政治斗争中体验出来的，但这话从学术上来说也有一定的道理。《孙子兵法》、《老子》的辩证法主要是为了在行动中掌握和运用的，如“以攻为守”，“以柔克刚”、“老子不为天下先”等等，都不是概念的辩证法。兵家有这么几个特点，第一是要求有一种实用的冷静理性，在军事上，要有极端清醒的理智，不能凭情感狂热，也不能信仰鬼神，因为打仗是生死存亡的搏斗。第二是战争中情况很复杂，或攻或守，或进或退、或虚或实……，都要迅速作出一种两分法的判断，含糊不得。第三是要求在主动的行动和运用中来思考、判断。如此等等就不同于西方的思辨辩证法。尽管老子把这种行动辩证法提高到哲学的高度，并且把它普遍化，变成一种世界观的东西，一种似乎是宇宙本身规律性的东西。但实质上老子的思想仍然是一种政治哲学，他的辩证法仍然不是静观的思辨，而主要是直接为行动服务的。这一点发展到韩非就更明显了。韩非说要说服君王做一件事，并不难在把事情说清楚，而是难在怎么说才正中君王之意。所以他有一篇有名的文章叫《说难》。他没认为真理的标准在客观，他强调标准就在人的具体运用中间，因此重要的不在于是非本身，而在怎样运用这个“是非”，他把重点放在“运用”的智慧上。这就表明，在思维方面他并不真正注意理论性的东西，不注意是非本身、真理本身的价值，一切服从于人际关系。这就是实用理性表现在各家身上而不仅仅是儒家的一个例子，墨家及其他各家也是这样的。我的一些研究思想史的文章都分头讲过这一点，这里便不多说。

问题回到为什么儒家能够成为中国思想史的主体？这又涉及上面讲过的血缘基础了。儒家以“孝悌”为本，即以亲子之间的爱为社会结构的根本。这是一个十分重要的原则。孔子的学生问孔子，父母死了，子女要致哀三年，是不是太长了一点？孔子的回答既不是说这是制度的规定，必须服从，也不说这是神的意志，你必须做。他回答说，你小的时候，父母抚养你、照顾你不少于三年吧；父母死了，你就不表示三年的哀悼吗？孔子没有把哀悼三年的必要性、合理性归结为外在的社会、宗教、政治等等因素，而归结为人的内在心理，归结到子女对父母的自觉的爱，这就给亲子之间的生物学的关系赋予一种人类学的自觉含义。在氏族社会里，人们本有一种人世间的制度，把亲子关系固定下来，这就是“礼”，而孔子则把“礼”归结为“仁”，也就是说把外在的制度归结为心理的自觉需要。孔子最重要的思想就在这一点。亲子关系本是一种自然的关系，是客观存在，如果把它仅仅看成一种外在的制度规范，人们就会感到是一种约束；把它变成一种发自内心的追求，情况就不一样了。孔子和儒家思想的起点就在这个地方，由这一点辐射开去，便有“老吾老，以及人之老；幼吾幼，以及人之幼”的主张。也是在这一点上儒家与其他各派区别了开来。墨子讲兼爱，主张对任何人都爱。孟子就问，你能爱别人的父亲与爱你自己的父亲一样吗？这不符合“人情”。尽管博爱之说多得很，但一般很难办到。这也是儒家和基督教、佛教等等一个很重要的区分点。

孟子、荀子是儒家的两大派，他们发展了儒家的“内圣外王”之学。孟子主要讲内圣，他把人的存在提高到本体论的高度，这就是孔孟程朱陆王这条线。我在《宋明理学片论》文章中便是讲这个方面的。我认为儒家经过孟荀之后，在《易传》中真正建立了一个儒家的世界观，这就是把上述的亲子之爱扩展到整个社会，整个宇宙（包括自然界）。中国的历史意识很发达，在世界所有的民族中，中国是史书最多的国家。中国的历史意识的特点是与自然意识混合和同一。在中国传统中，历史哲学和自然哲学是一个哲学。天地与人、宇宙与人类、自然与社会是混为一体的，所谓“究天人之际，通古今之变，成一家之言”，总是要把天与人、自然与社会放在一起的连贯中来思考来讨论。所以它既是自然观又是社会观，又是人生观；它既是理智的，又是感情的。感情本是人的，儒家把它扩展到自然、宇宙。所以有人说它是泛情感心理化。《易传》说，“天行健，君子以自强不息”，“天地之大德曰生”。这就是说，人道即天道，人道之所以不息是由于天运行不息；天之所以运行不息，是因为天本身就有一种欣欣向荣的生命力。这种观点是肯定生活的，它对世界抱有一种乐观的、积极的态度。在儒家看来，天地自然的历程与社会的历程是一个历程。《易传》从男女交配讲到父子、君臣，一系列讲下来，然后讲到造房子、造车马，这总的是个历史过程，同时也是自然过程，天地人是在一起的。在中国意识中，天不大人也不小，人要去参与天地的工作，所谓参天地赞化育，天地没有了人就失去了意义，可见人在中国思维传统中占的地位并不是很低的。所以我形容中国文化是“乐感文化”。《论语》中第一句就是“学而时习之，不亦说乎，有朋自远方来，不亦乐乎”。这种快乐，并不是单纯的感性快乐，它是一种不离开感性的精神的快乐。这与西方文化就有不同。西方文化有人叫它罪感文化，就是说人是有原罪的，人生下来就有罪，因为亚当偷吃了禁果，被赶出了乐园。人要再回到上帝的怀抱就得经过种种苦难，要赎罪。这在中世纪以来，便是灵与肉的分裂很突出，要灵魂得到超度必须以肉体和心理的痛苦、折磨为代价。这的确也可以达到非常崇高的精神境界，好像灵魂被净化了、被洗涤了。在亚里士多德的诗学里就有“净化说”。马克斯·威伯说，西方资本主义兴起，主要是有一批清教徒，他们认为自己是上帝的选民，所以拼命地去节约克制，然后积累财富，这是为上帝而不是为自己，这样才有了资本主义。这是他在《新教伦理与资本主义精神》一书中说的，这本书影响极大。基督教的这种精神，不仅在精神上，而且在现实的社会发展中都有重要的作用。基督教精神怎样与希伯来、希腊文化融合在一起，又怎样变化，它同近现代西方心理结构和现代科学文化的关系怎样等等，是很值得研究的，可惜我们了解得太不够，甚至没人提起这类问题。这种通过种种折磨才回到上帝怀抱的观念，是不符合中国人的实用理性的思维模式和观念习惯的。在中国艺术里，特别重视美的因素和善的显现，死亡、苦难、杀戮、肉体摧残都比较少见，没有像耶稣血淋淋地被钉死在十字架上使人看了感到很不舒服的东西。中国的实用理性有其优点，但也有很坏的一面，就是满足、停滞在一种虚幻的原始的圆满中，它回避了激剧的痛苦、灵魂的冲突，在很大程度上回避了苦难、死亡和丑恶，而在现实中，痛苦和极度的丑恶，不可调和的冲突等等都是真实存在的。

■（三）

从《易传》中就开始的天地人融为一体的这种东西，到了汉代变成为一种体系。我认为这是中国思想文化上又一个特点，即系统论思想。一讲系统论就好像现代化了，其实不然。现在一些系统论大师也讲在古代有系统论思想，在中国这一点是比较清楚的。中国人到汉代便把“天人”“古今”，各种自然、社会、物质、精神现象统统构建、组合到一个系统里。这个系统已不同于孔孟时代是从氏族血缘出发，而是从一个统一的大帝国出发，其目的是为了稳固、保持这个巨大的社会机体的动态平衡，以达到长治久安。中国传统社会为什么那么持久，到现在还那么顽固，我觉得很大的一个原因是因为从汉代开始就有了这个系统。今天我们讲汉族、汉人、汉语，这也表明汉代不仅在物质文明上奠定了基础，而且在文化心理结构上也奠定了基础。我国是多民族国家，以汉语为基本语言，汉文化为基本文化，在历史上有不少少数民族例如满族，尽管是统治阶级却自愿放弃自己的文化而接受汉文化，这就是因为从汉代起在文化心理结构方面也形成了一个相对稳定的系统。

这个系统是把天地人各方面都通过阴阳五行结构的方式组合安排起来的。所以什么都是五，金木水火土，五味、五食、五声、五脏，还有五季，四季中加个长夏，以符五的系统等等。在这个结构中的各个部分相互联系渗透，又有相生相克的反馈作用，这个结构有一套循环的模式，整个自然，整个社会，上自皇帝，下至百姓，包括时间、空间、人体、社会制度、伦常秩序统统都被安置在这个模式中。这有科学的成分，因为它把一些自然规律也放在系统内；也有大量的牵强附会，是属于当时政治需要的东西。李约瑟说，中国的思想的特点是没有上帝，没有创造主的概念，这是对的。西方认为世界是上帝创造的，中国没有这个概念。因为中国有这种系统观。这个系统本身大于一切，高于一切。天、地、人都在这个系统中，彼此牵制着，例如皇帝主宰着百姓，但得听命于天，而天又得听听老百姓的意见，……这便是一个循环的系统模式。有了这种系统，也就不需要有一个上帝来创造世界，主宰人世了。这也就是在中国历史上很多外国宗教进来了，都没被接受的原因。佛教曾经盛行一时，基督教很早就传进了中国，犹太教是最难消灭的宗教，宋朝就传到了开封，但现在没有了。所有这些宗教传进来后都慢慢地、无声无息地消失了。中国从来没进行过宗教战争（农民起义借宗教进行战争，不能算宗教战争）。

这个系统为了维持自己的生存稳定，对外部特别注意和要求能适应环境，它具有一种同化力，所以中国人喜欢讲求同存异。对待外来的东西，首先注意与自己的相同之处，模糊那些与自己不同的东西，从而进一步吸收、消化它，使之与自己相协同。它经常采用生物适应环境的那种同化形式。孔子与墨子本是完全不一样的，墨家骂儒家，孟子也骂墨子，可到韩愈那里，墨子和孔子讲得似乎都一样了。他避开两者不一样的东西。只强调两者相同或相似的地方。老子和佛教也同样如此，正是这个稳固的系统为适应生存对付异己所采取的动态（不是僵硬的）平衡的结果。这个系统当然有很大的缺点。它对内部要求秩序性、封闭性，使每个人的行动作为和思想观念都在系统中被规定好了位置，君应该如何，臣应该如何，父应该如何，子应该知何，不能越出特定的规矩和范围。现在我们常说照顾大局，实际上就是照顾系统的稳定性。这样，个人便不能突出，压制了人的个性的独立发展，个人的存在意义就在于你在这个系统中间，即在特定的人际关系之中。这个系统也使中国人没有彻底的悲观主义者，在困难和失败时，中国人总愿意相信，来日方长，物极必反等等，因为系统是循环的（当时还没有进化论观点，只有循环论观点），转来转去，总会时来运转的。

所以，在这个系统中，作为结构框架的阴阳五行便不是一种抽象的思辨概念，也不是某种实在的物质概念，它是一种功能概念，因为系统并不着重于事物本身，只注意事物间的相互关系、结构、作用、力量、功能。五行是五种不同的功能，不同的作用，不同的力量。它并不是对外界事物的客观描述，而总是把主观经验结合在里面。从而，独立的客观的自然科学很难从中发展出来。它隶属于经验论的实用理性：解决问题就行。一般认为有这个系统就能解决问题。如中医，很早就有解剖学，但后来不发展了，就是因为觉得阴阳五行的一套已经能解决问题了，够用了。正因为这一套系统有一定的有效性，所以它不走向现代化的科学实验、观察、归纳，也不走向思辨的道路，停留在一种经验论的理论水平上。这显然是对现代科学的发展很不利的。到现在，我们的思维还是非常经验论的，这也是心理结构在文化上无意识地起着作用。

■（四）

在中国文化中，真正突出个体或个性的也有，那就是庄子。我认为世界上庄子是最早反异化的。他提出，人不要为外在的任何东西所控制所奴役，人不要为名、为利、为权势、为社会而牺牲自己的本性。人应该从一切社会的、甚至是自然（如生死）的束缚中解放出来。他的特点和西方的浪漫派、十八世纪的卢梭相似，他觉得文明没有好处，只有害处。他主张回到浑浑噩噩像动物一样的世界里，吃饭、睡觉、无知无识，那样最快乐。现代物质文明高度发达后，也有人有这样的想法。一个人跑到荒山上去，靠自己所带的工具砍柴、烧水、做饭、钓鱼，觉得这样的生活最美，在现代物质文明高度发展之下，对生活的一律化、标准化觉得没意思。现在西方对庄子、老子非常感兴趣。但是我不同意日本有的学者把庄子说成是最早的存在主义者。庄子要求摆脱人世去取得自由，这一点确和儒家不同，但他与儒家也有共同的一面，那就是对生命的眷恋。所以他是讲养身、长生的。让我做牛、做马都可以，就是要让我活着。他不像加缪那样讲哲学的根本问题是自杀问题，即值不值得活着。庄子没注意这一点，他只注意保持超越的人格。中国的知识分子，可以说是儒道互补，一方面是儒家的积极入世学优则仕，另一方面又想保持自己人格的超越性、独立性，以避开人世的污浊，或说是自命清高。这与庄子有很大的关系。

在中国文化中另一与庄子有重大关系的，就是庄子思维的直觉把握方式。中国的思维方式很有意思，一方面是经验论的思维方式，另一方面又注意直接把握方式，这在艺术中特别突出。中国没有成套的美学理论，都是两句话、三句话的评论，所谓诗话词话等等，但这一、两句话常常能把握住艺术中很本质的东西。有时讲得很多很多的道理，反而不如这一两句话有用。这也是中国思维方式的一个特点。佛教中有思辨性非常强的、分析得特别细的唯识宗，但它传进中国没有得到发展，中国创立了自己的佛教禅宗。禅宗强调顿悟，顿悟就是对真理的直接把握或觉悟，它不是任何语言所能表达、所能交流的。这与现代思维科学、认识论倒可以有所联系。因为一切语言，一切通过逻辑推论或分析，将来机器都可以做到，人的创造性与机器的区别恰恰就在于他有语言所一时不能表达出来的某种感受、经验、技能……，M. Polanyi 认为，这就是个体知识的特点。这问题很复杂，今天没法讨论，但它是一个很重要的问题。真正创造性的思维并不是从归纳弄出来的，也不是从哪个公理引申演绎出来的，它恰恰是一种自由的想象和直觉把握。在庄子和禅宗里就有许多这种东西。它们都要求不用逻辑推理并且超越语言去领悟某种东西。它包含有神秘主义的因素。但这种神秘主义恰恰又与这种心理的感性直观的洞察顿悟联在一起，这与西方中世纪基督教会用理性和逻辑来证明上帝的存在人不一样。当然西方也有大讲神秘主义顿悟的，但与理性结合在宗教里也似乎仍然是主流，而中国主流却是这种以直感顿悟来达到天人合一的境界。

有趣的是，在西方的逻辑推理、抽象思辨很强的理性主义那里，却经常有一种非理性的东西在冲动着。希腊就有所谓日神精神和酒神精神的区别。在德国哲学里，从即使是理性主义康德的实践理性到谢林、黑格尔，一直到后来的海德格尔，总有某种非理性的东西在或明或暗地骚扰、冲动着，这东西恐怕与生命的冲力有关，它经常能够成为一种动力，不能忽视。西方的经验论与我们的实用理性的经验论精神倒比较接近，它能常常保持一种不易被迷惑的清醒的怀疑精神，是一大优越之处，所以它产生了像休谟、波普尔那样的人物。但这些人却缺少像黑格尔、海德格尔等哲学那样与生命力直接有联系的冲力，所以他们缺乏一种真正把握人的本体存在的深度。

■（五）

中国的思维显然与上面两种都不同。中国的理性是确立人际关系的实用理性，也有通过直觉把握本质的方式。那么，怎样才能保持我们民族的智慧的特点，又能够注意吸收现代世界其他文化的优秀东西呢？归根结蒂就是现在我们的文化思想、中国的文化传统应该走什么样的路。这个问题，争论了一百多年了，基本上有两种意见，一种是“中体西用”，这种理论从张之洞正式明确提出至今一百多年，还很流行。第二种即“全盘西化”。可以胡适为代表，一切都是美国的好，统统搬过来。现在青年人中也流行这种思想。这有没有可能？中国没有基督教传统，没有原罪意识，要不要搬过来，从头来起？中国人会不会接受？我只是想提出问题，并不想回答，因没能力回答。提出问题，让大家在一段时间中想一想，这就很好。

我自己的想法，可否用“西体中用”来概括？“体”是什么？“体”是社会存在的本体。我用过“人类学本体论”一词，卢卡契也有“社会存在本体论”一词，含义基本接近。我觉得“社会存在”这个词太理性了一点，因为人类社会的存在，是由众多个体感性物质的存在所组成的，社会不能只是一个离开个体感性存在的抽象概念。从中国文化思想说，不管是哪一家，儒家、墨子、兵家、庄子等等，他们一般都肯定人的感性存在，这跟西方基督教和某些哲学家认为感性是罪恶之源不一样。所以中国从来没有彻底的禁欲主义，也不是纵欲主义，而是要求感性与理性的渗透与和谐。所以从先秦起，中国哲人特别喜欢讨论人性问题。人性是什么？人性不是动物性，不仅仅是吃饭、睡觉、性交，但人性也不是神性，假使把神性叫做社会性、阶级性，那也不是。人性是这两个东西在不同情况下的不同的交融、综合。怎么综合呢？在《易传》里是把天地人联在一起，给宇宙赋予一种目的性。康德在《判断力批判》下卷中讲过，自然的目的就是人、文化的人。人是没法完全脱离感性的。“人都是要死的”。在中国人看来，人的不朽并不在把人的肉体舍弃掉，让灵魂得到拯救，皈依上帝。而是一方面让子子孙孙绵延下去，所以“不孝有三，无后为大”，另方面，让自己在有限的岁月中完成事业和人格，所谓“立德、立功、立言”，在精神上达到超越的高度境界，即人在感性世界中来达到超越，在有限的一生中达到无限。不是抛弃有限去追求无限，而是就在此有限中采取得永恒和不朽。所以我常说，中国人是太现实了，并且善于把这种现实提升为理性的虚幻和精神的麻木，当然其中又仍有好的东西，今天就不拟多讲了。

回过头来，“体”既然是社会存在、人类存在的本体，当然物质文明便是基础。我们的吃饭、穿衣、睡觉，现在与五十年前，甚至和十年前就不一样，和原始社会更不一样，因为人类在不断变化、发展，人类的物质文明本身是要发展的，今天这个“体”，显然就是要现代化的问题。现代物质文明是全世界所共同走的道路，但它首先是从西方来的，这种社会的本体意识，例如马克思主义、现代科学理论等等，也是从西方来的，所以，只是在这个限定意义上，可以说是“西体”，西体者，社会主义现代化是也。而所谓“中用”，就是怎样结合实际运用于中国。这也就是马克思主义的中国化。现在又可以回到照相簿那个比喻上来了。假如我们身体很壮，吃的粮食、营养很好，那么照出来的相就一天与一天不一样，但不管面貌怎样变，却并没换成另一个人。不是把原来的人彻底换掉，也不是保持原样不变，更不是外在的服饰打扮的变化。通过照相簿，来回顾历史，就比较清晰地看到这条路是怎么走过来的，以后该怎么走，即我们的文化心理结构应该怎么转换。

我讲人类社会本体论有两个方面，一是工艺社会结构，这是外在结构，是物质文明的结构；第二个是文化心理结构，也就是精神文明的结构，缺一不可，所以的确应该有两个文明的建设。

中国的“天人合一”传统，可以予以新的现代化的解释。因为中国传统的合一是产生在农业小生产的古代社会存在的本体上，所以那种“合一”中包含了感恩、顺天即靠天办事的思想，在精神领域，强调的也是宁静、和平的方面。在现代工业社会，在人类大力征服自然的时代，社会存在的本体不同了，“天人合一”也就需要改造、转换，它主要应该是人通过征服自然的斗争去创造物质财富，让自然为人类服务，但同时又注意生态平衡，不损害自然环境和生态循环，同时更要注意恢复人与自然的亲密关系和平衡。这才是在高度物质生产基础上的新的“天人合一”。其实也就是马克思讲的自然的人化。这个问题我在别处讲得很多。这里不噜嗦了。总之，中国传统讲天人合一，强调人和自然的和谐统一，强调人际的和谐稳定，强调人的身心的和谐愉快，这是不是有意义呢？是不是因此可以在新的现代化条件下改造和继承发展呢？是不是因此可以对世界文化作出一点贡献呢？这便是我想提出的另一个问题。

艾尔曼与《谁的思想史？——汪晖和艾尔曼的学术对话》

经典导读

本杰明·艾尔曼（Benjamin A. Elman，1946— ）。1968 年毕业于美国汉密尔顿学院，获学士学位。1980 年毕业于宾夕法尼亚大学，获东方学博士学位，导师为美国著名科技史专家南森·席文（Nathan Sivin）。1992—1997 年任加州大学洛杉矶分校历史系教授，并在 1992—1999 年间任该校《中国科学》杂志编审，1997—1999 年任该校中国研究中心主任。1999—2001 年，作为梅隆访问教授在普林斯顿大学高等研究院从事传统中国文明研究。2002 年，正式出任普林斯顿大学东亚系和历史系教授。

艾尔曼关于中国思想文化研究的著作主要包括：《从理学到朴学：中华帝国晚期的思想与社会变化面面观》（1984 年第 1 版，2001 年第 2 版）、《经学、政治和宗族：中华帝国晚期常州今文学派研究》（1990 年）、《晚期中华帝国科举文化史》（2000 年）、《以他们自己的方式：科学在中国，1550—1900》（2005 年）。

重视对中国思想史的研究，尤其是明清以来的中国思想史，是美国汉学界的重要特点。但在具体研究方法、研究对象等方面，美国的汉学家们并不一致，主要有以下几种代表性观点：一是以费正清为代表的研究中国近现代历史的主要学术观点即“冲击—反应”模式，认为近代以来的中国历史，就是西方冲击的被动反应，代表作是费正清所著《美国与中国》。二是以列文森为代表的“传统—现代”模式，认为中国只有通过外部的刺激才能从沉睡中苏醒，代表作是列文森的《儒教中国及其现代命运》。三是一种帝国主义模式的观点，认为帝国主义对近代中国的政治起过一定的作用，实际是西方中心论的翻版。四是以柯文为代表，他力图跳出这种冲击—反应模式，走出西方中心论解释近代中国历史的窠臼，系统阐述了他的“中国中心观”，也就是强调从中国社会内部去寻找、解释近代中国变迁的动力，代表作是其所著《在中国发现历史》。

艾尔曼力图超越这些方法，提出运用“新文化史”的研究方法，研究中国思想史。艾尔曼通过对考据学和常州今文学派的研究，力图将思想史、政治史和社会史研究结合起来，以便从中国历史的内在逻辑研究中国从传统向现代的转型，指出考据学派是官方政策、民间社会和学术共同体三者互动的结果，常州今文学是经学、政治和宗族三者互动的结果。其代表作中文版都已出版:《从理学到朴学：中华帝国晚期思想与社会变化面面观》(江苏人民出版社,1995年)以及《经学、政治和宗族：中华帝国晚期常州今文学派研究》(江苏人民出版社，1998年)。本书所选《谁的思想史？——汪晖和艾尔曼的学术对话》一文通过对话的形式，阐释了艾尔曼对中国思想史研究方法的理解。

所谓新文化史的研究方法，首先是强调语境化研究，即“把思想史同经济、政治、社会的背景相关联”，也就是把思想史同政治史、经济史、社会史的研究结合起来。艾尔曼力图突破费正清学派把思想史简单化约为社会政治和经济的反应，忽略文化创造中的个人选择因素的局限。另外一方面要突破中国思想史研究中流行的观念史取向、内在论的局限，即认为儒家伦理能决定现代中国的社会、政治和经济变迁。艾尔曼认为思想史研究不能只从哲学方面分析中国社会的政治经济变迁，思想史的研究更应该成为一种文化史的研究，即既要从思想上研究，又要注重社会历史的研究。语境化的思想史研究还要求注重大众文化和精英文化关系的研究，不能用精英文化遮蔽了大众文化的存在和影响。

其次，艾尔曼对“现代化叙事”式的思想史研究也提出了批判。很多研究社会历史、经济史的学者都是在现代化的观念内研究历史，实质上是用现代化的观念重塑传统思想。艾尔曼比较公正地看待后现代对现代化的批判，指出后现代的最大贡献是一种自我反省的能力。艾尔曼认为不能用19世纪末学术思想史的图像来解释18世纪的思想图景，这是一种现代化的框架。具体而言，首先是要解构西方传教士以西方为中心所建立的中国思想史图景，解构传教士论述背后的西方中心论问题，因为不同文化的人总是以自己的文化为背景来看待其他文化。解构之后，要重新调查史实，根据史实重新建构理论框架。用现代化的叙述方式去解释传统，容易造成以今臆古。通过对美国汉学界各种解释中国思想史的模式的批判，艾尔曼力图走出西方中心论和现代化叙事的理解方式，力图根据历史事实，重建历史过程，并把思想史同社会政治文化背景联系起来，展示丰满的思想史图景，同时注重精英文化和大众文化的结合，比如他认为西方学者不太理解的气功的研究就很重要。

艾尔曼运用这种思想史研究方法，对清代思想史中长期不被关注的内容进行了研究。《从理学到朴学》对“江南学术共同体”乾嘉学派进行了系统研究，指出乾嘉学派是 17 世纪政治、学术变革的产物，并逐渐发展到登峰造极，并对 19 世纪乃至 20 世纪的中国思想文化产生了重要影响。通过研究，艾尔曼推翻了那种认为 18 世纪是考据学一统天下的观点，指出热衷考据学的只是江南地区和北京地区一小部分文人，这样就把长期在思想史研究中存在的单线条、简单化的倾向转变成多维度、复合型的变迁过程，也使人们注意到考据学并不能完全代表 17、18 世纪中国思想文化的复杂面貌。《经学、政治和宗族》紧紧抓住宗族这个联系的纽带，指出清代今文经学的起源与江南士绅共同体——宗族联系密切。常州今文经学的兴起与庄存与及其外孙刘逢禄两族的政治、经济、文化资源有密切关系。这样就把今文经学的兴起与社会文化背景联系到了一起，思想史不再成为空洞的过程，而是成为活生生的历史。当然，艾尔曼在书中还大量使用了社会学的分析方法，体现出多学科交叉融合的特点，法国年鉴学派长时段的历史观念，注重从社会生活的现场重构历史演变过程的方法对艾尔曼也有启示。

延伸阅读文献目录：

1. ［美］艾尔曼：《谁的思想史？——汪晖和艾尔曼的学术对话》，《读书》，1994 年第 2 期。
2. ［美］艾尔曼：《从理学到朴学——中华帝国晚期思想与社会变化面面观》，江苏人民出版社，1995 年。
3. ［美］艾尔曼：《经学、政治和宗族——中华帝国晚期常州今文学派研究》，江苏人民出版社，1998 年。

原文：《谁的思想史？——汪晖和艾尔曼的学术对话》

经典原文

谁的思想史？

——汪晖和艾尔曼的学术对话

汪晖，中国社会科学院文学研究所研究人员；艾尔曼（Benjamin A. Elman），美国洛杉矶加州大学历史系教授。下面所记，是他们在一九九三年五月的一次学术对话的摘录。

汪：艾尔曼先生，您从事中国思想史研究多年，我们很想听听您在这方面的主张。

艾：我研究中国思想史，主张“语境化”（contextualization），也就是把思想史同经济、政治、社会的背景相关联。举例来说，如黄宗羲在明末，梁启超在民初，你都得了解他们的思想背景。这一方面是针对费正清学派用社会经济史的方法研究中国的取向，因为这种“社会科学”方法过度地把思想史化约为简单的社会政治和经济的反映，从而忽略了在文化的创造和再生产里所包含的“个人选择”的因素；另一方面也是针对这些年来在中国思想研究中流行的内在论、观念史取向，即认为儒家伦理能决定现代中国的社会、政治和经济变迁。研究中国思想，“语境化”很重要。如果认为只从哲学方面便可以分析中国社会的政治经济变迁和未来，便就太简单。思想史的研究要成为一种文化史的研究。所以思想史是极困难的工作，既要了解哲学，又要了解社会历史。

“语境化”的另一方面涉及精英文化与大众文化的关系。传统的思想史都注意精英的思想，特别着重儒家学派，尤其是程朱学派。但在中国社会中真正了解程朱学派的人在总人口中所占不多，虽然这些人是极重要的。至于陆王学派、考证学派，在历史上也占有重要位置，但也只是一小部分精英。在这个社会中，其他的大部分人想了些什么，我们很少知道，例如道教并不是老庄思想，也不只是南北朝思想，直到现在它仍然主要是一种民间文化（popular culture）。佛教则与农民的生活有密切的关系。然而迄今为止，道教研究主要集中在隋唐以前的时期，佛教研究限制在唐宋；佛教、道教在历史之中与整个民众的关系不清楚。因此，有一个我们所研究的思想史是“谁”的思想史的问题。是士大夫的？是精英的？是江南的思想史？大多数中国思想史，特别是明清思想史，是江南的思想史，似乎江南是中国的代表。江南很重要，科举中很多人来自江南，如考证学派、宋学学派，也集中于江南，但江南毕竟不是全部的中国。似乎是我们倾向于在大众与士大夫之间了解士大夫，在士大夫之中了解江南士大夫。比如自元朝至清朝，四川的士大夫的情况，我们不甚了解，北方的士大夫问题，我们也不甚了解。所有这些问题都说明，我们必须面对大众文化与精英的关系问题。

马克思主义、社会主义是强调大众文化的。精英似乎就是利用这些文化来为政权服务，使之合法化（legetimacy）。这是有道理的，但中国哲学史家觉得精英是最重要的、最受教育的人，在哲学史、思想史中占据特殊地位。我的看法则是两面都要了解，并研究大众文化与精英文化的关系。难道说中国只有一种哲学即儒家哲学吗？那我们与传统士大夫就没有分别。从韩愈到清代的士大夫都如此。直到“五四”以后的学者，也保持了这个特点，以为儒家哲学最重要，批判的中心也是儒家哲学。

汪：我们过去研究思想史，所采用的方法，可以名之为“现代化叙事”（modernization narrative），这在美国和中国学术界迄今仍是重要的倾向。康有为“现代化地”重构了孔子的思想，章太炎曾把老子视为现代无政府主义的鼻祖。“五四”一代把中国的衰败归因于“儒学”，而当代新儒家则又有了“儒教与资本主义”的东亚。我记得您曾指出这种“现代化叙事”的“目的论”特征和反历史偏见。这也是后现代主义对“现代性”（modernity）的尖锐批判之一。现在我们可否讨论一下后现代主义与“现代化叙事”的问题？

艾：“现代化”的问题在中国和西方都有一些历史阶段，情况不尽相同；但由于世界各地的关系日益密切，原有的独特性越来越少了。八十—九十年代，无论是解构理论、文学批评还是文化研究，都开始质疑现代化是永久的观念或时间的观念。如果现代化只是一个阶段，那么它的贡献与危机、它的好与坏等等问题就出现了。换言之，它不再是自明的定义或衡量的标准，而是我们的对象。然而这一点仍有许多人不同意，特别是一些研究社会历史、经济历史的所谓“社会科学家”仍然在现代化的观念之内分析问题。

“后现代”自身是什么似乎尚不清楚，它主要表现为对“现代化”的批评。然而，英、美、法、德、中，都可能展开这样的批评，从而“后现代”也将是多元的，而不是某种统一的理想。从这方面看，“后现代”也是一种可以对之进行历史分析的对象。现在文学批评，文化批评中的许多定义和概念是“后现代的”，可以说形成了特定历史阶段的新的范式（paradim）。

汪:“后现代”揭示了各种关系背后的权力。马克思主义作为一种批判理论，在诸多正义、公正和自由的面纱下揭示了阶级的和利益的不平等，但至少在认识论的层面，它对知识、科学、语言持有某种乐观的立场。然而“后现代”对知识生产过程中的权力关系的揭示，显然摧毁了任何中性事物存在的可能性。对于许多女性主义者来说，知识生产中的“主—客”观的认识关系，乃是现实社会中“男—女”关系的隐喻，人对自然的控制与剥夺，同时隐含了一种男人对女人的权力关系。也许这是对的，迄今为止的知识是男人的知识，统治者的知识。但是，当“后现代”把“权力”普遍化到如此程度的同时，却无法提供建立合理的“权力关系”的基础。

艾：我同意你的看法。所以我说“后现代”的最大贡献是一种自我反省的能力，否则至多不过是稍为精良的武器而已。

汪：但“后现代”的各种理论的确提供了我们分析以往历史叙述中的权力关系的有益途径。您对中国历史写作中的“现代化叙事”进行批判，并主张用文化史的取向重扬中国历史的图景，这显然是对“后现代”理论的一种回应。从方法论上说，您所谓“语境化”与“后现代”理论是相关的。回到我们的思想史领域，我特别对您有关乾隆晚期庄存与和刘逢禄在今文经学复兴中的角色的阐释有兴趣。这是您的“语境化”方法的具体运用。

艾：在现代中国思想史的叙事性解释里，早期的今文经学者如魏源和龚自珍，被描写为晚清改革家的先驱。直线发展的解释将历史叙事安排成清楚的阶段，从康梁 直回溯到魏、龚，止好显示了对现代中国思想史的关键议题与重要人物有一些未经反省的假定。通过对常州学派的研究，我指出年迈的汉人大学士庄存与，跟年轻且受乾隆皇帝信任的满洲宫廷侍卫和珅的对立，恰好在一七八〇年代今文经学的复兴中居于关键地位。这并非轻视今文经学在一八九八年改革维新里的重要性，而是要将开端当作开端去发掘，不要流于事后聪明的历史目的论。庄存与在一七八〇年代转向非正统的春秋公羊学，不仅时间上正好与庄刘两家退出全国政治舞台一致，而且在内容上是借着经学的遮掩，特别是孔子褒贬传统的历史掩饰，表达庄存与本人对当时政治的批判。这与在西学东渐和政治改革背景下的康梁时代并不一样，公羊学的复兴由此可以作出一些新的解释。从方法论上说，这样的讨论显示，思想史家如忽略了所处理的哲学问题的社会、政治脉络，就掌握不到他们所欲描写的事件、人物和观念的重要面向。早期的中国思想研究主要以西方的革命性冲击来解释中国，关于今文经学复兴的诠释就是如此。这是典型的“现代化叙事”。

但是，我把庄存与、刘逢禄置于今文经学复兴的中心地位，这只是一种历史的“重构”（reframing）。这是一幅与以康梁为中心的历史图像不同的图像。我的目的并不是要证明那幅图像不对而代之以我的新的图像，而是想分析为什么那幅图像会以康梁为中心，为什么这两幅图像会如此不同。在以康梁为中心的图像中，西方冲击、国家崩溃是重要内容，而以庄刘为中心的图像中却很少这样的内涵：为什么在乾隆末年的像庄刘这样的知识分子要选如此奇怪的公羊学？他们参加科举，当然要受程朱学派、考证学派的影响，但却作了这样的选择，原因是什么？这是前一幅画所不能解决的。我初到中国问起这样的问题，得到的答案是资本主义在江南萌芽兴起；然而苏州有惠栋，扬州有阮元、二王，常州有今文学派都是由于资本主义萌芽，可他们如此不同，为什么呢？从这样的角度，可以发现今文学派的出发点。我们不能把十九世纪末年的学术思想史的图像当作十八世纪末年的图像，那是一种“现代化的框架”。

汪：您刚才使用了“重构”一词，我很感兴趣。一方面，您的新图像的展示方式是一种重新叙述史实的过程，这些史实当然有真实性为基础，从而不能简单地化约为人们谈论它们的方式；但另一方面，您又把这种新的叙述过程理解为一个“重构”的过程，也即把“理解而不是真实”当作这幅新图像的内涵。这当然是自索绪尔、罗兰·巴特以来的史学新方向。对我来说，这两方面的关系至今是史学家和史学理论未能完满解决的难题；史学对于“真实性”的依赖使之不能简单地化约为“史学史”。但是，我觉得您对自己的历史研究的“相对性”的了解，使我想起许多西方有关中国历史的叙述的前提，这些前提不仅被当作中国的“真实”来理解，而且进一步成为西方人理解自己的文明的基础之一。以韦伯为例子，他把西方的现代性同所谓“西方的理性主义”相关联，进而把遍及政治、经济、科学、艺术等各个领域的“合理化过程”看作是西方的历史、文化和宗教的自然的展开过程。换言之，西方的现代化与西方的理性主义文化的关系是自明的。这一推论实际上是以东方没有这样的“理性主义”因而完全自外于“现代化过程—资本主义过程”这一判断为前提的。然而，韦伯关于中国宗教和文化的了解建立在西方传教士关于中国的诸多“话语”之上，对于这种历史悠久的传教士传统也需要在“事实”与“话语”两个层面进行分析：即传教士关于中国的理解多大程度上与中国的“史实”相关，他们怎样、为什么这样叙述中国？对西方汉学中的传教士传统的分析也需要在解构（话语分析）与重构（对史实的重新调查，以史实为基础重建理解框架）两个层面进行。顺便问一句，传教士的中国观在当今汉学研究中的影响如何？

艾：这一传统的影响仍然很大。所谓解构，在这个领域内也就是要解构这个传统。他们是第一代汉学家，做了很多翻译、调查和观察，在十八、十九世纪影响极大，韦伯的中国宗教研究即来源于此，其错误很多。在许多方面，我们批评和反对他们的看法，但我们仍然是其后代，尤其是法国、德国、英国的学者与这一传统有更直接的关系。去年我到德国去参加纪念汤若望的学术研讨会，有许多传统的天主教学者与会。说到法国，我们就想到福柯、布狄厄、德里达，其实他们只是少数，大部分学界是保守的，其中一些与天主教有关。研究中国最多的是有教会背景的人。在一九九二年的一个会上，许多来自法国、意大利和德国的代表就是天主教的学者，他们很活跃，也常去大陆。美国方面与天主教在中国的传播无直接关系，它作的主要是基督教的传教活动，这种活动直至二、三十年代都很活跃。耶鲁、哈佛、斯坦福有很多这方面的资料。

汪：您说解构的问题主要针对传教士传统，这里您主要指的是什么？

艾：这主要是以西方为主的问题；或说西方中心的问题。在世俗的现代化问题之前，西方是要做天主教化中国的工作，这种“西方化”不是在“现代化”的范畴中发生的，而是在此之前，天主教试图改造中国，其中心是宗教方面，而非政治、经济问题，美国基督教士对中国的活动则已同资本主义相关，包含了一些现代化的问题。二十世纪以后，西方人对中国“现代化”的看法和做法，虽然不再是天主教、基督教的问题，但是他们仍是以西方为中心的：欧洲历史是最重要的历史，其他国家都得以之为榜样。其实，解构理论内部也仍然隐含西方中心的问题。

汪：即这类批评是西方的自我批评，而不是对西方以外的文化的真正关心。文化相对主义理论的一部分就是如此。

艾：这一方面是一个无可奈何的事，人们总是从自己的文化出发来看待别的文化。问题在于过去没有人承认自己的限制。例如如果有人认为西方已进入“后现代”因而是先进的，那么这种态度与传教士的思想方式差不多。历史在发生变化，但传统却并不就此消逝，西方和中国都如此，问题是我们对此应有自觉。比如美国的学者到中国去，就如同当年传教士一般，只是与当地的精英发生关系，而对中国大众文化没有多少了解。所以看了儒家，儒家就最重要；看了马列，马列就最重要。但到底中国的农民、工人、商人是怎样生活，怎样思考，我们不知道。对大众文化，对于那些流行的小说、气功之类，西方人基本上是莫名其妙。

汪：现代中国知识分子中的相当部分长的也是西方眼睛，他们与西方的思想关系远超过他们与这个社会内部的文化的关系。

刘泽华与《中国政治思想史集·总序》

经典导读

刘泽华（1935— ），河北石家庄人。1957年考入南开大学历史系，1958年留历史系任教。1961年开始讲授中国古代史。1978年从助教越级升为副教授。学业受到郑天挺、王玉哲、杨志玖、杨翼骧、巩绍英、魏宏运等人的指导和教诲[①]。曾任南开大学历史系主任，兼任先秦史研究会等10余个研究会理事，以及中国古代史教研室、中国社会史研究中心教授、博士生导师。

刘泽华自20世纪60年代开始中国政治思想史研究，集中精力是在70年代末以来，长期致力于中国政治思想史、政治文化和社会历史的研究。他的著作有：《先秦政治思想史》（南开大学出版社，1984年）、《中国传统政治思想反思》（三联书店，1987年）、《士人与社会》（先秦卷与刘洪涛合著、秦汉魏晋南北朝卷与孙立群、马亮宽合著，天津人民出版社，1988年）、《竞争·改革·进步——战国历史反思》（与李瑞兰合著，求实出版社，1988年）、《中国的王权主义》（上海人民出版社，2000年）、《思想的门径：中国政治思想史研究方法论》（与张分田等合著，天津古籍出版社，2006年）、《中国政治思想史集》（三卷，人民出版社，2008年）等。

① 刘泽华、张分田等著:《思想的门径：中国政治思想史研究方法论》,《我和中国政治思想史》,人民出版社2008年版，第1页。

主编了《中国古代史》、《专制权力与中国社会》、《中国古代政治思想史》、《中国传统政治思维》、《中国传统文化精神：代表中国传统文化的三十本书》、《中国政治思想史》、《中国传统政治哲学与社会整合》等著作。他还发表了近百篇高水平的学术论文，如《中国政治思想史研究对象与方法》、《论从臣民意识向公民意识的转变》、《由传统政治观念向近代政治观念的转变》、《天人合一与王权主义》、《王权主义：中国文化的历史定位》、《分层研究社会形态兼论王权支配社会》、《开展思想与社会互动和整体研究》、《开展统治思想与民间社会意识互动研究》、《传统政治思维的阴阳组合机构》、《中国政治思想史研究之思路》等。

刘泽华在多篇文章中提到了自己走入政治思想史的研究领域的原因，既有他个人经历的原因，自上大学开始就对思想史有兴趣，并通过阅读郭沫若的《十批判书》和侯外庐的《中国思想通史》自学思想史；也有学理上的原因，一是他感觉到政治思想在中国整个历史中的地位举足轻重，影响全局；二是他认为研究政治思想要关注现实，因此分析国情是研究政治思想史的目的之一[①]。正是这些考虑，使得刘泽华在中国政治思想史领域数十年如一日，坚持不懈地研究和耕耘，正如他在《中国政治思想史》"小序"和"后记"中反复提到的，"如果老天假我以时日，我将会继续写下去。"[②] 20 世纪 70 年代末以来，刘泽华与他的合作者出版了大量研究中国传统政治思想的著作并发表了多篇论文，形成了广泛的影响，以至于有学者直接称他们为"刘泽华学派"。"20 世纪 80 年代，诞生了刘泽华学派。据说，在海外早已有人在谈论刘泽华学派，而在中国大陆使用这个术语则是近几年的事情，并且至今还没有人对之作出整体性描述。但就笔者的考察，这个学派是成立的，他相对于唯物史观派的中国思想史研究来说，已经使人有了异于是的感觉。"[③] 刘泽华自己更愿意称为学术联合体，他指出："我的学识、能力很可怜，零打碎敲，即使有点学术个性，也说不上学派。我认为我们是自由联合体，有分工合作，又各自写自己的东西，这未尝

① 参见《反思中国传统政治思想要有现实观照意识——刘泽华先生访谈》(《历史教学》，2011 年第 4 期）及刘泽华：《我和中国政治思想史》(见刘泽华、张分田等著《思想的门径：中国政治思想史研究方法论》，人民出版社 2008 年版）。

② 刘泽华主编《中国政治思想史》(隋唐宋元明清卷・后记)，浙江人民出版社 1996 年版，第 734 页。

③ 李振宏：《中国思想史研究中的学派、话语与话域》，载《学术月刊》，2010 年第 11 期。

不是一种推进学术研究的方式。”[①]这体现了刘泽华学风民主、鼓励独立思考的基本精神。

刘泽华的《先秦政治思想史》一书出版于1984年，全书共11章，46万多字。刘泽华首先对先秦政治思想史的研究对象进行了界定。他指出“根据我的粗浅认识，政治思想史除了研究国家和法的理论外，如下一些内容也应列入它的研究范围。首先是关于政治哲学问题。就中国先秦的政治思想理论看，政治思想与哲学思想浑然为一体……从先秦政治思想史看，政治哲学问题具有特殊重要的意义，是应该花大气力研究的课题之一。”“其次，关于社会模式的理论（又可称之为理想国的理论），也应是政治思想史研究的重要内容之一。社会模式思想与国家政权组织形式的思想，虽有密切的关系，但范围不同，两者不是一回事。社会模式或理想国理论是关于社会总体结构与相互关系的理论或设计，它包括社会生活的各个方面，在政治思想史中具有独特的意义。”“再次，治国的方略和政策也应是政治思想史的研究内容。国家和法与治国方略和政策有密切的关系，但两者又有区别……在政治思想史研究中应特别注意这方面的研究，从中可以得到许多可资借鉴的东西。”“在政治思想史的研究中，还应把伦理道德问题作为重要内容之一……把道德政治化，以道德治国虽不是中国古代所独有，但由于儒家在封建社会占正统地位，因此伦理政治在历史上起过重大作用，有着深远影响，应给以足够的重视。”“关于政治实施理论以及政治权术理论也应是政治思想史研究的内容。进行政治决策以及如何把政策、政治规定和各种行政措施付诸实现，这是政治思想家们经常讨论的问题，比如关于进谏、纳谏、庭议、兼听、独断、考课、监察等等，都属于这方面的问题。”刘泽华总结道：“政治思想史的研究对象，大体可概括如下：研究历史上不同阶级、不同阶层、不同学派和不同人物关于国家和社会制度、社会改造，以及通过国家机关和强力处理人与自然的关系和人与人的关系的理想、理论、方针和政策；研究这些理想、理论、方针和政策提出的社会背景及其对实际政治的影响；研究它们之间的相互关系及其发展演变的过程和规律。”他还指出政治思想与阶级的关系，“政治思想史范围内，也不能把每一种思想命题还原为阶级的命题，因为政治思想对象本身并不都是阶级的”。对于政治思想史的研究方法，刘泽华指出：“应该像广角镜那样，从多方面着

① 王丁、王申采访、整理：《反思中国传统政治思想要有现实观照意识——刘泽华先生访谈》，载《历史教学》，2011年第4期。

眼，用多头并进的方式开展研究。首先需要进行的是按思想家或代表作进行列传式的研究。”“其次进行流派研究。”“再次，要开展社会思潮和一个时代重大课题的研究。”“还有，政治思想中的重要概念、范畴，例如礼、德、法、刑、仁、义、爱、赏、罚、势、术等等的研究，也是很重要的。每个学科和学派都有他们的特殊概念和范畴，从而形成特定的思想形式。”“对各种政治思想进行比较研究也十分重要。人所共知，只有比较才便于进行鉴别，评价得失，权衡利弊。比较研究可以从不同角度进行，如人与人之间的比较，不同流派比较，流派内部不同代表人物比较，不同时代的比较，中外比较等等。比较研究能够开人视野，利于从总体上把握和估价各种思潮。”“政治思想与政治实践的关系也应该作为一个专门问题进行研究。政治思想、政治实践是两个不同的学科，后者的历史研究属于政治史，但两者又有极为密切的关系。”“在研究政治思想时，我认为，价值性认识和是非判断性认识，具有特别重要的意义。我们研究政治思想史不能只限于描述，还要考察它的价值。为了判定一种思想的价值，首先要明确价值标准。对我们来说，价值标准是明确的，这就是历史唯物主义。但经验告诉我们，在实际运用中，却又表现为千差万别。”[①] 他实际上阐述了中国思想史研究的对象和方法问题，相比于这之前的中国政治思想史，对象更明确，方法也更加全面，对于中国政治思想史从中国思想史中独立出来有重要意义。《先秦政治思想史》一书按照时代顺序和政治思想自身的发展状况来叙述先秦时期的政治思想。他把先秦时期的政治思想分为两大发展阶段，一个阶段是商代和西周时期，这个阶段的特点是王权、神权与族权结合。商代的政治主要是上帝和祖先崇拜的神权政治。西周政治思想的主要特点是尊天敬祖、敬德保民。另一个阶段是春秋战国时期，人文思想的出现和发展。春秋时期还没有形成流派，所以主要以思想家为研究对象，到了战国时代，出现了很多流派，刘泽华就注重对这些流派的分析，对每个流派的特点和不足给予了深入分析。《先秦政治思想史》的出版对于刘泽华以后的中国政治思想史研究具有重要的起点作用。

1991 年刘泽华主编的《中国传统政治思维》出版，该书 40 余万字，主要研究中国传统的政治思维方式问题，力图对政治思想的相关问题有所深化。该书的主要特点是依据理论的内在逻辑和结构研究的方式，从政治学概念的范畴划分和连接各主题的研究方式，比如虽然先秦诸子的思想千差万别，但是如果围绕若干中心议题去

---

① 刘泽华:《先秦政治思想史·前言》，南开大学出版社 1984 年版。

研究，诸子的理论又可以置入同一个理论框架下讨论，实质上就是君主专制的政治理论。这就实际上打破了按人物和流派研究的老办法，使得各个不同的思想家能在多个主题下来被讨论。该书还运用了现代政治学研究中的政治文化来分析中国传统政治思想，比如从先秦思想中整理出了理想调节机制、合法性等很多属于政治文化的研究对象。这些特点使得对中国政治思想史的分析更加深入、全面。

1996 年刘泽华主编的《中国政治思想史》三卷本出版，具有重要意义。首先它向我们系统展示了中国传统思想文化的核心。他认为必须从政治思想或者政治文化的角度切入，才能对整个中国传统文化进行认知，他指出："中国古代社会有一个极为重要的特点，即行政权力支配社会。这种现实反映到人们的思想中，便把行政权力看得高于一切，看成一切的归宿。因此，在意识形态中，政治思想占有特别重要的地位，以至可以这样说，它是整个思想意识形态的核心部分。"① 即政治思想是中国传统文化的核心。其次，刘泽华有着强烈的现实关怀。在该书"小序"中，他指出："中国古代政治思想的主题是什么？千头万绪，可归纳为如下三点：君主专制主义；臣民意识；崇圣观念。由古代政治观念向近代政治观念的转变，主要是对上述三者的超越，即：由君主专制主义向民主主义的转变；由臣民意识向公民意识的转变；由崇圣观念向自由观念的转变。"② 实际上展示了刘泽华对古代政治思想观念的批判和对近代政治思想观念形成的期待，具有重要的现实意义。再次，该书在占有大量翔实的资料基础上，对中国古代的政治思想的梳理系统而不凌乱，继承了《先秦政治思想史》中的研究方法，使得我们对于古代的政治思想的特点有清楚的了解。

2008 年刘泽华出版了三卷本的《中国政治思想史集》。他在总序中写道："这三卷本的《中国政治思想史集》，是我近三十年来研究成果的汇集。第一卷系统地论述先秦政治思想史。第二卷是秦以后的政治思想散论。这两卷是基础性的研究。第三卷是论述传统政治思维方式以及形成的范式问题，这些范式贯通古今，在现实依然有广泛的影响。"可见，该书的基本观点完全能够代表刘泽华对中国政治思想史研究的基本看法，在"总序"中，他详细论述了研究政治思想史的目的之一是为了解析国情。他认为王权支配社会是中国传统社会的特点，这也导致了中国思想的基本特点，即王权主义是传统思想文化的主脉，王权主义、君尊臣卑、帝王的"五独"观

① 刘泽华：《中国传统政治思想反思 · 前言》，三联书店 1987 年版。

② 刘泽华主编：《中国政治思想史 · 小序》，浙江人民出版社 1996 年版。

念、帝王控制了“学”和士人等是主要特点，在政治思维上主要是阴阳组合结构等，这些是中国传统社会和思想的主要特点。他还指出现代封建主义和传统封建主义一脉相承，消除封建主义是摆在我们面前的一项重要任务。刘泽华再次展现了他把现实关怀与实事求是的学术研究结合起来的特点，他指出：“为了从‘文化大革命’中走出来，为了从封建主义中走出了，为了清理自己，我从上个世纪七十年代后期开始下定决心，把主要精力投入中国政治思想史的研究和教学，同时把清理封建主义作为自己的一项使命。这三卷就是其后近三十年最主要的收获。我自认为这种使命感与对历史事实的陈述和判定并不矛盾。”[①] 这些学术观点和现实关怀精神值得我们仔细揣摩。我们在这里选入刘泽华《中国政治思想史集》的“总序”，以便中国思想史，尤其是中国政治思想史的学习者和研究者了解刘泽华的基本观点。

—— 延伸阅读文献目录：

1. 刘泽华著：《先秦政治思想史》，南开大学出版社，1984 年。

2. 刘泽华著：《中国传统政治思维》，吉林教育出版社，1991 年。

3. 刘泽华主编：《中国政治思想史》，浙江人民出版社，1996 年。

4. 刘泽华著：《中国政治思想史集》，人民出版社，2008 年。

—— 原文：《中国政治思想史集・总序》

① 刘泽华：《中国政治思想史集・总序》（三卷），人民出版社 2008 年版。

中国政治思想史集·总序

刘泽华

这三卷本的《中国政治思想史集》，是我近三十年来研究成果的汇集。第一卷系统地论述先秦政治思想史。第二卷是秦以后的政治思想散论。这两卷是基础性的研究。第三卷是论述传统政治思维方式以及形成的范式问题，这些范式贯通古今，在现实依然有广泛的影响。

在这个总序中简要说几点我的思路与心路。

一、研究政治思想史的主要目的之一是为解析国情

研究中国的政治思想与政治精神是了解中国历史与现实的重要门径之一。然而遗憾的是，由于一九四九年以后中国特殊的政治环境和大学专业设置的片面性，政治思想史的研究在很长时间里几乎中断，上个世纪八十年代以后，情况逐渐有所好转，但至今仍未引起人们的足够关注。

我从事政治思想史的学习与研究可以追溯到上个世纪六十年代，但集中精力则是在七十年代末以后。这与反思“文化大革命”中的封建主义大泛滥有极大的关系。细想想，那些封建主义的东西不仅仅是“文化大革命”的创造，而且是历史封建主义的继续和集成。专制权力支配中国社会有二三千年的历史，其影响是相当广泛的，它不仅形成了一套体制，也形成一种文化心态。我们要从这种体制和心态中走出来，不是一蹴而就的。为了走出来，首先要正视历史，确定历史转变的起点。我们经常说要了解和熟悉国情，而历史就是国情最重要的组成部分。我的研究目的之一就是为解析中国的“国情”，并说明我们现实中封建主义的由来。

■ 二、中国传统社会的特点：王权支配社会

一九八三年我在《论中国封建地主产生与再生道路及其生态特点》一文中提出，中国社会数千年中一个根本的特点是："政治特权支配社会、支配经济"，"暴力和政治虽然不能创造出封建经济，但在封建经济关系基础上，它可以在很大程度上影响乃至决定封建地主成员的命运及其存在形式。"沿着这一思路我又写了多篇文章，后来我用"王权主义"来概括中国历史的特征。我所说的王权主义既不是指社会形态，也不限于通常所说的权力系统，而是指社会的一种控制和运行机制。大致说来又可分为三个层次：一是以王权为中心的权力系统；二是以这种权力系统为骨架形成的社会结构；三是与上述状况相配的观念体系。具体内容主要表现为：

1. 中国从有文字记载开始，即有一个最显赫的利益集团，这就是以王—贵族为中心的利益集团，以后则发展为帝王—贵族、官僚集团。这个集团的成员在不停地变动，而其结构则又十分稳定，正是这个集团控制着社会。这是一个无可怀疑的事实。

2. 这种王权是基于社会经济又超乎社会经济的一种特殊存在。它是社会经济运动中非经济方式吞噬经济的产物，是武力争夺的结果，所谓"兵胜者王""马上得天下"是也。这种政权也可以说是武力或暴力政权。

3. 这种靠武力为基础形成的王权统治的社会，就总体而言，不是经济力量决定着权力分配，而是权力分配决定着社会经济分配，社会经济关系的主体—皇室、贵族与官僚地主是权力垄断与分配的产物。

4. 在多种社会结构（权力结构、经济结构、等级结构、血缘结构、族群结构等等）中，王权体系居于主导地位。

5. 在社会诸种权力（政权、族权、父权、夫权、宗教权、行会权、经济主体权、绅权等）中，王权是最高的权力。

6. 在日常的社会运转中，王权起着枢纽作用，主要表现在人身支配、赋税、徭役、兵役、某些经济垄断等方面。

7. 社会与政治动荡的结局，最终是回复到王权秩序。

8. 王权崇拜是思想文化的核心，而"王道"则是社会理性、道德、正义、公正的体现，等等。

过去我们通常用经济关系去解释社会现象，这无疑是有意义的；然而从更直接的意义上说，我认为从王权去解释更为具体，更便当。

从整体上说，我仍然承认经济关系是社会的基础，但我认为不能忽视政治力量在经济中的地位与特殊作用。比如在社会资源分配等等方面，政治一直起着决定性的作用。中国的土地买卖很普遍，并形成土地集中。有人从经济上概括为是“地租地产化”，我认为买卖是表象，内在的决定因素主要是“权力地产化”。

三、王权主义是传统思想文化的主脉

在我近三十年的著作中，“王权主义”的含义有宽窄两种内容，宽的即上述的含义，窄的是在思想观念上使用它。就后者而言，我认为王权主义是传统思想文化的主脉。关于这一点可从几方面说：

第一，先秦诸子的主旨都是王权主义。

春秋战国的百家争鸣可以说是中国历史上的思想文化定型时期，诸子百家创立的学说和思维方式开其后两千多年的先河，后来者虽不无创造，但直到近代以前，基本上没能突破那个时代创造的思想范式和框架，甚至不妨说，承其余绪而已。因此对诸子百家的思想作一个总体估计，对把握其后两千年的思想是极有参考意义的。诸子百家思想的主流和归宿是什么呢？应该说是政治。司马谈有很好的概括：“《易大传》：‘天下一致而百虑，同归而殊途。’夫阴阳、儒、墨、名、法、道德，此务为治者也，直所从言之异路，有省不省耳。”[①]班固的看法承继了司马氏，他认为诸子是“王道”分化的结果，归根结蒂又为王服务，“使其人遭明王圣主，得其所折中，皆股肱之材已。”[②]诸子百家所论，可以说是上穷碧落下黄泉，无所不及，但最终归于一个“治”字。“治”的中心是什么？我认为只有一个结论，那就是王权和王制，也就是君主专制主义或王权主义。战国百家争鸣是争实行什么样的君主专制主义，并极大地丰富了君主专制主义理论。秦始皇的君主专制主义正是先秦诸子的承继和发展，是诸子君

①《史记·太史公自序》。

②《汉书·艺文志》。

主专制主义理论的集中和实现，是先秦政治文化的集成，是其后两千多年帝制的祖师。有人说“历史文化传统对他们（秦朝君臣——引者注）而言是没有真实意义的”，这种看法是不符合历史事实的。

在中国的历史上，除为数不多的人主张无君论以外，都是有君论者，在维护王权和王制这一点上大体是共同的，而政治理想几乎都是王道与圣王之治。我们的最伟大、最杰出的思想家几乎都在为尊王编织着各种各样的理论，并把历史命运和开太平的使命托付给王。

第二，君尊臣卑是中华传统思想文化的骨架。

尊君的理论多多，有一点应特别注意，那就是把中华传统思想文化的最高理念都献给了帝王。每种思想文化都有一套纲纽性的概念来表达和支撑，这些纲纽性的概念集中体现了真、善、美以及更超越的精神。在中华思想文化里，表达超人和本体、本根的概念，如神、上帝、天、地、乾坤、日月、阴阳、五行、四时等；表达理智的，如聪、明、睿、智、英、谟、理、文、武等；表达道德的，如仁、义、德、惠、慈、爱、亲、宽、恭、让、谦、休等；还有一些包含了上述诸种含义，如天、圣、道、理等等，这些纲纽性概念都奉献给了帝王，或变成了帝王的品性与功能。在此我把杰出文豪韩愈、柳宗元颂扬帝王的词组胪列一下，计有：“神化”、“神功”、“大化”、“与天合德”、“法天合德”、“感通天地”、“参天两地”、“功参造化”、“整齐造化”、“政体乾坤”、“体乾刚”、“协坤元”、“体昊穹”、“移造化”、“革阴阳”、“仁化”、“德化”、“统和天人”、“顺时御极”、“幽明感通”、“王风”、“金风”、“帝力”、“皇化”、“皇灵”、“皇风”、“皇泽”、“皇慈”等等。总之，与造物主相匹，是人间的救世主，自然帝王也就居于思想文化的顶点。

与尊君论相对的是臣民卑贱论。君主以下所有的人，上至达官贵人，下至百姓仆隶，在君主面前尽人皆卑贱、皆奴仆，把思想文化中的下流的概念、词汇几乎一股脑地套在臣下头上。这里仍以韩愈和柳宗元的言论为例。臣民天生就属于卑贱者，“君者，阳也。臣者，阴也”。臣“身微命贱”、“性本庸疏”。臣下的社会地位、衣食、知识、寿命，皆来自“圣恩”。君主“子养亿兆人庶”，“身体发肤，尽归于圣育；衣服饮食，悉自于皇恩”[①]。臣下愚昧无知，

①《柳宗元集·为耆老等请复尊号表》。

"至陋至愚，无所知识"[①]。在君主面前臣下是天生的罪人，"臣罪当诛兮天王圣明"[②]。

当然在传统思想文化中也有对昏君、暴主的斥责与批判，少数思想家还提出了无君论，但这不是主流；也有对臣民作用的肯定，但只能居于辅助地位。

君尊臣卑成为一种思维定势，成为人们一种不自觉的当然观念和认识的前提，影响深远。

第三，帝王的"五独"观念。

中国古代最高权力观念体现在"王"、"天子"、"皇帝"、"帝王"、"君主"等最高政治元首的观念之中。帝王的权力特征可以用一个"独"字来概括，具体说来有"五独"：天下独占，地位独尊，势位独一，权力独操，决事独断。所谓帝王"贵独"，大致说来也就是这"五独"。

天下独占指的是君主是全社会最高和唯一的主人。世上的一切存在物、全部资源以及所有的人都归王所有，而且王权的实施范围在时间与空间上都是无限的。《诗·小雅·北山》最早把上述观念作了最明确的表述："溥天之下，莫非王土；率土之滨，莫非王臣。"秦始皇统一中国之后几乎以同样的语言宣布："六合之内，皇帝之土"，"人迹所至，无不臣者"。刘邦称帝后也同样把天下视为自己的"产业"。皇帝虽然像走马灯一样轮换不已，但上述观念却一脉相承。这不仅是皇帝的一厢情愿，同时也为整个社会所认同，形成全社会的普遍意识。宋儒程颐说的如下一段话可作为典型代表："天子居天下之尊，率土之滨，莫非王臣……凡土地之富，人民之众，皆王者之有也。"[③]应该说"王有天下"是中国传统社会最高权力观念的核心内容。不管社会任何成员拥有什么，只要与"王有"发生矛盾，必须无条件地服从王有，所谓"君于臣有取无假"是也。王有天下好像一个其大无外的穹庐，死死地扣在社会之上。君主们"无法无天"的理论依据就是王有天下。

地位独尊是说，在一切社会关系中，在社会身份普遍化的等级关系中，唯有君主的地位至高无上，至尊至贵。有关资料比比皆是。这里仅引《礼记·坊记》称孔子之语为例以示其要："天无二日，土无二王，家无二主，尊无二上。"

---

①《韩昌黎文集校注·御史台上论天旱人饥状》。

②《韩昌黎文集校注·拘幽操 文王羑里作》。

③《伊川易传·周易上经》。

势位独一是说在权力体系中帝王是独一无二的。在中国的历史上有否“二元”或“多元”权力结构，学界有不同的看法，我要说的是，至晚到春秋初已提出“国不堪贰”的问题。当时的政治家与思想家纷纷提出“国不可贰”，齐悼公说：“君异于器，不可以二。器二不匮，君二多难。”[①]思想巨擘老子与孔子从宇宙体系上论证了君只能“一”，老子把王与“天”、“地”、“道”并列称为“四大”；孔子说：“天无二日，民无二王。”[②]其后所有的思想家几乎都在这个思想圈子中颠三倒四，从不同角度论述只能有一个君主。董仲舒说：“天之常道，相反之物也，不得两起，故谓之一。一而不二者，天之行也。”[③]帝王就是人间的“一”。在传统思想界除了少数人主张无君论以外，都是“君一”论者。这个“一”不仅要凌驾于一国之上，而且要凌驾于天下之上。总之，权力结构的一元论是不移之论。历史上的先哲们关于政治结构的聪明才智在“一”面前可以说是走到了尽头。他们只知“一而治”，除极少数人如黄宗羲略有质疑外，基本上没有人深思过“一而乱”的问题，自然也就没有想过从“一”中走出来。

权力独操是说一切权力属于帝王。孔老夫子率先教导：“唯器与名，不可以假人，君之所司也。”[④]《周礼》中“五官序”把帝王的大权概括得更为清楚：“惟王建国，辨方正位，体国经野，设官分职，以为民极。”《管子·七臣七主》说：“权势者，人主之所独守也。”《商君书·修权》说：“权者，君之所独制也。”董仲舒说：“君也者，掌令者也，令行而禁止也。”[⑤]又说：“君之所以为君者，威也。”[⑥]这一类的论述比比皆是。总之，权力独占是政治的核心问题。皇帝以下的所有权力机构，无一例外地都是皇帝的办事机构、派出机构和服务机构。

决事独断是说在政治决策过程中，君主是最高、最后的决断者。中国传统政治决策过程的特点可以用“兼听独断”四个字来概括，这一点早在先秦已形成公论和定势。宋儒司马光一段话很典型：“古人有言曰‘谋之在多，断之

---

①《左传》哀公六年。

②《孟子·万章上》。

③《春秋繁露·天道无二》。

④《左传》成公二年。

⑤《春秋繁露·尧舜不擅移汤武不专杀》。

⑥《春秋繁露·保位权》。

在独。’谋之多，故可以观利害之极致；断之独，故可以定天下之是非。若知谋而不知断，则群下人人各欲逞其私志，斯衰乱之政也。”“终决之者，要在人君。”[①] 司马光在此提出了“独断”、“多谋”、“定天下之是非”、“人人之私志”、“衰乱”几者的关系，不难看出，君主的“独断”是决定性的，所谓“终决”就是最高与最后决断权，只归君主独有。陈亮在《论执政之要》中对宋代帝王的独断做了如下的描述：“发一政，用一人，无非出于独断；下至朝廷之小臣，郡县之琐政，一切上劳圣虑。”康熙说得十分绝对：“天下之权，惟一人操之，不可旁落。”[②] 乾隆也反复说：“本朝家法……一切用人听言，大权从不旁假”[③]，“权衡悉出自朕裁。”[④]

以上讲的君主“五独”是中国传统政治的基础和基本原则。帝王们自然不会放弃“五独”，臣民中除极少数主张无君论者外，几乎所有的人都认同君主的“五独”，连出家的和尚、道士也难逃其外。我们研究中国古代的权力运动和权力结构的变迁、调整等，绝对不可忽视君主“五独”观念的全局控制意义。

第四，帝王控制了“学”和士人。

春秋以前“学在官府”，其后“官学”解体，分化出诸子之学，“学”在王权之外获得了自由。诸子之学在学术上无疑是多元的，然而在政治上却又有惊人的一致性，在鼓吹君主专制这一点上是途殊同归。秦始皇的“以吏为师”无疑是太粗糙了。但与战国诸子的学术精神并无大违，而是诸子之学内在的专制主义精神的一次实现。这一点在前边已作了概述。

汉武帝的独尊儒术是秦始皇的以吏为师的继续和发展。李斯是以吏为师的倡议者，董仲舒是鼓吹独尊儒术的重要人物之一（在他之前鼓吹者多多）。乍然看去，李斯和董仲舒的政见差别很大，可以说是敌对的，李斯要打击儒家，董仲舒则要独尊儒术。可是调换一个角度看，分析一下他们的出发点和要解决的问题，却是惊人的一致，甚至所用语言也雷同。他们的目的都是为了尊王，实现大一统；在政治思想上一个讲“定一尊”，一个讲“持一统”，都是实行思

---

①《温国文正司马公文集·体要疏》。

②《清圣祖实录》卷二五九康熙五十三年六月丙子。

③《清高宗实录》卷三二三乾隆十三年八月辛亥。

④《清高宗实录》卷一三一七乾隆五十三年十一月乙酉。

想统一和专制；所尊之外一律排他，李斯提出，对非所尊实行“禁”、“烧”、“族”，董仲舒提出“皆绝其道”。所以我认为汉武帝的独尊儒术与秦始皇的以吏为师是一脉相承的，又都是“学在官府”的再建。当然，汉武帝比秦始皇高明，他有成套的措施，最主要的是把学和取士结合在一起。其后延续了两千多年。

儒家政治的基本原则是“三纲”。帝王制度就是建立在“三纲”之上的。也正是以此为据，我说儒学的主旨是维护帝王体系之学。人们当然不是事事必说“三纲”，但“三纲”就像一个天网笼罩在全社会之上。

汉武帝独尊儒术同秦始皇以吏为师一样，意在把社会的思想文化置于王权控制之下，使思想文化降格，成为王权的从属物。且不说被“罢黜”者，就被“独尊”的儒术而言，其恰恰因被尊而失去了原有的独立性格。因为它的被尊是皇权决定的，它被皇权宣布独尊的同时，也就被置于皇权控制之下。儒术变成皇权政治的组成部分，成为皇帝需要的政治原则，儒家的“经典”是由皇帝钦定的，最高解释权也归皇帝。儒学既是官学，也就是官方的意识形态。这种官方意识形态借助帝王的政治力量推向全社会，从而使整个社会观念儒家化。儒家的社会化无疑有自身的儒化因素，但更主要的是政治推动的结果。特别是以经取士，把士人的多数吸引到儒家的轨道，并成为维护帝王体系的学人或政治工具。

四、政治思维的阴阳组合结构

中国传统的王权主义如铁板一块，十分坚硬，但又有柔性，刚柔相兼，这表现在政治思维的阴阳组合结构。所谓阴阳组合结构是说一个主命题一定有一个副命题来补充，形成相反而相成的关系。这里不妨先开列一些具体的阴阳组合命题，诸如：

1. 天人合一与天王合一

2. 圣人与圣王

3. 道高于君与君道同体

4. 天下为公与王有天下

5. 尊君与罪君

6. 正统与革命

7. 君本与民本

8. 人为贵与贵贱有序

9. 等级与均平

10. 纳谏（听众）与独断

11. 思想一统与人各有志

12. 教化与愚民

13. 王遵礼法与王制礼法

14. 民为衣食父母与皇恩浩荡、仰上而生

……

我开列了这一大串，为了说明这种组合命题的普遍性。这里用了“阴阳组合结构”，而不用对立统一，是有用意的。在上述组合关系中有对立统一的因素，但与对立统一又有原则的不同，对立统一包含着对立面的转化，但阴阳之间不能转化，特别是在政治与政治观念领域，居于阳位的君、父、夫与居于阴位的臣、子、妇，其关系相对而不能转化，否则便是错位。因此阴阳组合结构只是对立统一的一种形式和状态，两者不是等同的。我上边罗列的各个命题，都是阴阳组合关系，主辅不能错位。比如在君本与民本这对阴阳组合命题中，君本与民本互相依存，谈到君本一定要说民本；同样，谈到民本也离不开君本，但君本的主体位置是不能变动的。这里只就“道高于君与君主体道”的组合命题稍作说明，以示其概。

“道”是中国传统思想文化的核心范畴之一，是理性（也包含程度不同的神性）的最高抽象，又是整个思想文化的命脉。

“王”是最高权力者的称谓，同时又代表着以专制权力为中心的社会秩序以及与这种秩序相对应的观念体系。

道与王是什么关系？就我拜读过的论著，特别是新儒家和崇儒者，十分强调儒家的道与王是二分的，常常把“道高于君”、“从道不从君”作为理论元点来进行推理，认定道是社会的独立的理性系统，由儒生操握，对王起着规范、牵制和制约作用。就一隅而论，也不无道理；然全面考察，则多偏颇。在我看来，道与王的关系是相对二分与合二而一的有机组合关系，分中有合，合中有分，分合相辅，以合为主。这不限于儒家，而是整个传统思想文化中的主干。

“道高于君”、“从道不从君”只是组合命题一面，还有更重要的一面，那就是“君主体道”、“王、道同体”、“道出于王”。

先秦诸子把圣人、君子视为道之原，同时又认为先王、圣王也是道之原。在这一点上先秦诸子有着共识。这一理论为王与道一体化，以及道源于王铺平了道路。秦始皇是历史上第一位把自己视为与道同体、自己生道的君主。秦始皇宣布自己是“体道行德”，实现了王、道一体化。秦始皇不仅体道，又是圣王，他颁布的制度、命令是“圣制”、“圣意”、“圣志”，永垂万世。先秦诸子创造的巍巍高尚的“道”一下子变成了秦始皇的囊中之物。秦朝虽然很快垮台了，秦始皇的思想却流传给后世。其后，贾谊提出“君也者，道之所出也”[①]。董仲舒在《春秋繁露·王道》中说：“道，王道也。王者，人之始也。”他还有人所熟悉的“王道通三”之说。道、王道、王混为一体，道由王出。在中国的历史上，人们尽管可以把道捧上天，但一遇到“圣旨”，它就得乖乖让路。在漫长的年代里，帝王既要搞“朕即国家”，又要搞“朕即道”。宋、明理学家高扬道统的大旗，道统俨然独立于王之外。然而恰恰在把道统说得神乎其神的同时，却又把这个神圣的道敬献给了帝王，这一点在帝王谥号中表现得尤为突出，诸如“应道”、“法道”、“继道”、“合道”、“同道”、“循道”、“备道”、“建道”、“行道”、“章道”、“弘道”、“体道”、“崇道”、“立道”、“凝道”、“明道”、“达道”、“履道”、“隆道”、“契道”、“阐道”、“守道”等。汉语词汇实在太丰富了，在这里，都说明一个问题：帝王是道的体现者。

王对道的占有，或者说道依附于王，是整个传统思想文化的一个基本命题，几乎所有的思想家，甚至包括一些具有异端性质的人，都没有从“王道”等大框框中走出来。只要还崇拜“王道”等，那么不仅在理论上被王制和王的观念所锢，而且所说的道也是为王服务的。

其实，王对道的占有只是问题的一面，另一面更应注意道本身的王权主义精神，以致可以说，道的主旨是王权主义。这一点被我们的许多学者，特别是被新儒学所忽视。中国传统思想文化中的道无所不在，千姿百态，但影响最大、最具有普遍性的，要属有关宇宙结构、本体、规律方面的含义了。正是在这种形而上学的意义中给予王以特殊的定位。《易·系辞上》说：“一阴一阳之

①《新书·大政下》。

谓道”，阴阳相交而生万物，而君臣尊卑之位便是宇宙结构和秩序的一环。被形而上学化的伦理纲常的首位就是君主关系。程颐说：“天地人只一道也。才通其一，则余皆通。”“道之大本如何求？某告之以君臣、父子、夫妇、兄弟、朋友，于此五者上行乐处便是。”[①] 朱熹说：“三纲五常，天理民彝之大节，而治道之本根也。”[②] 又说：“道之在天下，其实原于天命之性，而行于君臣、父子、兄弟、夫妇、朋友之间。”[③] 儒家所论的伦理纲常无疑比具体的君主更有普遍意义，但也从更高的层次上肯定了君主专制制度，用形而上学论证了君主制度是永恒的。我们不能忽视儒家的纲常对王的规范和批判意义，同时更不宜忽视这种规范和批判的归结点是对王权制度的肯定。张扬儒学的朋友对此实在有点漠视，或视而不见，真不知其可也！

道、王相对二分与合二而一是有机组合关系，同时也形成一种思维范式，历史上最伟大的思想家都没有从这种范式中走出来。这种思维范式的影响比具体内容的影响更为广泛和深远。

“阴阳组合结构”是古代政治思维的普遍事实，这种结构性的思维应该说是极其高明的，它反映了事物的对立与统一的一个基本面。也可以说是“中庸”、“执两用中”思想的具体化。这种“结构”的思维方式和认知路线对把握事物非常有用，也非常聪慧，正是所谓的“极高明而道中庸”[④]。就思想来说，这种结构的容量很大，说东有东，说西有西，既可以把君主之尊和伟大捧得比天高，但又可以进谏批评，乃至对桀纣之君进行革命。由于有极大的容量，以至于人们无法从这种结构中跳出来，至少在政治思想史范围内，直到西方新政治思想传入以前，先哲们没有人能突破这种阴阳组合结构。最杰出的思想家黄宗羲虽有过超乎前人的试跳，但终归没有跳过去。

在政治实践上，这种阴阳组合结构的政治理念具有广泛的和切实的应用性。以古代的君主专制体制为例，一方面它是那样的稳固，不管有多少波澜起伏，多少次改朝换代，这种体制横竖岿然不动；另一方面，它有相当宽的自我调整空间和适应性。我想这些应该说在很大程度上得力于政治思维的阴阳结构

①《二程遗书》卷十八。

②《晦庵集·戊申延和奏劄一》。

③《晦庵集·徽州婺源县学藏书阁记》。

④《中庸·二十七章》。

及其相应的政治调整。

这种思维范式影响至深，在我们现实生活中还广泛流行，依然笼罩着许多人的思维。在过渡时期，这些无疑具有很强的包容性和灵活性，但在学理上是需要分析的。1986 年我曾写过一篇文章:《除对象，争鸣不应有前提》，对以什么为指导与百家争鸣问题进行了辨析。我想，对类似的问题都应从理论上作进一步的辨析。只有通过辨析，指出其在历史进程中的局限性才可能更有效地推进政治改革。如果我们不从这种还普遍流行的阴阳组合结构中走出来，就不可能有政治观念的突破，也不可能迈上历史的新台阶。

五、现代封建主义与传统封建主义一脉相承

封建主义对我们的时代有着广泛的影响，造成了惨重的后果，这是各层人士的共识。封建主义表现多多，其中危害最大的应该是“官本位”、“一言堂”、“独断专行”、“无法无天”、“严刑峻法”、“个人迷信”、“特权经济”、“以权谋私”等等。这些其实就是封建专制主义或王权主义的现代版，也可称之为现代封建主义。我们有过亲身经历的人都很熟悉，这些都不是简单的直白，而是有一套理论来支撑，并被这一套理论所折服、或征服、或屈服。且不说我辈普通人，就是那些大知识分子不是也有很多跟着跑或为虎作伥吗?

有另一种看法，他们认为中国传统思想文化的主流—儒学，是人文主义的，是“人学”、是“成人之学”、是“人文关切之学”等等，因此富有和谐、平等、友爱、独立、自由、民主、人权等精神。封建主义的泛滥只不过是上述传统的中断。为了现代化应该“复古”，要“发扬传统”、“回归传统”，也有人说得很白，这就是“尊孔读经”。

我向赞美儒家具有现代性的先生们提一个简单的问题，如果儒家那么高明，试问，它怎么没有把中国较早地引导到现代化的道路?在中国民族危机的时刻它怎么拿不出自救的办法?时至今日，还要从“人心不古”来找原因、找出路，我期期以为不可也。在我看来，思想文化都有时代性，不同时代的主流思想文化应是该时代的产物！一些人老爱说我们是“礼仪之邦”，要以“礼仪”来救弊，如果较真追问：什么是“礼仪之邦”？依我看，就其历史内容的主干

而言，那只能是“等级贵贱之邦”，或者说是“君主专制之邦”。“礼仪之邦”与“民主之邦”是历史进程中的两个高低不同阶段，是两种不同的语言和价值体系，再怎么“转化”、“返本开新”，也不能使两个阶段混为一谈。一些人老爱从儒家语言和价值中找民主语言和价值，如果在中国被拖入世界潮流以前，这样做无疑是创造，时到今日还去求古，实在是缘木求鱼，这不过是阿Q式的精神胜利法。就实而论，把功夫下在让“枯木生花”上，不如像鲁迅说的搞“拿来主义”。鲁迅有些地方确实够“虚无”的，提倡不要读古书等，但他赢得了“民族魂”的称号。胡适支持全盘西化，但他对中国故学则多有创见，并成为中国自由主义的祖师。钱穆曾自豪地说我们早就有中国式的民主，中国恰恰没有专制主义，说有者都是“自鄙”之论。但遗憾的是，以亿兆人匍匐在帝王脚下为基础的“中国式的民主”没能把中国引上现代化，能不让人哀叹？我们“礼仪之邦”的尾巴拖得实在又粗又长，要从“礼仪之邦”变为“民主之邦”，必须痛下决心割尾巴，进行自新和改造。要承认我们落后了，但我们是有前途的，这就是在向先进学习中进行再创造。近代以来我们的进步主要靠“拿来创新”实现的。中国过去的历史再辉煌也是属于那个阶段的事，历史进入新阶段就相形见绌了，无可奈何，这就是历史决定论！我的著述就是要展示“礼仪之邦”真实的历史内容，同时揭示现代封建主义的由来和历史的联系，为割尾巴提供参考思路。基于上述认识，我认为要准确把握中国传统思想文化的真谛，不能离开政治思想和政治精神。如果离开政治思想和政治精神就像抛开中枢神经去说骨骼、皮肉，是很难接近中国历史精神的。

消除老的和现代的封建主义，是摆在我们面前的一项紧迫的任务，岂可等闲视之。

六、说一点个人的心路

从上个世纪六十年代开始，我一直从事中国古代史的教学，在学习与研究过程中，我总不能忘怀思想史，特别是政治思想史。我认为不懂政治思想就难于触及历史的灵魂。“文化大革命”之前我积累了近二十万字政治思想史的稿子，其中有几篇长短不一的文章见诸报刊。“文化大革命”一来，这些文章都成了政治影射的“罪证”，再加上其他一些诸如“修正主义苗子”、“黑线”关系等罪名，1966年6月26日我被揪了出来，在众目睽睽之下把我从“革命”群众队伍中“轰”了出去，主事人还算手下留情，把我降至“中间组”（不是敌人，也不是革命群众，不准“革命”），那年我三十一岁。当时抄家成风，我看势头危险，便把积累的稿子、日记等销毁。果然，1967年造反派夺权之后我又被升级为“牛鬼蛇神”，理由是：“资产阶级反动路线保护了你，现在要对你实行无产阶级专政！”随后就进行了抄家。我庆幸有点“先见之明”，抄家一无所获。

在挨整的时候下决心再也不搞政治思想史。可是人有个毛病，常常是好了疮疤忘了疼。稍稍冷静之后，我感到政治思想史必须搞下去，能引起“革命”群众的批判，说明这个问题有现实意义。我这个人多少有点社会关怀感，也力争做些分辨，比如对“文化大革命”中的封建主义的泛滥就比较反感和厌恶，很多活动我不敢公开反对，但能避开的就设法逃之夭夭。我虽然反感，但缺少理性认识。这里我要特别说一下黎澍先生一篇文章对我的影响。1977年秋，在辽宁大学举办了一次学术讨论会。黎澍先生没有出席，他有一篇系统批判封建主义的长文由人代读。黎澍先生的文章把问题提到理论与历史的高度，我听后有开茅塞之感。当时还是“两个凡是”盛行之时，一些人自发地站出来对黎澍进行反驳，甚至有点声讨之意，斥责意在“砍旗”等，可见当时知识界还有不少执迷不悟者。黎澍的文章使我对封建主义问题的认识更自觉了。为了从“文化大革命”中走出来，为了从封建主义中走出来，为了清理自己，我从上个世纪七十年代后期开始下定决心，把主要精力投入中国政治思想史的研究和教学，同时把清理封建主义作为自己的一项使命。这三卷就是其后近三十年最主要的收获。我自认为这种使命感与对历史事实的陈述和判定并不矛盾。是耶，非耶？请读者自裁。

刘泽华谨识

二〇〇七年五月

葛兆光与《什么才是“中国的”思想史？》

经典导读

葛兆光（1950—　），原籍福建，生于上海。曾当过知青，1978 年考入北京大学中文系，1984 年研究生毕业于北京大学。1984 年至 1992 年在江苏省扬州师范学院历史系任教。1992 年至 2006 年任清华大学人文学院教授。2006 年至今任复旦大学教授、文史研究院院长。兼任北京大学古文献学研究中心与东方文化研究院、中国人民大学佛教与宗教学研究中心等校兼职教授，以及日本京都大学、比利时鲁汶大学等校客座教授。

葛兆光的主要研究领域为中国宗教、思想和文化史。他著有《禅宗与中国文化》、《道教与中国文化》、《汉字的魔方——中国古典诗歌语言学札记》、《中国禅思想史——从 6 世纪到 9 世纪》、《中国思想史》（两卷本）、《屈服史及其他——六朝隋唐道教的思想史研究》、《西潮又东风：晚清民初思想、宗教与学术十论》等。近年来又出版了《宅兹中国——重建有关中国的历史论述》（中华书局，2011；台北联经出版事业公司，2011）。还发表了不少论文，如《置思想于政治史背景之中——再读余英时先生的〈朱熹的历史世界〉》（收入田浩编《文化与历史的追索：余英时教授八秩寿庆论文集》，台北联经出版事业公司，2009 年 12 月）、《“不意于胡京复见汉威仪”——清代道光年间朝鲜使者对北京演戏的观察与想象》（《北京大学学报》哲学社会科学版 2010 年 1 月）、《从西域到东海——一个新历史世界的形成、方法及问题》(《文史哲》2010年第1期)、《自家宝藏的失而复得——晚清久佚唯识典籍由日本反传中国之影响》(《史学集刊》2010年第1期)、《周孔何以不言——中古佛教、道教对儒家知识世界的扩充与挑战》(《史学月刊》2011年第1期)、《什么才是"中国的"思想史?》(《文史哲》2011年第3期)、《乱臣、英雄抑或叛贼?从清初朝鲜对吴三桂的各种评价说起》(《中国文化研究》2012年第1期)、《前近代、亚洲出发思考与作为方法的中国——沟口雄三与日本的中国学研究》(收入《思想》第20辑,台北联经出版事业公司,2012年1月)、《朝贡、礼仪与衣冠——从乾隆五十五年安南国王热河祝寿及请改易服色说起》(《复旦学报》2012年第2期)、《清代学术史与思想史的再认识》(《中国典籍与文化》2012年第1期)等。

葛兆光的《中国思想史》两卷本1998年初版,2001年再版,第一卷名为《七世纪前中国的知识、思想与信仰世界》,第二卷为《七世纪至十九世纪中国的知识、思想与信仰》,本来在第一卷前有导论《思想史的写法》,第二卷前也有导论《续思想史的写法》,后来把这两部分抽出出版了单行本《导论:中国思想史的写法》。《中国思想史》一书长达119万字,在国内外都产生了较大的影响,纽约出版的*Contemporary Chinese Thought*曾连续两期译介这部著作。同时该书提出的不少与思想史有关的学术问题也引起了广泛的学术争论。

葛兆光认为思想史的不同写法背后,总是有不同的观念、思路和方法,写法的改变常常意味着思想史研究的观念、思路和方法的改变。葛兆光在该书导论中对中国思想史研究提出了许多思考,讨论了关于中国思想史或哲学史研究中的一些重大理论和方法问题,比如思想史应当如何思考精英与经典的思想世界和一般知识思想与信仰世界;知识史与思想史之间应当如何互相说明;古代中国思想的终极依据或者说基本预设是什么;思想史应当如何改变过去的传统写法和充满训导性的教科书式的章节结构,以追寻思想史的真正脉络和精神,思想史是否应当描述所谓"无思想"的时代,在无画处看出画来;作为历史记忆的传统知识和思想如何在重新诠释中成为新的思想资源,又因此而产生了思想史的连续性;思想史研究中如何看待和使用考古发现与文物资料,等等。还讨论了在后现代历史学理论渐渐进入中国的背景下,应当怎样理解和限制这种理论资源的意义和边界。可以说,葛兆光的《中国思想史》一书就是对以上问题的尝试和回答。

2011年在《什么才是"中国的"思想史?》一文中,葛兆光继续把这种对思想史的争论归结为五个问题:"第一是我所谓的'一般知识、思想和信仰世界',是否应当写入思想史著作？这涉及思想史的资料范围是否应当拓宽、思想史的背景是否应当重建，思想史是否也应当注意精英思想的制度化、常识化和风俗化等问题，也就是说，过去被认为是社会史或文化史的内容，是否应当被纳入思想史。第二是知识史和思想史的关系如何处理？如果在思想史著作中讨论思想的知识基础，势必会把原来传统的博物知识，也就是今天分别被归为科学史、技术史、学术史，甚至教育史的内容拉进思想史，思想史一定要涉及它们吗？第三是思想史上的‘加法’和‘减法’的问题，也就是说，思想史要不要讨论在时间中逐渐被人们淡忘的那些内容？把这些被删去的内容重新放回历史，是否恰恰反映了当时真实的文化环境？如果不发掘这些内容，我们是不是在用一次又一次的‘后见之明’来误读过去？第四是这种不以‘人’或‘书’为章节或单元的思想史写法，是否可以更好地表现历史的延续脉络，这对习惯了旧章节形式的思想史读者，会造成困扰吗？第五是思想史的时代如何划分？7世纪初（也就是初唐）、明代中后期（也就是传教士入华）和1895年（甲午战争与《马关条约》的签订），为什么可以成为思想史时段划分的标志？这种与过去不同的时段划分法，是否在暗示着什么特别的意味？”他还反思了中国的思想史不同于日本的思想史、欧洲思想史的原因。由于各国知识、思想和信仰的不同，以及历史语境、社会生活与文化特征的不同，思想史所描述的思想的内容和历史自然会不同，还与研究者的问题、立场有关；还由于中国的皇权政治对文化的控制，以及中国儒学为中心的政治意识形态一直占据着知识、思想和信仰的主流。由于这些缘故，中国历史之延续大于断裂，中国的思想史可能和任何民族、国家与文化共同体的思想史都有不同的内容。中国儒家强调人文修养与经典知识，而经典与人文知识两千年来一直是科举与仕宦的依傍，因而科学技术的因素、宗教和艺术的因素、疆域与航海的因素，始终不可能像欧洲一样，产生思想史上的大震撼。葛兆光认为虽然人类有一些共同的观念，但还是有很大差异的，中国文化中有五组重要的观念，即有关天下、中国、四夷的世界观念；涉及君权与相权、治统与道统、封建与郡县、礼教与法治等问题的政治观念；有关善恶的人性观念；有关生命的观念；以阴阳五行为基本框架的观物方式等。葛兆光认为不能套用欧美思想史现成的概念和思路，必须从中国的历史语境中去寻求解释，给予真切的理解和说明，并断言虽然思想史研究在西方已经凋零，但是在中国一段时期内还会保持生命力，这与中国习惯从传统中寻求依据的观念有关。这是葛兆光中国思想史研究反思的最新成果。

—— **延伸阅读文献目录：**

1. 葛兆光：《中国思想史》（导论、第1卷、第2卷），复旦大学出版社，2004年。
2. 葛兆光：《思想史研究课堂讲录：视野角度与方法》，三联书店，2005年。

—— **原文：《什么才是“中国的”思想史？》**

经典原文

什么才是“中国的”思想史？[①]

葛兆光

摘　要：近年来中国学术界有一个特殊现象，即在西方学界思想史研究渐渐衰落时，在中国，思想史研究却仍然充满活力，这是由于中国的特殊背景使然，它也呈现了近年来中国学术的趋向。回顾这些年来有关中国思想史研究的种种争论，需要进一步讨论的是，什么才是“中国的”思想史，而不是“日本的”或者“欧洲的”思想史？这一问题不仅涉及各个文化区域的思想与历史的差异，涉及各个文化区域的政治、宗教、社会环境的差异，更涉及的是，如果试图确立思想史研究的“中国性”，必须思考这一思想史研究能否在历史讨论中保持对中国现实的针对性，能否在对传统观念的梳理中回应当下中国的思想问题。

关键词：中国思想史；欧洲思想史；日本思想史；中国性

■ 一

很多人都注意到，近年来中国学术界有一个特殊现象，即在西方学界思想史研究领域普遍渐渐衰落时，在中国，思想史研究却仍然是热门，这不能不说是一个既反常又合道的事情。

为什么说它“反常”？是因为这三十年来的中国学界，始终在追求“预流”，甚至不得不紧张地追赶西洋模仿东洋，几乎到了“彼进于此，我必随之”的地步，然而思想史研究领域却彼虽消此却涨，这不能不说是“异数”。为什么说它“合道”？是因为它也恰恰呈现了近年来中国学术的趋向。今年春天，我在美国普林斯顿大学一次演讲中就说道，一方面由于中国的历史传统，涉及

① 本文是为英文版《中国思想史》所写的序言。

“道”和“史”（即思想和历史）的话题始终会是热门；但另一方面由于中国的现实环境，政治思考往往要通过历史叙述来呈现。所以，这造成了中国的思想史研究长盛不衰，而形成了越来越兴盛的政治气候和文化土壤。

这是中国的特殊背景。这个特殊背景可以归纳为三点：一是尽管经过三十年的形摹影随，中国思想史研究者和撰述者开始注意到，种种眼花缭乱的西方学科样式，其实可以重新加以梳理和改造，在思想史领域也可以开始实践新的写法；二是尽管经过三十年的巨变，但是在中国，社会生活和观念世界仍然像林毓生说的那样，习惯于要“思想文化”来解决问题，特别是在“现代”与“后现代”、“全球化”与“民族主义”、“政治意识形态”与“实际生活世界”之间始终有困扰的当下，人们仍然很需要回顾思想史，看看是否我们仍然处在历史的延长线上；三是不断涌入的新理论和不断发现的新材料，迫使中国思想史研究者不得不回应它们所提出的问题与挑战。

唯一的麻烦是，这种回应有时还要穿越几十年的学术史，处在一再重新开始的状态。

二

我自己的两卷本《中国思想史》[①]就是在这样的背景下开始写作的，我没有想到的是，这部个人视野中的、原本只是试图作为教材的著作，居然搅动了中国思想史研究领域，而且也引起了学术界的争论。

如果把这些林林总总的争论归纳一下，我想，大概可以归为五个方面。第一是我所谓的“一般知识、思想和信仰世界”，是否应当写入思想史著作？这涉及思想史的资料范围是否应当拓宽、思想史的背景是否应当重建，思想史是否也应当注意精英思想的制度化、常识化和风俗化等问题，也就是说，过去被认为是社会史或文化史的内容，是否应当被纳入思想史。第二是知识史和思想史的关系如何处理？如果在思想史著作中讨论思想的知识基础，势必会把原来

① 葛兆光:《中国思想史》第一卷《七世纪前中国的知识、思想与信仰世界》，复旦大学出版社1998年版;《中国思想史》第二卷《七世纪至十九世纪中国的知识、思想与信仰》，复旦大学出版社2000年版。

传统的博物知识，也就是今天分别被归为科学史、技术史、学术史，甚至教育史的内容拉进思想史，思想史一定要涉及它们吗？第三是思想史上的“加法”和“减法”的问题，也就是说，思想史要不要讨论在时间中逐渐被人们淡忘的那些内容？把这些被删去的内容重新放回历史，是否恰恰反映了当时真实的文化环境？如果不发掘这些内容，我们是不是在用一次又一次的“后见之明”来误读过去？第四是这种不以“人”或“书”为章节或单元的思想史写法，是否可以更好地表现历史的延续脉络，这对习惯了旧章节形式的思想史读者，会造成困扰吗？第五是思想史的时代如何划分？7世纪初（也就是初唐）、明代中后期（也就是传教士入华）和1895年（甲午战争与《马关条约》的签订），为什么可以成为思想史时段划分的标志？这种与过去不同的时段划分法，是否在暗示着什么特别的意味？

数十篇书评与至今仍然延续的争论，大都围绕着这五个方面。

■ 三

《中国思想史》出版已经十年。十年里，我对上述问题又进行了一些反省，反省中始终有一句话盘旋在脑海里，即“什么才是‘中国的’思想史”？什么才是“中国的”思想史，而不是“日本的”或者“欧洲的”思想史？最简单的分野，当然，就是它描述的思想的内容和历史，由于各国知识、思想和信仰的不同，以及历史语境、社会生活与文化特征的不同，因而自然会不同。可是，除此之外，中国思想史的研究，和日本或欧洲思想史的研究，研究者的立场、问题和观念，也应当有所不同吗？

关于思想史，可能有种种定义和解说，但作为一种“历史”，它必然需要呈现不同文化、民族和国家的生活环境，以及这些“环境”为何使生活在其中的人想这些而不是想那些，为何是这样想而不是那样想。约翰·格林（John C. Greene）在《思想史之目标与方法》中说，思想史“首要任务是勾画每一历史时代的思想前提，解释这些思想前提在不同时代的变化”，如果我们同意“历史时代”确实是思想史的主要内容，那么，就不得不注意到这些差异性极大的各种历史，以及这一历史环境中所生出的问题与观念。道理很简单，举一个例子，斯特龙伯格（Roland N. Stromberg）在《西方现代思想史》中说，欧洲思想之源头时期曾经有过的毕达哥拉斯与泰勒斯、亚里士多德与柏拉图等等的对立，使得后来的“欧洲被迫把各种不同的思想与价值体系融为一体，因此就不断地致力于新的综合，在具有创造力的两极对立中，许多人看到欧洲历史反复出现这个主旋律”，像神学与哲学、信仰与理性的圣托马斯主义式结合，以及追溯古典导致文艺复兴式的分化等等。可是，这种欧洲反复出现的“主旋律”在中国便不曾有过。再举一个例子，在近代日本思想史中，正如丸山真男所述的从朱子学、古学到国学的过程，尽管其源头也有强烈的中国儒家色彩，尽管中国的朱子学也曾经在德川时代盛极一时，但在江户后期，却被后起的古学与国学逐渐淡化，日本本身的文化与思想色彩则越来越强烈。可是，那种“蜕皮”式的、逐渐“去中国化”的思想史，在文化与思想数千年多是“在自给自足的传统中变”的中国，却完全找不到类似的例子。

因此，可能在欧洲观念史领域中反复出现的“Being”这样的中心话题，在神学领域里面反复进行的有关“上帝”的论证，在中国并不是思想史的内容。而日本思想史中常常出现的有关天皇是否“万世一系”、有关“神佛习合”还是“神佛判然”、有关是“中国朱子学”还是“日本国学”的争论，也不会是中国思想史中的话题。

■ 四

正如很多学者都注意到的，两千年来的中国，一方面皇权对政治、宗教和文化的控制，要远远大于西洋或东洋的各种世俗政权，无论是欧洲的国王还是日本的天皇；另一方面，士大夫精英在中国的地位远比在西方的 scholar 或者日本的“士”要荣耀，而且始终是政治世界和思想世界的指导者。中国主流文化的独立因素大于外来影响，而且中国儒学为中心的政治意识形态一直占据着知识、思想和信仰的主流。由于这些缘故，中国历史之延续大于断裂，中国的思想史可能和任何民族、国家与文化共同体的思想史都有不同的内容。

同样，由于中国儒家强调人文修养与经典知识，而经典与人文知识两千年来一直是科举与仕宦的依傍，因而科学技术的因素、宗教和艺术的因素、疆域与航海的因素，始终不可能像欧洲一样，产生思想史上的大震撼。可是，对于欧洲来说，哥白尼革命、巴洛克建筑、大航海、印刷术的影响，却成了至为关键的思想史背景，而古代经典和人文知识则由于中世纪神学的笼罩和压抑，直到文艺复兴时代，才成为挣脱宗教约束的革命力量。同样，在日本，由于业儒习文之士并不能通过科举进入政治中心，经典知识不能够保证他们处于优越的地位，经典文化与庶民生活存在巨大间隔，因此，他们常常会离开儒家人文知识，进入其他知识如医学领域，成为某种职业从业者。

这也会深刻地影响思想史的进程，导致思想史的差异。

■ 五

鲍默（Franklin L.Baumer）在其《西方近代思想史》（*Modern European Thought: Continuity and Change in Ideas*，1600—1950）中，认为欧洲有一些“永恒问题”应当作为思想史研究的中心，它们主要是“上帝”、“自然”、“人”、“社会”、“历史”，这很有意思。我不怀疑人类思想有共同性，问题是，这些他称之为“人类在一切世代与时代里多多少少持续不断提出来的问题”，其实在各个文化区域，无论在表达、内涵还是背景上，都还是有相当差异的。

如果也用“中心观念”或“关键词”的方法来贯穿中国思想史（必须申明，我并不赞同这种写法），我总觉得，恐怕也有五组重要的观念，不时地成为古代思想家讨论的焦点。第一是有关世界的观念，传统中国有关“天下”、“中国”与“四夷”的思想，经过从“天下”到“万国”的巨大变化，在近世便成为有关“世界主义”与“民族主义”的资源，并引起从朝贡体系到条约秩序的转换，也成为有关民族国家认同的思想基础。第二是有关政治的观念，诸如“君权”与“相权”、“治统”与“道统”、“封建”与“郡县”、“礼教”与“法治”等等，它涉及古代中国的政治与社会，到近世由于受到西方观念和制度的影响，关于它的讨论就转化成为现代的专制与民主、中央与地方、法律与教育等等政治思想。第三是有关人尤其是人性的观念。比如什么是善恶，这涉及心性、情欲的讨论，儒家、道教和佛教始终在这一方面有相当多的议论，这涉及古代中国对于“人”自身的看法，到了近世之后，经由西方概念的重组与命名，它被整合成为伦理思想，并延伸为现实社会对于“自由”与“人权”的解释依据。第四是有关生命的观念。所谓“生死轮回”这个话题是古代中国人有关身体与生命的思考，也是儒家、道教与佛教彼此有微妙差异而又彼此通融的地方，它在近代逐渐被科学思想所摧毁和替代，但是，仍然在一般知识、思想和信仰世界有影响力。第五是以阴阳五行为基本框架的观物方式，这当然可以看作是古代中国的“宇宙论”，不过，它却以另外一种思路和想象，贯穿各种各样的领域，不仅诠释宇宙万物，而且衍生出一整套观念、知识和技术。不过，古代中国讨论这些东西，并不是为了解明抽象意义上的“哲学，而是为了“执一御万”，从根本上指导政治、社会和生活的基本思想。到了近代，它受到西方科学世界观的巨大冲击，逐渐从宇宙认知、现象解释、技术支持的诸多领域退出，仅仅保存在中国一般思想世界的感受和少数现代科学尚不能解释的领域，尤其是关系命运、生存与健康的领域。

■ 六

所以，中国思想史显然不太能够现成地套用欧洲思想史或日本思想史的概念和思路，它仍然需要在中国历史的语境中，给予真切的理解和说明。

当然，如果思想史研究要奠定它的“中国性”，更重要的是如何确立它切合中国思想传统的问题意识、分析框架、概念工具和评价立场。特别重要的，还是中国思想史研究者能否在历史讨论中保持对现实的针对性，能否在传统观念的梳理中诊断当下的思想问题。正因为如此，近来中国思想史的研究者一直在关注和追问一些既有关历史，又有关现实的思想史问题，比如，中国传统对内的一统观念和对外的天下观念，如何影响着今天中国的国家管理制度和国际秩序构想？比如，传统的家国体系、君臣关系和礼仪制度，如何影响着今天的政治体制和意识形态？传统儒佛道的三教合一关系，如何影响今天的信仰立场和批判精神，以及宗教信仰对政治权力的制衡作用？又如，绵延的古代中国思想传统，为什么始终不因为外来知识、思想与信仰的冲击而断裂，为什么在近代西潮下又突然全面向西转，从“在传统内变”到“在传统外变”，这究竟是幸还是不幸？因为身处中国，中国思想史的研究者的记忆、经验和亲历的历史，让他们更多地去思考当下的思想状况，并且从这些思考出发，反省过去几千年的思想史。特别是，近二十年来，中国思想世界越来越复杂，不同思潮的起伏变幻、冲突论争，给思想史研究者提出了新问题，需要思想史去回应。

毕竟中国有一个习惯于在历史中寻找合理依据，在思想中解决根本问题的传统，中国当代思想也总是需要在与过去思想史的对话中，获得合法性与合理性来源。因此我相信，虽然在欧美学界，思想史研究已经“渐渐凋零”，但是在中国学界，仍然会在一段时期内保持其持久活力。

索　　引（词条后的页码系代表该词条在书中首次出现的页码）

一、人名

二、著作

三、名词术语

出版说明

经典文本阅读是学术训练的基础。任何一门学科都有其必须研读的经典，作为该学科全部知识的精华，它凝聚着历代学人不间断的持续思考和深入的探索。我们组织编写的这套“现代学术经典精读”系列丛书，旨在方便和提升研究生教学水平，提高研究生的学术鉴别能力和学术素养，向需要开拓学术领域的年轻教师和研究人员提供研究读本，帮助学生和青年教师为将来的研究奠定基础。更为重要的是，通过阅读这些学术经典，读者非但可以摸清治学门径，领悟写作和研究范式，也能拓宽学术视野，见识学术研究的高下之分，在研究起始阶段即能站在学术的制高点上。

这套丛书内容涵盖文、史、哲、艺术等学科。丛书中每卷主编都是该学科领域有较大学术影响的专家。每卷的选文为该研究领域学生所应读、必读的经典论文（或经典著作的节选），时间跨越 20 世纪，并以读者较难获得的论著为优先；而且，这些所选论著大体上构成了该学科研究的学术史体系，展现了该学科研究的发展历程、主要代表人物以及标志性成果。在每卷前，该卷主编撰写前言，介绍该领域学术史概况及论著遴选标准等，以开放的视角和批判性的思维，对所选论著进行简要介绍和点评等，在如何阅读学术经典、如何培养问题意识等方面，也殊多新意和创见。每篇选文前的导读，使每一卷都成为一本该领域最新的核心论著，选文后列出的推荐阅读文献也是编者们精心遴选的，可作为扩展阅读和参考。

为保护知识产权，我们向尚在版权期内的选文权利人寄去了授权协议书，部分作者收到了协议书并签订了授权协议。可能由于种种原因（如联系方式变动），一些权利人没有收到协议书，希望看到本书后主动与我社取得联系。在此，先对给各位造成的不便表示道歉。

在编辑过程中，为保留选文的原貌，我们只对个别注解按编辑规范进行了改动。虽然这套丛书即将付梓，但一定还有不完善之处，希望读者们多提意见，以便重印和再版时更正。最后，向这套丛书的编者以及选文授权者表示谢意，也希望读者多提宝贵意见，以便我们今后把“现代学术经典精读”这套丛书做得更好。

高等教育出版社
2013 年 6 月

郑重声明